V&R

Das Alte Testament Deutsch

Neues Göttinger Bibelwerk

In Verbindung mit Erik Aurelius, Uwe Becker, Walter Beyerlin,
Erhard Gerstenberger, Jan Chr. Gertz, H. W. Hertzberg, Jörg Jeremias,
Otto Kaiser, Matthias Köckert, Christoph Levin, James A. Loader, Arndt
Meinhold, Hans-Peter Müller, Martin Noth, Jürgen van Oorschot, Lothar Perlitt,
Karl-Friedrich Pohlmann, Norman W. Porteous, Gerhard von Rad, Henning Graf
Reventlow, Magne Sæbø, Ludwig Schmidt, Werner H. Schmidt, Georg Steins,
Timo Veijola, Artur Weiser, Claus Westermann, Markus Witte, Ernst Würthwein

herausgegeben von Reinhard Gregor Kratz und Hermann Spieckermann

Teilband 8, 1

Das fünfte Buch Mose
Deuteronomium

Vandenhoeck & Ruprecht

Das fünfte Buch Mose
Deuteronomium

Kapitel 1, 1–16, 17

Übersetzt und erklärt
von
Timo Veijola

Vandenhoeck & Ruprecht

Bibliografische Information Der Deutschen Bibliothek

Die Deutsche Bibliothek verzeichnet diese Publikation in der
Deutschen Nationalbibliografie; detaillierte bibliografische Daten sind
im Internet über <http://dnb.ddb.de> abrufbar.

ISBN 3-525-51138-8

Inhalt

Vorwort

„Die Kommentare der Menschen sind in Sachen der heiligen Schrift wie die Pest zu fliehen" (Melanchthon). Gleichwohl lässt sich nicht vermeiden, dass man sie gelegentlich zu Rate ziehen muss. Selbst Luther war der Auffassung, dass ein ordentlicher Theologe und Prediger neben Melanchthons *Loci communes* und der Bibel seine eigenen Kommentare zum Galaterbrief und zum Deuteronomium mit Gewinn lesen kann, wenn er zusätzlich noch etwas wissen will, da gerade diese biblischen Bücher ausführlicher als andere „Lehre" enthalten. Über das Deuteronomium wagte er sogar die Behauptung, hier werde „der Glaube am allermeisten gelehrt". Das kühne Urteil, das höchstens mit Isaac Bashevis Singers Ausspruch, das Deuteronomium sei „das weiseste Buch, das ein Mensch je geschrieben hat", verglichen werden kann, mag etwas übertrieben sein, enthält jedoch die durchaus zutreffende Erkenntnis, dass dem Deuteronomium ein eminent wichtiger Rang innerhalb der biblischen Theologie zukommt, wenigstens was den ersten Teil der christlichen Bibel Alten und Neuen Testaments betrifft.

Während der langjährigen Kommentararbeit, die mit der Auslegung von Dtn 1, 1–16, 17 gerade die Mitte des Deuteronomiums erreicht hat, habe ich von vielen Menschen und Institutionen unersetzliche Hilfe und Förderung erfahren, die wesentlich zum Erreichen dieser Etappe beigetragen haben. Unter den Institutionen danke ich der Universität Helsinki und der Finnischen Akademie (mit ihrem *Finnish Centre of Excellence Programme* 2000–2005) für die Finanzierung von mehreren Forschungssemestern sowie der Alexander von Humboldt-Stiftung für die Gewährung von Gastaufenthalten in Deutschland. Dem Verlag Vandenhoeck & Ruprecht und der Familie Dr. Arndt Ruprecht bin ich dankbar nicht nur für die große Geduld, die sie gegenüber ihrem Deuteronomiumkommentator aufgebracht haben, sondern vor allem für die persönliche Betreuung, die weit über das Verlegerische hinausgegangen ist. Viele Kollegen haben während der letzten Jahre und Jahrzehnte meine Arbeit mit Wohlwollen begleitet, manchmal auch mit Zuspruch und Widerspruch gefördert. Ihnen allen gilt mein Dank, namentlich erwähnen möchte ich Walter Dietrich, Reinhard G. Kratz, Christoph Levin, Oswald Loretz, Tuomo Mannermaa, Lothar Perlitt, Rudolf Smend und Hermann Spieckermann. Zu einem besonderen Dank fühle ich mich Herrn Dr. Rainer Vinke verpflichtet, der sich in der letzten Phase selbstlos um den deutschen Stil der Arbeit gekümmert und ihn erheblich verbessert hat. Meine Frau und Ratgeberin Pirjo hat mir wie in guten so auch in schlechten Zeiten beigestanden, wofür ich ihr am allerherzlichsten danken möchte.

Hyvinkää, im März 2004   Timo Veijola

Zur Druckgestaltung

Die verschiedenen literarischen Schichten werden in der Übersetzung dadurch kenntlich gemacht, dass der jeweils älteste Text in Normalbreite erscheint und die sukzessiven Erweiterungen stufenweise eingerückt sind. Kleinere Zusätze sind in normalen Klammern und Textkorrekturen in eckigen Klammern gesetzt. Einzelne Teile eines Verses werden in der Auslegung durch Buchstaben angegeben, wobei die lateinischen Buchstaben a und b die beiden durch den masoretischen Akzent *Atnach* getrennten Vershälften kennzeichnen, während die griechischen Buchstaben α, β usw. die gewöhnlich durch den masoretischen Akzent *Zaqef qaton* erkennbaren Einheiten innerhalb einer Vershälfte markieren. Wenn eine noch genauere Differenzierung notwendig ist, werden hochgestellte Indexziffern hinzugefügt. Ein * hinter der Verszahl bedeutet, dass nur ein Teil des betreffenden Textes gemeint ist.

Abkürzungsverzeichnis

Die Abkürzungen, soweit nicht allgemein bekannt, sind dem Werk von Siegfried M. Schwertner, Internationales Abkürzungsverzeichnis für Theologie und Grenzgebiete (Berlin/New York ²1992), entnommen. Darüber hinaus werden die folgenden Abkürzungen verwendet:

ABLAK	Noth, Martin, Aufsätze zur biblischen Landes- und Altertumskunde I–II. Hg.v. Hans Walter Wolff. Neukirchen-Vluyn 1971.
BZAR	Beihefte zur Zeitschrift für Altorientalische und Biblische Rechtsgeschichte
DtrB	Bundestheologischer Deuteronomist
DtrG	Deuteronomistisches Geschichtswerk
DtrH	Deuteronomistischer Historiker
DtrN	Nomistischer Deuteronomist
DtrP	Prophetischer Deuteronomist
Ges-Buhl	Gesenius, Wilhelm/Buhl, Frants, Hebräisches und aramäisches Handwörterbuch über das Alte Testament. Berlin 1962. Unveränderter Neudruck der 1915 erschienenen 16. Aufl.
Ges-Kautzsch	Gesenius, Wilhelm/Kautzsch, Emil, Hebräische Grammatik. Hildesheim 1962. Reprographischer Nachdruck der 28. Auflage, Leipzig 1909.

HBS	Herders Biblische Studien
JPS	The Jewish Publication Society of America
KTU	Die keilalphabetischen Texte aus Ugarit
LXX	Septuaginta
MT	Masoretischer Text
SAA	State Archives of Assyria
Syr.	Die syrische Übersetzung (Peschitta)
Targ.	Targum
VTE	The Vassal-Treaties of Esarhaddon
Vulg.	Vulgata
VWGTh	Veröffentlichungen der Wissenschaftlichen Gesellschaft für Theologie
ZAR	Zeitschrift für Altorientalische und Biblische Rechtsgeschichte

Einleitung

Name, Inhalt und Text

Der Name Deuteronomium für das fünfte Buch Mose geht auf die griechische Übersetzung des Alten Testaments, die Septuaginta zurück. Dort wurde der hebräische Ausdruck, der die „Abschrift des Gesetzes" (משנה התורה) Dtn 17, 18 bezeichnet, irrtümlich als „zweites Gesetz" (τὸ δευτερονόμιον) verstanden, wovon das Buch in latinisierter Form seinen in der Wissenschaft üblichen Namen Deuteronomium erhielt. In der hebräischen Tradition wird es nach den Anfangsworten Dtn 1, 1 אלה הדברים „Dies sind die Worte" oder abgekürzt דברים „die Worte" genannt, während sich im deutschen Sprachgebrauch der Name „Das fünfte Buch Mose" eingebürgert hat, weil herkömmlich die ganze Tora auf Mose zurückgeführt wurde.

Seiner Form nach stellt sich das Dtn als eine Sammlung von Reden dar, die Mose am Ende der Wüstenwanderung im Lande Moab kurz vor dem Einzug des Volkes in das verheißene Land, unmittelbar vor seinem eigenen Tod hält (Dtn 1, 1-5; 3, 23-29; 4, 44-49; 34). Das Dtn ist damit als Abschiedsrede Moses, als sein Testament stilisiert, das mit der Bundeslade in das verheißene Land gelangt, um dort und überall als „portatives Vaterland" (Heinrich Heine) weiter zu leben und wirken. Sein Inhalt lässt sich grob folgendermaßen gliedern: Am Anfang befindet sich nach der großen Überschrift (1, 1-5) ein Rückblick auf die Wanderung vom Horeb nach Bet-Pegor (1, 6-3, 29), dem Mahnungen und Warnungen folgen (4, 1-40). Die Rekapitulation der Vergangenheit kulminiert in der Vergegenwärtigung des Bundes, den Jahwe mit Israel am Horeb schloss und dessen Bedingungen, die Zehn Gebote, er dem Volk direkt verkündete, während alle weiteren Gesetzesbestimmungen durch Moses Vermittlung kundgegeben werden sollen (Dtn 5). Bevor es dazu kommt, wird in den Kapiteln Dtn 6-11 eindringlich die Bedeutung des Ersten Gebots angesichts der Gefahren und Verlockungen des verheißenen Landes hervorgehoben und eingeschärft sowie für seine Einhaltung geworben. Die Kundgabe der Einzelgesetze durch Mose erfolgt dann in Dtn 11, 31-26, 19 mit einer feierlichen Verpflichtungsszene als Abschluss (26, 17-19). Was danach noch kommt, besteht aus Anweisungen für die Zeit nach dem Jordanübergang (Dtn 27), der Verkündigung von Segen und Fluch (Dtn 28), dem Bericht vom Schließen des Moabbundes (Dtn 29-30), von der Einsetzung Josuas als Nachfolger Moses (Dtn 31), vom Lied (Dtn 32) und Segen (Dtn 33) Moses, und abgeschlossen wird das Buch mit einem Bericht über den Tod Moses (Dtn 34).

Der hebräische Text des Buches Dtn hat sich relativ gut erhalten. In der Regel bietet die masoretische Fassung, die in den meisten Fällen auch durch die in Qumran aufgefundenen zahlreichen Fragmente von Dtn-Handschriften (DJD XIV) bestätigt wird, eine zuverlässige Textgrundlage für die Übersetzung. Gleichwohl finden sich im Bereich von Dtn 1, 1–16, 17 eine Reihe von Stellen, an denen der masoretische Text im Lichte anderer hebräischer Textzeugen oder alter Übersetzungen, unter denen der griechischen Septuaginta die größte Bedeutung zukommt, zu verbessern ist.[1] Nur an ganz wenigen Stellen (4, 36; 6, 3; 11, 2; 14, 8) erweist sich eine freie Konjektur ohne Stütze in den hebräischen Handschriften oder antiken Übersetzungen als notwendig.

Entstehung und Absicht

Das Buch Dtn lässt sich in der Endgestalt durchaus als Einheit lesen, die manche in ästhetischer und theologischer Hinsicht wertvolle Eigentümlichkeiten aufweist. Sie sollen während der Auslegung wahrgenommen und zur Sprache gebracht werden. Um jedoch die Tiefe und Vielfalt des Dtn voll zu erfassen, gilt es, auch der historisch bedingten Mehrschichtigkeit seiner Texte Rechnung zu tragen. Das Dtn stellt sich in literarhistorischer Betrachtung als ein komplexes Gebilde heraus, das seine fertige Gestalt im Verlaufe von einer etwa drei Hundert Jahre langen Entstehungsgeschichte erreicht hat, deren wichtigste Etappen im Folgenden kurz vorgestellt werden, insofern sie schon innerhalb der Kapitel Dtn 1, 1–16, 17 in Erscheinung treten. Eine endgültige Stellungnahme zu allen anstehenden Problemen der Literargeschichte wird erst möglich, wenn das ganze Buch erklärt worden ist.

Im Laufe der bisherigen Arbeit hat sich die in der Wissenschaft seit Anfang des 19. Jh.s vorherrschende Einsicht bestätigt, dass dem Dtn ein aus der Zeit des Königs Joschija (639/8–609) stammendes Reformgesetz zugrunde liegt (vgl. 2. Kön 22 f). Die Erklärung seiner Entstehung entweder aus späteren oder auch aus früheren Zeiten stößt auf erheblich größere Schwierigkeiten. Das joschijanische Gesetz hatte zwei klar definierbare Ziele: einerseits die Zentralisation des Opferkultus allein auf Jerusalem, andererseits die Novellierung des älteren Gesetzeswerkes, des Bundesbuches (Ex 20, 24–23, 19*), im Lichte der Kultzentralisation und gemäß der sozialen Bedürfnisse der ausgehenden Königszeit. Im Bereich von Dtn 1, 1–16, 17 wird das Gesetzeswerk Joschijas, das sog. Ur-Dtn, greifbar in der Überschrift 4, 45*, in der bekenntnishaften Einleitung mit dem *Schᵉmaᶜ* Israel (6, 4–9*) und danach in den Einzelgesetzen, die die Kultzentralisation (Kap. 12)[2], die Zehnten (14, 22–29)[3], die Schulden (15, 1–11)[4], die Freilassung von hebräischen Skla-

---

[1] Siehe 1, 4. 25; 2, 8. 37; 4, 10. 33. 37; 5, 14. 24; 10,13; 11, 24. 30; 14, 13; 15, 7. 9; 16, 6.
[2] Der Anteil des Ur-Dtn: V. 13 f. 17 f. 21 aαb.
[3] Der Anteil des Ur-Dtn: V. 22. 23 aα*. 24 aα*. 25. 26 aα*b.28. 29 aα*β.
[4] Der Anteil des Ur-Dtn: V. 1 f*.7 aα*b*.8 f*.

ven (15, 12–18)[5], die Erstlinge (15, 19–23)[6] sowie die alljährlichen Wallfahrtsfeste (16, 1–17)[7] betreffen. Bezeichnend für das joschijanische Gesetz ist die strenge Betonung der Ausschließlichkeit des Dienstes Jahwes und des einen Kultortes auf der einen und die starke soziale Anteilnahme für die armen und anderen marginalisierten Gruppen der Gesellschaft auf der anderen Seite. Es ist damit zu rechnen, dass hinter diesen Bestrebungen eine breite nationalreligiöse Reformbewegung stand, deren Ziele von gelehrten Schreibern schriftlich niedergelegt wurden. Das Reformprogramm ist kein reines Ideal geblieben; denn seine zentrale Forderung der Zentralisation des Kultes auf Jerusalem hat sich in der nachfolgenden Zeit mit wenigen Ausnahmen durchgesetzt und gilt seitdem als konstitutiv für das Judentum.

Das literarische Umfeld, in dem die weitere Entwicklung des Dtn nach Joschija erfolgte, ist in der gegenwärtigen Forschung umstritten. Als Hauptalternativen bieten sich die Möglichkeiten, dass das Ur-Dtn in der nächsten Phase in den Hexateuch (die Bücher von Gen bis Jos) oder aber in das Deuteronomistische Geschichtswerk (die Bücher von Dtn bis 2. Kön) eingebaut wurde. Meines Erachtens besitzt die letztgenannte, von Martin Noth 1943 (³1967) aufgestellte Alternative nach wie vor eine größere Wahrscheinlichkeit.[8] Sie vermag z.B. den Sachverhalt einleuchtend zu erklären, dass die älteste Erweiterung des Kultzentralisationsgesetzes, die in Dtn 12, 8–12 abα vorliegt, über das Josua- (vgl. Jos 21, 44) und Richterbuch (Ri 17, 6; 21, 25) hinaus auf den Tempelbau Salomos in 1. Kön 5–8 (vgl. 1. Kön 5, 5. 18 f) vorausblickt und damit auch die Königsbücher als literarischen Horizont des Dtn voraussetzt. Beachtung verdient auch die Eigentümlichkeit, dass Mose in dieser Erweiterung in Wir-Form redet (V. 8) und zwischen sich selber und dem Volk unterscheidet: „Hier", an der Schwelle des Westjordanlands, stehen „wir" noch gemeinsam (V. 8), aber nur „ihr" werdet den Jordan überschreiten und es bewohnen (V. 10). Diese Sicht der Dinge findet ihre genaue Entsprechung in dem einleitenden geschichtlichen Rückblick Dtn 1–3, in dem Mose ebenfalls häufig in Wir-Form (Dtn 1, 6. 19; 2, 1. 8 u. ö.) redet und von Gott erfahren muss, dass er selber nicht in das Land jenseits des Jordan hinüberziehen darf (3, 23–28). All das deutet darauf hin, dass der geschichtliche Rückblick Dtn 1–3 in seinem Kern[9] auf den geschichtsschreibenden Deuteronomisten DtrH zurückgeht, der das joschijanische Ur-Dtn kurz nach der Rehabilitierung des Königs Jojachin 560 v. Chr. (2. Kön 25, 27–30) in bearbeiteter Form als Programmtext an den Anfang des von ihm geschaffenen Deuteronomistischen Geschichtswerkes stellte. Wie vor allem die Kundschaftergeschichte Dtn 1, 19 ff beweist, hat sich DtrH hier zum Teil

---

[5] Der Anteil des Ur-Dtn: V. 12*–14 a.16–18 a.
[6] Der Anteil des Ur-Dtn: V. 19–22 a.
[7] Der Anteil des Ur-Dtn: V. 1*. 2. 5 abα. 6 a*.9 b.10 a*.11. 13–15 a.16 aαb.17 a.
[8] Siehe Veijola ThR 2003, 24–41; Ders. ThR 2003 a, 374–382.
[9] D.h. 1, 1 a.6. 7 aα*. 8 a.19 f. 22 abα. 23–30. 31 a*b.32. 34 f. 39*. 40–45; 2, 1–3. 8 b.9 aα*. 13*. 14. 16 f. 24 aα*.30 a.31–36; 3, 1. 3. 4 aα. 6*. 7. 8*. 10 a*.12. 13 a*.23–24 a.25 a.26 b–29.

schon älterer Überlieferungen bedienen können. Die Geschichte der Wüstenwanderung besitzt für ihn eine metaphorische Dimension, die er im Geiste
einer Art von *theologia viatorum* vergegenwärtigt und damit illustriert, was
die Vergangenheit Israels für die späteren Generationen paradigmatisch bedeutet.

Wegen seiner hervorragenden Bedeutung wurde das Dtn nach DtrH zum
Gegenstand zahlreicher deuteronomistischer and anderer Überarbeitungen,
die sich über kürzere oder längere Teile des Textes erstrecken und sich nicht
immer mit sonst bekannten Redaktionen in Verbindung bringen lassen. Was
die von der sog. Göttinger Schule in den Geschichtsbüchern angenommenen
deuteronomistischen Redaktoren, den von Walter Dietrich 1972 entdeckten
prophetischen DtrP und den von Rudolf Smend 1971 entdeckten nomistischen DtrN, betrifft, lässt sich nachweisen, dass beide erwartungsgemäß
auch die Tora nach ihren eigenen Richtlinien bearbeitet haben. Die große
Leistung des DtrP besteht darin, dass er den aus Ex 20 bekannten Dekalog
als Zusammenfassung des göttlichen Willens auch in das Dtn integrierte
(Dtn 5, 6–21*) und ihn mit einem Rahmenbericht[10] versah, in dem er Mose
zu einem von Jahwe eingesetzten prophetischen Mittler zwischen Gott und
Volk stilisierte. Durch ihre hervorgehobene Stellung als ersten Teil der Gesetzgebung und durch ihre Form als direkte Jahwerede an das Volk sind die
Zehn Gebote das Grundgesetz, das die Voraussetzungen für alle weiteren
Gesetze und Paränesen bildet. DtrN hingegen hat die von DtrP eingeführte
Sicht weiter entfaltet,[11] wobei er seinem nomistischen Grundansatz gemäß
noch stärker den Akzent auf Mose als Ausleger und Lehrer der Tora gesetzt
hat (vgl. 1, 5; 4, 10. 14).

Eine noch bedeutendere Rolle als DtrP und DtrN spielt im Dtn ihr früh-
nachexilischer Schüler, der von Christoph Levin 1985 eingeführte bundestheologische Deuteronomist (DtrB), der angefangen mit Dtn 4 sowohl die
Paränese wie auch das Gesetz tief greifend bearbeitet und dem Dtn seine
heute noch prägende Gestalt verliehen hat.[12] In formaler Hinsicht kennzeichnet sich DtrB einerseits dadurch, dass er für die Anrede Israels ohne
Unterschied den Singular „du" wie auch den Plural „ihr" verwendet, was
zu einem auffallenden Numeruswechsel geführt hat, und andererseits dadurch, dass er seine Texte gern in lockerer Anknüpfung an das Schema der
altorientalischen Staatsverträge und Loyalitätseide gestaltet. Inhaltlich geht
es dem DtrB vor allem um das Erste Gebot als vornehmste Verpflichtung

---

[10] Sein Umfang nach DtrP: 5, 1 aα*. 2. 4. 5*. 22 a*.23 abα. 24 a.25. 27 f.30 f; 6, 1.

[11] Der Textbestand des DtrN: 1, 5. 9 f. 12–14. 15 a*bβ. 16–18; 4, 1 a.10–12 a.13 f. 22; 4, 44. 46;
5, 22 aβ*b; 6, 10–13*; 7, 1*. 2 f. 6; 9, 9–12 abβ. 15. 16 a*.17. 21 a*b; 10, 1–5; 11, 31–12, 1*.

[12] Sein Anteil besteht hier aus 4, 1 b.3 f. 9. 12 b.15. 16 a.19 f. 23 abα. 24–29. 31; 5, 1 aα*βb.3. 5*.
29. 32 f; 6, 2 f. 5. 14. 15 b.17 a.18. 25; 7, 4 f. 12–16. 20. 22–24; 8, 1. 11 b.18 b.19 f; 9, 7 a*.8*. 12 bα. 13 f.
16 aα*b.18 f. 21 aα*; 10, 10 f. 11 f; 11, 2–5. 7–19 a.21–28; 12, 2. 4–7. 15 a*. 20. 21 aβ. 28–30 aαb.31;
13, 2. 3*. 4–7. 9. 10 aα. 11 b–14. 16 a.17 aα*. 18 b.19; 14, 23 b.24 b.29 b; 15, 4–6. 7 aβγ. 10. 14 b.18 b;
16, 5 bβ.10 a*b.15 b.17 b.

des Gottesbundes, von dessen Einhaltung das Wohl und Wehe des Gottesvolkes abhängt (6, 5. 14; 7, 4 f; 8, 19; 13, 3. 7. 14 u. ö.). Es ist anzunehmen, dass DtrB ebenso wenig wie DtrP und DtrN eine Einzelperson war, sondern eher eine kleine Gruppe von geistesverwandten Redaktoren vertritt.

Abgesehen von den „großen" deuteronomistischen Bearbeitungen hat das Dtn schon während dieser Zeit und noch mehr danach allerlei spät- und nachdeuteronomistische Erweiterungen erfahren, die bis in die späte nachexilische Zeit, vermutlich nahe an die Kanonisierung des Pentateuch um 300 v. Chr. heranreichen. Einige von ihnen sind nur punktuell, andere hingegen an mehreren Stellen erkennbar. Zu den Letztgenannten gehört z. B. die späte Bearbeitung, die in 7, 25 f und 13, 16 b.17 aα*ββ.18 a den älteren Text des DtrB mit der Forderung einer radikalen Ausführung der Vernichtungsweihe (*Herem*) erweitert und sich dabei der Achangeschichte des Josuabuches (Jos 7) als eines negativen Modells bedient. Auf der anderen Seite wird das große Vertrauen des DtrB auf die Macht des gesetzlichen Gehorsams durch einen jüngeren Überarbeiter gemildert, der die unverdiente Liebe Gottes zu Israel (4, 36–40*; 7, 7–11) und dessen fehlende Gerechtigkeit in den Vordergrund rückt (9, 1. 3–6).[13] Ein weiteres Beispiel dafür, dass die späten Bearbeiter keine geistlosen Epigonen waren, bietet der junge, schon nachpriesterschriftliche Redaktor, der das Sabbatgebot zum Zentrum des Dtn-Dekalogs gemacht (5, 12–15) und davon ausgehend einzelne Gesetze in dessen sozialethischem Geist – die Goldene Regel antizipierend – interpretiert hat (15, [11?]. 15; 16, 3 aβ*bβγ. 12; 24, 18. 22). In die jungen Phasen der Redaktionsgeschichte des Dtn gehören wahrscheinlich auch die einzelnen Zusätze, die den Anspruch der Leviten auf das Priestertum erheben (10, 8 f; 12, 12 bβ. 19; 14, 27. 29 aα*), wobei Kämpfe der nachexilischen Priestergruppen um die Führungsrolle als Hintergrund zu vermuten sind. Endlich finden sich in 11, 29 f zwei sukzessive Erweiterungen, die zu dem heiligen Berg der Samaritaner, dem Garizim, Stellung nehmen und damit schon das keimende samaritanische Schisma im Blick haben dürften und deshalb nicht vor dem 4. Jh. anzusetzen sind.

Wichtig für die richtige Einschätzung der literarischen Beschaffenheit des Dtn ist die sich in der Forschung allmählich bahnbrechende Einsicht, dass seine Autoren und Redaktoren frühe Vertreter der später als Schriftgelehrte bekannten professionellen Ausleger und Lehrer des Gesetzes waren, die mit ihren Auslegungstechniken das Fundament für den rabbinischen Umgang mit der heiligen Schrift legten. Wenn dies erkannt wird, ergeben sich bessere Voraussetzungen, die manchmal hochkomplizierten literarischen Verhältnisse im Dtn zu verstehen, die von intensiver Denkarbeit und scharfsinnigem

---

[13] Wahrscheinlich hängen auch 1, 31 a*; 2, 7 und 8, 2–6 mit dieser späten Redaktionsschicht zusammen.

Umgang mit den Texten Zeugnis ablegen. Auch wenn wir die letzten Ge-
heimnisse dieser Schriften, die mit Herz und Verstand konzipiert und überliefert worden sind, nie vollständig enthüllen können, hilft die Kenntnis der
Geistigkeit ihrer Autoren und Redaktoren, die Grenzen zu respektieren, die
unserer Arbeit in diesem Literaturbereich gesetzt sind.

I. Die erste Rede Moses (1, 1–4, 43)

1. Überschrift (1, 1–5)

1 Dies sind die Worte, die Mose zu ganz Israel redete jenseits des Jordan
in der Wüste, in der Araba, gegenüber von Suf, zwi-
schen Paran und Tofel, Laban, Hazerot und Di-Sahab.
2 Es sind elf Tagereisen vom Horeb auf dem Wege zum
Gebirge Seïr bis nach Kadesch-Barnea.
3 Und es geschah im vierzigsten Jahr, im elften Monat, am
ersten Tag, da redete Mose zu den Israeliten genau so, wie
Jahwe es ihm für sie befohlen hatte,
4 nachdem er Sihon, den König der Amoriter, der in Heschbon
wohnte, und Og, den König von Baschan, der in Aschtarot
[und][1] in Edreï wohnte, geschlagen hatte.
5 Jenseits des Jordan, im Lande Moab, begann Mose, dieses Gesetz zu
erklären:

In 1, 1–5 liegt die erste und ausführlichste der rahmenden Überschriften des
Dtn vor (vgl. 4, 44–49; 28, 69; 33, 1), die das fertige Buch in vier Redegänge
Moses gliedern. Durch ihre barocke Form weist die erste Überschrift auf eine
komplizierte Entstehungsgeschichte hin. Alle wichtigen Angaben werden zumindest zweifach mitgeteilt: Der Redner heißt Mose (V. 1. 3. 5), er spricht zu
„ganz Israel" (V. 1) bzw. zu den „Israeliten" (V. 3); der geographische Schau-
platz der Rede liegt „jenseits des Jordan" (V. 1 a.5) in einer Gegend, die durch
verschiedene Orte in V. 1 b näher definiert wird; der Zeitpunkt der Rede wird
einerseits durch exakte Daten (V. 3), andererseits durch historische Ereignisse (V. 4) angegeben; der Inhalt Rede besteht aus „den Worten" (הדברים
V. 1) bzw. aus „diesem Gesetz" (התורה הזאת V. 5). Eine so wiederholungs-
reiche und umständliche Überschrift kann nicht in einem Zuge entstanden
sein, sondern verrät die Beteiligung von mehreren Autoren, die verschiedene
Sonderbetonungen vornehmen.[2] Der älteste Bestand der Überschrift liegt

---

[1] Nach den alten Übersetzungen (LXX, Syr., Vulg.) und in Ähnlichkeit mit Jos 12, 4; 13, 12. 31
ist vor dem Ortsnamen die Konjunktion zu ergänzen.

[2] So unter den neueren Kommentatoren auch Braulik 1986, 21; Perlitt 1990, 6 f; Weinfeld 1991,
129, und Nielsen 1995, 19–21. Anders hingegen etwa Lohfink 1990 I, 53 Anm. 2, und Kallai VT
1995, 188–197.

vor in V. 1 a („Dies sind die Worte, die Mose zu ganz Israel redete jenseits des Jordan"). Sie ist jetzt die Überschrift für das Buch Dtn, kennzeichnete aber einmal auch den Anfang des gesamten Deuteronomistischen Geschichtswerkes (DtrG), das mit Dtn 1–3 beginnt und in den Büchern der „Vorderen Propheten" (Josua, Richter, Samuel und Könige) die Geschichte Israels und Judas bis zur Exilierung der beiden Völker erzählt.[3]

Die alte Überschrift ist mehrfach und zum Teil recht ungeschickt erweitert worden. Die früheste Erweiterung begegnet in V. 5, wo die geographische Angabe „jenseits des Jordan" von V. 1 a wieder aufgenommen und die Rede Moses als Auslegung des Gesetzes (der Tora) bezeichnet wird. Der weitere Fortschreibungsprozess wird am leichtesten verständlich, wenn man annimmt, dass er mit V. 4 begonnen hat und in *drei* Phasen nach rückwärts verlief. Vers 4, wo die Rede Moses locker mit historischen Ereignissen in Verbindung gebracht wird, bleibt hinter dem exakt datierenden V. 3 ohne einen richtigen syntaktischen Bezug. Weil als Subjekt des „Schlagens" der transjordanischen Könige Sihon und Og eher Mose als Jahwe in Frage kommt (vgl. 4, 46; Jos 12, 6), ist damit zu rechnen, dass V. 4 einst als Ergänzung zur Grundschicht V. 1 a konzipiert wurde, wo auch sein Subjekt „Mose" in unmittelbarer Nähe steht. Gegenüber V. 4 ist die in V. 3 vorliegende auf Jahr, Monat und Tag präzise Datierung jüngerer Herkunft und durch den Neueinsatz „Und es geschah ..." als isolierter Zusatz leicht erkennbar. Die jüngste Phase in der Entstehungsgeschichte von V. 1–5 vertreten die exakt aussehenden, im Kontext jedoch wenig sinnvollen Ortsnamen in V. 1 b, mit denen wahrscheinlich auch die Lokalisierungen „in der Wüste" und „in der Araba" (V. 1 a) und die Entfernungsangabe von V. 2 zusammenhängen. Abgesehen von der Grundstufe (V. 1 a), die vom dtr Historiker (DtrH) stammt, und von ihrer frühesten Erweiterung (V. 5), die auf den nomistischen Kreis (DtrN) zurückgehen dürfte, erlauben die weiteren Phasen des mehrschichtigen Fortschreibungsprozesses, die alle spät-dtr Gepräge aufweisen, keine genaueren Zuweisungen innerhalb der dtr Schule.[4]

1 a   1. Die älteste, von DtrH stammende Überschrift (V. 1 a) ist so allgemein formuliert, dass sie sich sowohl als Einführung in die gesetzlichen wie auch in die geschichtlichen Partien des Dtn eignet. Der Ausdruck „Dies sind die Worte" (אלה הדברים) und seine attributive Entsprechung „diese Worte" (הדברים האלה) können sowohl Gesetzesworte[5] als auch geschichtliche Begebenheiten und Worte[6] bezeichnen. Mose verkündet sie dem Volk mündlich. Eine mündlich verkündete Gesetzessammlung ist eine singuläre Erscheinung

---

[3] Siehe Noth ³1967, vgl. auch Perlitt 1990, 7 f, und gegen neuere Bestreitungen Römer ThZ 2001, 269–280 (bes. 274); Veijola OLZ 2002, 761–769; Ders. ThR 2003, 24–41.

[4] Vgl. Perlitt 1990, 7, der über die Entstehungszeit des Fortschreibungsprozesses die Vermutung äußert, dass er schwerlich vor dem 5. Jh. beendet worden sein wird.

[5] Vgl. Ex 35, 1; Dtn 5, 22; 6, 6; 12, 28 u. ö.

[6] Vgl. Ex 19, 6; Num 14, 39; 16, 31; Dtn 4, 30; 30, 1; Jer 30, 4 u. ö.

in der altorientalischen Rechtskultur. Die Überschrift von V. 1 a zeigt eine besonders enge Beziehung zu Dtn 31, wo DtrH die Mitteilung „dieser Worte" an „ganz Israel" durch Mose als vollzogen berichtet (V. 1). Daraus ist zu schließen, dass das dtn Gesetz in irgendeiner Fassung bereits Bestandteil seines Werkes gewesen sein muss. In der fertigen Gestalt des Pentateuch schafft die Überschrift eine Beziehung auch zum vorangehenden Buch Numeri, das mit einer formal ähnlich klingenden Notiz abgeschlossen wird: „Dies (אלה) sind die Gebote und Rechtsentscheidungen, die Jahwe durch Mose den Israeliten in den Steppen von Moab, am Jordan bei Jericho, befohlen hat" (Num 36, 13).[7]

Der Adressat des Mose heißt hier „ganz Israel", was der Sprachregelung und gesamtisraelitischen Perspektive der Deuteronomisten voll entspricht[8] und sich noch in der Endgestalt des Dtn bewährt: Am Anfang (1, 1) und am Ende (34, 12) des Buches steht „ganz Israel". Ihm galten die Reden und Taten des Mose. Seine Rede an die Israeliten trägt die Form einer Abschiedsrede, die er kurz vor seinem Tod (Dtn 34) hält. Abschiedsreden in kürzerer Form halten im DtrG auch die nachfolgenden Volksführer Josua (Jos 23 f), Samuel (1. Sam 12) und David (1. Kön 2, 1–9), was ein Zeichen für die konzeptionelle Einheit des Werkes ist. Als Ort der Moserede gibt DtrH „jenseits des Jordan" an, womit in den redaktionellen Notizen des Buches immer das Ostjordanland gemeint ist (1, 5; 4, 41. 46 f. 49). Zugleich verrät der Verfasser durch den Gebrauch dieser geographischen Bezeichnung für das Ostjordanland seinen eigenen westjordanischen Standort, aber auch seinen weiten literarischen Horizont, der die Landnahme des Westjordanlandes einschließt (vgl. 3, 25. 28; 12, 10; Jos 1, 1 f).[9]

2. Die vermutlich älteste Erweiterung der Überschrift liegt in V. 5 vor. In ihr   5
wird der Standort des Mose „jenseits des Jordan" anhand der Angabe „im Lande Moab" näher definiert; diese Angabe enthält eine indirekte Anspielung auf den Ort von Moses Tod und sein Grab (34, 5 f).[10] Die Rede Moses ist damit sein Testament, das er kurz vor seinem Tod verkündet. Inhaltlich geht es dabei um die Tora (das Gesetz); unter diesem Begriff wird das Ganze der Willensoffenbarung Gottes an Israel zum ersten Mal gerade im Dtn zusammengefasst. Die Tora, die Mose nach dem Verfasser von V. 5 mündlich zu erklären beginnt[11], existiert für die spät-dtr, nomistischen Autoren, aus deren

---

[7] Zur Bedeutung der Parallele aus kanonischer Perspektive s. Ska ZAW 2001, 351.

[8] Im Dtn kommt „ganz Israel" 14 Mal vor, meist im Rahmen (1, 1; 5, 1; 11, 6; 27, 9; 29, 1; 31, 1. 7. 11 *bis*; 32, 45; 34, 12), nur selten im Gesetzeskorpus (13, 12; 18, 6; 21, 21). In den weiteren Partien des DtrG finden sich etwa 90 Belege, von denen einige (z. B. 1. Sam 13, 4. 20; 2. Sam 10, 17; 11, 1; 14, 25; 1. Kön 1, 20; 2, 15) allerdings schon den alten Quellen zugehören.

[9] Perlitt 1990, 10.

[10] Vgl. Perlitt 1990, 20 f. Die weiteren Belege für „das Land Moab" finden sich in Dtn 28, 69; 32, 49; Ri 11, 15. 18; Jer 48, 24. 33.

[11] Die Bedeutung des Verbs יאל Hif. „beginnen" ist durch die alten Übersetzungen (LXX, Vulg., Targ. Onkelos) abgesichert.

Kreis V. 5 stammt,[12] natürlich schon als schriftliches Dokument,[13] aber für die antiken wie auch die heutigen Leser entsteht das Torabuch erst allmählich während der Lektüre. Auf das schriftliche Torabuch wird mehrfach angespielt (17, 18 f; 27, 3. 8. 26; 28, 58. 61; 29, 20. 28; 30, 10), aber sein Zustandekommen erst in 31, 9 berichtet (vgl. 31, 11 f. 24. 26; 32, 46). Das Torabuch des Dtn enthält zwei ineinander liegende Kommunikationsebenen: die der Israeliten im Lande Moab, die von Mose direkt angesprochen werden, und die der späteren Leser, die nur durch das schriftliche Dtn Zugang zur Tora Moses finden. Das im Dtn angesprochene Torabuch ist also nicht mit dem heutigen Dtn identisch, sondern liegt darin eingebettet, wie „ein Buch mitten in einem Buch".[14] Die Tora weist nach V. 5 eine Art auf, dass sie einer dauernden Erklärung[15] bedarf. Die etwas rätselhafte Formulierung, nach der Mose „dieses Gesetz zu erklären begann", ist mit der Absicht gewählt worden, Raum für all die späteren Gottesmänner zu geben, die in Moses Nachfolge die Tora weiter auslegen und predigen werden (vgl. 18, 15–22). Indem die Autorität Moses als des ersten Auslegers des Gesetzes legitimiert wird, wird auch das Fundament für das Amt der zukünftigen Schriftgelehrten gelegt, die der Meinung sind, dass sie auf dem Lehrstuhl des Mose sitzen (Mt 23, 2) und die von ihm begonnene Auslegungs- und Lehrtätigkeit fortsetzen.[16]

4   3. Den frühesten Versuch, die Moserede *zeitlich* festzulegen, stellt die geschichtlich aussehende Notiz über die Besiegung der zwei ostjordanischen Könige Sihon und Og dar (V. 4). Ihre junge Herkunft zeigt sich darin, dass sie recht unpassend die 2, 24–36 und 3, 1–7[17] erzählten Geschichten von Sihon und Og vorwegnimmt. Auch die Form, in der die beiden Könige vorgestellt werden, weist auf ein relativ spätes Stadium der Überlieferungsgeschichte hin; denn sie setzt nicht nur Jos 12, 1–5*, den ältesten Text, in dem Sihon und Og nebeneinander auftreten (V. 2. 4), voraus,[18] sondern offenbar auch schon den sekundären Zusatz Dtn 3, 2, wo Sihons Titel und Wohnort genau so ausgedrückt werden wie in 1, 4 (vgl. auch Num 21, 34 und Dtn 4, 46).

---

[12] Siehe Smend (1971 =) 2002, 161, und vgl. auch Preuß 1982, 84.

[13] Vgl. Jos 1, 7 f; 8, 31–34; 22, 5; 23, 6; 1. Kön 2, 3; 2. Kön 10, 31; 14, 6; 17, 13; 21, 8; 22, 8. 11; 23, 24 f.

[14] Dazu grundlegend ist Sonnets Werk „The Book within the Book" (1997).

[15] Es besteht kein Grund, die traditionelle Deutung von בָּאַר Pi. durch „erklären, auslegen, darlegen" u. dgl. zugunsten einer „schriftlichen Aufzeichnung" aufzugeben (so nach einem Vorschlag von Mittmann 1975, 14 f, u. a. die Einheitsübersetzung und Nielsen 1995, 19. 22); denn weder der Kontext von Dtn 1, 5 noch die weiteren Belege in Dtn 27, 8 und Hab 2, 2 lassen sich kritisch geprüft für diese Bedeutung anführen (s. Perlitt 1990, 22 f; Sonnet 1997, 29–32). Die traditionelle Übersetzung wird außerdem durch 1Q22 (1QDM) 2, 8 bestätigt. Dagegen freilich wieder Braulik/Lohfink 2003, 35–51, mit dem eigenwilligen Übersetzungsvorschlag „Rechtsgeltung verschaffen" (48).

[16] Siehe näher zum Amt des Mose als Stammvater der Schriftgelehrten Veijola 2000, 215–218.

[17] Siehe dort Näheres zu Sihon und Og.

[18] Siehe Wüst 1975, 50.

Sihon und Og vertreten in der dtr Überlieferung die gesamte vorisraelitische Herrschaft des Ostjordanlandes. Sihon wurden die Gebiete nördlich des Arnon bis zur Mitte des Gilead (2, 36), Og die restlichen Teile des Ostjordanlandes bis zum Hermongebirge (3, 8) zugeschrieben. Diese Sicht, die mit der Existenz von zwei weiträumigen Königreichen im Ostjordanland rechnet, ist eine geschichtstheologische Konstruktion, die nicht durch die ältere Tradition über Sihon und Og gedeckt wird. Doch stimmt auch sie (Num 21, 25–30) darin mit 1, 4 überein, dass Sihons Reich sein Zentrum in Heschbon hatte, dem heutigen Ḥesbān, das 34 km östlich von Jericho liegt. Sobald Og in der Tradition auftritt (Jos 12, 4), werden ihm gleich die in 1, 4 erwähnten Aschtarot und Edreï als Residenzstädte zugewiesen (vgl. Jos 13, 12. 31). Aschtarot, das bereits in ägyptischen Quellen (von Thutmose III. und den Amarna-Briefen) Erwähnung findet,[19] wird mit dem heutigen *Tell ʿAštara*, 35 km östlich des Sees Gennesaret, gleichgesetzt. Edreï entspricht dem heutigen *Derʿā*, einer syrischen Stadt an der jordanischen Grenze, gut 50 km östlich vom Südende des Sees Gennesaret.[20] Wenn es sich dabei nicht um eine künstliche Kombination zweier Städte handelt,[21] dann haben die Verfasser wahrscheinlich angenommen, dass Og zeitweise in beiden Städten residierte, wie später der israelitische König Ahab in Samaria und in Jesreel (vgl. 1. Kön 16, 29 und 21, 1).

4. Abgesehen von der allgemeinen geschichtlichen Datierung in V. 4 wird der   3
Zeitpunkt der Moserede zudem in V. 3 genau kalendarisch festgelegt. Vers 3
knüpft sekundär an V. 1 a an, ersetzt dabei aber „ganz Israel" durch „die
Israeliten".[22] Die Vorstellung von einem vierzigjährigen Wüstenaufenthalt ist
zwar eine dtr Konstruktion (vgl. 2, 7; 8, 2. 4; 29, 4; Jos 5, 6; Am 2, 10 dtr;
5, 25 dtr; Ps 95, 10); aber eine so pedantische Chronologie wie die hier vorliegende ist für das DtrG eher untypisch (vgl. aber 2. Kön 25, 27). Stattdessen
erweist sie sich für die jüngste Pentateuchquelle P als charakteristisch (vgl. Ex
16, 1; 19, 1; Num 1, 1; 10, 11 u. ö.), für deren Einwirkung auch die sprachliche
Gestalt des Satzes „genau so, wie Jahwe es ihm für sie befohlen hatte" in V. 3 b
spricht (vgl. Ex 6, 13; 25, 22). Die Form des Numerals für elf, עשתי עשר, die
seit der Exilszeit neben der älteren Form אחד עשר (vgl. noch 1, 2) immer ge

---

[19] Siehe den Quellennachweis bei Perlitt 1990, 19.
[20] Siehe zu Aschtarot Elliger BHH I, 142, zu Edreï Elliger BHH I, 368.
[21] Noth ABLAK I 1971, 443 Anm. 42, und Wüst 1975, 28, nehmen an, dass ursprünglich nur Aschtarot als Ogs Residenzstadt erwähnt war und Edreï in Dtn 1, 4 nach 3, 1 ergänzt wurde. Das wäre an sich möglich, würde jedoch die Frage provozieren, warum Aschtarot und Edreï von der ältesten Stelle Jos 12, 4 an ständig nebeneinander bei Og auftreten (Jos 13, 12. 31), während Aschtarot allein nur in einer späten Glosse zu Jos 9, 10 (dazu Wüst 1975, 48 Anm. 170) erscheint. Das Nebeneinander von Aschtarot und Edreï war schon in Ugarit bekannt (KTU 1. 108, 2 f: „der Gott, der thront in ʿAṭtarot, / der Gott, der richtet in Edreï.").
[22] Der Terminus בני ישראל „die Israeliten" erscheint 21 Mal im Dtn, meist in den rahmenden Teilen (1, 3; 3, 18; 4, 44. 45. 46; 10, 6; 28, 69; 31, 19*bis.*22. 23; 32, 8. 49. 51*bis.* 52; 33, 1; 34, 8. 9), nur zweimal im Gesetzeskorpus (23, 18; 24, 7).

läufiger wird, ist ebenfalls Kennzeichen eines jüngeren, obwohl nicht allein des priesterschriftlichen Sprachgebrauchs.[23] Vers 3 gehört als originaler Bestandteil weder zum DtrG noch zur Priesterschrift[24], sondern stellt ein junges Gebilde dar, das schon unter dem Einfluss der beiden genannten Literaturbereiche steht.

Das Ziel dieser Notiz ist einerseits, das Auftreten Moses auf Jahr, Monat und Tag exakt zu datieren (V. 3 a). Alles, was Mose im Dtn nach V. 3 redet und tut, geschieht an diesem einen Tag. In 32, 48 wird an eben diesen Tag anknüpfend der bevorstehende Tod des Mose (32, 50; 34, 5. 7) angekündigt, womit seine Rede noch stärker den Charakter eines Testaments des bald Sterbenden erhält. Andererseits wird die Rede auf Jahwes ausdrückliches Gebot zurückgeführt (V. 3 b) und damit sichergestellt, dass Mose in diesem wichtigen Moment nicht seine eigenen Worte redet, sondern im Auftrag Jahwes dessen Willen für Israel verkündigt.

1 b–2   5. Den jüngsten und dunkelsten Teil der Überschrift bilden die topographischen Namen in V. 1 b, mit denen wahrscheinlich auch die vorangehende geographische Angabe „in der Wüste" und die nachfolgende Mitteilung über die Distanz zwischen Horeb und Kadesch-Barnea (V. 2) zusammenhängen. Als problematisch erweist sich sowohl die Lage dieser Orte als auch der Sinn, der ihnen an dieser Stelle zukommt. Hier sind nur Vermutungen möglich.

1 b   Wenn Suf mit dem in Num 21, 14 genannten Sufa identisch ist und nicht etwa mit dem „Schilfmeer" (יַם סוּף) zusammenhängt[25], könnte es sich um *Chirbet Sūpha* östlich des Toten Meeres, ca. 6 km südlich von *Mādebā*, handeln.[26] Weil Paran hier unter anderen Ortsnamen auftaucht, ist damit wahrscheinlich nicht die Wüste Paran (Gen 21, 21; Num 10, 12 u. ö.) westlich des *Wādī l-ʿAraba* gemeint, sondern wie in 1. Kön 11, 18 (vgl. Gen 14, 6) ein Ort zwischen Midian und Ägypten,[27] der vielleicht mit der Oase *Fērān* im *Wādī Fērān* auf der südlichen Sinaihalbinsel gleichzusetzen ist.[28] Das anderweitig nicht belegte Tofel dagegen stellt ein vollkommenes Rätsel dar, nachdem sich die traditionelle Identifizierung mit dem heutigen *eṭ-Ṭafīle*, das im Gebirge *Ǧebal* im Wohngebiet der ehemaligen Edomiter liegt, aus sprachlichen Grün-

---

[23] Die Form עַשְׁתֵּי עָשָׂר verdankt sich offensichtlich dem Einfluss des Akkadischen, in dem das Zahlwort für eins *ištēn* lautet (elf = *išteššer/ištenšeret*). Sie taucht erst in den jüngeren Schriften auf (2. Kön 25, 2; Jer 1, 3; 39, 2; 52, 5; Ez 26, 1; 40, 49), darunter auch in P (Ex 26, 7. 8; 36, 14. 15; Num 7, 72; 29, 20), während die Älteren konsequent אַחַד עָשָׂר verwenden.

[24] Die beliebte Hypothese, dass V. 3 zur Priesterschrift gehört, die u. a. noch von Weinfeld 1991, 128, und Nielsen 1995, 19 f, vertreten wird, hat Perlitt 1994, 125–129, eingehend widerlegt.

[25] So bereits Targ. Onkelos und neuerdings auch Perlitt 1990, 12; Weinfeld 1991, 126, und Kallai VT 1995, 194.

[26] In diesem Fall stimmt auch Mittmann 1975, 8 f, der von Noth ³1967, 28 Anm. 3, vorgeschlagenen Identifizierung zu.

[27] Vgl. Simons 1959, § 358.

[28] Vgl. Noth 1968, 252, und Würthwein ²1985, 136 f, zu 1. Kön 11, 18.

den (*t* anstelle von *ṭ*) als unhaltbar erwiesen hat.[29] Etwas besser bestellt ist es
um Laban, das denselben Ort wie das in einem Stationenverzeichnis enthaltene transjordanische Libna in Num 33, 20 bezeichnen könnte.[30] Hazeroth
wird als Wüstenstation auch in Num 11, 35; 12, 16; 33, 17 f erwähnt und traditionell mit *ʿAin Ḥudrat* auf der östlichen Sinaihalbinsel identifiziert.[31] Sehr
wenig lässt sich mit dem nur hier belegten Di-Sahab anfangen, das schon die
alten Übersetzungen aus Verlegenheit etymologisierend wiedergeben.[32] Die
traditionelle Deutung findet seit J.L. Burckhardt[33] den Namen in der arabischen Hafenstadt *Minet eḏ-Ḏahab* wieder, die an der Westküste des Golfes
von Akaba, etwa 100 km südlich von Eilat, liegt.

Welcher Sinn kommt aber den in V. 1 b genannten Ortsnamen im Kontext
zu? Nach dem Wortlaut des Textes wollen sie die Lage von Suf genauer definieren, indem sie erläutern, dass dieses zwischen Paran einerseits und Tofel,
Laban, Hazerot und Di-Sahab andererseits liegt.[34] Allerdings ergibt sich aus
den genannten Orten kein vernünftiges Gegenüber, am allerwenigsten für das
angeblich in ihrer Mitte liegende Suf. Eher bilden die Orte eine Route, die im
Süden der Sinaihalbinsel beginnt (Paran) und auf der transjordanischen Hochebene (Suf) endet. Weil zudem Laban (Libna) und Hazerot in Num 33, 17–21
in einem Verzeichnis von Wüstenstationen begegnen, das ein später Redaktor auch in Dtn 10, 6 f verwendete (vgl. Num 33, 31–33), hat die Annahme die
größte Wahrscheinlichkeit für sich, dass in Dtn 1, 1 b ebenfalls das Fragment
eines ähnlichen, nicht mehr erhaltenen Stationenverzeichnisses vorliegt,[35] das
ein Redaktor im Bewusstsein der Tradition, aber unter totaler Verkennung
der Geographie in den hiesigen Zusammenhang einfügte. Von diesem Bearbeiter stammen wahrscheinlich auch die geographischen Angaben „in der
Wüste" und „in der Araba", von denen die erste den nachfolgenden Orten
der Wüstenwanderung und die zweite dem von der Tradition überlieferten
Standort Moses auf der östlichen Seite des Jordangrabens (heute arab. *el-*
Ġōr)[36] Rechnung zu tragen versucht.[37]

---

[29] Mittmann ZDPV 1973, 17 f.

[30] Perlitt 1990, 13. Die genaue Lage von Laban/Libna ist unbekannt.

[31] HALAT, 332 a.

[32] LXX und Vulg. bringen den Namen durch ihre Übersetzungen Καταχρύσεα und *ubi auri
est plurimum* mit Gold (זהב), Targ. Onkelos sogar mit dem Goldenen Kalb („weil sie dem Goldenen Kalb dienten") in Verbindung.

[33] Burckhardt 1824 II, 848 (vgl. auch 1075).

[34] Anders Kallai VT 1995, 193, der behauptet, dass V. 1 b–2 nicht die Lage der Moserede, sondern ihren Inhalt angeben wollen, was kaum einleuchtet.

[35] Der Vorschlag stammt von Dillmann ²1886, 232. Ihm pflichten z. B. Mittmann 1975, 11; Perlitt 1990, 12 f, und Weinfeld 1991, 129, bei.

[36] In 3, 29 (vgl. 34, 6) wird die Moserede anhand des Bet-Pegor (heute *Chirbet ʿUjūn Mūsā*,
1,6 km nnö. des Nebo) lokalisiert, das etwa 20 km östlich vom Nordende des Toten Meers liegt.

[37] Die traditionelle jüdische Auslegung deutet die Vielzahl der geographischen Angaben in
V. 1 b dahin gehend, dass die nachfolgenden Worte des Mose schon früher an den genannten Orten gesprochen worden waren und jetzt wiederholt werden (s. Tigay 1996, 3 f mit Anm. 5).

2   Vers 2, der die Distanz zwischen zwei zentralen Orten des Wüstenaufenthalts in Tagesmärschen angibt, könnte auch auf den an der Wüstenroute interessierten Bearbeiter von V. 1 b zurückgehen. Auffällig ist dabei allerdings,
dass als Ziel der Wanderung nicht ein Ort in Transjordanien genannt wird
(vgl. V. 1 b „gegenüber von Suf"), sondern Kadesch-Barnea (*Ēn Qdēs*),[38] die
geräumige Oase an der Südgrenze Palästinas (80 km ssw. von Beerscheba),
von wo aus die Israeliten den ersten, gescheiterten Versuch unternahmen, in
das Land einzudringen (1, 19; 9, 23). Der Grund für die veränderte Blickrich-
tung des Bearbeiters dürfte darin liegen, dass er in V. 2 die Geographie der
nachfolgenden Erzählung über die Wüstenwanderung berücksichtigen wollte,
nach der die Israeliten zunächst vom Horeb nach Kadesch-Barnea zogen
(1, 6. 19) und sich danach eine lange Zeit im Gebiet um das Gebirge Seïr he-
rum aufhielten (2, 1. 4 f).[39]
    Die Distanz vom Horeb bis nach Kadesch-Barnea wird als „elf Tagereisen"
angegeben, was mit den Erfahrungen späterer Reisender übereinstimmt.[40] Diesen kann allerdings eine nur beschränkte Bedeutung zukommen, weil man
nicht mit Sicherheit weiß, wo der Horeb – wie der Gottesberg Sinai immer und
ausschließlich im dtr Traditionsbereich heißt[41] – liegt. Die ältesten Zeugnisse
(Ri 5, 4 f; Dtn 33, 2; Ps 68, 8 f)[42] scheinen den Sinai auf dem edomitischen Ge-
birgs- und Wüstengebiet östlich und westlich des *Wādī l-ʿAraba* zu lokalisieren,
aber offenbar war schon das staatliche Israel sich seiner genauen Lage nicht
mehr bewusst.[43] Die maßgebliche Sinaiüberlieferung (Ex 19 ff) verlegt ihn eher
weiter nach Süden, so dass folglich auch die traditionelle Deutung ihn mit verschiedenen Bergspitzen im Zentralmassiv der Sinaihalbinsel (*Ǧebel Mūsā*, *Ǧebel Qāṭerīn*, *Ǧebel el-Munāǧa* und *Ǧebel Serbāl*) in Verbindung gebracht hat.[44]

---

[38] Es ist nicht möglich, „bis nach Kadesch-Barnea" als Glosse zu beseitigen (so etwa Noth
³1967, 28 Anm. 3; Mittmann 1975, 11; Nielsen 1995, 21); denn dann bliebe die Route ohne Ziel
(vgl. Perlitt 1990, 14).
[39] Vgl. Perlitt 1990, 14.
[40] Abel ³1967 I, 393, erzählt, er habe 1906 die Strecke von *Ǧebel Mūsā* nach *Ēn Qdēs* in genau elf
Tagen bewältigt, ausgenommen die zwei Tage, die er zu Aufenthalten benötigt habe. Über weitere
Erfahrungen ähnlicher Art berichtet Davies PEQ 1979, 95 f.
[41] Siehe Dtn 1, 6. 19; 4, 10. 15; 5, 2; 9, 8; 18, 16; 28, 69; 1. Kön 8, 9; 19, 8. Spätere Anklänge sind
Mal 3, 22; Ps 106, 19; 2. Chr 5, 10. Auch die Belege in Ex 3, 1; 17, 6 und 33, 6 stehen unter dtr Einfluss (s. Schmidt 1988, 137). Der Name Sinai wird zur dtr Zeit aus theologischen Gründen anstö-
ßig geworden sein, weil man mit ihm leicht den babylonisch-assyrischen Mondgott Sîn assoziie-
ren konnte, und der Astralkult mesopotamischer Herkunft damals aufs heftigste angegriffen
wurde (vgl. nur 2. Kön 23, 4–12). Der neue Name Horeb dagegen führt die Gedanken zu einem
„Ödland, Wüstengebiet" (s. Perlitt 1994, 32–49), wenngleich auch Horeb in erster Linie als Name
eines Berges bzw. Gebirges dient (Ex 3, 1; 33, 6; Dtn 1, 6. 19; 1. Kön 19, 8).
[42] Allerdings unterliegt זה סיני „das ist Sinai" sowohl in Ri 5, 5 als auch in Ps 68, 9 dem Verdacht, eine nachträgliche Glosse zu sein (vgl. BHS).
[43] „Wo Sinai gelegen hat, wissen wir nicht und die Bibel ist sich schwerlich einig darüber; das
Streiten über die Frage ist bezeichnend für die Dilettanten" (Wellhausen ⁶1927, 343 Anm. 1).
[44] Siehe zur Sinaiproblematik etwa Donner ²1995, 111–117 (mit vorsichtiger Befürwortung der
südlichen Sinaihalbinsel) und zur Herkunft der traditionellen Identifizierung mit *Ǧebel Mūsā* – die
erst aus dem 4. Jh. n. Chr. stammt – eingehend Maiberger 1984.

Auch die in Dtn 1, 2 angegebene Dauer der Reise – „elf Tage" – deutet darauf hin, dass für diesen Verfasser der Horeb/Sinai ziemlich weit im Süden liegt. Auf jeden Fall ist er für ihn deutlich abgehoben vom Wohngebiet der Edomiter, da er die Route vom Horeb nach Kadesch-Barnea „auf dem Wege zum Gebirge Seïr" verlaufen lässt. Damit ist entweder ein Weg gemeint, der das Gebirge Seïr durchquert oder – wahrscheinlicher – ein Weg, dessen Endziel im Gebirge Seïr liegt (vgl. 1, 40; 2, 1; 3, 1).[45] Das Gebirge Seïr bezeichnet im engeren Sinne das Bergland westlich vom *Wādī l-'Araba*, das vom Kahlen Gebirge bis zum Golf von Akaba reicht (vgl. Jos 11, 17; 12, 7), im weiteren Sinne aber auch das von den Edomitern bewohnte Gebirge auf der Ostseite des *Wādī l-'Araba* (vgl. Gen 36, 8 f; Dtn 2, 1. 5; Jos 24, 4; Ez 35, 2 ff).[46]

Die späteren rabbinischen Ausleger fanden den Sinn der Distanzangabe von V. 2 darin, dass die Israeliten in elf Tagen in das Land gekommen wären, wenn sie sich vor Gott würdig erwiesen hätten, aber als Strafe für ihre Sünden mussten sie vierzig Jahre in der Wüste umherirren.[47]

2. Rückblick auf die Vergangenheit (1, 6–3, 29)

2. 1. Brecht auf und zieht hinein in das Gebirge der Amoriter (1, 6–8)

6 Jahwe, unser Gott, redete zu uns am Horeb: „Ihr habt euch lange genug an diesem Berge aufgehalten. 7 Brecht auf und zieht hinein in das Gebirge der Amoriter
        und zu allen ihren Nachbarn in der Araba, auf dem Gebirge, in der Schefela, im Negeb und an der Küste des Meeres (in das Land der Kanaaniter)
und zum Libanon bis an den großen Strom, den Eufrat.
8 Siehe, ich gebe euch das Land preis.
        Zieht hinein und nehmt das Land in Besitz, das Jahwe euren Vätern Abraham, Isaak und Jakob zugeschworen hat, um es ihnen und ihren Nachkommen nach ihnen zu geben."

In 1, 6–8 beginnt die erste Rede des Mose (1, 6–4, 40), die in dem von DtrH stammenden Grundbestand (1, 6–3, 29*)[48] einen Rückblick auf die Ereignisse während der Wanderung vom Horeb (1, 6) in das Ostjordanland bis zu dem Ort enthält, wo Mose dem Volk das Gesetz verkündet (3, 29). Der Befehl

---

[45] Davies PEQ 1979, 98.

[46] Simons 1959, § 434 f.

[47] So nach dem frühjüdischen Midrasch Sifre Deuteronomium, Pisqa 2 (bei Bietenhard 1984, 10 f). Auch Luther folgt dieser Deutung (WA 14, 547:4–7, und WA 28, 512).

[48] Dtn 4, 1–40 ist anderer Art und jüngerer Herkunft als 1, 6–3, 29 (s. u.).

Gottes (1, 6–8), der zum Aufbruch und zur Inbesitznahme des Landes auffordert, hat eine formale Entsprechung in Jos 1, 1–9, wo die Eroberung des
Westjordanlandes (Jos 1–11) mit einer Gottesrede an Josua, den Nachfolger
des Mose, eingeleitet wird.

Die Schilderung der Vorgänge auf der Wanderung vom Horeb in das Ostjordanland (1, 6–3, 29) wird durch die Vorstellung des Weges geprägt,[49] auf
dem die Aufträge Jahwes und ihre Ausführung durch Israel einander korres-
pondieren.[50] Es handelt sich um eine Art *theologia viatorum*, in der die Geographie im Dienste der Aussage steht. Die Wanderung ist in zwei entgegen-
gesetzte Etappen aufgeteilt, deren Beginn jeweils durch den Ausdruck רב
לכם „genug für euch" (1, 6; 2, 3) gekennzeichnet ist und die inhaltlich zwei
gegensätzliche menschliche Verhaltensweisen vor Gott aufweisen[51]: In dem
ersten, negativen Teil der Wanderung (1, 6–2, 1) lehnt sich Israel gegen den
Auftrag seines Gottes auf (1, 26 ff) und erleidet einen großen Schaden
(1, 44–2, 1), während es sich in dem zweiten Teil (2, 2–3, 29) gehorsam dem
Willen Gottes fügt und erfolgreich ans Ziel kommt (3, 17). In der Beschreibung des Durchzugs durch fremde Gebiete in Transjordanien wird ein prin-
zipieller Unterschied in der Einstellung zu ihren Besitzern vorgenommen,
und zwar zwischen den Brudervölkern Edom, Moab und Ammon einerseits,
die nicht angefeindet werden dürfen (2, 4–8; 2, 9. 18 f), und den nördlich vom
Arnon wohnenden Amoriterkönigen Sihon und Og andererseits, deren Gebiete kriegerisch erobert werden (2, 24–3, 8).[52]

Bei der Beschreibung der Vorgänge während der Wanderung handelt es
sich um eine *Nacherzählung*, die nur kurz das rekapituliert, was bereits in den
älteren Berichten der Bücher Exodus und Numeri über diese Ereignisse
stand.[53] Was sich dort disparat an verschiedenen Stellen findet, wird in Dtn
1–3 in einer gestrafften Neufassung dargeboten und mit einer theologischen
Deutung versehen, die die vergangenen Ereignisse für spätere Generationen
gegenwärtig und in ihrer paradigmatischen Bedeutung transparent macht.[54]

Nicht anders als die Überschrift V. 1–5 ist auch der Aufbruchsbefehl V. 6–8
in mehreren Phasen entstanden. Der auf DtrH zurückgehende Grundtext bestand wahrscheinlich aus V. 6. 7 aα*. 8 a.[55] Er wurde zuerst durch Ergänzun-

---

[49] Lohfink 1990 I, 24–26. 37–42. Das Stichwort „Weg" (דרך) begegnet in Dtn 1–3 nicht weniger als 13 Mal (1, 2. 19. 22. 31. 33*bis*.40; 2, 1. 8*bis*.27*bis*; 3, 1).

[50] Siehe 1, 7 → 1, 19; 1, 40 → 2, 1; 2, 3 → 2, 8; 2, 13 a → 2, 13 b; 2, 24 → 2, 32–36; 3, 2 → 3, 3.

[51] Vgl. Lohfink 1990 I, 37–42; Perlitt 1990, 29; Tigay 1996, 6 f.

[52] Perlitt 1990, 30.

[53] Eine Aufzählung der Parallelstellen findet sich z. B. bei Driver ³1902, xiv–xviii. Ob die Verfasser von Dtn 1–3 bei ihren Lesern sogar die Kenntnis der älteren Texte voraussetzen, ist eine
umstrittene Frage, die sich kaum eindeutig beantworten lässt. Perlitt 1990, 30, neigt zu einer positiven Antwort, wie auch Lohfink früher (1960 = 1990 I, 19), der aber später seine Meinung offenbar geändert hat (s. Lohfink 1992 = 1995 III, 32).

[54] „So wird in Dtn 1–3 nicht berichtet, was einmal war, sondern vor Augen gerückt, was die
Vergangenheit Israels für die Gegenwart Israels paradigmatisch bedeutet" (Perlitt 1990, 31).

[55] So auch Perlitt in einer früheren Studie (Perlitt 1983 = 1994, 103. 106), anders aber im Kommentar (Perlitt 1990, 37. 50), wo er V. 8 insgesamt zum Grundbestand rechnet.

gen erweitert, die die Grenzen des zu erobernden Landes bis zum Libanon und dem Eufratstrom ausdehnen (V. 7 b*) und dessen Inbesitznahme mit dem Väterschwur begründen (V. 8 b). In der dritten Phase wurde die allgemeine Bezeichnung des Landes „das Gebirge der Amoriter" (V. 7 a) mit einer genaueren Aufzählung der verschiedenen Landesteile versehen und schließlich noch mit der Glosse „in das Land der Kanaaniter" (V. 7 bα*) kommentiert. Parallelen für V. 6–8 fehlen in den älteren Teilen des Pentateuch.[56]

1. Die **Grundschicht (DtrH)** besteht aus einem Befehl Gottes (V. 6. 7aα*. 8 a),   **6. 7 a*. 8 a** der formal als eine Rede in der Rede konzipiert ist. Es handelt sich um ein in Dtn 1–3 und der gesamten dtr Literatur häufig benutztes Stilmittel.[57] Gottes Befehl wird mit einer Proklamation des Mose eingeleitet (V. 6 a), die das Subjekt der nachfolgenden Rede betont an den Anfang stellt und durch Inversion hervorhebt, dass es sich im Folgenden um die Rekapitulation einer Rede Gottes durch Mose handelt. „Nicht aus mir selbst rede ich zu euch, sondern aus dem Munde des Heiligen rede ich zu euch", erläutert der frühjüdische Kommentar Sifre Deuteronomium (Pisqa 5) den Sinn des Satzes.[58] Mose verwendet die Gottesbezeichnung „Jahwe, unser Gott", die ihre Heimat offenbar im Credo von Dtn 6, 4 hat, und stellt sich so vor Gott auf eine Stufe mit dem Volk.[59] Durch die Anwendung der Redeform 1. P. Pl. hier wie auch im weiteren Verlauf des Wanderberichts von Dtn 1–3[60] betont der Verfasser die innere Solidarität des Gottesvolkes und bietet zugleich eine Identifikationsmöglichkeit („wir") für spätere Generationen.

Der Befehl Gottes erreicht Israel noch auf dem heiligen Boden des Horeb (vgl. V. 2), wo Gott zu seinem Volk redete (5, 4. 22; 18, 16) und mit ihm den Bund schloss (5, 2). Berge der Gottesnähe sind aber keine Orte, wo man sich dauerhaft niederlassen könnte (vgl. 1. Kön 19, 8 ff; Mk 9, 2–8), sondern die dort vernommenen Worte Gottes sollen als Wegzehrung auf die Wanderung mitgenommen und im Leben in die Tat umgesetzt werden.[61] Der Zweck des Aufenthalts Israels am Horeb ist nun erreicht (V. 6 b), und das Volk soll in Richtung auf das Gebirge der Amoriter aufbrechen (V. 7 aα*). Der Befehl Gottes, der in 1, 19 in die Tat umgesetzt wird, bildet das erste Glied in der Kette der göttlichen Aufträge und der menschlichen Ausführungen, die die

---

[56] Ex 32, 34 ist inhaltlich, aber nicht sprachlich mit Dtn 1, 6–8 verwandt; Ex 33, 1 sieht wie eine straffe Zusammenfassung von Dtn 1, 6–8 aus. Beide Stellen sind aber dtr (s. Foresti Lat. 1982, 63, und Noth ⁵1973, 208), und zwar jünger als die Grundschicht von Dtn 1, 6–8.

[57] Vgl. Dtn 1, 14. 16. 20. 22; 2, 9. 17; 3, 2. 18; 1. Sam 12, 10; 1. Kön 8, 15 u. ö.

[58] Die deutsche Übersetzung nach Bietenhard 1984, 17.

[59] Perlitt 1990, 40.

[60] Siehe 1, 19; 2, 1. 8. 13 b–14. 30 a. 32–36; 3, 1. 3–8. 12. 29. Diese Stücke bilden keinen eigenständigen „Wir-Bericht", der nach Plöger 1967, 5–25, als ältere Grundlage für Dtn 1–3 gedient hätte. Schon eine oberflächliche Durchsicht der „Wir-Stücke" zeigt, dass sie keine kohärente Erzählung bilden, sondern dauernd auf die dazwischen liegenden Textpartien angewiesen sind. Vgl. negativ dazu auch Ottosson 1969, 94 Anm. 14; Perlitt 1990, 31, und Nielsen 1995, 23 f.

[61] Vgl. Perlitt 1990, 41.

Schilderung der nachfolgenden Wanderung strukturieren (s. o.).[62] Die ursprüngliche Absicht, die aber an Israels Kleinmut scheiterte (1, 26 ff), bestand darin, dass Israel auf direktem Weg vom Süden in das Land hineinziehen sollte, das DtrH verallgemeinert als „Gebirge der Amoriter" bezeichnet,[63] wobei er besonders den südlichen Teil des Landes im Blick gehabt haben dürfte. Die erfolgreiche Ausführung des erteilten Auftrags wird durch eine göttliche Verheißung motiviert, die die Preisgabe des Landes als Gottes Beitrag zur Landnahme zusagt (V. 8 aα).[64] Die Perspektive der Verheißung ist in Wirklichkeit nicht auf die Mosezeit begrenzt. Sie reicht über Dtn 3, 27 f; 31, 7 und Jos 1, 1–6* bis zu der vollständigen Erfüllung der Landverheißung in Jos 11, 23 und 21, 43–45.

7 b*. 8 b   2. Die erste Ergänzung erfuhr die Grundschicht durch die geographische Erweiterung „und zum Libanon bis an den großen Strom, den Eufrat" (V. 7 b*) und den offenbar damit zusammenhängenden Hinweis auf den Väterschwur (V. 8 b). Für DtrH bestand das verheißene Land aus dem Ost- und Westjordanland, dessen Eroberung er als zwei parallele Vorgänge in Dtn 2–3* und Jos 1–11* darstellt.[65] Erst sekundär wurde diese geographische Konzeption zu einer Großreichsideologie ausgebaut, nach der das ganze Gebiet vom Mittelmeer im Westen bis zum Eufrat im Nordosten zum Verheißungsland gehört.[66] Dies geschah durch einen Zusatz in Jos 1, 3–5 a, in dem der bereits sekundär erweiterte Text von Dtn 11, 24[67] zitiert wird (vgl. V. 3 b). Dass DtrH diese Auffassung noch nicht kannte, zeigt sich z. B. in seiner unverblümten

---

[62] Vgl. auch die mehrfache Wiederholung der Verben פנה, נסע und בוא (V. 7 aα*) in 1, 24. 40; 2, 1. 3. 8; 3, 1 (פנה), 1, 19. 40; 2, 1. 24 (נסע) und in 1, 8. 19. 20. 22. 24. 31. 37. 38. 39 (בוא).

[63] Das Gentilicium „Amoriter" hat seine akkadische Entsprechung in *Amurru* „Westen", das in assyrischen Texten des 1. Jahrtausends als Name für Syrien-Palästina dient (s. näher Perlitt 1990, 42). Es wird im dtr Sprachgebrauch als Gesamtbezeichnung für die ehemaligen Bewohner des von Israel eroberten Landes verwendet (Dtn 1, 4. 19. 20; 3, 9; Ri 6, 10; 10, 8. 11; 11, 23; 1. Sam 7, 14; 2. Sam 21, 2; 1. Kön 21, 26).

[64] Weitere Belege für die in V. 8 aα gebrauchte sog. Preisgabeformel finden sich in Dtn 1, 21; 2, 31. 33. 36; 7, 2. 23; 23, 15; 28, 7. 25; 31, 5; Jos 10, 12; 11, 6; Ri 11, 9; 1. Kön 8, 46; Jes 41, 2.

[65] Vgl. Noth ³1967, 35 mit Anm. 2; Diepold 1972, 60–62. Anders Lohfink 1990 I, 41 mit Anm. 103, der unter Hinweis auf Dtn 2, 29 und 3, 25 („zusammen mit 1, 7. 35. 37") die Auffassung vertritt, dass „die ostjordanischen Gebiete noch nicht zum eigentlichen verheißenen Gebiet zu gehören scheinen". Dtn 2, 29 ist jedoch eine jüngere Ergänzung (s. u.), und 3, 25 sagt nichts über den Umfang des verheißenen Landes. Dafür, dass das Ostjordanland dazu gehört, spricht positiv, dass die sündige Generation, die das den Vätern eidlich zugesagte Land nicht sehen darf (1, 35), gerade vor dem Überschreiten (das Verb עבר) des Arnon (2, 24) ausstirbt (2, 14–16). Dort „beginnt" (2, 25) die Eroberung der ostjordanischen Gebiete, die die zweieinhalb Stämme als ihren Besitz bekommen (3, 12 f), ganz ähnlich wie die übrigen Stämme ihre Gebiete im Westjordanland erhalten (Jos 14–21*).

[66] Vgl. Perlitt 1994, 101–103.

[67] Die ursprünglich kleinräumige Definition „von der Wüste und vom Libanon bis zum westlichen Meere" ist hier sekundär durch Einschiebung der Worte „von dem [großen] Strom, dem Eufratstrom", die der Syntax widersprechen, der Großreichsideologie angepasst worden (s. Mittmann 1975, 21 f).

Feststellung Jos 21, 43–45, *alle* Verheißungen seien erfüllt, obwohl nur das Ost-
und Westjordanland erobert worden sind, sowie in dem Fehlen jeglicher Anspielung auf die Erfüllung göttlicher Landverheißungen bei David (2. Sam 8),
dessen Großreich und tadellose Frömmigkeit am ehesten eine solche Notiz
berechtigt hätten. Dagegen taucht die Großreichsideologie aber in spät-dtr
und ihnen nahe stehenden Texten auf (Gen 15, 18; Ex 23, 31; Dtn 11, 24; Ps
80, 12; 89, 26, vgl. auch 1. Kön 5, 1. 4).[68] Die in ihnen vertretene geographische Sicht wird auch von der Erweiterung geteilt, die am Ende von Dtn 1, 7 b
steht. Mit „dem Libanon" sind sehr allgemein die Regionen nördlich von
Palästina bis zum Eufrat gemeint (vgl. 11, 24; Jos 1, 4). Das Ziel dieser Erweiterung besteht darin, die Großreichsideologie schon am Horeb, dem Ort der
göttlichen Willensoffenbarung, zu verankern.

Von ähnlichem Intresse für die heilsgeschichtliche Begründung der Landnahme zeugt die Berufung auf den Väterschwur in V. 8 b. Sie wird durch
einen Satz (V. 8 bα) eingeleitet, in dem die dem älteren Kontext (V. 7 a*.8 a)
entliehenen Ausdrücke „zieht hinein" und „das Land" mit dem Terminus
technicus der Landnahme ירשׁ „in Besitz nehmen" ergänzt werden. In der
Anspielung auf den Väterschwur (V. 8 bβ) fällt auf, dass Jahwe mitten in seiner eigenen Rede beim Namen erwähnt wird, was bereits von alten Traden-
ten (Sam. und LXX) als Stilbruch empfunden und zum Anlass genommen
wurde, die Aussage in die 1. P. Sg. zu ändern. Vielmehr verweist die unpas-
sende Erwähnung Jahwes auf den sekundären Charakter der Stelle.

Die hier begegnende Fassung der Landschwurformel ist die volltönendste
von all den zwanzig Varianten der Formel im Dtn. Alle drei Erzväter werden
namentlich erwähnt,[69] wie sonst nur in 6, 10; 30, 20 und 34, 4 (vgl. auch 9, 5).
Die Formel hat hier eine umständliche sprachliche Gestalt („um es ihnen und
ihren Nachkommen nach ihnen zu geben"), für die es exakte Parallelen erst
in der Priesterschrift gibt (Gen 17, 8; 35, 12; 48, 4). Deshalb ist damit zu rechnen, dass die in 1, 8 b vorliegende Fassung in die Spätgeschichte der Formel
gehört. Auf dieser späten Stufe ist es kaum möglich, eine bestimmte Stelle in
den Erzväterüberlieferungen des Buches Genesis als Gegenstand der Anspielung anzugeben.[70] Zieht man den Umfang des verheißenen Landes in Betracht (V. 7 b* „und zum Libanon bis an den großen Strom, den Eufrat"),
dann kommt die Gen 15, 7–21 beschriebene Schwurhandlung mit der eufra-
tischen Landeskonzeption (V. 18) der in Dtn 1, 7 b*.8 b vorliegenden Vorstellung am nächsten. Eigenartig in Dtn 1, 8 b ist, dass die Erzväter nicht allein
als Adressaten des Schwures wie gewöhnlich (vgl. Dtn 6, 10. 18. 23; 7, 13; 8, 1;

---

[68] Siehe Veijola 1990, 149–151.

[69] Es gibt keinen objektiven Grund, die Trias der Väternamen als Zusatz zu verdächtigen (anders Römer 1990, 200)

[70] Dort nennt die Landverheißung als Adressaten Abraham in Gen 12, 7; 13, 14 f. 17; 15, 7–21;
17, 8; 24, 7, Abraham und Isaak in 26, 3 f, Jakob in 28, 13; 48, 4, Jakob und Abraham in 28, 4 und
Abraham, Isaak und Jakob in 35, 12; 50, 24. Um einen Schwur handelt es sich in 24, 7; 26, 3 f;
50, 24 und um eine Schwurhandlung in 15, 7–21.

26, 3. 15; 28, 11; 31, 20; 34, 4), sondern zusammen mit ihren Nachkommen schon als Empfänger des verheißenen Landes erscheinen (vgl. sonst in Dtn 1, 35; 10, 11; 11, 9. 21; 30, 20; 31, 7). Die auffallende Verschränkung der Zeitperspektive mag ihren Grund darin haben, dass bereits in älteren Landverheißungen (ohne Schwur) das Land zugleich dem Erzvater und seinen Nachkommen zugesagt werden konnte, wobei allerdings damit gerechnet wurde, dass das dem Erzvater verliehene kleinräumige Gebiet sich später ausweitet (Gen 28, 13 f, vgl. Gen 13, 14 f)[71]. Es könnte auch eine Rolle gespielt haben, dass aus der Perspektive des nachexilischen Verfassers die „Väter" die einstigen Besitzer des Landes waren, das durch die Exilskatastrophe verloren gegangen und jetzt für ihre Nachkommen wieder zum Verheißungsgut geworden war.

7 a* 3. Ein später Bearbeiter hat in V. 7 a die für ihn offenbar zu unbestimmte Landesbezeichnung „das Gebirge der Amoriter" noch genauer nach den verschiedenen Regionen des Landes definiert, wobei der Übergang vom Geographischen („das Gebirge der Amoriter") ins Ethnische („zu allen ihren Nachbarn")[72] sowie die zweimalige Nennung des Gebirges ins Auge fallen. Als Vorbild können dem Bearbeiter die ähnlichen Gliederungen des Landes in Jos 11, 2. 16; 12, 8 (vgl. auch Jos 9, 1; 10, 40 und Ri 1, 9) gedient haben. Mit den einzelnen geographischen Bezeichnungen sind hier die folgenden Landesteile gemeint: mit der „Araba" der Jordangraben (el-Ġor) zwischen See Gennesaret und Totem Meer, mit dem „Gebirge" das judäisch-efraimitische Gebirge, mit der „Schefela" das fruchtbare Hügelland ungefähr zwischen Ajalon und Lachisch, mit dem „Negeb" die regenarme Senke südlich vom Gebirge Judas und mit der „Küste des Meeres" die westlich und nördlich von der Schefela liegende Küste des Mittelmeers.

7 b* Die Liste wurde schließlich noch durch die Glosse „in das Land der Kanaaniter" (V. 7 b) ergänzt, die entweder all die in V. 7 a aufgezählten Landesteile noch einmal zusammenfasst oder aber die unmittelbar vorangehende „Küste des Meeres" (vgl. Num 13, 29; Jos 5, 1; 11, 3; 13, 4) kommentiert.

---

[71] Zu diesen Stellen s. Schmidt ZAW 1992, 2–15.

[72] Die Übersetzung von שכניו durch „seine Bewohner" (so u. a. Plöger 1967, 9, und Weinfeld 1991, 133) kommt kaum in Frage (vgl. Perlitt 1990, 44); denn diese ohnehin seltene Bedeutung (Jes 33, 24; Hos 10, 5) fehlt gänzlich im dtr Literaturbereich, während das Wort häufig in ihm nahe stehenden Texten für benachbarte Städte und Staaten verwendet wird (vgl. Jer 49, 10. 18; 50, 40; Ez 16, 26; Ps 44, 14; 79, 4. 12; 80, 7; 89, 42).

2. 2. *Ich nahm weise und sachkundige Männer (1, 9–18)*

9 Ich sagte zu euch zu jener Zeit: „Ich kann euch nicht allein tragen. 10 Jahwe, euer Gott, hat euch gemehrt, so dass ihr heute so zahlreich seid wie die Sterne des Himmels.
11 Jahwe, der Gott eurer Väter, möge euch noch tausendfach mehren und euch segnen, wie er euch zugesagt hat!
12 Wie könnte ich da allein eure Last und Bürde und eure Streitigkeiten tragen? 13 Bringt weise, einsichtige und sachkundige Männer aus jedem eurer Stämme[73], damit ich sie als eure Vorsteher[74] einsetze." 14 Da antwortetet ihr mir und sagtet: „Das, was du zu tun vorgeschlagen hast, ist gut."
15 Und ich nahm (die Vorsteher eurer Stämme) weise und sachkundige Männer und setzte sie ein als Vorsteher über euch (als Oberste über Tausend, über Hundert, über Fünfzig und über Zehn) und als Listenführer für eure Stämme.
16 Ich gebot euren Richtern zu jener Zeit: „Hört eure Brüder an und richtet gerecht zwischen einem Mann und seinem Bruder und seinem Fremden. 17 Seht im Gericht nicht die Person an. Hört den Kleinen an wie den Großen. Fürchtet euch vor keinem, denn das Gericht ist Gottes Sache. Einen Fall aber, der euch zu schwierig ist, bringt vor mich, dass ich ihn anhöre."
18 Ich gebot euch zu jener Zeit alles, was ihr tun sollt.

Gottes Befehl zum Aufbruch vom Horeb (V. 6–8) führt vorerst zu keiner Tat, sondern vor seiner Verwirklichung (V. 19) wird erzählt, wie Mose Anweisungen zur Organisation des Volkes und zur Rechtspflege gibt (V. 9–18). Der Abschnitt zerbricht den engen Zusammenhang zwischen dem Aufbruchsbefehl in V. 6–8 und dessen Ausführung in V. 19, wo wörtlich an V. 7 a* angeknüpft wird. Der sekundäre Charakter des Abschnitts verrät sich auch dadurch, dass er durch eine dreifach wiederholte, für spätere Einschübe typische, lockere Zeitbestimmung „zu jener Zeit" (V. 9. 16. 18) an den Duktus der Erzählung angehängt worden ist. Es handelt sich um einen Zusatz, der nach DtrH, dem Verfasser des Grundtextes von Dtn 1–3, entstanden sein muss. Das weisheitliche und richterliche Interesse der Anweisungen erinnert am meisten an die Geschichte von Salomos richterlicher Weisheit in 1. Kön 3, 4–15 (s. u.), die in der Endgestalt von DtrN stammt[75] und die Schlussfolgerung nahe legt, dass auch die erste Fassung von Dtn 1, 9–18 auf den DtrN-Kreis zurückgeht. Sobald man im Lichte von 1. Kön 3, 4–15 erkennt, dass nach DtrN Weisheit die Grundlage für die gerechte Regierung *und* Rechtspre-

---

[73] Der Ausdruck ist hier, anders als am Ende von V. 15 („für eure Stämme"), distributiv (d. h. „stammweise") zu verstehen (vgl. V. 23 und weiter etwa Jos 7, 14. 16; 18, 4; 1. Sam 10, 19).
[74] Die Übersetzung „als eure Vorsteher" (mit einem b^e essentiae, vgl. Ges-Kautzsch § 119 i) anstelle von „an eure Spitze" (so z. B. Steuernagel ²1923, 52, und von Rad ²1968, 22) findet eine Stütze in V. 15 sowie in den alten Übersetzungen (Targ., LXX, Vulg.).
[75] Zur Bearbeitung von 1. Kön 3, 4–15 durch DtrN s. Veijola 2000, 195 f.

chung bildet, erübrigt sich die Annahme, dass die Anweisungen zur Rechtspflege in Dtn 1, 16–17(18) gegenüber dem Bericht von der Auswahl der Vorsteher in V. 9–15 sekundär sein könnten.[76]

Dagegen hat der erste Teil des Abschnitts (V. 9–15) einige Erweiterungen
erfahren: Nach V. 10 ist die stark angewachsene Zahl des Volkes („wie die
Sterne des Himmels") die Ursache des Problems, weshalb Mose das Volk
nicht mehr allein zu tragen vermag (V. 12), während V. 11 das Missverständnis
abwehren möchte, Mose hätte die Erfüllung der Mehrungsverheißung Gott
zum Vorwurf machen wollen. Als eine auf die Zukunft ausgerichtete Aussage,
die sich durch die Wunschform sowie die seltene Gottesbezeichnung „Jahwe,
der Gott eurer Väter"[77] vom Kontext abhebt, erweist sich V. 11 als eine später
hinzugefügte Parenthese.[78] In V. 15 erzeugt der masoretische Text[79] die unsin-
nige Vorstellung, Mose nehme die Vorsteher (wörtlich: die „Häupter") der
Stämme[80] und mache sie zu Vorstehern und Listenführern der Stämme, obwohl nach V. 13 ihre Wahl aufgrund der persönlichen Eignung und nicht
der gesellschaftlichen Position geschehen sollte. Die nähere Spezifizierung
der Vorsteher als militärische Truppenführer (V. 15 bα) überrascht, weil in
V. 10. 12. 13 nichts auf militärische Bedürfnisse hinweist und in V. 15 selbst
die Aufzählung der verschiedenen Ränge des Heerbannes den Zusammenhang zwischen den „Vorstehern" und ihren Gehilfen, den „Listenführern"
(V. 15 bβ), unterbricht. Der Zusatz (V. 15 bα) hat später seinen Weg auch in
den Parallelbericht von Ex 18 (V. 21 b.25 b)[81] gefunden.

9–10. 12–18 1. Die Grundschicht (DtrN) V. 9 f. 12–14. 15 a*bβ. 16–18 ist formal in drei
Teile (V. 9–15*, V. 16 f und V. 18) gegliedert, die alle mit einer an dritter Stelle
im Vers genannten Bestimmung „zu jener Zeit"[82] beginnen. Die lockere Zeitbestimmung bezieht sich auf die Vergangenheit, auf Israels Aufenthalt am Horeb (V. 6), dessen Ereignisse Mose dem Volk erzählend vergegenwärtigt. Die
literarische Grundlage der Vergegenwärtigung besteht aus der in Ex 18, 13–27*
vorliegenden Überlieferung. Dort wird erzählt, wie Mose auf Vorschlag seines
Schwiegervaters Jitro die Rechtsprechung dahin gehend rationalisiert, dass
er sich gottesfürchtige und tadellose Männer aus dem Volk nimmt und ihnen

---

[76] Wie etwa Loewenstamm Tarb. 1968–69, 100, und Mittmann 1975, 25 f, angenommen haben.

[77] Im Dtn sonst nur an einer spät-dtr Stelle Dtn 4, 1 und weiter in Ex 3, 15. 16 (dtr); Jos 18, 3
(dtr?); 2. Chr 29, 5.

[78] Bereits Luther nannte V. 11 eine „parenthesis" (WA 14, 550:9; 551:22).

[79] Anders LXX und Vulg., deren Übersetzer offenbar die Schwierigkeit erkannt und anstelle
von „die Häupter eurer Stämme" „von euch" (ἐξ ὑμῶν) bzw. „von euren Stämmen" (de tribubus
vestris) geschrieben haben.

[80] Der Ausdruck „die Häupter der Stämme" (im Pl. oder Sg.) ist selten und nur spät belegt:
Dtn 5, 23 (s. u.); 1. Sam 15, 17 (Glosse, s. Foresti 1984, 37–39); 1. Kön 8, 1 (fehlt in LXX).

[81] Diese Verse gelten allgemein als sekundär (s. z.B. Knierim ZAW 1961, 146. 155. 167–170;
Perlitt 1990, 58 f; Crüsemann 1992, 105 f; Nielsen 1995, 26).

[82] Der Ausdruck begegnet auch sonst oft in den geschichtlichen Rückblicken des dtr Dtn
(2, 34; 3, 4. 8. 12. 18. 21. 23; 4, 14; 5, 5; 9, 20; 10, 1. 8).

die Entscheidung in alltäglichen Angelegenheiten überträgt, während nur die
schwierigen Fälle vor ihn selbst gebracht werden sollen.[83] Eine weitere Überlieferung, die an Dtn 1, 9 ff erinnert, ist die in Num 11, 11–17. 24 b–30 vorliegende Erzählung, nach der Mose in der Wüste wegen der andauernden Un-
zufriedenheit des Volkes bitter vor Jahwe klagt, der ihn daraufhin beauftragt,
sich siebzig Älteste als Gehilfen zu wählen. Diese Erzählung stellt jedoch eine
gegenüber von Ex 18, 13 ff und Dtn 1, 9 ff weiter entwickelte Variante dar und
gehört somit in die Wirkungsgeschichte der beiden älteren Überlieferungen.[84]
Ein anderer Text aber, der neben Ex 18, 13 ff Einfluss auf Dtn 1, 9 ff ausgeübt
hat, ist Dtn 16, 18 f,[85] wo Anweisungen zur Einsetzung der Richter und zur gerechten Rechtsprechung gegeben werden.[86]

Der Bericht über die Neuorganisation des Volkes beginnt mit einer Rede-   9–10
einleitung (V. 9 a), die das ganze Unternehmen durch die Zeitbestimmung
„zu jener Zeit" auf den Horeb verlegt (vgl. V. 6). Das ist eine bewusste Veränderung gegenüber dem älteren Bericht Ex 18, 13–27*, nach dem die Justiz-
reform noch vor der Ankunft des Volkes am Sinai (Horeb) vorgenommen
wurde. Für DtrN war es jedoch wichtig zu betonen, dass Israel seine gültige
Leitungs- und Gerichtsorganisation auf dem heiligen Boden des Horeb, dem
Ort der Gesetzgebung, erhielt. Die Initiative zur Reform stammt nicht wie in
Ex 18, 13 ff von einem ausländischen Priester, dem Midianiter Jitro, sondern
von Mose selbst, der in V. 9 b das Bedürfnis der Reform mit seiner Unfähig-
keit, das Volk weiter *allein* zu tragen (und ertragen) begründet (vgl. Ex
18, 14. 18. 22).[87] Dass Mose in dieser Funktion überfordert ist, versteht sich
angesichts der Tatsache, dass es eigentlich Gottes Sache ist, sein Volk zu „tragen" (Ex 19, 4; Dtn 1, 31). Außerdem trägt nach V. 10 Gott selber insofern
Schuld an dem entstandenen Problem, als er gemäß seiner Verheißung (vgl.
Gen 15, 5; 22, 17; 26, 4; Ex 32, 13) das Volk „so zahlreich wie die Sterne
des Himmels" gemacht hat (vgl. Dtn 10, 22; 28, 62). Dieser Gesichtspunkt
fehlt in Ex 18, begegnet aber in 1. Kön 3, 4–15, wo DtrN Salomo seine Un-

---

[83] Es ist häufig angenommen worden, dass im Hintergrund von Ex 18, 13 ff eine von König
Joschafat um 850 durchgeführte Rechtsreform stehe, in deren Verlauf neben die traditionellen
Ortsgerichtsbarkeiten der Stand der königlichen Berufsrichter eingeführt und in Jerusalem eine
zentrale Rechtsfindungsbehörde eingesetzt worden sei (so etwa noch Crüsemann 1992, 104–121).
Die Theorie stützt sich im wesentlichen Punkt auf den chronistischen Bericht 2. Chr 19, 4 b–11,
der jedoch in Abhängigkeit von Ex 18, 13–27, Dtn 1, 9–18 und 17, 8–13 entstanden ist und rein
fiktiven Charakter hat (Wellhausen [6]1927, 186; Rüterswörden 1985, 111; Niehr 1987, 114 f. 119 f;
Knoppers JBL 1994, 59–80).
[84] Siehe Aurelius 1988, 180–186, und Achenbach 2003, 219–266.
[85] Siehe Levinson 1991, 424–432.
[86] Die literarische Naht der beiden vorgegebenen Überlieferungen (Ex 18, 13 ff und Dtn 16, 18)
ist deutlich spürbar bei dem Übergang von V. 15 zu V. 16, was nicht zu erwarten wäre, wenn Dtn
1, 9–18 die originale Fassung und Ex 18, 13 ff ihre midraschartige Erweiterung wäre, wie Van Seters
1994, 215–219, behauptet. Der Vergleich der beiden Stellen im Einzelnen wird die Priorität von Ex
18, 13 ff vor Dtn 1, 9–18 bestätigen (s. u.).
[87] Das Bild vom „Tragen" wird in Num 11, 12. 14 weiter entwickelt.

fähigkeit, das Volk zu richten, mit dessen unzählbarer Größe begründen lässt (V. 8. 9 b)[88].

12   Das in V. 9–10 beschriebene Problem lässt Mose in V. 12 eine klagende rhetorische Frage (vgl. 7, 17) stellen, in der er den Gegenstand („euch") seines Allein-Tragens näher beschreibt. Dieser besteht daraus, was in Ex 18, 16 einfach „Rechtssache" (דבר) heißt, hier aber durch drei Begriffe breiter erläutert wird. Die zwei erstgenannten, „Last" (vgl. Jes 1, 14) und „Bürde"[89] (vgl. 2. Sam 15, 33), bringen die persönlich empfundene Schwere des Auf-trags zum Ausdruck, die dritte, „Streitigkeiten", hingegen lenkt zum Ausgangspunkt („Rechtssache") zurück und unterstreicht, dass es die Rechtshändel (ריב) des Volkes im breiten Sinne sind, die Mose das Tragen des Volkes zu schwer werden lassen. Von daher ist es ganz logisch, dass er später (V. 16 f) auf das Thema des Rechtswesens näher eingeht.[90]

13   Zuerst unterbreitet Mose – und nicht der Ausländer Jitro wie in Ex 18, 17 ff – den Vorschlag zur Lösung des Problems (V. 13)[91]. Die erforderlichen Qualitäten der Vorsteher sind offenbar im Blick auf die drei Lasten Moses (V. 12 b) in Gestalt einer Trias formuliert worden.[92] Inhaltlich weichen sie markant von Ex 18, 21 ab, wonach die Vorsteher „tüchtige, gottesfürchtige und zuverlässige Männer sein sollen, die unlauteren Gewinn verabscheuen", während Mose nach Dtn 1, 13 „weise, einsichtige und sachkundige Männer" haben will. Die gewählten Eigenschaften sind Ausdruck eines weisheitlichen Ideals, das an einigen späten Stellen des Dtn – am deutlichsten neben 1, 13. 15 in 4, 6–8 – greifbar wird. Die hier belegte Dreierreihe kommt kein zweites Mal vor, nicht einmal in V. 15, aber für das Paar „weise und einsichtig" gibt es einige Parallelen (Gen 41, 33. 39; Dtn 4, 6; 1. Kön 3, 12; Jes 5, 21), von denen 1. Kön 3, 12 am wichtigsten ist: Nachdem Salomo Gott um „ein hörendes Herz" gebeten hat, um das Volk Gottes „richten zu können" (V. 9), gibt Gott ihm „ein weises und einsichtiges Herz" (V. 12), das ihm „Einsicht gibt, das Recht zu hören" (V. 11 b). Weisheit und Einsicht stehen hier nach der Interpretation des DtrN eindeutig im Dienste der gerechten Rechtsprechung, was durch die nachfolgende Geschichte von dem Salomonischen Urteil (1. Kön 3, 16–28) illustriert wird. Ähnlich verhält es sich in Dtn 1, 13(15): „Weise, einsichtig und sachkundig" müssen nach DtrN die Vorsteher sein, damit sie als Richter (V. 16 f) die Streitigkeiten des Volkes (V. 12) gerecht richten können.

14–15   Mose braucht für seinen Plan zwar keine auswärtige Hilfe, wohl aber die Zustimmung des Volkes (V. 14), was dem „demokratischen" Geist des Dtn

---

[88] Beide Aussagen sind eigene Formulierungen des DtrN (s. Veijola 1982, 146 Anm. 8, und Särkiö 1994, 23).

[89] Näher zu dem hebräischen Terminus מַשָּׂא und dessen griechischer Wiedergabe ὑπόστασις in Dtn 1, 12 LXX Perlitt 1994, 192–204.

[90] Vgl. Bultmann 1992, 132.

[91] Die hebräische Formulierung von V. 13 könnte ihr Vorbild in Jos 18, 4 haben.

[92] Vgl. Perlitt 1990, 66.

entspricht.[93] Sie wird in Gestalt einer Einverständnisformel (V. 14 b) gegeben,[94] die eine bewusste Korrektur an Jitros wohlmeinender Bemerkung in Ex 18, 17 vornimmt. Die Wahl und Einstellung der Vorsteher (V. 15*) erfolgen dem Vorschlag (V. 13) gemäß und in literarischer Anknüpfung an Ex 18, 25 a. Ein nach Stämmen gegliedertes Israel[95] mit den „Häuptern" (= „Vorstehern") an ihrer Spitze erweist sich als eine spät-dtr Vorstellung (Dtn 5, 23; 29, 9; Jos 23, 2; 24, 1), die hier ihre Begründung und mosaische Ätiologie bekommt.[96] Der Verfasser hat die „Vorsteher" – wie schon die Vorlage Ex 18, 25 a.26 a – vornehmlich nach ihrer Funktion als Richter verstanden. Dies geht daraus hervor, dass er neben ihnen die „Listenführer" einführt (V. 15 bβ). Diese sind schreibkundige[97] Sekretäre, die in Verbindung sowohl mit der Militär- wie auch der Justizverwaltung auftreten.[98] Weil die Einsetzung der Listenführer nach dem Richtergesetz von Dtn 16, 18, das als Vorbild für Dtn 1, 9 ff diente (s. o.), in einem Atemzug mit der der Richter geschieht, ist wahrscheinlich, dass auch der Verfasser von Dtn 1, 15* ihre Rolle in der Justizverwaltung im Auge hatte. Freilich könnte die Funktion, die in anderen Texten den Listenführern im Heereswesen zugeschrieben wurde (vgl. hier vor allem Dtn 20, 9), ein Anlass dafür gewesen sein, dass ein späterer Bearbeiter die Aufgabe der Vorsteher als Truppenführer des Heerbannes uminterpretierte (V. 15 bα).[99]

Im zweiten Teil des Berichts (V. 16 f) werden die soeben eingesetzten Vorsteher ausdrücklich als „Richter" angesprochen, was im Hintergrund der Problemkonstellation von Ex 18, 17 ff sowie der Deutung, die der Verfasser davon in Dtn 1, 9–15* geliefert hat, ganz selbstverständlich ist. Jetzt bekommen die gewählten Vorsteher Anweisungen dafür, wie sie ihr richterliches Amt ausüben sollen, wenn sie die Streitigkeiten des Volkes (V. 12) beilegen wollen. Die Anweisungen werden nach der Einleitung (V. 16 a) in Gestalt eines kunstvollen Richterspiegels[100] gegeben, der aus fünf Einzelweisungen (V. 16 b–17 aαβ), deren Begründung (V. 17 aγ) sowie einer Sonderbestimmung (V. 17 b) bestehen. Einen Ring um das Ganze bildet das Verb „anhören" (V. 16 b.17 b), das auch in der Mitte des Abschnittes (V. 17 aα) begegnet.

16–17

[93] Vgl. Cazelles 1966, 103; Braulik 1986, 24.

[94] Die nächsten Parallelen finden sich in 1. Kön 2, 38. 42; 18, 24, vgl. aber auch 1. Kön 3, 10 a, wo Jahwes Einverständnis mit Salomos Bitte durch eine verbale Variante derselben Formel ausgedrückt wird.

[95] Vgl. sonst im DtrG: Dtn 5, 23; 12, 5; 18, 5; 29, 9; 31, 28; Jos 7, 14; 23, 4; 1. Sam 10, 19.

[96] Buchholz 1988, 23.

[97] Dass sie schreiben konnten, zeigt schon ihr Name שטרים, der etymologisch mit dem akkadischen Verb *šaṭāru* „schreiben" zusammenhängt.

[98] Siehe zum Militär Dtn 20, 5. 8. 9; Jos 1, 10; 3, 2, zur Justiz Dtn 16, 18; Jos 8, 33; 23, 2; 24, 1 und zum Ganzen Perlitt 1990, 71 f.

[99] Die hier belegte Gliederung der militärischen Ränge nach Obersten von 1000, 100, 50 und 10 Mann begegnet sonst nur an den späteren Parallelstellen Ex 18, 21 b.25 b (und in 11QT 57, 4 f). Zu den einzelnen Rängen vgl. 1. Sam 8, 12; 17, 18; 22, 7; 2. Kön 1, 9. 13; Jes 3, 3.

[100] Zu seinem Aufbau im Detail s. Plöger 1967, 36–38, und zu seinem altorientalischen Hintergrund s. Weinfeld IOS 1977, 76–81.

Wie oben erweist sich Ex 18, 13–27 auch hier als Grundlage, die mit dem Richtergesetz von Dtn 16, 18 verglichen wird.

16   Die erste Bedingung für einen gerechten Prozess liegt darin, dass der Richter beiden Parteien rechtliches Gehör gibt (V. 16 bα[1]), was der Verfasser frei, ohne Vorbild in Ex 18 oder in Dtn 16, 18 formuliert.[101] Mit „euren Brüdern" ist die Gesamtheit Israels als „brüderliches" Volk gemeint,[102] das in diesem Fall auch die „Fremden" einschließt (V. 16 bβ). Der Anweisung zum Anhören folgt eine Generalregel (V. 16 bα[2]β), die die Gerechtigkeit (צדק) zum obersten Maßstab der Rechtsprechung erhebt. Dabei wird Ex 18, 16(22) im Lichte von Dtn 16, 18 b ausgelegt; darüber hinaus wird der im Lande bleibend lebende Volksfremde (גר) unter den gleichen Rechtsschutz wie die Angehörigen des eigenen Volkes („ein Mann und sein Bruder") gestellt (vgl. 24, 17; 27, 19 und Lev 24, 22), was eine geradezu revolutionierende Novelle in der altorientalischen Rechtstradition bedeutete, in der die Fremden gewöhnlich keinen in der Gesetzgebung verankerten Rechtsschutz genossen.[103]

17   Die Generalregel wird in V. 17 aα näher als Unparteilichkeit ausgelegt, die keine Rücksichtnahme auf die Person (vgl. Dtn 16, 19; Spr 24, 23; 28, 21), d. h. die gesellschaftliche Position der Betroffenen, erlaubt (vgl. Ex 23, 3; Lev 19, 15).[104] Psychologisch scharfsinnig werden die prozessrechtlichen Bestimmungen in V. 17 aβ mit einer Mahnung zur Furchtlosigkeit vor Menschen ergänzt. Wer nämlich gerecht richten will, braucht Zivilcourage, die ihren Grund in der Gewissheit hat, dass das Gericht letztlich nicht Sache der Menschen, sondern Sache Gottes ist (V. 17 aγ), der selber am Gericht teilnimmt (2. Chr 19, 6) und sich um dessen gerechten Ausgang kümmert (Dtn 10, 17 f; Spr 16, 33). Wer Gott als seine höchste Autorität anerkennt, der wird von Menschenfurcht befreit (vgl. Dtn 7, 21; Apg 5, 29) und ist fähig, sein Amt ohne Hass oder Liebe zum Wohl seiner Mitmenschen zu verwalten.[105]

Eine Sonderbestimmung (V. 17 b) betrifft die besonders schwierigen Rechtsfälle, die – nach dem Vorbild von Ex 18, 22. 26 – weiterhin Mose vorbehalten werden sollen. Dadurch entsteht ein scheinbarer Unterschied zu der älteren dtn Gesetzgebung, nach der die schwierigen Fälle vor den zentralen Gerichtshof gebracht werden sollen, wo sie von den Priestern und dem zu-

---

[101] Auf die Stelle weist der Pharisäer Nikodemus in einem Gespräch über die Messianität Jesu hin: „Richtet etwa unser Gesetz einen Menschen, wenn es ihn nicht zuerst gehört hat und erkannt hat, was er tut?" (Joh 7, 51).

[102] Zur „Brüder"-Terminologie und -Theologie des Dtn s. Perlitt 1994, 50–73.

[103] Ramírez Kidd 1999, 110–115.

[104] Die Wendung כקטן כגדל „wie der Kleine so der Große" könnte im Anschluss an Ex 18, 22 entstanden sein, wo von den „großen und kleinen Rechtsfällen" die Rede ist (Levinson 1991, 428). Exakte Parallelen für die Wendung finden sich erst in 1. Chr 25, 8; 26, 13.

[105] Vgl. Luther 1529 zu Dtn 1, 17 aγ: „Wer nu ein Regent ist, der wisse, das sein ampt Gottes ampt sey, darumb regire auch ein jeder also, das er niemands ansehe und nicht aus lieb oder haß richte, niemands fürchte, fur niemand erschrecke, sondern spreche: der mir das Ampt befohlen hat, der ist grösser denn alle Menschen, Jr seid zwar Könige, Gewaltig, Reich etc. Aber es ist ein ander der sagt Das Gericht ist mein, Der wird mir starck gnug sein" (WA 28, 536:33–537:13).

ständigen Oberrichter entschieden werden (17, 8–13*). Der Unterschied erklärt sich dadurch, dass das Gesetz über den zentralen Gerichtshof die Verhältnisse im Lande betrifft, während die Anweisungen von Dtn 1, 9 ff auf der
Erzählungsebene die Zeit der Wüstenwanderung im Blick haben und schon
wegen der abweichenden historischen und geographischen Gegebenheiten
der Rolle Moses als Begründers und ersten Inhabers der höchsten Gerichtsbarkeit Rechnung tragen müssen.

Die Grundschicht wird in ihrem dritten Teil (V. 18) mit einer generalisie-   **18**
renden Feststellung abgeschlossen, deren inhaltlicher Bezug nicht ganz klar
ist.[106] Am stärksten erinnert der Vers sprachlich und inhaltlich an Dtn 4, 14[107]
(DtrN), wonach Jahwe am Horeb „zu jener Zeit" Mose „gebot, euch Satzungen und Rechte zu lehren". Gemeint sind all die Gesetze, die Mose selber in
Ergänzung zu dem von Jahwe promulgierten Dekalog (4, 13; 5, 31) dem Volk
verkündet. Offenbar will der Verfasser von Dtn 1, 18 noch vor dem Aufbruch vom Horeb (V. 19) pauschal daran erinnern, dass am Horeb abgesehen
von Dtn 1, 9–17 auch noch weitere Vorschriften gegeben wurden. Dabei wird
allerdings übersehen, dass nach der im Dtn vorherrschenden Konzeption
Mose die Gesetze nicht am Horeb, sondern erst im Lande Moab verkündet
(1, 5; 3, 29; 4, 46; 28, 69). Das konzeptionelle Versehen dürfte auf dem Einfluss des Kontextes, nach dem Mose (am Horeb!) durchgehend in der 1. P. Sg.
redet, beruhen (vgl. besonders V. 16).

Schließlich stellt sich die Frage, welchem Zweck die Grundschicht als ganze   **9–18***
dient. Oben ist deutlich geworden, dass sie zahlreiche Berührungen mit der
Salomogeschichte von 1. Kön 3, 4–15 aufweist und entweder diesen durch
DtrN bearbeiteten Text schon voraussetzt, damit also auf einen jüngeren
Schüler des DtrN-Kreises zurückgeht, oder aber von demselben nomistischen Verfasser herrührt. Beachtenswert an 1, 9–18* bleibt, dass hier das
Richteramt eine besondere Aufwertung erlebt. Im Unterschied zum Königs-
amt, das das Volk erst im Lande und mit vielen Kauteln – eventuell – einführen darf (Dtn 17, 14–20), wird das Richteramt bereits am Horeb, dem Ort
der Gesetzgebung, von Mose selbst begründet. Für die DtrN-Verfasser, die
eine negative Einstellung zum menschlichen Königtum vertraten,[108] scheint
das Richteramt, das auch die Führung des Volkes einschloss (vgl. das dtr
Richterbuch), der idealen Organisation des Gottesvolkes besser gerecht zu
werden. Weiter lässt sich fragen, ob die nomistischen Deuteronomisten vielleicht selber ein solches Amt als Vorsteher und Richter der exilischen bzw.
nachexilischen Gemeinde inne- oder im Auge hatten und damit in Dtn 1, 9 ff
die Ätiologie für ihre eigene Tätigkeit herstellten.[109] Bevor das Gesetz verkündet wird, müssen „weise und sachkundige Männer" im Amt sein, damit

---

[106] Oft wird sie zu Ex 18, 20 b in Beziehung gesetzt, aber die sprachliche Verwandtschaft ist
recht gering, und außerdem könnte Ex 18, 20 b selber ein Zusatz sein (Perlitt 1990, 77).
[107] Vgl. Braulik 1988, 20.
[108] Veijola 1977.
[109] Vgl. Bultmann 2001, 138.

das Gesetz sachgemäß ausgelegt und angewandt werden kann.[110] In Qumran (1Q22 [1QDM] 2, 8 f) hat man die von Mose eingestellten Helfer in der Tat als weise Männer verstanden, deren Aufgabe darin bestand, „alle diese Worte des Gesetzes für euch and eure Söhne zu erklären", wobei für das „Erklären" das aus Dtn 1, 5 bekannte Wort באר verwendet wird. Von Dtn 1, 9 ff läuft somit eine Linie zu der späteren Rabbinerinstitution, in der die Rabbinen als „Weise" (חכמים), d. h. als Schriftgelehrte, das Amt des Vorstehers, des Lehrers und des Richters des Gemeinwesens in einer Person vereinen.[111]

11   2. Abgesehen von zwei kleineren, in V. 15 vorliegenden Zusätzen, die „die Vorsteher eurer Stämme" sowie die militärischen Ränge betreffen (s. o.), hat der Bericht in V. 11 eine etwas größere Ergänzung erfahren, die an V. 10 anknüpfend ein mögliches Missverständnis abwehren möchte, indem sie den in V. 10 beklagten Zustand zum Anlass des Wunsches nimmt, dass Gott sein Volk noch vielfach mehren und segnen möge. Formal handelt es sich um einen Gebetwunsch,[112] der mit einer indirekten Anrede („Jahwe, der Gott eurer Väter") einsetzt, im Hauptteil die Wünsche nach der Mehrung und Segnung des Volkes äußert und mit einem Hinweis auf Gottes frühere Verheißung als Begründung abgeschlossen wird. Mehrung und Segnung gehören zusammen schon in der Schöpfung (Gen 1, 22; 9, 1), aber auch sonst (vgl. Gen 28, 3; 48, 16; Dtn 7, 13; Ps 115, 14 f). Der Mehrungswunsch hat seine nächste formale Parallele – und vielleicht auch sein Vorbild – in 2. Sam 24, 3, einem auf den prophetischen Deuteronomisten DtrP zurückgehenden Text,[113] in dem Joab eine hundertfache Vermehrung des Volkes wünscht. Der Bearbeiter steigert in V. 11 die Zahl bis ins Tausendfache, was als typologische Zahl eine Riesenmasse bezeichnet,[114] und sieht erst darin die volle Erfüllung der an die Väter gegebenen Mehrungs- und Segensverheißung (Gen 12, 2; 26, 3 f. 24). Der Wunsch hat als konkreten Hintergrund die durch das Exil stark dezimierte Schar der nachexilischen Gemeinde, die von Gottes Segen eine neue Mehrung des Volkes erwartete (Jes 44, 3 f; 51, 2; 61, 9; 65, 23; Ps 115, 12–15 u. ö.).

---

[110] Brettler 1995, 70. Vgl. auch Luther über die Stellung des Abschnittes im Kontext: „Lieber, beachte hier, daß man sich eher nach Personen und Obrigkeit umsieht, als die Gesetze gegeben werden, denn vergebens werden Gesetze gemacht, wenn die Leute nicht da sind, welche sie verwalten und vollziehen" (WA 14, 549:30–550:22 f, deutsch Walch 1894, 1381).

[111] Insofern ist die Auslegung, die Sifre Deuteronomium von Dtn 1, 9–18 in diesem Sinne gibt (Pisqot 9–17, bei Bietenhard 1984, 22–43), nicht ganz so anachronistisch, wie es auf den ersten Blick erscheinen mag. Siehe näher dazu Veijola 2000, 192–240.

[112] Wendel 1931, 10 f, spricht noch genauer von einem „Segens-Gebetwunsch" und führt als weitere Vertreter der Gattung 2. Sam 10, 12; 15, 26; 24, 3 und 1. Kön 1, 36 f auf. Wohlgemerkt handelt es sich auch bei all diesen Parallelen um dtr Texte.

[113] Veijola 1975, 110–115.

[114] Malamat 1983, 258.

2. 3. Wir wollen Männer vor uns her schicken,
dass sie für uns das Land auskundschaften (1, 19–46)

19 Dann brachen wir vom Horeb auf und durchzogen diese ganze große und Furcht erregende Wüste, die ihr gesehen habt, auf dem Wege zum Gebirge der Amoriter, wie Jahwe, unser Gott, uns befohlen hatte, und wir kamen nach Kadesch-Barnea. 20 Da sagte ich zu euch: „Ihr seid nun zum Gebirge der Amoriter gekommen, das Jahwe, unser Gott, uns geben wird.
     21 Siehe, Jahwe, dein Gott, hat dir das Land preisgegeben. Ziehe hinauf, nimm es in Besitz, wie Jahwe, der Gott deiner Väter, dir zugesagt hat. Fürchte dich nicht und sei nicht mutlos."
22 Da tratet ihr alle an mich heran und sagtet: „Wir wollen Männer vor uns her schicken, dass sie für uns das Land auskundschaften und uns Bericht erstatten
     über den Weg, auf dem wir hinaufziehen sollen, und über die Städte, zu denen wir kommen werden."
23 Der Vorschlag schien mir gut, und ich nahm aus euch zwölf Männer, einen aus jedem Stamm. 24 Sie brachen auf, stiegen zum Gebirge hinauf und kamen bis zum Traubental (und kundschafteten es [das Land] aus). 25 Und sie nahmen von den Früchten des Landes mit sich, brachten sie herab zu uns (und erstatteten uns Bericht)[115] und sagten: „Schön ist das Land, das Jahwe, unser Gott, uns geben will." 26 Aber ihr wolltet nicht hinaufziehen, sondern widersetztet euch dem Befehl Jahwes, eures Gottes. 27 Ihr murrtet in euren Zelten und sagtet: „Weil Jahwe uns hasst, hat er uns aus dem Lande Ägypten herausgeführt, um uns in die Hand der Amoriter zu geben, dass sie uns vernichten. 28 Wohin ziehen wir eigentlich? Unsere Brüder haben unsere Herzen verzagt gemacht, als sie berichteten: Ein Volk, das größer und hochgewachsener[116] ist als wir, Städte, die groß und himmelhoch befestigt sind, und auch Anakiter haben wir dort gesehen." 29 Ich aber sagte zu euch: „Entsetzt euch nicht und fürchtet euch nicht vor ihnen! 30 Jahwe, euer Gott, der vor euch herzieht, er wird für euch kämpfen, genau so, wie er für euch, vor euren Augen, in Ägypten gehandelt hat, 31 und in der Wüste,
     die du gesehen hast, wo dich Jahwe, dein Gott, getragen hat, wie ein Mann seinen Sohn trägt,
auf dem ganzen Wege, den ihr gegangen seid, bis ihr an diesen Ort kamt."
32 Trotzdem[117] hattet ihr kein Vertrauen zu Jahwe, eurem Gott,
     33 der euch auf dem Weg voranzog, um euch einen Lagerplatz zu er-

---

[115] Die eingeklammerten Worte fehlen in LXX und Vulg.; sie sind eine späte Glosse aufgrund von V. 22 (oder Num 13, 26 P).

[116] Die masoretische Lesung „ein Volk, das größer und hochgewachsener ist" bildet ein sinnvolles Paar mit „Städte, die groß und himmelhoch befestigt sind" (vgl. auch Dtn 9, 1 f und Am 2, 9) und braucht nicht nach einigen Handschriften und Versionen (Syr. und LXX) korrigiert zu werden (gegen Perlitt 1991, 84, und Nielsen 1995, 28).

[117] Zur adversativen Bedeutung von *bᵉ* vgl. hier besonders Num 14, 11 und Lev 26, 27 (weiter HALAT, 100 b).

kunden, im Feuer bei Nacht, um euch auf dem Weg, den ihr gehen musstet, zu leuchten, und in der Wolke bei Tage.
34 Als aber Jahwe eure Reden hörte, da geriet er in Zorn und schwor:
35 „Keiner von diesen Männern (von dieser bösen Generation)[118] soll das schöne Land sehen, das ich euren Vätern zu geben geschworen habe.

36 Nur Kaleb, der Sohn Jefunnes, der darf es sehen, und ihm will ich das Land geben, das er betreten hat, sowie seinen Söhnen, weil er vollkommen in der Nachfolge Jahwes blieb." 37 Auch über mich war Jahwe um euretwillen ergrimmt und sagte: „Auch du wirst nicht dorthin kommen.
38 Josua, der Sohn Nuns, der zu deinen Diensten steht, er soll dorthin kommen, ihn ermutige, denn er soll es an Israel als Erbbesitz verteilen.

39 Aber eure Kleinen, von denen ihr sagtet, sie würden zur Beute werden,
Aber/und eure Söhne, die heute noch nicht gut und böse unterscheiden können, sie werden dorthin kommen. Ich werde es ihnen geben, und sie werden es in Besitz nehmen. 40 Ihr aber kehrt um und brecht auf in die Wüste auf dem Wege zum Schilfmeer!" 41 Da antwortetet ihr und sagtet zu mir: „Wir haben gegen Jahwe gesündigt. Doch jetzt wollen wir hinaufziehen und kämpfen ganz wie Jahwe, unser Gott, uns befohlen hat." Und ihr gürtetet euch, jeder mit seinen Kriegswaffen und schicktet euch an[119], ins Gebirge hinaufzuziehen. 42 Aber Jahwe sagte zu mir: „Sage ihnen: Zieht nicht hinauf und kämpft nicht, denn ich werde nicht in eurer Mitte sein. Sonst werdet ihr von euren Feinden geschlagen werdet." 43 Und ich sagte es euch, aber ihr hörtet nicht, sondern widersetztet euch dem Befehl Jahwes und zogt in eurer Vermessenheit ins Gebirge hinauf. 44 Da zogen die Amoriter, die auf jenem Gebirge wohnten, euch entgegen und verfolgten euch, wie es die Bienen tun, und sie zersprengten euch (in Seïr)[120] bis nach Horma.
45 Darauf kehrtet ihr um[121] und weintet vor Jahwe, aber Jahwe hörte nicht auf euer Klagen und schenkte euch kein Gehör.
46 Und ihr weiltet in Kadesch eine so lange Zeit wie ihr dort weiltet.

---

[118] Eine junge Glosse, die noch in LXX fehlt (vgl. auch Num 14, 22 f); sie will die falsche Einschränkung der Strafe auf die Kundschafter vermeiden. Die Glosse entbehrt jedoch nicht den Sinn: Die *böse* Generation darf nicht in das *gute* (bzw. schöne) Land eintreten.

[119] Zur Bedeutung des *Hapax legomenon* הון Hif. s. Kutsch ThWAT II, 390, und Perlitt 1991, 125 f.

[120] Bei den ungeschickten, in der Vorlage (Num 14, 45) fehlenden Angabe „in Seïr" handelt sich um eine vielleicht durch Dtn 2, 4. 8. 29 angeregte Glosse (Steuernagel ²1923, 56), die der Geographie widerspricht, denn Horma, wahrscheinlich das heutige *Tell el-Mšāš* 5 km östlich von Beerscheba, lag nicht *in* Seïr (s. o. zu 1, 2). Das Problem lässt sich nicht durch die Annahme beheben, die Präposition *bᵉ* habe hier die Bedeutung „von" (so etwa HALAT, 101 a, und Weinfeld 1991, 152, s. dagegen Perlitt 1991, 87).

[121] Sam., LXX und Syr. setzen hier für וַתָּשֻׁבוּ „und ihr kehrtet um" (MT) die Vokalisation וַתֵּשְׁבוּ „und ihr saßt" voraus, die in diesem Kontext auch einen guten Sinn ergeben würde (vgl. Weinfeld 1991, 153); denn Sitzen wird häufig als Element der Klageriten erwähnt (Ri 20, 26; 21, 2; Jes 3, 26; 47, 1; Ez 26, 16; Jon 3, 6; Ps 137, 1; Klgl 2, 10; Esr 9, 3–5), auch in Ugarit (Lipiński 1969, 30). Ein ähnlicher Fall liegt in Num 11, 4 vor, wo וישבו entweder als „Wiederkehren" (MT) oder als „Sitzen" (LXX und Vulg.) interpretiert werden kann.

Dem göttlichen Befehl zum Aufbruch vom Horeb (V. 6–8) wird nach der Einstellung der Unterführer (V. 9–18) in V. 19 ff Folge geleistet, wo Mose das Verlassen vom Horeb und die Ankunft am Amoritergebirge in Kadesch-Barnea berichtet (V. 19–21). Von dort sendet er auf Vorschlag des Volkes Kundschafter in das Land (V. 22–24), aber ihr positiver Bericht (V. 25) stößt unbegreiflicherweise auf den Widerstand des Volkes (V. 26–28), den Mose vergeblich zu überwinden versucht (V. 29–33). Als göttliche Strafe, von der nur Kaleb und Josua – aber nicht Mose – ausgenommen werden, wird der Exodusgeneration das Hineinkommen in das gelobte Land verweigert und die Rückkehr in die Wüste befohlen (V. 34–40). Als das Volk trotzdem beschließt, nun doch eigenmächtig in das Land einzudringen, wird es schimpflich von den Amoritern geschlagen und muss nach Kadesch zurückkehren (V. 41–46).

Hinter dieser Erzählung steht unverkennbar die Kundschaftergeschichte von Num 13 f*.[122] Die in Num 13 f vorliegende längere Erzählung ist in der heutigen Gestalt eine zusammengesetzte Einheit, die aus einer älteren, wahrscheinlich vom Jahwisten (J) stammenden Erzählung[123] und einer jüngeren, offensichtlich priesterschriftlichen (P) Erzählung[124] sowie der sie beide verbindenden und erweiternden nachpriesterschriftlichen Bearbeitung[125] besteht.[126] Die jahwistische Erzählungsvariante in Num 13 f*, die dem Bericht von Dtn 1, 19 ff zum größten Teil zugrunde liegt, erzählte nach einem abgebrochenen Anfang[127], wie Mose Männer in den Negeb und in das südliche Gebirge schickte (Num 13, 17 b), damit sie das dortige Land und Volk sowie die Beschaffenheit der Städte erkunden (V. 18. 19 b.20). Die Kundschafter zogen dem Auftrag gemäß im Negeb auf und gelangten bis nach Hebron, wo drei namentlich genannte Anak-Sprösslinge lebten (V. 22 a). Danach kamen sie bis zum Traubental (Tal Eschkol), wo sie eine Rebe mit einer Weintraube abschnitten (V. 23 a), und kehrten zu Mose nach Kadesch zurück (V. 26 a*). Dort erstatteten sie ihm Bericht über ihre Reise und zeigten die mitgebrachten Früchte (V. 27 abβ), aber machten auch auf die Stärke des dort wohnen-

---

[122] So u. a. auch Braulik 1986, 25; Perlitt 1991, 89 f; Weinfeld 1991, 144, und Nielsen 1995, 29. Anders z. B. Rose 1994, 478, und Van Seters 1994, 370–382, die die Abhängigkeit in umgekehrter Richtung erblicken.

[123] Ihr Anteil nach Schmidt ZAW 2002, 42: Num 13, 17 b.18. 19 b.20. 22 a.23 a.26 a*. 27 abβ. 28. 30 f; 14, 1 aβb.11 a.21 a*.23 aα. 24. 39 b.40. 41 aαb.43. 44 a.45.

[124] Ihr Anteil nach Schmidt ZAW 2002, 41 Anm. 3: Num 13, 1.2 a.17 a.21. 25. 32. 33 aαb; 14, 1 aα. 2–7. 9*. 10. 26*. 27 b–29 aα. 31. 35. 37 f.

[125] Der Bearbeitung, auf die schon auch die Parallelversion von Dtn 1, 19 ff eingewirkt hat, entstammen im Wesentlichen all die Teile von Num 13 f, die noch nicht in J oder P enthalten waren (s. o.).

[126] Ein anderes, erheblich komplizierteres Erklärungsmodell für die Entstehung von Num 13 f und Dtn 1, 19 ff vertritt Otto 2000, 17–109, nach dem eine einst selbstständige Kundschaftererzählung zuerst von einem dtr „Landnahmeredaktor" (DtrL) für den Grundbestand von Dtn 1, 19 ff benutzt und später von einem Hexateuchredaktor sowohl in Num 13 f als auch in Dtn 1, 19 ff und schließlich von einem Pentateuchredaktor in Num 13 f bearbeitet worden sei. Eine kritische Auseinandersetzung mit dieser Theorie findet sich bei Schmidt ZAW 2002, 45–50.

[127] Siehe Noth ²1973, 93 f; Schmidt ZAW 2002, 41.

den Volkes und seiner Städte sowie auf die Anak-Sprösslinge aufmerksam
(V. 28). Daraufhin versuchte Kaleb, das Volk angesichts der negativen Nachrichten zu beschwichtigen und zum Einzug zu ermuntern (V. 30), während die
anderen Kundschafter von Angst ergriffen wurden (V. 31). Das Volk weinte
(14, 1 aβb), und Jahwe reagierte darauf mit einem Schwur, der dem Volk den
Eintritt in das Land verweigerte (V. 11 a.21 a*.23 aα), abgesehen von Kaleb,
dem und dessen Nachkommen das Land, in das er gekommen war, als Besitz
versprochen wurde (V. 24). Das Volk trauerte danach sehr (V. 39 b), wollte trotz
Moses Warnung eigenmächtig ins Gebirge hinaufziehen (V. 40. 41 aαb.43. 44)
und wurde von den dort wohnenden Amalekitern und Kanaanitern geschlagen
(V. 45). Diese Geschichte ist eine anschauliche, schon theologisch reflektierte
Erzählung, die eine Begründung dafür bietet, warum die aus Ägypten kommenden Israeliten nicht auf dem direkten Weg vom Süden in das verheißene
Land einzogen, sondern den weiten Umweg über das Ostjordanland machen
mussten, und zugleich begründet sie die besondere Rolle der in der Gegend
von Hebron wohnenden Nachkommen Kalebs, der Kalibbiter.[128]

Vergleicht man Dtn 1, 19 ff mit der älteren Erzählung, fallen einige Unterschiede auf, die der dtr Geschichte ihr eigenes Profil geben: Gegenüber dem
Fremdbericht von Num 13 f* handelt sich in Dtn 1, 19 ff durchgehend um
einen *Selbstbericht* Moses, dessen Rolle auch dadurch hervorgehoben wird,
dass *er* anstelle von Kaleb (Num 13, 30) das Volk zum Einzug zu ermuntern
versucht (Dtn 1, 29–31). Näher besehen gliedert sich sein Selbstbericht in
eine Reihe von *Dialogen*, in denen die Stimmen von Mose (V. 20 f. 29–31),
dem Volk (V. 22. 27 f. 41), den Kundschaftern (V. 25) und Jahwe (V. 35–40. 42)
zitiert werden. Wie Mose hat auch das *Volk* in Dtn 1, 19 ff eine gegenüber der
Vorlage von Num 13 f* stärkere Rolle und damit die ganze Geschichte einen
weiteren Horizont erhalten. Es geht nicht mehr um das Verhalten einzelner
Kundschafter, sondern um das Wohl und Wehe des ganzen Gottesvolkes.
Geographisch ist die Geschichte in den Spannungsbogen von Kadesch
gestellt worden, von wo die Kundschafter ausgesendet werden (V. 19) und
wohin das Volk nach der erlittenen Niederlage zurückkehrt (V. 45 f). In
Wirklichkeit kommt der Geographie in Dtn 1, 19 ff jedoch eine gegenüber
Num 13 f* geringere Bedeutung zu. Wenn im Text leitwortartig solche lokalen Begriffe wie הַמִּדְבָּר „die Wüste" (V. 19. 31. 40), הַדֶּרֶךְ „der Weg"
(V. 19. 22. 31. 33. 40) und die Verba der Bewegung פנה „umkehren" bzw.
„aufbrechen" (V. 24. 40), נסע „aufbrechen" (V. 19. 40), בוא „kommen" (V. 19. 20. 22. 24. 31. 37. 38. 39), הלך „gehen" bzw. „durchziehen"
(V. 19. 30. 31. 33) und עלה „hinaufziehen", „hinaufsteigen" bzw. „ziehen"
(V. 21. 22. 24. 26. 28. 41) erscheinen, so dienen sie nur wie beiläufig der Beschreibung der konkreten Orte und Bewegungen, denn in Wahrheit stehen
sie im Dienste der die Kapitel Dtn 1–3 kennzeichnenden *theologia viatorum*,
in der die inneren Positionen und Bewegungen wichtiger sind als die äußeren

---

[128] Siehe Noth ²1973, 91.

Orte und Wege.[129] Die Geschichte über die gescheiterte Landnahme wird in Dtn 1, 19 ff als eine paränetische Beispielerzählung verwendet, die ein gültiges Paradigma des Ungehorsams und Unglaubens darbieten möchte.[130]

Die Kundschaftergeschichte[131] hat bei DtrH in Dtn 1 deshalb einen relativ breiten Raum erhalten, weil die Episode im DtrG als Vorspiel zur Landnahme wichtig war, deren Vollendung DtrH im Josuabuch ausführlich erzählen wird. Außerdem bot sie ihm wie schon dem Jahwisten in Num 13 f* die Gelegenheit zu begründen, warum die Israeliten Kanaan vom Osten und nicht vom Süden eroberten und warum sie vierzig Jahre lang in der Wüste umherirren mussten. Vor allem aber eignete sich der Stoff vorzüglich zur narrativen Entfaltung zentraler Fragen des Glaubens. Die theologische Dimension des gescheiterten Landnahmeversuchs hat DtrH aus der Perspektive des Jahwekrieges gesehen,[132] aber es handelt sich in Dtn 1, 19 ff um keinen normalen Jahwekrieg,[133] sondern wegen des Verhaltens des Volkes geradezu um seine Umkehrung.[134]

Die in Dtn 1, 19 ff überlieferte Fassung der Kundschaftergeschichte umfasst eine von dem dtr Geschichtsschreiber (DtrH) herrührende relativ breite Grundschicht (V. 19 f.22 abα. 23. 24 a.25. 30. 31 a*[„und in der Wüste"]. 31 b.32. 34 f. 39 aα²ββb.40–45), die an einigen Stellen (V. 21. 22 bβγ. 24 b.31 a* [ab „die du gesehen"].33. 36–39 aα¹. 46) sekundäre Erweiterungen erfahren hat.[135] Die sekundären Textstücke lassen nicht so viele terminologischen oder inhaltlichen Gemeinsamkeiten erkennen, dass man aus ihnen eine oder mehrere zusammenhängende Redaktionsschichten rekonstruieren könnte.[136] Eher handelt sich um punktuelle Erweiterungen mit je eigenen Interessen und ohne einen gemeinsamen literarischen oder theologischen Horizont, weshalb ihre Auslegung im Folgenden im Anschluss an den kommentierten Grundtext des DtrH erfolgt.

---

[129] Vgl. Perlitt 1991, 88.

[130] Insofern hat Luther die theologische Pointe der Erzählung in seiner Dtn-Vorlesung 1523–1524 richtig erfasst, wenn er einleitend zu ihr sagt: „Aber hier wankt der Glaube, und der Unglaube überwältigt das Volk, [uns] zu einem jämmerlichen Exempel (*miserabile exemplo*), so daß sie, als sie schon am Eingange des Landes waren, welches sie einnehmen sollten, aus Strafe hiefür wieder zurückgehen mußten, und achtunddreißig Jahre lang in der Wüste umherschweifen, bis daß sie alle umkamen und niemand hineingelangte, mit Ausnahme von Josua und Caleb; nur zwei von einer so großen Zahl" (WA 14, 555:24–28, deutsch Walch 1894, 1385).

[131] Geschichten über die Aussendung von Kundschaftern begegnen außer in Num 13 f und Dtn 1 auch in Jos 2 und Ri 18, aber sie bilden deshalb noch keine eigenständige Gattung, wie Wagner ZAW 1964, 255–269, meinte.

[132] Lohfink 1990 I, 20–24.

[133] Dazu immer noch grundlegend von Rad 1951.

[134] Lohfink 1990 I (=1960), 22. 24, sprach noch von einer „Pervertierung" (vgl. Braulik 1986, 25), Moran Bib. 1963, 333, sachgemäßer von einer „Inversion" des heiligen Krieges.

[135] Vgl. Schmidt ZAW 2002, 54.

[136] Anders Otto 2000, 17–25, der den Text restlos in eine Grunderzählung (V. 19 a.20–28 a.34 f. 39 aα²ββb–45) und ihre Bearbeitung durch die Hexateuchredaktion (V. 19 b.28 b–33. 36–39 aα¹. 46) teilt. Kritisch dazu Schmidt ZAW 2002, 51–57.

19-20   Die Geschichte wird durch V. 19 f eröffnet, die in Gestalt einer Moserede die Wanderung vom Horeb durch die Wüste nach Kadesch-Barnea berichten und als Exposition für die nachfolgende Erzählung dienen. Obwohl die Oase von Kadesch-Barnea (*Ēn Qdēs*), die 80 km südsüdwestlich von Beerscheba liegt, ziemlich weit entfernt vom Bergland Judas ist, lässt sich V. 19 b nicht als Zusatz beseitigen,[137] weil ohne V. 19 b („und *wir kamen* nach Kadesch-Barnea") V. 20 („*Ihr seid nun* zum Gebirge der Amoriter *gekommen*") in der Luft hängen bliebe und Kadesch als Aufenthaltsort des Volkes in der Wüste bereits in der vor-dtr Überlieferung verankert ist (Num 13, 26*, vgl. Num 20, 1 abβ)[138] und von DtrH auch in der Fortsetzung (Dtn 2, 14) vorausgesetzt wird (s. u.).[139] Das Verhalten des Volkes während der Wanderung vom Gottesberg an den äußersten Rand des Kulturlandes wird noch als gehorsame Erfüllung des in V. 7 a* gegebenen Befehls Gottes dargestellt (V. 19 a). Die „große und Furcht erregende Wüste", die zwischen der Halbinsel Sinai und dem palästinischen Kulturland liegt, veranschaulicht all das Bedrohliche (vgl. 8, 15; Jer 2, 6), dem Israel nur deshalb standhalten konnte, weil es sich damals ganz auf seinen „großen und Furcht erregenden" Gott (7, 21; 10, 17) verließ. Der Relativsatz „die ihr gesehen habt" ist trotz des Übergangs in die 2. P. Pl. keine spätere Auffüllung, vielmehr geschieht der Übergang zur direkten Anrede im Interesse paränetischer Vergegenwärtigung, die die Beteiligung späterer Leser an der Erfahrung der Exodusgeneration ermöglicht.[140] Was die Väter mit eigenen Augen „gesehen" (vgl. V. 31 und weiter 29, 1; Jos 23, 3; 24, 7; Ri 2, 7; 1. Joh 1, 1) und somit selbst „erfahren" (vgl. 11, 2; Jos 24, 31) haben, das dürfen auch die späteren Generationen sich zu Eigen machen. In V. 20 wendet sich Mose direkt an das Volk (vgl. V. 9 a.29 a) und konstatiert unter Verweis auf Gottes Befehl in V. 7 a*.8 a die Ankunft am „Gebirge der Amoriter"[141], das hier *pars pro toto* das ganze verheißene Land vertritt und nur an dieser Stelle mit der Landgabeformel „das Jahwe, unser Gott, uns geben wird" verbunden wird.[142] Das Ziel des Wüstenzugs liegt nun in greifbarer Nähe.

21   In V. 21 liegt der *locus classicus* der Numeruswechseldebatte im Dtn vor,[143] und es besteht kein Grund, den unmotivierten Übergang von der 2. P. Pl. in die 2. P. Sg. als literarkritisches Indiz abzulehnen, zumal die Aussage des Verses eine Wiederholung von V. 8 abα bedeutet, und die Mahnung zur Furchtlosigkeit hier, vor der Aussendung der Kundschafter, zu früh kommt. Der dtr

---

[137] Mit Schmidt ZAW 2002, 51, gegen Mittmann 1975, 34; Perlitt 1991, 94, und Otto 2000, 19.
[138] Siehe zu Num 13, 26* Schmidt ZAW 2002, 42. 48 mit Anm. 35, und zu Num 20, 1 abβ Gertz ZThK 2002, 9.
[139] Siehe weiter Num 20, 14. 16. 22; 32, 8; Dtn 9, 23; Jos 14, 6; Ri 11, 16 f.
[140] Perlitt 1991, 92.
[141] Zum Terminus „Amoriter" s. o. bei Dtn 1, 8 aα.
[142] Sonst erscheint die Landgabeformel in verschiedenen Ausprägungen im Dtn in 1, 25; 2, 29; 3, 18. 20; 4, 21. 38. 40; 5, 16. 31; 8, 10; 9, 6. 23; 12, 1; 13, 13; 15, 4. 7; 16, 20; 17, 14; 18, 9; 19, 2. 10. 14; 20, 16; 21, 1. 23; 24, 4; 25, 15. 19; 26, 1. 2. 10; 28, 8.
[143] Siehe dazu forschungsgeschichtlich Begg EThL 1979, 116–124.

Verfasser von V. 21 verstärkt auf V. 8 zurückgreifend die Landgabeformel von
V. 20 (V. 21 a) und ermuntert das Volk mit einer aus kriegerischen Zusammenhängen bekannten dtr Wendung (vgl. Dtn 31, 8; Jos 8, 1; 10, 25)[144] zur
Furchtlosigkeit in dem bevorstehenden Jahwekrieg (V. 21 b).

Die Aussendung der Kundschafter geschieht nach DtrH auf Initiative   **22**
des Volkes (V. 22 abα) und nicht auf Gottes Befehl wie später bei P (Num
13, 1–2 a), was die eigene Verantwortung des Volkes in dem Unternehmen
(vgl. 9, 23) hervorhebt. Der Inhalt des Erkundungsauftrags ist in V. 22 abα
aller Einzelheiten der Vorlage (Num 13, 18. 19 b.20) entkleidet worden. Die
Kundschafter haben hier im Vergleich zu Num 13, 18 ff eine neue Rolle bekommen: Nach den entscheidenden Zusagen Jahwes (V. 8 a und 20 b) wird
ihre militärische Funktion marginal, und ihre Mission zielt eher darauf, den
Glauben bzw. den Unglauben des eigenen Volkes auszukundschaften.[145]
Der ursprünglich knappe Erkundungsauftrag ist durch V. 22 bβγ sekundär
erweitert worden. Es fällt auf, dass der Ausdruck „Bericht erstatten" (השׁיב
דבר) neben דבר (V. 22 bα) in V. 22 bβγ noch weitere Sachobjekte („den
Weg" und „die Städte") erhält, was sonst nie bei diesem Ausdruck der Fall
ist[146] und für die spätere Herkunft des Versteils spricht. Sein Verfasser wollte
offenbar schon hier die wesentlichen Objekte der Erkundung, den in das Land
führenden Weg und die dort befindlichen Städte (vgl. V. 28), berücksichtigen.

Dass Mose gerade zwölf Männer, einen aus jedem Stamm, auswählt (V. 23)   **23**
und damit das gesamte Israel im Auge hat, ist eine Einzelheit, die in der
Parallelerzählung erst die nachpriesterschriftliche Redaktion kennt (Num
13, 2 b–16) und offenbar von DtrH für diesen Zweck geschaffen wurde. Später kehrt sie in dem Bericht über die Errichtung der Gedenksteine am Jordan
in ähnlicher Form wieder (Jos 3, 12; 4, 2–5. 8). Das Verlangen des Volkes
nach der Aussendung der Kundschafter und Moses Eingehen auf seinen
Wunsch brauchen an sich noch keine Sünde zu bedeuten, denn es handelt
sich dabei um eine bei der Eroberung eines fremden Gebietes übliche Maßnahme (vgl. Num 21, 32; Jos 2; 7, 2 f; Ri 18, 2–10), die von P sogar auf Gottes
Initiative zurückgeführt werden konnte (Num 13, 2 a).

Die Ausführung des Auftrags brachte die Kundschafter in Übereinstim   **24–25**
mung mit der Vorlage (Num 13, 23 a) zum Tal Eschkol, d. h. zum „Traubental" (Dtn 1, 24 a), dessen genaue Lage in der Nähe von Hebron (vgl. Num
13, 23 f und Gen 14, 13 mit Gen 13, 18) unbekannt ist. In V. 24 b liegt eine sekundäre Ergänzung vor, in der das Objekt „es" (אֹתָהּ) über V. 24 a hinaus auf
„das Land" (הארץ) in V. 22 Bezug nimmt.[147] Der Bearbeiter, der mit dem von

---

[144] Ähnliche Ermutigungen begegnen auch in neuassyrischen und aramäischen Orakeln in
kriegerischem und prophetischem Kontext (s. Perlitt 1991, 96 f; Nissinen 2003, 122–161).

[145] Vgl. Preuß 1982, 80.

[146] Vgl. Gen 37, 14; Num 13, 26; 1. Kön 12, 6. 9; Jes 41, 28; Ez 9, 11.

[147] Im Hebräischen kann „es" (אֹתָהּ feminin) nicht auf das „Traubental" in V. 24 a Bezug nehmen, denn „Tal" (נחל) ist im Hebräischen maskulin. Syr. und Vulg. machen den Suffixbezug
deutlich, indem sie als Objekt „das Land" angeben.

V. 22 bβγ identisch sein könnte, verwendet für „auskundschaften" anstelle des hier sonst gebrauchten Verbs חפר Qal ein anderes, in Num 13 f nicht vorkommendes Verb רגל Pi.[148] und weitet die Tätigkeit der Kundschafter auf das ganze Land aus. In der Grunderzählung bestand ein direkter Zusammenhang zwischen V. 24 a und V. 25 a (vgl. ähnlich auch in Num 13, 23 a). Vom „Traubental" brachten die Kundschafter einige Früchte jenes Landes mit sich als Beweismittel (V. 25 a, vgl. Num 13, 27 bβ) und beteuerten die uneingeschränkt positive Beschaffenheit des Landes: „Schön ist das Land, Jahwe, unser Gott, uns geben wird" (V. 25 bβγ).[149] Ihre kurze Rede bildet die sachliche Mitte der Erzählung. Sie besteht aus einer bekenntnishaften Aussage, die die Deuteronomisten nicht müde werden zu wiederholen.[150] Das „schöne" bzw. „gute Land" (הארץ הטובה) ist eine unwiderrufliche Gabe Gottes, die zwar durch den Ungehorsam verspielt werden kann, die aber trotzdem als göttliche Zusage auch für die Exilsgeneration ihre Gültigkeit besitzt.

26–27 Auf den positiven Bericht der Kundschafter folgt nicht die zu erwartende Reaktion, der Beginn der Eroberungsaktion durch das Volk, sondern eine unbegreifliche Weigerung und vehemente Auflehnung gegen Jahwes Gebot (V. 26–28), die erzählerisch und inhaltlich einen genauen Gegensatz zur Expedition und Meldung der Kundschafter in V. 24 f bilden. Der Satz „Aber ihr wolltet nicht (ולא אביתם)[151] hinaufziehen" (V. 26 a), mit dem der Verfasser die vollkommene Verstockung des Volkes ausdrückt (vgl. Ex 10, 27; Dtn 2, 30), hat seinen Hintergrund in der Verkündigung des Propheten Jesaja (Jes 30, 15), der während des syrisch-efraimitischen Krieges in einem durch Jahwekriegstraditionen geprägten Zusammenhang das fehlende Vertrauen des Volkes auf Gott (vgl. Jes 28, 16; 7, 9) gerade als „Nicht-Wollen" bezeichnete.[152] Der Mangel an Vertrauen führt hingegen zum Mangel an Gehorsam, der sich als bewusster Widerstand des Volkes gegen Jahwes Befehl zur Landnahme äußert (V. 26 b)[153]. Und er manifestiert sich weiter als „Murren" (V. 27), mit dem das klagende und verleumderische Verhalten des Volkes gemeint ist.[154] Als „Murren" wird – gewöhnlich mit einem anderen Verb, לון (Nif. und Hif.), ausgedrückt – vor allem die Verhaltensweise bezeichnet, mit der das kleingläubige Volk auf verschiedene Widrigkeiten während der Wüs-

---

[148] Das Verb רגל Pi. ist dtr durch Jos 6, 22. 25; 7, 2; 14, 7 bezeugt.

[149] In der älteren Fassung von Num 13 f fehlt eine genaue Parallele für diese Aussage (vgl. Num 13, 27 abβ); sie begegnet erst bei P in Num 14, 7 in gesteigerter Form.

[150] Vgl. Ex 3, 8; Dtn 1, 35; 3, 25; 4, 21. 22; 6, 18; 8, 10; 9, 6; 11, 17; Jos 23, 13. 15. 16; 1. Kön 14, 15.

[151] Die negative Aussage לא אבה „nicht wollen" begegnet sonst in Dtn 2, 30; 10, 10, 13, 9; 23, 6; 25, 7; 29, 19; Jes 30, 15; Spr 1, 25, und אבה mit Israel als Subjekt außer in Dtn 1, 26 auch in Lev 26, 21; 1. Sam 15, 9; Jes 1, 19; 30, 15; 42, 24; Ez 3, 7; Ps 81, 12.

[152] Siehe zum ganzen Fragenkomplex ausführlichst Perlitt 1994, 157–166.

[153] Die nächsten Parallelen für den Ausdruck von V. 26 b finden sich in Dtn 1, 43 und 9, 23, vgl. aber auch Jos 1, 18; 1. Sam 12, 14; 1. Kön 13, 21 sowie Dtn 9, 7. 24; 31, 27.

[154] Dem Verb רגן Nif. (Dtn 1, 27 und Ps 106, 25) entspricht im Akkadischen das Verb *ragāmu* „klagen" (Weinfeld 1991, 144), und als Partizip bedeutet es „Verleumder" (Spr 16, 28; 26, 20. 22; Sir 11, 31), s. HALAT, 1108 b.

tenwanderung reagiert.[155] Das verleumderische Maulen führt zu einem „Unglaubensbekenntnis"[156], Jahwe habe seine grundlegende Heilstat, die Herausführung aus Ägypten, aus purem Hass gegen sein Volk ausgeführt (vgl. Dtn 9,28; Hos 9,15) und wolle in Umkehrung der Preisgabe der Feinde (vgl. 7,24; 21,10) nun sein eigenes Volk den Amoritern zur Vernichtung ausliefern. Das ist ein Vorwurf, der in der exilisch-nachexilischen Volksklage häufig erhoben wird (vgl. Ex 32,12; 14,11; 16,3; Num 14,3; Jos 7,7) und für die geistige Situation der damaligen Zeit unter fremden Mächten bezeichnend ist.[157]

Die Fortsetzung der kleingläubigen Rede des Volkes in V. 28, wo es auf   28
negative, in V. 25 nicht enthaltene Nachrichten im Bericht der Kundschafter anspielt, braucht weder insgesamt[158] noch zum Teil (V. 28 b)[159] eine sekundäre Erweiterung zu sein[160]; denn positive und negative Nachrichten waren schon in der Vorlage (Num 13, 27 abβ und 13, 28) enthalten. DtrH hat sie in zwei Teile zerlegt und das Volk die ungünstigen Nachrichten nachholend erzählen lassen, was durchaus gutem hebräischem Erzählstil entspricht. Die zweite Vershälfte (V. 28 b) hingegen lässt sich nicht von V. 28 a trennen, weil sie (vgl. (Num 13, 22 a) syntaktisch unentbehrlich für die erste Vershälfte ist.[161] Die nördliche Richtung, in die das Volk hätte hinaufziehen (das Verb עלה) sollen (V. 26 a), verwandelt sich jetzt in den Augen des ungläubigen Volkes zu einer unbekannten, bedrohlichen Größe (V. 28 a), und die Kundschafter sollen die Herzen des Volkes verzagt gemacht zu haben (vgl. 20, 8; Jos 7, 5; 14, 8) – was in der Vorstellungswelt des Jahwekrieges normalerweise das Schicksal der Gegner Israels gewesen wäre (vgl. Jos 2, 11; 5, 1) –, als sie über das dort lebende große und hochgewachsene Volk (vgl. 9, 1 f), über die großen und himmelhoch befestigten Städte (vgl. 3, 5; 9, 1; Jos 14, 12) und sogar über die rätselhaften Anakiter berichteten (V. 28). Über die Anakiter, die ihre Erscheinung in diesem Zusammenhang den älteren Notizen in Num 13, 22 a.28 verdanken, lässt sich nur so viel sagen, dass ihre etymologische und ethnische Herkunft unbekannt ist, sie aber häufig mit der Gegend von Hebron verbunden werden (Num 13, 22. 28; Jos 14, 12. 15; 15, 13 f; 21, 11; Ri 1, 20), nach dem Kontext hochgewachsen („Riesen") sind (1, 28; 2, 10. 21; 9, 2) und in

---

155 Siehe im Zusammenhang der Kundschafterepisode Num 14, 2. 27. 29. 36 (alle P oder später), und sonst Ex 15, 24; 16, 2. 7. 8; 17, 3; Num 16, 11; 17, 6. 20; Jos 9, 18; Ps 59, 16.

156 Perlitt 1991, 104, mit Verweis auf Lohfink 1990 I, 21 („Bekenntnis der Angst und des Unglaubens").

157 Siehe Veijola 2000, 187.

158 So Mittmann 1975, 36, und Perlitt 1991, 105.

159 So Otto 2000, 21 f.

160 Siehe zum Folgenden Schmidt ZAW 2002, 52.

161 Ohne „wir haben gesehen" (V. 28 b) fehlt für die Aussagen über das „Volk" und die „Städte" ein Verb (Schmidt ZAW 2002, 52). Anders als in Num 13, 28 a handelt es sich bei ihnen *nicht* um Nominalsätze (der Artikel fehlt vor „Volk" und „Städte"). Richtig übersetzt die jüdische JPS-Übersetzung: „We saw there a people stronger and taller than we, large cities with walls sky-high, and even Anakites."

der dtr Literatur gewöhnlich als ehemalige Bewohner des Westjordanlandes
auftauchen (1, 28; 9, 1; Jos 11, 21 f, vgl. Dtn 2, 10 f).[162]

29–30   An sich hätten die Nachrichten über die Größe des Gegners kein Grund
zum Verzagen sein müssen, denn in einem Jahwekrieg ist für den Erfolg nicht
die eigene Stärke ausschlaggebend, vielmehr die menschliche Schwäche, die
Jahwes souveräne Macht umso deutlicher macht (vgl. Ri 7, 2–8; 1. Sam 14, 6;
17, 45. 47). So versucht Mose – nicht Kaleb wie in Num 13, 30 (J) – das Volk
unter Berufung auf dessen bisherige Erfahrungen von Jahwes Fürsorge zu beschwichtigen (V. 29–31), jedoch ohne Erfolg (V. 32).[163] Wie ein Prediger vor
dem Beginn eines Jahwekrieges (vgl. 20, 2–4) ermuntert Mose in V. 29 das
ängstliche Volk zur Furchtlosigkeit (vgl. 20, 3; 31, 6 und weiter 7, 21; Jos 1, 9)
und begründet dies in V. 30 mit dem Argument, dass Jahwe selber vor Israel
herzieht (vgl. 20, 4; 31, 6. 8 und weiter Ex 13, 21; Dtn 1, 33; Jes 45, 2; 52, 12)
und für Israel kämpft (vgl. 20, 4 und weiter Ex 14, 14. 25; Dtn 3, 22;
Jos 10, 14. 42; 23, 3. 10; Neh 4, 14). Damit kehrt der Verfasser zur Vorstellung
des Weges zurück, die eines der theologischen Leitmotive von Dtn 1–3 ist.
Wer vorangeht, der leitet und beschützt seine Gefährten.[164] Dies hätten die
Israeliten schon aus eigener Erfahrung wissen müssen, weil Jahwe so für sie
in Ägypten „vor euren Augen" gehandelt (V. 30 b) und damit seine Macht ad
oculos bewiesen hatte.[165] Ähnlich wie in V. 19 („die ihr gesehen habt") wird
hier die grundlegende Heilserfahrung der Väter durch den Ausdruck „vor euren Augen" (vgl. 4, 34; 6, 22; 29, 1; 34, 12, Jos 24, 17) den späteren Generationen und Lesern vergegenwärtigt.

31   Neben dem „Weg" ist die „Wüste" die andere theologische Leitvorstellung
von Dtn 1–3. In V. 31 a*b kombiniert DtrH sie beide, indem er den ganzen
Weg des Volkes von Ägypten durch die Wüste bis zum Amoritergebirge unter diesen Begriffen zusammenfasst (vgl. 11, 5). Die Wüste, die an sich ein
Furcht erregender und bedrohlicher Ort ist (vgl. V. 19), und der gefährliche
Weg, der durch ihn führte, bilden den Raum, in dem Israel die Fürsorge seines Gottes leibhaft erfahren durfte (vgl. 2, 7; 8, 2–4; 29, 4; Jos 24, 17) und
folglich keinen Anlass zum Maulen gehabt hätte (vgl. V. 27 a).
Die Wüstenthematik ist V. 31 a durch einen sekundären Zusatz („die du
gesehen hast, wo dich Jahwe, dein Gott, getragen hat, wie ein Mann seinen
Sohn trägt") in Singularform (vgl. V. 21) und in Anknüpfung an V. 19 („die

---

[162] Siehe näher Perlitt 1994, 232–236, und Houtman VT 2002, 53–55.
[163] Wenn V. 28 kein Zusatz ist (s. o.), dann müssen auch V. 29–32 abgesehen von einer Erweiterung in V. 31 (s. u.) ursprünglich sein.
[164] Im Gilgamesch-Epos heißt es: „Wer vorangeht, wird die Gefährten retten, wer den Pfad
kennt, <möge> seinen Freund beschützen! Enkidu möge dir vorangehen, er kennt den Weg zum
Zederwald. Er ist kampferfahren und in Streit bewandert" (TUAT III/4, 687). In einem prophetischen Kriegsorakel versichert Ištar gegenüber Asarhaddon: „Ich bin Ištar von Arbela. Ich gehe
vor dir und hinter dir. Fürchte dich nicht!" (s. Parpola 1997, 5, deutsch Verf.).
[165] Sifre Deuteronomium (Pisqa 25) kommentiert: „Wenn ihr nicht an das, was in der Zukunft
sein wird, glaubt, so glaubt doch an das, was schon vergangen ist" (Bietenhard 1984, 53).

Wüste, die ihr gesehen habt") erweitert worden.[166] Sein Verfasser veranschaulicht Jahwes liebevolle Fürsorge in fast pietistisch klingender Sprache:
Im Gegensatz zu Mose, der das Volk nicht mehr alleine zu tragen vermochte
(V. 9) „trug" Jahwe es durch die ganze Wüste (vgl. Ex 19, 4; Num 11, 12; Dtn
32, 11 f; Hos 11, 3; Ps 91, 11 f; Apg 13, 18) und zeigte darin handfest seine vä-
terliche Güte (vgl. Dtn 8, 5; Ps 103, 13; Ijob 29, 16; 31, 18; Hebr 12, 7).

Die richtige Reaktion des Gottesvolkes auf die erfahrene Güte wäre schon   32
nach der Grundschicht (V. 32) gläubiges Vertrauen auf Jahwe gewesen, worin
im Jahwekrieg die einzige angemessene Einstellung zu Gott lag (Ex 14, 31;
Jes 7, 9; 28, 16), und als Israel nun am Mangel des Vertrauens scheiterte (vgl.
Dtn 9, 23; Ps 106, 24), wurde aus seinem Verhalten ein Paradigma des Unglaubens.[167]

In V. 33 werden V. 30–32 auf umständliche Weise noch von einem sehr spä-   33
ten Bearbeiter kommentiert, der V. 30 aα im Lichte von Ex 13, 21 und Num
10, 33 liest und weiterführt. Er stilisiert anhand des Verbs תור „erkunden",
das sonst im Dtn fehlt, durchgehend aber in den priesterlichen und nachpriesterlichen Partien von Num 13 f gebraucht wird,[168] Jahwe zu dem eigentlichen Kundschafter Israels (vgl. Ez 20, 6), der Israel auf seinem Weg ständig,
bei Tag und Nacht, leitet[169] und ihm die Lagerplätze aussucht, weshalb die
Aussendung der Kundschafter nach diesem Verfasser de facto überflüssig war
(vgl. V. 8. 21).

In der Grundschicht erfolgt Jahwes Antwort in V. 34. 35*. 39 aα²βγb. 40, die   34–39*
durch V. 36–39 aα¹ sekundär erweitert worden sind (s. u.). Jahwes Reaktion,
die als ihren literarischen Hintergrund Num 14, 11 a.21 a*.23 aα voraussetzt,
ist in eine Rede gefasst, für die starke Kontraste kennzeichnend sind. Ihre
Einleitung (V. 34) spielt auf die verleumderischen Reden des Volkes in V. 27 f
an, die Jahwe in Zorn bringen (vgl. 9, 19) und die Bestrafung des Volkes als
Schwur ankündigen lassen (vgl. 2, 14; 4, 21). Die Strafe besteht nach V. 35 daraus, dass der gesamten Generation der Erwachsenen, die aus mangelndem
Glauben (V. 32) den Einzug in das schöne Land (V. 25 b) abgelehnt hatten,
der Eintritt in eben dieses schöne Land für immer verweigert wird. Was
Jahwe hier schwört, bildet eine Gegenaussage zu seinem früheren Schwur,

---

[166] Gewöhnlich wird V. 31 a insgesamt als Zusatz betrachtet, aber „die Wüste" (V. 31 a) und
„der ganze Weg" bilden keine Dubletten (vgl. Schmidt ZAW 2002, 53 Anm. 60, und auch Camp-
bell/O'Brien 2000, 45) und haben eine Formulierungsparallele in Dtn 11, 5.

[167] Vgl. Luther zur Stelle: „Merke also: der Unglaube macht der Gefahren mehr und dieselben
größer, als sie sind, das Wort Gottes aber achtet er für nichts. Dagegen die Gottseligkeit (*pietas*)
hält alle, auch die größten Gefahren, für nichts, und hält das Wort Gottes für eine Kraft Gottes,
Röm 1, 16, wie auch Moses hier sagt [V. 29]: ,Fürchtet euch nicht' etc., indem er Gottes Kraft ver-
heißt und die vergangenen Exempel wiederholt, um ihren Glauben aufzurichten, und kräftiglich
durch das Wort Gottes streitet; aber er richtet nichts aus" (WA 14, 557:27-31, deutsch Walch
1894, 1387).

[168] Num 13, 2. 16. 17. 21. 25. 32; 14, 6. 7. 34. 36. 38, sonst in Num 10, 33; Koh 1, 13; 2, 3; 7, 25.

[169] Wohlgemerkt steht das Verb in V. 33 a in Partizipform (הֹלֵךְ), die Jahwes Voranziehen als
seine andauernde Tätigkeit beschreibt.

mit dem er bekräftigt hatte, das Land den Erzvätern zu geben (V. 35). Wie gelegentlich auch sonst bei den Deuteronomisten (Dtn 10, 11; 11, 9. 21; 30, 20;
31, 7; Jos 1, 6; 21, 43), erscheinen die Erzväter hier schon als Empfänger nicht
allein des Schwures, sondern auch des Landes, was am ehesten als eine im
Hebräischen mögliche Breviloquenz für „das ich euren Vätern geschworen
habe, um es euch zu geben" (vgl. 7, 13; 26, 3; 28, 11) zu verstehen ist.[170] Eine
solche verkürzende Aussage war im Hebräischen deshalb möglich, weil nach
altsemitischem Wurzeldenken die Erzväter mit ihren Nachkommen gleichsam identisch waren.[171] Die Landverheißung, deren älterer Hintergrund in
vor-dtr Erzväterüberlieferungen liegt (vgl. Gen 12, 7; 28, 13 f),[172] wurde wahrscheinlich erst von DtrH angesichts der Gefährdung des Landbesitzes als
Schwur eingeführt (vgl. 31, 7; Jos 1, 6)[173], der dann in Jos 21, 43 seine endgültige Einlösung findet.[174] Die Generation, der die Erfüllung der Verheißung
nach der gelungenen Landnahme zuteil werden sollte (Jos 21, 43), bildete
nach V. 39 aα²βγb in der Wüste den Gegensatz zu ihren schuldig gewordenen
Eltern, weil sie dank „der Gnade der späten Geburt"[175] „noch nicht gut und
böse unterscheiden konnte" (vgl. Gen 2, 17; 3, 5; 2. Sam 19, 36; Jes 7, 16)[176]
und somit keine moralische Verantwortung für das Geschehene trug.

40   Der letzte Kontrast der Jahwerede findet sich in V. 40, in dem Jahwe sich
mit einem betonten ואתם „ihr aber" wieder den schuldig gewordenen Erwachsenen zuwendet und sie in Umkehrung des Befehls von V. 7 auf den Weg
zurück in die Wüste, in Richtung auf das Schilfmeer, mit dem hier der Golf
von Akaba gemeint ist (vgl. 2, 1. 8; Ri 11, 16; 1. Kön 9, 26; Jer 49, 21), sendet.
Diese düstere Vision spiegelt wahrscheinlich die eigene Situation der exilischen „Wüstengeneration" wieder, die in der „Wüste der Völker" (Ez 20, 35)
die Folgen ihres Ungehorsams tragen musste und erst für ihre Kinder auf die
Rückkehr hoffen konnte (vgl. Jer 29).[177]

36–39 a*   Die in der Grundschicht kohärente Schwuraussage (V. 35. 39*) wurde sekundär durch zwei sukzessive Erweiterungen (V. 36–38 und V. 39 aα¹) zer-
sprengt. Anders als in der Parallelerzählung Num 13 f fehlt in Dtn 1, 19 ff für
die Befreiung Kalebs (V. 36) und Josuas (V. 38) von der Strafe die Motivation;
vielmehr wird das generelle Strafurteil von V. 35 durch die Kaleb und Josua
betreffenden V. 36 und V. 38 nachträglich abgeschwächt. Wenn Mose hinge-

---

[170] Im Lichte der oben genannten Parallelen erscheint es wenig wahrscheinlich, dass das von
einem Teil der Textzeugen nicht überlieferte לתת „zu geben" in 1, 35 (s. BHS) eine Ergänzung
wäre (Perlitt 1991, 85; Nielsen 1995, 28); eher dürfte in seinem Fehlen eine Glättung vorliegen
(Weinfeld 1991, 146).
[171] Elliger 1978, 139.
[172] Siehe näher Schmidt ZAW 1992, 1–27.
[173] Vgl. später außerhalb des Dtn in Gen 24, 7; 26, 3; 50, 24; Ex 13, 11.
[174] Vgl. zur späteren Geschichte der Landverheißung als Schwur das oben bei 1, 8 b Gesagte.
[175] Perlitt 1991, 122 (im Anschluss an Helmut Kohl).
[176] Nach der priesterlichen und nachpriesterlichen Vorstellung galten als „Kinder" alle unter
20-Jährigen (Num 14, 29. 31, vgl. Ex 30, 14; Num 1, 3 ff).
[177] Vgl. Vermeylen ZAW 1985, 13.

gen in die Strafe einbezogen wird (V. 37), fehlt auch dieser Aussage die vorangehende Begründung, da Mose ja gerade energisch versucht hatte, das Volk
zur Eroberung des Landes zu bewegen (V. 29–31). Sein Schicksal, das später
in 3, 23–28 ausführlich zur Sprache kommt, ist hier ohne jeden einsichtigen
Grund vorweggenommen, ganz ähnlich wie Josuas Rolle (V. 38) als Moses
Nachfolger ihren sachgemäßen Ort erst dort hat (3, 28). Der homogene
Einschub V. 36–38 ist noch einmal durch V. 39 aα[1] erweitert worden, dessen
später Verfasser die priesterschriftliche Fassung der Kundschaftererzählung
wörtlich zitiert (Num 14, 31, vgl. Num 14, 3) und durch „eure Kleinen" eine
störende Vorwegnahme von „euren Söhnen" im Grundtext (V. 39 aα[2]) erzeugt.[178]

Die Aussage über die Sonderstellung Kalebs und seiner Nachkommen   36
(V. 36), die formal den Schwur von V. 34 f fortsetzt, blickt auf die jahwistische
Vorlage in Num 13 f* (13, 30 J und 14, 24 J) zurück und zugleich auf die spä-
tere Erfüllung des Eides in Jos 14, 6–15 voraus (vgl. auch Jos 15, 13–19 und
Ri 1, 10–15). Der Bericht über die Niederlassung der Kalibbiter in der Gegend
von Hebron (Jos 14, 6–15) bezieht sich seinerseits sowohl auf die jahwistische
Grundlage von Num 13 f* als auch auf Dtn 1, 19 ff in der durch V. 36–38 erweiterten Form (vgl. 1, 36 und Jos 14, 9),[179] weshalb er auf jeden Fall jünger als
DtrH sein muss. Es lässt sich aber nicht entscheiden, ob der Verfasser von
1, 36–38 identisch mit dem Autor von Jos 14, 6–15 ist, oder aber nachträglich
dessen Text vorbereitet hat.

In V. 37 schließt der Verfasser anhand des spät-dtr Verbs אנף Hitpa. „ergrim-   37
men"[180] Mose in die Gruppe der unter den göttlichen Zorn Geratenen ein, die
das Land nicht betreten werden. Die dafür gegebene knappe Begründung
„um euretwillen" (בגללכם) hat im Anschluss an Ps 106, 32 seit alten Zeiten
die Gedanken zu Moses und Aarons ungläubiges Verhalten an der Wasserstelle von Meriba (Num 20, 11–13) geführt,[181] aber abgesehen davon, dass
Aaron hier nicht erwähnt wird (anders Num 27, 13 f und Dtn 32, 50 f), entbehrt 1, 37 jeder literarischen Berührung mit Num 20, 11–13. Folglich liegt die
Annahme näher, dass Mose, obwohl er persönlich unschuldig war (V. 29–31),
als Führer die Verantwortung für die Folgen des treulosen Verhaltens des Volkes mittragen musste und deshalb bestraft wurde (vgl. Aaron nach 9, 20).[182]

Das später mehrfach erzählte Bleiben und Sterben Moses außerhalb des   38
Verheißungslandes (3, 23–28; 4, 21; 32, 48–52; 34, 1–9) war so schwer be-
greiflich, dass man immer wieder auf die Suche nach seinen Gründen ging.[183]
Sobald die Mitteilung gemacht wurde, dass Mose nicht in das Land gelangen

---

[178] Vgl. Perlitt 1991, 86. 121; Nielsen 1995, 29; Gomes de Araújo 1999, 82.
[179] Schmidt ZAW 2002, 55 f.
[180] Die übrigen Belege finden sich in Dtn 4, 21; 9, 20; 1. Kön 11, 9 und 2. Kön 17, 18.
[181] Die traditionelle Position (vgl. Luther WA 28, 540:25-27) wird heute z. B. von Otto 2000,
22–24. 72, und Sonnet NRTh 2001, 361–363, vertreten.
[182] Steuernagel ²1923, 55; Olson 1994, 26; Tigay 1996, 19. 425; Schmidt ZAW 2002, 55.
[183] Vgl. Perlitt 1991, 119.

wird, erforderte sie eine positive Fortsetzung, die Josua[184], den Sohn Nuns („des Fisches"), betrifft (V. 39). Obwohl Josua die in den priesterlichen und nachpriesterlichen Partien von Num 13 f* erzählte Sonderstellung Kalebs (Num 14, 6–10. 30. 38) teilt, setzt V. 38 diese Stellen nicht voraus[185]; denn die Aussage von V. 38 ist weder ein Teil des Schwures von V. 34–36 noch wird Josuas Rolle parallel mit Kalebs Verhalten in der Kundschaftergeschichte begründet. Vielmehr verdankt Josua, der Diener[186] Moses, seine Erwähnung in 1, 38 – hinter der von Mose in V. 37 – dem Sachverhalt, dass er im Dtn vor allem als Moses Nachfolger auftritt (3, 21. 28; 31, 1–8. 14 f; 32, 44; 34, 9), der das Land erobern und auf die Stämme verteilen wird (Jos 1 ff), deshalb konnte er auch in 1, 38 nicht fehlen.

41–46   In der Grundschicht hatte Jahwe dem widerspenstigen Volk die Rückkehr in die Wüste befohlen (V. 40), das Volk weigerte sich jedoch, dem Befehl Folge zu leisten und beschloss, trotzdem eigenmächtig ins Gebirge hinaufzusteigen und wurde zurückgeschlagen (V. 41–46). Diese Episode, die eine vertiefte Fassung der älteren Erzählung des J in Num 14, 40–45[187] darstellt, bietet ein weiteres Paradigma für den Unglauben, das diesmal die genaue Kehrseite des oben (V. 26–32) dargestellten ängstlichen Kleinglaubens, nämlich das vermessene Verlassen auf eigene Kräfte illustriert[188] und somit zweifellos zum ursprünglichen Bestand der Erzählung gehört. Die Darstellung, die neben den berichtenden Teilen (V. 41 b. 43 b. 44–46) aus dem Dialog des Volkes (V. 41 a), Jahwes (V. 42) und Moses (V. 43 a) besteht, ist gattungsgeschichtlich durch Elemente eines – verkehrten – Jahwekrieges[189] und einer exilischen Klagebegehung[190] geprägt.

41–42   Das Volk tut nach V. 41 (vgl. Num 14, 40) nun verspätete, heuchlerische Buße, indem es seine Sünde bekennt[191] und die kühne Bereitschaft meldet, nun doch *selber*[192], im Vertrauen auf die eigene Kraft hinaufziehen (vgl. V. 28)

---

[184] An den jungen Stellen Num 13, 16 und Dtn 32, 44 erscheint er auch unter dem Namen Hosea.

[185] Mit Schmidt ZAW 2002, 55 f, gegen Otto 2000, 72 f.

[186] Vgl. mit einem anderen Ausdruck im Hebräischen (משרת משה) in Ex 24, 13; 33, 11; Num 11, 28; Jos 1, 1.

[187] Der Grundtext des J bestand nach Schmidt ZAW 2002, 42. 54, aus Num 14, 40. 41 aαb. 43. 44 a. 45, während der Rest (V. 41 aβ. 42. 44 b) auf dtr Ergänzungen zurückgeht.

[188] Vgl. Luther: „Aber weil sie sich vermaßen, durch sich und ihr Werk Gott zu dienen und zu gefallen (*quia praesumpserunt de se et suis Deo servire et placere*), und die Gnade zu verdienen nach Billigkeit oder nach Recht (*de congruo aut condigno*), und die Werke thaten, die von ihnen erwählt, nicht von Gott befohlen waren, so thaten sie alles vergeblich" (WA 14, 559:27–29, deutsch Walch 1894, 1389).

[189] Lohfink 1990 I, 23 f.

[190] Vgl. Perlitt 1991, 124. 132. Zur exilisch-dtr Klagepraxis s. Veijola 2000, 176–191.

[191] Eine exakte Parallele für den Wortlaut des Sündenbekenntnisses findet sich bei DtrH in 1. Sam 7, 6; weitere dtr Parallelen sind Ri 10, 10. 15; 1. Sam 12, 10; 1. Kön 8, 47; Jer 16, 10 (vgl. Veijola 1977, 32; Ders. 2000, 190).

[192] Das Pronomen „wir" (אנחנו), das am Anfang des Satzes eine betonte Position hat (König 1917, 70), nimmt kontrastiv sowohl auf V. 28 („Wohin ziehen *wir* eigentlich?") als auf V. 40 („*Ihr* aber kehrt um") Bezug.

und gegen den Feind zu kämpfen, „ganz wie Jahwe, unser Gott, uns befohlen hatte", obwohl Jahwe dem Volk keinen Krieg befohlen hatte (vgl. V. 25), sondern selber für es kämpfen wollte (V. 30). Jetzt (V. 42) verbietet Jahwe[193] – nicht Mose wie in Num 14, 41 f – ausdrücklich das Hinausziehen (עלה), das noch vor kurzem seine richtige Zeit gehabt hätte (V. 26), jetzt aber zur Unzeit geschähe[194]; denn Jahwe werde nicht „in der Mitte" des Kriegsvolkes sein, was jedoch unabdingbare Voraussetzung für einen erfolgreichen Jahwekrieg wäre (vgl. Ex 17, 7; Dtn 7, 21; 31, 17; Jos 3, 10).

Als Mose Gottes Weigerung dem Volk mitteilte, stieß er auf dessen feh-   43–44
lende Hörbereitschaft (V. 43 a), wie später der Prophet Jeremia (Jer 7, 13; 25, 3; 26, 5; 29, 19). Wie schon in V. 26 lehnte sich das widerspenstige Volk gegen Jahwes Befehl auf (V. 43 b) – „hier im Wagen, dort im Zagen"[195] – und wollte das Gebirge in einem vermessenen[196] Akt der Hybris erstürmen. Die zu erwartende Folge solch einer ungläubigen Haltung war eine totale Niederlage (V. 44), beigebracht durch die Bewohner des Berglandes, die hier (V. 44) anstelle der „Amalekiter und Kanaaniter" (Num 14, 45) folgerichtig „Amoriter" genannt werden (vgl. V. 7. 19. 20. 27). Wie angriffslustige Bienen (vgl. Ps 118, 12; Jes 7, 18) verfolgten sie die geschlagenen Israeliten bis nach Horma, einem Ort (wahrscheinlich *Tell el-Mšāš*) in der Nähe von Beerscheba,[197] womit sich die Ergänzung „in Seïr" schlecht verträgt.[198]

Der militärischen Katastrophe folgen in V. 45 eine Umkehr (שוב), die auch   45
innerlicher Art sein kann,[199] und eine Klage, die ihren äußeren Ausdruck im Weinen „vor Jahwe", d. h. am Kultort, findet.[200] Aber wie das Volk nicht auf Jahwe und Mose hörte (V. 43 a), so schenkt Jahwe jetzt dem Klagen des Volkes kein Gehör (V. 45 b). Darin liegt eine diskrete Anspielung auf das bittere Ende der Geschichte Israels und Judas,[201] auf die Exilssituation, in der das Volk in seiner Not zu Jahwe schreit, dieser ihm jedoch die Erhörung verweigert (Ri 10, 14; 1. Sam 8, 18; Jer 11, 11. 14; 14, 12; 15, 1; Ez 8, 18; 20, 3. 31; Am 8, 12).[202]

Die Kundschaftergeschichte, die in der von DtrH stammenden Gestalt mit   46
V. 45 endete, wurde noch nachträglich durch V. 46 erweitert. Sein Verfasser wollte ausdrücklich feststellen, dass das Ziel der Rückkehr des Volkes (V. 45) der Ausgangspunkt des Landeroberungsversuches, Kadesch-Barnea (V. 19),

---

[193] Zur Redeeinleitung von V. 42 vgl. Dtn 2, 2, 9. 31; 3, 2. 26.
[194] Perlitt 1991, 126.
[195] Oettli 1893, 28.
[196] Im Hebräischen steht dafür das Verb זיד Hif. (vgl. sonst Dtn 17, 13; 18, 20; Neh 9, 10. 16. 29; Sir 3, 16).
[197] Anderweitig begegnet Horma in Num 14, 45; 21, 3; Jos 12, 14; 15, 30; 19, 4; Ri 1, 17; 1. Sam 30, 30; 1. Chr 4, 30.
[198] Siehe oben S. 30 Anm. 120.
[199] Perlitt 1991, 132.
[200] Vgl. Ri 20, 26; 21, 2; 2. Kön 22, 19 und s. Veijola 1982, 187 f. 194–197; Perlitt 1991, 132.
[201] Lohfink 1990 I, 28.
[202] Siehe näher Veijola 2000, 180.

war, wendete jedoch auf die Wüstenoase eine andere Namensform an, Kadesch, die im Unterschied zu dem mehrfach im Dtn bezeugten Kadesch-Barnea (1, 2. 19; 2, 14; 9, 23) nur an dieser Stelle im Dtn vorkommt. Mit der Zeitbestimmung „eine so lange Zeit wie ihr dort weiltet", für die er einen Ausdruck (ימים רבים) aus 2, 1 entliehen und zu einer sog. idem per idem-Konstruktion[203] ausgebaut hat, meint er eine unbestimmte Zeitspanne, mit der er offenbar dem in Num 20, 1. 14. 16. 22 (vgl. Ri 11, 16 f) erwähnten Kadesch-Aufenthalt Israels nach der Kundschafterepisode Rechnung tragen wollte.

2. 4. Wir kehrten um und zogen auf dem Wege nach der Wüste Moabs weiter (2, 1–15)

1 Darauf kehrten wir um und brachen auf in die Wüste auf dem Wege zum Schilfmeer, wie Jahwe zu mir gesagt hatte, und umzogen das Gebirge Seïr eine lange Zeit. 2 Dann sagte Jahwe zu mir: 3 „Ihr habt lange genug dieses Gebirge umzogen. Wendet euch nun nach Norden!
4 Und dem Volk gebiete Folgendes: Ihr werdet jetzt durch das Gebiet eurer Brüder, der Söhne Esaus, ziehen, die in Seïr wohnen. Sie werden sich vor euch fürchten, aber hütet euch wohl 5 und lasst euch mit ihnen nicht in einen Kampf ein, denn ich werde euch von ihrem Land nicht einmal einen Fußbreit geben; das Gebirge Seïr habe ich nämlich Esau als Besitz gegeben. 6 Nahrung sollt ihr von ihnen für Silber kaufen, damit ihr zu essen habt, und selbst Wasser sollt ihr von ihnen für Silber erwerben, damit ihr zu trinken habt.
7 Denn Jahwe, dein Gott, hat dich bei aller Arbeit deiner Hände[204] gesegnet. Er weiß um dein Wandern durch diese große Wüste. Diese vierzig Jahre ist Jahwe, dein Gott, mit dir gewesen, und an nichts hast du Mangel gelitten."
8 So durchzogen wir [das][205] Gebiet unserer Brüder, der Söhne Esaus, die in Seïr wohnen, [auf der][205] Arabastraße von Elat und Ezjon-Geber. Wir wandten uns und zogen auf dem Wege nach der Wüste Moabs weiter.
9 Dann sagte Jahwe zu mir:
„Bedränge Moab nicht und lass dich mit ihm nicht in einen Kampf ein, denn ich werde dir von seinem Land nichts als Besitz geben; Ar habe ich nämlich den Söhnen Lots als Besitz gegeben."

---

[203] Vgl. etwa Dtn 29, 15; 1. Sam 23, 13; 2. Sam 15, 20; 2. Kön 8, 1; Sach 10, 8.

[204] Im Hebräischen durch den Sg. ausgedrückt wie in 14, 29; 28, 12; 30, 9. MT kennt in dieser Wendung auch den Dual (16, 15; 24, 19), der von der späteren Textüberlieferung auch an den sg. formulierten Stellen bevorzugt wird (s. BHS).

[205] Die Präposition מן „von" ist in diesem Kontext unsinnig, weil sie einen eklatanten Widerspruch zu dem eben gegebenen Befehl, das Gebiet der Edomiter zu durchziehen (V. 4–6), verursacht. Die zweimal vorkommende Präposition, die in LXX und Vulg. beide Male fehlt, entstammt wahrscheinlich einem schriftgelehrten Versuch, die Stelle mit dem andersartigen Bericht Num 20, 14–21 (bes. V. 21) nachträglich zu harmonisieren.

10 Vor Zeiten wohnten dort die Emiter, ein großes, zahlreiches und hochgewachsenes Volk wie die Anakiter. 11 Auch
sie galten[206] als Rafaiter wie die Anakiter. Die Moabiter aber
nannten sie Emiter. 12 Und in Seïr wohnten vor Zeiten die
Horiter, aber die Söhne Esaus hatten ihren Besitz übernommen[207] und sie vor sich her vernichtet und sich dann an
ihrer Stelle niedergelassen, wie Israel es mit seinem Lande
tat, das Jahwe ihnen als Besitz gegeben hatte.
   13 „Aber nun,
steht auf und überschreitet den Bach Sered!" Da überschritten wir den Bach
Sered. 14 Die Zeit aber unserer Wanderung von Kadesch-Barnea bis zur
Überschreitung des Baches Sered betrug 38 Jahre, bis (die Generation) alle
kriegsfähigen Männer aus dem Lager vollständig ausgestorben waren, wie
Jahwe es ihnen geschworen hatte.
   15 Es war auch die Hand Jahwes wider sie gewesen, um sie vollständig
   aus dem Lager hinwegzuraffen.

Der Abschnitt 2, 1–15 eröffnet auf der Wanderung Israels in das gelobte Land
eine neue Phase, die durch eine äußere und innere Umkehr gekennzeichnet
ist. Das hochmütige und gedemütigte Volk von 1, 19–46 beugt sich nun gehorsam dem Willen seines Gottes und wandert erfolgreich von Seïr durch
die östliche Route bis zu dem Ort in der Nähe von Bet-Pegor (3, 29), wo
Mose seine Rede hielt (1, 1. 5). Ein Stichwort für die Wanderung ist das Verb
עבר, das mit verschiedenen Bedeutungsnuancen („durchziehen", „weiterzie-
hen", „überschreiten") in Dtn 2–3 nicht weniger als 16 Mal vorkommt[208] und
die Bezeichnung des östlich vom Jordan liegenden Teils des verheißenen Landes, עבר הירדן „jenseits des Jordan" (1, 1. 5; 3, 8. 20), anklingen lässt.[209] Ein
anderes Stichwort liefert die Wurzel ירש, die sowohl als Verb יָרַשׁ „den Besitz
übernehmen" als auch als Substantiv יְרֻשָּׁה „Besitz" die Besitzverhältnisse
verschiedener Völker im Raum der östlich von Araba und Jordan liegenden
Regionen beschreibt.[210] Grundsätzlich gilt die Regel, nach der die mit Israel
verwandtschaftlich verbundenen, aus der Geschichte wohlbekannten Nachbarvölker Edom (2, 4–8), Moab (2, 9. 18) und Ammon (2, 19. 37) nicht bekriegt
werden dürfen, während Israel die nördlich vom Arnon liegenden Gebiete
der Amoriterkönige Sihon (2, 24–36) und Og (3, 1–7) kriegerisch erobern

---

[206] Das hebräische Imperfekt bezeichnet hier und in dem nachfolgenden Verb („nannten") eine
vergangene Gewohnheit (s. Ges-Kautzsch § 107 b, c).

[207] Die Übersetzung von ירש Qal mit einem Personalobjekt hier sowie in V. 21. 22 nach
der Einheitsübersetzung (vgl. weiter 9, 1; 11, 23; 12, 2. 29*bis*; 18, 14; 19, 1; 31, 3; Ri 11, 23. 24*bis*).
Es geht in allen diesen Belegen darum, dass „ein Volk ein anderes aufgrund von Siegerrecht in der
Herrschaft über ein Territorium (ablöst)" (Lohfink BZ 1983, 18).

[208] Dtn 2, 4. 8*bis*.13*bis*.14. 24. 27. 28. 29. 30 (Hif.); 3, 18. 21. 25. 27. 28.

[209] Vgl. Tigay 1996, 23.

[210] Das Verb יָרַשׁ kommt vor in Dtn 2, 12. 21. 22. 24. 31*bis*; 3, 12. 18. 20, das Substantiv יְרֻשָּׁה in
Dtn 2, 5. 9*bis*.12. 19*bis*; 3, 20.

und in Besitz nehmen darf. Historisch gesehen handelt es sich dabei um theoretische Landansprüche, die die exilischen und nachexilischen Deuteronomisten aufgrund von Erinnerungen an Israels inzwischen verlorene Besiedlungen im Ostjordanland geltend machen.[211]

Entstehungsgeschichtlich hat die Beschreibung der ersten Wegstrecke vom Gebirge Seïr bis zum Bach Sered (2, 1–15) ihre jetzige Gestalt in mehreren Etappen erreicht: Zugrunde liegt in V. 1–3. 8 b.9 aα¹. 13*(ohne „aber nun").14 ein relativ dünner von DtrH stammender Erzählfaden, der am Ende punktuell durch V. 15 und in der Mitte durch eine längere Passage, die Edom (V. 4–6. 8 a) betrifft, ergänzt wurde. Die Edom-Erweiterung wurde dann in V. 7 durch eine einzelne Notiz fortgesetzt, die in ihrem erbaulichen Ton an die in 1, 31 a* vorliegende Ergänzung sowie an den ebenfalls jungen theologischen Traktat in 8, 2–6 erinnert, und lieferte ihrerseits das Vorbild für die Bemerkung hinsichtlich des friedlichen Verhaltens zu Moab (V. 9 aα²βb.13*[„aber nun"]). Die Moab-Erweiterung findet ihre redaktionsgeschichtliche Fortsetzung später 2, 18. 19. 26–28. 29 bα.30 b.37 a, wo Israels grundsätzlich friedfertige Einstellung nicht nur zu Moab und Ammon, sondern auch zu dem Amoriterkönig Sihon hervorgehoben wird. Den jüngsten Bestandteil von 2, 1–15 bilden die aus der Rede Moses herausfallenden sog. antiquarischen Notizen V. 10–12, für die analoge Formulierungen später in 2, 20–23 und 3, 9. 11. 13 b begegnen.

1–3. 8 b. 1. Die von DtrH stammende Grundschicht in V. 1–3. 8 b.9 aα¹. 13*(ohne
9 aα*. 13* „aber nun").14[212] lässt Mose in einem straffen Bericht, der literarisch 1, 45 fortsetzt und inhaltlich an 1, 40 anknüpft, den Strafaufenthalt Israels in der Wüste und den Weg von dort bis zur Überschreitung des Baches Sered erzählen. Ein älteres Vorbild, das DtrH hätte verwenden können, gab es für diesen Teil der Wanderung nicht,[213] sondern DtrH war der Erste, der sich davon ein zusammenhängendes Bild machte.[214] Formal unterscheidet sich die Art der Darstellung vom vorangehenden Kapitel: Das dialogische Element sowie die Schilderung innerer Gemütsbewegungen fehlen gänzlich; dafür wird der Handlungsablauf durch Jahwes Befehle, die dem Volk durch Mose verkündigt werden (V. 2–3 und V. 9 aα¹. 13 a*), und durch ihre genauen Ausführungen (V. 8 b und V. 13 b) bestimmt. Schon darin kündet sich eine neue Einstellung des Volkes zu seinem Gott an, das sich jetzt – im Gegensatz zu seiner früheren Auflehnung und durch den Wüstenaufenthalt (2, 1) belehrt – dem göttlichen Willen gehorsam fügt.

1–3   Vers 1 dient als ein Scharnier, das die beiden Textblöcke 1, 19–45(46) und 2, 2 ff verbindet, V. 1 a als Abschluss des Ersten und V. 1 b als Voraussetzung

[211] Rose 1994, 379.
[212] So die Abgrenzung der Grundschicht auch bei Nielsen 1995, 33–36, der sie allerdings für dtn hält.
[213] Die Anklänge in Num 21, 4 (vgl. Dtn 2, 1), 21, 11 (vgl. Dtn 2, 8 b), 21, 12 (vgl. Dtn 2, 13) und 32, 13 (vgl. Dtn 2, 14) sind restlos jünger als DtrH.
[214] Vgl. Noth ABLAK I 1971, 87.

des Zweiten.[215] Die von Jahwe verhängte Strafe (1, 40) bringt das Volk in die Nähe des Gebirges Seïr (V. 1), wo das Wohngebiet der Edomiter auf beiden Seiten des *Wādī l-ʿAraba* lag (s. zu 1, 2).[216] Dass das „Umziehen" sich nur auf die Wanderung an der West- und Südseite des Gebirges beschränkte,[217] sagt der Verfasser nicht. Eher deutet der Wortlaut von V. 1 und V. 3 darauf hin, dass er das Herumziehen um das ganze Bergmassiv im Auge hatte.[218] An Zeit mangelte es jedenfalls nicht, denn von der Gesamtdauer der Wüstenwanderung, die nach der dtr Auffassung insgesamt vierzig Jahre betrug (s. u.), wurden nach V. 14 nicht weniger als 38 Jahre zwischen Kadesch-Barnea und dem Bach Sered, d. h. fast ausschließlich in der Wüste um das Gebirge Seïr, verbracht. Der Aufbruch von dort erfolgt wie einst vom Horeb (1, 6–7 a*) durch einen göttlichen Befehl (V. 2–3), der hier wie dort fast denselben Wortlaut aufweist und die Handlung wieder in Bewegung bringt.

Der originale Bericht des DtrH, der durch spätere Erweiterungen in   8 b. 9 aα*.
V. 4–8 a unterbrochen wurde (s. u.), erzählt die Ausführung des Befehls von   13 a*. 14
V. 2 f unmittelbar und in wörtlicher Anknüpfung an V. 3 (V. 8 b). Da DtrH die Israeliten zunächst „auf dem Wege nach der Wüste Moabs" ziehen lässt, hat ihn offenbar die Vorstellung geleitet, dass sie sich vorher irgendwo am Ostrande des Edomitergebirges befanden und von dort ungefähr dem späteren islamischen Pilgerweg (*Ḥeǧāz*) folgend in Richtung auf das Steppengebiet, das zwischen dem moabitischen Kulturland und der angrenzenden syrisch-arabischen Wüste liegt, wanderten (vgl. Num 21, 11; Ri 11, 18). In seinem Itinerar hat DtrH die verschiedenen Wadis, die Israel auf seinem Wege nach dem Ostjordanland zu überschreiten hatte, als Orientierungspunkte benutzt, die jeweils eine neue Phase auf der Wanderung des Volkes eröffnen. Der Erste dieser Wadis heißt Sered (V. 13, vgl. Num 21, 12), d. h. *Wādī el-Ḥesā*[219], der von südöstlicher Richtung in das südliche Ende des Totes Meeres läuft und die Grenze zwischen Edom und Moab bildete. Seine Oberläufe werden nach dem entsprechenden göttlichen Befehl, der wieder durch Mose an das Volk ergeht (V. 9 aα¹ + V. 13 a*), überschritten (V. 13 b). Die ursprüngliche Zusammengehörigkeit von V. 9 aα¹ und V. 13 a* (d. h. „Dann sagte Jahwe zu mir: ,Steht auf und überschreitet den Bach Sered!'") geht schon daraus hervor, dass diese Versteile nach demselben Schema wie V. 2–3 (und später V. 17 + V. 24 aα¹) aufgebaut sind: Eine an Mose gerichtete Gottesrede leitet einen Befehl an das Volk in der 2. P. Pl. ein. Dass in V. 13 der Be-

---

[215] Perlitt 1991, 151.

[216] Das Siedlungsgebiet der Edomiter lag offenbar ursprünglich in dem relativ kleinen Raum zwischen dem Bach Sered und der Gegend um Punon, von wo aus es sich erst im 7. oder 6. Jh. v. Chr. nach Westen und Süden erweiterte (Zwickel UF 1990, 488 f).

[217] So etwa Bertholet 1899, 7; Steuernagel ²1923, 56, und Lohfink 1995 III, 263–268, aber ihre Vorstellung von dem geographischen Rahmen des Wüstenaufenthalts stützt sich offenbar auf die sekundäre Beschreibung des Weiterziehens in V. 8 a. Das Verb סבב ist im Sinne eines vollen Umkreisens eindeutig belegt (Jos 6, 3. 4. 7. 11. 14. 15*bis*).

[218] Vgl. Weinfeld 1991, 158.

[219] Siehe Noth ³1967, 33; HALAT, 268 b; BHH IV Karte.

fehl „steht auf" (קֻמוּ) auftaucht, obwohl vorher (V. 8 b) keine Rede von einem Halt war, spricht nicht dagegen; denn der Imperativ קֻמוּ dient hier nur als eine Art Hilfsverb neben וְעִבְרוּ „und überschreitet"[220], das nicht besagt, dass das Volk sich sich inzwischen niedergelassen hatte (vgl. ganz ähnlich in 2, 24).[221] Mit dem Erreichen dieser Etappe verbindet DtrH das Aussterben der ungehorsamen Kundschaftergeneration gemäß der Strafankündigung von 1, 35 (V. 14)[222]. Die Angabe, nach der die Wanderung von Kadesch-Barnea bis zum Bach Sered 38 Jahre betrug, passt vollkommen in das geographische und chronologische System des DtrH; denn nach ihm war eben Kadesch-Barnea der Ausgangspunkt der Landeroberung (1, 19), zu dem die Israeliten nach dem gescheiterten Landnahmeversuch zurückkehren mussten (1, 45) – wie von einem Bearbeiter ausdrücklich festgestellt wird (1, 46). Die Zahl 38[223] verdankt sich wahrscheinlich der Berechnung, dass von der Gesamtdauer des Wüstenaufenthalts, vierzig Jahre, die offenbar eine dtr Schöpfung ist[224] und später in der dtr Darstellung die Ruhezeiten nach der Befreiung aus Feindesnot (Ri 3, 11. 30; 5, 31; 8, 28) sowie die Herrschaftszeiten von Philistern (Ri 13, 1), Eli (1. Sam 4, 18), David (2. Sam 5, 4; 1. Kön 2, 11) und Salomo (1. Kön 11, 42) bezeichnet, zwei Jahre für die Wanderung von Ägypten nach Kadesch-Barnea (1, 19), den Aufenthalt dort (1, 45) und schließlich auch für den Zug vom Bach Sered (2, 17 ff) durch die ostjordanischen Gebiete zu dem Tal gegenüber von Bet-Pegor (3, 29) veranschlagt werden müssen. Mit der Gesamtdauer der Wüstenwandung, vierzig Jahre, ist „die Zeitspanne gemeint, innerhalb deren die Gesamtzahl der erwachsenen und im Leben aktiv handelnder Männer sich in der Regel auswechselt"[225], und gerade in dieser Eigenschaft war die Zahl transparent für eine metaphorische Verwendung auf Israels Strafaufenthalt im Exil (vgl. Ez 4, 6)[226]. Dass in 2, 14 nur vom Aussterben „aller kriegsfähiger Männer"[227] im Unterschied

---

[220] Vgl. Amsler THAT II, 638.

[221] Anders jedoch Mittmann 1975, 68, der eben aus diesem Grund folgert, dass V. 13 eine sekundäre Fortsetzung zu dem an sich schon sekundären V. 9 wäre. Das hat bei Mittmann die fatale Folge, dass die von ihm rekonstruierte Grundschicht nach 2, 8 b erst in 5, 1 ihre Fortsetzung findet und Mose den Dekalog irgendwo in der Wüste verkündet. Vgl. zur Kritik Mittmanns Lösung auch Perlitt 1994, 114.

[222] Es gibt keinen begründeten Anlass, V. 14 (mit V. 15–16) als sekundär zu betrachten (gegen Mittmann 1975, 77 f; Preuß 1982, 46; Perlitt 1991, 144. 149 f, und Otto 2000, 132). Wenn Otto V. 13–16 seinem Hexateuchredaktor zuschreibt (ebd.), entsteht nach seiner Rekonstruktion die Merkwürdigkeit, dass der dtr Landnahmeredaktor (DtrL), der nach Otto für die Grundschicht von Dtn 1–3* zuständig war, seine Hauptaussage, das Aussterben der schuldig gewordenen Horebgeneration, überhaupt nicht erwähnt.

[223] Vgl. Joh 5, 5 (vielleich eine absichtliche Anspielung?).

[224] Siehe Dtn 2, 7; 8, 2. 4; 29, 4; Jos 5, 6; Am 2, 10 dtr; 5, 25 dtr und vgl. später davon abhängig Ex 16, 35; Num 14, 33 f; 32, 13; Dtn 1, 3; Ps 95, 10; Neh 9, 21.

[225] Noth ³1967, 21.

[226] Vgl. Preuß 1991, 254 f; Gomes de Araújo 1999, 331.

[227] Der Ausdruck wurde später durch die Glosse הדור „die Generation", die in dem entsprechenden Zusammenhang in V. 16 fehlt, auf die gesamte Wüstengeneration ausgedehnt. Sie gab wiederum den Anlass zu dem noch jüngeren Zusatz „diese böse Generation" in 1, 35 (s. o.).

zu „diesen Männern" in 1, 35 geredet wird, mag darauf beruhen, dass der Verfasser in der nächsten Phase, nach der Überschreitung des Baches Arnon, zur Darstellung eines Jahwekrieges übergeht (V. 16 ff), und als dessen Vorbereitung war es wichtig, dass gerade unter den Wehrfähigen keiner aus der alten, ungehorsamen Generation übrig geblieben war.[228]

Das Aussterben der sündigen Horebgeneration wird in V. 15 von einem   15 jüngeren Deuteronomisten näher erläutert, der sich der für Nachträge typischen Anknüpfungspartikel וגם „und auch" bedient und Ausdrücke des vorangehenden Verses wiederholt. Seine Ergänzung ist aus theologischer Reflexion entstanden, die die göttliche Einwirkung bei der Bestrafung der Ungehorsamen explizit macht. Der Bearbeiter verwendet das Verb המם „aufstören, verwirren" (in der Übersetzung steht dafür „hinweggraffen"), das zur traditionellen Terminologie des Jahwekrieges gehört[229] und dort die von Jahwe verursachte Verwirrung und Panik bezeichnet (Ex 14, 24; 23, 27; Dtn 7, 23; Jos 10, 10; Ri 4, 15). Gewöhnlich stiftet Jahwe Verwirrung unter Israels Feinden, hier jedoch in den eigenen Reihen Israels. Es handelt sich somit um eine Umkehrung des Jahwekrieges, die schon das leitende Thema der Kundschaftererzählung in 1, 19–46 war.[230] In welcher Gestalt die göttliche „Verwirrung" dem Volk begegnete, definiert der Verfasser nicht näher. Da jedoch der Ausdruck „die Hand Jahwes war gegen NN" im dtr Sprachgebrauch einen recht allgemeinen Sinn aufweist (Ri 2, 15; 1. Sam 7, 13; 12, 15) und nur in 2. Sam 24, 17 auf die Pest bezogen ist und da der Verfasser außerdem bei seinen Lesern offenbar schon mit einer gewissen Textkenntnis rechnen konnte, mag er an die verschiedenen in Num 16, 31 f; 21, 6; 25, 3–5 erwähnten göttlichen Plagen, die das Volk während der Wüstenwanderung dezimierten, gedacht haben, und kaum spezifisch an eine Pest, obwohl sie manchmal als von der göttlichen „Hand" bewirkt angesehen wird (Ex 9, 3. 15; 1. Sam 5, 6. 11; 6, 3. 5. 9), aber keinen festen Anhalt in den Darstellungen der Wüstenwanderung hat.[231]

2. Die von DtrH relativ knapp erzählte Wanderung von Kadesch-Barnea   4–6. 8 a bis zum Bach Sered hat außer V. 15 auch noch andere, umfangreichere Erweiterungen erfahren, durch die sie ein neues und komplizierteres Gesicht erhalten hat. Die erste von ihnen (V. 4–6. 8 a), die später noch eine nachträgliche Begründung erhalten hat (V. 7), betrifft das Verhalten Israels zu den Söhnen Esaus, den Edomitern. Der sekundäre Charakter dieser Passage zeigt sich einerseits darin, dass in V. 4 eine neue Redeeinleitung (vgl. V. 2) mit dem vorangestellten „Volk" begegnet, obwohl das Volk bereits in V. 3 Gegenstand

---

[228] Vgl. Moran Bib. 1963, 335 f; Perlitt 1994 a, 171.

[229] Von Rad 1951, 12.

[230] Siehe Moran Bib. 1963, 333–339.

[231] Die einzige Ausnahme ist die nachpriesterliche Stelle Num 14, 12, wo jedoch von „Pest" (דֶּבֶר) ohne Gottes „Hand" gesprochen wird. An Pest denken bei Dtn 2, 15 Moran Bib. 1963, 337 f; Weinfeld 1991, 163 f, und Tigay 1996, 28.

der Anrede ist, andererseits darin, dass er den engen Zusammenhang zwischen dem Befehl (V. 3) und seiner Ausführung (V. 8 b) unterbricht. Dies hat zur Folge, dass die Wendung des Volkes in V. 8 b zu spät, erst nach dem Durchzug durch das Gebiet der Edomiter (V. 8 a), und dann als eine abrupte Änderung der Marschrichtung nach Osten, jenseits des Moab, erfolgt.

DtrH hatte sich noch nicht mit der Frage beschäftigt, ob die Israeliten auf ihrer Wanderung nach der Wüste Moabs mit den in Seïr wohnenden Edomitern in Berührung kamen (V. 8 b). Dieses Problem wird nun in V. 4-6. 8 a von dem Bearbeiter thematisiert, der die Israeliten ausdrücklich durch[232] das Gebiet der Edomiter ziehen lässt, auf dem Wege, der von Elat ('Aqaba) und Ezjon-Geber (Tell el-Ḫulēfi)[233] am Nordende des Golfes von Aqaba ausgeht (V. 8 a) und als sog. Königsstraße (Num 20, 17; 21, 22) in nordöstlicher Richtung durch das edomitische und moabitische Gebiet nach dem Ostjordanland und von dort weiter nach Damaskus führt. Die Bedingung des Durchzugs ist, dass er friedlich vor sich geht. Obwohl die Edomiter vor Israel Angst haben (V. 4 b), was der Verfasser aus Ex 15, 15 f wusste, dürfen die Israeliten ihre Lage nicht ausnützen und sich auf einen Kampf mit ihnen einlassen[234]; denn als „Söhne Esaus" sind die Edomiter Israels „Brüder" (vgl. 23, 8; Am 1, 11; Obd 10. 12; Mal 1, 2) und haben ihr Wohngebiet in Seïr direkt von Jahwe erhalten (Gen 36, 8 f) – wie auch die Moabiter (V. 9) und Ammoniter (V. 19). Das Besitzrecht der Nachbarvölker ist somit unantastbar.[235]

Es ist nicht ganz einfach, das Motiv zu erkennen, das den Bearbeiter zu seiner Darstellung der Wanderung Israels durch das Edomitergebiet und des damit verbundenen friedlichen Verhaltens gegenüber den Edomitern bewogen hat. Eine mögliche Lösung könnte darin bestehen, dass der Bearbeiter den vorgegebenen Text des DtrH mit dem später in Num 33 verarbeiteten Stationenverzeichnis, in dem mehrere edomitische Orte, darunter auch Ezjon-Geber (V. 35), erwähnt werden (V. 35-37. 41-44), verglich und daraus folgerte, dass Israel in Wirklichkeit Edom durchquert habe.[236] Die Erklärung dafür, wie es möglich war, dass dies nicht zu einem militärischen Konflikt führte, wie später bei den Amoriterkönigen Sihon (2, 26-36) und Og (3, 1-7), ergab sich für ihn einerseits aus der aufgrund der Jakob-Esau-Erzählungen bekann-

---

[232] Zum Text von V. 8 a s. o. S. 44 Anm. 205.

[233] Beide Orte liegen dicht beieinander am Nordende des Golfes von Aqaba (vgl. 1. Kön 9, 26; 22, 49; 2. Kön 14, 22). Eine andere Möglichkeit für die Lage von Ezjon-Geber ist Ǧezīret Faraʿūn (z. B. HALAT, 831 b), aber dabei handelt es sich um eine Insel, die 275 m vom Festland im Golf von Elat liegt und schwer zu 1. Kön 9, 26 („am Ufer des Schilfmeeres") und zu Dtn 2, 8 a (Ausgangspunkt einer Straße) passt. Siehe näher zum Problem von Ezjon-Geber Perlitt 1994 a, 162 f.

[234] Die Aussage von V. 4 b ist grammatisch und logisch mit V. 5 fest verbunden (Rose 1994, 383) und braucht nicht als Zusatz verdächtigt zu werden (so jedoch Perlitt 1991, 156, und Otto 2000, 132 Anm. 100).

[235] Perlitt 1991, 159.

[236] Mittmann 1975, 76, und Glatt-Gilad VT 1997, 454. Siehe näher zur Intinerarliste von Num 33 und ihrem Verhältnis zu den in Num 21 und Dtn 2 genannten Orten Zwickel UF 1990, 475-494.

ten Bruderschaft (Gen 25, 19–26) zwischen Jakob (Israel) und Esau (Edom), die als positives Argument auch im Gemeindegesetz Dtn 23, 8 angeführt wird, und andererseits aus dem geschichtlichen Faktum, dass Edom, abgesehen von der vorübergehenden Besetzung in der Zeit Davids (2. Sam 8, 13 f), seine politische Unabhängigkeit Israel gegenüber behaupten konnte und außerhalb des Israel zugewiesenen Verheißungslandes blieb. Es ist anzunehmen, dass der Verfasser von Dtn 2, 4–6. 8 a in sachlicher und zeitlicher Nähe zu DtrH steht, der ebenfalls noch in einem ganz unproblematischen Verhältnis zu Edom stand.[237] Der leidenschaftliche Edomiterhass, der in den spät- und nachexilischen Schriften weit verbreitet ist[238] und dessen historischer Hintergrund in den politischen Ereignisen der späteren Exilszeit mit der Annexion des Südens Judas durch Edom[239] liegt, ist erst etwas später ausgebrochen und hat u.a. dazu geführt, dass der friedliche Durchzug Israels durch Edom nach Dtn 2, 4–6. 8 a in Num 20, 14–21 – und davon abhängig in Ri 11, 17 f[240] – in sein genaues Gegenteil, die Weigerung Edoms, Israel sein Gebiet durchziehen zu lassen, verkehrt wurde.[241]

Die Edom-Erweiterung von V. 4–6. 8 a hat in V. 7 noch eine nachträgliche   7 Ergänzung erfahren, die sich dadurch als jünger gegenüber ihrer Umgebung erweist, dass in ihr das Volk unerwartet im Sg. durch „du" angesprochen und von Jahwe in der 3. P. geredet wird, obwohl Mose nach V. 4 f Jahwes eigene Worte weitersagt. Ihren Verfasser beschäftigt das Problem, woher Israel, das die letzten vierzig[242] Jahre in der Wüste verbracht hatte, Mittel zum Erwerb von Speis und Trank besaß, und erklärt dies mit Gottes reichem Segen und allseitiger Fürsorge, die er durch das Verb „wissen" (ידע) ausdrückt (vgl. Gen 39, 6; Hos 13, 5; Ps 1, 6; Spr 27, 23).[243] Anhaltspunkte für die relative Chronologie von V. 7 bieten einerseits seine spürbare Nähe zu der in 1, 31 a*

---

[237] DtrH nennt Edom und die Edomiter selber nur in 1. Sam 14, 47 und 1. Kön 11, 1 (?). Die Mehrzahl der Belege finden sich in seinen Quellen (1. Sam 21, 8; 22, 9. 18. 22; 2. Sam 8, 14 a; 1. Kön 11, 14–17; 22, 48; 2. Kön 3, 8; 8, 20–22; 14, 7. 10).

[238] Jes 11, 14; 34; 63, 1–6; Jer 49, 7–22; Ez 25, 12–14; 32, 29; 35; 36, 5; Joel 4, 19; Am 1, 11 f; 9, 12; Obd 8–15; Mal 1, 2–5; Ps 137, 7; Klgl 4, 21.

[239] Siehe Weippert TRE 9, 295.

[240] Die Stelle entstammt nach Görg 1993, 64 f, nachexilischer schriftgelehrter Reflexion.

[241] Entgegen der vorherrschenden Auffassung, die u.a. von Mittmann 1975, 75; Perlitt 1991, 147 f; Nielsen 1995, 33; Glatt-Gilad VT 1997, 441–445, und Lohfink 2000 IV, 64, vertreten wird, ist Num 20, 14–21 nach dem Vorbild von Dtn 2, 4–6. 8 a und 2, 26–36 entstanden (vgl. Van Seters 1994, 386–393, und Oswald VT 2000, 218–232).

[242] Die Zahl steht nur in einer scheinbaren Spannung zu den 38 Jahren von V. 14, denn dabei ist im Auge zu behalten, dass in V. 14 nur die Strecke von Kadesch-Barnea bis zum Bach Sered berücksichtigt wird. Als runde Zahl der Wüstenwanderung sind vierzig Jahre in V. 7 durchaus verständlich (s. o.).

[243] Luther hat im Verb ידע eine dem Hebräischen eigentümliche Redeweise (*idiotismus*) erkannt, die er folgendermaßen erläutert: „Dies ist ein Wort eines vortrefflichen Trostes, durch welches der Glaube angefacht wird, wie wir im Deutschen sagen: ‚Er nahm sichs an', er erkannte es und ließ es sich angelegen sein, so daß es mehr das Herz als den Verstand bezeichnet, wie es die Wortfügung und die Worte dieser heiligen Sprache mit sich bringen." (WA 14, 567:35–37, 568:22, deutsch Walch 1894, 1396)

vorliegenden Ergänzung („die du gesehen hast, wo dich Jahwe, dein Gott, getragen hat, wie ein Mann seinen Sohn trägt") und dem kleinen theologischen Traktat in 8, 2–6 (s. u.), wo ebenfalls das Thema der göttlichen Fürsorge in der Wüste in Singularform entfaltet wird, und andererseits die Anwendung des Ausdrucks „segnen bei aller Arbeit deiner Hände", der später mehrmals in der bundestheologischen, frühnachexilischen dtr Bearbeitung (DtrB) vorkommt (14, 29; 16, 15; 24, 19; 28, 12) und hier ein Reflex des dortigen Gebrauchs sein könnte.[244]

9aα*βb. 13*   3. In dem einstigen Bericht des DtrH führte die Redeeinleitung V. 9 aα[1] („Dann sagte Jahwe zu mir") zu dem Befehl, den Bach Sered zu überschreiten (V. 13 a*). Diese Verbindung wurde zum ersten Mal durch das im Sg. formulierte Verbot, die Moabiter anzufeinden (V. 9 aα[2]βb), unterbrochen, was die Einschiebung der Partikel עתה „aber nun" als Brücke zum alten Text am Anfang von V. 13 erforderlich machte. Das neue Verbot in V. 9 hat die vorangehende Erweiterung zur Voraussetzung, die den friedlichen Durchzug durch Edom betrifft (V. 4–6. 8 a); denn erst in diesem neuen geographischen Rahmen konnte das Problem überhaupt akut werden, wie die Israeliten sich denn zu den Moabitern verhalten sollten, deren Wohngebiet – nach der hier vorherrschenden Auffassung – auf der Ostseite des Toten Meeres zwischen dem Bach Sered und dem Arnon für die aus Süden durch Edom ziehenden Israeliten unvermeidlich auf dem Wege lag. Die singularische Anrede Israels als „du" sowie die V. 5 nachahmende Arbeitsweise des Verfassers zeigen, dass diese Erweiterung von einem späteren Bearbeiter als V. 4–6. 8 a stammt. Die Argumentation hat er allerdings von seinem Vorgänger gelernt; denn ganz ähnlich wie dieser (V. 5) leitet er das Recht der Moabiter auf ihr Siedlungsgebiet, das hier und in V. 18. 29 nach dem Stadt- und Landschaftsnamen Ar[245] genannt wird (vgl. Num 21, 15. 28; Jes 15, 1), von der göttlichen Verfügung ab, die den Moabitern als Lots Söhnen (Gen 19, 37; Ps 83, 9) und damit Israels Blutsverwandten unwiderruflich gilt.[246] Wie diesem Redaktor hier das friedliche Verhältnis zu Moab am Herzen liegt, so bemüht er sich später um Israels friedfertige Einstellung zu Ammon (2, 18 f. 29 bα. 37) und sogar zum Amoriterkönig Sihon (2, 26–28. 30 b).

10–12   4. Der ursprüngliche Zusammenhang zwischen dem göttlichen Befehl (V. 13 a*) und seiner Einleitung (V. 9 aα[1]) wurde das zweite Mal durch die ethnographischen Bemerkungen von V. 10–12 unterbrochen, die ebenso wenig in den Mund Gottes wie Moses passen und deshalb allgemein für sekundär

---

[244] Außerdem soll berücksichtigt werden, dass der „Segen" auch ohne „das Tun deiner Hände" ein zentraler Topos dieser Redaktion ist (vgl. 7, 13; 12, 7; 15, 6. 14. 18; 28, 8; 30, 16), wobei 15, 6. 14. 18 in diesem Zusammenhang besonders wichtig sind, weil in 15, 8 auch das Thema des Mangels (חסר) berührt wird (wie in 2, 7).

[245] Als Stadt wird Ar häufig mit *Ḥirbet er-Rabbe* (Rabbat Moab) identifiziert (HALAT, 829 a).

[246] Zur Geschichte Moabs im Lichte der biblischen und außerbiblischen Quellen s. Timm 1989.

gehalten werden.[247] Theoretisch wäre es möglich, dass die Edom betreffende Bemerkung (V. 12), die ihren sachgemäßen Ort hinter V. 5 hätte, gegenüber der Notiz über Moab (V. 10 f) noch jünger wäre, aber es ist auch denkbar, dass ein und derselbe Glossator an einer seines Erachtens passenden Stelle Information auch zu einer schon früher erwähnten Gegebenheit nachträgt und erst dann zu dem ihm vorgegebenen Text durch die Wiederaufnahme einer seiner zentralen Ausdrücke („als Besitz geben" in V. 9 und V. 12) zurücklenkt.

Da die als antiquarische Notizen bekannt gewordenen ethnographischen Bemerkungen, für die in 2, 20–23 und 3, 9. 11. 13 b analoge Formulierungen begegnen, weder eine Mose- noch Gottesrede darstellen, fallen sie aus der vorherrschenden Redesituation des Dtn heraus, indem sie sich gewissermaßen aus der Perspektive des – natürlich fiktiven – „Bucherzählers" (implied author) an die Leser des Buches Dtn und nicht an die primären Adressaten des Dtn, die im Ostjordanland versammelten Israeliten (1, 1), wenden.[248] Ihre Intention besteht darin, die Leser über territoriale Verhältnisse zu informieren, die „vor Zeiten" (לְפָנִים) im späteren Wohngebiet der Moabiter und Edomiter herrschten. Sie vertiefen und erweitern die internationale Perspektive, die in den Edom- und Moab-Erweiterungen bereits implizit vorhanden war, indem sie Israel in das Konzert der Völker eintreten lassen, die ähnlich wie Israel ihre eigene Geschichte und ihr eigenes, von Jahwe zugewiesenes Territorium bewohnen. Damit tritt Jahwe als Weltgott und Israel als Volk unter den Völkern auf (vgl. Dtn 32, 8; Am 9, 7; Apg 17, 26).

Das enzyklopädische Wissen, das diese Notizen über die ehemaligen Bewohner von Moab und Edom verbreiten, entstammt gelehrter Spekulation und entbehrt jedes historischen Anhalts. Die angeblichen früheren Bewohner Moabs, die Emiter, die sonst nur in Gen 14, 5, und zwar von Dtn 2, 10 f abhängig,[249] auftreten, stellen keine historisch fassbare Völkerschaft dar,[250] sondern verdanken ihren Namen (הָאֵמִים) wahrscheinlich dem etymologischen Spiel mit dem Wort „Furcht, Schrecken" (אֵימָה) und bedeuten so viel wie „die Furcht Erregenden", wie schon Targum Onkelos (אימתני) und später Luther[251] ihren Namen deuteten. Die im Ostjordanland an manchen Stellen vorhandenen megalithischen Bauwerke, Dolmen, mögen die Phantasie des Verfassers darin inspiriert haben, dass er die Emiter mit der besser aus dem

---

[247] Seltene Ausnahmen sind z. B. Sumner VT 1968, 220; Ottosson 1969, 99 f; Polzin 1980, 31 f, und Lohfink 2000 IV, 68 f, die für ihre Ursprünglichkeit eintreten.

[248] Sonnet 1997, 238–243; Lohfink 2000 IV, 48. 52 f.

[249] Westermann 1981, 231.

[250] Anders Alt [4]1968 I, 203–215, der aufgrund der aus dem 13. Jh. v. Chr. stammenden ostjordanischen Bālūʿa-Inschrift hinter dem (in der Inschrift nicht erwähnten!) Namen Emiter ein Volk postulierte, das in der zweiten Hälfte des 2. Jahrtausends vom Westen kolonisierend in das südliche Transjordanien gelangt sei. Kritisch dazu Timm 1989, 92 f.

[251] „Emim kommt von אֵימָה, welches Schrecken bedeutet; sie werden schreckliche und furchtbare Leute genannt, weil sie mit Gewalt und Waffen wüthen" (WA 14, 569:28–30, deutsch Walch 1894, 1397). In der Sache ähnlich z. B. Houtman VT 2002, 58.

Westjordanland bekannten Riesenbevölkerung der Anakiter (1, 28)[252] verglich und beide als Rafaiter gelten ließ (V. 11). Die rätselhaften Rafaiter (רְפָאִים)[253] sind etymologisch von den in Ugarit gut bezeugten *rpum* nicht zu trennen, die dort nach dem Tod divinisierte Ahnen königlicher oder sonst vornehmer Herkunft bezeichnen.[254] Im AT vertreten die Rafaiter nur ausnahmsweise die Verstorbenen königlicher Herkunft (Jes 14, 9; 26, 14), dafür aber häufig die Totengeister der gewöhnlichen Bürger (Ps 88, 11; Ijob 26, 5; Spr 2, 18; 9, 18; 21, 16). Im Lichte dieses Befundes erscheint es am wahrscheinlichsten, dass die Rafaiter, die im AT einerseits vor allem als Urbevölkerung des Ostjordanlandes auftreten (Gen 14, 5; 15, 20; Dtn 2, 11. 20; 3, 11. 13; Jos 12, 4; 13, 12; 17, 15) und andererseits einem Tal in der Nähe Jerusalems den Namen gegeben haben (Jos 15, 8; 18, 16; 2. Sam 5, 18. 22; 23, 13; Jes 17, 5; 1. Chr 11, 15; 14, 9), Totengeister in sekundär historisierter Gestalt sind.[255] Was schließlich die in Dtn 2, 12 erwähnten Horiter betrifft, die angeblich vor den Söhnen Esaus (Edoms) in Seïr wohnten und von diesen vernichtet wurden, lässt sich bezweifeln, dass sie etwas mit dem aus dem nördlichen Mesopotamien des 2. Jahrtausends bekannten Volk der Hurriter zu tun haben könnten. Näher liegt die Annahme, dass auch sie wie die vorhin erwähnten Emiter ihren Namen (הַחֹרִים) durch ein etymologisches Spiel erhalten haben, das vom Wort חֹר „Loch, Höhle" ausgehend sie als „Höhlenbewohner" verstehen wollte. Die Wahl einer solchen Bezeichnung mag durch den Umstand begünstigt worden sein, dass noch ihre Nachfolger, die Edomiter, als Leute bezeichnet werden, die in Felsenklüften ihrer bergigen Heimat in Seïr wohnten (Jer 49, 16; Obd 3).[256] Die Horiter erscheinen später in Dtn 2, 22 und sonst in Gen 14, 6 (neben den in Gen 14, 5 genannten Emitern) und in Gen 36, 20 f. 29 f (mit einem eigenen Stammbaum).

2. 5. Sihon, der König von Heschbon, wollte uns nicht bei sich durchziehen lassen (2, 16–37)

16 Als aber alle kriegsfähigen Männer aus dem Volk vollständig ausgestorben waren, 17 sprach Jahwe zu mir:
18 „Du wirst jetzt durch Ar, das Gebiet Moabs, ziehen, 19 und du wirst in die Nähe der Ammoniter kommen. Bedränge sie nicht und lass dich mit ihnen nicht in einen Kampf ein, denn ich werde dir vom Land der Ammoniter nichts als Besitz geben; ich habe es nämlich den Söhnen Lots als Besitz gegeben."

---

[252] Siehe das Material zu den Anakitern oben bei 1, 28.
[253] Das Material zu ihnen und ihrer Forschungsgeschichte findet sich z. B. bei Perlitt 1994, 223–232.
[254] Siehe etwa Liwak ThWAT VII, 625–636, und Loretz 1994, 175–224.
[255] Siehe weiter Veijola UF 2000, 549 f.
[256] Houtman VT 2002, 60.

20 Auch dieses galt als das Land der Rafaiter; denn darin
wohnten vor Zeiten Rafaiter. Die Ammoniter aber nannten
sie Samsummiter, 21 ein großes, zahlreiches und hochgewachsenes Volk wie die Anakiter. Aber Jahwe hatte sie vor
ihnen vernichtet, und sie hatten ihren Besitz übernommen
und sich dann an ihrer Stelle niedergelassen, 22 wie Jahwe es
den Söhnen Esaus getan hatte, die in Seïr wohnten, vor denen er die Horiter vernichtete, so dass sie ihren Besitz über-
nahmen und sich an ihrer Stelle niederließen bis zum heutigen Tag. 23 Und was die Awiter betrifft, die in Siedlungen
bis Gaza hin wohnten, die haben die Kaftoriter, die aus Kaftor ausgezogen waren, vernichtet und sich an ihrer Stelle
niedergelassen.

24 „Steht auf, brecht auf und überschreitet den Bach Arnon!
     Siehe, ich habe den Amoriter Sihon, den König von Heschbon,
     und sein Land in deine Hand geben. Fang an, es in Besitz zu neh-
     men, und lass dich mit ihm in einen Kampf ein! 25 Heute fange
     ich an, Schrecken und Furcht vor dir auf die Völker unter dem
     ganzen Himmel zu legen, so dass sie vor dir zittern und beben,
     wenn sie Kunde von dir hören."
26 Darauf sandte ich Boten aus der Wüste Kedemot an Sihon, den
König von Heschbon, mit folgendem Friedensangebot: 27 „Ich
möchte durch dein Land ziehen. Auf der Straße, nur auf der Straße[257]
werde ich gehen, ohne rechts oder links abzuweichen. 28 Lass mich
Nahrung für Silber kaufen, damit ich zu essen habe, und Wasser gib
mir für Silber, damit ich zu trinken habe. Nur durchziehen möchte ich
mit meinen Füßen, (29 so wie es mir die Söhne Esaus, die in Seïr wohnen, gestattet haben und die Moabiter, die in Ar wohnen,) bis ich den
Jordan überschritten habe (in das Land, das Jahwe, unser Gott, uns geben wird)."
30 Aber Sihon, der König von Heschbon, wollte uns nicht bei sich durchziehen lassen;
     denn Jahwe, dein Gott, hatte seinen Geist hart gemacht und sein Herz
     verhärtet, um ihn in deine Hand zu geben, wie es heute der Fall ist.
31 Dann sagte Jahwe zu mir: „Siehe, ich habe angefangen, Sihon und sein
Land dir preiszugeben. Fang an, sein Land in Besitz zu nehmen!" 32 Und
Sihon zog aus nach Jahaz uns entgegen zum Kampf, er und sein ganzes
Volk. 33 Aber Jahwe, unser Gott, gab ihn uns preis, und wir schlugen ihn,
seine Söhne und sein ganzes Volk. 34 Und wir eroberten zu jener Zeit alle
seine Städte und vollstreckten an jeder Stadt, an Männern, Frauen und Kindern den Bann und ließen keinen Einzigen übrig. 35 Nur das Vieh nahmen

---

[257] Die Wiederholung בדרך בדרך „auf der Straße, (nur) auf der Straße" bezeichnet hier
wie in 16, 20 צדק צדק „Gerechtigkeit, (nur) Gerechtigkeit" die Ausschließlichkeit (vgl. Ges-
Kautzsch § 123 e; Perlitt 1994 a, 194; Tigay 1996, 350).

wir für uns zur Beute und das Plündergut der Städte, die wir erobert hatten. 36 Von Aroër am Rande des Arnontals und der Stadt im Tale bis nach Gilead gab es keine Stadt, die uns zu hoch gewesen wäre; alles gab Jahwe, unser Gott, uns preis.

37 Nur dem Land der Ammoniter hast du dich nicht genähert, (dem ganzen Randgebiet des Jabboktals, und den Städten des Gebirges, [gemäß allem, was][258] Jahwe, unser Gott, geboten hatte).

Israels friedlicher Durchzug durch die südlichen, von den edomitischen und moabitischen Verwandten besetzten Gebiete Transjordaniens (2, 1–15) findet sein Ende mit dem Erreichen des Flusses Arnon in dem Abschnitt 2, 16–37. Nach dem vollständigen Aussterben der sündigen Horebgeneration, der die Landnahme wegen des fehlenden Glaubens verweigert wurde (1, 35; 2, 14. 16), kann die Eroberung des verheißenen Landes nun nach einer Verzögerung von 38 Jahren (2, 14) und gegen den ursprünglichen Plan (1, 8. 21) vom Osten beginnen (2, 24. 31). Bevor die kriegerische Auseinandersetzung mit den Amoritern in V. 24 einsetzt, wird jedoch das friedliche Verhalten gegenüber den ammonitischen Verwandten (V. 19) betont, was ganz ähnlich wie im Falle von Moab (2, 9) Anlass zu einzelnen ethnographischen Bemerkungen (V. 20–23) gegeben hat. Mit dem Überschreiten des Grenzflusses Arnon betritt Israel dann den Boden des gelobten Landes und wird mit den beiden Amoriterkönigen, Sihon (2, 24–37) und Og (3, 1–7), konfrontiert, deren Besiegung die Bedingung für die Eingliederung ihrer Gebiete in das Land der Verheißung ist.[259]

Der Abschnitt 2, 16–37, der abgesehen von den antiquarischen Notizen V. 20–23 formal als Moserede mit eingebauten Gottesbefehlen und ihren Ausführungen gestaltet ist, lässt näher besehen verschiedene, singularische und pluralische Formen in der Anrede Israels sowie auch unterschiedliche Einstellungen zum Schicksal des Amoriterkönigs erkennen, was alles seinen Anlass in der Mehrschichtigkeit des Textes hat. Das von DtrH stammende Grundgerüst, in dem Israel durchgehend in der 2. P. Pl. angeredet wird, umfasst die Verse 16 f. 24 aα*(bis „Arnon").30 a.31–36, in denen eine konzise Darstellung über die erste Phase der Landnahme nach dem Aussterben der abtrünnigen Generation vorliegt. Sie wurde in V. 18 f. 26–28. 29 bα. 30 b.37 a von dem ersten Bearbeiter ergänzt, der Israel ständig in der 2. P. Sg. anredet und dessen friedfertige Einstellung über Moab (V. 9 aα²βb.18) und Ammon (V. 19. 37 a) hinaus auf den Amoriterkönig Sihon ausdehnt (V. 26–28. 29 bα). Einzelne Zusätze zu dieser Bearbeitung finden sich in V. 29 abβ und V. 37 b. Ein zweiter Bearbeiter tritt in V. 24 aα*(ab „Siehe")βb.25 in Erscheinung, wo Israel ebenfalls in der 2. P. Sg. angeredet wird, aber von der ersten Bearbeitung abweichend Sihons Unterwerfung als von Anfang an auf höherer Ebene be-

---

[258] Die Lesung כבל (vgl. LXX und Targ. Jonathan) anstelle von וכל (MT). Vgl. BHS.
[259] Vgl. Schmidt ZAW 2002, 509.

schlossene Sache gilt. Die jüngste Stufe der Textentstehung vertreten die aus der Moserede herausfallenden antiquarischen Notizen von V. 20–23, die – eventuell in mehreren Stufen – die Reihe der ethnographischen Bemerkungen von V. 10–12 fortsetzen und ihrerseits durch die „gelehrten" Erläuterungen von 3, 9. 11. 13 b fortgesetzt werden.

1. Die von DtrH herrührende relativ schmale Grundschicht in 16 f. 24 aα*(bis   16–17. 24 aα*.
„Arnon").30 a.31–36 führt ihrer Form nach die Erzählungsart des vorange-   30 a. 31–36
henden Abschnitts (2, 1–15) weiter: Jahwes Befehl, der durch Moses Vermittlung an das Volk ergeht (V. 17. 24 aα*), bringt die Handlung in Bewegung,
und als seine Ausführung auf den Widerstand des Königs Sihon stößt
(V. 30 a), erfolgt eine göttliche Ermutigung und ein neuer Befehl (V. 31), dem
das Volk gehorsam Folge leistet und mit Gottes Beistand den streitbaren
Amoriterkönig schlägt sowie sein Gebiet erobert (V. 32–36). Die Episode
liest sich in Übereinstimmung mit der gesamten ostjordanischen Eroberungsgeschichte von Dtn 2, 1–3, 17 wie eine Antithese zu der düsteren Kundschaftergeschichte des vorangehenden Kapitels mit all ihren bösen Folgen
(1, 19 ff.).[260] Das Material für diese Episode, die später in der Jiftach-
Geschichte in weiter verarbeiteter Form angeführt wird (Ri 11, 19–22)[261], hat
DtrH in der älteren Sihon-Überlieferung von Num 21, 21–31* vorgefunden,
die aus dem hinsichtlich seines Alters umstrittenen Heschbon-Spruch Num
21, 27 aβ–30*[262] und seiner vor-dtr Rahmung Num 21, 21–27 aα. 31*[263] besteht. DtrH hat auf die Verse des Rahmens, die Sihons Weigerung, Israel
durch das Land ziehen zu lassen, und seine nachfolgende Unterwerfung
berichten (V. 21–25*)[264], zurückgegriffen und seinem eigenen Programm
dienstbar gemacht,[265] indem er die Vorlage zum Teil gestrafft, zum Teil erwei-

---

[260] Vgl. Perlitt 1994, 120, der in dieser Antithetik ein Exempel für die dtr Alternativpredigt erblickt: Das ungehorsame Volk scheitert auch äußerlich, während der Gehorsam zum Erfolg führt
(vgl. 1. Kön 9, 1–9; Jer 7, 1–15; 22, 1–5; 42, 10–17).

[261] Siehe dazu Görg 1993, 64.

[262] Der Wortuntersuchung von Timm 1989, 62–89, ist wohl zu entnehmen, dass es sich bei
Num 21, 27 aβ–30 um einen hebräischen Text handelt, gegen die Behauptung des Verfassers (S. 89)
dürfte seine exilische oder gar nachexilische Herkunft jedoch nicht nachgewiesen sein.

[263] Die Schlussfolgerung von Schmitt 2001, 149 f, Num 21, 21–31 stelle insgesamt eine nach-
priesterschriftliche und somit nachexilische „redaktionelle Kompilation" dar, ergibt sich nicht aus
Schmitts eigener Analyse des Heschbon-Spruches (S. 135–147), sondern wird ex auctoritate aus
der (unhaltbaren) Theorie Mittmanns (1975, 64–71. 79–86) abgeleitet, nach der die Grundschicht
von Dtn 1–3 abrupt mit Dtn 2, 8 b ende und keine Sihon-Geschichte enthalten habe. Wird aber
die Sihon-Überlieferung von Num 21, 21–31* bereits auf der Grundstufe von Dtn 1–3 vorausgesetzt, kann sie unmöglich erst nachpriesterschriftlich und nachexilisch sein (vgl. Perlitt 1994 a,
200–202, sowie auch Schmidt ZAW 2002, 508, und Seebass 2003, 351–354).

[264] Sekundäre Elemente in Num 21, 21–25 sind offenbar V. 23 aα³ und weiter die Grenzbeschreibung in V. 24 b* (Wüst 1975, 10 f) sowie V. 25 a.

[265] Die von Van Seters JBL 1972, 183–185 (Ders. JBL 1980, 117–124; Ders. 1994, 393–404) und
Rose 1981, 308–318 (Ders. 1994, 393), hartnäckig vertretene Ansicht, Num 21, 21–25 habe seine
Vorlage in Dtn 2, lässt sich durch einen einfachen synoptischen Vergleich widerlegen (s. Bartlett
JBL 1978, 347–351, vgl. auch Perlitt 1994, 115 f mit Anm. 34 [Ders. 1994 a, 200], und Brettler

tert, vor allem aber die ihr noch gänzlich fehlende theologische Deutung nachgetragen hat. Als Leitfaden hat er dabei die dtr Konzeption des Jahwe-krieges benutzt, wie sie in dem Kriegsgesetz von Dtn 20, 10–18* in program-matischer Gestalt hervortritt.[266]

16–17. 24 aα*   Anhand einer wörtlichen Wiederaufnahme der Ausdrücke von V. 14 wird in V. 16 die Bedingung für das Gelingen des nun beginnenden Unternehmens in Erinnerung gerufen: das vollständige Aussterben der kleingläubigen Genera-tion (vgl. 1, 35). Jahwes Befehl zur Überschreitung des Arnon (V. 17. 24 aα*)[267] eröffnet eine neue und entscheidende Wende auf dem Wege des Volkes: Hin-ter dem Arnon (*Sēl el-Mōǧib*), dessen tief in das ostjordanische Hochland ein-gekerbte Tal nach der hier waltenden Sicht das moabitische Gebiet nördlich begrenzte,[268] begann das Reich des Amoriterkönigs Sihon (vgl. Num 21, 13), dessen Territorium nach der Auffassung von DtrH bereits zum verheißenen Land gehörte[269] und folglich zu erobern war. Wie die Landnahme im Osten nach dem Überschreiten des Arnon beginnt, so wird sie im Westen nach dem Überschreiten des Jordan beginnen (Jos 1, 2). Beide Kriegszüge bilden sukzessive, eng zusammenhängende Phasen ein und desselben Landnahme-vorgangs.

30 a   Die dtr Kriegstheorie forderte eigentlich, dass den Völkern, die auf dem Boden des Verheißungslandes lebten, keine Überlebenschance gegeben werde (Dtn 20, 15–17, vgl. Jos 9). Dass DtrH jedoch erst das Nicht-Wollen[270] Sihons, Israel „bei sich", d. h. durch sein Land (vgl. Num 20, 18), ziehen zu lassen (V. 30 a), als causa belli angibt, beruht wahrscheinlich auf dem Einfluss der älteren Überlieferung von Num 21, 21–25*, die Sihons Weigerung aus-drücklich als negative Reaktion auf Israels friedfertiges Angebot darstellt. DtrH weicht darin von seiner Vorlage ab, dass er Sihons Titel „der König der Amoriter" (Num 21, 21) durch den genaueren „der König von Heschbon" er-setzt hat, der aus dem älteren Heschbon-Spruch Num 21, 27 aβ–30 leicht ab-zuleiten war und der dem anderen ostjordanischen Amoriterkönig Og, „dem König von Baschan" (3, 1. 3), in der dtr Darstellung Raum ließ. Aber auch in historischer Hinsicht ist der Titel „der König von Heschbon" durchaus sachgemäß; denn Sihon, über den die ältesten Nachrichten in dem Sieges-lied Num 21, 27 aβ–30 enthalten sind, war in Wirklichkeit ein Stadtkönig und hatte den Kern seines – archäologisch allerdings nicht verifizierten – Reiches

---

1995, 71–76). Unbeweisbar ist die Hypothese von Otto 2000, 134, nach der dem dtr Verfasser von Dtn 2 eine Quelle zur Verfügung gestanden habe, die der Hexateuchredaktor bei der Nutzung von Dtn 2 als Quelle in Num 21, 21–31 eingearbeitet habe.

[266] Vgl. Otto 2000, 134 Anm. 106.

[267] Zur sprachlichen Form von V. 17 vgl. die sechs anderen, ähnlichen Redeeinleitungen in 1, 42; 2, 2. 9. 31; 3, 2. 26, wobei nur in 2, 17, also in der Mitte, das Verb דבר Pi. „sprechen", sonst immer das Verb אמר „sagen" benutzt wird – ein Zufall? Langlamet 1969, 79 f.

[268] In Wirklichkeit gab es moabitisches Land auf beiden Seiten des Arnon (Perlitt 1994 a, 203 f).

[269] Vgl. Weinfeld 1991, 175–178; Rose 1994, 394, anders Perlitt 1994 a, 214 f.

[270] In V. 30 erscheint dieselbe Wortkombination לא אבה „nicht wollen" wie bei DtrH schon in 1, 26.

in Heschbon (heute *Tell Ḥesbān*)[271] am Nordende des fruchtbaren Hochplateaus östlich vom Toten Meer, von wo aus es ihm gelungen war, seinen Herrschaftsbereich im Kampf gegen Moab bis zu den Höhen oberhalb des Arnon
auszudehnen (Num 21, 28).

Eine durch die Jahwekriegstheorie bedingte Erweiterung der Vorlage   31–32
stellt die in V. 31 begegnende, in V. 33. 36 wiederholte Preisgabeformel dar
(s. o. bei 1, 8), die den bevorstehenden Kampf als eine schon vorweg von
Jahwe entschiedene Angelegenheit bezeichnet und zugleich andeutet, dass
damit die Landnahme „angefangen" hat, die ihrer zukünftigen, vollen Erfüllung noch harrt.[272] Stilgemäß sind die Kampfhandlungen selbst knapp dargestellt (V. 32). Soweit an dieser Stelle Differenzen im Blick auf die Vorlage
Num 21, 23*[273] bestehen, beruhen sie darauf, dass DtrH den Wortlaut an die
Kriegsgesetze angeglichen hat (vgl. Dtn 20, 1 und 21, 10). Den Stoff selbst,
auch den Namen des Kriegsschauplatzes Jahaz[274], das inschriftlich durch die
Stele des Königs Mescha von Moab (9. Jh. v. Chr.) bezeugt ist,[275] dessen genaue Lage zwischen Dibon (heute *Dibān*) und Medeba (heute *Mādebā*) jedoch umstritten ist,[276] konnte er aus Num 21, 23* schöpfen.

Das Ergebnis des Kampfes, der Sieg Israels über Sihon und die Eroberung   33–36
seines Gebietes, war in dem älteren Bericht mit wenigen Sätzen abgetan
(Num 21, 24 f*)[277], von DtrH wurde es jedoch in einer nach den Richtlinien
der Jahwekriegstheorie erweiterter Gestalt dargestellt (V. 33–36).[278] Wie
Jahwe die Preisgabe des Feindes versprochen hatte (V. 31), so wird auch die
Erfüllung dieser Zusage in V. 33 und V. 36 mit derselben Formel[279] konstatiert, die gegenüber der Vorlage Num 21, 24* den Sieg allein der Macht Jah-

---

[271] Zu den negativen Ergebnissen der Ausgrabungen des *Tell Ḥesbān* hinsichtlich Sihons und
seines Reiches s. Timm 1989, 90–96, und Perlitt 1994 a, 204 f.

[272] Das Verb חלל Hif. hat die folgenden dtr Belege: Dtn 2, 24. 25. 31 *bis*; 3, 24; Jos 3, 7; 1. Sam
3, 12; 2. Kön 10, 32; 15, 37. Zu seinem Gebrauch s. Veijola 2000, 215.

[273] Der Satz V. 23 aα³ („und er zog Israel entgegen in die Wüste"), der noch in Ri 11, 20 fehlt, ist
eine Erweiterung, die in Anlehnung an Dtn 2, 32 (und 2, 26 „die Wüste") entstanden ist.

[274] Im AT kommt Jahaz außerdem noch in Jos 13, 18; 21, 36 (//1. Chr 6, 63); Ri 11, 20; Jes 15, 4
und Jer 48, 21. 34 vor.

[275] Dort heißt es (Z. 18–21): „Der König von Israel hatte Jahaz gebaut; so blieb er darin, während er mich bekämpfte. Kamosch aber vertrieb ihn vor mir, [und] ich nahm aus Moab 200 Mann,
seine ganze Anführerschaft, brachte sie nach Jahaz und nahm es ein, um (es) Dibon anzugliedern"
(TUAT I/6, 649).

[276] Verschiedene Vorschläge sind: *Ḥirbet Iskander*, 5 km nördlich von *Dibān* (BHH IV Karte),
Ḥirbet Libb, 20 km nördlich von *Dibān*, ziemlich genau in der Mitte zwischen *Dibān* und *Mādebā*
(Simons 1959, § 298), *Ḥirbet Medēyine* am *Wādī et-Temed* (Dearman ZDPV 1984, 122–125), *er-
Rmail*, eine eisenzeitliche Festung auf dem Südufer des *Wādī et-Temed* (Knauf ZDPV 1988, 175).

[277] Vor-dtr ist in Num 21, 24 f* nur V. 24 abα*(bis „sein Land").25 b.

[278] Es wäre verkehrt, wegen der Zeitbestimmung „zu jener Zeit" (בעת ההיא) in V. 34 den Beginn eines literarischen Nachtrags (V. 34–37 bzw. V. 34 f) zu erblicken (so jedoch Loewenstamm
Tarb. 1968–69, 100, und Nielsen 1995, 41).

[279] Häufiger als die Preisgabeformel wird in dieser Funktion die Übereignungsformel „in die
Hand des NN geben" als Kriegsorakel verwendet (Dtn 2, 24; 3, 2. 3; Jos 6, 2; 8, 18; 10, 30. 32
u. ö.). Vgl. jedoch die Preisgabeformel in Dtn 7, 2 und 23, 15.

wes zuschreibt. Die besondere Erwähnung der „Söhne" Sihons und „seines ganzen Volkes" dient dem Zweck, die Totalität des Sieges, „die völlige Depotenzierung von Armee und Dynastie",²⁸⁰ zu unterstreichen und die nachfolgende Aussage über die Vollstreckung des Bannes (V. 34) vorzubereiten. Die Aktivität Israels beschränkt sich im Jahwekrieg auf die Eroberung der feindlichen Städte²⁸¹ und die restlose Verbannung ihrer Einwohner (V. 34). Die Institution des Bannes (*Herem*), die auch die moabitische Mescha-Inschrift aus dem 9. Jh. v. Chr. kennt,²⁸² stellte ursprünglich eine sakrale Weihe der Feinde – bisweilen auch der Beute – an die Gottheit dar,²⁸³ aber in der dtr Literatur, der die meisten alttestamentlichen Belege zugehören, ist dieser spezifische Sinn in den Hintergrund getreten und vorherrschend ist der Aspekt der radikalen Vernichtung geworden.²⁸⁴ Nach dem in Dtn 20, 16–18 als Gottes Gebot statuierten und im Verlauf der Geschichte verfolgten dtr Programm galt der Bann auf dem Boden Kanaans allen menschlichen Lebewesen, von denen kein Einziges übrig gelassen werden durfte.²⁸⁵ Dagegen war es erlaubt, das Vieh sowie das sonstige Plündergut aus den eroberten Städten als Beute zu nehmen und zu genießen.²⁸⁶ Dieser Regel entspricht der Bann, wie er auf Sihon nach Dtn 2, 34 f angewandt wurde.²⁸⁷ Weil sein Reich bereits dem Gebiet des Verheißungslandes zugerechnet wurde, galt in seinem Fall die strenge Form des Bannes, nach der alles Lebendige zu vernichten war und nur das Vieh und das leblose Plündergut erbeutet werden durfte (V. 34 f).²⁸⁸ Auf jüngeren dtr Stufen trat eine noch größere Verschärfung ein, die im Namen der Reinheit des Jahweglaubens forderte, dass sogar das Vieh (1. Sam 15, 3. 9. 14. 18 f) sowie die Wertsachen (Dtn 7, 25 f; 13, 16–18; Jos 6, 17–19. 21. 24 b; 7, 1. 6–26) dem Bann verfielen.²⁸⁹ Die ganze Bannpraxis stellt in ihren verschiedenen Spielarten mehr ein ideologisches Postulat der dtr Kreise zum Schutze des Jahweglaubens als eine erlebte geschichtliche Wirklichkeit dar.

36   Als Abschluss der Eroberungsgeschichte wird hier (V. 36) – wie gelegentlich auch sonst in dtr Texten (vgl. Dtn 3, 8; Jos 10, 40–42; 11, 16 f) – die Be-

---

²⁸⁰ Perlitt 1994 a, 221.

²⁸¹ Vgl. Dtn 3, 4; Jos 6, 20; 10, 1. 28. 35. 37. 39; 11, 10. 12.

²⁸² Die Stelle (Z. 15–18) lautet: „Ich (sc. Mescha) nahm es (sc. Nebo) ein und tötete sie alle, 7000 Mann, Beisassen, Frauen, Beisassinnen und Sklavinnen; denn an Aschtar-Kamosch hatte ich sie geweiht (החרמתה). Und ich nahm von dort d[ie Ge-]*räte* Jahwes und schleppte sie hin vor Kamosch" (TUAT I/6, 649).

²⁸³ Brekelmans THAT I, 637.

²⁸⁴ Lohfink ThWAT III, 199. 201. 210.

²⁸⁵ Vgl. Dtn 3, 3. 6; Jos 8, 26; 10, 1. 28. 35. 37. 39. 40; 11, 11. 12. 20. 21; 1. Kön 9, 21 und s. dazu näher Foresti 1984, 120–124.

²⁸⁶ Vgl. Dtn 3, 7; Jos 8, 2. 27; 11, 14.

²⁸⁷ Es besteht kein Grund, hier einen Widerspruch zu den Bannvorschriften der Kriegsgesetze von Dtn 20, 13–18 zu sehen (so jedoch Mayes ²1981, 141 f, vgl. auch Perlitt 1994 a, 223).

²⁸⁸ Vgl. Tigay 1996, 33.

²⁸⁹ Siehe näher zu den verschiedenen dtr Auffassungen vom Bann Foresti 1984, 120–130; Veijola 2000, 188 f.

schreibung des Umfangs des eroberten Gebietes dargeboten.[290] Sie wird ohne
festen Anhalt in der älteren Überlieferung[291] im Blick auf die spätere Verteilung des Ostjordanlandes an die zweieinhalb Stämme (3, 12 f*) vorgenommen. Die Bestimmung der Südgrenze, „von Aroër am Rande des Arnontals
und der Stadt im Tal", geht letztlich auf Jos 13, 16 zurück.[292] Dort wird die
Südgrenze des Stammes Ruben in einem historisch-geographischen Dokument mit eben diesen Fixpunkten angegeben, die sich dann als Südgrenze
auch des Reiches von Sihon eingebürgert haben (Dtn 2, 36; 4, 48; Jos 12, 2).
Die Grenzfixpunkte sind Aroër (heute Ḫirbet ʿArāʿir), das am Nordrande des
oberen Arnontales, 660 m über dem Talgrund und 2, 5 km vom eigentlichen
Flussbett entfernt, lag,[293] und die anonyme „Stadt im Tale", deren Lage man
nicht hat identifizieren können und die vielleicht nur ein literarisches Dasein
führt.[294] Der Umfang der Eroberung im Norden wird pauschal mit „bis nach
Gilead" angegeben, was nach 3, 12. 13 a* faktisch die Südhälfte Gileads bedeutet, d. h. ungefähr bis zur Mitte des Gebietes ʿAǧlūn zwischen den Flüssen
Jabbok und Arnon. Mit Absicht wird DtrH in diesem Zusammenhang betonen, dass es in dem eroberten Gebiet keine Stadt gab, „die uns zu hoch
gewesen wäre"; denn die „großen und himmelhoch befestigten Städte" des
Amoritergebirges hatten das Herz der vorigen Generation verzagt gemacht
und die Landnahme vom Westen scheitern lassen (1, 28).[295]
Mit dem Sieg über Sihon war der ganze Südteil des Ostjordanlandes unterworfen. Durch seine Nacherzählung der Sihon-Geschichte hat DtrH vor
allem eine theologische Vertiefung der Vorlage Num 21, 21–25* geleistet: Die
Eroberung des Reiches von Sihon ist nicht mehr das eigene Werk Israels, sondern eine Gabe Jahwes, der durch sein souveränes Handeln dem gehorsamen
Volk zum Sieg verhalf und das Besitzrecht Israels über die ostjordanischen
Gebiete des ehemaligen Reiches von Sihon legitimierte.

2. Die erste Bearbeitung der Grundschicht ist nach ihrer äußeren Form im 18–19. 26–29.
Singular verfasst, und sie schließt die Verse 18 f. 26–28. 29 bα. 30 b. 37 a mit 30 b. 37
späteren Erweiterungen in V. 29 abβ und V. 37 b ein. Sie ist sowohl in formaler als auch in sachlicher Hinsicht eine Weiterführung der in V. 9 aβb beginnenden singularischen Erweiterungsschicht, deren charakteristisches inhaltliches Merkmal im friedfertigen Verhältnis Israels zu seinen Nachbarn Moab
(V. 9 aβb), Ammon (V. 18. 19. 37 a) und auch zu dem Amoriterkönig Sihon

---

[290] Es gibt keinen ausreichenden Grund, V. 36 als Zusatz zu betrachten (gegen Perlitt 1994 a,
224–227).
[291] Die Grenzbeschreibung in Num 21, 24 (vgl. Ri 11, 22) ist von jüngerer Herkunft (Wüst
1975, 10 f).
[292] Mittmann 1975, 89; Perlitt 1994 a, 225.
[293] Wüst 1975, 133.
[294] Wüst 1975, 133–143, nimmt an, dass es sich um eine Verschreibung des Landschaftsnamens
„Ar (ער) (Moabs)" (Num 21, 15. 28) handelt, die zum ersten Mal in Num 22, 36 geschah und von
dort über Jos 13, 16 zur weiteren Verbreitung kam (Dtn 2, 36; 3, 16; Jos 12, 2; 2. Sam 24, 5).
[295] Vgl. Tigay 1996, 33.

(V. 26. 28. 29 bα) liegt. Als Vorbild hat der Verfasser die pluralische Erweiterung in V. 4–6. 8 a benutzt, die eine ähnliche Einstellung zu den edomitischen „Brüdern" forderte (vgl. V. 5–6 und V. 19. 28).

18–19   In V. 18 f erfolgt ein störender Übergang in den Singular, weil mit „du" formal Mose angeredet (V. 17), de facto aber Israel gemeint ist (V. 19). Der Befehl zum friedlichen Durchzug durch das moabitische Gebiet sowie dessen Name Ar (vgl. V. 9 aβb) werden in V. 18 als bekannt vorausgesetzt und zum Anlass für einen ähnlichen Befehl, der die Ammoniter betrifft, genommen (V. 19). Der Bearbeiter geht von der Vorstellung aus, dass die Wanderroute durch das moabitische Gebiet von dessen Südost- zur Nordostecke verlief, wobei die Israeliten in die Nähe (wörtlich „gegenüber") der Ammoniter kamen, deren Wohngebiet am Ostrande der Landschaft *el-Belqā* zwischen Arnon und Jabbok im Bereich des Jabbok-Oberlaufs lag.[296] Das Verbot, sich den Ammonitern in feindlicher Absicht zu nähern, hat dieselbe Begründung wie im Falle von Edom (V. 5) und Moab (V. 9 aβb): Als Lots Söhne (Gen 19, 38) sind auch die Ammoniter Israels Verwandte und haben das Besitzrecht auf ihr Territorium direkt von Jahwe erhalten. Die hier und in V. 29 a.37 hervortretende freundliche Einstellung zu den Moabitern und Ammonitern ist in der späteren Vorschrift des Gemeindegesetzes Dtn 23, 4 f in ihr Gegenteil, den Ausschluss der Moabiter und Ammoniter aus der Gemeinde, umgeschlagen.

26–28. 29 bα   DtrH hatte in seiner Nacherzählung der Sihon-Geschichte (V. 30 a.31–36) die Botschafterepisode, die für die Grundüberlieferung konstitutiv war (Num 21, 21 f), gänzlich übergangen, aber sie wurde hinterher von seinem Nachfolger in V. 26–28. 29 bα dem Bericht des DtrH vorangestellt. Diese Verse können unmöglich die ursprüngliche Fortsetzung des Marschbefehls von V. 24 aα* (DtrH) sein[297]; denn eine erneute Vorstellung von Sihon als „König von Heschbon" wäre in V. 30 a unnötig, ginge schon V. 26 auf denselben Verfasser wie V. 30 a zurück. Zudem setzt diese Erweiterung bereits den Edom-Zusatz von V. 4–6. 8 a voraus, was daraus zu sehen ist, dass V. 28 an dessen Terminologie (V. 6) anknüpft.

An einigen Stellen hat der Bearbeiter den älteren Text von Num 21, 21 f modifiziert: Die Änderung des handelnden Subjekts „Israel" zu „ich" (V. 26) entspricht der allgemeinen singularischen Redeweise dieses Bearbeiters, erzeugt aber in der Fortsetzung (V. 27. 28. 29 bα) die von Num 21, 21 f (und Ri 11, 19) abweichende, sonderbare Vorstellung, als bitte Mose um die Durchzugserlaubnis nur für sich selbst. Die Nennung der Wüste Kedemot (V. 26) ist eine Erweiterung gegenüber der Vorlage, die offenbar das nun erreichte Ende der Wüstenwanderung signalisieren möchte,[298] dabei aber geographisch etwas zu weit geht, falls die Stadt Kedemot (Jos 13, 18; 21, 37//1. Chr

---

[296] Ausführlich über das Territorium, die Geschichte und Religion der Ammoniter informiert Hübner 1992.
[297] Im Gegensatz etwa zu Mayes ²1981, 140, und Perlitt 1994 a, 203.
[298] Köppel 1979, 83.

6, 64), nach der die Wüste benannt wird,[299] mit *Qaṣr ez-Za'farān* zu identifizieren ist,[300] das etwa 20 km nördlich vom Arnon und damit schon auf dem
ehemaligen Gebiet des Königs Sihon liegt. Eine Erweiterung stellt auch das
„Friedensangebot" (דברי שלום) dar, mit dem das friedfertige Verhalten Israels in Anlehnung an die Vorschrift des Kriegsgesetzes in Dtn 20, 10–12 betont
wird. Allerdings weicht der Bearbeiter mit seiner Auslegung dieser Vorschrift
von dem einschränkenden Verständnis ab, das ihr in Dtn 20, 15–18 bezüglich
der Völker des Landes gegeben wird, und kehrt zu ihrer älteren Fassung
zurück (V. 10–14), nach der das Friedensangebot dem Angriff auf jede feindliche Stadt unabhängig von ihrer geographischen Lage vorangehen soll. Ein
Unterschied besteht auch darin, dass die in 20, 10 verwendete sog. Vindikationsformel die feindliche Stadt zur friedlichen Übergabe auffordert (vgl.
20, 11),[301] während in 2, 26 f nur der friedliche Durchzug ohne jeden Herrschaftsanspruch Gegenstand der Verhandlungen ist, was auf dem vorgegebenen Text von Num 21, 22 beruht. Der Redaktor hat nämlich den Wortlaut des
Friedensangebots (V. 27. 28. 29 bα) aus diesem Vers entnommen, den er zum
Teil wörtlich zitiert (V. 27 aα), zum Teil anhand des dtr Vokabulars modifiziert (V. 27 b)[302] und zum Teil im Lichte der Edom-Parallele (V. 6) erweitert
hat (V. 28 a).[303] Durch seine Eingriffe in den Bericht des DtrH ist der Eindruck entstanden, als sei das Ostjordanland nach der ursprünglichen Intention gar nicht Teil des verheißenen Landes gewesen (V. 29 bα). Es sei von den
Israeliten erst eingenommen worden, nachdem Sihon sich geweigert hatte,
Israel friedlich durch sein Gebiet ziehen zu lassen (vgl. V. 30 a).

Vers 29 hat noch nachträglich an seinem Anfang (V. 29 a) und Ende **29 a. 29 bβ**
(V. 29 bβ) zwei weitere Ergänzungen erhalten. Sie bieten keine wesentlich
neuen Aussagen mehr, sprechen vielmehr explizit das aus, was der ältere Text
wenigstens in nuce enthielt. Die Vershälfte 29 a, der die Grundlage in der
älteren Sihon-Geschichte fehlt (vgl. Num 21, 22), unterbricht störend den
Zusammenhang, der in dem älteren Bericht zwischen dem Verb („nur durchziehen möchte ich" V. 28) und seinem Ziel („bis ich den Jordan überschritten

---

[299] Vgl. bereits Luther 1525: „die Wüste, die zu der Stadt Kedemot gehört" (WA 14, 572:24,
deutsch Walch 1894, 1399).

[300] So BHH IV Register und Karte (mit zwei Fragezeichen allerdings). Vgl. auch Simons 1959,
§ 298, und HALAT, 1001 b.

[301] Otto ZAW 1990, 94–96.

[302] Die dtr Wendung „ohne rechts oder links abzuweichen" bezieht sich gewöhnlich auf die
Gebote Jahwes (Dtn 5, 32; 17, 11. 20; 28, 14; Jos 1, 7; 23, 6; 2. Kön 22, 2), hier jedoch auf den konkreten Weg, was die Wurzeln der dtr Weg-Metaphorik illustriert. Die Wendung ist eine Modifikation der Aussage von Num 21, 22 aα², die nochmals in Num 20, 17 durch Dtn 2, 27 b vermittelt
vorkommt.

[303] Der Bearbeiter hat die Grundstelle Num 21, 22, die nur vom Trank sprach, mit Dtn 2, 6 verglichen und danach in Dtn 2, 28 a barmherzig die Nahrung hinzugefügt. Dies machte wiederum
den Satz „nur durchziehen möchte ich mit meinen Füßen" (V. 28 b) als Überleitung zum alten
Text (Num 21, 22 bβ, vgl. Dtn 2, 29 bα) erforderlich. In Num 20, 19 b fehlt dem entsprechenden
Satz die eigentliche Funktion, was den jüngeren Charakter von Num 20, 14–21 gegenüber Dtn
2, 26 ff bestätigt.

habe" V. 29 bα) bestand. Der Urheber des Zusatzes ist darum bemüht, geschichtliche Ereignisse ähnlicher Art in Verbindung miteinander zu bringen
(vgl. 3, 2. 6; Jos 4, 23; 8, 2; 10, 28. 30). Darin kündet sich eine elementare Art
von Geschichtsbewusstsein an, von dem auch die antiquarischen Notizen in
V. 10–12 und 20–23 auf ihre Weise zeugen. Der Verfasser von V. 29 a begründet das Sihon unterbreitete Angebot des friedlichen Durchzugs mit dem Verweis auf das Verhalten der Edomiter und Moabiter. Dass jene den Durchzug
erlaubt haben, konnte er aus V. 8 a folgern,[304] und dass auch diese es taten,
war wenigstens implizit in V. 9 aββ.18 enthalten.[305] In V. 29 bβ spricht ein Glossator offen den Gedanken aus, dass nur das Land westlich vom Jordan zum
verheißenen Land gehört, was als theoretische Möglichkeit hinter dem Friedensangebot an Sihon schon nach dem früheren Bearbeiter stand (s. o.).[306]

30 b   In V. 30 b meldet sich wieder der Hauptverfasser der ersten im Sg. verfassten Bearbeitungsschicht zu Wort. Die Weigerung Sihons, die ihn sein Leben
und Reich kostete, wurde ihm zum Problem, und deshalb fügte er einen singularischen Zusatz (V. 30 b) hinzu, in dem er Sihons Schicksal theologisch begründet. Die Erklärung für Sihons Verhalten fand er in dem Motiv der göttlichen Verstockung, das vor allem in der priesterschriftlichen Darstellung der
ägyptischen Plagen eine zentrale Rolle spielt (Ex 7, 3; 9, 12; 10, 20. 27; 11, 10;
14, 4. 8. 17), aber auch schon in der dtr Literatur als Motiv des Untergangs der
Gegner Israels erscheint (Jos 11, 20)[307]. Beachtenswert ist die abschließende
Bemerkung „wie es heute der Fall ist" (כיום הזה), die sich häufig im Dtn findet
(4, 20. 38; 6, 24; 8, 18; 10, 15; 29, 27) und zu dem literarischen Instrumenta-
rium gehört, mit dem die Relevanz der berichteten Ereignisse über die Hörer
der Moserede hinaus für die Leser des Buches Dtn vergegenwärtigt wird.[308]

37   Der Verfasser der ersten Bearbeitung tritt noch einmal in einem Nachtrag
(V. 37 a) auf, der durch die für Zusätze typische Anknüpfungspartikel רק
„nur" eingeleitet ist. Er gibt sich formal durch die singularische Redeweise
und inhaltlich durch den Bezug auf das frühere, vom ihm selber mit Blick auf
die Ammoniter formulierte Gebot (V. 19) zu erkennen. Die Ausdehnung des
eroberten Gebiets wird in V. 37 a nach Osten hin beschrieben, zugleich aber
unversehens ein Widerspruch zur älteren Stämmegeographie geschaffen, nach
der „die Hälfte des Ammoniterlandes" dem Stamm Gad zufiel (Jos 13, 25).[309]
In V. 37 b führt eine zweite Hand syntaktisch etwas mühsam die Aussage von

---

[304] Anders nach dem jüngeren Bericht in Nu 20, 14–21 (s. o.).

[305] Anders nach dem jüngeren Gemeindegesetz Dtn 23, 4 f im Anschluss an die Bileam-Ge-
schichte Num 22–24.

[306] Weil V. 29 bβ ein Zusatz ist, besagt er nichts über den Umfang, den das Verheißungsland
nach der Grunderzählung besaß (vgl. Noth ³1967, 35 Anm. 2).

[307] Siehe zu Jos 11, 20 Foresti 1984, 124.

[308] Vgl. Goldingay VT 1993, 112–115.

[309] Die spätere Unterwerfung Ammons durch David (2. Sam 8, 12; 10, 6–14; 12, 26–31) war
dem Verfasser sicherlich kein Problem; denn sie war von keinem bleibenden Bestand und zu seiner Zeit lediglich als längst vergangene Geschichte bekannt. Folglich kann man hinter seinem Bericht keine versteckte Kritik an Davids Eroberungen vermuten (gegen McKenzie 1967, 98).

V. 37 a weiter aus und wechselt dabei unversehens in die 1.P.Pl. („Jahwe, unser Gott"), die V. 37 b mit der in V. 29 bβ vorliegenden Ergänzung verbindet. Auf der inhaltlichen Ebene geht es in V. 37 b darum, die genaue Befolgung des göttlichen Verbots, die Ammoniter anzugreifen (V. 19), zu betonen und das in V. 37 a genannte Wohngebiet der Ammoniter, das die Israeliten nicht betreten haben, nach dem Bach Jabbok (*Nahr ez-Zerqa*) zu spezifizieren, dessen Oberlauf mit seinem östlichen Ufer und dem dahinter liegenden Bergland hier gemeint sein muss (vgl. 3, 16).

3. Die so entstandene Erzählung über die Unterwerfung Sihons wurde noch einmal durch V. 24 aα*(ab „Siehe")ββ–25 von einem zweiten Bearbeiter neu interpretiert. Seine Erweiterung verrät sich formal dadurch, dass Israel nach dem Pluraleinsatz V. 24 aα* (DtrH) hier plötzlich im Singular angeredet wird (vgl. ähnlich in 1, 21). Inhaltlich wird die Unterwerfung Sihons als eine beschlossene Sache dargestellt, die von vornherein feststeht und de facto die späteren Verhandlungen mit ihm (V. 26 ff) überflüssig macht, was den traditionellen Schriftauslegern zum erheblichen theologischen Problem wurde.[310] Dass hier die Hand eines Späteren die Feder führt, zeigt sich auch darin, dass er zwar der Grundschicht ähnlich die Unterwerfung des Gegners auf die göttliche Aktion zurückführt, dabei jedoch die dort zentrale Preisgabeformel (V. 31. 33. 36) durch die geläufigere Übereignungsformel „in die Hand des NN geben"[311] ersetzt (V. 24 aβ). Auch die Gestalt, in der der Titel Sihons in V. 24 aβ erscheint („der Amoriter Sihon, der König von Heschbon"), führt zu demselben Ergebnis: In ihr sind die beiden älteren Epitheta Sihons, „der Amoriterkönig" (Num 21, 21) und „der König von Heschbon" (Dtn 2, 26. 30) kombiniert, ganz ähnlich wie in der jüngsten der drei Fassungen der Sihon-Geschichte in Ri 11, 19–22 (V. 19). Der zusammengesetzte Titel ist in verschiedenen Spielarten überhaupt charakteristisch für die späteren Bezugnahmen auf Sihon (vgl. Num 21, 34; Dtn 1, 4; 3, 2; 4, 46; Jos 12, 2; 13, 21). Der Sachverhalt, dass die dtr Sihon-Episode von hinten (V. 30 a) nach vorne stufenweise erweitert worden ist, erklärt die dreimalige Vorstellung Sihons (V. 24 aβ. 26. 30 a).

Wie schon oben angedeutet wurde, stützt sich der zweite Bearbeiter insbesondere auf das Vokabular und die Vorstellungswelt des DtrH. Wie dieser (V. 31) sieht auch er in der Unterwerfung Sihons den von Jahwe gesetzten „Anfang" der Landnahme (V. 25)[312], weitet sie aber zum Programm einer fast imperialistischen Eroberungsaktion aus, die Schrecken und Furcht nicht nur auf die ehemaligen Bewohner des gelobten Landes (vgl. Dtn 11, 25; Jos 2, 9. 24; 5, 1) und die Völker der Nachbarländer (vgl. Ex 15, 14–16)[313], sondern auf alle Völker der Erde bringen soll. Dtn 2, 25 bildet offensichtlich das

24 aα*ß–25.

25

---

[310] Zu ihren Erklärungen s. Weinfeld 1991, 171, der auch selber den Widerspruch in ihrem Sinne löst: „for God knew in advance that Sihon would not let the Israelites pass through his territory".
[311] Siehe dazu oben S. 59 Anm. 279.
[312] Eine mit dem Satz „Heute fange ich an" identische Formulierung findet sich in Jos 3, 7 (dtr).
[313] Auch diese Verse sind exilisch (Spieckermann 1989, 105–107) und dtr (Foresti Lat. 1982, 61).

jüngste Glied in der Reihe dieser Aussagen.[314] Die Aktion wird zwar von Jahwes Handeln bestimmt, was jedoch die menschliche Aktivität nicht überflüssig macht, und so fordert der Bearbeiter in V. 24 a* nach dem Vorbild von DtrH (V. 31 b) das Volk auf, nun seinen eigenen Beitrag zu leisten und die Besetzung „anzufangen".

Die Aussagen dieser Bearbeitungsschicht neutralisieren die Tendenz der unmittelbar vorangehenden Erweiterung (in diesem Teil V. 26–28. 29 bα), die unter dem Einfluss der Vorlage (Num 21, 21 f) Israels friedliche Absichten Sihon gegenüber betonte, und kehrt auf die Linie des DtrH zurück, dem die Landesbewohner einschließlich Sihons eine einzige *massa perditionis* bildeten, die gemäß der Vorschrift von Dtn 20, 15–18 ohne jegliche Versuche zur friedlichen Koexistenz schonungslos zu vernichten waren. Im Unterschied zu DtrH hatte sich der Bearbeiter aber ganz von der Sorge um die Vorlage in Num 21, 21–25* befreit und konnte deshalb das Hauptziel des Unternehmens ohne jede Rücksicht auf die ältere Überlieferung schon am Anfang der Sihon-Episode offen aussprechen. Die Ideologie des Jahwekrieges, die hier bereits utopische Züge erhalten hat (V. 25), verbindet die Erweiterung mit dem terminologisch und inhaltlich ähnlichen singularischen Zusatz in 1, 21.[315]

20–23   4. Unter den sekundären Erweiterungen bilden die antiquarischen Notizen in V. 20–23 eine Gruppe für sich, die nach der Art der parenthetischen Bemerkungen aus V. 10–12 formuliert sind. Als Äußerungen des „Bucherzählers" (implied author) fallen sie aus der Rede Gottes und Moses heraus und wenden sich mit ihrem „gelehrten" Inhalt an den Leser des Buches Dtn. Sie haben hier die auf der synchronen Ebene sinnvolle Funktion, die Zeit auszufüllen, die Israel für die Wanderung vom Seredtal zum Arnontal brauchte (V. 17–19 + V. 24), was freilich kein Beweis für ihre literarhistorische Ursprünglichkeit sein kann.[316] Stärker als bei V. 10–12 besteht hier der Verdacht, dass diese Notizen in mehreren Phasen zustande gekommen sind.[317] Die Annahme eines sukzessiven Zusatzes betrifft vor allem V. 23, wo ethnographische Verhältnisse an der Westküste Palästinas behandelt werden und somit keine Beziehung zur Einwanderung Israels vorliegt.

20–22   Über die ehemalige Bevölkerung des Ammoniterlandes (V. 20 f) weiß der Verfasser nur, dass auch sie zu den Rafaitern, jenen historisierten Totengeistern gehörten, die nach V. 10 f (s. dort) auch die ehemaligen Bewohner Moabs waren, und dass sie von den Ammonitern Samsummiter genannt wurden. Mit den Samsummitern ist wahrscheinlich dieselbe ethnische Gruppe gemeint, die unter dem fehlgeschriebenen Namen Susiter[318] von Dtn 2, 20 ab-

---

[314] Langlamet 1969, 72–77.
[315] Vgl. Preuß 1982, 46.
[316] So jedoch Lohfink 2000 IV, 57–70.
[317] Siehe die Vorschläge bei Mittmann 1975, 70 f, und Perlitt 1994 a, 184–186.
[318] Bei Symmachos lautet der Name der Susiter auf Griechisch Ζοιζομμειν und in dem qumranischen Genesis Apokryphon (1QapGen ar 21, 29) auf Aramäisch זומזמיא, die beide für die Namensform Samsummiter sprechen. Siehe Houtman VT 2002, 58 f.

hängig in Gen 14, 5 neben den Emitern und Horitern (V. 6, vgl. Dtn 2, 10–12) als vorgeschichtliches Volk erscheint. Sonst ist über die Samsummiter nichts bekannt. Der geschichtstheologisch kommentierende Teil V. 21 b–22 erinnert in seinem Wortlaut stark an V. 12, weicht von ihm jedoch darin ab, dass er die Aktivität Jahwes hervorhebt, der die Bewohner, die das Land sowohl vor den Ammonitern (V. 21 b) als auch vor den Edomitern (V. 22) innehatten, vernichtet und ihren Lebensraum weitergegeben hatte, ganz ähnlich wie er auch mit seinem eigenen Volk verfahren war (Jos 24,8; Am 2, 9). Die göttlich garantierten Besitzrechte gelten „bis zum heutigen Tag", reichen damit in die Gegenwart der Leser hinein (vgl. V. 30 b) – mit allen ihren Vor- und Nachteilen!

Die letzte Notiz in der Reihe der antiquarischen Bemerkungen, V. 23, wurde   23
nicht aus geographischen Gründen, sondern aufgrund der sachlichen Analogie beigefügt.[319] Sie betrifft die Awiter, die einst in mauerlosen Siedlungen in der Gegend um Gaza in der südwestlichen Küstenebene wohnten. Sie werden sonst in Jos 13, 3 neben den Philistern erwähnt.[320] Auch in Dtn 2, 23 sind mit den Kaftoritern (vgl. Gen 10, 14//1. Chr 1, 12) keine andere als die Philister gemeint, die im Laufe der Einwanderung der Seevölker am Ende des 2. Jahrtausends den südwestlichen Küstenstreifen Palästinas in Besitz nahmen. Das AT kennt als ihren ursprünglichen Wohnsitz Kaftor (Dtn 2, 23; Jer 47, 4; Am 9, 7), das auch in ägyptischen (*Keftiu*), akkadischen (*Kaptara*) und ugaritischen (*kptr*) Quellen mehrfach bezeugt ist und dort höchst wahrscheinlich Zypern bezeichnet.[321] Im AT jedoch scheint die ursprüngliche Bedeutung des Namens vielleicht als Folge des Zusammenbruchs, den Zypern am Ende der Bronzezeit im Welthandel als Metallproduzent (Kupfer!) erlebte,[322] in Vergessenheit geraten zu sein,[323] und Kaftor wurde dann zur Bezeichnung von Kreta, wie auch in Dtn 2, 23 anzunehmen ist.[324]

---

[319] Es mag eine Rolle gespielt haben, dass Gaza zur vermutlichen Zeit des Verfassers eine der persischen Provinzen der palästinischen Satrapie war und dass nach Jos 11, 22 auch in Gaza Anakiter übrig geblieben waren (Perlitt 1994 a, 187).

[320] In 2. Kön 17, 31 dient der Name als Bezeichnung eines Volkes, das der König von Assyrien aus seinem ehemaligen Wohngebiet Awa (2. Kön 17, 24) ins Land Samaria deportierte.

[321] Dies hat Strange in seiner eingehenden Arbeit (1980, 16–112) gezeigt.

[322] Siehe Strange 1980, 165 f.

[323] Das ist nichts Ungewöhnliches in der antiken Geographie. Eine naheliegende Analogie bietet in diesem Fall LXX, die unter Kaftor in Dtn 2, 23 und Am 9, 7 Kappadozien versteht. In assyrischen Quellen wird Zypern seit dem 7. Jh. *Iadnana* genannt.

[324] In Ez 25, 16 und Zeph 2, 5 werden die Philister parallel zu den Kretern genannt, und das gleiche Wortpaar begegnet offenbar auch in der Reimwortbildung „die Kreter und Plether", die eine wahrscheinlich philistäische Söldnergruppe Davids bezeichnet (2. Sam 8, 18; 15, 18; 20, 7. 23; 1. Kön 1, 38. 44). Deshalb sprach man auch vom „Negeb der Kreter" als einem Teil des südlichen Grenzgebietes (1. Sam 30, 14). Auf der anderen Seite wird im AT der Name Kittäer (nach der Stadt Kition) auf die Bewohner von Zypern angewendet (Jes 23, 1. 12; Ez 27, 6). Es ist Strange 1980, 113–126, nicht gelungen, die Beweiskraft dieser Argumente für die traditionelle Gleichsetzung von Kaftor mit Kreta im AT zu widerlegen.

2. 6. Da zog Og, der König des Baschan, aus, uns entgegen zum Kampf (3, 1–7)

1 Dann wandten wir uns und zogen den Weg nach Baschan hinauf. Da zog Og, der König des Baschan, aus nach Edreï uns entgegen zum Kampf, er und sein ganzes Volk.
  2 Jahwe aber sagte zu mir: „Fürchte ihn nicht, denn ich habe ihn, sein ganzes Volk und sein Land in deine Hand gegeben. Verfahre mit ihm, wie du verfahren bist mit Sihon, dem König der Amoriter, der in Heschbon wohnte."
3 Jahwe, unser Gott, gab auch Og, den König des Baschan, und sein ganzes Volk in unsere Hand, und wir schlugen ihn so, dass wir von ihm keinen Einzigen übrig ließen. 4 Und wir eroberten zu jener Zeit alle seine Städte.
  Es gab keine Stadt, die wir ihnen nicht genommen hätten, sechzig Städte, den ganzen Landstrich Argob, das Königreich Ogs im Baschan. 5 Alle diese waren befestigte Städte mit hohen Mauern, Toren und Riegeln. Hinzu kamen die zahlreichen Städte des offenen Landes.
6 Und wir vollstreckten den Bann
  an ihnen, wie wir mit Sihon, dem König von Heschbon, verfahren waren, vollstreckend den Bann
an jeder Stadt, an Männern, Frauen und Kindern; 7 aber alles Vieh und das Plündergut der Städte nahmen wir für uns zur Beute.

Die Unterwerfung Ogs, des Königs vom Baschan, wird in 3, 1–7 weitgehend parallel zu Israels Kampf gegen Sihon, den König von Heschbon (2, 24–36), dargestellt. Wie Sihon die ehemalige Herrschaft des südlichen, so vertritt Og die des nördlichen Teils Transjordaniens. Die Erzählung besteht, abgesehen von einer zitierten Gottesrede (V. 2), aus dem Bericht Moses. Sie dient hauptsächlich dem Zweck, eine göttliche Legitimation für die israelitischen Landansprüche im nördlichen Raum des Ostjordanlandes zu liefern, der zur Zeit der dtr Autoren längst nicht mehr zu Israel gehörte, im Prinzip jedoch als Teil des verheißenes Landes galt. Die Grundform der Erzählung stammt von DtrH, dessen Text (V. 1. 3. 4 aα. 6*. 7) zuerst in V. 2 und V. 6* („an ihnen, wie wir mit Sihon, dem König von Heschbon, verfahren waren, vollstreckend den Bann") durch einen Redaktor ergänzt wurde, der früher in 1, 21 und 2, 24 aßb–25 aufgetreten ist, und dann noch in V. 4 aβγb–5 durch einen Verfasser, der die Stelle mit 1. Kön 4, 13 verglich.

1. 3. 4 aα. 1. Die Grundschicht (V. 1. 3. 4 aα. 6*. 7) ist in ihrer Darstellungsform zum
6*. 7   größten Teil nach dem Vorbild der vorangehenden Sihon-Episode verfasst, unterscheidet sich freilich von ihr neben einigen Einzelheiten vor allem darin, dass sie durchgehend die 1. P. Pl. benutzt, die die vorherrschende Redeform von Dtn 1–3 ist, und keine dialogischen Elemente aufweist. Die schematische Gestalt der Erzählung erklärt sich daraus, dass es hier – anders als im Falle Sihons – für DtrH keine ältere Vorlage gab; denn der in Num 21, 33–35 vor-

liegende Parallelbericht ist erst später in Abhängigkeit von Dtn 3, 1–3 entstanden.[325] In Ermangelung einer älteren Überlieferung hat DtrH einfach das Landnahmemodell des südlichen Ostjordanlandes auf die Eroberung der nördlichen Regionen übertragen.[326]

Die Tradition von Og als König des Baschan fand DtrH wahrscheinlich in Jos 12, 1–5* vor, dem vermutlich ältesten Text, in dem Sihon (V. 2) und Og (V. 4) nebeneinander als ostjordanische Könige auftreten. Bereits für den Verfasser von Jos 12, 1–5* hatte sich das Problem gestellt, dass er das eroberte Land, das nach der Tradition (Num 21, 21–25*) im Ostjordanland nur das im Süden liegende einstmalige Herrschaftsgebiet Sihons umfasste, und das an die Stämme verteilte Land, das nach Jos 13, 5 im Norden bis zum Hermon reichte, miteinander in Einklang bringen musste, und um diese geographische Lücke auszufüllen, machte er mit oder – wahrscheinlicher – ohne Anhalt in der Tradition[327] Og, den König des Baschan, zum nördlichen Kontrahenten Sihons.[328] Dieser Theorie bediente sich in Dtn 3, 1–7* auch DtrH, dessen Beispiel bald Schule machte.[329] Seine Erzählung dient einem rein theologischen Ziel, dem Nachweis, dass auch das ganze nördliche Transjordanien durch göttliche Einwilligung Israels Eigentum wurde. Historisch auswertbar ist sie nicht, denn in diesem Umfang hat Israel den Baschan in keiner Phase seiner Geschichte besiedelt.

Der früheren Darstellung entsprechend lässt DtrH das Volk in V. 1 „sich   1
wenden"[330] und sich auf eine neue Marschroute, nun auf „den Weg nach Baschan", begeben. Mit diesem Weg ist der nördliche Teil der sog. Königsstraße (Num 21, 22) gemeint, die in diesem Bereich Transjordaniens die Hauptverkehrslinie in Nord-Süd-Richtung, von Edreï nach Damaskus, bildete. Baschan, d.h. „die fruchtbare, steinlose Ebene", bezeichnete ursprünglich die Hochebene beiderseits und besonders nördlich des Flusses Jarmuk (die Landschaft, die heute *En-Nuqrā* heißt). In diesem Zusammenhang hat Baschan je-

---

[325] Rose 1981, 306 f; Perlitt 1994 a, 202. 230; Nielsen 1995, 44; Otto 2000, 134 Anm. 108; Seebaß 2003, 362–366. Anders z.B. Ottosson 1969, 67–71; Weinfeld 1991, 181, und Brettler 1995, 75 f.

[326] Vgl. Köppel 1979, 68; Mayes ²1981, 143. Es besteht kein Grund zur Annahme, dass die Og-Erzählung von einem anderen, späteren Verfasser als die Sihon-Erzählung verfasst worden sei, wie etwa Plöger 1967, 12. 17; Mittmann 1975, 82, und Perlitt 1994 a, 230 f. vermuten; denn bereits für die Konzeption des DtrH vom Umfang des verheißenen Landes war die Eroberung des Baschan unentbehrlich (vgl. Dtn 3, 8. 10 aα. 12. 13 a). Vgl. Schmidt ZAW 2002, 509.

[327] Die Historizität der Og-Überlieferungen steht unter erheblichem Zweifel (s. Hübner 1992, 163 f; Ders. ZAW 1993, 90 f; Perlitt 1994 a, 230; Rose 1994, 399). Dies betrifft auch die angeblichen außerbiblischen Bezeugungen Ogs (s. Perlitt 1994 a, 231 f).

[328] So Wüst 1975, 50–52. Anders Noth ³1971, 71, nach dem Jos 12, 1–5* kein ursprünglicher Bestandteil von Jos 12 ist. Noth ³1967, 35, zufolge habe Dtr(H) als Erster die beiden ostjordanischen Könige nebeneinandergestellt.

[329] Og erscheint häufig in jüngeren Texten, und dann ständig als eine stereotype Figur neben Sihon (Num 21, 33–35; 32, 33; Dtn 1, 4; 4, 47; 29, 6; 31, 4; Jos 2, 10; 9, 10; 13, 12. 30. 31; 1. Kön 4, 19; Ps 135, 11; 136, 20; Neh 9, 22).

[330] Vgl. dasselbe Verb פנה im Hebräischen auch in 1, 7. 24. 40; 2, 1. 3. 8.

doch einen weiteren Sinn erhalten, so dass er auch das westlich an die Hochebene angrenzende Wald- und Weidegebiet (vgl. Dtn 32, 14; Jes 2, 13; Ez 27, 6; Am 4, 1), das heutige *Gōlān*, bis an die Abhänge von Hermon umfasst.[331]

Das feindliche Vorhaben Ogs (V. 1 b) wird als parallele Erscheinung zum Angriff Sihons dargestellt (vgl. 2, 32). Die Stadt Edreï wurde deshalb zum Kampfplatz gewählt, weil sie in Jos 12, 4 als Residenzstadt Ogs erwähnt war[332] (vgl. Dtn 1, 4; Jos 13, 12. 31) und weil sie sich wegen ihrer geographischen Lage auf der südlichen Seite des Jarmuk, wo heute die Stadt *Derʿā* an der syrisch-jordanischen Grenze, ca. 50 km östlich vom Südende des Sees Gennezaret, liegt (s. o. bei 1, 4), als Gegenstück zu Jahaz in 2, 32 anbot. Beachtenswert ist, dass DtrH hier, wo er sich um keine ältere Vorlage zu kümmern brauchte, keine Begründung für das feindliche Verhalten Ogs gab wie bei Sihon (2, 30 a, vgl. Num 21, 23), sondern ganz unbefangen die dtr Kriegstheorie durchführen konnte, nach der der militärische Konflikt mit den auf dem Boden des Verheißungslandes lebenden Völkern unvermeidlich war und ihre Vernichtung zur religiösen Pflicht Israels gehörte (Dtn 20, 15–17).

3. 4 aα. 6*. 7   Die Erfüllung dieser Pflicht an Og und seinem Volk stellen die V. 3. 4 aα. 6*. 7 in enger Anlehnung an das bereits bei Sihon verwendete Schema (2, 33–35) dar. Das theologisch Wichtigste steht auch hier (V. 3) vornan: Israel verdankt den Sieg über den Feind nicht sich selbst, sondern allein seinem Gott. Die Übereignungsformel „in die Hand des NN geben" hat hier – wie schon in der jüngeren Erweiterung 2, 24 aβ – dieselbe Funktion wie die etwas weniger geläufige Preisgabeformel in 2, 33 a. Die Wiederholung des Titels von Og, „der König des Baschan" in V. 3, der nach V. 1 eigentlich überflüssig wäre, beruht wahrscheinlich auf dem prägenden Einfluss der älteren Überlieferung (Jos 12, 4). Die restlose Ausrottung seiner Bevölkerung mit dem Ergebnis, dass kein Einziger am Leben blieb, erfolgt hier (V. 3 b) anders als in 2, 34 schon vor der Vollstreckung des Bannes (V. 6*) als unmittelbare Folge des Sieges (vgl. Jos 8, 22; 10, 30. 33. 37. 40; 11, 8; 2. Kön 10, 11). Die übrigen Elemente des Schemas, die Eroberung aller Städte Ogs (V. 4 aα), die totale Auslieferung der menschlichen Lebewesen an den Bann[333] (V. 6*) und das Nehmen des Viehs sowie des Plündergutes aus den eroberten Städten als Beute (V. 7), werden fast Wort für Wort wie bei der Besiegung Sihons aufgezählt (2, 34 f).

2. 6*   2. Die frühesten Erweiterungen der Grundschicht liegen in V. 2 und 6* („an ihnen, wie wir mit Sihon, dem König von Heschbon verfahren waren, vollstreckend den Bann") vor. Vers 2 erhält eine gewichtige Position in der Kom-

---

[331] Noth ⁴1962, 57.

[332] Wenn es stimmt, dass die frühesten Nachrichten über Og in Jos 12, 4 f enthalten sind (Wüst 1975, 50–55) und Dtn 3, 1–7 in Abhängigkeit davon entstanden ist (Wüst 1975, 26. 49), leuchtet es nicht ein, dass die Erwähnung von Edreï in Jos 12, 4 auf Dtn 3, 1 zurückgehen würde (so jedoch Wüst 1975, 28, und ihm folgend Perlitt 1994 a, 28).

[333] Zum Bann (*Herem*) siehe oben bei 2, 34.

position von V. 1–7, indem er als Zitat einer direkten Rede Gottes das ganze
nachfolgende Unternehmen unter die göttliche Zusage stellt.[334] Durch seine
singularische Diktion hebt er sich vom Kontext ab[335] und erinnert in Form
und Inhalt an die singularische Bearbeitung, die in 2, 24 aβb-25 sichtbar
wurde und ihr Antezedens in 1, 21 hatte[336] (s. o.). Es handelt sich an allen diesen Stellen um eine Art „Kriegspredigt", in der zur Furchtlosigkeit vor dem
bevorstehenden Kampf ermutigt wird (vgl. 20, 2–4). Der Grund der Furchtlosigkeit liegt in der Gewissheit, dass der erfolgreiche Ausgang des Kampfes
von vornherein feststeht, weil Jahwe den Feind de facto schon ausgeliefert
hat, wie die Sache im Hebräischen durch das sog. prophetische Perfekt[337]
(„ich habe ihn ... in deine Hand gegeben") ausgedrückt wird. Die Übereignungsformel hat in V. 2 (vgl. V. 3) dieselbe Funktion wie die Preisgabeformel
in 1, 21. Der längere Titel, den dieser Bearbeiter auf Sihon verwendet („der
Amoriter, der in Heschbon wohnte"), ist charakteristisch für die jüngere Tradition (vgl. Dtn 1, 4; 4, 46; Num 21, 34) und weicht nur geringfügig von dem
in 2, 24 aβb gebrauchten Titel Sihons ab. Diesem Bearbeiter war offenbar daran gelegen, die Analogie, die schon nach dem Grundtext zwischen den
Schicksalen Sihons und Ogs bestand, noch zusätzlich zu verdeutlichen. Israels Siegeszug, der bei Sihon seinen Anfang nahm (2, 25), findet seine Fortsetzung bei Og.
 Von einem ähnlichen Interesse, analoge Ereignisse in Verbindung miteinander zu bringen (vgl. 2, 29 a), zeugt auch die Ergänzung in V. 6* „an ihnen, wie
wir mit Sihon, dem König von Heschbon, verfahren waren, vollstreckend
den Bann", die an den älteren Text durch eine Ringkomposition[338] anknüpft.[339] Obwohl der Zusatz dem Kontext ähnlich in der 1. P. Pl. formuliert
ist – und anderes wäre hier nicht möglich gewesen –, dürfte er von demselben
Bearbeiter herrühren wie der singularische Zusatz V. 2. Die Ergänzung in V. 6
verhält sich zu V. 2 b wie ein Erfüllungsvermerk: Wie Israel nach Jahwes Befehl verfahren sollte (V. 2 b), so geschah es auch (V. 6).

3. Auf eine noch jüngere Hand gehen die V. 4 aβγb-5 zurück, die die Anzahl   4 aβγb-5
und Beschaffenheit der eroberten Städte im Baschan betreffen. Ihr Autor
wechselt in V. 4 aγ unversehens in eine pluralische Formulierung („... keine
Stadt, die wir *ihnen* nicht genommen hätten"), obwohl im älteren Text von

---

[334] Vgl. Luther: „Wiederum wird eine Verheißung (*promissio*) vorausgeschickt, als sie mit Og,
dem Könige von Basan, kämpfen sollen, damit die Historie durch das Wort Gottes geheiligt sei,
und die Sache allein durch die Weisheit Gottes ausgerichtet werde" (WA 14, 574:34 f, deutsch
Walch 1894, 1400).

[335] Er wird auch von Mittmann 1975, 81, und Wüst 1975, 26, als Zusatz betrachtet.

[336] Vgl. Preuß 1982, 46, der ebenfalls diese Verse ein und derselben Bearbeitung zuschreibt.

[337] Ges-Kautzsch § 106 n.

[338] Am Ende des Zusatzes wird ein Ausdruck („den Bann vollstrecken") des vorausgehenden
Textes wiederholt und als Brücke zum älteren Text benutzt.

[339] Der Zusatz verrät sich auch dadurch, dass die *nota accusativi* אותם („an ihnen") ein mas-
kulines Suffix hat, obwohl es sich auf das feminine Hauptwort ערים „die Städte" bezieht.

„seinen (sc. Ogs) Städten" die Rede war (V. 4 aα), und beschreibt die ein-genommenen Städte zuerst negativ (V. 4 aβγ) nach dem Vorbild von 2, 36 aβγ und dann positiv (V. 4 b-5) in Anlehnung an 1. Kön 4, 13.[340] In seiner Ergän-zung kommt der historisch zutreffende Sachverhalt zum Ausdruck, dass das nördliche Transjordanien beiderseits vom Jarmuk in der Bronzezeit ein Ge-biet florierender städtischer Kultur war.[341] Der späte, schriftgelehrte Verfas-ser hatte natürlich keine unmittelbaren Kenntnisse von ihr, sondern ihn inte-ressierte vor allem der Eindruck, den diese Städte angeblich auf die Israeliten machten. Ihre Anzahl „sechzig" basiert auf 1. Kön 4, 13 und stellt lediglich eine runde Zahl dar[342] (vgl. später Jos 13, 30 und 1. Chr 2, 23). Die Lage des „Landstrichs Argob", wo diese Städte nach V. 4 b lagen, ist nur ungefähr zu ermitteln: Nach dem ursprünglichen Text von 1. Kön 4, 13[343] und damit dem ältesten Beleg scheint Argob ein eher begrenztes Gebiet am nordöstlichen Rande des gileaditischen Gebirges gewesen zu sein[344]; in Dtn 3, 4 b – und in dem erweiterten Text von 1. Kön 4, 13 – hat es jedoch eine weitere Ausdeh-nung bekommen, so dass es auch einen Teil vom Baschan umfasst, der nun mit Ogs Herrschaftsgebiet identifiziert wird. Um den fürchterlichen Ein-druck zu verstärken, den die Städte des Argob machten, fügte der Verfasser zu den Attributen, mit denen sie in 1. Kön 4, 13 beschrieben waren, einige neue hinzu (V. 5 a)[345] und berücksichtigte neben den befestigten Städten auch die nicht oder nur leicht befestigten Städte des umliegenden offenen Lan-des[346] (V. 5 b, vgl. Ez 38, 11; Est 9, 19), was einer allgemeinen Gewohnheit z. B. in assyrischen Feldzugsberichten entspricht.[347] Im Endeffekt dient die Beschreibung der eingenommenen mächtigen und zahlreichen Städte des Ba-schan demselben Zweck wie schon 2, 36 bei DtrH: Die gehorsame Landnah-megeneration war durch die großen und Furcht erregenden Städte nicht zu verunsichern, anders als ihre Väter (1, 28).

---

[340] Wenn 1. Kön 4, 13 das Vorbild für Dtn 3, 4 b-5 ist, erübrigt sich die Annahme, die Näher-bestimmung „den ganzen Landstrich Argob, das Königreich Ogs im Baschan" in V. 4 b sei noch später als sein Kontext (mit Wüst 1975, 26 f, gegen Mittmann 1975, 82). Die Bezugnahme auf 1. Kön 4, 13 widerspricht auch der Theorie, nach der V. 4 b vom Hexateuchredaktor stammt (so jedoch Otto 2000, 135 Anm. 109).

[341] Noth [7]1969, 147.

[342] Vgl. Tigay 1996, 34.

[343] Er lautete wahrscheinlich: „Sohn des Geber – in Ramoth-Gilead –, zu ihm gehörte der Landstrich Argob" (Würthwein [2]1985, 42).

[344] Siehe Noth 1971 ABLAK I, 386.

[345] Die sechzig „großen Städte mit Mauern und ehernen Riegeln" von 1. Kön 4, 13 (erweiterter Text) sind in Dtn 3, 4 „befestigte Städte, mit hohen Mauern, Toren und Riegeln" geworden (vgl. 1. Sam 23, 7; Jer 49, 31; Ez 38, 11; Ijob 38, 10; 2. Chr 8, 5; 14, 6).

[346] Zu ihnen s. Niemann ZAW 1993, 237–239.

[347] Sanherib z. B. rühmt sich dessen, wie er im Verlaufe seines Feldzugs gegen Hiskija von Juda „46 mächtige ummauerte Städte sowie die zahllosen kleinen Städte ihrer Umgebung belagerte und eroberte" (TUAT I/4, 389). Die traditionelle Art der Aussage von Dtn 3, 5 macht es unwahr-scheinlich, dass hinter „den Städten des offenen Landes" „die Zeltdörfer Jairs" von Num 32, 41 stehen sollen (so jedoch Mittmann 1975, 91).

2. 7. Dieses Land nahmen wir zu jener Zeit in Besitz (3, 8–17)

8 So nahmen wir zu jener Zeit das Land aus der Hand der beiden Amoriterkönige (jenseits des Jordan), vom Bach Arnon bis zum Berg Hermon,
   9 – die Sidonier nennen den Hermon Sirjon, und die Amoriter
   nennen ihn Senir –,
10 alle Städte der Ebene, ganz Gilead und den ganzen Baschan bis nach
Salcha
   und Edreï, Städte des Königsreichs Ogs im Baschan.
   11 Denn nur Og, der König des Baschan, war übrig geblieben
   vom Rest der Rafaiter. Siehe, sein Bett, ein Bett aus Eisen – steht
   es nicht[348] im Rabba der Ammoniter, neun Ellen lang und vier Ellen breit, nach menschlicher Elle gemessen.
12 Dieses Land nahmen wir zu jener Zeit in Besitz. Das Land von Aroër am
Arnontal[349] an und die Hälfte des Gebirges Gilead mit seinen Städten gab
ich den Rubeniten und Gaditen. 13 Das übrige Gilead und den ganzen Baschan (das Königreich Ogs) gab ich der einen Hälfte des Stammes Manasse
(den ganzen Landstrich Argob)[350].
   Dieser ganze Baschan wurde das Land der Rafaiter genannt.
   14 Jaïr, der Sohn Manasses, nahm den ganzen Landstrich
   Argob bis zum Gebiet der Geschuriter und Maachatiter und
   nannte sie (den Baschan) nach seinem Namen „Zeltdörfer
   Jaïrs", bis zum heutigen Tag. 15 Dem Machir gab ich Gilead,
   16 und den Rubeniten und Gaditen gab ich das Land von
   Gilead an bis zum Arnontal, bis zur Mitte des Tales als Grenze[351], und bis zum Jabboktal als Grenze der Ammoniter,
   17 ferner die Araba mit dem Jordan als Grenze von Kinneret
   bis zum Arabameer, dem Salzmeer, am Fuße der Abhänge
   des Pisga im Osten.

Der Abschnitt 3, 8–17 gliedert sich dem Inhalt nach in zwei kleinere Einheiten, deren erste (V. 8–12 a) die im Ostjordanland eroberten Gebiete zurückblickend zusammenfasst und deren zweite (V. 12 b–17) ihre Verteilung an die
Stämme Ruben, Gad und Halbmanasse erzählt. Beides sind Themen, die ihre
sachliche und literarische Fortsetzung in den Berichten des Buches Josua über
die Eroberung und Verteilung des Westjordanlandes an die restlichen Stämme
finden. Entsprechend der vorherrschenden Darstellungsform von Dtn 1–3
redet Mose in der ersten Einheit in Wir-Form, während in der zweiten Ein-

---

[348] In MT befindet sich die eigenartige Lesart הַלֹה für הֲלֹא (s. BHS).

[349] Oder möglicherweise „am Rande des Arnontals" (על שפת נחל ארנן) wie in 2, 36; 4, 48 und Jos 13, 9 (s. BHS).

[350] Entgegen der masoretischen Akzentuierung gehört der Atnach hinter das Wort „Argob" (BHS).

[351] Zu diesem Ausdruck vgl. Num 34, 6; Jos 13, 23. 27; 15, 12. 47.

heit die Landverteilung durch Mose als seine eigene Rede, d. h. sachgemäß als Ich-Bericht erzählt wird.

Der Abschnitt hat dadurch eine ziemlich verwickelte und schwer überschaubare Gestalt erhalten, dass an ihm mehrere Hände nacheinander gearbeitet haben. Der von DtrH stammende Grundstock V. 8*(ohne „jenseits des Jordan“).10 a*.12. 13 a*[352] wurde zuerst durch einzelne Zusätze in V. 10 a* („und Edreï“), V. 10 b, V. 13 aα* („das Königreich Ogs“) und V. 13 aβ* („den ganzen Landstrich Argob“) von einem Glossator erweitert, der an die Terminologie der in V. 4 aβγb–5 erkennbar gewordenen zweiten Bearbeitungsschicht von 3, 1–7 anknüpft. Die dritte Stufe der Textentstehung vertreten die „gelehrten“ Bemerkungen von V. 9. 11. 13 b, die ihrem Stil und Inhalt nach die Reihe der antiquarischen Notizen von 2, 10–12. 20–23 fortsetzen. Das Ganze wurde noch einmal durch die jüngste, in V. 14–17 vorliegende Erweiterung verkompliziert, die die Siedlungsgeographie der ostjordanischen Stämme mit anderen sie betreffenden Überlieferungen zu harmonisieren versucht.

8*. 10 a*. 12. 1. Nachdem die ehemaligen ostjordanischen Könige Sihon (2, 30–36*) und Og
13 a* (3, 1–7*) geschlagen worden sind, stellt DtrH resümierend in V. 8.10 a*.12 a das Ergebnis des bisher Erreichten fest, was wiederum die Voraussetzung für die Verteilung des Ostjordanlandes an die zweieinhalb Stämme in V. 12 b.13 a* bildet. Die genaue Aufzählung der eroberten Gebiete erinnert in gewisser Hinsicht an die Grenzbeschreibungen, die häufig in altorientalischen Staatsverträgen – gewöhnlich am Ende des historischen Prologs – und königlichen Landverleihungsdokumenten begegnen.[353]

8* Eingangs (V. 8*) wird eine zusammenfassende Definition vom Gesamtumfang des Gebietes gegeben, das den beiden Amoriterkönigen jenseits des Jordan genommen wurde. Der Ausdruck „jenseits des Jordan“ ist zwar geläufig im Zusammenhang der Amoriterkönige Sihon und Og (Dtn 4, 47; Jos 2, 10; 9, 10), aber er setzt hier – anders als in V. 20 und V. 25 – für Mose den westjordanischen Standort voraus und dürfte nicht auf den sorgfältig formulierenden DtrH zurückgehen.[354] Die schon in 2, 36 genannte Südgrenze des eroberten Gebietes wird in V. 8 anhand des Wadis Arnon beschrieben, dessen Überschreiten in 2, 24 den Beginn der Landnahme markierte, und die Nordgrenze anhand des Berges Hermon festgelegt, der mit seiner 2814 m hohen Spitze (*Ǧebel eš-Šēḫ* bzw. *Ǧebel eṯ-Ṯelǧ*) den südlichen Teil des Antilibanon und zugleich den nördlichsten Punkt bildet, den das Auge von Palästina her erreicht. Literarisch geht die Definition der Nordgrenze durch den Hermon über Jos 12, 1. 5 auf die Landverteilungsüberlieferung Jos 13, 5 zurück[355] (vgl. später Dtn 4, 48 und 1. Chr 5, 23).

---

[352] Vgl. fast dieselbe Definition der Grundschicht bei Otto 2000, 135. 138.
[353] Siehe Weinfeld 1972, 71. 78; Veijola 1990, 145 f.
[354] Als sekundär gilt er auch für Dillmann ²1886, 248; Steuernagel ²1923, 61; Noth ³1967, 36 Anm. 6, und Rose 1994, 400.
[355] Siehe Wüst 1975, 41.

Eine genauere Beschreibung des eroberten Gebietes wird in V. 10 a* anhand   10 a*
der natürlichen Landschaftsteile im Ostjordanland gegeben. „Die Ebene"
(המישׁר) meint das fruchtbare Hochplateau nördlich des Arnon bis ungefähr auf die Höhe von Heschbon (vgl. Jos 13, 9. 16. 17), und seine „Städte"
sind wahrscheinlich die in Jos 13, 17 erwähnten.[356] Im Norden grenzt an die
„Ebene" die Landschaft Gilead, ursprünglich wahrscheinlich Name eines
Berges oder Bergmassivs südlich des Jabbok[357] (vgl. Gen 31, 21. 23. 25), der
sich jedoch dann zur Bezeichnung des viel weiteren bewaldeten Berglandes
beiderseits des Jabbok entwickelte und nach der heutigen Terminologie die
nördliche *Belqā* (südlich vom Jabbok) sowie ganz *ʿAǧlūn* (nördlich vom Jabbok) umfasste. In diesem Sinne wird der Name Gilead auch hier verwendet.[358] Der dritte Landschaftsname, der Baschan, ist hier, ähnlich wie in V. 1,
eine generelle Bezeichnung für die nördlich des Jarmuk bis zum Hermongebirge liegenden Gebiete von *En-Nuqrā* und *Ǧōlān* (s. zu 3, 1). Rätselhaft
erscheint die Bestimmung einer Grenze des Baschan durch Salcha und Edreï.
Ziemlich eindeutig ist, dass Edrei (*Derʿā*), das wegen seiner Lage (ca. 50 km
östlich vom Südende des Sees Gennezaret) als Grenzfixpunkt ungeeignet ist
und außerdem an den Parallelstellen Jos 12, 5; 13, 5 und 1. Chr 5, 11 fehlt, von
einem Glossator aufgrund von 3, 1 hinzugefügt wurde.[359] Aber auch Salcha
bereitet Schwierigkeiten, und zwar vor allem deshalb, weil man seine Lage
nicht kennt. Nach der Grundstelle Jos 12, 5, von der Dtn 3, 10 a* abhängig ist,
markiert Salcha am ehesten den östlichen Grenzfixpunkt des Baschan, aber
nachdem sich die herkömmliche Identifikation von Salcha mit *Salḫa* im südlichen Hauran als unbegründet erwiesen hat,[360] hilft diese Beobachtung nicht
weiter. Zudem scheint Salcha in V. 10 a* nicht einen Ort im Osten, sondern
gemäß der geographischen Ausrichtung, die von Süden nach Norden geht,
einen Grenzfixpunkt im äußersten Norden des Baschan zu kennzeichnen.[361]
Die Frage muss folglich offen bleiben, solange nicht neue Quellen für die
Identifikation von Salcha vorliegen.

Nachdem die im Ostjordanland eroberten Gebiete im Einzelnen aufgezählt   12 a
sind, wird das Ergebnis noch einmal in V. 12 a zusammengefasst. Das betont
vorangestellte „dieses Land" setzt die oben in V. 10 a* gegebene detaillierte
Aufzählung voraus.[362] Zugleich gibt DtrH durch die Anwendung des Verbs

---

[356] Vgl. Mittmann 1975, 90.

[357] Siehe genauer Noth 1971 ABLAK I, 348. 355. Gegen diese Lokalisierung jedoch Lemaire
VT 1981, 43–46, der meint, dass Gilead von Anfang an das Bergland von *ʿAǧlūn* bezeichnete.

[358] Die letzte Sinnerweiterung des Namens Gilead begegnet dort, wo er das *ganze* Ostjordanland bezeichnet (Dtn 34, 1; Jos 22, 9–34; Ri 10, 8; 20, 1; 2. Kön 10, 33; Ez 47, 18).

[359] Vgl. Hölscher ZAW 1922, 163 Anm. 1; Plöger 1967, 58; Mittmann 1975, 83; Wüst 1975, 88;
Mayes ²1981, 144; Perlitt 1994 a, 239.

[360] Siehe Noth 1971 ABLAK I, 351 Anm. 13.

[361] Anders Weinfeld 1991, 183, der meint, dass Salcha und Edreï zusammen die südliche Grenze
des Baschan markieren.

[362] Deshalb ist es nicht möglich, V. 10 insgesamt zu streichen (so jedoch Noth ³1967, 37, und
Rose 1975, 149).

„in Besitz nehmen" (ירש) zu verstehen, dass Jahwes Zusage, was die ange-
fangene Inbesitznahme des Landes betrifft (2, 31), jetzt im Blick auf das Ostjordanland erfüllt worden ist.

12 b. 13 a*   Das eroberte Gebiet kann nun an die zweieinhalb Stämme verteilt werden
(V. 12 b.13 a*). Mit dem neuen Thema wechselt auch die Darstellungsform:
Mose redet nun in der 1.P.Sg. und gibt die Gebiete an, die den ostjordanischen Stämmen Ruben, Gad und Halbmanasse zufielen. Danach erhielten
Ruben und Gad den ehemaligen Herrschaftsbereich des Königs Sihon (vgl.
2, 36), während Halbmanasse die Gebiete des einstigen Königreichs von
Og erbte (vgl. 2, 36 und 3, 1. 8). Wo Gilead genau genommen halbiert
wurde[363] und wo die Grenzlinie zwischen Ruben und Gad lief, davon
hatte sich DtrH offenbar keine Vorstellung gemacht; denn seine ganze Beschreibung der Stämmegeographie im Ostjordanland ist eine theoretische
Schöpfung, die zwar an vielen Stellen nachgewirkt hat (vgl. Num 32, 33;
Jos 1, 12; 13, 7; 13, 29–31), den realen Siedlungsverhältnissen aber nicht entspricht.

Nach der ältesten erhaltenen Quelle Num 32, 34–36 saß im südlichsten Teil
Transjordaniens nicht Ruben, wie V. 12 b und auch die schon irregeleitete
Stämmegeographie von Jos 13, 15–23 zu verstehen geben, sondern in Wirklichkeit Gad, dessen Wohngebiete zwischen Arnon und dem *Wādī Zerqā
Māʿīn* lagen. Dieser siedlungsgeographischen Sicht entspricht die Auskunft
der Mescha-Inschrift, nach der „die Gaditer von jeher im Lande um Ataroth
gewohnt hatten".[364] Ruben hingegen hatte nach Num 32,37 f seinen Wohnsitz nördlich des *Wādī Zerqā Māʿīn* mit Heschbon und Jaser als städtischen
Zentren.[365] Einige seiner Sippen waren offenbar aus dem Westen ins Ostjordanland eingedrungen; denn das Deboralied (Ri 5, 15 b.16) scheint den
Stamm Ruben noch als im Westjordanland ansässig vorauszusetzen.[366] Über
das weitere Schicksal des Stammes ist nichts bekannt. Er ist offenbar schon
relativ früh gänzlich verschollen (vgl. Dtn 33, 6).

Die Besiedlung des nördlichen Ostjordanlandes durch Halbmanasse
(V. 13 a*) ist aus dem theoretischen Bedürfnis entstanden, auch das ehemalige
Königreich Ogs mit israelitischen Bewohnern zu bevölkern. Die eine Hälfte
Manasses, der in der Stämmegenealogie als Josefs Sohn galt (Gen 41, 50 f),
wurde zu diesem Zweck ins Ostjordanland verlegt. Die so entstandene Theorie entspricht den tatsächlichen Siedlungsverhältnissen im Ostjordanland
nur insofern, als dort in dem bewaldeten Bergland südlich des Jabbok (heute
ʿAǧlūn) seit Ende der Richterzeit der israelitische Stamm – oder die Sippe –

---

[363] Häufig wird aufgrund von Num 21, 24; Jos 12, 2 und Ri 11, 22 der Jabbok als Grenze angenommen (Simons 1959, § 307; Ottosson 1969, 114; Weinfeld 1991, 185), aber alle diese Stellen
spiegeln eine noch jüngere Theoretisierung wider (Wüst 1975, 14–16).

[364] Zeile 10 (TUAT I/6, 648). Ataroth ist das heutige *Māʿīn*, das 7–8 km südwestlich von Ma-
deba liegt (ebd.).

[365] Siehe zu den Wohngebieten von Gad und Ruben Donner ²1995, 164–167.

[366] Noth ⁴1962, 62.

Machir wohnte, der in der späteren Stämmegenealogie Manasse untergeordnet wurde (Num 32, 39 f; Jos 13, 31; 17, 1).[367]

2. Die frühesten Erweiterungen des von DtrH stammenden Grundbestands 10 a*. 10 b.
in V. 8–13* finden sich in V. 10 a* („und Edreï"), V. 10 b (insgesamt), V. 13 aα*   13 aα*β*
(„das Königreich Ogs") und V. 13 aβ* („den ganzen Landstrich Argob").
Die Unvereinbarkeit von „und Edreï" mit Salcha und der gesamten vorangehenden Landbeschreibung wurde oben herausgestellt. Gleichzeitig mit dem
Zusatz „und Edreï" entstanden offenbar auch die Näherbestimmung von
Salcha und Edreï als „Städte des Königreichs Ogs im Baschan" (V. 10 b) sowie
die nachträgliche Beschränkung des Königreichs Ogs auf „den ganzen Land-
strich Argob" (V. 13 aβ*), die beide terminologisch und inhaltlich an die in
V. 4 aβγb–5 vorliegende Erweiterung anknüpfen (vgl. dort V. 4 b* „den gan-
zen Landstrich Argob, das Königreich Ogs im Baschan"). Der Zweck dieser
Erweiterungen dürfte darin bestehen, einerseits die Lage des Königsreichs
Ogs im Baschan mit Hilfe des Landstrichs Argob[368] genauer zu definieren
und andererseits die in V. 4 aβγb–5 gegebene Städtebeschreibung anhand der
Städte Salcha und Edreï zu konkretisieren. Das ausgesprochene Interesse am
Königreich Ogs und an seinen Städten spricht dafür, dass es sich hier wie
dort um denselben Bearbeiter handelt.[369]

3. Eine Gruppe für sich bilden die antiquarischen Notizen in V. 9. 11. 13 b,   9. 11. 13 b
die als parenthetische Bemerkungen aus der Moserede herausfallen und die
Reihe von ähnlichen Bemerkungen in 2, 10–12. 20–23 fortsetzen.
    Die antiquarisch-geographische Notiz von V. 9, die als Parenthese den en-   9
gen Zusammenhang zwischen V. 8 und V. 10 unterbricht, knüpft an die letzten Wörter des vorgegebenen Textes („der Berg Hermon") an und kommentiert sie aus der Sicht eines „gelehrten" Glossators, dessen geographisches
Interesse und Ausdrucksweise besonders nahe an 2, 11. 20 erinnern. Der
Glossator versteht unter dem Berg Hermon offensichtlich den Antilibanon
insgesamt, nicht allein dessen südlichen Teil (Ǧebel eš-Šēḫ bzw. Ǧebel eṭ-Ṭelǧ)
wie DtrH in V. 8. Nur so wird begreiflich, dass nach ihm die Phönizier, die
durch die Einwohner von Sidon (heute Ṣaida) vertreten sind (vgl. LXX: οἱ
Φοίνιϰες), den Hermon Sirjon nennen; denn in Ps 29, 6 sowie in ugaritischen (dort šrjn), hethitischen, akkadischen (dort Šarijana) und hurritischen
Texten des 2. Jahrtausends v. Chr. bezeichnet Sirjon eben den ganzen Antilibanon.[370] Der andere Name Senir, den die Amoriter, d. h. die Kanaaniter
(s. o. bei 1, 7 aα), für ihn benutzen sollen, bezeichnet in Ez 27, 5 ebenfalls den

---

[367] Zu der verwickelten Siedlungsgeschichte Gileads aus gegensätzlichen Positionen s. Noth
1971 ABLAK I, 368 f, und Lemaire VT 1981, 39–61.
[368] Zu seiner Lage s. o. bei V. 4 b.
[369] Seine Ergänzungen wurden modifizierend aufgenommen in Jos 13, 11 f, wo bereits auch die
jüngeren Zusätze Dtn 3, 11 und 3, 14(–17) (s. u.) vorausgesetzt sind (Noth ³1971, 72. 76).
[370] Siehe Perlitt 1994 a, 237.

gesamten Antilibanon, in Hld 4, 8 (vgl. 1. Chr 5, 23), in den Annalen des Assyrerkönigs Salmanassars III. (dort: *Saniru*) hingegen einen bestimmten Teil desselben.[371] Mit einem noch anderen und sonst nicht bekannten Namen wird der Berg Hermon in einem jungen Kontext Dtn 4, 48 bezeichnet, wo er *Sion* (שׂיאׁן) heißt. Einen gewissen Anhalt für die zeitliche Ansetzung von Dtn 3, 9 – und den mit ihm zusammenhängenden antiquarischen Notizen – bietet das geschichtliche Faktum, dass Sidon die führende Stadt Phöniziens in der persischen Zeit war, als Phönizien, Zypern und Syrien die fünfte der zwanzig Satrapien bildeten, was eventuell zu seiner Erwähnung in V. 9 beigetragen hat.[372]

13 b Die antiquarischen Notizen setzen sich in den sekundären V. 11 und 13 b fort, von denen V. 13 b leichter als V. 11 verständlich ist: Wie der Glossator in 2, 10 f die einstigen Bewohner von Moab und in 2, 20 die von Ammon zu den Rafaitern, also den Totengeistern in historisierter Gestalt (s. o. bei 2, 10 f) gerechnet hatte, so bezeichnet er hier den ganzen Baschan als ehemaliges „Land der Rafaiter" (vgl. 2, 20).

11 Mit dieser Notiz hängt die Bemerkung in V. 11 zusammen, die ein sehenswürdiges Denkmal Ogs, des letzten Königs vom Baschan und des letzten Rafaiters überhaupt betrifft: sein riesengroßes „eisernes Bett", das noch als Antiquität in Rabba (*ʿAmmān*), der Hauptstadt der Ammoniter am Oberlauf des Jakkob, zu besichtigen sei. Über dieses Bett ist in der Forschung viel gerätselt worden, ohne dass eine befriedigende Lösung zu seiner konkreten Gestalt und Funktion erzielt worden wäre.[373] Wer wie Millard[374] der Meinung ist, dass es sich bei ihm um ein normales Möbelstück handelt, das allerdings wegen seiner Größe und seines Eisenbeschlags (vgl. Jos 17, 16. 18; Ri 1, 19; 4, 3. 13) ein besonders wertvolles Prunkstück nach der Art der „Elfenbeinbetten" von Am 6, 4 (vgl. 1. Kön 10, 18; 22, 39; Ps 45, 9) war, muss die Notiz in die späte Bronzezeit datieren, um den besonderen Wert des Eisens erklären zu können,[375] und den Kontext des Bettes in Dtn 3, 11 außer Acht lassen, wo offensichtlich etwas über Ogs Grablege gesagt wird.[376] Der Kontext wird auch von Hübner ignoriert, der die Auffassung vertritt, dass Ogs Bett ein Kultmöbel war, das sein genaues Vorbild im Bett-Haus des babylonischen Zikkurrat-Tempels Etemenanki gehabt habe. Weil das babylonische Bett Marduks, dessen Maße genau dieselben wie die von Ogs Bett (9 × 4 Ellen) waren, im Dienste der Heiligen Hochzeit stand, folgert Hübner, der Zweck

---

[371] Siehe Noth ⁴1962, 55; Perlitt 1994 a, 237 f.

[372] Perlitt 1994 a, 236 f.

[373] Siehe eine nähere Auseinandersetzung mit der neuesten Forschung bei Veijola 2004 a.

[374] Millard 1988, 481–492.

[375] Im persischen Hof von Susa bestanden die Luxusbetten nach Est 1, 6 aus Gold und Silber. Archäologisch ist aus der Perserzeit ein 2 m langes Bronzebett aus *Tell el-Fāraʿa* bekannt (Weippert, ²BRL, 229 f). Millard vermag keine einzige außerbiblische Parallele für ein „eisernes Bett" beizubringen. Am nächsten kommt ein hethitischer Text (ca. 1300 v.Chr), in dem ein „eiserner Thron" und ein „eiserner Stab (?)" erwähnt werden (Millard 1988, 488 f).

[376] Perlitt 1994 a, 240.

der Notiz von Dtn 3, 11 sei eine religionspolemische Degradierung und Profanisierung Ogs und der Ammoniter.[377] Abgesehen davon, dass sie den Kontext nicht beachtet, hat diese Erklärung auch andere Schwächen: Die Maße des babylonischen Prunkbettes werden mit 9 × 4 Ellen auf der sog. Esaggil Tafel überliefert, die eine späte Kopie aus dem Jahre 229 v. Chr. ist.[378] Als Marduks Bett – oder sein Vorgänger – von 689 bis 654 v. Chr. als Raubbeute in Assyrien aufbewahrt wurde, wurde seine Länge durch 6 $^2/_3$ Ellen und seine Breite durch 3 $^2/_3$ Ellen angegeben.[379] Seine Maße standen offenbar nicht so fest, dass sogar ein Ausländer in Juda allein durch sie Marduks Bett hätte identifizieren können – wenn er überhaupt Zugang zu ihnen hatte. Zudem wird dieses Bett, das dem Liebesspiel der Götter Marduk und Zarpanitu in Babylonien bzw. Aššur und Mullissu in Assyrien gewidmet war, in assyrischen Quellen mit höchst sinnlichen Farben beschrieben,[380] die äußerst schlecht mit einem „eisernen Bett" zusammenpassen. Außerdem gewinnt man aus Dtn 3, 11 nicht den Eindruck, dass die Bemerkung von Polemik gegen Og oder die Ammoniter (vgl. Dtn 2, 19!) geprägt wäre. Vielmehr drückt sich darin ein Erstaunen vor und eine gewisse Bewunderung für die mächtige irdische Hinterlassenschaft des letzten, königlichen Rafaiters aus.

Die Annahme, dass es sich bei Ogs Bett (ערש) um seine Grablege handelt, lässt sich nicht mit dem Argument entkräften, dass ein Totenlager bzw. ein Sarg im AT nie mit diesem Wort, sondern mit ארון „Kasten" (Gen 50, 26) bezeichnet werde.[381] Dabei ist nämlich in Betracht zu ziehen, dass die sinnverwandten hebräischen Wörter für „Bett, Lager" מטה[382] und משכב auch für die Totenbahre (2. Sam 3, 31; 2. Chr 16, 14) wie auch für das Grab selbst (Jes 57, 2; Ez 32, 25) stehen können.[383] Außerdem ist zu berücksichtigen, dass das Wort משכב häufig auch in den phönizischen Sarkophag-Inschriften vom 6. Jh. bis 3. Jh. v. Chr. auftaucht, in denen es ständig „Ruhestätte, Grab" bedeutet.[384]

In den phönizischen Inschriften kommen aber auch die „Rafaiter" (רפאם) als Totengeister vor, bei denen die Grabschänder keine Ruhestätte (משכב) finden sollen (KAI 13, 8 und KAI 14, 8). Das Wort רפאם (Pl.) ist die genaue phönizische Entsprechung für das hebräische רפאים, das für Og und seine

---

[377] Hübner ZAW 1993, 91 f.

[378] Millard Iraq 1964, 23.

[379] Millard Iraq 1964, 20.

[380] Als König Assurbanipal das Bett 654 nach Babylon zurückkehren ließ, gab er die folgende Beschreibung von ihm: „A bed of *musukkannu* tree, the eternal tree, covered with gold and decorated with precious stones, I made with skill to be the sweet couch for the bethrotal and lovemaking of Bel and my Lady. I placed it in Kahilisu, the residence of Zarpanitu full of charm." Siehe Text und Übersetzung bei Nissinen 2001, 104.

[381] Millard 1988, 482; Hübner ZAW 1993, 86 f.

[382] Das Wort מטה erscheint als Parallele für ערש in Am 6, 4 und Ps 6, 7.

[383] Siehe Angerstorfer ThWAT VI, 405–409.

[384] KAI 9 A, 1. 3, B, 2. 3; KAI 13, 8; KAI 14, 4. 5. 6. 7. 8. 10. 21; KAI 34, 5 und KAI 35, 2.

Landsleute verwendet wird (Dtn 3, 1. 13; Jos 12, 4; 13, 12).[385] Man muss damit rechnen, dass Og und die übrigen Rafaiter trotz ihrer historisierten Gestalt den ursprünglichen numinosen Charakter als divinisierte Totengeister nicht verloren hatten. Auf dem Hintergrund des allgemeinen Glaubens an die Macht der Totengeister wird verständlich, dass der letzte Rafaiter, der auch ihr König war, per definitionem eine besonders mächtige Grabstätte benötigte; denn das Weiterleben als divinisierter Totengeist war vor allem ein Privileg der Könige.[386]

Die Maße der Ruhestätte Ogs, die „in menschlicher Elle" gemessen 9 × 4, d. h. etwa 4 m × 1, 8 m,[387] waren, wollen Ogs außergewöhnliche Größe unterstreichen,[388] die selbst das bei den „normalen" Riesenmenschen übliche Maß (oft fünf Ellen) ungefähr zweifach übertrifft.[389] Die Rafaiter waren bekanntlich Riesen (Dtn 2, 10 f. 20 f) und werden auch gelegentlich (Jes 14, 9; Spr 21, 16) von LXX als solche (γίγαντες) bezeichnet. Die nur hier vorkommende Maßeinheit „menschliche Elle" dürfte nicht im Unterschied zu einer um eine Handbreite größeren königlichen, ägyptischen Elle so heißen,[390] sondern den Gegensatz von Mensch und Gott signalisieren[391] und zu verstehen geben, dass hier mit menschlichen Mitteln etwas Übermenschliches gemessen wird.

Dass Ogs Riesenbett aus „Eisen" (ברזל) bestand, darf nicht buchstäblich verstanden werden, wenn mit dem Bett seine Grabstätte gemeint ist. Wie Dtn 8, 9 („ein Land, dessen Steine Eisen sind") jedoch zeigt, kann mit „Eisen" (ברזל) auch eisenhaltiges Gestein (vgl. Ijob 28, 2) und ganz besonders der im Ostjordanland reichlich vorhandene Basalt bezeichnet werden.[392] Von daher öffnet sich die oft erwogene Möglichkeit, Ogs Bett als einen Sarkophag aus Basalt zu deuten, der im Volksmunde „eisernes Bett" hieß.[393] Allerdings übersteigt seine Größe erheblich die Maße der auch in der Gegend von ʿAmmān aufgefundenen Sarkophage.[394] Deshalb spricht eine größere Wahrscheinlich-

---

[385] Siehe das Material zu den Rafaitern oben bei 2, 11.

[386] Die königliche Herkunft der divinisierten Rafaiter wird im AT nur selten (Jes 14, 9, vgl. Jes 26, 12 f) angedeutet, bildete aber in Ugarit die Regel (s. Veijola UF 2000, 549).

[387] Das Längenmaß Elle (אמה) entsprach wohl der durchschnittlichen natürlichen Elle (44–45 cm), Schmitt ²BRL, 204.

[388] Vergleichbares berichtet Herodot in seiner Geschichte (I,68) über die Größe des Sarges von Orestes. Nach ihm habe ein Schmied, der beim Graben eines Brunnens auf einen sieben Ellen langen Sarg gestoßen war, den Leichnam ausgegraben, ihn eigenhändig vermessen und festgestellt, das er genau so lang wie der Sarg war.

[389] Siehe Kellermann ZAW 1990, 351 f.

[390] Die „menschliche Elle" (אמת איש) wird von den Auslegern allgemein als „gewöhnliche Elle" im Gegensatz zu einer um eine Handbreite größeren Elle betrachtet, die in Ez 40, 5; 43, 13 erwähnt wird und der königlichen ägyptischen Elle von sieben Handbreiten (ca. 52, 5 cm) entspricht (so etwa Weinfeld 1991, 184; Nielsen 1995, 48; Tigay 1996, 35). Der Terminus „königliche Elle" ist jedoch nirgendwo im AT bezeugt.

[391] Vgl. Num 23, 19; 2. Sam 7, 14; Jes 8, 1; 31, 8; Hos 11, 9; Ijob 9, 32; 32, 13.

[392] Ges-Buhl, 115 a; HALAT, 149 a.

[393] So etwa Dillmann ²1886, 249; Driver ³1902, 54; Steuernagel ²1923, 61, und Mayes ²1981, 144.

[394] Weippert ²BRL, 269–276.

keit für die andere, auch schon traditionelle Theorie, nach der es sich um ein
für diese Regionen typisches megalitisches Bauwerk, einen Dolmen, handelt.[395] Dies erklärt auch die außergewöhnliche Größe des Bettes, denn
in den aus Transjordanien und Galiläa reichlich bekannten Dolmen sind die
Deckplatten gewöhnlich von 2 m bis 4 m lang, aber ausnahmsweise können sie
sogar 4, 70 m lang und 3 m breit sein.[396] Als im Gelände sichtbares Dolmengrab
wäre Ogs Ruhestätte durchaus mit den großen, angeblich „bis heute" existierenden Steinhaufen vergleichbar, unter denen die wegen ihrer Totengeister
gefährlichen kanaanäischen Könige begraben wurden (Jos 8, 29; 10, 27).[397]

Das einzige Problem dieser Theorie besteht darin, dass es gerade in
ʿAmmān und seiner Umgebung keinen Basalt gibt.[398] Man muss jedoch dem
sagenhaften Charakter der quasi-gelehrten Notiz Rechnung tragen, deren
judäischer Verfasser das ammonitische Rabba und seine unmittelbare Umgebung kaum aus eigener Anschauung kannte, sondern die allgemeine Vorstellung vom basalthaltigen Gelände des nördlichen, zeitweise von den Israeliten
besiedelten Ostjordanlandes auf die Bodenbeschaffenheit der Hauptstadt der
Ammoniter übertrug und durch die Anwendung der Vokabel „Eisen" zugleich auch die Stabilität der Grabanlage zum Ausdruck bringen konnte. Die
Grabstätte des letzten Rafaiters lokalisierte er wahrscheinlich ohne jeden
konkreten oder historischen Anhaltspunkt deshalb gerade in Rabba, weil
Ammon in der Mitte der drei transjordanischen Reiche, Moab, Ammon und
Baschan, lag, wo nach ihm ehemals die befürchteten Riesen-Rafaiter auf der
Erde gewirkt hatten (2, 11. 20; 3, 11. 13 b). Die eindrucksvolle, stabile Grab-
lege ihres letzten Königs Og soll ein sichtbares Zeichen dafür sein, dass sie als
Totengeister (Rafaiter) unter den Lebenden kein Unheil stiften können.

4. Die jüngste Fortschreibung von V. 8–17 liegt in V. 14–17 vor und verdankt   14–17
ihre Entstehung dem schriftgelehrten Bestreben, die in V. 12 b–13 angegebene
Verteilung der ostjordanischen Gebiete mit älteren Überlieferungen über die
Siedlungsverhältnisse im Ostjordanland zu ergänzen und nach Möglichkeiten
auszugleichen. Das Letztere ist dem Verfasser eher schlecht als recht gelungen.

Hinter V. 14 steht eindeutig Num 32, 41,[399] wo von „den Zeltdörfern Jaïrs"   14
die Rede ist. Der Ausdruck „Zeltdörfer" weist auf eine nicht im vollen Sinne

---

[395] So Karge 1917, 632 f. 638–640; Noth [7]1969, 148 Anm. 1; Braulik 1986, 36; Kellermann ZAW
1990, 351.

[396] Siehe Karge 1917, 383. 413.

[397] Siehe näher zum Zusammenhang dieser Könige mit den Totengeistern Veijola UF 2000,
548.

[398] Karge 1917, 639, hat dieses Problem erkannt und mit der Erklärung zu lösen versucht, die
nähere Bezeichnung des Bettes als „eisernes Bett" sei eine „späte Wucherung" (ebd.), was an sich
nicht ausgeschlossen, aber bei der Spätdatierung der antiquarischen Notizen insgesamt weder
sehr wahrscheinlich noch nötig ist.

[399] Die Abhängigkeit reicht bis in die Syntax hinein: Das beziehungslose Objekt „sie", das
nachträglich mit der Glosse „den Baschan" ergänzt wurde, hat als Referenz „die Zeltdörfer Jaïrs"
in Num 32, 41. Vgl. Nielsen 1995, 46 f.

sesshafte Siedlungsart hin.[400] Der hier erwähnte Jaïr ist kaum von dem in Ri 10, 3–5 genannten gileaditischen „kleinen Richter" Jaïr zu trennen.[401] Vielmehr dürfte in Ri 10, 3–5 die älteste greifbare Tradition über Jaïr vorliegen, die später in Num 32, 41 auf die Mosezeit übertragen wurde, wobei man die Sippe Jaïr genealogisch in den Stammbaum Manasses aufnahm. Nachdem die Zeltdörfer Jaïrs in 1. Kön 4, 13 durch einen Zusatz[402] in eine nahe Berührung mit dem Landstrich Argob im Baschan gebracht worden waren, konnte sich in Dtn 3, 14 ihre volle Identifizierung mit Argob, die durch V. 4 und V. 13 vorbereitet war, leicht gegen Num 32, 41 durchsetzen.[403] Als neues Element erscheint in V. 14 die Bestimmung der Westgrenze Argobs durch die zwei kleinen Aramäerstaaten Geschur und Maacha, die sich im südlichen (Geschur) und nördlichen (Maacha) Ǧōlān am Rande des Jordangrabens befanden. Die Abgrenzung der Gebiete geht auf Jos 12, 5 zurück, wonach diese Staaten die Westgrenze des Baschan bereits zur Zeit Ogs bildeten.[404]

15   Die Verlegung der Zeltdörfer Jaïrs von Gilead nach Baschan war notwendig auch deswegen, weil nach V. 15 ganz Gilead dem *Machir* gegeben wurde. Diese Angabe steht in einem eklatanten Widerspruch zu V. 12, nach dem der südliche Teil Gileads den Stämmen Ruben und Gad zugewiesen wurde. Sie basiert aber auf Num 32, 39 und enthält die gegenüber V. 12 zuverlässigere Information, nach der die Angehörigen von Machir die ersten israelitischen Siedler in dem gileaditischen Bergland waren. Ob Machir von Haus aus ein selbständiger Stamm oder nur ein Unterteil desselben war und in welchem Verhältnis er zu Manasse ursprünglich stand, bleibt im Dunkeln. In der späteren stämmegenealogischen Systematik erscheint Machir jedoch regelmäßig als Manasses Sohn und Gileads Vater.[405]

16   Nachdem ganz Gilead dem Machir gegeben war, blieb den Stämmen Ruben und Gad unausweichlich nur das Gebiet südlich davon, d.h. „das Land von Gilead an bis zum Arnontal",[406] wie in V. 16 im Anschluss an 2, 36 a berichtet wird. Die neue Formulierung verursacht zwar einen Widerspruch zu der in V. 12 gegebenen Definition – nach der auch die Südhälfte Gileads diesen Stämmen zufiel –, aber sie entspricht doch ziemlich genau den Angaben der ältesten Überlieferung über die Landverteilung im Ostjordanland in Num 32, 34–38, wonach die Gebiete Rubens und Gads auf die Hochebene nördlich des Arnon beschränkt waren. Die Definition der Ostgrenze gegenüber den Ammonitern durch das Jabboktal, dessen Oberläufe in V. 16 b gemeint sind, setzt bereits 2, 37 in fertiger Gestalt voraus (s. dort) und hat außerdem ihr di-

---

[400] Vgl. Noth 1971 ABLAK I, 371.

[401] Vgl. Driver ³1902, 56; anders Noth 1971 ABLAK I, 371 f.

[402] Der Zusatz umfasst hier V. 13 bα¹ (Würthwein ²1985, 42 Anm. 4).

[403] Vgl. später auch Jos 13, 30.

[404] Geschur und Maacha treten noch zur Zeit Davids als unabhängige Staaten auf (vgl. 2. Sam 3, 3; 10, 6; 13, 37 f; 15, 8).

[405] Gen 50, 23; Num 26, 29; 27, 1; Jos 17, 1. 3; 1. Chr 2, 21. 23; 7, 14.

[406] Gilead kann hier unmöglich inklusive verstanden werden (mit Nielsen 1995, 49, gegen Simons 1959, § 307, und Ottosson 1969, 115).

rektes Vorbild in Jos 12, 2.[407] Seine Rolle als Grenzlinie hat der Jabbok erst relativ spät, wahrscheinlich im Zusammenhang der Entstehung der Provinz
Ammon im 6. Jh. v. Chr., erhalten.[408]

Die Beschreibung der Grenzen Rubens und Gads geht in V. 17 noch weiter,   17
indem diesen Stämmen in engem Anschluss an Jos 12, 3 ganz theoretisch
ein schmaler Streifen zugeschrieben wird, der die Ostseite des Jordantals
(*el-Ġōr*) vom See Gennezaret[409] bis zum Toten Meer[410] umfasst und im Osten
durch die nach Pisga (*Rās es-Siyāġa*)[411] benannten westlichen Abhänge der
Hochebene begrenzt ist.[412] Später wird diese Grenzbeschreibung in der Um-
schreibung der von den Israeliten besetzten transjordanischen Gebiete wieder verwendet (4, 49).

2. 8. *Kampfbereit sollt ihr vor euren Brüdern hinüberziehen (3, 18–22)*

18 Ich gebot euch zu jener Zeit: „Jahwe, euer Gott, hat euch dieses Land zum
Besitz gegeben. Kampfbereit sollt ihr aber vor euren Brüdern, den Israeliten,
hinüberziehen, alle Wehrfähigen,
   19 nur eure Frauen und Kinder und eure Herden
   – ich weiß, dass ihr viele Herden habt –
mögen in euren Städten, die ich euch gegeben habe, bleiben,
20 bis Jahwe euren Brüdern Ruhe verschafft hat wie euch und bis auch sie
das Land in Besitz genommen haben, das Jahwe, euer Gott, ihnen jenseits
des Jordan geben wird. Dann dürft ihr zurückkehren, jeder zu seinem Be-
sitztum, das ich euch gegeben habe.“
   21 Josua gebot ich zu jener Zeit: „Du hast mit eigenen Augen alles
gesehen, was Jahwe, euer Gott, mit diesen beiden Königen getan hat.
Genau so wird Jahwe mit allen Königreichen tun, zu denen du jetzt
hinüberziehst. 22 Fürchtet sie nicht, denn Jahwe, euer Gott[413], er wird
für euch kämpfen!“

---

[407] Davon abhängig ist die Grenzbeschreibung in Num 21, 24, die wiederum als Vorbild für Ri
11, 13. 22 diente (Noth 1971 ABLAK I, 350 Anm. 7).

[408] Noth 1971 ABLAK I, 350.

[409] Es handelt sich bei „Kinneret" schwerlich um den in Jos 19,35 erwähnten Ort Kinneret
(*Tell el-ʿOrēme*), sondern um den nach ihm genannten See, von dem die Grundstelle Jos 12, 3 re-
det und der auch nach Jos 13, 27 das Gebiet Gads im Norden begrenzte (vgl. Mittmann 1975, 91;
Weinfeld 1991, 186; Tigay 1996, 37).

[410] Hier wird es mit den üblichen biblischen Namen, „das Arabameer" (vgl. 4, 49; 2. Kön
14, 25) und „das Salzmeer" (vgl. Gen 14, 3; Jos 15, 2. 5; 18, 19), bezeichnet. Der Name „Totes
Meer" begegnet erst bei klassischen Autoren des christlichen Zeitalters (Bertholet 1899, 12).

[411] Etwa 15 km östlich vom Nordende des Toten Meeres.

[412] Nur so lässt sich die Funktion „der Abhänge des Pisga im Osten" in dieser Grenzbeschreibung sinnvoll verstehen (vgl. Simons 1959, § 197).

[413] Im Lichte der engsten Parallele Dtn 1, 30 liegt es näher, „euer Gott" als Apposition denn als
Prädikat (so jedoch Trebolle Barrera Salm. 1984, 198) zu verstehen.

Der Abschnitt V. 18–22 besteht aus zwei Redepartien (V. 18–20 und V. 21 f),
in denen Mose seine eigenen Worte zitiert. Diese literarische Technik und
auch die Anwendung der Zeitbestimmung „zu jener Zeit" (V. 18. 21) in den
Einleitungen der Moserede erinnern an die ähnlich eingeführten Selbstzitate
Moses in dem sekundären Stück 1, 9–18 (vgl. dort die Redeeinleitungen
in V. 9. 16. 18), das als Vorbild gedient haben könnte. Inhaltlich wird hier ein
Übergang ins Auge gefasst, indem auf die Ereignisse nach der soeben vollzogenen Landnahme des Ostjordanlands und – implizite – nach dem Tod Moses
vorausgeblickt wird[414]: Die ostjordanischen Stämme werden dazu verpflichtet, mit ihren Brüdern an der Eroberung des Westjordanlands teilzunehmen,
und der schon in 1, 38 erwähnte Josua wird als Anführer des Volkes und
Nachfolger Moses angesichts des bevorstehenden kriegerischen Unternehmens ermutigt. Entstehungsgeschichtlich hat der Abschnitt seinen Kern in
V. 18. 20 mit zwei sukzessiven Erweiterungen in V. 19 aαb und V. 19 aβ. Sekundär gegenüber der Kernüberlieferung ist die Ermutigung Josuas (V. 21 f).

18–20   1. Der an die ostjordanischen Stämme gerichtete Befehl, sich mit den übrigen Stämmen an der Eroberung des Westjordanlands zu beteiligen (V. 18–20),
findet seine Fortsetzung im Buch Josua, wo seine Erfüllung erzählt wird (Jos
1, 12–15; 4, 12 f; 22, 1–6). Er kann nicht auf DtrH, den Verfasser der Grundschicht von Dtn 1–3, zurückgehen[415]; denn alle Bezugnahmen auf den Befehl
des Mose sind im Buch Josua[416] jüngere Erweiterungen des jeweiligen Kon-
texts[417] und damit ein indirekter Beweis gegen die Zugehörigkeit von Dtn
3, 18–20 zum Grundbestand des DtrG.[418] Auch die Parallelüberlieferung in
Num 32, 1–33, deren Einfluss auf den Grundbestand von Dtn 3, 18–20 nir-
gends nachweisbar ist,[419] stellt zumindest in ihrer jetzigen Gestalt eine junge,
auf dtr und priesterschriftlichen Texten beruhende Erzählung dar,[420] die sowohl Dtn 3, 18. 19 aαb.20 als auch Jos 1, 12–15 voraussetzt.

18. 20   Die V. 18. 20 selbst enthalten ebenfalls Eigentümlichkeiten, die eher gegen
als für die Verfasserschaft des DtrH sprechen: Die Einführungsformel „Ich

---

[414] Vgl. Rose 1994, 409.

[415] So noch Noth ³1967, 37. 41, und neuerdings wieder Schmidt ZAW 2002, 508 f.

[416] Das Verhältnis kann unmöglich umgekehrt werden, etwa in der Gestalt, dass Dtn
3, 18–20(22) von Jos 1, 12–15 abgeleitet wäre, wie Mittmann 1975, 95. 104–107, meint; denn Jos
1, 12–15 nimmt in V. 13 ausdrücklich auf Dtn 3, 18–20 Bezug.

[417] Siehe Fritz 1994, 30. 54 f. 226.

[418] Vgl. Bieberstein 1995, 387–390, der in Dtn 3,18–20; Jos 1, 12–15; 4, 12 f und 22, 1–4. 6 mit
einer dtr Bearbeitungsschicht (DtrR) rechnet, die er redaktionsgeschichtlich zwischen DtrH und
DtrN einordnet.

[419] Anders Weinfeld 1991, 189, und Schmidt ZAW 2002, 508 f, die annehmen, dass die Überlieferung von Num 32 im Hintergrund von Dtn 3, 18–20 steht.

[420] Siehe Noth ²1973, 205 f; Otto 2000, 94. Nur äußerst mühsam gelingt es Mittmann 1975,
95–104, aus Num 32, 1–33 eine alte Grundschicht zu eruieren, die jedoch keine Erzählung mehr
darstellt, sondern aus winzigen Überlieferungsfragmenten besteht (d. h. V. 1*. 16*. 17 a). Eine etwas breitere, elohistische Grunderzählung (V. 1. 2 abα*. 4 aββ. 5 a*.6. 16. 17 a.20 aα. 24. 33 aα*b)
wird von Schmidt ZAW 2002, 497–506, postuliert.

gebot euch zu jener Zeit" (V. 18 a), die das Stichwort des Kapitels, „zu jener Zeit" (בעת ההיא)[421], aufnimmt (vgl. V. 4. 8. 12. 21. 23), hat ihre engste Parallele im Dtn in dem nomistischen Text 1, 18, und auch alle anderen vergleichbaren Einführungsformeln im Dtn begegnen auf Textstufen, die nach DtrH entstanden sind (1, 9. 16; 3, 21; 4, 14). Bei V. 18 a hat vielleicht auch die Einführung des Mosegebets in V. 23 (DtrH) Pate gestanden. Befremdlich und dem sorgfältig formulierenden DtrH kaum zuzutrauen ist die Eigentümlichkeit, dass in V. 18 a durch „euch" formal *alle* Israeliten angeredet sind, obwohl in Wirklichkeit nur die Angehörigen der ostjordanischen Stämme gemeint sein können.[422] Die ungenaue Ausdrucksweise versteht sich vielleicht am besten vom prägenden Einfluss der Parallelen in 1, 9. 16. 18 her. Die Darstellungsweise und Diktion von V. 18. 20 scheinen das Selbstzitat Moses in 1, 9–18 als literarischen Hintergrund zu haben.

Die Anwendung des als „Ruheformel" bekannten Ausdrucks „Ruhe verschaffen" in V. 20 steht in Übereinstimmung mit ihrem Gebrauch in Jos 1, 13. 15 und Jos 22, 4. Alle diese Stellen bilden eine Gruppe für sich, die darin von der sonstigen Verwendung der „Ruheformel" im DtrG[423] abweicht, dass nach ihnen die Verleihung der Ruhe der Inbesitznahme des Landes vorangeht und dass in ihnen nie von den umliegenden Feinden die Rede ist. Die Anwendung der „Ruheformel" als Signal für die Beendigung der Wanderexistenz in Dtn 3, 20 und den davon abhängigen Stellen spricht dafür, dass es sich bei ihnen um ein separates System mit einem eigenen Verfasser handelt.[424]

Der Zweck dieser Verse, die ihren ursprünglichen Platz wahrscheinlich unmittelbar hinter dem Bericht des DtrH über die Verteilung des Ostjordanlands an Ruben, Gad und Halbmanasse (V. 12 b.13 a*) hatten, liegt in der Betonung der gesamtisraelitischen Solidarität bei der Eroberung des Verheißungslandes. Die Zugehörigkeit der transjordanischen Stämme zu Israel mag zur Zeit des Verfassers in spät- bzw. nachexilischer Zeit nicht mehr selbstverständlich gewesen sein (vgl. Jos 22), was daraus hervorgeht, dass er die Bezeichnung „die Israeliten" für die westjordanischen Stämme reserviert (V. 18)[425] und dass er es überhaupt für nötig hält, die jenseits des Jordan An-

---

[421] Die Zeitbestimmung בעת ההיא (Dtn 1, 9. 16. 18; 2, 34; 3, 4. 8. 12. 18. 21. 23; 4, 14; 5, 5; 9, 20; 10, 1. 8) ist nach Plöger 1967, 223, ein Signal, das zwar nicht automatisch, aber doch in Verbindung mit anderen Kriterien auf literarisch zusammengesetzte Texte oder Erweiterungen hindeutet. Loewenstamm Tarb. 1968–69, 5. 99–104, hingegen möchte sie überall im Dtn als Kennzeichen von Nachträgen betrachten.

[422] Der Textkorrektur von „euch" in „sie" (Steuernagel ²1921, 63; von Rad ²1968, 25; Schmidt ZAW 2002, 508 Anm. 39) fehlt jede textkritische Grundlage.

[423] Dtn 12, 10; 25, 19; Jos 21, 44; 23, 1; 2. Sam 7, 1. 11; 1. Kön 5, 18 (vgl. 8, 56).

[424] Auch Braulik 1988, 226–228, neigt zu der Auffassung, dass diese Stellen einer anderen Bearbeitungsschicht angehören als die übrigen Belege im DtrG. Dass diese Bearbeitung jedoch vorexilisch und früher als die anderen Belege wäre, ist sehr unwahrscheinlich (vgl. Bieberstein 1995, 390).

[425] Vgl. ähnlich in Jos 22, 9. 11. 12. 13. 31. 32. 33.

sässigen an ihre gesamtisraelitischen Pflichten gegenüber den westjordanischen „Brüdern" (V. 18. 20) nachdrücklich zu erinnern.

19   Der Grundtext ist in V. 19 zweimal (V. 19 aαb + V. 19 aβ) erweitert worden.
Durch die Anknüpfungspartikel רק „nur", die typisch für spätere Ergänzungen ist (vgl. 2, 37), wird eine den Zusammenhang von V. 18 und V. 20 unter-
brechende Bemerkung (V. 19 aαb) über das Bleiben der Frauen, Kinder und
Herden in den ostjordanischen Städten hinzugefügt, was nach V. 18 („alle
Wehrfähigen" sollen ausziehen) eigentlich selbstverständlich sein sollte.[426]
Das Stichwort „eure Herden" in V. 19 aα gab einem noch jüngeren Glossator
den Anlass, in V. 19 aβ im Stile des sekundären Zusatzes von 2, 7 und in
direkter Abhängigkeit von Num 32, 1[427] an den großen Viehbesitz der ostjordanischen Stämme zu erinnern, was auch in historischer Hinsicht insofern
stimmt, als sie im Unterschied zu den westjordanischen Stämmen in der Tat
mehr Viehzüchter als Ackerbauern waren.[428]

21–22 2. Sobald das Überschreiten des Jordan und die Eroberung des Westjordanlands in dtr Texten anklingen, denken diese literarischen Kreise an den Leiter
dieser Aktionen, Josua. Die Ermutigung Josuas in V. 21 f, die durch den schil-
lernden Gebrauch des Verbs צוה Pi. „gebieten" bzw. „beauftragen" (V. 21 a)
Züge von Josuas Beauftragung als Nachfolger Moses bekommt,[429] kann unmöglich die ursprüngliche Fortsetzung von V. 18–20[430], geschweige denn von
V. 13 a sein[431]. Formal knüpft sie an die Redeeinleitung von V. 18 a an und
zeigt durch das vorangestellte Objekt „Josua (gebot ich zu jener Zeit)", dass
Moses Befehl an die Oststämme (V. 18–20) hier vorausgesetzt ist. Die Beauftragung Josuas erfolgt hier zu früh, da der entsprechende Befehl Jahwes an
Mose erst in V. 28 an der richtigen Stelle im Zusammenhang der Weigerung
Gottes, Mose den Jordan überschreiten zu lassen (V. 27), gegeben und in
31, 7 f verwirklicht wird.[432] Als Hintergrund von V. 21 f kann die in 1, 37 f vorliegende junge Erweiterung (s. o.) verstanden werden, wo die Begründung
dafür gegeben wird, warum Josua einer Ermutigung bedarf.
     Befremdlich in Moses Ansprache an Josua ist der formale Übergang der An-
rede von der 2. P. Sg. in die 2. P. Pl.,[433] der bereits in früher Zeit als Problem

---

[426] In Jos 1, 14 ist die Aussage dem Kontext besser angepasst worden, was ihre Ableitung von
Dtn 3, 19 beweist (gegen Mittmann 1975, 105) und dafür spricht, dass Jos 1, 12–15 jünger als die
Grundschicht von Dtn 3, 18–20 ist.
[427] Vgl. Weinfeld 1991, 188.
[428] Vgl. Bertholet 1899, 12; Rose 1994, 411; Tigay 1996, 36.
[429] Vgl. das Verb צוה Pi. in diesem Gebrauch bei Josua in V. 28 sowie in Num 27, 19. 23; Dtn
31, 14. 23; Jos 1, 9. Siehe HALAT, 948 a.
[430] So z. B. Mittmann 1975, 93. 107; Mayes ²1981, 147; Schäfer-Lichtenberg 1995, 170 f.
[431] So Otto 2000, 135, der V. 21 f gegenüber dem Mosegebet V. 23–28 als ursprünglich und
zugleich als Hintergrund von Jos 1, 1 betrachtet, was zur Folge hat, dass Moses Tod (Dtn 34) nach
dieser Rekonstruktion der dtr Landnahmeerzählung („DtrL") überhaupt nicht erzählt wird
(s. dazu näher Veijola ThR 2003 a, 381).
[432] Rose 1994, 411.
[433] Siehe dazu in extenso Lohfink 2000 IV, 35–45.

empfunden wurde, wie die schwankende Textüberlieferung zeigt.[434] Das pluralische Suffix in der Gottesprädikation von V. 21 beruht wahrscheinlich auf dem Einfluss der vorangehenden Verse (V. 18. 20), aber sie ist sachlich nicht unmöglich: Mose redet hier – vor seinem intimen Gebet (V. 23 ff) – distanziert von Jahwe als „eurem", d. h. Josuas und Israels Gott.[435] Problematischer erscheint in sachlicher Hinsicht hingegen – wenigstens auf den ersten Blick – die pluralische Formulierung der Mahnung zur Furchtlosigkeit und ihrer Begründung in V. 22. Der Grund für die pluralische Redeform könnte in diesem Fall darin liegen, dass der Bearbeiter den fertigen, an sich mehrschichtigen Text von Dtn 31, 1–8 kannte, in dem die entsprechende Ermutigung in einem ähnlichen Kontext (vgl. 31, 4 f) sowohl an das Volk (V. 6) als auch an Josua (V. 8) gerichtet wird. Zudem war die Begründung (V. 22 b), die eine Wendung des Jahwekriegs markierte, bisher nur im Plural gebraucht (Jos 23, 3. 10, vgl. Dtn 1, 30)[436] und vom Inhalt her etwas schwer im Singular auf Josua allein zu verwenden. Im Endeffekt haben die Schwankungen des Numerus in V. 21 f zur Folge, dass Mose zwar zu Josua spricht, „doch er sagt ihm etwas, das ganz Israel angeht".[437]

Der Gattung nach handelt es sich in V. 21 f um ein Ermutigungsorakel,[438] das im Dtn sonst gern in kriegerischen Kontexten verwendet wird (z. B. 3, 2; 20, 3 f). Die selbsterfahrene Rettungstat Jahwes, der Sieg über die beiden ostjordanischen Könige Sihon (2, 24–26) und Og (3, 1–7),[439] dient als ein Faktum, das die Gewissheit seiner Hilfe auch in den zukünftigen Kriegen begründet und die Furcht beseitigt. Was man mit eigenen Augen gesehen hat (vgl. Dtn 4, 3; 11, 7)[440], dessen Zeuge wird man vor den Anderen und auch vor sich selbst (vgl. 2. Petr 1, 16; 1. Joh 1, 1). Wie Gott einst zu Gunsten seines Volkes gehandelt hat, so wird er es auch in der Zukunft tun. Die vergangene Heilsgeschichte bildet einen Typos, aus dem Vertrauen auf seine gegenwärtige und zukünftige Geschichtsmächtigkeit geschöpft wird.

---

[434] Es versteht sich von selbst, dass in der Textüberlieferung die Tendenz sichtbar wird, die grammatische Kohärenz der Ansprache zu retten, was freilich keinem Textvertreter vollständig gelungen ist (s. BHS). Zugleich zeigen diese Korrekturen, dass der Numerusgebrauch hier schon früh als Problem empfunden wurde.

[435] Lohfink 2000 IV, 39–44.

[436] Die Verse Dtn 3, 21 f stehen sprachlich und inhaltlich so nahe bei Dtn 1, 29 f und Jos 23, 3(10), dass mit einer direkten literarischen Abhängigkeit zu rechnen ist.

[437] Lohfink 2000 IV, 39.

[438] Rose 1994, 412.

[439] „Diese beiden Könige" Sihon und Og sind in späten Texten ein häufig zitiertes Vorbild für das Schicksal der Feinde Israels (s. Dtn 31, 4; Jos 2, 10; 9, 10; 24, 12; Ps 135, 11; 136, 19 f).

[440] Auch Dtn 4, 3. 9. 34; 6, 22; 7, 19; 10, 21; 29, 1. 2. 3.

2. 9. Ich flehte zu jener Zeit zu Jahwe (3, 23–29)

23 Ich flehte zu jener Zeit zu Jahwe und sagte: 24 „Herr Jahwe, du hast angefangen, deinem Knecht deine Größe und deine starke Hand sehen zu lassen.
Wo gibt es im Himmel oder auf Erden einen Gott, der solche Werke und Machttaten tut wie du?
25 Lass mich doch hinüberziehen und das schöne Land jenseits des Jordan sehen,
dieses schöne Bergland und den Libanon." 26 Jahwe aber zürnte mir euretwegen und hörte nicht auf mich.
Jahwe sagte zu mir: „Genug! Sprich nicht weiter über diese Sache zu mir. 27 Steige auf den Gipfel des Pisga und erhebe deine Augen nach Westen, nach Norden, nach Süden und nach Osten und schaue es mit deinen Augen; denn diesen Jordan wirst du nicht überschreiten. 28 Beauftrage den Josua und ermutige und stärke ihn. Er soll vor diesem Volk hinüberziehen, und er soll an sie das Land, das du sehen wirst, als Erbbesitz verteilen." 29 So blieben wir im Tal gegenüber von Bet-Pegor.

Das Gebet Moses (V. 23–25) und dessen Erwiderung durch Jahwe (V. 26–28) beenden den langen, in 1, 6 begonnenen Rückblick auf die Geschehnisse der Wüstenwanderung und der Landnahme im Ostjordanland, und V. 29 führt zu der in der Überschrift 1, 1 a angegebenen geographischen Situation jenseits des Jordan zurück. Die erzählerische Fortsetzung zu diesem Rückblick erfolgt in Dtn 31, wo das hohe Alter Moses und die göttliche Weigerung, ihn den Jordan überschreiten zu lassen (V. 2), den Hintergrund für die Beauftragung und Ermutigung seines Nachfolgers Josua (V. 7 f) bilden. Bald danach, in Dtn 34, wird der Tod Moses und seine Beerdigung am selben Ort, an dem die Israeliten nach 3, 29 geblieben waren, mitgeteilt (34, 6).
    Abgesehen von einigen Erweiterungen (V. 24 b.25 b–26 a) stammt der Grundstock dieses Abschnittes (V. 23–24 a.25 a.26 b–29) von DtrH, dem Hauptverfasser des Prologs Dtn 1–3, dessen erzählerische Strategie und typisches Vokabular an dieser Stelle deutlich erkennbar sind.[441] Das zentrale Stichwort sowohl der originalen als auch der sekundären Partien von V. 23–29 ist die Wurzel עבר, die schon früher in Dtn 2 f nicht weniger als 14 Mal begegnete und hier dreimal als Verb „hinüberziehen" (V. 25. 28) bzw. „überschreiten" (V. 27) meint und einmal in der Präpositionalverbindung בעבר „jenseits (des Jordan)" (V. 25) verwendet wird. Dazu kommt das Verb „zürnen" (V. 26), das als Ableitung aus der homonymischen Wurzel עבר in

---

[441] Es leuchtet nicht ein, dass V. 21 f gegenüber V. 23–28* älter wären und dass ein dtr Verfasser den Übergang von Mose auf Josua (Jos 1, 1) ohne einen Bericht über Moses in 3, 23–28* vorbereiteten und in Dtn 34* erzählten Tod dargestellt hätte (so jedoch nach Otto 2000, 135, s. o. S. 86 Anm. 431). Vgl. auch Nielsen 1995, 52, der V. 23–28 einer spät- oder nach-dtr Redaktion zuschreibt.

Hitpa. spielerisch an das Leitwort des Abschnittes anknüpft.[442] Das Leitwort signalisiert zugleich das zentrale Anliegen des Textes: Es geht um das Recht Moses, des bisherigen Anführers des Volkes, das eigentliche Ziel der Wanderung, das jenseits des Jordan liegt, zu betreten, und indem ihm dies verweigert und Josua zu seinem Nachfolger bestimmt wird, scheiden sich die Wege von Mose und dem Volk, und Moses Rede bekommt den Charakter einer Abschiedsrede, in der er das Volk auf eine Zukunft vorbereitet, die er selber nicht mehr erleben wird. Der Jordan, den Mose nicht überschreiten darf, bildet somit die konkrete und symbolische Grenze für seine Tätigkeit.[443]

1. In der von DtrH stammenden Grundgestalt bestand der Abschnitt aus den V. 23. 24 a. 25 a. 26 b–29, die sich ursprünglich an den Bericht über die Verteilung der ostjordanischen Gebiete an Ruben, Gad und Halbmanasse anschlossen (V. 12. 13 a*). Ein Vorbild für diese Szene fehlt in den älteren Pentateuchüberlieferungen.[444] Das Gebet Moses,[445] mit dem der Text eröffnet wird (V. 23–24 a. 25 a), ist seiner Form und seinem Inhalt nach näher als Bittgebet[446] zu bezeichnen, das seinen realen Hintergrund vielleicht in den Klage- und Bittgottesdiensten der Exilszeit hat (vgl. Sach 7, 3; 8, 19).[447]

23. 24 a. 25 a. 26 b–29

Das Gebet setzt stilgemäß mit dem Gottesprädikat „Herr Jahwe"[448] ein und wird von einer – im Hebräischen betonten – Anrede „du" sowie einem Rückblick auf die Vergangenheit fortgesetzt (V. 24 a). Mose, der sich der frommen Selbstbezeichnung des Beters „dein Knecht" bedient,[449] beruft sich in dem Rückblick auf das, was Jahwe „angefangen" hat. Wenn bei DtrH etwas „angefangen" (das Verb חלל Hif.) wird, ist der Blick auf die Zukunft gerichtet.[450] So ist es der Fall auch bei Mose: Jahwe hat ihn etwas von seiner Größe und Kraft durch die Herausführung seines Volkes aus Ägypten sehen lassen,[451] und auf diese grundlegende heilsgeschichtliche Erfahrung gründet er nun seine persönliche Bitte, dass er auch selber das endgültige Ziel des göttlichen Heilshandelns, „das schöne Land jenseits des Jordan", das die Kundschafter so überschwänglich gelobt hatten (1, 25), betreten und sehen

---

[442] Vgl. Tigay 1996, 38.

[443] Sonnet 1997, 33 f.

[444] Die Fürbitte Moses in Num 14, 13–19 kann ihr unmöglich als Modell gedient haben (anders Mayes ²1981, 147).

[445] Vgl. Mose als Beter sonst im Dtn in 1, 11; 9, 18 f. 25–29.

[446] Andere Vertreter dieser Gattung sind z. B. Gen 32, 10–13; Ri 13, 8; 16, 28; 2. Sam 15, 31; 2. Kön 19, 15–19; 20, 3; 2. Chr 20, 6–12; Neh 5, 19; (s. Wendel 1931, 9–99).

[447] Siehe Preuß 1982, 83; Veijola 2000, 191.

[448] Das Gottesprädikat ist in dieser Gestalt typisch für die dtr Gebete, s. Dtn 9, 26; Jos 7, 7; 2. Sam 7, 18. 19. 20. 28. 29.

[449] „Dein Knecht" (עבדך) als Selbstbezeichnung des Beters ist verbreitet einerseits im Psalter (26 Mal), andererseits in den dtr Prosagebeten (22 Mal), s. Veijola 2000, 179 f.

[450] Dtn 2, 31 zielt auf die Landnahme, Jos 3, 7 auf Jos 4, 14 und Ri 13, 5 b auf 2. Sam 8 (s. Veijola 1977, 77 f)

[451] Die in V. 24 a gebrauchten Ausdrücke „Größe" und „starke Hand", die auch in 9, 26 und 11, 2 zusammen auftreten, stehen fast immer in Verbindung mit dem Exodus (s. Braulik 1988, 269 f).

dürfte (V. 25 a). Hinter Moses Bitte braucht nicht das ihm in 1, 37 erteilte (sekundäre) Verbot Jahwes postuliert werden.[452] Es genügt, dass auch Mose sich als Mitglied der sündigen Wüstengeneration wusste, der Jahwe den Eintritt in das schöne Land untersagt hatte (1, 35).

26 b–27   Seine Bitte wird von Jahwe in V. 26 b entschieden mit dem Ausdruck „Genug!“ (רַב לָךְ)[453] zurückgewiesen (V. 26 b), den DtrH schon früher an den Wendepunkten der Wanderung in positivem Sinne verwendet hatte (1, 6; 2, 3): Was für das Volk ein Signal des neuen Aufbruchs war, kennzeichnete für Mose die absolute Grenze seiner Wirkungsmöglichkeiten. Im Unterschied zu einem späteren Bearbeiter in V. 26 a hat DtrH noch keine Begründung für das kategorische Verbot Jahwes gegeben, aber in seinem Hintergrund kann das einhellige Zeugnis der Überlieferung angenommen werden, nach dem Mose jenseits des Jordan starb und begraben wurde (Dtn 34). Deshalb konnte und durfte er nicht das Land westlich vom Jordan betreten (vgl. 31, 2), was aus menschlicher Sicht die äußere Krönung seines Lebenswerkes gewesen wäre. Immerhin wird ihm etwas gewährt, worum er auch selber gebeten hatte (V. 25 a): Er darf das schöne Land *sehen*. Ihm wird erlaubt, gleichsam als Angeld (ἀρραβών) der kommenden Erfüllung der göttlichen Verheißung vom Gipfel des Berges Pisga (*Rās es-Siyāġa*), der am westlichen Rande des ostjordanischen Gebirges, „gegenüber von Jericho“, liegt (34, 1, vgl. 3, 17), in einer Art Bergschau[454] einen Blick nach allen Seiten des gelobten Landes zu tun[455] (V. 27), um kurz danach dort aus dem Leben zu scheiden (34, 5–7). Somit handelt es sich bei Moses Bergschau um einen Blick in die Zukunft, an der er selber nicht mehr teilnehmen darf,[456] was als Metapher für die Unvermeidlichkeit der letzten Grenze aufgefasst werden kann, die jedem menschlichen Leben vor Gott gesetzt ist.[457] Allerdings ist zugleich im Auge zu behalten, dass Mose gerade durch die Worte, die er in seiner Abschiedsrede dem Volk verkündet und die bald auch schriftlich niedergelegt werden (31, 9. 24), doch den Jordan überschreiten und bei seinem Volk gegenwärtig sein wird.[458]

28   Eine wichtige Maßnahme, die mit Moses Vorbereitung auf seinen Tod und die Niederlegung seines Amtes zusammenhängt, ist die Übertragung des Führungsamtes auf seinen Nachfolger Josua (V. 28). Die Beauftragung Josuas,

---

[452] So jedoch Rose 1994, 413.

[453] Der Ausdruck wird absolut wie hier ohne einen nachfolgenden Infinitiv sonst in Ez 45, 9 gebraucht. Vgl. im NT Lk 22, 38.

[454] Vgl. eine Bergschau unter einem anderen Vorzeichen in Mt 4, 8!

[455] Die hier gebrauchte Formulierung stimmt sachlich mit der von Gen 13, 14 überein, weicht jedoch in Einzelheiten so stark von ihm ab, dass eine direkte Abhängigkeit kaum wahrscheinlich ist (anders Ottosson 1969, 97. 101. 105, und Mittmann 1975, 115).

[456] Rose 1994, 414.

[457] Olson 1994, 17.

[458] Sonnet 1997, 95. 227. Vgl. auch die schöne geistliche, schon etwas allegorisierende Erklärung, die Buis/Leclercq 1963, 53, für Moses Schicksal geben: „la possession du ‚beau pays‘ n'est qu'une étape, le but est Dieu lui-même. Moise doit mourir pour rejoindre auprès de Dieu cette Terre Promise dont Canaan n'était que le signe.“

auf die in sekundären Texten proleptisch schon in 1, 38 und 3, 21 f angespielt wurde (s. dort), ist eine dtr Schöpfung,[459] die ursprünglich hier angeordnet und in 31, 7 f verwirklicht wird. Später, nach dem Tode Moses, wird sie noch von Jahwe selber in einer Rede an Josua wiederholt und bestätigt (Jos 1, 1–6*). Die in dem priesterschriftlichen Text Num 27, 12–23[460] breit erzählte Installation Josuas als Nachfolger Moses mit der Handauflegung ist hier noch nicht vorausgesetzt[461]; auf ihn wird erst in den jüngeren Texten Dtn 32, 48–52 und 34, 9 Bezug genommen. Die Beauftragung Josuas enthält einerseits seine Ermutigung und Stärkung durch Mose (vgl. 31, 7; Jos 1, 6) und andererseits die Beschreibung seines Auftrags, der darin besteht, das Volk über den Jordan zu führen (vgl. 31, 7; Jos 1, 2) und die im Westjordanland eroberten Gebiete an die Stämme zu verteilen (vgl. 31, 7; Jos 1, 6).

Nachdem Gottes Anweisungen an Mose gegeben worden sind, kann der   29
historische Rückblick Dtn 1–3* mit der Angabe des damaligen Aufenthaltsortes enden (V. 29). Die geographische Lage wird anhand des Bet-Pegor (*Ḥirbet ʿUyūn Mūsā*) definiert, das im Nebomassiv, wenige Kilometer nordöstlich vom Pisga liegt und literarisch auf Jos 13, 20 zurückgehen dürfte – dort erscheinen nämlich Bet-Pegor und Pisga nebeneinander. Im fertigen Dtn bewahrt „das Tal gegenüber von Bet-Pegor" die Erinnerung an den Ort, wo das Gesetz verkündet (4, 46) und wo Mose begraben wurde (34, 6).

2. Das Bittgebet Moses und seine göttliche Erwiderung haben in V. 24 b.   24 b. 25 b. 26 a
25 b.26 a einige Erweiterungen hervorgerufen, die eventuell alle ein und derselben spät-dtr Bearbeitungsstufe zugehören. Der Rückblick in V. 24 a hat in V. 24 b eine Ergänzung bekommen, die sich an das Vorangehende mühsam durch die Relativpartikel אשר, die häufig spätere Zusätze einleitet,[462] anschließt.[463] Es handelt sich in V. 24 b um eine hymnische Gottesprädikation,[464] die anhand einer rhetorischen Frage die Inkomparabilität Gottes[465] zum Ausdruck bringt.[466] Hymnische Elemente dieser Art sind charakteristisch für spät-dtr Gebete[467] und für die Gebete des nachexilischen Zeital-

---

[459] Vgl. Schäfer-Lichtenberg 1995, 167–189.

[460] Siehe dazu L. Schmidt 1993, 221–241.

[461] Gegen Weinfeld 1991, 192; Sonnet 1997, 131 f, und Kratz 2000 a, 104.

[462] Vgl. HALAT, 95 a; Foresti 1984, 32 f. Die zu erwartende Konjunktion wäre כי (vgl. 4, 7). Auch Cazelles CBQ 1967, 212, betrachtet V. 24 b als Zusatz.

[463] In der Übersetzung (s. o.) ist dieses אשר ausgelassen worden. Gewöhnlich wird אשר hier im Anschluss an LXX (γάρ) als Konjunktion „denn" gedeutet; diese Bedeutung kommt אשר jedoch überhaupt nicht zu (vgl. HALAT, 95 b).

[464] Vgl. Rose 1975, 151.

[465] Die Anwendung der attributlosen Gottesprädikation mit El ist – außerhalb von Dtn 32–33 – singulär im Dtn (s. Braulik 1988, 268). Sie hat ihre nächsten Parallelen bei Deuterojesaja (Jes 40, 18; 43, 10. 12; 44, 10. 15. 17; 45, 14. 20. 22; 46, 6. 9).

[466] Die überwiegende Mehrzahl der Inkomparabilitätsaussagen in Frageform sind exilisch bzw. nachexilisch (vgl. Ex 15, 11; Mich 7, 18; Ps 71, 19; 77, 14; 113, 5); sonst nur in Ps 35, 10 und Ps 89, 7. Siehe zum Ganzen Foresti Lat. 1982, 62.

[467] Vgl. 1. Sam 2, 2; 2. Sam 7, 22 f; 1. Kön 8, 23; Jer 32, 17–33.

ters[468]. Inhaltlich geht es in V. 24 b nicht um den reinen, theoretischen Monotheismus; denn die mitgedachte Antwort will die Existenz anderer Gottheiten nicht grundsätzlich bestreiten, sondern lediglich ausdrücken, dass kein anderer Gott in seinen Leistungen mit Jahwe vergleichbar ist.[469]

25 b   In der konkreten Bitte Moses in V. 25 wirkt die nähere Beschreibung des Landes, „dieses schöne Bergland und den Libanon" (V. 25 b) hinter V. 25 a etwas nachhinkend.[470] Dabei wird das Attribut „schön" (טוב) aus V. 25 a wiederaufgenommen, was die einmalige Verbindung „das schöne Bergland" ergibt. Der Ausdruck wird hier ähnlich wie „das Gebirge der Amoriter" in 1, 7. 20 auf das ganze Westjordanland bezogen, aber wie in der ersten Erweiterung von 1, 7[471] wird der Umfang des Landes durch die Einbeziehung des Libanon im Norden weiter ausgedehnt. Die Parallele spricht dafür, dass Libanon hier wie in 1, 7 (vgl. 11, 24) als allgemeine Bezeichnung für die nördlich von Palästina liegenden Gebiete bis zum Euphrat gebraucht wird und dass auch V. 25 b Ausdruck der spät-dtr Großreichsideologie ist, die schon in 1, 7 in Erscheinung trat.

26 a   Schließlich steht auch V. 26 a stark unter dem Verdacht, sekundär hinzugefügt worden sein; denn eine explizite Nennung des Subjekts „Jahwe" wäre in V. 26 b nicht nötig gewesen, wenn V. 26 a mit Jahwe als Subjekt schon ursprünglich da stand.[472] Der Zusatz verdankt sich der Bemühung, eine einleuchtende Erklärung dafür zu geben, warum Mose der Eintritt in das Land jenseits des Jordan verweigert wurde. Die Ursache wird in dem göttlichen Zorn gesehen, der wegen des Volkes („euretwegen") auch Mose traf. Dieselbe Begründung begegnete schon in 1, 37 in einem späten Nachtrag zur Kundschaftergeschichte (vgl. auch 4, 21). Terminologisch weichen diese Stellen vor allem darin voneinander ab, dass in 3, 26 a für Jahwes Erzürnen nicht das Verb אנף Hitpa. (1, 37; 4, 21), sondern aus kontextualen Gründen (s. o.) das Verb עבר Hitpa.[473] verwendet wird. Inhaltlich und entstehungsgeschichtlich ist V. 26 a jedoch nicht von 1, 37 zu trennen.[474] Ebenso wenig wie in 1, 37 gibt es in 3, 26 a einen Grund, bei Moses Bestrafung wegen des Volkes an sein und Aarons Verschulden an der Wasserstelle von Meriba (Num 20, 11–13) zu denken.[475] Vielmehr muss Mose, obwohl er persönlich unschuldig war, als Anführer die unheilvollen Folgen des treulosen Verhaltens des Volkes in der Kundschafteraffäre (1, 34 f) mittragen. Obwohl Moses Schicksal nicht einen

---

[468] Vgl. 2. Kön 19, 15; 2. Chr 2, 11; 20, 6; Neh 1, 5; 9, 5 b–6; Dan 9, 4.

[469] Vgl. Braulik 1988, 268 f; Rose 1994, 412 f.

[470] Auch würde man vor den beiden Objekten eine *nota accusativi* erwarten.

[471] Die erste Erweiterung umfasst die Worte „und zum Libanon bis an den großen Strom, den Eufrat" (s. dort).

[472] Vgl. Rose 1994, 413.

[473] Das Verb ist sonst relativ spät bezeugt (Ps 78, 21. 59. 62; 89, 39; Spr 14, 16) wie auch das entsprechende Substantiv עברה (Ps 78, 49; Klgl 2, 2; 3, 1).

[474] Otto 2000, 23 Anm. 50.

[475] So jedoch Kratz 2000, 132; Otto 2000, 23, und Sonnet NRTh 2001, 358–364.

stellvertretenden Charakter hat[476] wie das Leiden des Gottesknechtes (Jes 53, 5), handelt es sich bei ihm doch um „ein solidarisches und exemplarisches Einstehen für das Volk", was eine theologische und historische Nähe zu Deuterojesaja zeigt.[477] Die Schuld des Volkes hat letztlich zur Folge, dass Jahwe auch dem Flehen seines Knechtes Mose kein Gehör schenkt (vgl. Jer 15, 1), was eine öfters erlittene Erfahrung der spät- und nachexilischen Generationen war: Man stand vor einem schweigenden Gott (vgl. 1, 45)[478].

3. Mahnung und Ausblick (4, 1–40)

1 Und nun Israel, höre auf die Satzungen und Rechte, die ich euch lehre, damit ihr sie befolgt,
> dass ihr am Leben bleibt und hineinkommt und das Land in Besitz nehmt, das euch Jahwe, der Gott eurer Väter, geben wird.
> 2 Ihr sollt zu dem, was ich euch gebiete, nichts hinzufügen und nichts davon wegnehmen.
> > Ihr sollt die Gebote Jahwes, eures Gottes, die ich euch gebiete, bewahren.
3 Mit eigenen Augen habt ihr gesehen, was Jahwe bei Baal-Pegor tat, denn jeden, der dem Baal-Pegor nachlief, vertilgte Jahwe, dein Gott, aus deiner Mitte. 4 Ihr aber, die ihr Jahwe, eurem Gott anhingt, seid alle heute noch am Leben.
> 5 Siehe, ich lehre[479] euch Satzungen und Rechte, wie sie mir Jahwe, mein Gott, geboten hat, dass ihr sie befolgt in dem Lande, in dessen Besitz ihr kommen werdet, 6 und ihr sollt sie bewahren und befolgen, denn darin besteht eure Weisheit und Einsicht in den Augen der Völker. Wenn sie von all diesen Satzungen hören, werden sie sagen: „Dieses große Volk ist doch weise und einsichtig." 7 Denn
> > wo gibt es ein so großes Volk, das Götter hat, die ihm so nahe sind wie Jahwe, unser Gott, wann immer wir ihn anrufen? 8 Und
> wo gibt es ein großes Volk, das so gerechte Satzungen und Rechte hat, wie dieses ganze Gesetz, das ich euch heute vorlegen werde?

---

[476] So z.B. von Rad ⁵1966, 307, und Olson 1994, 124.

[477] Rose 1994, 413, vgl. auch Nielsen 1995, 53.

[478] Siehe weiter etwa Ri 10, 14; 1. Sam 8, 18; Jer 8, 18; 11, 11. 14; 14, 12; Am 8, 12.

[479] Das Perf. לִמַּדְתִּי nach dem Imp. רְאֵה „Siehe" (vgl. Gen 41, 41; Ez 4, 15) ist zweifellos als Perf. declarativum (Ges-Kautzsch § 106 i) zu verstehen und präsentisch zu übersetzen (s. besonders Braulik Bib. 2002, 250–252 mit Anm. 2), was alle Spekulationen über eine einst vor V. 5 geschehene Gesetzesverkündigung überflüssig macht (anders jedoch wieder Krüger 2000, 86 mit Anm. 6).

9 Nur hüte dich und achte wohl auf dein Leben, dass du die Dinge nicht vergisst, die du mit eigenen Augen gesehen hast, und dass sie dir dein ganzes Leben lang nicht aus dem Sinn kommen, und tue sie deinen Kindern und Enkelkindern kund.

10 An dem Tag, da [ihr][480] vor Jahwe, [eurem][480] Gott, am Horeb [standet][480], nachdem Jahwe zu mir gesagt hatte: „Versammle mir das Volk, dass ich ihnen meine Worte zu Gehör bringe, damit[481] sie lernen, mich zu fürchten, so lange sie im Lande leben, und sie ihre Kinder lehren", 11 kamt ihr heran und stelltet euch am Fuße des Berges auf, während der Berg bis in den Himmel hinein im Feuer aufloderte unter Finsternis, Gewölk und Dunkel. 12 Und Jahwe redete zu euch aus dem Feuer heraus.

Den Schall von Worten konntet ihr hören, aber eine Gestalt konntet ihr nicht wahrnehmen, sondern nur eine Stimme.

13 Und er verkündete euch seinen Bund, den zu befolgen er euch gebot, die Zehn Worte, und schrieb sie auf zwei steinerne Tafeln. 14 Mir aber gebot Jahwe zu jener Zeit, euch Satzungen und Rechte zu lehren, dass ihr sie befolgt in dem Land, wohin ihr hinüberziehen werdet, um es in Besitz zu nehmen.

15 So hütet euch wohl um eures Lebens willen – denn ihr habt an dem Tag, als Jahwe am Horeb aus dem Feuer zu euch redete, keinerlei Gestalt gesehen –, 16 dass ihr nicht frevelt und dass ihr euch kein Gottesbild in irgendeiner Gestalt macht,

kein beigestelltes Kultobjekt in Gestalt irgendeines männlichen oder weiblichen Wesens, 17 in Gestalt irgendeines irdischen Tieres, in Gestalt irgendeines Vogels, der am Himmel fliegt, 18 in Gestalt irgendeines Tieres, das am Boden kriecht, in Gestalt irgendeines Fisches im Wasser unter der Erde,

19 und dass du, wenn du deine Augen zum Himmel erhebst und die Sonne, den Mond und die Sterne, das ganze Himmelsheer, siehst, dich nicht verleiten lässt, sie anzubeten[482] und zu ihnen dienen, da Jahwe, dein Gott, sie doch allen Völkern unter dem ganzen Himmel zugeteilt hat. 20 Euch aber nahm Jahwe und führte euch aus dem Eisenschmelzofen, aus Ägypten, heraus, damit ihr ihm zum Volk des Eigentums würdet, das ihr heute seid.

---

[480] MT hat hier – wahrscheinlich unter dem Einfluss von V. 9 – die 2. P. Sg., LXX, Syr., Targ. Jonathan und Targ. Neophyti jedoch die 2. P. Pl., die sonst durchgehend in der Grundschicht von 4, 1–40 begegnet (vgl. dieselbe Korrektur auch bei Hempel 1914, 72; Steuernagel ²1923, 66, und Noth ³1967, 38 Anm. 3).

[481] אשר könnte hier auch Relativpronomen sein (vgl. Braulik 1988, 60f mit Anm. 36), doch legt die nächste Parallele Dtn 14,23 (vgl. 17, 19; 31, 13) die finale Übersetzung „damit" (vgl. LXX: ὅπως) näher.

[482] Kreuzer VT 1985, 39–60, hat wahrscheinlich gemacht, dass das Verb השתחוה (Št-Stamm von חוה) nicht in erster Linie den konkreten Akt des Sich-Niederwerfens, sondern eher den ideellen Aspekt der Anbetung und Huldigung bezeichnet.

21 Jahwe aber war wegen eurer Worte über mich ergrimmt und hatte geschworen, ich solle nicht den Jordan überschreiten und nicht in das schöne Land hineinkommen, das Jahwe, dein Gott, dir zum Erbbesitz geben wird.

22 Denn ich sterbe in diesem Land und werde nicht den Jordan überschreiten, ihr aber werdet ihn überschreiten und dieses schöne Land in Besitz nehmen.

23 Hütet euch, dass ihr nicht den Bund Jahwes, eures Gottes, vergesst, den er mit euch geschlossen hat, und euch ein Gottesbild in irgendeiner Gestalt macht,

was Jahwe, dein Gott, dir geboten hat.

24 Denn Jahwe, dein Gott, ist ein verzehrendes Feuer, er ist ein eifersüchtiger Gott. 25 Wenn du Kinder und Enkelkinder zeugst und ihr längst eingelebt seid im Lande und euch frevelhaft ein Gottesbild in irgendeiner Gestalt macht und böse handelt in den Augen Jahwes, deines Gottes, indem ihr ihn erzürnt, 26 so nehme ich heute den Himmel und die Erde zu Zeugen gegen euch, dass ihr schnell aus dem Lande verschwinden werdet, in das ihr über den Jordan ziehen werdet, um es in Besitz zu nehmen. Ihr werdet nicht lange darin leben, sondern ausgetilgt werden. 27 Jahwe wird euch unter die Völker zerstreuen, und ihr werdet nur in geringer Zahl übrig bleiben unter den Völkern, wohin euch Jahwe führen wird, 28 und dort werdet ihr Götter verehren, die von Menschenhänden gemacht sind, Holz und Stein, die weder sehen noch hören und weder essen noch riechen können.

29 Von dort aus werdet ihr Jahwe, deinen Gott, suchen, und du wirst ihn auch finden, wenn du nach ihm mit deinem ganzen Herzen und mit deiner ganzen Seele fragen wirst.

30 Wenn dich in deiner Not in künftigen Tagen dies Alles trifft, dann wirst du zu Jahwe, deinem Gott, umkehren und auf seine Stimme hören.

31 Denn ein barmherziger Gott ist Jahwe, dein Gott; er wird dich nicht fallen lassen oder vernichten und nicht den Bund deiner Väter vergessen, den er ihnen geschworen hat.

32 Denn frage doch nach den früheren Tagen, die vor dir gewesen sind, von dem Tag an, da Gott Menschen auf Erden schuf, und von einem Ende des Himmels bis zum anderen, ob je so große Dinge geschehen sind, oder je dergleichen ist gehört worden,

33 ob je ein Volk die Stimme des [lebendigen][483] Gottes aus dem Feuer heraus hat reden hören, wie du es gehört hast, und ist am Leben geblieben, 34 oder

---

[483] Das Wort „lebendig" (חיים) ist hier nach dem Vorbild von zwei hebr. Manuskripten, Sam., LXX, Targ. Jonathan und Targ. Neophyti ergänzt (vgl. Dtn 5, 26). Siehe Rofé 2002, 23 f.

ob je ein Gott zu kommen gewagt[484] hat, sich ein Volk aus dem anderen herauszunehmen, durch Prüfungen, Zeichen und Wunder und mit Krieg, mit starker Hand und ausgestrecktem Arm und durch große Schrecknisse (wie das Alles Jahwe, euer Gott, in Ägypten vor deinen Augen für euch getan hat). 35 Du hast es sehen dürfen, damit du erkennest, dass Jahwe der Gott ist, kein anderer außer ihm.

36 Vom Himmel her ließ er dich seine Stimme vernehmen, um dich zu unterweisen, und auf Erden ließ er dich sein gewaltiges Feuer sehen, und seine Worte vernahmst du aus dem Feuer [und bist am Leben geblieben][485].

37 Weil er deine Väter liebte, erwählte er [ihre][486] Nachkommen nach [ihnen][486] und führte dich durch sein Angesicht mit seiner großen Macht aus Ägypten heraus, 38 um Völker vor dir zu vernichten[487], die größer und mächtiger sind als du, um dich hineinzubringen und dir ihr Land zum Erbbesitz zu geben, was heute noch gilt. 39 So sollst du heute erkennen und dir zu Herzen nehmen, dass Jahwe der Gott ist im Himmel droben und auf der Erde unten und keiner sonst, 40 und du sollst seine Satzungen und Gebote bewahren, die ich dir heute gebiete, dass es dir und deinen Kindern nach dir gut geht und dass deine Lebenstage lange währen in dem Land, das Jahwe, dein Gott, dir für alle Zeit geben wird.

Die Moserede von Dtn 4, 1–40 lässt sich nach ihrer allgemeinen Aussageintention als eine paränetische, mit geschichtlichen Motiven durchsetzte Einführung in den Gesetzesvortrag von Dtn 5 definieren. Sie bildet eine Einheit für sich, die weder mit dem vorangehenden historischen Prolog noch mit der nachfolgenden Gesetzesverkündigung in ursprünglicher Verbindung steht.[488] Formal wird zwar die Rede des Prologs fortgesetzt, aber die behandelten Themen sowie die theologischen Akzente sind neu. Den äußeren Rahmen bilden Mahnungen zum Einhalten der Gebote Jahwes, was die Bedingung für das Hineinkommen ins Land und das gelungene Leben in ihm sind (V. 1 und 40). Innerhalb dieses Rahmens kommen die folgenden Themen zur Sprache: die Unantastbarkeit der Gebote Jahwes, die weder Ergänzungen noch Abstri-

---

[484] Zu dieser Bedeutung von נסה Nif. (sic!) s. HALAT, 663 a.

[485] Am Ende von V. 36 ist wahrscheinlich das Wort ותחי, das hier nach der Analogie von V. 33 (sowie 5, 24. 26) zu erwarten wäre, in Folge eines *Homoioarkton* (vgl. V. 37 Anfang) ausgefallen. Weniger wahrscheinlich ist die übliche Annahme, nach der ותחי hinter ותחת (V. 37) steht (so z. B. BHS).

[486] Statt der 3. P. Sg. ist hier mit Sam., LXX, Syr., Targ. und Vulg. die 3. P. Pl. (wie in 10, 15) zu lesen (s. BHS).

[487] Nicht „vertreiben", wie gewöhnlich übersetzt wird, sondern „vernichten" in dem Sinne, dass der Besitz der Vernichteten übernommen werden kann (s. Lohfink BZ 1983, 26–32).

[488] Vgl. Puukko 1910, 132, und neuerdings besonders Knapp 1987, 27–29.

che erlauben (V. 2), die Baal-Pegor-Episode als warnendes Beispiel für das
Schicksal der Abtrünnigen (V. 3 f), die einzigartige Weisheit und Gerechtigkeit des Israel gegebenen Gesetzes in den Augen der Völker (V. 5–8), ein ein-
dringlicher Aufruf zum Halten des Ersten Gebotes, von dem Leben und Tod
des Volkes abhängen (V. 9–31), und schließlich die Einmaligkeit der Gottes-
erfahrung Israels und die Einzigkeit seines Gottes (V. 32–39). Im Mittelpunkt
des Textes steht das Horebgeschehen mit der Mitteilung der Zehn Gebote,[489]
das nochmals und ausführlich in Kap. 5 behandelt wird, ohne dass dort die
eigentümliche Auslegung dieser Ereignisse in Kap. 4 vorausgesetzt wäre.
Auch die Tatsache, dass die große Gesetzesüberschrift erst nach dieser Einführung in 4, 44–49 folgt, spricht dafür, dass 4, 1–40 erst sekundär, und zwar
gerade für diesen literarischen Kontext geschaffen wurde. Wie eine nähere
Analyse zeigen wird, kommen in 4, 1–40 theologische Themen zur Sprache,
deren Gegenstücke in den Kapiteln Dtn 29 f vorliegen[490] und die ihren historischen Ort im spät- oder noch eher im nachexilischen Zeitalter haben.[491]
    Keine Einmütigkeit herrscht über das literarhistorische Werden des Textes.
Als extreme Positionen stehen einander die Urteile von Mittmann und Braulik gegenüber. Jener führt die literarkritische Betrachtungsweise der älteren
Kommentatoren konsequent weiter und zerlegt den Text in fünf verschiedene
Schichten,[492] während dieser, den Anregungen Lohfinks folgend,[493] vor allem
mit den Mitteln der Stilkunst und Rhetorik für die vollkommene Einheitlichkeit des ganzes Textes eintritt.[494] Von dem methodischen Ansatz her, dem
dieser Kommentar verpflichtet ist, erscheint es unmöglich, einen so hetero-
genen und wiederholungsreichen Text wie 4, 1–40 als eine ursprüngliche literarische Einheit zu fassen.[495]
    Eine zentrale Rolle im Streit um den literargeschichtlichen Charakter
des Textes hat das klassische Kriterium des Numeruswechsels gespielt,[496] der

---

[489] Zurecht eröffnet Luther 1529 seine Predigt über Dtn 4 mit der Feststellung: „In vierden Ca-
pitel dieses Buchs machet Moses eine schöne, herrliche Vorrede über die Zehen gebot" (WA 28,
541:21 f).

[490] Vgl. Knapp 1987, 128–157; Weinfeld 1991, 215 f; Otto 2000, 157–159.

[491] In diesem Zeitraum wird die Herkunft des Textes auch meist gesucht (vgl. etwa Puukko
1910, 133; Lohfink 1965, 91; Mayes ²1981, 149; Knapp 1987, 112–114. 158–163; Rose 1994, 491;
Nielsen 1996, 55. 59. 63; Otto 2000, 7. 164–175. 261 f).

[492] Mittmann 1975, 115–128 (und die tabellarische Aufgliederung auf S. 183 f). Andere Vertreter
der Uneinheitlichkeit finden sich bei Knapp 1987, 9–19.

[493] Siehe besonders Lohfink 1965, 87–120.

[494] Die literarische Einheitlichkeit ist die Voraussetzung der stilistischen Untersuchung von
Braulik 1978 (S. vii f); in Bib. 1978, 351–383 wird sie von Braulik gegen Mittmann und in Braulik
1997, 29–61, gegen Knapp 1987 näher begründet. Neuere Vertreter der Einheitlichkeit sind z. B.
McConville/Millar 1994, 33–49. 133–137; Weinfeld 1991, 221–223, sowie Otto 2000, 156–164.

[495] Bereits Luther war der tautologische Stil des Kapitels aufgefallen, der einen „fleischlichen
Leser" ärgern könnte: „Denn er [sc. Mose] wiederholt hier, wie auch anderswo, dasselbe so oft,
daß, wenn ein fleischlicher Leser dabei wäre, der nicht versteht, um was es sich handelt, derselbe
geärgert werden müßte. Aber uns kommt es zu, unseren Überdruß niederzuhalten, weil wir wissen, daß es Gottes Worte sind, die wir hören" (WA 14, 581:21–25, deutsch Walch 1894, 1404).

[496] Siehe dazu forschungsgeschichtlich etwa Braulik 1978, 146–149, und Begg EThL 1979, 116–124.

hier besonders deutlich und oft sehr störend in die Augen fällt.[497] Der Numeruswechsel lässt sich nicht als reines Stilmittel verharmlosen,[498] aber auch nicht zu einem absoluten Unterscheidungsmerkmal hochspielen[499]; denn wirklich brauchbar ist er nur im Verbund mit anderen Kriterien.[500] Eine nähere Analyse wird zeigen, dass das Kriterium des Numeruswechsels in diesem späten Text seine besondere Bewandtnis hat.[501] Für die nomistische (DtrN) Grundschicht (d. h. V. 1 a.10–12 a.13–14. 22), in der Israel – soweit möglich – in der 2. P. Pl. angeredet wird,[502] besitzt es seine Gültigkeit, aber in ihrer ersten, bundestheologischen (DtrB) Bearbeitung (d. h. V. 1 b.3 f. 9. 12 b.15. 16 a*.19. 20. 23 abα. 24–29. 31)[503], die der Fremdgötter- und Bilderproblematik gewidmet ist, versagt der Numeruswechsel als Kriterium, denn in dieser Schicht werden Singular und Plural promiscue gebraucht. Die darauf folgende, zweite Bearbeitung (d. h. V. 5–8*), die Israels Gesetzesbefolgung mit der Weisheitstradition in Berührung bringt, ist wiederum durchgehend in der 2. P. Pl. formuliert, abgesehen von dem späteren Zusatz V. 7* mit dem auffallenden Übergang in die 1. P. Pl. In den einzelnen Ergänzungen zur Grundschicht (V. 21) und zu der ersten Bearbeitung (V. 2 a + V. 2 b, V. 21) begegnen beide Anredeformen – auch nebeneinander (V. 21). Die beiden sukzessiv entstandenen Anhänge am Ende (d. h. V. 32–35 und V. 36–40), die Jahwes Einzigkeit als gemeinsames Thema ansprechen, reden Israel regelmäßig in der 2. P. Sg. an, weshalb die einzige Ausnahme, V. 34 b, mit dem zweifachen Numeruswechsel des Zusatzes verdächtig ist, ebenso wie V. 33 und V. 36 es aus anderen Gründen sind.

Die Wahrnehmung, dass die Verse, die deutliche Anklänge an die Priesterschrift enthalten (V. 16*. 17 f. 32), zu den jüngeren Erweiterungen gehören, spricht gegen die Hypothese, nach der 4, 1–40 insgesamt von einem Pentateuchredaktor für diesen Zusammenhang verfasst worden sei.[504] Auf der anderen Seite stehen der literarisch heterogene Charakter und die historisch späte Entstehungszeit des Textes der Schlussfolgerung entgegen, dass er je einen Sitz im Leben außerhalb der Literatur etwa in der Liturgie gehabt hätte.[505]

Im Folgenden wird 4, 1–40 nach den oben angedeuteten Schichten, die den literargeschichtlichen Werdegang des Textes widerspiegeln, ausgelegt.

---

[497] Siehe z. B. V. 3 f. 19–21. 23. 25. 29. 34.

[498] Wie es bei Braulik 1978, 149 f, geschieht.

[499] Wie bei Mittmann 1975, 117–123.

[500] Vgl. Smend 1978, 72.

[501] Vgl. Knapp 1987, 22–26.

[502] Die sg. Anrede in V. 1 a („Und nun Israel, höre") ist durch die verwendete Formel bedingt (vgl. 5, 1; 6, 4; 9, 1; 20, 3; 27, 9).

[503] Erweiterungen, die in engem Anschluss an diese Bearbeitung stehen, sind V. 16 a* (סמל). b.17 f. 23 bβ. 30.

[504] So nach Otto 2000, 85–93, vgl. auch Krüger 2000, 85–93.

[505] So jedoch Weinfeld 1991, 223–230, der in 4, 1–40 eine Predigt „to the exiles within a liturgical setting" postuliert.

1. Die Grundschicht, der die V. 1 a.10–12 a.13 f. 22 zugehören, stammt von
dem nomistisch orientierten Schüler des DtrH, dem DtrN[506], der mit diesen
Versen den historischen Rückblick des DtrH in 1, 1–3, 29* und den in 4, 45;
5, 1 ff beginnenden Vortrag des dtn Gesetzes fester miteinander verbindet.[507]
Die Funktion der Verse ist somit, von der Geschichte zum Gesetz überzuleiten. Formal besteht der Abschnitt aus einer Mahnung (V. 1 a) und ihrer geschichtlichen Begründung (V. 10–12 a.13 f. 22).

1 a. 10–12 a.
13–14. 22

Die Mahnung (V. 1 a) wird mit „und nun" (ועתה) eröffnet (vgl. 10, 12),
das im Hebräischen nach hinten, auf die vorher erzählte Geschichte verweist
und aus ihr die jetzt aktuellen Konsequenzen zieht.[508] Zugleich blickt die
Mahnung aber auch nach vorne, indem sie „die Satzungen und Rechte"
(החקים והמשפטים) einführt, die häufig im Dtn[509] als Gesamtbezeichnung
für die Gebote erscheinen, die Mose dem Volk verkündet.[510] Mit einem ein-
dringlichen Aufruf zum Hören, „Israel, höre", dessen Ursprung in der Einführung des Bekenntnissatzes von Dtn 6, 4 („Höre, Israel!") liegt und der mit
„Israel" als Adresse nur im Dtn vorkommt (4, 1; 5, 1; 6, 4; 9, 1; 20, 3; 27, 9),
wird das Volk wie ein Schüler angeredet und zur bereitwilligen Aufmerksamkeit gegen die Rede des Lehrers Mose aufgefordert.[511] Die abweichende Wortfolge „Israel, höre" in 4, 1 a statt der sonst üblichen „Höre, Israel" ist durch
die vorangehende Anknüpfungspartikel „und nun" (ועתה) bedingt.

1 a

Das lehrhafte Interesse des Verfassers kommt prononciert darin zum
Vorschein, dass nach ihm Mose das Volk die Satzungen und Rechte zu *lehren*
hat (V. 1 a.14), ebenso wie Jahwe seine Worte dem Volk verkündet, damit es
lerne, ihn zu fürchten und diese Worte wiederum die Kinder *lehre* (V. 10). Die
Anwendung dieser Vokabel ist insofern bemerkenswert, als die zugrunde liegende Wurzel למד (in Qal „lernen", in Pi. „lehren") sonst nie im Pentateuch
begegnet, im Dtn hingegen eine weite Verbreitung aufweist. Im Dtn erscheinen – in den späteren Schichten – die Gesetze Jahwes als Gegenstand der
„Lehre" (4, 5; 5, 31; 6, 1; 11, 19) und die Furcht Jahwes als beliebtes Lernziel
(14, 23; 17, 19; 31, 12. 13). Dies deutet darauf hin, dass die spät-dtr Kreise, die
hinter diesem pädagogischen Interesse stehen, eine lebendige Beziehung zum
weisheitlichen Denken sowie ein vitales Bedürfnis nach der Weitertradierung
der religiösen Überlieferungen an die kommenden Generationen hatten. Mit
dem Dtn ist die Religion etwas geworden, was gelernt und gelehrt werden
kann.[512] Mose tritt im Dtn als Lehrer Israels par excellence auf, dessen Lehr-

---

[506] Grundlegend dazu Smend (1971 =) 2002, 148–161.
[507] Vgl. ähnlich Knapp 1987, 56 f, in Bezug auf V. 1–4. 9–14.
[508] Siehe Brongers VT 1965, 289–299, und Braulik 2002, 249.
[509] Vgl. 4, 5. 8. 14. 45; 5, 1. 31; 6, 1. 20; 7, 11; 11, 32; 12, 1; 26, 16. 17.
[510] Zu einem möglichen Bedeutungsunterschied zwischen ihnen s. u. bei 12,1.
[511] Vgl. Spr 1, 8; 4, 1. 10; 5, 7; 7, 24; 8, 32; 23, 19. Weinfeld 1972, 305. Es handelt sich jedoch um
keine feste „Lehreröffnungsformel" (Wolff ²1965, 122 f), denn der Höraufruf hat eine weite Verbreitung auch außerhalb der Weisheitsliteratur (s. McBride Interp. 1973, 289–291).
[512] Bertholet 1899, 15.

stuhl („das Katheder des Mose") in frühen Synagogen konkret existierte[513] und nach Mt 23, 2 von den Schriftgelehrten und Pharisäern verwaltet wurde. Das Fundament für die schriftgelehrte Religion mit ihrer Verbindung von gesetzlichen und pädagogischen Interessen wurde in den nomistischen Verfasserkreisen des Dtn gelegt, von wo ausgehend sie zur weiteren Verbreitung kam und endlich Merkmal des rabbinischen Judentums wurde.[514]

10–11   Mit der Furcht Jahwes als Lernziel (V. 10) wird auch ein weisheitliches Thema angeschnitten (vgl. Ijob 28, 28; Ps 111, 10; Spr 1, 7; 9, 10; 14, 2; 15, 33 u. ö.), obwohl die Deuteronomisten sie etwas anders verstehen als die Weisheitslehrer: Während die Furcht Jahwes in der Weisheit mit der klugen menschlichen Meisterung der im Leben waltenden Ordnungen in Verbindung steht, drückt sie im Dtn[515] die grundsätzliche und ausschließliche Treue Israels zu seinem Gott aus. Die Forderung der Jahwefurcht ist somit eine der vielen Formen, das Anliegen des Hauptgebots, d. h. Jahwe allein zu dienen, zum Ausdruck zu bringen.[516]

In dem geschichtlichen Hauptteil des Abschnittes (V. 10–12 a.13 f) berichtet DtrN in Kurzfassung die Gesetzesübermittlung am Horeb, wobei er sich sowohl auf die Horebgeschichte von Dtn 5 als auch auf die Schilderung der Sinaitheophanie in Ex 19 f stützt.[517] In freier Anspielung auf Ex 19,9 lässt er in V. 10 Mose das Volk an den Tag[518] erinnern, als es am Horeb versammelt vor seinem Gott stand[519], um dessen Worte, nämlich den Dekalog (vgl. 5, 22), in Empfang zu nehmen. Die begleitenden Naturerscheinungen „Feuer", „Finsternis", „Gewölk" und „Dunkel" (V. 11) sind im Anschluss an 5, 22 f formuliert, wo sie den dramatischen Rahmen für die Horeboffenbarung bilden. Die Begleiterscheinungen dieser Offenbarung haben ihren älteren Hintergrund in der Jerusalemer Tempeltheologie, wo sie häufig als Bestandteile der Theophanietraditionen erscheinen (vgl. Ps 97, 2; Joel 2, 2; Zef 1, 15, auch 1. Kön 8, 11 f und Ijob 38, 9).

12 a. 13   Dem Bericht des DtrN zufolge vernahm das Volk die Stimme Jahwes aus dem Feuer heraus (V. 12 a, vgl. 5, 4. 22–24. 26). Die Art Jahwes, sich im Wort

---

[513] Siehe Weinfeld 1991, 200.

[514] Veijola 2004, 459–478.

[515] Die Belege sind 4, 10; 5, 29; 6, 2. 13. 24; 8, 6; 10, 12. 20; 13, 5; 14, 23; 17, 19; 28, 58; 31, 12. 13.

[516] Andere, vergleichbare Ausdrücke sind z. B. „lieben" (10, 12), „anhangen" (10, 20; 13, 5), „auf seinen Wegen wandeln" (8, 6; 10, 12), „nachfolgen" (13, 5), „dienen" (6, 13; 10, 12. 20; 13, 5), „die Satzungen befolgen" (6, 24), „bei seinem Namen schwören" (6, 13; 10, 20) und „auf seine Stimme hören" (13, 5). Vgl. Stähli THAT I, 774.

[517] Vgl. Krüger 2000, 88–90.

[518] Die syntaktische Stellung des Anfangs von V. 10 ist in der Darstellung von DtrN klar: Es handelt sich bei אשר יום „an dem Tag, da" um einen adverbialen Akkusativ (vgl. Ez 39, 13 und Ges-Kautzsch § 118 i), der einen eigenständigen Satz eröffnet. Durch die Voranstellung des Zusatzes V. 9 ist die adverbiale Funktion von יום jedoch verdunkelt und von vielen Übersetzungen (vgl. schon LXX und Vulg.) und Auslegern als appositionale Näherbestimmung zu הדברים „die Dinge" in V. 9 aufgefasst worden.

[519] Das „Stehen vor Gott" am Horeb/Sinai hat in der jüdischen Tradition einen besonderen, existentiellen Stellenwert für alle späteren Generationen erhalten (Weinfeld 1991, 203).

zu offenbaren, wurde bald zum Ausgangspunkt theologischer Reflexion, die
darin einerseits die Begründung für das Bilderverbot (V. 12 b und die damit
zusammenhängende bundestheologische Bearbeitungsschicht), andererseits
aber in dem Faktum, dass Israel trotzdem am Leben blieb, ein Wunder sah
(4, 33. 36; 5, 24 b.26 s. u.). Inhaltlich bestand die Rede Jahwes nach DtrN aus
der Kundgabe seines „Bundes" (ברית), der sich in V. 13 nach dem Vorbild
von 5, 2 ff auf den Dekalog, „die Zehn Worte" (vgl. 10, 4; Ex 34, 28) bezieht.[520] Gott tritt in V. 13 im Vorausblick auf 5, 22 als „himmlischer Schreiber" auf,[521] der das, was er zuerst mündlich verkündet, dann auch schriftlich
festlegt (vgl. 9, 10; 10, 2. 4). Die göttliche Kundgabe des Dekalogs in münd-
licher *und* in schriftlicher Gestalt spiegelt das Offenbarungsverständnis des
Dtn wider, nach dem die mündliche und schriftliche Mitteilung der Tora
durch Mose die zwei grundlegenden Kommunikationsebenen bilden.[522] Was
Mose tut, das tut er nach dem Vorbild Gottes.

Das Volk hatte das Privileg, die grundlegenden Gebote direkt von Jahwe zu   14
vernehmen, während alle weiteren Gesetze der Vermittlung des Mose be-
durften. Der historische Bezug der „Satzungen und Rechte" zum Dekalog
wird in V. 14 auf dem Hintergrund von 5, 31 und 6, 1 erklärt.[523] Sie werden
jetzt in den Gefilden Moabs von Mose gelehrt, aber erst im Verheißungsland
in Kraft treten (vgl. 5, 31; 6, 1; 12, 1).[524]

Den Abschluss der von DtrN stammenden Grundschicht bildet V. 22, der   22
jetzt durch eine Reihe von Erweiterungen von seinem ursprünglichen Kontext isoliert worden ist. Er hat jedoch seinen richtigen Ort unmittelbar hinter
V. 14,[525] wo er begründet, warum Mose schon jetzt, jenseits des Jordan, die
Satzungen und Rechte dem Volk mitzuteilen hat: weil er selber vor der Besitznahme des Landes sterben wird, die Israeliten hingegen in das schöne
Land westlich des Jordan hineinziehen werden. Damit kehrt DtrN zu dem
Thema zurück, mit dem der geschichtliche Rückblick des DtrH endete
(3, 23–29*), und verleiht der Vorstellung, dass es sich bei der nachfolgenden
Gesetzesverkündigung um das geistige Testament des Mose handelt, zusätz-
lichen Nachdruck.

---

[520] Diese Bedeutung hat ברית auch in Dtn 5, 2; 9, 9. 11. 15; 10, 8. Siehe Kutsch 1973, 137.

[521] Sonnet 1997, 49.

[522] Siehe Sonnet 1997, 42.

[523] Dass Jahwe in V. 14 im Unterschied zu 5, 31 und 6, 1 nicht ausdrücklich als Urheber der Satzungen und Rechte genannt wird, dürfte kaum eine offenbarungstheologische Umwertung des
Dtn in dem Sinne sein, dass nur die Horeboffenbarung mit dem Dekalog das eigentliche Gottes-
gesetz und die übrige Gesetzgebung des Dtn nur „mosaische Lehre" sei (Otto 2000, 164–167).
Wenn dabei noch die Einheitlichkeit von 4, 1–40 vorausgesetzt wird (Otto 2000, 164), fragt es
sich, wie diese Theorie mit solchen Aussagen wie „die Gebote Jahwes, eures Gottes, die ich euch
gebiete" (V. 2 b) in Einklang zu bringen ist.

[524] Vgl. Rose 1994, 496, und s. näher bei 5, 31; 6, 1.

[525] Das hat Noth ³1967, 38 f, als Erster erkannt.

1 b. 3–4. 9. 2. Die umfangreichste Bearbeitung von 4, 1–40, die V. 1 b.3 f. 9. 12 b.15. 16 a*.19 f.
12 b. 15–20. 23 abα. 24–29. 31 sowie die damit verbundenen Zusätze V. 16 a*(סמל).b.17 f.
23–31 23 bβ. 30 umfaßt, wird zwar nicht durch einen einheitlichen Gebrauch des
Numerus (s. o.), hingegen aber durch andere, thematische und formale Eigentümlichkeiten zusammengehalten. Ihr Verfasser nimmt einen besonderen
Aspekt des Horebgeschehens, die Gestaltlosigkeit der Jahweoffenbarung
(V. 12 b), heraus und entnimmt daraus die Begründung für das Verbot der Bil-
der- und Fremdgötterverehrung (V. 15 ff). Die beiden Arten des Götzendienstes, die auch in den heutigen Dekalogfassungen Ex 20, 3–6 und Dtn
5, 7–10 fast zusammengewachsen sind,[526] sind für diesen Verfasser zwei Seiten ein und desselben Phänomens. Daraus erklärt sich, warum er in V. 3 f als
warnendes Beispiel an die Geschichte von Baal-Pegor mit ihren verhängnisvollen Folgen erinnert. Nachdem er die Begründung für das Bilder- und
Fremdgötterverbot (V. 9–24*) gegeben hat, fasst er die Sanktionen ins Auge,
die bei der Übertretung dieses Verbots in Kraft treten werden (V. 25–28), verspricht aber darüber hinaus auch einen Neuanfang nach der erlittenen Strafe
(V. 29. 31).

Neben dem gemeinsamen Thema wird diese Bearbeitungsschicht auch
durch zahlreiche sich öfters wiederholende Ausdrücke zusammengehalten.[527]
Außerdem lassen sich auf dieser Textebene Strukturelemente aufdecken, die
an das sog Bundesformular[528], d. h. den Aufbau der altorientalischen Vasallenverträge, erinnern.[529] Das Schema des Bundesformulars tritt in diesem
Text – wie in den meisten alttestamentlichen Texten – nicht in reiner Form,
sondern paränetisch aufgelockert in Erscheinung. Die folgenden Grundele-
mente des Bundesformulars sind jedoch erkennbar: 1. Der historischen Prolog, der hier mit paränetischen Elementen durchsetzt ist, besteht aus den
Versen 1. 3 f. 9–14*. 2. Darauf folgt die Proklamierung der Bundesbestimmungen, d. h. des Bilder- und Fremdgötterverbots in V. 15–24*. 3. Die Sanktionen, mit denen die Übertretung des Verbots nach V. 25–28 geahndet wird,
nehmen die Stelle des Fluches ein. 4. Die Verheißung der neuen Zukunft in
V. 29–31* entspricht dem in den Verträgen üblichen Segensabschnitt. Eine
augenfällige Bestätigung für den Vertragshintergrund des Textes liefert die
Zeugenanrufung in V. 26, die als traditioneller Topos der altorientalischen
Verträge begegnet.[530] In der hier vorliegenden, im alttestamentlichen Kontext

---

[526] Siehe Zimmerli ²1969, 236–242.

[527] Vgl. „sehen/wahrnehmen (mit eigenen Augen)" (V. 3. 9. 12 b.15. 19), „sich hüten ..., dass"
(V. 9. 15 f. 23), „vergessen" (V. 9. 23. 31), „Kinder und Enkelkinder" (V. 9. 25), „freveln/vernich-
ten" (שחת Hif., V. 16 a*.25. 31), „sich ein Gottesbild in irgendeiner Gestalt machen"
(V. 16 a*.23. 25), „Bund" (V. 23. 31), V. 24 und V. 31 als Kontrastaussagen.

[528] Dazu ausführlich McCarthy ²1978, deutsch Baltzer ²1964.

[529] Elemente des Bundesformulars finden in 4, 1–40 z. B. auch Lohfink 1965, 92; McCarthy
²1978, 190–194; Braulik 1978, 101–104; Mayes JBL 1981, 25, und Preuß 1982, 85. Bei den meisten
dieser Forscher treten die Strukturparallelen freilich nicht scharf genug in Erscheinung, weil sie
keine bzw. falsche literarkritische(n) Differenzierungen vornehmen.

[530] Siehe vor allem Delcor VT 1966, 11–15.

etwas befremdenden Form, wo Himmel und Erde zu Zeugen genommen werden (vgl. Dtn 30, 19; 31, 28), begegnet sie häufig in den hethitischen Verträgen des 2. Jahrtausends, aber auch in dem aramäischen Sefire-Vertrag aus dem 8. Jh. v. Chr.,[531] was ihre Langlebigkeit zeigt und zugleich ihre Erscheinung im Dtn verständlich macht.

Insgesamt handelt es sich bei dieser Bearbeitungsschicht von 4, 1–40 um eine spät-dtr, bundestheologische Redaktion (DtrB), die das Dtn tiefgreifend im Sinne des Ersten Gebots bearbeitet hat.[532] Als charakteristische Merkmale der bundestheologischen Redaktion treten in 4, 2–31* die Folgenden auf: der wechselnde Gebrauch der 2. P. Sg. und Pl. in der Anrede Israels, eine lockere Orientierung am Bundesformular, die Anwendung des Begriffes „Bund" ברית (V. 23. 31) und die Betonung des Bilderverbots als Anwendung des Ersten Gebots (V. 3 f. 16 a*.19. 23. 28), von dessen Befolgung die Besitznahme des Landes und das Bleiben in ihm abhängen (V. 1 b.25 f).

Die bundestheologische Bearbeitung setzt in V. 1 b mit einer paräneti-　　1 b schen Betrachtung über den Sinn und Wert des Hörens auf die Satzungen und Rechte ein. Die Ergänzung steht syntaktisch auffallend weit von dem regierenden Imperativ „höre" in V. 1 a, und sie macht aus der Befolgung der Gebote die Bedingung für die Besetzung des Landes, wodurch sie sich als sekundär gegenüber V. 1 a erweist.[533] Die Besitznahme des Landes zielt natürlich vordergründig auf die bevorstehende Landnahme unter Josuas Führung, hat aber ihren eigentlichen Sinn in der exilischen bzw. nachexilischen Situation, wo es galt, das Verheißungsland nochmals in Besitz zu nehmen.[534] Das Gottesprädikat „der Gott eurer Väter", das sonst im Dtn nur in dem späten Zusatz 1, 11 auftaucht, enthält einen impliziten Hinweis auf die Väterverheißung (vgl. 1, 8 b), auf die DtrB in V. 31 ausdrücklich Bezug nimmt.

Das Thema des „Lebens" verbindet den paränetischen Vorspann V. 1 b mit　　3–4 der Baal-Pegor-Episode (V. 3 f), die an ihrer heutigen Stelle völlig isoliert steht. Der Numeruswechsel innerhalb der Episode (V. 3 b) berechtigt zu keiner literarkritischen Operation,[535] da die Kontrastaussage V. 4 ohne den negativen Hintergrund von V. 3 b ihre Pointe verlieren würde. Die Assoziationsbrücke zu der Geschichte von Baal-Pegor (Num 25, 1–5), die in dem historischen Rückblick Dtn 1–3 nicht erwähnt war, bot offenbar die Nennung von Bet-Pegor in 3, 29. Baal-Pegor erscheint hier einerseits als Name eines moabitischen Lokalnumens, das am Berg Pegor (Num 23, 28), einer genauer nicht lokalisierbaren Bergkuppe nahe beim Nebo, verehrt wurde, andererseits als Name einer Stätte, die wahrscheinlich als Kultstätte dieses

531 Sefire I A 11 f (die Übersetzung z. B. in TUAT I/2, 180). Dort treten der Himmel und die Erde noch als echte Götter auf, während sie im Dtn entmythologisierte Naturelemente sind.

532 Siehe Levin 1985, 81–89; Ders. 2003, 81–95; Veijola 2000, 153–175.

533 Vgl. Steuernagel ²1923, 64; Mittmann 1975, 115 f.

534 Vgl. Bertholet 1899, 15.

535 Vgl. Knapp 1987, 33. Anders Hempel 1914, 62 Anm. 2, und Mittmann 1975, 116.

Baal galt. Obwohl der Name des Baal-Pegor in der Grundüberlieferung Num 25, 1–5 allein in sekundären Zusätzen (V. 3 a.5) begegnet, wird es sich um eine alte Tradition handeln, weil sie bereits von Hosea (9, 10) vorausgesetzt wird.[536] Der Sinn der historischen Bezugnahme auf Baal-Pegor besteht darin, mit diesem Ereignis, das die Israeliten „mit eigenen Augen gesehen haben" und dessen Zeugen sie folglich sind,[537] vor den verhängnisvollen Folgen des Götzendienstes zu warnen und zu zeigen, wie davon Leben und Tod abhängen. Damit wird den Lesern die ernsthafte Gefahr vor Augen geführt, die der Fremdgötter- und Bilderdienst darstellt, und das vergangene Ereignis ihnen auf diese Weise gegenwärtig gemacht.

9   Die Überleitung von dem historischen Einzelfall des Baal-Pegor zum Horebthema der Grundschicht wird von DtrB durch V. 9 hergestellt, mit dem er das Geschehen am Horeb unter ein paränetisches Vorzeichen stellt: Die am Leben Gebliebenen sind wohl der Versuchung von Baal-Pegor entkommen, jetzt gilt es aber, genau auf all das zu achten, wessen Zeugen sie am Horeb geworden sind. DtrB teilt das pädagogische Interesse seines Vorgängers DtrN, indem er die Kundgabe dieser Ereignisse an die Kinder und Enkelkinder einschärft (vgl. 6, 7. 20–25; 11, 19–21; 31, 13; 32, 46). Damit berührt er ein Thema, das eine zentrale Rolle in der Weisheit spielt (vgl. Spr 2, 1; 3, 1; 4, 1 u. ö.), aber in diesem Zusammenhang noch mehr an die Forderung der Vasallenverträge erinnert, den Vertragsinhalt auch den kommenden Generationen weiter zu geben.[538]

12 b   Die Schilderung des Horebgeschehens hat DtrB fast ganz in der vorgegebenen Gestalt übernommen (V. 10–14*). Nur an einer einzigen Stelle hat er eine kleine, aber umso wichtigere Deutung der Ereignisse vorgenommen. Vers 12 b stellt sich als eine durch das Wort קוֹל („Schall" bzw. „Stimme") gerahmte Parenthese heraus, die den ursprünglichen Zusammenhang zwischen V. 12 a und V. 13 unterbricht.[539] Der Zweck dieser Ergänzung ist es, eine offenbarungsgeschichtliche Begründung für das nachfolgende Bilderverbot (V. 15 ff) zu liefern. Dazu bedient der Bearbeiter sich einer Art Traditionsbeweises,[540] indem er aus den Schilderungen des Sinai- (Ex 19 ff) bzw. Horebgeschehens (Dtn 5) als *argumentum e silentio* folgert, Israel habe dabei keine Gestalt gesehen, sondern nur die Stimme Jahwes gehört – was allerdings im Widerspruch zu Ex 24, 10 und Num 12, 8 steht. Damit erfährt das Bilderverbot zum ersten Mal eine Begründung, indem es mit der Wortoffenbarung am Horeb in Verbindung gebracht wird. Israel begegnet seinem Gott nicht in

---

[536] Spieckermann 1982, 200 Anm. 94; Jeremias 1983, 121 f.

[537] Im Dtn wird öfters betont, dass die Israeliten durch das „Sehen" Zeugen der Taten Gottes geworden sind (z. B. 3, 21; 4, 3. 9. 34; 6, 22; 7, 19; 10, 21; 11, 7; 29, 1–3). Das Auftauchen des Motivs in 4, 3 und 29, 1–3 ist kein Beweis dafür, dass der Verfasser von 4, 3 f korrigierend an 29, 1–14 anknüpft (gegen Otto 2000, 159 f).

[538] Siehe Belege bei Frankena OTS 1965, 141 f, und Weinfeld 1991, 204.

[539] Vgl. von Rad ²1968, 36. Wäre V. 12 b ursprünglich, würde man am Anfang von V. 13 eine explizite Nennung des Subjekts, das nach V. 12 b wechselt, erwarten.

[540] von Rad ²1968, 36.

einer sichtbaren Gestalt, sondern in hörbaren Worten und sichtbaren Gottes-
taten (4, 3. 9), die beide דברים genannt werden. Sie bilden die Grundlage für
eine Kultur der Erinnerung.[541]

Zur eigentlichen Entfaltung seines Themas kommt DtrB in V. 15 ff. Zunächst   15. 16 a*
stellt er mit Ausdrücken, die eng an V. 9 erinnern, eine paränetische Rahmung um die vorgegebene Schilderung der Horeboffenbarung (V. 10–14*)
her und wiederholt das, was in seinen Augen (V. 12 b) ihre Quintessenz war:
es war keine Gestalt zu sehen (V. 15). Daraus leitet er in V. 16 a* das Bilderverbot ab, das er im Anschluss an dessen dekalogische Fassung, wie er sie
selber dort (Dtn 5, 8*) nachgeträgt (s. u.), formuliert. Nicht nur die Parallelen
im Dekalog (Dtn 5, 8 und Ex 20, 4), sondern auch die schwerfällige Syntax
von V. 16 a sowie die Art, wie das Verbot in V. 23 und V. 25 wiederholt wird,
sprechen dafür, dass das letzte Wort von V. 16 a (סֶמֶל) samt seiner Fortsetzung in V. 16 b–18 eine sekundäre Erweiterung darstellt.[542] Im Grundtext des
DtrB wurde jede Art von Gottesbild verboten. Das Wort für das Gottesbild,
פֶּסֶל, bezeichnet von der Etymologie her ein gehauenes, plastisches Bild,
steht im faktischen Sprachgebrauch jedoch für jede Art von Kultbild.[543] Die
Diskussion über die Frage, ob dabei Jahwe- oder Fremdgötterbilder gemeint
sind, hat keine Relevanz, weil jedes Jahwebild in der israelitischen Tradition
als fremd erscheinen musste.[544] Obwohl bildlose Kulte auch von anderen
westsemitischen Religionen bekannt sind, ist die programmatische Forderung der kultischen Bildlosigkeit in der Jahwereligion eine Novität, die sie
von ihrer religionsgeschichtlichen Umgebung abhebt.[545] Das eigentliche Bilderverbot entstand erst relativ spät, nämlich im Dekalog, das in der fertigen
Gestalt ein Produkt des dtr Zeitalters ist (s. u.), aber seine Wurzeln liegen in
einer viel weiteren Vergangenheit, in der fehlenden Jahwebildtradition, die
sich allmählich der grundsätzlichen Unvereinbarkeit der Jahwereligion mit
Bildern und anderen kultischen Symbolfiguren bewusst wurde.[546]

Der Sinn des Bilderverbots liegt einerseits darin, dass damit Jahwes Freiheit und Souveränität vor jeder menschlichen Manipulation geschützt wird,
andererseits darin, dass dadurch Jahwes transzendentes Wesen zum Ausdruck kommt.[547] Die Transzendenz ist jedoch nicht absolut, da an die Stelle
der bildhaften Darstellung das gesprochene und verschriftete Wort Gottes getreten ist (vgl. V. 12–14), das die göttliche Wirklichkeit in der Immanenz manifestiert und wahrnehmbar macht.[548] Die Aktualität des Bilderverbots noch
in spät- und nachexilischer Zeit wird angesichts des heftigen Kampfes Deu-

---

[541] Vgl. van Oorschot ZThK 1999, 313–319.

[542] So mit Knapp 1987, 37. 69–70.

[543] Siehe Dohmen [2]1987, 41–48.

[544] Dohmen [2]1987, 23, vgl. Mettinger 1979, 26.

[545] Siehe dazu ausführlich Mettinger 1995, vgl. auch Ders. 1994, 159–176.

[546] Siehe Dohmen [2]1987, 269 f, vgl. auch Mettinger 1994, 159–176.

[547] Dies sind Aspekte, die einander nicht ausschließen; der Erste wird von Zimmerli [2]1969,
246, der Zweite von Mettinger 1979, 26, hervorgehoben.

[548] Vgl. Podella SJOT 2001, 205–256.

terojesajas und seiner Schüler gegen die Gottesbilder (Jes 40, 18–20; 41, 6 f;
44, 9–20) verständlich. Das Aufkommen des Monotheismus vermochte nicht
auf einen Schlag die Faszination zu vernichten, die die Gottesbilder und
-symbole ausstrahlten.[549]

16 a*b–18 Ein späterer Bearbeiter hat das Bilderverbot in V. 16 a*(סֶמֶל).b–18 zum
Anlass einer genaueren Spezifizierung der verbotenen Kultobjekte genommen. Er gebraucht für die nähere Kennzeichnung des Gottesbildes (פֶּסֶל) das
Wort סֶמֶל, das im Lichte der Belege, die es dafür in den phönizischen bzw.
punischen Inschriften und im AT (2. Chr 33, 7. 15; Ez 8, 3. 5) gibt, eine be-
gleitende weibliche Gottheit oder ein sie darstellendes Kultobjekt zu bezeichnen scheint.[550] Somit wird der Kreis der verbotenen Kultbilder weiter gefasst,
so dass alle möglichen Symbolfiguren für den Kult untersagt werden. Die
Reihe der verbotenen Darstellungsobjekte wird in V. 16 b–18 mit priester-
schriftlicher Terminologie festgelegt.[551] Im Hintergrund steht auch hier der
Dekalog (Dtn 5, 8), dessen Wortlaut dem priesterschriftlichen Schöpfungsbericht (Gen 1, 26) angeglichen wird. Was nach Gen 1, 26 in die Gewalt der
menschlichen Herrschaft gegeben wurde, darf nicht in Gestalt kultischer Verehrung erneut den Menschen in seinen Bann schlagen.

19–20 In V. 19 meldet sich wieder der Verfasser der bundestheologischen Bearbeitungsschicht selber zu Wort. Weil die Gottesbilder und Fremdgötter sachlich
ein und dasselbe Phänomen sind, warnt er auch vor der Versuchung, die die
Astralgötter darstellen. Sie waren im Zuge des politischen und religiösen Ein-
flusses Assyriens auf Juda im 7. Jh. eine reale Gefahr geworden (vgl. Zef 1, 5;
2. Kön 21, 5), die in Gestalt stereotyper Aufzählungen dieser Götter häufig in
dtr Texten (Dtn 17, 3; 2. Kön 23, 5; Jer 8, 2) erwähnt wird.[552] Die Versuchung
zu ihrer Verehrung war während des babylonischen Exils sicherlich nicht
geringer geworden.[553] Die in V. 19 a vorliegende Gestalt der Aufzählung der
Astralgötter stellt die jüngste dieser Reihen dar und gehört als solche in die
Spätphase der dtr Literatur.[554] Die Vorstellung, dass Jahwe diese Götter allen
anderen Völkern zugeteilt habe (V. 19 b), ist kein Ausdruck religiöser Libera-
lität,[555] vielmehr ist sie eine – auch in 29, 25 und 32, 8 f begegnende – Möglichkeit, mit der rätselhaften Tatsache fertig zu werden, dass trotz der Uni-
versalität Jahwes nicht alle Völker ihm dienen. Dass Israel diesen Dienst
allein ausübt, beruht auf der besonderen geschichtlichen Begegnung, die es
mit Jahwe hatte, als er Israel aus Ägypten herausführte und zu seinem eige-

---

[549] Vgl. Dohmen ²1987, 275.

[550] So nach Dohmen ZAW 1984, 263–266.

[551] Siehe Knapp 1987, 89 f.

[552] Vgl. von der Sache her zum Astralkult in diesem Zeitalter auch Jer 7, 18; 44, 17; Ez 8, 16. Es
ist kaum damit zu rechnen, dass auch der priesterschriftliche Schöpfungsbericht mit Sonne, Mond
und Sternen (Gen 1, 14–18) auf V. 19 eingewirkt hat (gegen Otto 2000, 168 f).

[553] Vgl. Puukko 1910, 134.

[554] Siehe insgesamt zu V. 19 a und seiner Stellung in der Literatur und Religionsgeschichte Israels
Spieckermann 1982, 221–225, und Pakkala 1999, 90–93.

[555] So von Rad ²1968, 36

nen Volk machte (V. 20). Der Verfasser greift hier wahrscheinlich auf den Dekalogprolog (Dtn 5, 6) zurück,[556] dessen Terminologie er dabei variiert: Anstelle des „Sklavenhauses" (5, 6) spricht er vom „Eisenschmelzofen" (vgl. 1. Kön 8, 51; Jer 11, 4), der metaphorisch für die in Ägypten erfahrene große Not und Qual steht (vgl. Jes 48, 10)[557], und ergänzt die Herausführung aus Ägypten mit einer Zielaussage (V. 20 b) in Gestalt der sog. Bundesformel[558], die in derselben Funktion auch in Dtn 7, 6 und 14, 2 vorkommt[559].

DtrB hat die Gewohnheit, den Text seines Vorgängers mit paränetischen   23
Stücken umzurahmen (vgl. V. 9. 15). Das geschieht nach der abschließenden Feststellung des DtrN (V. 22) auch in V. 23 mit Hilfe von Ausdrücken, die eng an die früheren Rahmenstücke V. 9 und V. 15 erinnern und den Inhalt des Horebbundes (Dtn 5, 2) als Bilderverbot interpretiert zusammenfassen. Der Abschnitt V. 23–31 weist eine antithetische Struktur auf, in der die Warnungen (V. 23–28*) und Verheißungen (V. 29–31*) einander entsprechen und durch den „Bund" am Anfang (V. 23) und am Ende (V. 31) zusammengehalten werden.[560] Eine sekundäre Erweiterung liegt in V. 23 bβ vor, wo mit einem lockeren, für Zusätze typischen Relativsatz über V. 15 ff auf das dekalogische Bilderverbot in 5, 8 (Jahwerede!) Bezug genommen wird.[561]

Die Kundgabe der Bundesbestimmungen endet bei DtrB mit einer Begrün-   24
dung (V. 24), die Jahwes verheerende Macht und Intoleranz in Erinnerung ruft. Die Gottesprädikation „ein eifersüchtiger Gott" (אל קנא) stammt an dieser Stelle aus der dekalogischen Begründung des Fremdgötter- und Bilderverbots Dtn 5, 9 (Ex 20, 5). Sie taucht immer nur in der Polemik gegen die Fremdgötter auf (Ex 34, 14; Dtn 6, 15), wo sie den Ausschließlichkeitsanspruch Jahwes gegenüber Israel zum Ausdruck bringt.[562] Auch dies bestätigt die frühere Beobachtung, dass in dieser Schicht der Kampf gegen die Gottesbilder und Fremdgötter eine Einheit bildet.

Die Sanktionen für den Fall des Bundesbruchs bei der Übertretung des Bil-   25–28
der- und Fremdgötterverbots werden in V. 25–28 dargelegt. Die Verse sind reich an spät-dtr Beziehungen.[563] Als Ursache der Strafe wird in V. 25 „nur" die Anfertigung irgendeines Gottesbildes ausdrücklich erwähnt, was jedoch

---

[556] Knapp 1987, 74.
[557] Vgl. zum konkreten Hintergrund der Metapher Sir 38, 28 und s. weiter Sawyer 1983, 132 f.
[558] Siehe dazu Smend 2002, 3. 25.
[559] Ein Unterschied besteht darin, dass in 4, 20 für das „Eigentum" anstelle von סגלה (7, 6; 14, 2 und auch 26, 18) das im Dtn geläufigere Wort נחלה verwendet wird.
[560] Vgl. Weinfeld 1991, 207.
[561] Gewöhnlich wird das Verb צוה Pi. hier mit „verbieten" übersetzt und der Satz mit dem unmittelbar vorangehenden verknüpft. Das Verb hat diese Bedeutung jedoch nicht (s. König 1917, 81; KBL, 797; HALAT, 947 f). Ges-Buhl, 677 a, kennt sie zwar und gibt als Belege Dtn 2, 37 und 4, 23 an, aber in 2, 37 ist nach LXX und Targ. Jonathan ככל zu lesen (s. o.), so dass sich auch dort für das Verb צוה Pi. die Bedeutung „gebieten" ergibt. Sachlich haben die Masoreten in 4, 23 Recht mit ihrer Bemerkung (Seb), mit אשר sei כאשר gemeint.
[562] Braulik 1988, 265 f.
[563] Vgl. Dtn 28, 45–68; 29, 21–28; Jos 23; Ri 2, 20–3, 6; 1. Kön 8, 46–53.

im Lichte der gebrauchten Termini den Götzendienst schlechthin bedeutet.[564] Als Zeugen werden nach dem traditionellen Schema der Staatsverträge (s. o.) Himmel und Erde angerufen (V. 26 a), weil Jahwe, der ja selber Bundespartner ist, etwas schwer gleichzeitig auch noch diese Funktion übernehmen könnte.[565] Die Strafe besteht in dem schnellen Verlust des verheißenen Landes (vgl. 7, 4; 11, 17; 28, 20; Jos 23, 16), weshalb die Tage des Aufenthaltes in ihm nicht lang werden (vgl. V. 40; 5, 16. 33; 11, 9; 25, 15; 30, 18; 32, 47).[566] Der Landverlust bedeutet für das Volk Exilierung unter fremde Völker und eine starke zahlenmäßige Dezimierung (V. 27), die alle Mehrungsverheißungen (vgl. 1, 11) vereitelt. Den Exilierten bleibt keine andere Möglichkeit übrig, als in der Verbannung die Strafe genau in der Weise zu erleiden, wie sie sie verdient hatten: von Menschenhänden gestaltete Götter zu verehren, wie in V. 28 voller Ironie festgestellt wird.[567] Im Hintergrund dieser Drohung steht das bereits gemeinorientalische Prinzip *Cuius regio, eius religio* (vgl. 1. Sam 26, 19; 2. Kön 17, 25 ff), und ihr Ziel besteht in der Enthüllung, dass diese Götter pure leblose Materie (vgl. 2. Kön 19, 18, auch Dtn 28, 36. 64; 29, 16) und deshalb völlig kraft- und machtlos sind: weder sehen sie die Not des Menschen, noch erhören sie sein Gebet, noch nehmen sie die ihnen dargebrachten Opfer in Empfang (vgl. Ps 115, 5–7; 135, 16 f). Sie sind vollkommen unfähig, auf die Kontaktaufnahme ihrer Diener zu reagieren. Diese ziemlich brutale Art, die totale Nutzlosigkeit der Fremdgötter unter dem Gesichtspunkt ihres Herstellungsmaterials zu verspotten, erinnert am stärksten an die Götzenpolemik Deuterojesajas bzw. seiner Schüler (Jes 40, 19 f; 44, 12–20; 46, 6 f), der sie wahrscheinlich auch zeitlich nahe steht.[568]

29. 30   DtrB kennt aber als Gegengewicht zu der düsteren Prognose von V. 25–28 schon die Möglichkeit einer neuen Zukunft (V. 29. 31), die auch in einigen anderen spät-dtr Texten nach dem Gericht ins Auge gefasst wird (vgl. Dtn 30, 1–10; 1. Kön 8, 46–51). Die neue, aufrichtige Hinwendung zu Jahwe im Exil wird in V. 29 mit einem Zitat aus der dtr Erweiterung des Briefes Jeremias an die Exilierten (Jer 29, 13) zugesagt, was den störenden Wechsel des

---

[564] Die dtr Wendungen „böse handeln in den Augen Jahwes" und „Jahwe erzürnen" (zusammen auch in 9, 18 und 31, 29) haben in den meisten Fällen den Götzendienst als ihren Hintergrund (s. die Belege bei Dietrich 1972, 88 f. 90 f).

[565] Was allerdings nicht vollkommen ausgeschlossen ist, vgl. Ps 89, 38 b (dazu Veijola 1990, 137–143. 154–159).

[566] Die Wendung vom „Langwerden der Tage" bezieht sich dem Wortsinn nach auf die Lebenszeit des Einzelnen (so noch in Dtn 17, 20; 22, 7), hat jedoch in 4, 26 und den oben genannten Parallelen das kollektive Geschick des Volkes zum Inhalt (Levin 2003, 61).

[567] „[I]f Israel ignores what it saw and heard, it will wind up worshiping object which cannot see or hear" (Tigay 1996, 53).

[568] Die angegebenen Stellen sind nach Knapp 1987, 86 f, erst nachdeuterojesajanisch. Es verdient Beachtung, dass die sarkastische Kritik an den selbstgemachten Göttern, die in der prophetischen Literatur weit verbreitet ist (Weinfeld 1991, 209), im Pentateuch nur im Dtn begegnet, was ein Indiz für die Sonderstellung des Dtn im Pentateuch ist.

Numerus mitten im Vers verständlich macht.[569] Vers 29 hat dann in V. 30 einen jüngeren Bearbeiter zu einer weiteren Interpretation veranlasst,[570] die sachlich V. 29 weitgehend parallel läuft, das Verb מצא jedoch in einem anderen Sinne verwendet – dort „finden", hier „treffen" – und die lokale Bestimmung der Umkehr (V. 29 „von dort aus") gegen eine zeitliche (V. 30 „in künftigen Tagen") austauscht. Seinem Vorgänger ähnlich hat auch der Bearbeiter ältere Texte rezipiert. Am Anfang (V. 30 aα) hat er sich auf Hos 5, 15 gestützt und den Rest nach dem Vorbild von Dtn 30, 1 f formuliert. Aus Dtn 30, 1 stammen כל הדברים האלה („dies Alles"), die sich hier auf die in V. 26–28 beschriebenen Exilsnöte beziehen.[571] In Dtn 30, 2 fand der Bearbeiter die Verheißung der Umkehr[572], die nur hier und in Dtn 30, 2 im DtrG auf diese Weise konstruiert (das Verb שוב mit der Präposition עד) und inhaltlich mit dem Hören auf die Stimme Jahwes verbunden wird. Als eigenen Beitrag hat er die Zeitbestimmung „in künftigen Tagen" (wörtlich: „am Ende der Tage") beigefügt, die kein fernes, eschatologisches Zeitalter, vielmehr wie ihre kontextuale Parallele „in deiner Not" eine relativ nahe Zukunft anvisiert (vgl. 31, 29).[573]

Den Abschluss der umfangreichen bundestheologischen Bearbeitung von **31** 4, 1–40 bildet V. 31, der von seinem Verfasser als Begründung für V. 29 und zugleich als Gegenstück zu V. 23 f verfasst wurde. Hatte er in V. 23 f das „Gesetz" verkündet, so folgt nun das „Evangelium". Bereits in der Dekalogfassung des Fremdgötter- und Bilderverbots waren beide Aspekte in der Begründung eingeschlossen (5, 9 f), was nun auch in ihrer späteren Auslegung zur Geltung kommt. Abweichend vom Dekalog definiert DtrB Jahwes gnädiges Wesen mit der Prädikation „ein barmherziger Gott" (אל רחום). Sie ist eine bekenntnishafte Formel (Ex 34, 6), die nicht auf das AT beschränkt ist, sondern auch als Epitet des westsemitischen Wettergottes Hadad in einer assyrisch-aramäischen Inschrift aus der Mitte des 9. Jh.s auftaucht.[574] Als eine Prädikation Jahwes bedeutet die Barmherzigkeit nach V. 31, dass er seinem Volk am Ende doch treu bleiben wird wegen des Väterbundes (ברית), d. h. der Zusage, mit der er sich den Erzvätern gegenüber verpflichtet hatte (vgl.

---

[569] Der Verfasser hat das erste Verb („ihr werdet suchen") in der 2. P. Pl. wörtlich aus Jer 29, 13 übernommen, aber in der Fortsetzung war er wegen der Moserede gezwungen, von Jahwe in der 3. Person zu reden, und das Jahwe angehängte übliche Gottesprädikat der 2.P.Sg. („Jahwe, dein[en] Gott") bestimmte den Numerus des weiteren Wortlautes. Sobald Jer 29, 13 im Hintergrund von V. 29 erkannt wird (umgekehrt Vanoni 1995, 387–389), erübrigt sich die Suche nach den Vorbildern für Dtn 4, 29 in der Prophetie des 8. Jh.s (Zobel 1992, 90–107).

[570] Vgl. Steuernagel ²1923, 68; Mittmann 1975, 122.

[571] Eine eigenartige Deutung von כל הדברים האלה vertreten Lohfink 1965, 113, und Braulik 1988, 152. Sie verstehen darunter *Jahwes Worte* der Vorhersage, die Israel als „Evangelium" finden werden!

[572] Siehe die Exkursion zur Theologie der Umkehr bei Weinfeld 1991, 218–221.

[573] Vgl. schon Luther richtig: „wofür wir sagen: später (*postea*)", WA 14, 597:35 f (deutsch Walch 1894, 1418). Siehe näher Jenni in THAT I, 116–118.

[574] In der sog. Tell Fakhriyah-Inschrift (A 11), s. Sasson ZAW 1985, 86–103 (dort bes. 89 f. 94).

7, 12; 8, 18).[575] Damit nimmt er das Stichwort von V. 23, „Bund", wieder auf, und indem er den „Bund" mit der Väterverheißung verbindet, kehrt er zu einem Thema zurück, das er bereits am Eingang seiner Bearbeitung präludiert hatte (V. 1 b).[576]

Insgesamt hat sich die bundestheologische Bearbeitung von 4, 1–40 als eine relativ einheitliche Schicht mit nur wenigen späteren Erweiterungen erwiesen. Ihr zentrales Anliegen ist hier wie auch sonst das bundestheologisch verstandene Erste Gebot,[577] das als Fremdgötter- und Bilderverbot aus der Horeboffenbarung abgeleitet wird und die Bedingung für die Landnahme Israels bildet. Die eindringliche paränetische Darstellungsart legt es nahe, dass die Übertretung dieses Verbots zur Zeit des Verfassers eine ernsthafte Gefahr bedeutete. Der Sachverhalt, dass schon die Wende vom Exil in eine bessere Zukunft in Betracht gezogen worden ist (V. 29. 31), bringt den Verfasser in die zeitliche Nähe Deuterojesajas, oder noch genauer in die Nähe von Deuterojesajas Schülern, deren Verspottung der Hersteller von Götzenbildern in Jes 40, 19 f; 44, 12–20; 46, 6 f sich mit Dtn 4, 28 berührt.[578] Auch die zahlreichen spät-dtr Bezüge im Vokabular sprechen für das ausgehende 6. Jh. als die wahrscheinlichste Entstehungszeit der bundestheologischen Redaktion.[579]

5–8   3. Eine weitere, erheblich kürzere Bearbeitungsschicht liegt in V. 5–8 vor.[580] Sie unterbricht den Zusammenhang, der in der bundestheologischen Bearbeitung zwischen V. 4 und V. 9 existierte, wiederholt in V. 5 sachlich und terminologisch V. 1 in Gestalt der bundestheologischen Bearbeitung und nimmt in V. 5 b V. 14 b vorweg. Das zentrale Thema dieser Ergänzungsschicht sind die Satzungen und Rechte, die Israel in den Augen der anderen Völker die Ehre eines weisen und einsichtigen Volkes bringen werden. Von diesem Thema weicht allerdings V. 7 ab, wo Israels Gottesbeziehung unter dem Gesichtspunkt ihrer besonderen Nähe betrachtet wird. Formal fällt auf, dass nur in diesem Vers Mose in der 1.P.Pl. redet und terminologisch und syntaktisch

---

[575] Es ist über jeden Zweifel erhaben, dass mit den „Vätern" hier die Erzväter gemeint sind (Lohfink 1991, 60 f), und nicht die Angehörigen oder Vorfahren der Exodusgeneration (Römer 1990, 136–141).

[576] Die rahmende Funktion von V. 1 b und V. 31 b in der Bearbeitung von DtrB bestärkt die Annahme, dass die Bundeszusage von V. 31 b gerade das Land zu ihrem genaueren Inhalt hat (vgl. Kutsch 1973, 104. 114, und Lohfink 1991, 59). Ganz abwegig ist der Gedanke, nach dem der „Bund" in V. 31 gleichbedeutend mit dem – in V. 23–28 als gebrochen vorausgesetzten – „Horebbund" wäre (so jedoch Römer 1990, 138–140).

[577] Luther erweist sich als ein treuer Nachfolger von DtrB, indem er das Erste Gebot zum Schlüssel seiner Predigt über Dtn 4, 1–40 macht: „Darumb hie im folgenden Text nimet er [sc. Mose] sonderlich fur sich das Erste gebot zuhandelen, denn aus dem fliessen als aus einer quelle und folgen die anderen gebot alle und richten sich nach dem ersten gebot" (WA 28, 551:13-16).

[578] Vgl. Knapp 1987, 69.

[579] Vgl. Levin 1985, 82 Anm. 53.

[580] Vgl. Knapp 1987, 31 f.

der Aufbau von V. 8 nachgeahmt wird. Mithin ist V. 7 ab „wo" bis einschließlich „und" am Anfang von V. 8 als Zusatz zu beurteilen.[581]

Stilistisch sind diese Erweiterungen durch V. 5 und V. 8 gerahmt; beide 5. 8 Verse reden nachdrücklich von den „Satzungen und Rechten", die Mose Israel darlegen wird. Inhaltlich stellt dieser paränetische Abschnitt eine leidenschaftliche Werbung für das Gesetz des Dtn dar. Sein Ziel besteht darin, die Gebote Israels in Beziehung zur Weisheit zu setzen und damit die Sonderstellung Israels unter den Völkern zu begründen. Es geht in diesen Versen um die Frage nach der Identität Israels unter den Völkern.[582] Der Einfluss der Weisheit war bereits in dem Grundtext des Kapitels (DtrN) sowie in seiner bundestheologischen Bearbeitung zu spüren, aber in diesen Erweiterungen tritt er noch deutlicher in Erscheinung, was ein für die späteren Schichten der dtr Literatur typisches Phänomen[583] und zugleich ein Zeichen der schriftgelehrten Heimat ihrer Autoren ist.

In V. 5 geht der Bearbeiter mit seinen lehrhaften Äußerungen grundsätz- 5 lich nicht über das hinaus, was DtrN in V. 1 a und V. 14 über das „Lehren" der Satzungen und Rechte gesagt hatte. Die betonte Wiederholung zeigt jedoch, dass die Sache auch in seinen Augen eine hohe Aktualität besaß. Eine weitergehende Aussage macht er in V. 6, wo er Israels Gesetzesbefolgung als Weisheit preist[584] und darin den Grund für die Anerkennung erblickt, die die Völker Israel zollen. Die dabei gebrauchten Ausdrücke „Weisheit" (חכמה) und „Einsicht" (בינה) sowie die entsprechenden Adjektive „weise" und „einsichtig" begegnen sonst paarweise in Jes 29, 14, wo explizit von der Weisheit der Weisen die Rede ist, weiterhin in Jes 11, 2 als Attribute des kommenden messianischen Königs sowie in 1. Kön 3, 12 als Salomos göttliche Gaben und in Gen 41, 33. 39 als persönliche Eigenschaften Josefs. Die Stelle erinnert auch an Dtn 1, 13(15), wonach Mose „weise, einsichtige und sachkundige Männer" als Rechtshelfer wählen sollte. Das Neue und Bedeutsame in Dtn 4, 6 ist, dass hier „Weisheit und Einsicht", die sonst immer Eigenschaften eines Individuums sind, kollektiv auf das Volk Israel übertragen werden. Lehrreich ist auch ein Vergleich mit dem Bericht über den Besuch der Königin von Saba bei Salomo (1. Kön 10, 1–10), in dem diese Salomos Reichtum und persönliche Weisheit wortreich lobt.[585] Im Unterschied dazu hören die Völker nun von Israels Gesetzen (vgl. Jes 2, 3) und rühmen deshalb das Volk insgesamt

---

[581] So auch Steuernagel ²1923, 65.

[582] Vgl. Lohfink 1965, 100; Knapp 1987, 66 f.

[583] Siehe dazu ausführlich mit bibliographischen Angaben Preuß 1982, 86–90, und mit kritischen Einwänden Braulik 1997, 225–271.

[584] Syntaktisch liegt es näher, das Pronomen היא („darin") auf das unmittelbar vorangehende „Bewahren und Befolgen" (vgl. Weinfeld 1991, 202) als auf das erst später (V. 8) nachfolgende „ganze Gesetz" (so etwa Nielsen 1995, 56 f, und Braulik 1997, 250 f) zu beziehen (vgl. noch Sir 19, 20). Selbstverständlich wird im Kontext vorausgesetzt, dass das Gesetz die Quelle der Weisheit und Einsicht Israels ist.

[585] Allerdings wird schon in diesem Bericht die Selbstherrlichkeit Salomos insofern reduziert, als DtrN sie in V. 9 in den Dienst des Volkes stellt (s. Veijola 1982, 149).

als weise und einsichtig, worin auch seine Größe besteht, nicht etwa in seiner zahlenmäßigen Stärke oder seiner politischen Bedeutsamkeit.[586] Die Bemühung, das Gesetz und die Weisheit in eine enge Berührung miteinander zu bringen (vgl. Sir 24) und ursprünglich individuelle Eigenschaften auf das Volk Israel zu übertragen, steht im Zusammenhang mit den kollektivierenden Tendenzen, die für das beginnende theokratische Denken der spät- und nachexilischen Schriftgelehrten bezeichnend sind.[587]

8   Eine andere Eigenschaft, die Israel von den Völkern unterscheidet, sind seine *gerechten* Gesetze, wie in V. 8 in Form einer hymnischen Inkomparabilitätsaussage (vgl. 3, 24 b) beteuert wird. Die Prädikation „gerecht" (צַדִּיק), die sonst immer auf Personen angewendet wird, ist die höchstmögliche, die Gesetzen überhaupt zuerkannt werden kann. In den sozial gerechten Gesetzen beweist Jahwe seine besondere Gemeinschaftstreue gegenüber Israel (vgl. Ps 147, 19 f). In den Prologen und Epilogen der altorientalischen Gesetzescodices war es üblich, die Gerechtigkeit der in ihnen enthaltenen Gesetze hervorzuheben.[588] In Dtn 4, 8 wird die Behauptung gewagt, die im Dtn gesammelten Satzungen und Rechte seien, was die soziale Gerechtigkeit anbelangt, ohnegleichen.[589]

Als Hintergrund dieser schriftgelehrten Bearbeitung können Bedürfnisse und Probleme der (früh-)nachexilischen Generation vermutet werden.[590] Das Exil hatte einen gefährlichen Bruch in der lebendigen Glaubensüberlieferung mit sich gebracht, dem bewusst mit „Lehre" entgegengewirkt werden musste. Die intensive Beschäftigung mit der eigenen Identität deutet auf eine Situation hin, in der Israel schon seit längerer Zeit unter Fremdvölkern lebt und sich darum bemüht, eine Lösung für das Problem seiner Existenz als Jahwes Volk zu finden.

7*   In der jüngeren Erweiterung von V. 5–8 durch V. 7* wird das Proprium Israels in der besonders nahen Gottesbeziehung erblickt, die es in der Hinwendung zu Jahwe im Gebet hat.[591] Die Aussage erinnert terminologisch und sachlich an einige Äußerungen in den jüngsten Rahmenstücken des salomonischen Tempelweihgebets (1. Kön 8, 52. 59), von denen sie literarisch abhängig sein wird.[592] Typisch dtr ist diese Anschauung allerdings nicht mehr;

---

[586] Vgl. Weinfeld 1991, 202. Dass der Verfasser dabei eine bewusste Stellungnahme gegen Salomo im Sinne gehabt hätte (so Lohfink 1965, 95. 102, und Braulik 1988, 72), ist zu bezweifeln (vgl. Cazelles CBQ 1967, 213 f; Levenson HThR 1975, 204).

[587] Vgl. Veijola 1982, 133–175; Ders. 2000, 224.

[588] Zum Beispiel im Epilog des Codex Hammurapi wird gesagt: „(Dies sind) die gerechten Richtersprüche, die Hammurapi, der tüchtige König, festgesetzt hat, (wodurch) er dem Lande feste Sitte und gute Führung angedeihen ließ" (XLVII, 2–8, die Übersetzung nach TUAT I/1, 75).

[589] Braulik 1988, 83–90; Weinfeld 1991, 202, und García López RStB 2003, 13, nehmen sogar an, dass die Aussage namentlich den Codex Hammurapi im Blick habe.

[590] Knapp 1987, 63–67.

[591] Targ. Onkelos macht die Intention des hebräischen Textes ganz klar mit der freien Wiedergabe: „Denn welches Volk ist so groß, dass ihm ein Gott so nahe ist, dass er seine Gebete in den Zeiten der Drangsale annimmt, wie Jahwe, unser Gott, zu jeder Zeit tut, wenn wir vor ihm beten."

[592] Braulik 1988, 77, scheint die Abhängigkeit eher in umgekehrter Richtung anzunehmen.

denn in der exilischen dtr Literatur war man sich der Ambivalenz der Gebetserhörung bewusst (vgl. Dtn 3, 24–28; 1. Sam 8, 18; Jer 11, 11. 14; 14, 12; 15, 1).[593] Die Stimmung ist eher bezeichnend für nachexilische Psalmen, in denen der Gedanke auftaucht, dass im Gebet eine sichere Garantie für Jahwes Nähe liegt (z. B. Ps 34, 18 f; 145, 18 f).

4. Innerhalb von 4, 1–31 begegnen in V. 2 und V. 21 noch zwei kleinere   2. 21
Zusätze, die offenbar keiner breiteren Bearbeitungsschicht angehören. Der
isolierte Zusatz V. 2[594] steht zwischen V. 1 b und V. 3 f, die in der bundestheologischen Bearbeitung aufeinander folgten (s. o.), und unterscheidet sich vom
Kontext durch seinen Sprachgebrauch. Indessen ist der Zusatz in sich nicht
einheitlich, sondern hat in V. 2 b eine formelhafte Erweiterung erfahren, die
verspätet, ohne eine organische syntaktische Verbindung mit dem Vorangehenden kommt und in V. 2 bβ eine wörtliche Wiederholung von V. 2 aα² enthält. Die erste Stufe des Zusatzes (V. 2 a) bietet die sog. Kanonformel, die den
Wortlaut des verbindlichen Textes vor Veränderungen zu schützen versucht.
Sie hat einen breiten Hintergrund im alten Orient,[595] wo sie in verschiedenen
Literaturgattungen – in der ägyptischen Weisheitsliteratur, in babylonischen
Epen und Gesetzessammlungen, in assyrischen Staatsverträgen u. a. – sowohl im Blick auf den mündlichen als auch auf den schriftlichen Vortrag verwendet wird. Im AT hat sie eine Vorform in Jer 26, 2, wo sie sich auf die vollständige Verkündigung der mündlichen Gerichtsbotschaft bezieht. In Dtn
4, 2 a (und 13, 1) erhält die Formel ihre volle Gestalt, in der sie sowohl das
Hinzufügen als auch das Wegnehmen verbietet und eindeutig auf den schriftlichen Wortlaut des Dtn bezogen ist,[596] dessen fließender Charakter mit den
zahllosen Erweiterungen und Auslassungen – von den Letztgenannten wissen wir freilich wenig – eines Tages zum Problem werden musste. Das Dtn
eignet sich wegen seines Inhalts vorzüglich als Geburtsort der alttestamentlichen Kanonformel; denn „das Dt. ist der Vorstellung von einem verbindlichen Lehrganzen tatsächlich nicht mehr sehr ferne"[597], was nach der heutigen Vorstellung vor allem seine nomistischen Spätschichten betrifft. Mit dem
Ur-Kanon des Dtn entstand die Vorstellung von einer Heiligen Schrift, die als
„portatives Vaterland" (Heinrich Heine) Israels Identität als Volk Gottes nach
Verlust von Land und Tempel rettete und die Grundlage für eine Religion der
Auslegung bildete.[598] Der Bearbeiter von V. 2 b hat freilich den Sinn der Kanonformel nicht voll verstanden, er hat die Aufmerksamkeit wieder auf die
praktische Befolgung der Gebote gelenkt. In der kombinierten Gestalt von

---

[593] Siehe näher Veijola 2000, 180.
[594] Vgl. Mittmann 1975, 116 f, und Preuß 1982, 47.
[595] Siehe z. B. Fishbane ZAW 1972, 350; Weinfeld 1972, 261 f; Dohmen/Oeming 1992, 70–78.
[596] Es wäre vollkommen abwegig, den Gegenstand der Kanonformel („das, was ich euch
gebiete") „auf die vorangehende, in der Leserichtung des Pentateuch am Sinai ergangene Gesetzgebung" zu beziehen (Otto 2000, 165). Vgl. nur V. 1 a.14. 40.
[597] von Rad ²1968, 36 (vgl. auch S. 21).
[598] Siehe Assmann ³2000, 103–129.

V. 2 a + V. 2 b wird die Formel später in 13, 1 wieder verwendet. Außerhalb des Dtn lebt die Kanonformel in der jüngeren Weisheit, wo sie sich sowohl auf die Worte (Spr 30, 6) als auch auf die Taten Gottes (Koh 3, 14; Sir 18, 6; 42, 21) beziehen kann, und ihre breiteste, für das christliche Kanonbewusstsein maßgebliche Gestalt hat sie in Offb 22, 18 f erreicht.

21   In V. 21 wird die Grundschicht (DtrN) von einem jüngeren Ausleger kommentiert, der die Ursache dafür nachträgt, dass Mose nach V. 22 außerhalb des verheißenen Landes bleiben muss.[599] Die Begründung versteht sich als ausdrücklicher Rückbezug[600] auf die früher zweimal erzählte Weigerung Gottes, Mose das Land betreten zu lassen (1, 37; 3, 27), was auch an zahlreichen terminologischen Abhängigkeiten von diesen Stellen sichtbar wird. Weil 1, 37 Bestandteil einer jungen Erweiterung (1, 36–39 aα[1]) ist, die schon die Priesterschrift voraussetzt (s. o.), spricht dies für eine noch spätere Entstehungszeit von 4, 21. Aus dem Abhängigkeitsverhältnis geht auch hervor, dass der Bearbeiter mit „euren Worten" konkret auf das Murren des Volkes in der Wüste anspielt (1, 34), mit dem dieses auf den Bericht der Kundschafter reagiert hatte.[601] Die stilistischen Unebenheiten in der zweiten Vershälfte (V. 21 bβγ) könnten Anlass zur Annahme einer sukzessiven Entstehung des Zusatzes geben,[602] aber angesichts des Zitatcharakters und der jungen Herkunft des ganzen Verses ist dieses Postulat wohl nicht nötig. Dass der Redaktor auch die bundestheologische Bearbeitung berücksichtigt hat, zeigt sich an der Einzelheit, dass er aus ihr (V. 20) das Wort „Eigentum/Erbbesitz" (נחלה) übernommen hat, das er aber der gängigen Redeweise des Dtn[603] folgend auf das Land Israel anwendet.

32–40 5. Abgeschlossen wird der barocke Textkomplex 4, 1–40 durch einen theologischen Traktat, der über die Einzigkeit Jahwes handelt (V. 32–40). Diese Verse fügen sich nicht in das Schema des Bundesformulars ein, das den äußeren Rahmen für die vorangehende Darstellung bildete (s. o.). Auch terminologisch und thematisch stellen sie einen relativ selbständigen Anhang dar, den nur wenige, eher unscheinbare Fäden mit V. 1–31 verbinden.[604] Der Anhang ist jedoch in sich nicht einheitlich. Er gliedert sich in zwei parallele Redegänge

---

[599] Vgl. Noth ³1967, 38 Anm. 2, und Mittmann 1975, 120.

[600] Im Hebräischen ausgedrückt durch Inversio + Perf., was plusquamperfektisch zu verstehen ist.

[601] Vgl. Rose 1994, 498. Wegen 1, 37 (בגללכם) und 3, 26 (למענכם) wird על דבריכם in 4, 21 gewöhnlich „euretwegen" übersetzt, aber Dtn 4, 21 wäre der einzige Beleg für diese Bedeutung (HALAT, 203 a), die weder von LXX (περὶ τῶν λεγομένων ὑφ' ὑμῶν) noch von Vulg. (propter sermones vestros) unterstützt wird.

[602] Siehe Steuernagel ²1923, 67; Mittmann 1975, 120; Preuß 1982, 47.

[603] Dtn 15, 4; 19, 10; 20, 16; 21, 23; 24, 4; 25, 19; 26, 1.

[604] Die Fäden sind jedoch bei genauerem Zusehen da, so dass man kaum mit Rofé 2002, 22, annehmen kann, die Verse 32–40* hätten als selbständige Einheit vor V. 1–31 existiert. Vgl. sprachlich und thematisch: V. 33 und V. 36 mit V. 12, V. 37 a mit V. 31 b, V. 37 b mit V. 20 a, V. 38 b mit V. 21 bγ, V. 36. 39 („Himmel und Erde") mit V. 26, V. 40 aα mit V. 2, V. 40 bα mit V. 26 bα sowie V. 40 bβ mit V. 21 bγ. Es ist auch wenig wahrscheinlich, dass die heftige Bilder- und Fremdgötterpolemik nach dem Beweis von Jahwes Einzigkeit entstanden wäre (vgl. nur V. 19 b–20 mit V. 35. 39!).

(V. 32–35 und V. 36–40), die beide den Beweis von Jahwes Einzigkeit (V. 35 und V. 39) aufgrund seiner Geschichtstaten für Israel (V. 32–34 und V. 36–38) erbringen wollen.[605] Der jüngere dieser Teile liegt in V. 36–40 vor.[606] Das zeigt sich nicht nur an der heutigen Stellung des Abschnitts und dem gegenüber V. 32 mangelhaften Anfang von V. 36, sondern vor allem an seinem ergänzenden Charakter: Die in der ursprünglichen Fassung von V. 32–35 fehlenden heilsgeschichtlichen Fakten des Horeb (V. 36 abα), der Väterverheißung (V. 37 a) und der Landnahme (V. 38) werden hier nachgetragen, die Zielaussage von Jahwes Einzigkeit wird in V. 39 gegenüber V. 35 erweitert[607] und in V. 40 daraus eine praktische Konsequenz gezogen. Kleinere Zusätze innerhalb von V. 32–40 sind V. 33. 34 a*("oder").34 b und V. 36, wie eine nähere Analyse noch zeigen wird. Es wird sich auch herausstellen, dass der Anhang in enger Berührung mit Deuterojesaja entstanden ist, dessen Verkündigung eher den Hintergrund als eine Reflexion der hier behandelten Themen darstellt.[608] Für die Ansetzung nach Deuterojesaja, etwa in der ersten Hälfte des 5. Jh.s, spricht auch die Stellung des Anhangs innerhalb des literarisch mehrschichtigen Textes von 4, 1–40.

Formal folgt die Argumentation in V. 32–40 dem sog. Schema der Beweisführung (vgl. 7, 8–11),[609] mit dessen Hilfe die Verfasser der parallelen Redegänge intensiv versuchen, die Leser von Jahwes Einzigkeit zu überzeugen. Zu diesem Zweck fordert der Autor des ersten Redegangs in leidenschaftlichem Ton Israel auf, „Universalgeschichte" zu betreiben und dadurch die eigene, einmalige Stellung in der Religionsgeschichte zu erkennen.[610] Die Argumentation erinnert stark an einige Disputationsworte bei Deuterojesaja, mit denen Jahwe sein Volk vor einen religionsgeschichtlichen Vergleich stellt (Jes 40, 25; 41, 1–4. 25–29; 43, 8–11; 44, 6–8; 46, 5. 9). Die Anspielung auf die Schöpfung (V. 32), die terminologisch die Kenntnis des priesterschriftlichen Schöpfungsberichts voraussetzt (vgl. Gen 1, 27), ist einmalig im Dtn, während Deuterojesaja häufig auf die Schöpfung mit dem Verb ברא „schaffen" Bezug nimmt, auch dort, wo er Beweisgründe für Jahwes Absolutheit bringt (vgl. 40, 26. 28; 41, 20; 45, 7 f).

Problematisch ist die Funktion von V. 33 in der Argumentationskette, in der   33 alles auf die Einzigkeit Jahwes zielt, in V. 33 hingegen das Volk Israel mit seiner einzigartigen Erfahrung im Vordergrund steht, was eine deutliche Abweichung vom Thema bedeutet. Es handelt sich bei V. 33 (und bei „oder" in V. 34) offenbar um eine sekundäre Erweiterung, deren Verfasser die Aufmerksam-

---

[605] Vgl. Mittmann 1975, 123; Knapp 1987, 40 f.

[606] Vgl. Knapp 1987, 41. Anders Mittmann 1975, 123 f, der V. 36–40 die Priorität vor V. 32–35 geben möchte.

[607] Dass Jahwes Ausschließlichkeit in V. 39 b knapper als in V. 35 b ausgedrückt wird, ist kein Gegenargument, da es sich in V. 39 b um eine weit verbreitete feste Formel handelt (vgl. 1. Kön 8, 60; Jes 45, 5. 6. 14. 18. 21. 22, 46, 9; Joel 2, 27).

[608] Für die umgekehrte Richtung der Abhängigkeit plädiert Braulik 1988, 291–295.

[609] Siehe Braulik 1978, 63. 146.

[610] Vgl. Lohfink 1965, 114 f.

keit auf eine Einzelheit des Horebgeschehens, das Reden Jahwes aus dem
Feuer (V. 12 a), lenkt und darin ein Wunder sieht, dass das Volk trotzdem am
Leben geblieben ist. Genau diese Interpretation begegnet als Zusatz auch in
der Schilderung des Horebgeschehens in Kap. 5 (V. 24 b.26) und ebenfalls als
Zusatz in V. 36 des vorliegenden Kapitels (s. u.). Eine derart spezifische Nach-
interpretation, die den privilegierten Status der Horebgeneration vor allen anderen hervorhebt, kann nur das Werk ein und desselben Bearbeiters sein.[611]
Seine Neigung zu midraschartiger Auslegung älterer Texte spricht für eine relativ späte Entstehungszeit, das 6. bis 4. Jh.,[612] womit auch die für die Spätzeit
typische Prädikation „der lebendige Gott"[613] bestens zusammenpasst.

34   Die Argumentation des Grundtextes läuft weiter in V. 34 a, wo das Uner-
hörte von Jahwes Handeln an seinem Volk zum Ausdruck gebracht wird.
Dass Jahwe sein Volk aus der Mitte eines anderen Volkes herausgenommen
hat, ist in den Augen des Verfassers ein religionsgeschichtliches Unikum. Das
Argument gründet sich auf die gemeinorientalische Anschauung, nach der jedes Volk seinen eigenen Gott bzw. seine eigenen Götter hat (vgl. V. 19; Ri
11, 24), und wenn es einem Gott gelingt, den Einfluss seines Volkes auf Kosten eines Anderen zu stärken, beweist er damit seine eigene Überlegenheit
und die Ohnmacht des/der fremden Gottes/Götter.[614] All das, was Jahwe
durch Plagen („Prüfungen") und andere kraftvolle Taten[615] für die Befreiung
seines Volkes aus Ägypten vollbrachte, war nach V. 34 a ein schlagender Beweis für seine universale Macht (vgl. 2. Sam 7, 22–24 DtrN). Der Gedankengang des Verfassers wird durch den Vergleichssatz V. 34 b verdunkelt, indem
dort schon jetzt – zu früh im Blick auf das im Hebräischen betonte „Du"
in V. 35 – die Empfänger dieser Heilstaten eingeführt werden. Der zweifache
Numeruswechsel in V. 34 b deutet als weiteres Argument darauf hin, dass es
sich um einen Zusatz handelt.[616]

35   Den Gipfel erreicht die Beweisführung in V. 35, wo die den Glauben betreffende Konsequenz[617] aus dem Geschichtshandeln Jahwes gezogen wird.
Sie ist in die Gestalt der sog. Erkenntnisformel[618] gekleidet, die auch sonst
gern als Ziel- und Schlussaussage einer Argumentationskette steht. Das göttliche Handeln geschieht nicht um seiner selbst willen, es ist auf die Menschen

---

[611] Siehe Rofé 2002, 18, vgl. Knapp 1987, 101.

[612] Rofe 2002, 22.

[613] So nach dem korrigierten Text von V. 33 (s. dazu die Textanmerkung oben). Die Prädikation
„der lebendige Gott" hat ihre Heimat in der Polemik gegen andere Völker und ihre Götter. Ihre
frühesten Belege finden sich in der dtr Literatur (Jos 3, 10; 2. Kön 19, 4. 16//Jes 37, 4. 17), aber die
Mehrzahl der Belege begegnet erst später: 1. Sam 17, 26. 36 (junge Zusätze); Jer 10, 10 (fehlt in
LXX); Jer 23, 36 (nach-dtr); Hos 2, 1 (Zusatz); Ps 42, 3; Dan 6, 21. 27.

[614] Vgl. Rofé 2002, 19 f.

[615] Ihre Aufzählung durch die Siebenerreihe stellt eine späte Kettenbildung dar, der die ähnlichen Reihen in Dtn 7, 19 und 29, 2 am nächsten entsprechen.

[616] Vgl. Hempel 1914, 73 Anm. 3; Mittmann 1975, 122; Preuß 1982, 47.

[617] So nach Braulik 1978, 64.

[618] Grundlegend dazu Zimmerli ²1969, 41–119.

hin ausgerichtet und möchte bei ihnen Erkenntnis und Anerkennung Jahwes bewirken.[619] Laut V. 35 sind nicht nur die Geschichtsereignisse von Jahwe gewirkt, auch das menschliche Vermögen, sie als göttliche Taten zu erkennen, ist eine von Jahwe geschenkte Gabe (vgl. 29, 3) – was im Hebräischen durch eine Passivform des Verbs „sehen" (ראה Hof.) ausgedrückt wird. Die Ereignisse als solche sind historisch nicht ohne weiteres evident, sondern haben Anteil an der Kontingenz der göttlichen Offenbarung. Ihr Ziel besteht jedoch darin, dass Israel in ihnen die Offenbarung Jahwes erkennt und Jahwe als einzigen Gott anerkennt. Dies wird in V. 35 – und parallel dazu in V. 39 – durch die Bekenntnisformel „Jahwe ist Gott" ausgedrückt, die sich gerade in der spät-dtr Literatur mit der Erkenntnisformel verbunden zu einer echt monotheistischen Aussage entwickelt hat (Dtn 7, 9; 1. Kön 8, 60; 18, 37. 39; 2. Kön 19, 15. 19)[620]. Alle diese jungen Stellen dürften bereits von Deuterojesaja abhängig sein, bei dem die Erkenntnisformel relativ häufig begegnet (Jes 41, 20. 23. 26; 45, 3; 49, 23. 26; 52, 6), auch in Verbindung mit den Ausschließlichkeitsaussagen (Jes 43, 10–13; 52, 6). Für die Ableitung von Deuterojesaja spricht auch die Erweiterung der Bekenntnisformel durch „kein anderer außer ihm" (V. 35 b), was in der einfachen Grundform „keiner sonst" (אין עוד, V. 39 b) als abgrenzende Aussage gegen andere Götter gerade bei Deuterojesaja zu Hause ist (Jes 45, 5. 6. 14. 18. 21. 22; 46, 9, vgl. 1. Kön 8, 60; Joel 2, 27). Es unterliegt keinem Zweifel, dass das Bekenntnis von V. 35 (und V. 39) eine echt monotheistische Aussage darstellt, die die Existenz aller anderen Götter grundsätzlich in Frage stellen möchte.[621]

36 Die zweite, jüngere Beweisführung für die Einzigkeit Jahwes setzt in V. 36 etwas abrupt mit einem Hinweis auf die Ereignisse am Horeb ein. Anders als in V. 11 f wird hier in der Art der Offenbarung eine Distinktion vorgenommen: Gottes Stimme kam vom Himmel, während auf der Erde nur sein Feuer zu sehen war. Vers 36 ist wahrscheinlich ein erklärender Zusatz,[622] der versucht, die Vorstellung, nach der Jahwe das Volk aus dem Feuer angesprochen hat (4, 12 a.33), mit der konkurrierenden Vorstellung, nach der er vom Himmel geredet hat (Ex 20, 22, vgl. Neh 9, 13), auszugleichen.[623] Das Erstaunen darüber, dass das Volk trotz des Vernehmens der direkten Rede Jahwes aus dem Feuer am Leben geblieben ist, ist ein Thema, das den Zusatz mit V. 33 verbindet.

37–38 Die Reihe der heilsgeschichtlichen Fakten, die sich im vorangehenden Beweisgang auf die Herausführung aus Ägypten konzentrierten (V. 34), wird in V. 37 f nach hinten und nach vorne ergänzt: Die Erwählung der Exodus- und Horebgeneration wird in V. 37 a als Einlösung der Väterverheißung (vgl. V. 31) gedeutet, die in Gottes Liebe zu den Vätern begründet war (vgl.

---

[619] Zimmerli ²1969, 51.
[620] Siehe Köckert 2003, 139 f.
[621] Mit Braulik 1988, 287 f, gegen die Bedenken von Rose 1975, 154, und MacDonald 2003, 78–85.
[622] Vgl. Rofé 2002, 18.
[623] Vgl. Krüger 2000, 89.

7, 8. 13; 23, 6). Die Liebe Gottes zu Israel wird im Pentateuch nur im Dtn erwähnt. Sie dürfte ihren traditionsgeschichtlichen Hintergrund in der Liebestheologie des Hoseabuches haben.[624] In der kurzen Beschreibung des Exodus erscheint in V. 37 b als neues Element das „Angesicht" Jahwes, das seine persönliche Anwesenheit und Führung bei der Herausführung kennzeichnet (vgl. Ex 33, 14 f; Jes 63, 9).[625] Neu ist auch die in V. 38 erwähnte Vernichtung der Völker und die Besitznahme ihres Landes, die im Credo dem Exodus folgte. Mit den „Völkern" sind sicherlich nicht nur die ostjordanischen Untertanen der Könige Sihon und Og (Dtn 2 f) gemeint, sondern auch die westlich des Jordan lebenden kanaanäischen Völker (vgl. 7, 1; 9, 1; 11, 23), die hier anachronistisch schon jetzt als unterworfen hingestellt werden. Dabei wird die Situation der Moserede jenseits des Jordan, vor der Eroberung des Westjordanlandes vergessen.

39–40   Die Beschreibung der Geschichtstaten Jahwes mündet auch hier in die den Glauben betreffende, noch „heute" geltende Schlussfolgerung (V. 39), die das Bekenntnis von Jahwes Einzigkeit gegenüber V. 35 leicht variiert. Die Erkenntnis allein genügt nach V. 39 nicht, es bedarf auch der innerlichen Aneignung, des „Sich-zu-Herzen-Nehmens" (vgl. 30, 1; 1. Kön 8, 47; Jes 44, 19, Klgl 3, 21), um Jahwes Absolutheit mit ihren Konsequenzen voll zu fassen. Zudem wird das Bekenntnis anhand einer dtr Wendung (1. Kön 8, 23, vgl. Jos 2, 11) modifiziert, die durch die Berücksichtigung des „Himmels droben" und der „Erde unten" (vgl. V. 17. 26. 36) den universalen Charakter der Alleinherrschaft Jahwes als Gott nachdrücklich unterstreicht. Neu ist auch die ethische Schlussfolgerung, die in V. 40 der „dogmatischen" folgt. Sie ist aber durchaus am Platz; denn gerade im Dtn wollen die Taten Gottes das Volk nicht nur theoretisch von seiner Größe überzeugen, vielmehr es auch dazu verpflichten, seine Gebote und Gesetze konkret zu beachten.[626] Jahwes Souveränität als einziger Gott garantiert seine Autorität als Gesetzgeber (vgl. 1. Kön 8, 60 f). Die Verpflichtung geschieht in paränetischer Form, die aus einer Mahnung (V. 40 aα) und einer Verheißung (V. 40 aβγb) besteht. Die Ausdrücke für die Gebote weichen leicht von den früher in V. 1. 5. 14 verwendeten ab, aber sachlich sind dieselben „Satzungen und Rechte" wie dort gemeint. Als Folge des Gehorsams stellen sich Wohlergehen und eine lange Lebenszeit ein (vgl. 5, 16. 29; 22, 7), womit die in V. 26 ausgesprochene Drohung in ihr Gegenteil gekehrt wird. Die durch Gesetzesgehorsam bedingte Landverheißung in V. 40 bildet das Gegenstück zu V. 1 und damit einen kunstvollen Rahmen um den ganzen Abschnitt 4, 1–40. Aus der Perspektive des historischen Autors betrachtet ist die Verheißung wahrscheinlich an Leute gerichtet, die aus dem Exil zurückgekehrt waren und sich wieder im Lande in der Hoffnung niedergelassen hatten, dass es ihnen nun „für alle Zeit" gegeben sei.

---

[624] Siehe Zobel 1992, 78–84, Spieckermann 2001, 158.
[625] Siehe van der Woude THAT II, 446–448, und Seeligmann 1977, 438.
[626] Seeligmann 1977, 438.

4. Die Asylstädte im Ostjordanland (4, 41–43)

41 Damals sonderte Mose jenseits des Jordan, nach Osten hin, drei Städte aus, 42 damit dorthin fliehen könne ein Totschläger, der seinen Nächsten ohne Vorsatz getötet hat, ohne dass er mit ihm schon früher verfeindet war, damit er zu einer dieser Städte fliehe und am Leben bleibe: 43 Bezer in der Wüste auf der Ebene für die Rubeniten und Ramot in Gilead für die Gaditer und Golan in Baschan für die Manassiten.

Die Mitteilung von der Aussonderung der drei Asylstädte im Ostjordanland hebt sich vom Kontext allein schon dadurch ab, dass es sich bei ihr nicht um eine Rede Moses, sondern um einen Bericht des „Bucherzählers" über Mose handelt. Sie steht in ihrer literarischen Umgebung völlig allein und setzt außerdem junge, spät-priesterschriftliche Texte voraus (Num 35; Jos 20), weshalb sie zu den jüngsten Bestandteilen des ganzen Dtn zu rechnen ist.[627] Den äußeren Anlass für ihre Platzierung gerade an dieser Stelle, nach der großen paränetischen Rede Moses (4, 1–40), boten wahrscheinlich die nachfolgenden Gesetzesüberschriften 4, 44 f mit ihren historisch-geographischen Anhängseln (V. 46–49), die ebenfalls als Fremdbericht über Mose und die Israeliten verfasst sind.[628] Inhaltlich berühren sich die Verse mit Dtn 3, wo von der Eroberung und Verteilung des Ostjordanlandes an die zweieinhalb Stämme die Rede war (3, 8–17). Wahrscheinlich hat der Verfasser von 4, 41–43 den genauen Zeitpunkt der Ereignisse mit Absicht offen gelassen; denn er bedient sich in V. 41 einer Formel (אז „damals" + Imperf.)[629], die den zeitlichen Rahmen des nachfolgenden Berichts nur sehr allgemein angibt und die Möglichkeit zulässt, die berichtete Maßnahme zeitlich mit den Ereignissen von Kap. 3 zu verbinden.[630]

Der hier vorliegende Bericht ist literarisch von dem älteren Asylgesetz des Dtn in 19, 1–13 abhängig, das in 4, 41–43 zu einer Vollzugserzählung umgestaltet worden ist.[631] Nachdem die in Juda im 7. Jh. durchgeführte Kultzentralisation den lokalen Heiligtümern auch ihre Funktion als Asyl (vgl. Ex 21, 13; 1. Kön 1, 50–53; 2, 28) genommen hatte, entstand die Notwendigkeit besonderer Asylstädte, die eine Neuerung der dtn Gesetzgebung sind. Be-

---

[627] Vgl. Gertz 1994, 150 f. 155, und Rofé 2002, 137 f. 146 f.

[628] Vgl. Knapp 1987, 116, und Nielsen 1995, 66.

[629] Die übrigen Belege der Formel finden sich in Ex 15, 1; Num 21, 17; Jos 8, 30; 10, 12; 22, 1; 1. Kön 3, 16; 8, 1//2. Chr 5, 2; 1. Kön 11, 7; 16, 21; 2. Kön 8, 22//2. Chr 21, 10; 2. Kön 12, 18; 15, 16; 16, 5.

[630] Rabinowitz VT 1984, 59.

[631] Die literarische Unselbständigkeit von 4, 41–43 erklärt auch die schwerfällige Syntax von V. 42. Zu den Abhängigkeiten im Einzelnen vgl. 4, 41 aα mit 19, 2 a.7 b, 4, 42 aα¹ mit 19, 3 b, 4, 42 aα²β mit 19, 4 b sowie 4, 42 b mit 19, 5 b. Nichts in 19, 1–13 deutet darauf hin, dass 4, 41–43 dort vorausgesetzt wäre (anders z. B. Weinfeld 1991, 233).

reits eine in Dtn 19, 8–10 vorliegende dtr Erweiterung der Asylgesetzgebung sieht vor, dass die Anzahl der Städte (drei) bei eventueller Gebietserweiterung durch weitere drei zu ergänzen ist. Der Verfasser von 4, 41–43 hat diese Klausel in dem Sinne verstanden, dass mit den zusätzlichen Asylstädten das Ostjordanland im Blick liegt, zumal in einem sekundären Text der Priesterschrift (Num 35, 9–15) die entsprechende Verteilung der sechs Asylstädte vorgesehen war – allerdings als eine Maßnahme, die erst nach dem Jordanübertritt und damit nach dem Tod Moses vollzogen werden sollte (V. 10). Die Vorschrift von Num 35, 9–15 wurde nach dem Bericht von Jos 20, der von Num 35, 9–15 abhängig ist, in der Zeit Josuas in die Wirklichkeit umgesetzt, als die Israeliten drei Städte sowohl im Westjordanland (V. 7) als auch im Ostjordanland (V. 8) als Asylstädte aussonderten. Die Namen der ostjordanischen Asylstädte stimmen mit den in Dtn 4, 43 Genannten überein, dessen Verfasser sie aus Jos 20, 8 entliehen[632] und auf die Zeit Moses übertragen hat. Da die Landnahme der in Jos 20, 8 genannten ostjordanischen Stämme nach Dtn 1–3 unter der Leitung des Mose vollzogen wurde, zog der Verfasser von Dtn 4, 41–43 daraus die Schlussfolgerung, auch die Aussonderung der Asylstädte jenseits des Jordan sei schon durch Mose und nicht erst durch Josua erfolgt.[633]

Die Aufzählung der aus Jos 20, 8 stammenden ostjordanischen Asylstädte hat der Verfasser von Dtn 4, 41–43 in V. 43 in Anlehnung an den früheren Landverteilungsbericht von DtrH (3, 12 b.13 a) vorgenommen.[634] Die den Rubeniten als Asyl zugewiesene Stadt Bezer (vgl. Jos 20, 8; 21, 36; 1. Chr 6, 63), die auch in der moabitischen Mescha-Inschrift (Zeile 27)[635] erwähnt wird, liegt nach V. 43 „in der Wüste auf der Ebene", was einen Hinweis auf ihre Lage am östlichen Rande des transjordanischen Hochplateaus (vgl. 3, 10) gibt. Ihre genauere Identifikation ist unsicher; sie wird heute gewöhnlich mit dem Ort *Umm el-ʿAmed*, der an der ehemaligen Königsstraße, 12 km nordöstlich von *Mādebā* liegt, gleichgesetzt.[636] Die Asylstadt der Gaditer, Ramot in Gilead (vgl. Jos 20, 8; 21, 38; 1. Chr 6, 65), die unter dem Namen Ramot-Gilead besser bekannt ist,[637] könnte mit dem heutigen *Tell er-Rāmīṯ*, etwa 15 km südwestlich von *Derʿā* (Edreï), identisch sein.[638] Die dritte ostjordanische Stadt, Golan in Baschan (vgl. Jos 20, 8; 21, 27; 1. Chr 6, 56), die den Ma-

---

[632] Vgl. Auld 1998, 46 f.

[633] Gertz 1994, 155.

[634] Besonders deutlich tritt die Abhängigkeit von Dtn 3, 12 b.13 a in den patronymisch gebildeten Stämmenamen hervor, durch die die andersartigen Formulierungen von Jos 20, 8 ersetzt worden sind. Das Patronymikon מנשי „Manassit" ist nach dem Vorbild der vorangehenden Namen entstanden und ist insgesamt eine späte Namensform, vgl. Dtn 29, 7; 2. Kön 10, 33 (Glosse); 1. Chr 26, 32.

[635] TUAT I/6, 650.

[636] Siehe BHH IV Karte und Register, vgl. auch Weinfeld 1991, 232.

[637] 1. Kön 4, 13; 22, 3–29; 2. Kön 8, 28; 9, 1. 4. 14; 2. Chr 18, 3–28; 22, 5.

[638] Siehe Elliger in BHH III, 1549 f; BHH IV Karte und Register, sowie auch Weinfeld 1991, 232, und Tigay 1996, 421. Dagegen jedoch Fritz 1994, 205.

nassiten als Asyl dienen sollte, wird – ohne volle Sicherheit – mit *Saḥem el-Ğōlān*, das 25 km nordwestlich von *Der'ā* liegt, gleichgesetzt.[639] Es versteht sich von selbst, dass das ganze System der ostjordanischen Asylstädte schon wegen ihrer künstlichen Herkunft eine späte, schriftgelehrte Fiktion ohne jeden historischen Boden darstellt.[640]

---

[639] Siehe Noth ³1971, 125; Fritz 1994, 205, sowie BHH Karte und Register.
[640] Vgl. Rose 1994, 148–150.

II. Die zweite Rede Moses (4, 44–28, 68)

1. Überschrift (4, 44–49)

44 Und dies ist das Gesetz, das Mose den Israeliten vorlegte.
45 Dies sind die (Bundesbestimmungen und) Satzungen und Rechte, die
Mose den Israeliten vortrug, als sie aus Ägypten ausgezogen waren,
46 jenseits des Jordan im Tal gegenüber von Bet-Pegor im Lande des Sihon, des Königs der Amoriter, der in Heschbon wohnte, den Mose und
die Israeliten geschlagen hatten, als sie aus Ägypten ausgezogen waren;
47 und sie hatten sein Land und das Land des Og, des Königs
von Baschan, der beiden Amoriterkönige jenseits des Jordan,
nach Osten hin, in Besitz genommen, 48 von Aroër am Rande
des Arnontales bis zum Gebirge Sion – das ist Hermon – 49 und
die ganze Araba östlich des Jordan bis zum Arabameer am Fuße
der Abhänge des Pisga.

Das heterogene Textgebilde von 4, 44–49, das sich aus der Erzählerperspek-
tive dem vorangehenden Abschnitt 4, 41–43 ähnlich als Fremdbericht des
„Bucherzählers" darstellt, ist seiner Funktion nach eine Gesetzesüberschrift,
die einige Elemente der Buchüberschrift aus 1, 1–5 wiederholt und damit in
der fertigen Komposition des Dtn wie eine *Inclusio* den Prolog Dtn 1–4 abschließt.[1] In seiner Eigenschaft als Überschrift erscheint es aber an dieser
Stelle reichlich verspätet und beweist noch einmal, dass der historische Rückblick Dtn 1–3 sowie der paränetische Anhang Dtn 4, 1–40 sekundär mit dem
eigentlichen Gesetz des Dtn verbunden wurden. Auffallend ist aber auch der
Umstand, dass die Überschrift in V. 44 und V. 45 in zwei Varianten begegnet.
Von den beiden, an sich selbständigen Überschriften[2] ist die in V. 45 vorliegende die ältere.[3] Während V. 44 durch den kopulativen Anfang „und" Anschluss nach hinten sucht, setzt V. 45 absolut („Dies sind ...") ein und nimmt
sich wie ein einst selbständiger Anfang einer größeren Texteinheit aus. Es

---

[1] Lundbom VT 1996, 302–304.

[2] Die ältere Forschung sah darin ein Indiz für verschiedene Ausgaben des Dtn (so u. a. Puukko
1910, 99, und Steuernagel ²1923, 71).

[3] Vgl Wellhausen ⁴1963, 189 f; Seitz 1971, 26 f; Mayes ²1981, 159; Preuß 1982, 92; Knapp 1987,
121, anders Mittmann 1975, 130, und Nielsen 1995, 68, die der Überschrift V. 44 die Priorität vor
V. 45 geben.

handelt sich bei V. 45* wahrscheinlich um die älteste Überschrift des Dtn, das die Deuteronomisten vorfanden und mit dem historischen Prolog Dtn 1–3(4) versahen. In dem Überschriftensystem des fertigen Dtn, in dem vergleichbare Überschriften in 1, 1; 28, 69 und 33, 1 erscheinen, gilt die Doppelüberschrift für den Textbereich von Dtn 5, 1 bis 28, 68.[4]

1. Wenn V. 45* die älteste Überschrift des Dtn war, bedeutet dies, dass bereits das Ur-Dtn als Rede des Mose stilisiert war, die dieser nach dem Auszug aus Ägypten[5] hielt und deren Inhalt „die Satzungen und Rechte" waren (vgl. 4, 1. 5. 8. 14; 5, 1; 11, 32; 12, 1; 26, 16)[6]. Ursprünglich wurde die Überschrift von V. 45* durch die in 5, 1 aα* vorliegende Redeeinleitung („Und er sprach zu ihnen") fortgesetzt, die zu der mit dem Höraufruf „Höre, Israel" beginnenden Rede des Mose in 6, 4 ff hinführte. Die einstige Verbindung wurde jedoch zerrissen, als die Horebgeschichte mit der Verkündigung des Dekalogs als ihres Herzstückes (5, 1 aα–6, 3) der Moserede vorgeschaltet wurde.[7] Nachdem der Dekalog zum Präludium der Gesetzesverkündigung gemacht worden war, wurde die Überschrift in V. 45* durch „die Bundesbestimmungen" (העדת)[8] ergänzt, die in einer Reihe mit den traditionellen „Satzungen und Rechten" ins Auge fallen. Das Wort kommt im Dtn sonst allein in 6, 17. 20 vor,[9] und dort in der nächsten Umgebung des Dekalogs. In der Priesterschrift, in der das Wort verbreitet begegnet, ist es – als Singular הָעֵדֻת vokalisiert – der Terminus technicus für den Inhalt der Bundeslade, also für den Dekalog (Ex 25, 16. 21; 31, 18; 34, 29 u. ö.) geworden. Von daher liegt die Annahme nahe, dass auch in Dtn 4, 45 ein Glossator durch „die Bundesbestimmungen" den unmittelbar nachfolgenden Dekalog mit berücksichtigen wollte.[10]

45

---

[4] Vgl. Sonnet 1997, 17 f. 184 f.

[5] Es handelt sich bei בצאתם ממצרים (V. 45. 46) um eine lockere Zeitangabe (vgl. Dtn 23, 5; 24, 9; 25, 17; Hag 2, 5), die die ganze Periode der Wüstenwanderung deckt (vgl. Weinfeld 1991, 235; Rose 1994, 504; Tigay 1996, 59).

[6] Vgl. weiter in Verbindung mit anderen Gesetzestermini in 5, 31; 6, 1. 20; 7, 11; 26, 17.

[7] Technisch wurde die Erweiterung durch Vorwegnahme des Höraufrufes von 6, 4 a in 5, 1 a bewerkstelligt (Ringkomposition), und derselben Technik bediente sich auch DtrN, als er den paränetischen Nachtrag 4, 1 ff durch den (in umgekehrter Wortfolge zitierten) Höraufruf (4, 1 a) einleitete. Der Redaktionsprozess ist augenscheinlich in Stufen von hinten nach vorne verlaufen.

[8] Die gewöhnliche Übersetzung von עדות durch „Zeugnisse" (so z. B. noch Nielsen 1995, 67 f) beruht auf einer falschen etymologischen Ableitung. Das Wort hat nichts mit עֵד „Zeuge" zu tun, vielmehr entspricht es den akkadischen und aramäischen Wörtern adû/adê und עדן/עדי/עדיא, die „Vertragsbestimmungen" bezeichnen, und hat auch im Hebräischen eine ähnliche Bedeutung („Bundes- bzw. Gesetzesbestimmungen"), s. Volkwein BZ 1969, 18–40 (vgl. Veijola UF 1976, 347–349).

[9] Außerhalb des Dtn begegnet das Wort im DtrG nur in späten, nomistischen Texten (1. Kön 2, 3; 2. Kön 11, 12 [Glosse]; 17, 15; 23, 3).

[10] Vgl Bertholet 1899, 21; Hölscher ZAW 1922, 170 Anm. 1; Steuernagel ²1923, 71; Seitz 1971, 37; Mayes ²1981, 160.

44   2. Die jüngere, nach hinten anschließende Überschrift V. 44 versteht den
      Inhalt des Dtn als „Tora" (Gesetz), die Mose den Israeliten als schriftliches
      Dokument vorlegte (vgl. Ps 78, 5). Diese Anschauung entspricht der Deu-
      tung, in der ein nomistischer Deuteronomist das Dtn als schriftliches Gesetz
      (Tora) in 1, 5 verstand. Es handelt sich um eine Konzeption der Gesetzes-
      theologie der Nomisten, die die im Dtn Schrift gewordene Willenskundgabe
      Gottes unter dem Begriff „Tora" subsumieren. Die in der weiteren Ge-
      schichte maßgeblich gewordene Sicht vom Dtn als schriftlicher Tora ist je-
      doch wahrscheinlich nicht von den Nomisten ad hoc geschaffen worden,
      denn bereits in dem Bericht von der Auffindung des joschijanischen Geset-
      zesbuches (2. Kön 22, 8. 11)[11] sowie bei Jeremia (Jer 8, 8)[12] begegnet das Wort
      „Tora" als Gesamtbezeichnung des Buches Dtn, aber erst bei DtrN und sei-
      nen Nachfolgern gewinnt der Terminus Tora seine zentrale Stellung im Dtn[13]
      und in den übrigen Teilen des DtrG[14].

46   Die ältere Überschrift V. 45 wurde nachträglich auch durch V. 46 ergänzt,
      wie die wörtliche Wiederholung der Worte „als sie aus Ägypten ausgezogen
      waren" aus V. 45 am Ende von V. 46 zeigt.[15] Der Urheber dieser Ergänzung,
      dessen westjordanische Perspektive aus der Lokalangabe „jenseits des Jor-
      dan" hervorgeht (vgl. 1, 1. 5; 4, 41), ist bemüht, die Überschrift mit dem
      vorangehenden historischen Prolog in Verbindung zu bringen, indem er den
      Ort des Gesetzesvortrags mit Hilfe des „Tals gegenüber von Bet-Pegor" defi-
      niert, das er in 3, 29 (DtrH) fand, und die geographische Angabe mit dem
      Land und Schicksal des Amoriterkönigs Sihon verknüpft (vgl. 2, 24–36), des-
      sen Titel hier in der für die spätere Überlieferung typischen Langform „Si-
      hon, der König der Amoriter, der in Heschbon wohnte" erscheint (vgl. Num
      21, 34; Dtn 1, 4; 3, 2). Die Möglichkeit ist nicht auszuschließen, dass V. 46
      von demselben Bearbeiter herrührt wie V. 44,[16] der somit die ältere Über-
      schrift V. 45 mit seinen Zusätzen gerahmt habe.

47–49 3. Die Verse 47–49 bilden einen Nachtrag, der sachlich in keiner Beziehung
      zu den Überschriften von V. 44 und V. 45 steht. Vielmehr hat die Erwähnung
      des Sihon in V. 46 bei einem Späteren die Assoziation an Sihons nördlichen
      Kontrahenten Og (3, 1–7) hervorgerufen, und daraufhin hat er die eroberten
      Gebiete im Ostjordanland insgesamt kurz rekapituliert. Es könnte sich um
      denselben späten Verfasser wie bei 4, 41–43 handeln.[17] Dafür spricht neben

---

[11] Auch diese Verse werden allerdings von Würthwein 1984, 447 f, dem DtrN zugeschrieben,
was nicht ganz unproblematisch ist.
[12] Siehe Veijola 2000, 234–236.
[13] Dtn 1, 5; 4, 8; 17, 18. 19; 27, 3. 8. 26; 28, 58. 61; 29, 20. 28; 30, 10; 31, 9. 11. 12. 24. 26.
[14] Jos 1, 7. 8; 8, 31–34; 22, 5; 23, 6; 1. Kön 2, 3; 2. Kön 10, 31; 14, 6; 17, 13; 21, 8; 23, 24. 25.
[15] Weniger wahrscheinlich ist die von Mittmann 1975, 129, vorgeschlagene Lösung, nach der
ein Bearbeiter zwei verschiedene Zusätze (V. 45 und V. 46 aβb–49) unter Verwendung derselben
Wendung vorgenommen hat.
[16] Vgl. Seitz 1971, 27; Mayes ²1981, 159.
[17] So Mittmann 1975, 130, und Mayes ²1981, 160.

der epigonenhaften Art seiner Arbeit die Tatsache, dass er auf die Aufzählung der eroberten Gebiete im Ostjordanland in 3, 8–17 Bezug nimmt,[18] die auch im Hintergrund von 4, 41–43 liegt. Sobald der Verfasser eine eigenständige Aussage macht, bedient er sich derselben Formulierung „nach Osten hin" (V. 47 b), die bereits in V. 41 im Zusammenhang mit dem Ostjordanland auftauchte. Neu gegenüber der Vorlage ist auch der Name Sion (שיאן) für Hermon (V. 48), der anderweitig nicht bekannt ist. Der schriftgelehrte Verfasser wollte wahrscheinlich lediglich seine Gelehrsamkeit in geographischen Dingen unter Beweis stellen, als er zu den früher (3, 8 b.9) erwähnten drei Namen des Hermongebirges, „Hermon", „Sirjon" und „Senir", noch einen Vierten hinzufügte.[19]

2. Der Bund und sein Halten (5, 1–11, 30)

2. 1. *Gott hat am Horeb einen Bund mit uns geschlossen (5, 1–6, 3)*

1 Mose berief ganz Israel, und er sagte zu ihnen: Höre, Israel,
   die Satzungen und Rechte, die ich heute vor euren Ohren rede!
   Lernt sie, und achtet darauf, sie zu befolgen!
2 Jahwe, unser Gott, hat am Horeb einen Bund mit uns[20] geschlossen.
      3 Nicht mit unseren Vätern hat Jahwe diesen Bund geschlossen,
      sondern mit uns, die wir heute hier alle am Leben sind.
4 Von Angesicht zu Angesicht hat Jahwe mit euch auf dem Berg aus dem Feuer heraus geredet.
      5 Ich stand zu jener Zeit zwischen Jahwe und euch, um euch das
      Wort[21] Jahwes mitzuteilen, denn ihr hattet Furcht vor dem Feuer
      und seid nicht auf den Berg gestiegen.
So sprach er:

6 „Ich bin Jahwe, dein Gott, der dich aus dem Lande Ägypten, aus dem Sklavenhaus, herausgeführt hat. 7 Du sollst keine anderen Götter neben mir haben.

---

[18] Vgl. im Einzelnen V. 47 a mit 3, 8 a.12, V. 48 mit 3, 8 b (und 2, 36 aα) sowie V. 49 mit 3, 17. Für die nähere Auslegung der geographischen Details sei auf das bei 3, 8–17 Gesagte verwiesen.

[19] Sowohl der Charakter der Vorlage (3, 8 b.9) als auch das gelehrte Interesse des Verfassers machen es eher unwahrscheinlich, die Namenserklärung „das ist Hermon" als Glosse zu verstehen (gegen Mittmann 1975, 129).

[20] LXX hat hier sowie in V. 3 die 1. P. Pl. in die 2. P. Pl. („mit euch") geändert.

[21] Die Qumran-Handschriften 4QDeut[j] und 4QDeut[n] und viele Übersetzungen (Targ., Sam., LXX, Vulg.) vertreten die Plurallesart „Worte", was eine sekundäre Texterleichterung sein dürfte (vgl. Hossfeld 1982, 225 f)

8 Du sollst dir kein Gottesbild machen, keine[22] Gestalt (von dem, was am Himmel droben oder was auf der Erde unten oder was im Wasser unter der Erde ist).

9 Du sollst sie nicht anbeten und ihnen nicht dienen[23]; denn ich Jahwe, dein Gott, bin ein eifersüchtiger Gott, der die Schuld der Väter an den Kindern und an der dritten und vierten Generation heimsucht,

bei denen, die mich hassen,

10 der aber Treue übt an Tausenden

bei denen, die mich lieben und meine Gebote[24] bewahren.

11 Du sollst den Namen Jahwes, deines Gottes, nicht zum Betrug aussprechen, denn Jahwe lässt den nicht ungestraft, der seinen Namen zum Betrug ausspricht.

12 Achte auf den Tag des Sabbats, dass du ihn heiligst, wie Jahwe, dein Gott, dir geboten hat. 13 Sechs Tage darfst du arbeiten und all dein Werk tun, 14 aber der siebte Tag[25] ist Sabbat für Jahwe, deinen Gott. Du darfst [an ihm][26] kein Werk tun, weder du noch dein Sohn, noch deine Tochter, noch dein Sklave, noch deine Sklavin, noch dein Rind, noch dein Esel, noch dein ganzes Vieh, noch der Fremde, der bei dir in deinen Ortschaften wohnt, damit dein Sklave und deine Sklavin ruhen können wie du. 15 Du sollst daran denken, dass du im Lande Ägypten Sklave gewesen bist und dass Jahwe, dein Gott, dich von dort mit starker Hand und ausgestrecktem Arm herausgeführt hat. Deshalb hat Jahwe, dein Gott, dir geboten, den Tag des Sabbats einzuhalten.

16 Ehre deinen Vater und deine Mutter,

wie Jahwe, dein Gott, dir geboten hat,

damit deine Lebenstage lange währen und es dir gut geht in dem Land, das Jahwe, dein Gott, dir geben wird. 17[27] Du sollst nicht töten, 18[28] du sollst

---

[22] Die von vielen Handschriften und Übersetzungen bezeugte syndetische Lesart „*und* keine Gestalt" (s. BHS) stellt eine sekundäre Angleichung an die Parallelstelle Ex 20, 4 dar. Vgl. zu der asyndetischen Formulierung in MT Dtn 4, 16. 23. 25.

[23] Das Verb „dienen" hat hier eine ungewöhnliche, bereits durch 4QDeut[n] (תעובדם) vorbereitete Vokalisation als Hof. תֵּעָבְדֵם (vgl. Ex 20, 5; 23, 24; Dtn 13, 3), womit eventuell ein erzwungener Fremdgötterdienst gemeint ist (Ges-Kautzsch, § 60 b): sich zu jemandes Kult bringen lassen (HALAT, 731 b).

[24] Neben der Qᵉre-Lesart „meine Gebote", die sich im Lichte von 4QDeut[n] und der Exodusparallele Ex 20, 6 als ursprünglich erweist, begegnet in MT als Kᵉtib die Lesung „sein Gebot" (vgl. Dtn 7, 9), die einen Versuch darstellt, den Übergang in die mit V. 11 beginnende Rede über Jahwe in der 3. P. Sg. zu glätten (Hossfeld 1982, 276).

[25] Ein Teil der Textüberlieferung (4QDeut[n], Papyrus Nash und LXX) liest hier „am siebten Tag".

[26] Die Ergänzung nach 4QDeut[n], Papyrus Nash, Sam., LXX, Syr. und Vulg.

[27] Manche Bibelausgaben zählen V. 17–20 einem Zweig der LXX-Überlieferung folgend als einen Vers, was die entsprechende Veränderung in der Zählung der restlichen Verse des Kapitels zur Folge hat. Die Gebote von V. 17–21 sind in MT abweichend von der Exodusparallele (Ex 20, 13–17) durch wᵉ-Konjunktionen miteinander verbunden, was ihre innere Zusammengehörigkeit betont.

nicht ehebrechen, 19 du sollst nicht stehlen, 20 du sollst nicht als falscher
Zeuge gegen einen Nächsten aussagen, 21 du sollst nicht nach der Frau
deines Nächsten verlangen, und du sollst nicht das Haus deines Nächsten
begehren, nicht sein Feld

      und seinen Sklaven oder seine Sklavin, sein Rind oder sei-
      nen Esel

und überhaupt nichts, was deinem Nächsten gehört."

22 Diese Worte hat Jahwe auf dem Berg zu eurer ganzen Versammlung aus
dem Feuer, Gewölk und Dunkel heraus mit lauter Stimme geredet.

      Er fügte nichts hinzu, sondern schrieb sie auf zwei steinerne Tafeln
      und übergab sie mir.

23 Als ihr aber die Stimme aus der Finsternis heraus vernahmt, während
der Berg im Feuer aufloderte, tratet ihr an mich heran, (alle Vorsteher eurer
Stämme und eure Ältesten,) 24 und ihr sagtet: „Siehe, Jahwe, unser Gott,
hat uns seine Herrlichkeit [ ][29] sehen lassen, und seine Stimme haben wir
aus dem Feuer heraus vernommen.

      Heute haben wir erfahren, dass Gott mit Menschen reden
      kann und sie am Leben bleiben.

25 Nun aber, warum sollen wir sterben? Denn dieses große Feuer wird
uns verzehren; wenn wir noch weiter die Stimme Jahwes, unseres Gottes,
hören, werden wir sterben.

      26 Denn wo gibt es ein sterbliches Wesen, das die Stimme
      des lebendigen Gottes mitten aus dem Feuer hätte reden hö-
      ren, gleich wie wir, und wäre am Leben geblieben?

27 Tritt du nahe heran und höre alles, was Jahwe, unser Gott, sagen wird,
und sage du uns dann alles, was Jahwe, unser Gott, dir sagen wird, so wollen wir es hören und befolgen." 28 Als Jahwe eure Worte vernahm, wie ihr
zu mir spracht, da sagte Jahwe zu mir: „Ich habe die Worte dieses Volkes
vernommen. Alles, was sie gesprochen haben, ist gut.

      29 Mögen sie nur ein solches Herz haben, dass sie mich alle Zeit
      fürchten und alle meine Gebote bewahren, damit es ihnen und
      ihren Kindern immer gut geht!

30 Gehe und sage ihnen: Kehrt zu euren Zelten zurück! 31 Du aber sollst
hier bei mir stehen bleiben, damit ich dir das ganze Gebot, die Satzungen[30]
und Rechte, mitteile, die du sie lehren sollst, dass sie sie befolgen in dem
Land, das ich ihnen zum Besitz geben werde."

---

[28] Die Gebote von V. 17 und V. 18 erscheinen in Papyrus Nash und LXX in der umgekehrten
Reihenfolge (so auch in Lk 18, 20; Röm 13, 9; Jak 2, 11).

[29] Das in MT an dieser Stelle stehende, in LXX fehlende ואת גדלו „und seine Größe", zerstört
das Gleichgewicht des Verses und dürfte sekundär sein (vgl. Sir 45, 4 LXX). Die „Größe" Jahwes
gehört im Dtn zur Auszugstradition (3, 24; 9, 26; 11, 2). Vgl. Mittmann 1975, 138 Anm. 21; Hossfeld 1982, 229 Anm. 58.

[30] Die Konjunktion w^e „und" vor „Satzungen" hat hier explikativen Sinn („nämlich"). Sie fehlt
in 4QDeut[j] sowie in einigen späteren Handschriften und in Sam. (vgl. Dtn 6, 1).

32 Ihr sollt darauf achten, sie zu befolgen, wie Jahwe, euer Gott, euch geboten hat. Weicht weder rechts noch links ab! 33 Auf dem ganzen Weg, den Jahwe, euer Gott, euch geboten hat, sollt ihr gehen[31], damit ihr am Leben bleibt, es euch gut geht und eure Lebenstage lange währen in dem Land, das ihr in Besitz nehmen werdet.

6, 1 Und dies ist das Gebot, die Satzungen und Rechte, die Jahwe, euer Gott, euch zu lehren gebot, dass ihr sie befolgt in dem Land, wohin ihr hinüberziehen werdet, um es in Besitz zu nehmen,

2[32] damit du Jahwe, deinen Gott, fürchtest und alle seine Satzungen und Gebote, die ich dir gebiete, dein ganzes Leben lang bewahrst, du und dein Sohn und dein Enkel, und damit deine Lebenstage lange währen. 3 So höre, Israel, und achte darauf, sie zu befolgen, damit es dir gut geht und ihr sehr zahlreich werdet [in dem Land, das Jahwe, dein Gott, dir geben wird,][33] wie Jahwe, der Gott deiner Väter, dir zugesagt hat, in dem Land, das von Milch und Honig fließt.

Den Hauptinhalt von 5, 1–6, 3 bildet der Bericht über die Kundgabe des für das Bundesvolk grundlegenden Gesetzes, des Dekalogs. Sie ist in einen Bundesschluss am Horeb eingebettet, der bereits längere Zeit zurückliegt und nun dem Volk vergegenwärtigend in Erinnerung gerufen wird (V. 1–5). Die Zehn Gebote (V. 6–21) werden dem Volk direkt von Jahwe kundgegeben, was ihre besondere Würde signalisiert, während die übrigen „Satzungen und Rechte", die im nachfolgenden Gesetz aufgeführt sind, wegen der Angst des Volkes zuerst privat nur Mose mitgeteilt werden, damit er sie dem Volk weitergebe (5, 22–6, 3), was die prophetische Mittlerrolle Moses unterstreicht. Es handelt sich bei dem Bericht des Dtn über die Mitteilung des Dekalogs um eine *rekapitulierende* Moserede, die ihrer erzählerischen Logik nach die frühere Sinaioffenbarung (Ex 19 f*) in ihren Grundzügen voraussetzt und literarisch auf ihren Schultern steht.[34]

Obwohl in 5, 1 eine neue Rede Moses einsetzt, die ununterbrochen bis 26, 19 weiterläuft, ist der Bericht über die Mitteilung des Dekalogs nicht der

---

[31] Die an dieser Stelle von BHS im Apparat angeführte angebliche qumranische Variante תלכונו ist eine Fehlanzeige (s. DJD XIV, 84).

[32] Dieser Vers ist auch in 4QDeut^j vorhanden, fehlt also nicht in Qumran, wie BHS behauptet.

[33] Ohne diese Ergänzung würde die Landbeschreibung am Ende des Verses in der Luft hängen. Der Wortlaut der Ergänzung (על האדמה אשר יהוה אלהיך נתן לך), die in Folge des *Homoioteleuton* (לך) ausgefallen sein könnte, lässt sich aus der nächsten Parallelstelle Dtn 4, 40 (vgl. auch 26, 15 und 27, 3) hypothetisch erschließen. Vgl. ähnlich u. a. Driver ³1902, 89; Steuernagel ²1923, 74, und Mittmann 1975, 140 mit Anm. 28.

[34] Hossfelds These (1982) von Dtn 5 als Entstehungsort des Dekalogs hat sich in der späteren Forschung nicht bestätigt (siehe z. B. Graupner ZAW 1987, 308–329; Achenbach 1991, 31–46; Weinfeld 1991, 291; W. H. Schmidt 1993, 29 f; Kratz VT 1994, 232–235; Otto 1994, 211; Nielsen 1995, 73; Jungbauer 2002, 16–19; Köckert 2002, 22; Kaiser 2003, 15 f; Levin 2003, 60–66).

ursprüngliche Beginn des dtn Gesetzes. Im Blick auf „die Satzungen und Rechte", die nach der ältesten Überschrift 4, 45* den Inhalt der dtn Gesetz-gebung ausmachen, bedeutet die Kundgabe des Dekalogs als wichtigsten Teils des Gesetzes eine Abweichung vom eigentlichen Thema, „den Satzungen und Rechten", die erst ab 12, 1 zur Sprache kommen. Da der Dekalog zudem dem ursprünglichen Gesetzeskorpus (12–26*) noch unbekannt war[35] und auch in der paränetischen Einführung 6, 4–11, 32 erst von den jüngeren, bun-destheologisch geprägten Erweiterungen vorausgesetzt wird (s. u.),[36] muss die ganze Einheit 5, 1–6, 3 einen relativ jungen Einschub darstellen,[37] der mit Hilfe des aus 6, 4 entliehenen Höraufrufs „Höre, Israel!" gerahmt (5, 1; 6, 3) und mit dem älteren Text verzahnt worden ist. Ebenso wenig lässt sich der Bundesschluss am Horeb als organische Weiterführung des historischen Pro-logs Dtn 1–3* (DtrH) betrachten[38]; denn es bliebe unerklärlich, warum sein Verfasser erst jetzt, Jahrzehnte nach dem Aufbruch vom Horeb (1, 6. 19), plötzlich in einer Rückschau zu den Ereignissen am Horeb zurückkehrte.[39] Auf der anderen Seite scheint der Verfasser aber den Prolog des DtrH als sprachlichen und historisch-geographishen Hintergrund vorauszusetzen,[40] gegen den er seinen Bericht über die Mitteilung der Zehn Gebote formuliert, der mit Sicherheit von Anfang an in Dtn 4, 1–40 vorausgesetzt wird, wo be-reits die auf DtrN zurückgehende Grundschicht (V. 1 a.10–12 a.13 f. 22) eine Kurzfassung vom Schluss des Horebbundes mit der Kundgabe und schrift-lichen Fixierung des Dekalogs bietet. Unter den jüngeren Texten ist Dtn 5 auch in 28, 69 bekannt, wo der spätere Moabbund (Dtn 29 f) ausdrücklich mit dem älteren Horebbund koordiniert wird. Weitere literarische Berührungen mit Dtn 5 finden sich in Dtn 9, 7–10, 11, der Geschichte vom Goldenen Kalb und den neuen Bundestafeln, die als historischer Rückblick in pluralischer Dik-tion mitten in der paränetischen Umgebung genauso auffällt wie die Einheit Dtn 5, 1–6, 3, mit der sie auch durch zahlreiche inhaltliche und sprachliche Beziehungen verbunden ist[41]. Indes handelt sich es sich bei Dtn 9, 7 ff nicht um eine ursprüngliche literarische Fortsetzung von Dtn 5, 1 ff,[42] sondern um

---

[35] Es gibt zwar Versuche (z. B. von Braulik 1991 und Otto 2000, 111–129), im Aufbau von Dtn 12–26 eine dekalogische Struktur zu entdecken, aber selbst nach diesen, m. E. wenig überzeugen-den Theorien (s. zu ihnen Veijola ThRv 1990, 195, und Ders. ThR 2003 a, 380) verdankt sie sich erst jüngeren Redaktoren.

[36] Vgl. García López RB 1978, 47. 49.

[37] Darüber herrscht in der gegenwärtigen Dtn-Forschung ein weitgehender Konsens (siehe z. B. Minette de Tillesse VT 1962, 35; Perlitt 1969, 80 f; Seitz 1971, 45–50; García López RB 1978, 31 f; Preuß 1982, 92; Hossfeld 1982, 214–218; Brekelmans 1985, 164–173; W. H. Schmidt 1993, 26; Otto 2000, 115 f).

[38] So jedoch bei Mittmann 1975, 165 f, nach dessen Analyse die Grundschicht bis 2, 8 b reicht und dann mit dem Grundstock von Kap. 5 fortgesetzt wird.

[39] Vgl. Hossfeld 1982, 218.

[40] Darauf beruhen auch die einzelnen formalen Ähnlichkeiten zwischen Kap. 1 und Kap. 5, auf die Mittmann 1975, 165 f, aufmerksam gemacht hat.

[41] Siehe García López RB 1978, 18–37.

[42] So z. B. Puukko 1910, 130 f. 162; Seitz 1971, 46; Hossfeld 1982, 237, und Otto 2000, 91. 118 f.

dessen sekundäre Weiterführung[43] in mehreren dtr Phasen, deren älteste von DtrN stammt (s. u.). Trägt man all diesen Querbeziehungen von Dtn 5, 1 ff Rechnung, dann ergibt sich von selbst, dass dieser zentrale Text seinen Ort in der relativen Chronologie der dtr Redaktionsgeschichte zwischen DtrH und DtrN einnimmt. Wenn man für diesen Abschnitt nicht eine neue dtr Redaktion mit eigenem Signum – etwa eine dtr Dekalogredaktion (DtrD)[44] – einführen möchte, liegt es am nächsten, seinen Ursprung im Umkreis des *prophetischen* dtr Redaktors DtrP zu suchen, den Dietrich 1972 entdeckt und in exilischer Zeit zwischen DtrH und DtrN verortet hat[45]. Für diese Zuweisung spricht nicht allein die Schichtenfolge, sondern auch der Inhalt von 5, 1 ff mit den Zehn Geboten, die zu einem wesentlichen Teil *prophetischer* Herkunft sind (s. u.), und Mose als von Jahwe eingesetztem *prophetischem* Mittler zwischen Gott und Volk (s. u.). Diese Konzeption wird im Prophetengesetz des Dtn (18, 9–22), das ebenfalls in prophetisch-dtr Kreisen entstanden ist, vorausgesetzt (18, 16 f) und in Gestalt des „Propheten wie Mose", der das mosaische Lehramt in der Zukunft übernehmen wird, institutionalisiert.[46] Ein Prophet aus der mosaischen Sukzession war Elija (vgl. Sir 48, 1–11), der als verfolgter Streiter für das Erste Gebot Zuflucht auf dem Gottesberg Horeb, der Stätte der Offenbarung der Zehn Gebote, suchte (1. Kön 18–19).

Die Darstellung des Bundesschlusses am Horeb 5, 1–6, 3 besteht aus zwei verschiedenartigen Teilen: dem Rahmenbericht über die äußeren Umstände bei der Kundgabe des Dekalogs (5, 1–5. 22 ff) und dem Wortlaut des Dekalogs selbst (5, 6–21). Die unterschiedliche Herkunft dieser Teile wird schon äußerlich darin sichtbar, dass im Rahmenbericht Israel in Pluralform („ihr") angeredet wird, während der Dekalog durchgehend in Singularform („du") verfasst ist.[47] Es versteht sich von selbst, dass der Rahmen nie ohne das Gerahmte hat existieren können,[48] wohingegen der Dekalog, der regelrecht mit Zitatformeln eingeführt (V. 5 Schluss) und abgeschlossen wird (V. 22 a), ein durchaus eigenständiges Dasein führt und deshalb auch an einer anderen Stelle (Ex 20) erscheinen kann. Für den Verfasser von Dtn 5, 1 ff lag der Grundtext des Dekalogs somit als vorgegebene Quelle vor, die er aus Ex 20[*]

---

[43] Vgl. Lohfink 1963, 227; Achenbach 1991, 3.

[44] Otto 2000, 111–129.

[45] Siehe zusammenfassend Dietrich 1972, 134–148. Dietrich, dessen Hauptinteresse den Königsbüchern galt, hat natürlich noch nicht die Möglichkeit erwogen, dass Dtn 5 etwas mit DtrP zu tun haben könnte. Nach einer Mitteilung von Achenbach 1991, 20 Anm. 79, hat jedoch Foresti, der die Textbasis von DtrP erweitert hat (Foresti 1984), in einem Göttinger Vortrag 1984 vermutet, Dtn 5 und 9 f hätten DtrP zum Verfasser. Mit Würthwein 1984, 496–498, ist anzunehmen, dass hinter DtrP mehr als ein einzelner Redaktor steht.

[46] Vgl. Köckert 2000, 97–99.

[47] Anders und kaum überzeugend Hossfeld 1982, 280 f, der die sg. Diktion des Dekalogs nur als ein Stilmittel betrachtet, das der Verfasser von Dtn 5 bewusst in diesem Teil seines Textes benutzt habe.

[48] Mit Brekelmans 1985, 167, gegen Steuernagel ²1923, 71 f.

kannte (s. o.) und hie und da behutsam bearbeitend in den heutigen Kontext einfügte.

Der Zweck, den der prophetische Verfasser beim Einfügen des Dekalogs verfolgte, bestand darin, die Lücke auszufüllen, die es in der dtn Gesetzgebung durch das Fehlen des Dekalogs zu seiner Zeit noch gab. Als Vorbild diente der zeitlich frühere Sinaibericht in Ex 19 ff*, dessen ältestes Gesetz, das Bundesbuch (Ex 20, 24–23, 19*), in einer nicht allzu fernen Vergangenheit durch den Dekalog als Zusammenfassung des göttlichen Willens ergänzt worden war.[49] Da das dtn Gesetz sich weitgehend als Neuauslegung des Bundesbuches verstand,[50] war es die logische Konsequenz, dass nach der Analogie des Sinaiberichts auch der Dekalog als dessen neue Krone seinen Weg in das Dtn und seinen Ort an der Spitze aller anderen Gesetze fand. Durch ihre hervorgehobene Stellung am Anfang der Gesetzgebung und durch ihre Form als direkte Jahwerede an das Volk sind die Zehn Gebote das Grundgesetz, das die Voraussetzung für alle weiteren Gesetze und Paränesen bildet. „Die Satzungen und Rechte" sind zwar durch den mächtigen Einschub aus dem Horeb in den Schatten des Dekalogs geraten, aber zugleich haben auch sie dadurch erhöhte Autorität erhalten, dass ihr Ursprung auf ein privates Gespräch zwischen Gott und Mose am Horeb zurückgeführt wird (5, 27–31).

Dem unterschiedlichen literarischen Charakter und Ursprung des Dekalogs (5, 6–21) und seines Rahmens (5, 1–5. 22–6, 3) Rechnung tragend werden beide Teile im Folgenden getrennt behandelt, zuerst der Rahmenbericht (I.) und dann der Dekalog selbst (II.).

I. Der Rahmenbericht (5, 1–5. 22–6, 3)

Der Rahmenbericht ist formal als eine mit einer neuen Einleitung versehene Rede Moses gestaltet, in der dieser den Bundesschluss am Horeb mit eigenen Worten in Erinnerung ruft (V. 1–5) und nach dem Zitat von Gottes Zehn Geboten (V. 6–22) das Gespräch wiederholt, das das Volk anschließend mit Gott unter seiner Vermittlung führte (V. 23–31). Die Einheit weist in 5, 1 und 5, 32 f; 6, 1–3 eine Rahmung auf, die durch die wiederholten Elemente „Höre, Israel" (5, 1 und 6, 3), „die Satzungen und Rechte" (5, 1 und 6, 1), „lernen" bzw. „lehren" (5, 1 und 6, 1) sowie „darauf achten, sie zu befolgen" (5, 1 und 6, 3) dem Rahmenbericht einen paränetischen Ton geben. Entstehungsgeschichtlich ist der Bericht keine ursprüngliche Einheit,[51] sondern besteht aus einer in 5, 1 aα*(bis „Höre, Israel").2. 4. 5*(„So sprach er"). 22 a*.23 abα. 24 a.25. 27 f. 30 f; 6, 1 vorliegenden Grundschicht, deren Ursprung wegen der prophetischen Züge ihres Mosebildes in den prophetisch-

---

[49] Siehe Schmidt 1972, 201–220; Kratz VT 1994, 205–238; Köckert 2002, 13–27; Kaiser 2003, 15–17.

[50] Siehe etwa Levinson 1997.

[51] Anders Lohfink 1963, 140–152.

dtr Kreisen (DtrP) der Exilszeit vermutet werden kann, und – abgesehen von einem einzelnen Zusatz (V. 23 bβ) – aus *drei* späteren Bearbeitungen: Auf den nomistischen DtrN gehen die am Ende von V. 22 a stehende Bemerkung „Er fügte nichts hinzu" sowie die bei DtrN auch in 4, 13; 9, 10 und 10, 2. 4 vorkommende Tafelnotiz von V. 22 b zurück, die beide an dieser Stelle zu früh erscheinen. Grundlegend neue Akzente setzte der bundestheologische Redaktor (DtrB), der durch seine Ergänzungen in 5, 1 aα*(ab „die Satzungen und Rechte")βb.3. 5*(ohne „So sprach er").29. 32 f; 6, 2 f einerseits auf die Rolle Moses als Bundesmittler und andererseits auf den gleichwertigen Status der Gesetzgebung des Dtn mit dem Dekalog abhebt. Die jüngsten, nachexilischen Erweiterungen in 5, 24 b.26 reflektieren aus einer priesterlich-weisheitlichen Perspektive das eigenartige Privileg der Horebgeneration, Jahwe direkt aus dem Feuer reden zu hören und trotzdem am Leben zu bleiben. Sie hängen inhaltlich und literarisch mit den ähnlichen Erwägungen in 4, 33. 36 zusammen.

5, 1 aα*. 2. 4.   **1. Die Grundschicht des Rahmenberichts** (5, 1 aα*[bis „Höre, Israel"].2. 4. 5*
5. 22 α*.   [„So sprach er"].22 a*.23 abα. 24 a.25. 27 f. 30 f; 6, 1) blickt auf die Vergan-
23 abα. 24 a.   genheit zurück und erzählt im Anschluss an den älteren Sinaibericht in Ex
25. 27–28.   19 ff, was sich einmal am Horeb zugetragen hatte. Die Teile des Sinaiberichts,
30–31; 6, 1   die der Verfasser abgesehen vom Dekalog (Ex 20, 2–17*) als literarische
Grundlage voraussetzt, sind die Theophanie in Ex 19, 16–18; 20, 18. 21 b[52]
(vgl. Dtn 5, 4. 22. 23 abα.24 a.27), die Einleitung der Gottesrede in Ex 20, 1[53]
(vgl. Dtn 5, 5*[Schluss].22) sowie die Selbstverpflichtung des Volkes in Ex
24, 3 (vgl. Dtn 5, 27) mit dem anschließenden Bundesschluss in Ex 24, 4–8[54]
(vgl. Dtn 5, 2. 27). Aus diesen Elementen hat der prophetische Verfasser von
Dtn 5 einen eigenständigen Bericht gestaltet, in dem das Verhältnis vom Dekalog und Dtn auf der einen und die Rolle Moses zwischen Gott und Volk
auf der anderen Seite neu geregelt werden.

5, 1 a*   Die Kundgabe des Horebereignisses geschah nach V. 1 a* in einer Volksversammlung, die Mose zusammenrief: „Mose berief ganz Israel, und er sagte zu ihnen: Höre Israel!" Der Verfasser hat diese Einleitung offenbar im Anschluss an den älteren Wortlaut des Ur-Dtn formuliert; denn die Redeeinleitung „und er sagte zu ihnen" bildete einst den Übergang von der ältesten Überschrift des Dtn in 4, 45* zum Anfang der Moserede mit „Höre, Israel!" in 6, 4. Die Vorwegnahme der Höraufrufformel in 5, 1 a und ihre spätere Wiederholung in 6, 3 zeigen augenfällig die sekundäre Stellung von 5, 1–6, 3 in der Komposition. Die Höraufrufformel wird gewöhnlich nicht mit einem direkten Objekt versehen (vgl. 6, 4; 9, 1; 20, 3; 27, 9) wie in 5, 1. Die nächsten

---

[52] Vgl. Köckert 2002, 20, der gerade diese Verse zum Grundbestand der Sinaitheophanie rechnet.
[53] Im Lichte von Dtn 5 erscheint es unwahrscheinlich, dass die Redeeinleitung in Ex 20, 1 sekundär sein soll (so jedoch Köckert 2002, 21; anders z. B. Kratz 2000, 145).
[54] Vgl. zu Ex 24, 3–8 als Bestandteil des ältesten Sinaiberichts Kratz 2000, 143, und zu Ex 24, 3 auch Oswald 1998, 119 f.

Parallelen finden sich bei DtrN in 4, 1 a und bei DtrB in 7, 12 und 12, 28, was bereits ein Hinweis auf den jüngeren Ursprung der Fortsetzung dieser Formel in 5, 1 ist (s. u.). Indem der Verfasser von V. 1 a* Mose „ganz Israel" zusammenrufen lässt, verwendet er einen weit verbreiteten dtr Ausdruck,[55] der schon in Dtn 1, 1 a (DtrH) begegnete (s. dort) und in späteren Überschriften in Dtn 29, 1, Jos 23, 2 und 1. Sam 12, 1 wiederholt wird. Wie Mose hatten auch seine Nachfolger Josua und Samuel (vgl. Sir 46, 1. 13) es in entscheidenden Momenten mit „ganz Israel" zu tun.

Was Israel nach dem ursprünglichen Wortlaut von Dtn 5 hören soll, ist der 2
Bundessschluss am Horeb (V. 2)[56], der im Hebräischen durch die umgekehrte Wortfolge (*Inversion*) prononciert als ein Ereignis der Vergangenheit dargestellt wird. Die Formulierung spricht dafür, dass der Bundesschluss in V. 2 nicht zum ersten Mal erzählt wird[57]; vielmehr scheint der Verfasser auf einen älteren Bericht zurückzugreifen. Als ein solcher Bericht kommt nur Ex 24, 4–8 in Frage, wo nach der Kundgabe des Dekalogs und des Bundesbuches mit genau denselben Worten wie in Dtn 5, 2 der Bundesschluss am Sinai erzählt wird (Ex 24, 8). Der Bundesschluss, der in der Sinaiperikope die Mitteilung der Gebote abschließt, eröffnet in Dtn 5, 2 programmatisch die ganze Begehung am Horeb – wie der Gottesberg im Dtn heißt (s. näher bei 1, 2). Mose redet hier in der 1. P. Pl. wie häufig schon im Prolog Dtn 1–3. Am Horeb, wo „Jahwe, unser Gott" (vgl. 6, 4) zu uns geredet hat (vgl. 1, 6!), waren „wir" alle gegenwärtig unbeschadet der Tatsache, dass die meisten wegen ihres Ungehorsams inzwischen gestorben sind (2, 14–16); denn es handelt sich hier um ein aktualisierendes, Generationen übergreifendes Wir (vgl. 6, 20–25). Der hebräische Ausdruck כרת ברית עם „den Bund mit (jemandem) schneiden", der in V. 2 nach dem Vorbild von Ex 24, 8 auf den Bundesschluss angewendet wird, begegnet im Dtn sowohl in Verbindung mit dem Horebbund (4, 23; 5, 2; 9, 9) als auch dem späteren Moabbund (29, 11. 24).[58] Das hebräische Wort ברית für „Bund" dürfte etymologisch mit dem akkadischen Wort *bi/ertu(m)* „Band, Fessel" zusammenhängen,[59] während das Bild vom „Schneiden" des Bundes wahrscheinlich auf einen mit dem Vertragsabschluss verbundenen Ritus zurückgeht, in dem ein oder mehrere Tiere entzweigeschnitten wurden und die Vertragspartner zwischen den Fleischstücken hindurchgingen (Gen 15, 9 f. 17; Jer 34, 18 f.).[60] Inhaltlich bedeutet das Schließen des Sinai- bzw. Horebbundes eine einseitige Verpflichtung des Volkes durch Jahwe,[61] was jedoch nicht die Möglichkeit ausschließt, dass ihr spä-

---

55 Siehe Seitz 1971, 32. 47 f; García López RB 1978, 8 Anm. 115.

56 Vers 2 kann auf keinen Fall eine sekundäre Zutat sein (so mit Perlitt 1969, 80, und Hossfeld 1982, 223, gegen Seitz 1971, 48; García López RB 1978, 9 f; Brekelmans 1985, 164 f; Vermeylen ZAW 1985, 21, und Weinfeld 1991, 237).

57 So jedoch Aurelius ZThK 2003, 17.

58 Sonst kommt er mit Gott als Subjekt in 1. Kön 8, 9. 21; 2. Chr 6, 11; Neh 9, 8 vor.

59 Vgl. Weinfeld ThWAT I, 783 f; Kaiser 2003, 12.

60 Vgl. Kaiser 2003, 12.

61 Vgl. Kutsch 1973, 23; Weinfeld ThWAT I, 784; Kaiser 2003, 14.

ter eine freiwillige Selbstverpflichtung Jahwes als Zusage zur Seite treten und dadurch die Vorstellung von einem zweiseitigen Bund entstehen kann (s. u. zu 5, 3). Man rechnet damit, dass die drei von Mose vermittelten Bundesschließungen am Sinai in Ex 24, Ex 34 bzw. am Horeb in Dtn 5 sowie der Moabbund in Dtn 29 f insgesamt relativ junger Herkunft sind und auf dem Hintergrund altorientalischer, vor allem neuassyrischer Vasallenverträge[62] formuliert worden sind.[63] Allerdings ist die Übernahme der Vertragsideologie mit theopolitischer Ideologiekritik einhergegangen: An die Stelle des weltlichen Großkönigs, der seine Vasallen auf den Gehorsam gegen sich vereidigt, ist als höchste Autorität Jahwe getreten, der seinen Dienern die Zehn Gebote als Bestimmungen seines Bundes auferlegt und von ihnen Treue zu ihrem Gott erwartet.

4.5*　　Der Grundbericht wird in V. 4 fortgesetzt,[64] wo Mose durch die Situation bedingt zur 2. P. Pl. wechselt und damit schon ein wenig Abstand vom Volk nimmt. Dass Jahwe mit dem Volk („euch") am Horeb direkt redete, sollte bald Furcht auslösen und die Bitte hervorrufen, Mose möge als Mittler bei der weiteren Offenbarung tätig sein (V. 23–31). Der Verkehr Jahwes mit dem Volk „von Angesicht zu Angesicht" bildete eine seltene Ausnahme[65]; denn ein so intimer Umgang mit Gott war im Prinzip Mose vorbehalten (Vgl. Ex 33, 11; Dtn 34, 10), und nur unter außergewöhnlichen Umständen konnten Menschen Gott „von Angesicht zu Angesicht" sehen, ohne zu sterben (Gen 32, 31; Ri 6, 22 f).[66] Am Horeb ging es allerdings nicht um das Sehen Gottes, sondern „nur" um das Hören seiner Rede aus dem Feuer heraus, dessen Hintergrund in der älteren Beschreibung der Sinaitheophanie (Ex 19, 18) liegt und in Dtn 5 in V. 22 ff weiter entfaltet wird (vgl. 4, 12. 15. 33. 36; 9, 10; 10, 4). Nach dem älteren Bericht befand sich das Volk während der Theophanie „in dem unteren Teil des Berges (תחתית ההר)" (Ex 19, 17)[67], nach Dtn 5, 4 hingegen „auf dem Berg" (בהר). Der Ausdruck ist zwar ziemlich unbestimmt,[68] aber 5, 22 bestätigt den Eindruck, dass das Volk nach der Vorstellung des prophetischen Verfassers während der Offenbarung des Dekalogs oben auf dem Berg versammelt war. Eine so große Nähe des Volkes zur Majestät

---

[62] Eine vollständige Sammlung mit Text und Übersetzung dieser Verträge bieten Parpola/Watanabe 1988. Eine Auswahl auf Deutsch findet sich in TUAT I/2, 155–177.

[63] Weinfeld ThWAT I, 793–798; Aurelius ZThK 2003, 15 f; Kaiser 2003, 14.

[64] So mit Mittmann 1975, 132 f, und Hossfeld 1982, 224, gegen Perlitt 1969, 80 f, und García López RB 1978, 11.

[65] Dies gilt auch sprachlich: Nur hier wird in diesem Ausdruck die Präposition ב verwendet, sonst immer אל (Gen 32, 31; Ex 33, 11; Dtn 34, 10; Ri 6, 22). Das Verb דבר Pi. mit der Präposition עם „reden mit (jemandem)" kommt im Dtn sonst nur in 9, 10, einer Anspielung auf 5, 4, vor. Auch Ex 20, 19. 22 b dürften von Dtn 5 abhängig sein.

[66] Den ersten Christen war das Sehen Gottes „von Angesicht zu Angesicht" Gegenstand eschatologischer Hoffnung (1. Kor 13, 12, vgl. 1. Joh 3, 2; Offb 22, 4).

[67] Sowohl nach Oswald 1998, 113, als auch nach Köckert 2002, 20, gehört Ex 19, 17 zu den ältesten Gottesbergtradition.

[68] Immerhin finden sich eine Reihe von Belegen, in denen בהר eindeutig den Standort oben auf dem Berg Sinai (Ex 24, 18; 25, 40; 26, 30; 27, 8) bzw. Horeb (Dtn 9, 9 f; 10, 4. 10) bezeichnet.

wurde allerdings recht bald als indiskret empfunden und nur Mose auf dem
Berg in unmittelbarer Nähe Gottes zugelassen, während das Volk am Fuße
des Berges bleiben musste (V. 5*, vgl. 4, 11; 9, 10–12; 10, 1. 3. 5. 10). Nach
dem ursprünglichen Wortlaut von Dtn 5 jedoch war auch das Volk oben auf
dem Berg und vernahm die Kundgabe des Dekalog aus der unmittelbaren
Nähe Gottes.[69] Der spätere Zusatz in V. 5*, der diese Sicht in Frage stellt, hat
auch die sich am Ende von V. 5 befindende Überleitung לאמר ("So sprach
er"), die den Mosebericht mit der in V. 6 beginnenden direkten Jahwerede
verbindet, von ihrer sachlichen und syntaktischen Vorbereitung in V. 4 getrennt.[70]

Nach der Mitteilung der Zehn Gebote (V. 6–21) ergreift der prophetische 22 a*
Verfasser in V. 22 a* wieder selber das Wort, indem er den abschließenden
Rahmen für das Dekalogzitat formuliert. Vers 22 a* ist damit für den Kontext
unentbehrlich,[71] während die Bemerkung "Er fügte nichts hinzu" am Ende
von V. 22 a und die Tafelnotiz von V. 22 b dem Erzählablauf störend voraus-
eilen und als sekundär zu beurteilen sind[72]. Was Jahwe dem Volk damals auf
dem Berg verkündete, waren "diese Worte", wie der Verfasser im Anschluss
an Ex 20, 1 sagt und wie seine Nachfolger wiederholen (vgl. Dtn 4, 12. 13. 36;
9, 10; 10, 4). Die "Zehn Gebote" sind eigentlich keine "Gebote", sondern
"Zehn Worte" (Ex 34, 28; Dtn 4, 13; 10, 4). Diese Bezeichnung hat die jüdische Tradition konsequent beibehalten, und auch die christliche Tradition hat
sie unter dem aus dem griechischen οἱ δέκα λόγοι "die zehn Worte" (Ex
34, 28; Dtn 10, 4) abgeleiteten Namen "Dekalog" (< ὁ δεκάλογος)[73] bewahrt. "Diese Worte" hatte Jahwe mündlich und demokratisch der "ganzen
Versammlung" mitgeteilt. Mit dem Terminus קהל "Versammlung", der kultische Assoziationen hervorruft (vgl. 1. Kön 8, 14. 22. 55. 65), wird das am
Horeb versammelte Israel als gottesdienstliche Gemeinschaft bezeichnet, die
durch den Jahwebund konstituiert und durch die gemeinsame Erfüllung des
Gotteswillens in Gestalt des Dekalogs zusammengehalten wird.[74] Die begleitenden Naturerscheinungen der Jahwerede, "Feuer, Gewölk und Dunkel",
stellen eine Erweiterung von V. 4 ("Feuer") dar und berücksichtigen die ältere
Sinaitheophanie in Ex 19, 16 ("Gewölk") und Ex 20, 21 b ("Dunkel"). Sie begegneten von DtrN antizipiert und leicht ergänzt schon in Dtn 4, 11 (vgl.
auch Hebr 12, 18) und dürften ihren konkreten Hintergrund in der Jerusalemer Tempeltheologie haben (s. bei 4, 11). Die Angabe, nach der Jahwe "mit

---

[69] Matthäus hat die Szene unmissverständlich als Vorbild für die Bergpredigt benutzt (Mt 5, 1 ff).

[70] Vers 5* (abgesehen von לאמר) gehört zu dem allgemein anerkannten sekundären Gut in
Dtn 5 (s. Bertholet 1899, 21; Puukko 1910, 162; Steuernagel ²1923, 72; Seitz 1971, 49; Mittmann
1975, 132; Hossfeld 1982, 225 f; Brekelmans 1985, 165; Otto 2000, 116).

[71] Vgl. Seitz 1971, 47, Brekelmans 1985, 166, und Otto 2000, 116 f, gegen Perlitt 1969, 82, Mittmann 1975, 137, und Hossfeld 1982, 226.

[72] Vgl. Mittmann 1975, 137, und Hossfeld 1982, 228.

[73] Der Name findet sich zuerst bei Irenäus und Clemens Alexandrinus im 2. Jh. n. Chr. (Stamm
BHH I, 331).

[74] Otto 2000, 124.

lauter Stimme" redete – wie später Salomo (1. Kön 8, 55) –, liefert das Leitwort „Stimme" (קוֹל) und lässt das Thema der nachfolgenden Verhandlungen anklingen (V. 23. 25. 26. 28*bis*).

23   Die Furcht erregende Theophanie, die in V. 23 a in Anknüpfung an Ex 20, 18 beschrieben wird (vgl. später Dtn 4, 11 und 9, 15), löste die Verhandlungen aus. Anders als in Ex 20, 18 bezeichnet „die Stimme" (קוֹל) hier nicht den Donner, sondern die artikulierte Rede Jahwes (vgl. V. 22 a).[75] Wie in der „Stimme", so liegt auch in ihrem „Vernehmen" bzw. „Hören" (שׁמע) ein Leitbegriff, der den hinteren Teil des Dekalograhmens prägt (V. 23. 24. 25. 26. 28*bis*). Eine direkte Jahwerede mit ihren Begleiterscheinungen war zu viel für das Volk, das deshalb an Mose herantrat (V. 23 bα). Wie die ähnliche Formulierung von Dtn 1, 22 (DtrH), die hier im Hintergrund steht,[76] zeigt, gehören das „Herantreten" und Sprechen („Sagen") zusammen, was jedoch in 5, 23 f durch die Einschränkung des Volkes auf „alle Vorsteher eurer Stämme und eure Ältesten" (V. 23 bβ) auseinander gefallen ist. Die Erweiterung[77] V. 23 bβ verdankt sich dem Einfluss von Dtn 29, 9[78] und wird ihre Herkunft in demselben spät-dtr Milieu haben wie die sekundären Erwähnungen „der Vorsteher der Stämme und der Ältesten" in Jos 23, 2 und Jos 24, 1.[79]

24 a   Der Einsatz der Rede des Volkes (V. 24–27) in V. 24 a weist in seiner ursprünglichen hebräischen Form[80] eine chiastische Struktur auf,[81] in der die Substantive „seine Herrlichkeit" und „seine Stimme" sowie die Verben „sehen lassen" und „vernehmen" in Kreuzstellung einander entsprechen. Zudem wird am Ende von V. 24 a der Anfang von V. 23 a fast verbatim wiederholt („und seine Stimme haben wir aus dem Feuer heraus vernommen"). Die visuelle Seite der Gotteserscheinung, die dem prophetischen Verfasser wahrscheinlich in Gestalt des älteren Berichts von Ex 19,16–18; 20, 18. 21 b[82] zugänglich war, hat er sonst nicht berührt (vgl. V. 4. 23 a). Hier wird sie jedoch diskret anhand des priesterlichen Terminus כבוד „Herrlichkeit" beleuchtet, der sonst nicht im Dtn begegnet. Falls der Verfasser die Verse Ex 33, 18. 22 gekannt hat, nach denen Mose Jahwes „Herrlichkeit" von hinten vorbeiziehen sehen durfte, bedeutet das Sehen der „Herrlichkeit" Jahwes durch das Volk in Dtn 5, 24 a die radikale Demokratisierung eines Privilegs von Mose.[83]

25   Nach einer sekundären Erweiterung V. 24 b, die mit V. 26 zusammenhängt (s. u.), fährt der Grundbericht in V. 25 mit einer Schlussfolgerung („nun

---

[75] Anders Steuernagel ²1923, 73, und Seitz 1971, 46.

[76] Anders Mittmann 1975, 165 f, der an beiden Stellen denselben Verfasser postuliert, und Otto 2000, 66, der 5, 23 als Vorbild für 1, 22 betrachtet.

[77] Vgl. Mittmann 1975, 137; Hossfeld 1982, 229; Preuß 1982, 48; Brekelmans 1985, 168; Buchholz 1988, 19; Campbell/O'Brien 2000, 56.

[78] Vgl. Hossfeld 1982, 229.

[79] Buchholz 1988, 23.

[80] Siehe zum Text oben S. 127 Anm. 29.

[81] Vgl. Hossfeld 1982, 229.

[82] Siehe dazu Köckert 2002, 20.

[83] Vgl. Hossfeld 1982, 229.

aber") fort, die implizit den Gedanken enthält, dass das Sehen Gottes zwangsläufig den Tod mit sich bringt.[84] Deshalb kann das Volk das ihm gewährte außergewöhnliche Privileg nicht länger ertragen. Vers 25 hat das Prophetengesetz, in dem er vollständig zitiert wird (18, 16)[85], sowie auch Dtn 4, 24 und 9, 3 beeinflusst, wo der Satz „dieses große Feuer wird uns verzehren" die Form des Jahwe-Epithetons „ein verzehrendes Feuer" angenommen hat.

Die Rede des Volkes gipfelt – nach einem bundestheologischen Zusatz 27 (V. 26) – in dem Vorschlag, Mose möge sich als Mittler zwischen Gott und Volk stellen (V. 27). Die gehobene Stellung Moses als Mittler wird durch verschiedene Mittel geschickt profiliert: Die Bitte des Volkes wird mit dem Verb קרב „(nahe) herantreten" eröffnet und dabei auf den Satz „Mose nahte sich (נגש) dem Dunkel, in dem Gott war" in der Sinaitheophanie (Ex 20, 21 b) angespielt. Beide Verben, die in Jer 30, 21 parallel vorkommen, betonen das einzigartige Privileg, vor Gott treten zu dürfen.[86] Dass es gerade Mose war, der am Horeb dieses Privileg erhielt, wird durch das zweimal wiederholte und betonte „Du" hervorgehoben. Seine Mittlerschaft zwischen Gott und Volk wird durch eine kunstvolle Wiederholung von ganzen Sätzen ausgedrückt, in deren Mitte die entscheidende Aussage über Moses Mittlerrolle steht: „und höre alles, was Jahwe, unser Gott, sagen wird *und sage du uns dann alles*, was Jahwe, unser Gott, dir sagen wird". Mose hat das Vorrecht, in einen besonders intimen Dialog mit Jahwe einzutreten, aber dem Volk soll er nur das – aber dann auch all das – weitersagen, was er von Jahwe gehört hat. Seine Beauftragung in dieser Form erinnert an prophetische Berufungsgeschichten (Jes 6; Jer 1, 4–10; Ez 1–3), insbesondere an die von Jeremia, dem Gott seine Worte in den Mund legte und den er beauftragte, all das zu sagen, was er ihm befiehlt (Jer 1, 7–9, vgl. Jes 51, 16). Dies wie auch die entsprechende Sicht des Prophetengesetzes (Dtn 18, 18) sind ein deutlicher Hinweis auf die prophetische Heimat des Grundberichts im Dekalograhmen. Was hingegen die Rolle des Volkes anbetrifft, so besteht sie darin, das, was Mose ihm mitteilt, zu „hören und befolgen". Es handelt sich um eine Selbstverpflichtung, deren engste formale Parallele sich in Jer 35, 10, deren sachlicher Hintergrund sich jedoch in der Sinaiperikope (Ex 24, 3. 8)[87] findet. Damit ist das prophetische Amt Moses als Mittler zwischen Gott und Volk in Dtn 5, 27 begründet, von wo aus es seinen Weg später auch in die Sinaiperikope (Ex 20, 19)[88] gefunden hat.

---

[84] Vgl. Gen 32, 31; Ex 19, 21; 33, 20; Lev 16, 2; Num 4, 20; Ri 6, 22 f; 13, 22; Jes 6, 5.

[85] Die Tatsache, dass die beiden Hälften von Dtn 5, 25 in Dtn 18, 16 zitiert werden, spricht gegen die Annahme, dass V. 25 a gegenüber V. 25 b sekundär sein soll (so jedoch Hossfeld 1982, 230).

[86] Vgl. Weinfeld 1991, 324.

[87] Beide Verse gehören nach Kratz 2000, 143, zum ältesten Bestand der Sinaiperikope. Auch Oswald 1998, 119 f, hält Ex 24, 3 für ursprünglich, und auch Ex 24, 8 ist nach ihm (S. 155 f) vordtr.

[88] Dieser Vers ist sekundär (s. Kratz 2000, 145; Köckert 2002, 20; Aurelius 2003, 159).

28   Nach der Selbstverpflichtung des Volkes, die seine Rede beendet, bestätigt
Jahwe in V. 28 die Richtigkeit des Vorschlags mit Worten, deren Vorbild in
der Kundschaftergeschichte des DtrH (Dtn 1, 23. 34)[89] und deren Echo in
dem Prophetengesetz (Dtn 18, 17) vorliegt. Der Vers ist sachgemäß als eine
Reaktion Jahwes auf die Worte des Volkes unter Berücksichtigung der anvi-
sierten neuen Rolle Moses formuliert: Es wird als selbstverständlich vorausgesetzt, dass Jahwe das, was das Volk vorhin (V. 27) zu Mose sagte, direkt
gehört hat und jetzt zum Ausdruck bringt, er habe die Worte des Volkes vernommen, obwohl sie an Mose gerichtet waren. Um Menschen zu hören,
braucht Gott keinen Mittler, aber die Menschen brauchen ihn, um Gott zu
hören, und deshalb redet Jahwe das Volk nicht mehr wie in V. 4 direkt an,
sondern durch Mose, der schon hier als Mittler auftritt, obwohl er eigentlich
noch nicht den Auftrag empfangen hat.

30   Die ursprüngliche Fortsetzung von V. 28 erfolgt in V. 30, wo die Auflösung
der retrospektiv erzählten Horebversammlung (vgl. V. 2. 4) berichtet wird.
Wie in Ex 20, 18 b wird vorausgesetzt, dass Mose sich während der Begegnung auf dem Gottesberg in der unmittelbaren Nähe Jahwes befand. Die Parole „Kehrt zu euren Zelten zurück!", mit der eine Variation des Kriegsbeen-
digungsrufs „ein jeder zu seinen Zelten" (2. Sam 20, 1; 1. Kön 12, 16) vorliegt,
passt ausgezeichnet zu der erzählten Zeit der Wüstengeneration, nicht hingegen so gut zur Erzählzeit im 6. Jh., wo die Israeliten längst nicht mehr in
Zelten wohnten. Allerdings ist der Ausdruck „zu den Zelten", der auch auf
die Auflösung kultischer Versammlungen Anwendung findet (vgl. Dtn 16, 7;
1. Kön 8, 66), nachdem die Israeliten bereits in festen Häusern wohnten, in
übertragener Bedeutung von „nach Hause" im Gebrauch geblieben (vgl. Jos
22, 4; 1. Sam 13, 2; 2. Sam 18, 17; 19, 9 u. ö.).

5, 31; 6, 1   Aus der soeben getroffenen Vereinbarung zwischen Jahwe, Volk und Mose
folgt von selbst, dass Mose noch bei Jahwe am Horeb bleiben muss, um die
den Dekalog ergänzenden „Satzungen und Rechte" in Empfang zu nehmen
(5, 31 und 6, 1). Die Überschrift 6, 1 bildet zusammen mit 5, 31 eine Überleitungsformel („transitional formula")[90], die später in Dtn 11, 31–12, 1 begegnet und deshalb nicht von 5, 31 literarisch gelöst werden kann.[91] Die für
die Überleitungsformel typischen Wiederholungen sind in der Sache selbst
begründet und wollen durch den penetranten Rekurs auf den göttlichen Ursprung „der Satzungen und Rechte" ihre Dignität unterstreichen. Mose muss
bei Jahwe stehen bleiben, was V. 31 durch das Verb עמד ausdrückt, das häufig
die Mittlerschaft der Propheten (vgl. 1. Kön 17, 1; 18, 15; 2. Kön 3, 14; 5, 16;
Jer 15, 19; 18, 20), aber gelegentlich auch die des Mose (vgl. Dtn 10, 10; Jer
15, 1; Ps 106, 23) bezeichnet. DtrB wendet es in Dtn 5, 5 gegen den Sinn des
Grundberichts auf Mose als Mittler selbst des Dekalogs an (s. u.). „Das
(ganze) Gebot", das Mose am Horeb anvertraut wird und das er das Volk leh-

---

[89] Umgekehrt schätzt Otto 2000, 66, das Verhältnis von Dtn 1, 23. 34 und 5, 28 ein.
[90] Siehe Rofé 2002, 26.
[91] Anders Hossfeld 1982, 235.

ren soll, meint eine zusammenfassende Bezeichnung für „die Satzungen und Rechte", durch die es in 5, 31 und 6, 1 – und sonst nur in 7, 11– näher expliziert wird,[92] und deckt in dem von DtrP vorausgesetzten Textbestand das *Sch*ᵉ*ma*ᶜ *Israel* (Dtn 6, 4–9*) sowie die in Dtn 12 beginnende Gesetzgebung ab. Erst in Folge der zahlreichen bundestheologischen und anderen Erweiterungen ist auch die Paränese von Dtn 5–11 zum Teil des am Horeb ergangenen „Gebots" (המצוה) geworden. In 5, 31 und 6, 1 begegnet wahrscheinlich zum ersten Mal[93] die für die späteren dtr Schichten typische Vorstellung, nach der Mose als Lehrer des Gesetzes gilt (vgl. 4, 1 a.5. 14). Weil das mosaische Lehramt (vgl. Mt 23, 2) am Horeb begründet wird, erhält es eine äußerst hohe Autorität. Mose vereinigt in seiner Person das Amt des Propheten (vgl. Dtn 18, 9–22; 34, 10) und des Lehrers (vgl. Sir 45, 5) und legt in dieser Eigenschaft den Grundstein für die mit ihm beginnende Sukzession von Propheten, die das Gesetz auslegen (Sir 46, 1). Eine andere hier getroffene gewichtige juristische Regelung gilt dem Geltungsbereich der Gesetze: Die dem Dekalog nachfolgenden Gesetze des Dtn sollen zwar sofort gelehrt, aber erst im Lande in Kraft treten.[94] Die Gründe für diese Sicht, die auch DtrN in 4, 14 und 11, 31–12, 1 vertritt, sollen erstens die für den erzählerischen Ablauf des Dtn grundlegende Tatsache berücksichtigen, dass Israel gerade dabei war, im nächsten Augenblick über den Jordan in das gelobte Land hineinzuziehen (vgl. 6, 1), weshalb die Verkündung und die Verwirklichung der Gesetze zeitlich nicht allzu weit auseinander fielen. Zweitens könnte es eine Rolle gespielt haben, dass die in Dtn 12 beginnende Gesetzgebung zum größten Teil aus Bestimmungen besteht, die die Kultzentralisation betreffen (Dtn 12–19*) und überhaupt erst im Lande in die Wirklichkeit umgesetzt werden können. Auf der anderen Seite darf man den Geltungsbereich der Gesetze im Sinne dieser Autoren auch nicht zu eng fassen; denn sie dürften kaum der Meinung gewesen sein, dass z. B. die straf- und zivilrechtlichen Gesetze von Dtn 21–25 aus der exilszeitlichen Perspektive betrachtet außerhalb des Landes in Golah nicht gültig wären. Die in 5, 31 und 6, 1 geschaffene und in 11, 31–12, 1 wiederholte zeitliche und geographische Differenzierung ist freilich schon bald durch den bundestheologischen Redaktor DtrB verwischt worden, bei dem die übrigen Gesetze dem Dekalog ähnlich sofort in Kraft treten (5, 1. 29. 32 f) und ihre Befolgung sogar als Bedingung der Landnahme gilt (4, 1 b; 6, 18; 8, 1; 11, 8). Die unterschiedlichen Einstellungen zum Geltungsbereich der Gesetze dürften verschiedene Phasen im Golah- bzw. Diasporadasein der Vertriebenen Judas widerspiegeln.

[92] Vgl. Steuernagel ²1923, 74; Mittmann 1975, 139.
[93] Eine ähnliche Vorstellung findet sich zwar schon in Ex 24, 12, aber die Echtheit des betreffenden Versteils (V. 12 bα²β) ist umstritten (s. Achenbach 1991, 353; Kratz 2000, 145, anders jedoch Oswald 1998, 133).
[94] Vgl. Hossfeld 1982, 232. Anders Lohfink 1991 II, 250 f, der 5, 31 und 6, 1 im Lichte der späteren Verse 5, 29 und 6, 2 (DtrB) interpretiert.

5, 22 a*b 2. Die in V. 22 zu früh vorkommende Notiz „Er fügte nichts hinzu, sondern schrieb sie auf zwei steinerne Tafeln und übergab sie mir" (s. o.) stammt von DtrN, bei dem die von Gott beschrifteten Bundestafeln eine wichtige Rolle spielen (vgl. Dtn 4, 13; 9, 10; 10, 2. 4). Die kleine Bemerkung „er fügte nichts hinzu" bildet eine Vorform der Kanonformel[95] (Dtn 4, 2 und 13, 1) und führt den einzigartigen offenbarungsgeschichtlichen Stellenwert des Dekalogs als einer Art „Kanon im Kanon" eindrücklich vor Augen.[96] Sie hängt mit der Tafelnotiz von V. 22 b organisch zusammen (vgl. 1. Kön 8, 9). Die Vorstellung von Jahwe als Schreiber der Bundestafeln hat DtrN wahrscheinlich nicht selber erfunden, sondern dem Sinaibericht (Ex 24, 12 abα[1] und 31, 18*)[97] abgelauscht. In Israels Umwelt kennt die Keilschriftliteratur die göttliche Verschriftung von Schicksalstafeln, die die Stabilität der Königsherrschaft aufrichten. Im Dtn ist an die Stelle der Königsideologie das Verhältnis von Jahwe und Volk getreten, und die Funktion des königlichen Mittlers hat Mose übernommen.[98] Die Verschriftung der Bundestafeln steht in der Tradition der altorientalischen Gesetz- und Vertragskonventionen,[99] die offenbar auch hinter der Vorstellung von *zwei* Tafeln steht: Die ursprüngliche Absicht war kaum die, dass der Text des Dekalogs auf zwei Tafeln verteilt worden sei, was zu erheblichen Schwierigkeiten hinsichtlich des Umfangs und Gleichgewichts führen würde – wie spätere Versuche dieser Art augenfällig zeigen. Eher ist an die in der Vertragspraxis übliche Gewohnheit zu denken, nach der beide Partner eine eigene Kopie des Vertragstextes erhielten.[100] Dass beide Kopien der Bundestafeln bei dem irdischen Partner blieben und später als Neufassung in die Bundeslade gelangten (Dtn 10, 4 f), beruht natürlich auf der Eigenart des anderen, himmlischen Vertragspartners. Insgesamt bedeutet die schriftliche Niederlegung der Zehn Gebote einen folgenschweren Schritt in ihrer Überlieferungsgeschichte: Ihre Verschriftung bringt sie in den Bereich der schriftlichen Rationalität[101] und ermöglicht ihre Wiederholung und Auslegung in neuen Zusammenhängen.

5, 1 aα*βb. 3. 3. Die bundestheologische Redaktion (DtrB), die bereits in Dtn 4, 1–40 pro-
5*. 29. 32–33; filiert hervortritt, setzt auch im Dekalograhmen durch die Ergänzungen,
6, 2–3 die sich in V. 1 aα*(ab „die Satzungen und Rechte")βb.3. 5*(ohne „So sprach er").29. 32 f; 6, 2 f finden, neue Akzente. Ihre Beiträge, die auf für sie charakteristische Weise den älteren Bericht mit einem Rahmen versehen (5, 1* und 6, 2 f), zielen darauf ab, einerseits die Rolle Moses als Mittler zu verstärken und andererseits den gleichwertigen Status des Dekalogs und der Bestimmungen des Dtn zu betonen, die alle sofort in Kraft treten.

---

[95] Vgl. Hossfeld 1982, 228.
[96] Vgl. Dohmen/Oeming 1992, 85.
[97] Zum Alter dieser Verse s. Achenbach 1991, 353 f.
[98] Otto 2000, 124.
[99] Vgl. Sonnet 1997, 51.
[100] Vgl. Phillips 1970, 7.
[101] Sonnet 1997, 51.

Wie sich oben bei der Auslegung der Grundschicht gezeigt hat, eignen sich 5, 1 aα*βb
„die Satzungen und Rechte", deren sachgemäßer Ort erst in 5, 31 und 6, 1
vorliegt, in V. 1 nicht als Fortsetzung der Formel „Höre, Israel". Sie setzen
die bundestheologische Erweiterung von V. 1 ein, die sprachliche und inhaltliche Berührungen vor allem mit den abschließenden Versen des hinteren
Rahmenteils enthält (5, 32 f und 6, 1–3). Die Sprache ist durchgehend für jüngere Schichten des Dtn typisch: Der in dem Promulgationssatz gebrauchte
Ausdruck „vor den Ohren von jemandem reden" begegnet im Dtn sonst erst
in 31, 28. 30 und 32, 44.[102] Das Verb „lernen" (למד Qal) hat in diesem Fall
seinen Hintergrund in dem in 5, 31 und 6, 1 erwähnten „Lehren" (למד Pi.)
und ist bezeichnend für das Bildungsideal der jüngeren Deuteronomisten
(vgl. 4, 10; 14, 23; 17, 19; 18, 9; 31, 12 f).[103] Die Kombination der Verben „achten" (שמר) und „befolgen" (עשה), die in dem hinteren Rahmenteil von DtrB
zweimal begegnet (5, 32 und 6, 3), gehört hingegen zu den wiederkehrenden
Merkmalen der bundestheologischen Paränese.[104] Inhaltlich führt die Zutat
von DtrB in V. 1* zu der Wirkung, dass der grundsätzliche Unterschied zwischen dem Dekalog und den sonstigen Gesetzen des Dtn schillernd wird, da
„die Satzungen und Rechte" schon jetzt betont als Gegenstand der Moserede
eingeführt werden. Außerdem beschränkt sich ihre Befolgung nicht wie bei
DtrP (5, 31; 6, 1) und DtrN (12, 1) auf das Land, sondern soll ab sofort eintreten (V. 1 b), denn sie gelten als Einlassbedingung für die Landnahme, wie
DtrB anderenorts sagt (z. B. 4, 1 b; 6, 18; 8, 1).

Vers 3 erweist sich wegen seines Sprachgebrauchs und Inhalts als eine se- 3
kundäre Zwischenbemerkung,[105] in der die vorangehende Erwähnung des
Horebbundes (V. 2) näher erläutert wird. Umstritten ist der Sinn der Gegenüberstellung „Nicht mit unseren Vätern, sondern mit uns, die wir heute hier
alle am Leben sind". Es liegt auf der Hand, dass „wir" die Mitglieder der Horebgeneration meint, die gegen 2, 14. 16 (DtrH), aber in Übereinstimmung
mit 4, 4 (DtrB) und 5, 2 (DtrP) noch am Leben sind. Folglich können „unsere
Väter" auf keinen Fall die Angehörigen der Horebgeneration bezeichnen,
selbst wenn sie durch ihren späteren Ungehorsam den Bund verspielt haben.[106]
Einige Ausleger deuten den Sinn der Aussage so, als seien mit „unseren Vä-

---

[102] Außerdem findet er sich Num 14, 28; Jos 20, 4; Ri 9, 2. 3; 1. Sam 8, 21; 11, 4; 18, 23; 2. Sam
3, 19 und 2. Kön 18, 26//Jes 36, 11.
[103] Siehe näher zum Thema bei Dtn 4, 1 a.
[104] Vgl. Dtn 6, 25; 8, 1; 11, 22. 32; 12, 1; 13, 1; 15, 5; 17, 10. 19; 19, 9; 24, 8bis; 28, 1. 13. 15. 58;
31, 12; 32, 46.
[105] Vgl. Mittmann 1975, 132 f; Hossfeld 1982, 224; Weinfeld 1991, 237; Nielsen 1995, 70;
Campbell/O'Brien 2000, 55 f. Anders Otto 2000, 102. 116. 120–122. 126. 239, der V. 3 für ursprünglich hält und auf ihm die weitreichende Hypothese errichtet, nach der die dtr Hauptredak-
tion (DtrD) die exilischen Adressaten des Dtn mit der Horebgeneration identifizierte (s. dazu Veijola ThR 2003 a, 374 f. 380).
[106] So jedoch Mittmann 1975, 133 Anm. 7. Wenn diese Väter den Bund durch ihren Ungehorsam verspielt hätten, warum würde man denn überhaupt sagen, dass Jahwe diesen Bund *nicht* mit
ihnen geschlossen habe, wenn er ihn tatsächlich doch mit ihnen geschlossen hatte?

tern" die Vorfahren aller denkbaren Generationen gemeint,[107] aber wozu würde dann die Betonung dienen, dass Jahwe „*diesen* Bund" nicht mit ihnen geschlossen hat? Hat er mit ihnen einen anderen Bund geschlossen? Andere Ausleger gehen hingegen davon aus, dass es sich hier um eine aktualisierende Redeweise handelt, für die es gleichgültig sei, wer die „Väter" sind, da der Nachdruck in jeden Fall auf der gegenwärtigen Generation liegt.[108] Außerdem gibt es noch eine, an sich schon alte Lösung, nach der „unsere Väter" die Erzväter bezeichnet.[109] Dieser Lösung dürfte auch die größte Wahrscheinlichkeit zukommen, wenn man die Stelle im Lichte ihrer nächsten bundestheologischen Parallelen betrachtet.

Die engste sprachliche Parallele für V. 3 findet sich neben Dtn 29, 13 f bei DtrB in Dtn 4, 3 f, wo es um das Überleben der treuen Angehörigen der Horebgeneration geht („Ihr ... seid alle heute noch am Leben").[110] Von noch größerem Gewicht sind jedoch einige direkte Anspielungen des DtrB auf den Horeb- *und* Väterbund (ברית): In Dtn 4, 23 und 4, 31 begegnen als Rahmen einer bundestheologischen Paränese zwei Anspielungen auf den „Bund", die aufeinander abgestimmt sind. In V. 23 wird im Anschluss an V. 13 (DtrN) der Horebbund in Erinnerung gerufen, der mit der gegenwärtigen Generation geschlossen wurde und dessen Inhalt der Dekalog, vor allem das für DtrB wichtige Fremdgötter- und Bilderverbot ist, während V. 31 als kontrastive Entsprechung dazu den Bund erwähnt, der in der Vergangenheit den Vätern geschworen wurde und der seinem Inhalt nach reine Verheißung darstellt. Der Väterbund erweist sich als Gegenstand der bundestheologischen Anspielungen auch in Dtn 7, 12 und 8, 18 b, die ebenfalls eine rahmende Funktion einnehmen (s. u.) und die bleibende Gültigkeit des Väterbundes hervorheben. Ohne den Terminus ברית nimmt DtrB auf die Väterverheißung z. B. in Dtn 6, 18; 7, 13; 8, 1; 10, 11; 11, 9. 21 Bezug. Daraus geht hervor, dass er den „Bund" sowohl als Fremdverpflichtung bzw. Gesetz Gottes als auch als Gottes Selbstverpflichtung bzw. Verheißung (Zusage) kennt. Als traditionsgeschichtliches Vorbild für den Verheißungsbund dienten vielleicht die im alten Orient weit verbreiteten königlichen Schenkungen, bei denen der König eine Verpflichtung gegenüber seinen Untertanen als Gegenleistung für deren Verdienste auf sich nahm.[111]

Es handelt sich bei Dtn 5, 3 und den Parallelen um zwei nacheinander geschlossene, aber nebeneinander gültige Bundesschlüsse, von denen der Väterbund aber letzten Endes die Priorität in Gottes Herzen einnehmen wird (Dtn 4, 31). Dem Nebeneinander der beiden Bundesschlüsse wird in 5, 3 durch das Pronomen „*dieser* (Bund)", mit dem der Horebbund vom Väterbund abge-

---

[107] So etwa Römer 1990, 53, und Lohfink 1991, 23.
[108] Siehe z. B. von Rad ²1968, 40; Seitz 1971, 50, und Levinson JBL 2000, 285 f.
[109] Siehe z. B. Dillmann ²1886, 265; Driver ³1902, 83, und García López RB 1978, 10 f. Andere Vertreter dieser Sicht führt Römer 1990, 49 Anm. 202, an.
[110] Vgl. auch Dtn 4, 1 b (DtrB): „dass ihr am Leben bleibt" und „der Gott eurer Väter".
[111] Weinfeld ThWAT I, 799–801.

grenzt wird, Rechnung getragen.[112] Demselben Zweck dient auf subtile Weise auch die Anwendung der Präposition אֵת (V. 3) anstelle von עִם für „mit" (V. 2) in dem Ausdruck „den Bund mit jemandem schließen"; denn die Präposition אֵת hat den Vorteil, dass sie auf der einen Seite gleich wie עִם auf die Fremdverpflichtung anwendbar ist,[113] auf der anderen Seite aber auch im Zusammenhang mit dem Verheißungsbund benutzt wird.[114] Somit erleichtert DtrB das richtige Verständnis der Stelle für hebräische Leser vernehmbar durch den Tausch der Präposition.

In der zweiten Vershälfte (V. 3 b) unterstreicht DtrB stark die Aktualität und bleibende Verbindlichkeit des Horebbundes für die heutige Generation, die nach der Wüstenwanderung am Leben geblieben ist (vgl. 4, 3 f und 11, 2–5. 7–9). Die immer während Gültigkeit des Vertrags, die auch die kommenden Generationen betrifft, ist ein Thema, dass auch in altorientalischen Treueiden und Vasallenverträgen vorkommt.[115] Außerdem hat die aktualisierende Redeweise, die insgesamt für die Paränese des Dtn bezeichnend ist, die Wirkung, dass aus der Empfängerperspektive betrachtet auch die späteren Leser des Dtn mittels des Leseprozesses in eine virtuelle Gemeinschaft derer eintreten, „die wir heute alle am Leben sind", und auf die Weise des Geschehens am Horeb teilhaftig werden.

Vers 5 ist ein allgemein anerkannter Zusatz,[116] abgesehen von der am Ende isoliert stehenden Überleitung der Jahwerede (לֵאמֹר „So sprach er"). Er verursacht einen harten Widerspruch zu V. 22 ff, indem er Mose schon jetzt als Mittler auftreten lässt, der dem Volk auch die Zehn Gebote verkündet, und es gegen V. 4 und V. 22 nicht auf den Berg steigen lässt. Das Mittleramt Moses wird in V. 5 anhand des Verbs עמד „stehen" ausgedrückt, das in V. 31 von DtrP gebraucht wurde und prophetische Konnotationen mit sich bringt (s. bei V. 31). Die engste Parallele findet sich bei DtrB in Dtn 10, 10: „Ich hatte wie das erste Mal vierzig Tage und vierzig Nächte auf dem Berge gestanden (עמדתי), und Jahwe erhörte mich auch diesmal. Jahwe wollte dich nicht vernichten." Im Falle des Goldenen Kalbes (Dtn 9, 8 ff), auf den in 10, 10 angespielt wird, übte Mose laut DtrB vor allem das Amt eines prophetischen Mittlers aus (vgl. 9, 18 f). Prophetischer Provenienz ist auch der Terminus „das Wort Jahwes" (דבר יהוה), der im AT ca. 240 Mal begegnet, sich im Pentateuch jedoch äußerst selten (nur in Gen 15, 1. 4; Ex 9, 20. 21; Num 15, 31

---

[112] Vgl. Dillmann ²1886, 265.

[113] Der Ausdruck כרת ברית את findet sich im Zusammenhang mit der Fremdverpflichtung Gottes an den folgenden Stellen: Ex 34, 27; Dtn 5, 3; 28, 69; 29, 13; 31, 16; 2. Kön 17, 15. 35. 38; Jer 11, 10; 31, 31–33; 34, 13.

[114] Vgl. Gen 15, 18; Ps 105:8 f//1. Chr 16, 15 f. Nur einmal kommt der Ausdruck beim Stichwort Verheißungsbund mit עִם vor (Neh 9, 8). Auch außerhalb der Wendung „den Bund schließen" ist die Präposition את (12 Mal) bei ברית als Selbstverpflichtung häufiger als עִם (3 Mal). Kutsch 1973, 23.

[115] Siehe VTE 6 f (TUAT I/2, 160) und Sefire I A 5 (TUAT I/2, 179) und vgl. Weinfeld 1991, 237.

[116] Vgl. etwa Bertholet 1899, 21; Puukko 1910, 162; Steuernagel ²1923, 72; Hölscher ZAW 1922, 169; Seitz 1971, 49; Brekelmans 1985, 165; Mittmann 1975, 132; Hossfeld 1982, 225 f; Campbell/O'Brien 2000, 56; Otto 2000, 116; Rofé 2002, 29 f.

und Dtn 5, 5) findet, während er eine überaus weite Verbreitung in der prophetischen Literatur,[117] sowohl bei den „Hinteren Propheten" (im Corpus
propheticum) als auch den „Vorderen Propheten" (in den Geschichtsbüchern), und zwar hier namentlich bei dem prophetischen Redaktor (DtrP)
aufweist.[118] Die Terminologie zeigt, dass DtrB in der prophetischen Tradition
lebt,[119] die er hier in der von DtrP überlieferten Form auslegt. Das von DtrB
in V. 5a hinzugefügte Interpretament führt zu der dramatischen Konsequenz,
dass aus Mose der Verkündiger des Dekalogs und der gesamten nachfolgenden Offenbarung des Horeb wird,[120] was den Unterschied zwischen dem Dekalog und dem Gesetz des Dtn nivelliert.[121] Dieselbe Absicht trat schon in
der bundestheologischen Bearbeitung von V. 1 hervor, was die gemeinsame
Verfasserschaft bestätigt. Die vom Grundtext des Kapitels (V. 4. 22) abweichende Auffassung, dass das Volk nicht auf den Berg steigt (V. 5b), entspricht
der Konzeption des DtrN,[122] der das Volk während der Kundgabe der Zehn
Gebote unten am Fuße des Berges stehen lassen musste, um Raum für die
ihm (und DtrB) wichtige Episode vom Goldenen Kalb (Dtn 9, 8 ff) zu schaffen (s. u.). Durch die neue Szenerie tritt Moses Stellung in der Nähe Gottes
als Mittler umso stärker hervor. Insgesamt bedeutet V. 5* eine Aufwertung
Moses auf Kosten des Volkes und des Dtn auf Kosten des Dekalogs.

29   Vers 29 ist ein Zusatz,[123] der sich als Wunschäußerung (vgl. Dtn 1, 11) von
der Redesituation entfernt. Seine spät-dtr Sprache (vgl. Jer 32, 39 f dtr) sowie
sein Inhalt enthalten Merkmale bundestheologischer Paränese in Miniatur-
form,[124] die in diesem Fall aus drei Elementen besteht: Erstens kommt es vor
allem auf das „Herz" als fühlendes und erkennendes Organ an,[125] das hier in
der Bedeutung von Gesinnung gebraucht wird und das zugleich den bundestheologischen Grundsatz, Jahwe „aus dem ganzen Herzen" zu „lieben" (Dtn
6, 5; 10, 12; 11, 13; 13, 4) oder „suchen" (Dtn 4, 29), in Erinnerung ruft. Zweitens stammen vom Herzen sowohl die Gottesfurcht als Gehorsam gegen das
Hauptgebot (das Erste Gebote) als auch das Halten der Einzelgebote, die bei
DtrB eine Einheit bilden (vgl. 6, 2; 10, 12 f; 13, 5). Und drittens wird der Gehorsam wie üblich bei DtrB mit Segen belohnt (vgl. 5, 33; 6, 3. 18; 10, 13;
12, 28). Eine Eigentümlichkeit dieser Stelle liegt darin, dass DtrB hier wie
schon in 5, 1. 5 und später in 5, 32 f; 6, 2 f vom Dekalog absieht und verall-
gemeinernd über „alle meine Gebote" spricht, die – nicht nur der Dekalog –

---

[117] Siehe etwa Gerleman THAT I, 439, und Schmidt ThWAT II, 118–122.
[118] Siehe z.B. 1. Sam 3, 1. 21; 15, 10. 13. 23. 26; 2. Sam 24, 11; 1. Kön 14, 18; 15, 29; 16, 1. 12. 34;
17, 2. 5. 8. 16; 18, 1; 21, 17; 2. Kön 9, 36; 10, 17; 14, 25; 24, 2.
[119] Vgl. Levin 2003, 81–95.
[120] Vgl. Hossfeld 1982, 226.
[121] Vgl. Otto 2000, 125 Anm. 74.
[122] Siehe Dtn 4, 11; 9, 9. 12. 15; 10, 1. 3. 5. 10. Die anders lautenden Stellen 9, 10 und 10, 4 erklären sich als Zitate aus 5, 4.
[123] Vgl. Mittmann 1975, 139; Hossfeld 1982, 231; Campbell/O'Brien 2000, 57.
[124] Siehe Veijola 2000, 166 f.
[125] Vgl. Mt 15, 18 f; Lk 6, 45; Röm 2, 15; 2. Kor 3, 15 f; 2. Tess 3, 5.

„alle Zeit" gültig sind. Hinter dem Wunsch, der im Hebräischen durch die
feste Redensart מִי יִתֵּן „Wer würde geben?" (= „Mögen sie nur haben") eingeleitet wird, verbirgt sich schon die Ahnung davon, dass letzten Endes Gott
allein ein solches Herz geben kann, wie die Frage tatsächlich in Jer 32, 39 f
ihre Beantwortung findet (vgl. Ez 11, 19 f; 36, 26 f).

Der hintere Rahmen hat noch in 5, 32 f und 6, 2 f umfangreiche bundestheologische Erweiterungen erfahren, deren sekundärer Charakter auf der
Hand liegt,[126] wie etwa der unvermittelte Übergang der Jahwerede von 5, 31
in eine Rede über Jahwe in V. 32 f augenfällig zeigt. Der Numeruswechsel
(6, 3) und der späte Sprachgebrauch sprechen für DtrB als Verfasser,[127] der
anhand dieser Verse die gesamte Einheit 5, 1–6, 3 paränetisch abschließt und
damit die nun beginnende aktuelle Gesetzesverkündigung motiviert.

5, 32–33;
6, 2–3

Bei V. 32 handelt es sich um eine paränetische Verstärkung von V. 31, zugleich aber auch um eine Wiederholung von V. 1 (vgl. „darauf achten, sie zu
befolgen"). Der Rückverweis auf eine frühere göttliche Gesetzesverkündigung („wie Jahwe, euer Gott, euch geboten hat") dürfte sich auf den vorangehenden V. 31, die schon in der Vergangenheit ergangene Rede Jahwes am
Horeb, beziehen.[128] Vers 32 b schärft die Befolgung der Gesetze mit der spät-
dtr Wendung „Weicht weder rechts noch links ab!" ein,[129] der natürlich ein
konkreter Hintergrund zukommt (vgl. Num 22, 26; Dtn 2, 27; 1. Sam 6, 12),
hier jedoch bildlich als Vorbereitung für die Weg-Metapher von V. 33 dient.
Im „Weg" als Metapher für den Raum des religiösen Lebenswandels („Hala-
cha") liegt ein typisches Merkmal der bundestheologischen Paränese, die eine
gewisse Vorbereitung in der narrativen *theologia viatorum* von DtrH in Dtn
1–3 besitzt.[130] Der „ganze Weg" dürfte sich inhaltlich kaum nur auf den Dekalog beziehen,[131] sondern dem Kontext und der verallgemeinernden Tendenz des DtrB in Dtn 5 entsprechend darüber hinaus auch die übrigen Gesetze des Dtn umfassen (vgl. V. 1. 5. 29). Wie üblich bei DtrB, wird die treue
Gesetzesbefolgung einen reichen Segen in Gestalt von Leben, Wohlergehen
und langen Lebenstagen im Land der Verheißung zur Folge haben (V. 33 b).[132]
Vers 33 b verrät auch den Einfluss des Motivationssatzes aus dem Elterngebot
(5, 16 b), dessen entstehungsgeschichtlich bedingte anormale Reihenfolge
vom langen Leben und Wohlergehen hier der Logik und Gewohnheit gemäß
korrigiert worden ist.

---

[126] Vgl. Mittmann 1975, 139 f; Hossfeld 1982, 234–236; Otto 2000, 141, und Rofé 2002, 25–36.

[127] Veijola 2000, 166 f.

[128] Vgl. Hossfeld 1982, 235.

[129] Vgl. Dtn 17, 11. 20; 28, 14; Jos 1, 7; 23, 6; 2. Kön 22, 2.

[130] Wie in Dtn 5, 33 kommt der „Weg" dabei nur in zwei nomistischen Texten (2. Kön 21, 21
und 22, 2) im Sg. vor. Die Mehrzahl der Belege, die alle jünger, meist bundestheologischer Herkunft sind, bezeugen das Wort im Pl. (Dtn 8, 6; 10, 12; 11, 22; 19, 9; 26, 17; 28, 9; 30, 16; Jos 22, 5;
1. Kön 8, 58).

[131] So Braulik 1988, 22, und auch noch Veijola 2000, 167

[132] Vgl. zu V. 33 b bei DtrB Dtn 4, 1 b.26; 5, 29; 6, 18; 7, 12 ff; 8, 1; 11, 8; 15, 4 f. 10 und später
vor allem Dtn 4, 40 sowie außerhalb des Dtn 1. Kön 3, 14 (DtrN).

6, 2–3   Die letzte, in 6, 2 f vorliegende Bemerkung von DtrB knüpft an das Thema „Land" am Ende von 6, 1 an (vgl. 5, 33 b und 6, 3 b) und nimmt es zum Ausgangspunkt für eine kleine „Predigt", die eine paränetische Brücke vom Dekalog zum *Sch^ema^c Israel* (6, 4 ff) schlägt. Vers 2 ergänzt die in V. 1 erwähnten Einzelgebote des Dtn nachdrücklich durch die Jahwefurcht als Hauptgebot, woraus sich das Halten der anderen Gebote sowie der Segen in Form eines langen Lebens ergeben. Dadurch wiederholt sich hier die schon in 5, 29 sichtbar gewordene paränetische Argumentationskette mit ihren drei Phasen: Gottesfurcht, Befolgung der Einzelgebote und Segen als Belohnung. Beachtenswert ist auch in diesem Vers, der terminologisch zahlreiche späte und bundestheologische Bezüge aufweist,[133] dass die Observanz der Gesetze nicht erst im Lande beginnt (vgl. 6, 1 DtrN), sondern „dein ganzes Leben lang" dauern soll (vgl. 4, 9; 16, 3; 17, 19) und logischerweise ein langes Leben verspricht (vgl. oben 5, 33 und weiter 4, 26; 5, 16; 11, 9; 25, 15).

    In V. 3 bemüht sich der Verfasser um die Herstellung eines engeren Kontakts mit dem alten Text von Dtn 6, 4 ff, indem er die Höraufrufformel, deren ursprüngliche Heimat in 6, 4 liegt und die DtrP bereits in 5, 1 einführte, vorwegnimmt und sonst weitgehend die Terminologie und den Inhalt von 5, 32 f wiederholt. Als neuer Topos erhält die Segensverheißung die Zusage der Mehrung, die wie 1, 10 f die Mehrungsverheißungen der Genesis (vgl. Gen 12, 2; 15, 2; 26, 4. 24; 28, 14 u. a.) in dieser oder jener Gestalt voraussetzt und bei DtrB sonst ebenfalls vorkommt (vgl. 7, 12; 8, 1; 13, 18). Auch die Landverheißung wird – nach dem korrigierten Text (s. o.) – zitiert und mit der geläufigen Wendung „das von Milch und Honig fließt" ergänzt, die DtrB auch in Dtn 11, 9 verwendet (vgl. auch 26, 9. 15; 27, 3; 31, 20).

5, 24 b. 26   4. Als jüngste Erweiterungen des Rahmenberichts erweisen sich die mit dem Kontext locker verbundenen Verse 5, 24 b.26,[134] die unter anderen sprachlichen Eigentümlichkeiten[135] die Besonderheit aufweisen, dass nur sie in der gesamten Einheit 5, 1–6, 3 die allgemeine Gottesbezeichnung *Elohim* verwenden. In sprachlicher und inhaltlicher Hinsicht ähneln diese Verse den sekundären Erwägungen in 4, 33. 36 und werden mit ihnen ein und derselben Bearbeitung zugehören.[136] In V. 24 b wird die einmalige Erfahrung der Horebgeneration aus einer gewissen Distanz reflektiert. Es geht um „den Menschen" (האדם) und um sein „Leben" wie in dem späten V. 8, 3. Die Absicht des Verfassers dürfte V. 24 b in der Abwehr des möglichen Missver-

---

[133] Siehe zu den späten Bezügen García López RB 1978, 17, und zu den bundestheologischen Anklängen Veijola 2000, 167 Anm. 113.

[134] Siehe Hossfeld 1982, 229–231, und vgl. zu V. 24 b auch Mittmann 1975, 138, sowie zu V. 26 auch Brekelmans 1985, 169, und Otto 2000, 116.

[135] Anders als in V. 24 a wird das Verb ראה „sehen" in V. 24 b im Sinne von „erfahren" gebraucht, und von V. 4 abweichend wird das Verb דבר Pi. „reden" anstelle der Präposition עם mit der Präposition את konstruiert, was ein Merkmal priesterlichen Sprachgebrauchs ist (Hossfeld 1982, 230 Anm. 62).

[136] Rofé 2002, 30.

ständnisses liegen, dass das Hören der göttlichen Rede (vgl. V. 24 a.25) unter allen Umständen für den Menschen tödlich ausgehen würde. Der Gedanke wird weiter entfaltet in V. 26, der seiner Formulierung nach 4, 33 besonders nahe steht. Die Rede Gottes lässt den Menschen wohl leben (vgl. 5, 24 b und 8, 3), aber wenn er aus dem Feuer heraus redet und der Mensch trotzdem am Leben bleibt, wie am Horeb, liegt darin ein besonderes Privileg der damaligen Generation. Es kommt auf die Art der göttlichen Rede an. Formal ist V. 26 in eine Inkomparabilitätsaussage gefasst, die vor allem an die junge Stelle 4, 7 f erinnert. Im Hebräischen steht für „ein sterbliches Wesen" כל בשר „alles Fleisch", was ein priesterlicher Ausdruck[137] ist und „dem Menschen" in V. 24 b entspricht. „Alles Fleisch" bezeichnet häufig den Menschen als sterbliches Wesen (vgl. Num 16, 22; 27, 16; Jes 40, 6), und sein Gegensatz lautet „der lebendige Gott" (vgl. 4, 33), der zumeist als Gegenüber der Götter erscheint (z. B. Jos 3, 10; 1. Sam 17, 26. 36; 2. Kön 19, 4. 16; Jer 10, 10), hier jedoch wie in Dan 6, 27 sein ewiges Dasein im Unterschied zu den vergänglichen Menschen betont (vgl. Mt 16, 16 f). Die Vorstellungswelt und das Vokabular lassen im Hintergrund dieser Bearbeitung priesterlich-weisheitliche Kreise des nachexilischen Zeitalters vermuten.

II. Der Dekalog (5, 6–21)

Der Dekalog[138], der in Dtn 5 als Zitat aus Ex 20 angeführt wird (s. o.), enthält 5, 6–21 die grundlegenden Verpflichtungen des Bundes, dessen Schluss am Horeb in V. 2 rückblickend erzählt wurde. Seine Gesamtstruktur wird von Jahwes betontem „Ich" (אנכי) am Anfang (V. 6) und dem die ganze Gebotsreihe abschließenden (V. 21) „dein Nächster" (רעך) beherrscht, was über das Formale hinaus auch eine inhaltliche Bedeutung aufweist: Alles, was innerhalb dieses Rahmens gefordert und verheißen wird, steht in der Spannweite zwischen Gott und dem Mitmenschen, weshalb sein Kern auch in das Doppelgebot der Liebe zusammengefasst werden konnte (Mt 19, 19; Röm 13, 9; Gal 5, 14; Jak 2, 8).

Für die nähere Erfassung der Struktur ist im Anschluss an Ex 34, 28; Dtn 4, 13 und 10, 4 die Vorstellung von Zehn Geboten bzw. Worten (Dekalog)[139] maßgeblich, deren Zählung in verschiedenen Traditionen freilich unterschiedlich ausfällt.[140] Näher besehen besteht der Dekalog jedoch nicht aus

---

[137] Siehe Seitz 1971, 46.

[138] Zu seiner Forschungsgeschichte hinsichtlich der älteren Literatur s. Köhler ThR 1929, 161–184, und Stamm ThR 1961, 189–239. 281–305, und hinsichtlich der neueren s. Lang ThQ 1984, 58–65; W.H. Schmidt 1993, und Otto 1994, 209–211.

[139] Zu diesem Terminus s. oben bei V. 22 a.

[140] Die lutherische Tradition, der hier gefolgt wird, sowie die römisch-katholische nehmen im Anschluss an Origenes und Augustinus den Prolog samt dem Götter- und Bilderverbot als 1. Gebot, während sie die Begehrensverbote (V. 21) als zwei separate Gebote (9. und 10. Gebot) zählen. Die Orthodoxen, Reformierten und Anglikaner hingegen folgen einer Zählweise, die bereits

zehn, sondern einschließlich des Prologs (V. 6) aus zwölf „Worten", die nach
dem Redner, Adressaten und dem Gegenstand der Anrede in vier kleinere
Gruppen mit je drei „Worten" eingeteilt werden können: Die erste Gruppe
(V. 6–10) bilden der Prolog (V. 6) sowie das Fremdgötter- und Bilderverbot
(V. 7–10), bei denen der Redner Jahwe, der Adressat Israel und der Gegenstand der Anrede das Gottesverhältnis Israels ist. Die zweite Gruppe (V. 11–16)
umfasst das Namenverbot (V. 11), das Sabbatgebot (V. 12–15) und das Elterngebot (V. 16). Abweichend von der ersten Gruppe handelt es sich hier nicht
um eine Gottesrede, sondern um eine menschliche Rede über Jahwe, und der
Angesprochene ist – abgesehen von den späteren Erweiterungen V. 15 und
V. 16 bβ (s. u.) – der einzelne, freie Israelit, nicht das Volk Israel als ganzes wie
oben. Außerdem betrifft die Anrede in dieser Gruppe entweder Gott und
den Nächsten (das Namenverbot verstanden als Verbot des Meineids) oder
Gott, den Nächsten und den Angeredeten selbst (das Sabbatgebot) oder den
Nächsten und den Angeredeten (das Elterngebot). Bemerkenswert in dieser
Gruppe ist, wie der Schwerpunkt hier schrittweise von Gott auf den Nächsten übergeht und wie das Sabbatgebot (V. 12–15) nicht nur nach seinem Umfang, sondern auch nach dem Kreis der Betroffenen beurteilt die Mitte des
Dekalogs im Dtn[141] bildet. Die darauf folgenden drei kurzen Verbote des Tö-
tens (V. 17), Ehebruchs (V. 18) und Diebstahls (V. 19) sind alle gleich formuliert und können als dritte Gruppe (V. 17–19) gefasst werden, in der die Person des Redenden offen bleibt, der Adressat ein einzelner Mensch und der
Betroffene der Nächste ist. Die restlichen drei Gebote über falsches Zeugnis
(V. 20), Begehren der Frau des Nächsten (V. 21 a) sowie seines Hauses
(V. 21 b) teilen zwar alle diese Merkmale, unterscheiden sich jedoch von den
kurzen Verboten sowohl durch ihren längeren Wortlaut als auch durch die
ausdrückliche Erwähnung „deines Nächsten" als Gegenstand des Verbots
und bilden somit eine separate, vierte Gruppe (V. 20–21) im Aufbau des Dekalogs, der in dieser kunstvollen Gestalt (4 × 3) kaum auf einem Zufall beruhen kann.
   Die Unstimmigkeit zwischen den tatsächlich vorhandenen zwölf „Worten"
(Dodekalog) und der herkömmlichen Bezeichnung „Zehn Worte" (Dekalog)
entsteht, weil die Sammlung den Namen „Zehn Worte" (Ex 34, 28; Dtn 4, 13;
10, 4), dem sicherlich auch eine mnemotechnische Funktion zukommt, in
einer Phase erhalten hat, wo ihr das von dem bundestheologischen Redaktor
(DtrB) nachgetragene und erweiterte Bilderverbot (V. 8) sowie das aus priesterlichen Kreisen stammende späte Sabbatgebot, (V. 12–15), das in seine heutige Gestalt in mehreren Phasen gewachsen ist, noch fehlten (s. u.). Ohne

---

durch Philo und Josephus im 1. Jh. n. Chr. bezeugt ist, und deuten das Bilderverbot als 2. Gebot,
während die Begehrensverbote für sie als ein (das 10.) Gebot gilt. Die dritte Tradition wird durch
das Judentum vertreten, das den Prolog als 1. Gebot fasst, das Götter- und Bilderverbot als 2. Gebot und die Begehrensverbote als ein (das 10.) Gebot zusammenfasst. Siehe Reicke 1973,
21–27. 42–49.
   [141] Vgl. Lohfink 1990 I, 198–204.

diese Erweiterungen stimmt die Zahl zehn, wenn im Auge behalten wird, dass es sich eben um „Worte" (דברים) handelt (Ex 20, 1; Dtn 5, 22 a), deren erstes der Prolog (V. 6) ist – wie die jüdische Tradition mit Recht betont.[142]

Die Sammlung hat auch an einigen anderen Stellen nachträgliche Ergänzungen erhalten, die jedoch die Zahl der Gebote nicht beeinflussen: Im 1. Gebot erweisen sich als sekundär die einander entsprechenden bundestheologischen Einschränkungen „bei denen, die mich hassen" (V. 9 Schluss) und „bei denen, die mich lieben und meine Gebote bewahren" (V. 10 b), im Elterngebot der Rückverweis auf die Vergangenheit in V. 16 aβ (vgl. V. 12 bα) sowie die zweite Segensverheißung V. 16 bα²βγ und im letzten Gebot (V. 21 b) in der Liste der verbotenen Objekte die dem Sabbatgebot (V. 14) entliehene Reihe „und seinen Sklaven oder seine Sklavin, sein Rind oder seinen Esel". Abgesehen von diesen Zusätzen lassen sich aus dem Dekalog keine weiteren Elemente literarkritisch entfernen, womit sich auch der in der älteren Forschung übliche Versuch, eine kurze, gleichmäßige Gebotsreihe, den angeblichen Urdekalog zu rekonstruieren, erübrigt.

Zwischen den beiden Dekalogfassungen von Ex 20, 2–17 und Dtn 5, 6–21[143] lassen sich insgesamt zwanzig Unterschiede erkennen, von denen die folgenden am wichtigsten sind: Dtn 5, 14 f begründet das Sabbatgebot ausführlicher und anders als Ex 20, 10 f. Die Behrensverbote erscheinen in der umgekehrten Reihenfolge in Dtn 5, 21 und Ex 20, 17, wobei Dtn 5, 21 von Ex 20, 17 abweichend zwei verschiedene Verben für „begehren" verwendet (חמד und אוה Hitpa.). Einzelne Wortunterschiede begegnen auch am Anfang des 3. Gebots (שמר „achten" in Dtn 5, 12 statt זכר „gedenken" in Ex 20, 8) und im 8. Gebot (עד שוא „falscher Zeuge" in Dtn 5, 20 statt עד שקר „Lügenzeuge" in Ex 20, 16). Ganze Sätze, die in Ex 20 fehlen, finden sich in Dtn 5, 12 b (vgl. Ex 20, 8), 5, 14 bβ (vgl. Ex 20, 10) und 5, 16 aβbα² (vgl. Ex 20, 12). Die restlichen Unterschiede sind geringer und betreffen vor allem die Konjunktion *wᵉ* „und", die abgesehen vom Bilderverbot (V. 8) und 10. Gebot (Ex 20, 17 b) in der Regel als zusätzliches Element gegenüber Ex 20 in Dtn 5 begegnet (V. 9. 14. 18. 19. 20. 21 a). In der älteren Forschung spielten kleine Abweichungen dieser Art keine besondere Rolle, bis Hossfeld ihnen in seiner Arbeit (1982) näher nachging und die These aufstellte, dass Dtn 5 entgegen der herkömmlichen Auffassung den älteren Wortlaut des Dekalogs bewahrt habe, dem gegenüber Ex 20 eine sekundäre, bewusst gekürzte Fassung enthalte.[144] Hossfelds These hat jedoch in der nachfolgenden Forschung keine Bestätigung erfahren.[145] Auch in der Literarkritik des Dekalogs gilt die aus der Textkritik bekannte Regel „Die kürzere Lesart ist besser" (*Lectio brevior*

---

[142] Siehe oben Anm. 140.

[143] Die älteste uns bekannte Harmonisierung der Texte begegnet in dem sog. Papyrus Nash (das 2. oder 1. Jh. v.Chr), der den Dekalog in einer Mischfassung von Ex und Dtn und dazu noch Dtn 6, 4–5* enthält (s. Würthwein ⁵1988, 41 f.146 f).

[144] Hossfeld 1982, 21–162.

[145] Siehe oben S. 128 Anm. 34.

potior), und die zeitliche Priorität gebührt dem kürzeren Text von Ex 20, dem gegenüber Dtn 5 einen jüngeren, erweiterten Text enthält.[146] Die Regel bewährt sich auch bei der einzigen eigentlichen Ausnahme, dem Bilderverbot mit dessen kürzerem Text in Dtn 5, 8; denn die zusätzliche Kopula in Ex 20, 4 („*und* keine Gestalt") wurde hinzugefügt, als das ursprünglich in Dtn 5, 8 eingetragene Bilderverbot seinen Weg auch nach Ex 20, 4 fand.[147]

Damit ergibt sich, dass die Heimat des Dekalogs nicht am Horeb (Dtn 5), sondern am Sinai (Ex 20) liegt. Selbst am Sinai ist er jedoch nicht ursprünglich,[148] sondern sekundär sowohl im Blick auf die Theophanie (Ex 19, 16–18; 20, 18. 21 b), die durch den Dekalog unterbrochen wird,[149] als auch im Blick auf das Bundesbuch (Ex 20, 24–23, 19*), das vom Dekalog resümierend vorweggenommen wird.[150] Hinsichtlich der Bestimmung seines Alters ist die Tatsache von entscheidender Bedeutung, dass der Prolog und das 1. Gebot, die die ganze Reihe zusammenhalten, durchgehend dtn/dtr Gepräge tragen.[151] Findet Berücksichtigung, dass der prophetische Deuteronomist (DtrP) den Dekalog schon als zitierbare Einheit kannte (s. o.) und der Sammlung selbst jede Katastrophenstimmung fehlt, kommt am ehesten die letzte vorexilische Zeit (um 600 v. Chr.) als Geburtsstunde der Zehn Gebote in Frage.[152]

Die Gebotsreihe ist aus älteren Vorlagen zusammengesetzt worden, deren Ursprung einerseits in den prophetischen Gerichtsreden, andererseits im Bundesbuch liegt. In den prophetischen Scheltreden kommen vor dem Dekalog und unabhängig von ihm im Zusammenhang des Schuldaufweises in Hos 4, 2 und Jer 7, 9 Reihenbildungen vor, die die im Dekalog verbotenen Delikte Falschschwur (Hos 4, 2; Jer 7, 9), Töten (Hos 4, 2; Jer 7, 9), Diebstahl (Hos 4, 2; 7, 9), Ehebruch (Hos 4, 2; Jer 7, 9) und Fremdgötterdienst (Jer 7, 9) als Anklagepunkte gegen das Volk anführen. Sie stehen im Hintergrund der entsprechenden Verbote des Dekalogs, wo sie in autoritatives Gottesrecht umgesetzt worden sind und mithin die prophetische Heimat des Dekalogs bezeugen.[153]

Darüber hinaus bleibt aber auch der Einfluss des ältesten Sinaigesetzes, des Bundesbuches (Ex 20, 24–23, 19*), auf die Gestaltung des Dekalogs zu berücksichtigen.[154] Dort werden in der Reihe der todeswürdigen Verbrechen (Ex 21, 12.15–17) Totschlag des Menschen (V. 12), Schlagen und Verfluchen der Eltern (V. 15. 17) sowie Menschenraub (V. 16), des weiteren in Ex

---

[146] Siehe besonders Levin 2003, 60–62.
[147] Vgl. Wellhausen ⁴1963, 89 Anm. 1.
[148] Anders in neuerer Zeit vor allem Levin 2003, 67–78.
[149] Köckert 2002, 20, vgl. schon Perlitt 1969, 91, und Oswald 1998, 150 f.
[150] Siehe Kratz VT 1994, 214–230; Ders. 2000, 145, und auch Köckert 2002, 22; Kaiser 2003, 49–51.
[151] Perlitt 1969, 83–92.
[152] Vgl. Perlitt TRE 8, 412, und Kratz VT 1994, 237 f, die beide für das 7. Jh. plädieren.
[153] Siehe besonders Levin 2003, 63 f, und vgl. auch Hossfeld 1982, 276–278.
[154] Siehe dazu vor allem Schmidt 1972, 201–212, und Kratz VT 1994, 214–231.

23, 1–2. 7 falsches Zeugnis und in Ex 23, 12 (vgl. Ex 34, 21) Arbeit am siebten Tage verboten. Dazu kommt in Ex 21, 33–22, 14 eine längere Reihe von Geboten, die der Sicherung des Eigentums dienen. Das Bundesbuch kennt auch das Nebeneinander von göttlicher und menschlicher Rede,[155] und wie im Dekalog erscheinen auch dort in der 2. P. Sg. formulierte Rechtssätze und Prohibitive (Ex 20, 24–26; 22, 20–29; 23, 1–19). Zieht man noch in Betracht, dass die für den Dekalog zentrale Verbindung von Recht und Ethos schon durch das Bundesbuch vorbereitet worden ist (vgl. Ex 22, 21–26; 23, 1–9), dann kommt man nicht umhin, in ihm neben der Prophetie die andere Vorlage für den Dekalog zu erblicken. Die einzelnen Gebote des Bundesbuches erhalten im Dekalog eine generalisierte Fassung, wodurch ihnen Allgemeingültigkeit zukommt.[156] Sie erscheinen in der Sinaiperikope an der Spitze aller anderen Gesetze und bieten in konzentrierter Form eine eiserne Ration von grundlegenden Verhaltensnormen, die in den nachfolgenden Ausführungsbestimmungen näher expliziert und konkretisiert werden. Der Dekalog gibt jeder weiteren Willensoffenbarung Gottes am Sinai einen hermeneutischen Richtungssinn.[157] Das gilt in einem noch höheren Grad für seine neue Position in Dtn 5, wo er als Gottesoffenbarung sui generis das Vorzeichen für die späteren, von Mose vermittelten „Satzungen und Rechte" bildet.[158] Aus der Entstehungsart des Dekalogs ergibt sich von selbst, dass sein ursprünglicher Sitz im Leben weder im Kult[159] noch in irgendeiner gesellschaftlichen Institution[160], sondern allein in der Literatur liegt, von wo aus er freilich eine enorm breite und konkrete Wirkung bis heute ausgeübt hat.

Der Prolog (V. 6)

Das erste, für die Reihe konstitutive „Wort" ist der Prolog (V. 6), in dem der   6
Redner sich anhand der aus dem Kult stammenden Formel „Ich bin Jahwe, dein Gott"[161] vorstellt und sich auf das besondere Verhältnis beruft, das zwi-

---

[155] Vgl. Ex 20, 24–26 und 22, 20–29 (Gottesrede) einerseits und Ex 21, 1–22, 19 (unpersönliche Rede) andererseits.

[156] Schmidt 1972, 212 f.

[157] Köckert 2002, 23 f; Ders. 2004, 39.

[158] Von daher hat Luther nicht Unrecht, wenn er das Dtn als ein Buch versteht, „darin der rechte verstand, nutz und brauch der 10 Gebot gepredigt wird" (WA 28, 595:16 f). Siehe weiter Perlitt 2002, 216.

[159] Anhänger der früher üblichen kultischen Ableitung sind noch z. B. Weinfeld 1991, 266, und Nielsen 1995, 75.

[160] Einer großen Beliebtheit erfreute sich lange Zeit die These von Gerstenberger 1965, nach der dem Dekalog ältere Prohibitive zugrunde liegen, die das Gewohnheitsrecht einer halbnomadischen Stämmegesellschaft mit ihrem „Sippenethos" vertreten.

[161] Näher zu dieser sog. Selbstvorstellungsformel Zimmerli ²1969, 11–40. Die oben gegebene Übersetzung ist im Lichte von Lev 18, 2. 4. 5. 6. 21. 30; Ri 6, 10; Ps 50, 7 und 81, 11 wahrscheinlicher als die alternative Übersetzung „Ich, Jahwe, bin dein Gott". Vgl. auch von Rad ²1968, 39; Zimmerli ²1969, 11–14; Braulik 1986, 49; Weinfeld 1991, 284–286.

schen ihm und seinem Partner Israel seit der Zeit besteht, als er ihn aus Ägypten befreite. Der Prolog erinnert gewissermaßen an die in Vasallenverträgen
auftretende „Vorgeschichte" mit der anschließenden „Grundsatzerklärung",
wo der Suzerän seine vergangenen Wohltaten als Grundlage des Sonderver-
hältnisses zwischen ihm und dem Vasallen darlegt.[162] „Es ist für das rechte
Verständnis des Dekalogs sehr wichtig, dass er beginnt mit einer Berufung
auf die seit der Befreiung aus Ägypten bestehende Zusammengehörigkeit von
Jahwe und Israel. Der Gott, der jetzt redet, hat seinen Heilswillen schon
längst in einem von der ganzen Gemeinde anerkannten Heilsereignis geoffen-
bart."[163] Somit geht es in den nachfolgenden Geboten um die Bewahrung der
durch dieses Heilsereignis gewährten Freiheit (vgl. Gal 5, 1; Jak 1, 25).[164]
    In literarischer Hinsicht bildet der Prolog eine ursprüngliche Einheit, deren
einzelne Bestandteile seine dtr Herkunft verraten. Dies betrifft die appositio-
nelle Gottesbezeichnung „Jahwe, dein Gott"[165], die Herausführungsformel
in der hier vorliegenden Gestalt[166] sowie den Ausdruck בית עבדים „Sklavenhaus"[167]. Die Berufung auf die Befreiung aus dem ägyptischen Sklavendienst
erweist sich als besonders einleuchtend, wenn der Entstehungsort des Dekalogs in Ex 20 Beachtung findet, wo kurz vorher Israels Sklavendasein und die
Befreiung aus ihm ausführlich erzählt worden sind (Ex 1–15).[168] Das Exoduscredo selbst ist dem Inhalt nach schon vor-dtr und gehört als Urbekenntnis
Israels zum heilsgeschichtlichen Grundbestand der vorexilischen Jahwereligion.[169] Es dürfte nicht zu bezweifeln sein, dass dem Credo ein geschicht-
licher Vorgang zugrunde liegt, der einem Teil Israels (der „Exodusgruppe")
widerfuhr und später auf ganz Israel übertragen wurde.[170]

---

[162] Vgl. zu beiden Elementen Baltzer ²1964, 20–23, und McCarthy ²1978, 37 f. 56 f.

[163] Von Rad ²1968, 41. Luther geht einen Schritt weiter, indem er als theologischer Ausleger sich
auf den Verheißungscharakter des Prologs bezieht und sagt, der Prolog sei „die Verheißung aller
Verheißungen, die Quelle und das Haupt aller Religion und Weisheit, das Evangelium, das den
verheißenen Christus in sich trägt" (WA 30/2, 358:1–4, deutsch Verf.).

[164] Crüsemann 1983, 36–40.

[165] Sie ist zwar nicht ausschließlich dtr (vgl. Dtn 5, 11). Beachtenswert bleibt immerhin, dass
von den 223 Belegen im Pentateuch 213 allein auf das Dtn entfallen (García López RB 1978, 41
Anm. 240).

[166] Eine genaue Entsprechung (mit einem Relativsatz) findet sich in Dtn 6, 12, aber nahe liegende Parallelen bieten auch Dtn 8, 14 und 13, 6. 11, wo der Relativsatz durch das Partizip ersetzt
worden ist.

[167] Der Ausdruck ist zwar schon aus Ägypten bekannt (Weinfeld 1991, 288), aber beschränkt
sich im AT auf das Dtn (6, 12; 7, 8; 8, 14; 13, 6. 11) und die von ihm beeinflusste Literatur (Ex
13, 3. 14; Jos 24, 17; Ri 6, 8; Jer 34, 13; Mich 6, 4).

[168] Kratz VT 1994, 215.

[169] Siehe Levin 1985, 48–50, und Smend 1987, 27–44 (beide mit Belegen).

[170] Noth ⁷1969, 107; Albertz 1992, 46 f. 73–80; Donner ²1995, 104; Stolz 1996, 86 f.

Das Fremdgötter- und Bilderverbot (V. 7–10)

Das Erste Gebot mit dem Bilderverbot (V. 7–10) setzt die im Prolog begon-   7–10
nene „Grundsatzerklärung" fort, indem es das mit ihr eng verbundene Hauptgebot[171] formuliert, das die ausschließliche Bindung der von Jahwe Befreiten
an ihren Befreier statuiert und mithin alle nachfolgenden Einzelgebote unter
seinen Schutz stellt, wodurch der Dekalog zum theonomen Ethos wird.[172]
    Literarhistorisch gesehen bildet das 1. Gebot keine ursprüngliche Einheit,
sondern besteht aus dem Grundtext und seinen bundestheologischen Erweiterungen, die in V. 8*. 9*(„bei denen, die mich hassen").10 b in Erscheinung treten. Das Bilderverbot (V. 8), dessen Grundform „Du sollst dir kein Gottesbild
machen" lautet, stellt einen Zusatz dar,[173] der den Kopfsatz des 1. Gebots (V. 7)
von dessen Ausführung und Begründung (V. 9 f) trennt.[174] Es war DtrB, der dieses Verbot zuerst in das Dtn einfügte[175] und dabei um seinen Lieblingsausdruck
כל תמונה „keine Gestalt" (vgl. Dtn 4, 12 b.15. 16 a*.23. 25) erweiterte.[176] Später
erfuhr das Bilderverbot eine noch weitere Ergänzung („von dem, was …") und
wurde auch im Exodusdekalog (Ex 20, 4) nachgetragen. Bundestheologische
Erweiterungen dürften auch in den die Individualhaftung betonenden Einschränkungen am Ende des 1. Gebots, „die mich hassen" (V. 9 Schluss) und „die
mich lieben und meine Gebote bewahren" vorliegen (V. 10 b).[177]
    Den religionsgeschichtlichen Hintergrund, auf den das 1. Gebot reagiert,
bildet die pluralistische Welt der königszeitlichen Religion Judas, in der Jahwe
wohl die dominierende und offiziell anerkannte Hauptgottheit war, wo aber
neben und sogar mit ihm auch andere Gottheiten wie Baal und Aschera
sowie die Astralgötter (Sonne, Mond und das ganze „Himmelsheer") und
Unterweltsgötter (*Rafaiter* u. a.) zumindest geduldet, manchmal auch verehrt
wurden.[178] Wegen der Unsicherheit, die die Datierung von zentralen Texten
in diesem Bereich erschwert,[179] bleibt die Frage umstritten, seit wann die Jah-

---

[171] Bereits Luther nannte das 1. Gebot „das Häuptgepot", „darümb daß daran am meisten liegt,
daß ein Mensch ein recht Häupt habe; denn wo das Häupt recht gehet, da muß auch das ganze Leben recht gehen, und wiederümb" (Großer Katechismus nach BSLK, 567:36–40). Zum Stellenwert des 1. Gebots bei Luther s. Peters 1990, 109–137.

[172] Kaiser 2003, 54.

[173] Siehe Lohfink 1963, 101; Moran CBQ 1967, 553 f; Skweres 1979, 186; Levin 2003, 64 Anm. 11

[174] Die Verben „anbeten" (חוה Hištaf.) und „dienen" (עבד Qal bzw. Hof.) beziehen sich, soweit sie außerhalb des Dekalogs zusammen wie in V. 9 vorkommen (16 Mal), in der Regel auf
fremde Götter und nie auf Gottesbilder. Vgl. im Dtn: 8, 19; 11, 16; 17, 3; 29, 25; 30, 17, s. weiter
Zimmerli ²1969, 237, und Floß 1975, 168 f.

[175] In diesem Fall bewährt sich Hossfelds These (1982, 26) von der Priorität der Dtn-Fassung,
aber im Bilderverbot liegt eine Ausnahme vor.

[176] Veijola 2000, 166.

[177] Ebd.

[178] Siehe z. B. Day 2000.

[179] Siehe etwa Köckert BThZ 1998, 166–174. Texte, die als älterer Hintergrund des 1. Gebots
vermutet werden, sind z. B. Hos 3, 1 bβ; 13, 4 (vgl. 12, 10); Ex 22, 19; 23, 13; 34, 14; Dtn 6, 4;
1. Kön 18 und 2. Kön 1, 3. 6 (W.H. Schmidt 1993, 30 f. 46–52).

wereligion in exklusiv-intoleranter Form auftritt und den im 1. Gebot manifestierten Alleinvertretungsanspruch Jahwes zum Programm erhebt.[180] Eine gesicherte Minimalbasis von Texten bietet zwei Fixpunkte, die eine engere Eingrenzung des zeitlichen Raums für die Entstehung der intoleranten Monolatrie erlauben: Erstens muss der Sündenkatalog von Jer 7, 9 a Berücksichtigung finden, der nachweislich hinter dem Dekalog steht (s. o.) und in der ursprünglichen Gestalt mit der prophetischen Anklage קטר לבעל „dem Baal räuchern" endete, der jedoch sekundär mit der dem 1. Gebot nahe liegenden dtr Wendung והלך אחרי אלהים אחרים „und fremden Göttern nachlaufen" fortgesetzt wurde.[181] Das 1. Gebot steht in seiner allgemeinen Formulierung (Ex 20, 3//Dtn 5, 7) literarisch und zeitlich als Brücke zwischen dem vorexilischen Grundtext von Jer 7, 9 und seiner späteren dtr Bearbeitung.[182] Angesichts der Tatsache, dass die nordwestsemitische Vegetationsgottheit Baal nach den literarischen Zeugnissen des AT den Hauptgegner Jahwes darstellte,[183] ist es kein Wunder, dass auch das grundsätzliche Verbot fremder Götter gerade in der Auseinandersetzung mit Baal entsteht. Über Jer 7, 9 hinaus sollte jedoch als zweiter literarischer und historischer Fixpunkt das Bekenntnis von Dtn 6, 4 („Höre Israel: Jahwe ist unser Gott, Jahwe ist einzig!") Beachtung finden,[184] das am Ende des 7. Jh.s den Ausschließlichkeitsanspruch Jahwes als Parole der „Jahwe-allein-Bewegung"[185] in einer von religiösem Pluralismus geprägten Umgebung geltend machte (s. u.). Das 1. Gebot drückt das Anliegen des Sch^ema^ᶜ Israel von der negativen Seite als Verbot aus[186] und wird aus denselben Kreisen wie das Hauptbekenntnis Israels stammen.

7   Wenn in Sch^ema^ᶜ Israel festgesetzt wird, dass Jahwe Israels einziger (אחד) Gott ist und sein soll, folgt daraus logisch die Forderung des 1. Gebots, dass Israel überhaupt „keine anderen Götter" (אלהים אחרים)[187] neben ihm haben darf (Dtn 5, 7). Dabei ist die einmalige und auffallend abstrakte Formulierung mit dem Verb היה (wörtlich: „Es soll dir nicht sein [לך] …") anstatt eines konkreten Verbs (etwa „nachfolgen", „dienen" oder „anbeten") zu berücksichtigen. Sie erinnert an den Namen Jahwes (יהוה) (vgl. Ex 3, 14) und

---

[180] Siehe zum Überblick etwa Stolz 1996.

[181] Siehe Thiel 1973, 111–114.

[182] Vgl. Levin 2003, 63 f, ohne redaktionskritische Differenzierung.

[183] Day 2000, 70. Als Gottesbezeichnung findet sich Baal im AT im Sg. 58 Mal und im Pl. 18 Mal. Dazu kommen die Verbindungen Baal-Berit (Ri 8, 33; 9, 4), Baal-Zebub (2. Kön 1, 2) und Baal-Pegor (Dtn 4, 3) sowie die zahlreichen mit Baal gebildeten Ortsnamen (Kühlewein, THAT I, 328).

[184] Vgl. Köckert BThZ 1998, 174; Kratz 2000, 199; Aurelius ZThK 2003, 4–9.

[185] Diese Bewegung dürfte keine bis in das Nordreich des 9. Jh.s reichende Vorgeschichte haben, wie Lang 1981, 47–83, postulierte, sondern ist wahrscheinlich während der assyrischen Krise im Juda des 7. Jh.s als national-religiöse Protestbewegung entstanden, in der auch die Wurzeln des Dtn und der dtr Literatur zu suchen sind.

[186] Vgl. MacDonald 2003, 77.

[187] Der Ausdruck ist fast ausschließlich auf die dtr Literatur beschränkt, wo er 53 Mal auftaucht (s. García López RB 1978, 42 f).

verstärkt dadurch den Zusammenhang mit dem Prolog.[188] Der feste Ausgangspunkt besteht darin, dass es für *Israel* keine anderen Götter geben
darf, was das 1. Gebot zu einem Ausdruck der Monolatrie macht und es von
den monotheistischen Aussagen bei Deuterojesaja (Jes 43, 10–13; 44, 6–8;
45, 5–7. 14. 18. 21 f u. ö.) und selbst in den jüngeren Schichten des Dtn
(4, 35. 39; 7, 9) unterscheidet. Nach dem 1. Gebot dürfen keine fremden Götter „neben mir" sein, was im Hebräischen mit dem ungewöhnlichen Ausdruck „gegen mein Angesicht" (עַל פָּנַי) formuliert wird. Der Sinn der viel
bedachten und umrätselten Redensart[189] erschließt sich aus einer nahe liegenden Formulierung des neuassyrischen Vertrags von König Asarhaddon aus
dem Jahre 672, wo dieser von seinen Vasallen verlangt, dass sie „keinen anderen König und keinen andern Herrn statt seiner (*ina* UGU-*šú*) suchen"
dürfen (VTE 196 f).[190] Demnach dürfen für Israel keine anderen Götter anstelle Jahwes und gegen ihn existieren.

Die betonte Forderung des Hauptgebots wird in V. 9–10 a* näher spezifiziert   9–10
und begründet. Die in V. 9 a verwendeten Verben „anbeten" (חוה Hištaf.)
und „dienen" (עבד Hof.)[191] untersagen auf alle Fälle den Dienst fremder Götter im Kult, aber das Verb „dienen" weist in der dtr Literatur darüber hinaus
eine allgemeinere Bedeutung auf, die das Dienstverhältnis zwischen dem
Herrn und Sklaven, dem Suzerän und Vasallen beschreibt.[192] Folglich wird
hier den aus dem Sklavenhaus Befreiten (V. 6) eine neue Sklaverei als Abhängigkeit von fremden Göttern verboten.

Auch die Begründung (V. 9 b–10 a*) spielt am Anfang auf den Prolog an
(„ich Jahwe, dein Gott") und setzt dann mit Jahwes Eifersucht (קנא) fort
(„bin ein eifersüchtiger Gott"). Sie richtet sich nicht gegen andere Götter,
vielmehr gegen Jahwes eigenen Partner, wenn er „fremdgeht" (vgl. Ex 34, 14;
Dtn 4, 24; 6, 16). Die Strafandrohung (V. 9 bβ) und Segensverheißung
(V. 10 a*) haben ihre literarische Vorlage in der hymnischen Jahweprädikation
Ex 34, 6 f,[193] die hier kontextgemäß in der umgekehrten Reihenfolge zitiert
wird (vgl. Dtn 7, 9 f; Jer 32, 18; Sir 5, 4–7). Die Erstreckung der Strafe auf die
dritte und vierte Generation, die eine in häuslicher Gemeinschaft gleichzeitig
zusammenlebende Großfamilie meint (vgl. Ijob 42, 16), drückt die harte Tatsache aus, dass zwischen den Generationen eine Schicksalsgemeinschaft sowohl im Guten als auch im Schlechten besteht. Bei Jahwe überwiegt freilich
die Treue (חסד), die „Tausenden", d. h. unabsehbar vielen ohne Bezugnahme
auf die Generationenfolge gilt.[194]

---

[188] Aurelius ZThK 2003, 9, vermutet im Hintergrund der Formulierung auch Dtn 26, 17, was
möglich, aber nicht beweisbar ist.
[189] Zu verschiedenen Deutungsmöglichkeiten s. MacDonald 2003, 75–77.
[190] Die Übersetzung nach Krebernik 1995, 31.
[191] Zu der ungewöhnlichen Vokalisation als Hof. s. o. S. 126 Anm. 23.
[192] Siehe Floß 1975, 530–535. 541–547; Tigay 1996, 65 Anm. 56.
[193] Vgl. Perlitt 1969, 86; Weinfeld 1991, 294; Dohmen Bib. 1993, 179–185; Levin 2003, 64. Anders Spieckermann 2001, 7–12.
[194] Vgl. Ps 30, 6; 103, 8 f; Jer 3, 12; Mich 7, 18; Jes 54, 7 f; 57, 16 u. ö.

Die bundestheologischen Ergänzungen am Ende von V. 9 („bei denen, die mich hassen") und in V. 10 b („bei denen, die mich lieben und meine Gebote bewahren") modifizieren die solidarische Haftung des älteren Textes im Sinne der Individualvergeltung (vgl. Dtn 24, 26) dahin gehend, dass sie sowohl die Strafe als auch den Lohn auf jede einzelne Generation beschränken, insofern sie Jahwe hasst oder liebt.[195] Das Oppositionspaar „hassen" und „lieben" trägt hier einen politischen Unterton[196]: Wie der Vasall des assyrischen Großkönigs seinen Herrn zu lieben (ra'āmu) und dessen Feinde zu hassen (zêru) hat,[197] so ist es nach dem bundestheologischen Redaktor die Pflicht Israels, seinen Herrn zu lieben und seine Gebote zu halten.[198] Die den Bund übertreten, „hassen" ihn und sind damit seine „Feinde",[199] deren Schicksal in Dtn 7, 10 von einem späteren Bearbeiter näher beschrieben wird.

8   Eine wichtige, eigenständige Ergänzung des 1. Gebots aus der Hand des DtrB stellt das Bilderverbot dar (V. 8), das ursprünglich „Du sollst dir kein Gottesbild machen" lautete, von DtrB selbst durch „keine Gestalt" (כל תמונה) und von einem noch Späteren durch die nähere Spezifizierung „von dem, was am Himmel droben oder was auf der Erde unten oder was im Wasser unter der Erde ist" erweitert wurde.[200] Dass das Bilderverbot gerade DtrB am Herzen lag, zeigt auf der einen Seite Dtn 4, wo er das dekalogische Bilderverbot eingehend unter Anwendung des Begriffs „Gestalt" (תמונה) kommentiert (bes. V. 12 b.15. 16 a*.23 abα. 25), und auf der anderen Seite Dtn 9 f*, wo DtrB die Geschichte vom Goldenen Kalb als breite Illustration für die Kardinalsünde Israels gegen das Hauptgebot des Horebbundes nachträgt (s. u.). Das in das Fremdgötterverbot eingebaute Bilderverbot steht auch im Hintergrund der bundestheologischen Forderung nach Verbrennung von Götterbildern (Dtn 7, 5, vgl. 7, 25 und 12, 3).

Der Wortlaut des ursprünglichen Verbots לא תעשה לך פסל ist literarisch unableitbar. Vergleichbare Formulierungen begegnen wohl auch in anderen Gesetzessammlungen (Ex 20, 23; 34, 17; Lev 19, 4; 26, 1; Dtn 27, 15), aber es dürfte sehr zweifelhaft sein, dass sie oder die Kultbildpolemik des Hoseabuches (Hos 4, 17; 8, 4 f; 10, 5; 13, 2; 14, 9) historisch hinter das dekalogische Bilderverbot zurückreichen. Archäologisch lässt sich der Einfluss des Bilderverbots in Juda erst in der persischen und hellenistischen Periode als markantes Fehlen von allen kultischen Kleinfiguren und Statuetten dokumentie-

---

[195] Vgl. Hossfeld 1982, 275.

[196] Vgl. Tigay 1996, 66.

[197] In Assurbanipals Vertrag mit seinen babylonischen Verbündeten heißt es: „Wir wollen Assubanipal, den König von Assyrien, lieben und seinen Feind hassen" (Z. 32). S. Parpola/Watanabe 1988, 66 (deutsch Verf.).

[198] Siehe Dtn 6, 5. 14. 17 a.25; 10, 12; 11, 13. 22 (alles von DtrB), und später Dtn 7, 9; 11, 1; 30, 6. 16. 20 sowie auch 1. Joh 5, 3.

[199] Jahwe als Objekt des Hasses macht ihn zum „Feind" (s. Dtn 7, 10; 2. Chr 19, 2 und weiter Num 10, 35; Dtn 32, 41; Ps 68, 2; 81, 16; 83, 3; 139, 21).

[200] Vgl. zur dreistufigen Genealogie des Bilderverbots etwa Zimmerli ²1969, 235 Anm. 3; Schmidt 1972, 207, und Dohmen ²1987, 218 f. 224 f.

ren.[201] Es spricht vieles dafür, dass das Bilderverbot seinen Ursprung der Nähe des Fremdgötterverbots verdankt und aus der exilischen Auseinandersetzung mit der bilderfreudigen babylonischen Religion hervorgeht, gegen die sich auch die vehemente Götzenbildpolemik von Deuterojesaja richtet (Jes 40, 18–20; 41, 6 f; 44, 9–20).[202] Allerdings stellt das Bilderverbot kein vollkommenes Novum in der Tradition der Jahwereligion dar, die von Alters her zum Typus der „anikonischen" Religionen gehörte.[203] Es hat wohl nie ein Jahwe-Kultbild im Jerusalemer Tempel gegeben,[204] obwohl dort andere kultische Repräsentationen der Gottheit wie z.B. die von den Keruben beschirmte Lade (1. Kön 8, 6 f), die eherne Schlange Nehuschtan (2. Kön 18, 4), das eherne Meer (1. Kön 7, 23–26) und außerhalb des Tempels nachweislich viele andere kultische Darstellungen (Masseben, Teraphim, Jungstierstatuen, Krugmalereien, kleine Statuetten und Götterfiguren) lange Zeit anstoßfrei existierten.[205] Die religionspolitische Lage des Exils schärfte jedoch den Blick für die Gefahr der Kultbilder und erhob die Bildlosigkeit zu einer *differentia specifica* der Jahwereligion.

Die Grundfassung des Gebots verbietet die Anfertigung von Kultstatuen unabhängig davon, ob sie Jahwe oder eine andere Gottheit darstellen.[206] Ihre bundestheologische Erweiterung durch „keine Gestalt" bedeutet eine Verallgemeinerung,[207] indem sie alle möglichen, anthropomorphen und theriomorphen Größen als Vorbild für eine Kultstatue untersagt.[208] Die jüngste Erweiterung „von dem, was am Himmel droben oder was auf der Erde unten oder was im Wasser unter der Erde ist" gründet sich auf dem Bekenntnis, nach dem Jahwe allein der Gott im Himmel droben und auf der Erde unten ist (Dtn 4, 39; Jos 2, 11; 1. Kön 8, 23), und zieht daraus die Schlussfolgerung, dass ihn auch keine Gestalt aus diesen Bereichen als Kultbild repräsentieren kann (vgl. Dtn 4, 17 f).[209] Es geht damit um die grundlegende Unterscheidung von Gott und Welt (vgl. Röm 1, 23) und auch um den Schutz der Freiheit Jahwes als transzendenter Gott.[210] Darüber hinaus aktualisiert das Bilderverbot auch die Frage, *wie* Jahwe unter seinem Volk gegenwärtig sein kann; denn jedes Gottesbild gilt auch als Instrument der Vergegenwärtigung, das die Gottheit präsent macht.[211] Die Unvereinbarkeit der bildlichen Repräsentation mit Jahwes Wesen wurde in Dtn 4, 12 b von DtrB offenbarungstheologisch damit

---

[201] Uehlinger NBL I, 889 f.

[202] Vgl. Dohmen [2]1987, 262–273; Otto 1994, 212; Mettinger 1995, 136. 140; Uehlinger RGG[4] I, 1576.

[203] Siehe dazu ausführlich Mettinger 1995.

[204] Siehe Uehlinger RGG[4] I, 1576.

[205] Siehe z.B. Uehlinger NBL I, 871–892; W.H. Schmidt 1993, 69.

[206] Siehe oben zu Dtn 4, 15 ff.

[207] Schmidt 1972, 207.

[208] Uehlinger RGG[4] I, 1575.

[209] Dohmen [2]1987, 227.

[210] Vgl. Schmidt 1972, 207; Crüsemann 1983, 49; Otto 1994, 216.

[211] Vgl. Schüngel-Straumann 1973, 86; Uehlinger NBL I, 872.

begründet, dass Israel am Horeb keine „Gestalt" von Jahwe sah, nur seine
„Stimme" hörte, was jedes Kultbild als Mittel der Vergegenwärtigung ausschließt (4, 15) und stattdessen Jahwes Gegenwart mit seinen Worten und Taten (vgl. 5, 6) verbindet.

Das Namenverbot (V. 11)

11   Das Zweite Gebot, das in Dtn (5, 11) und Ex (20, 7) mit identischem Wortlaut
begegnet, eröffnet in der Komposition des Dekalogs die zweite Gruppe der
Gebote (V. 11–16), in der eine menschliche – dem Makrokontext nach Moses – Stimme den einzelnen Israeliten auf sein Verhältnis zu Gott, dem Mitmenschen und sich selbst (das Sabbatgebot) anredet (s. o.). Im Namenverbot,
das literarisch einheitlich ist und original zur Zehnerreihe gehört,[212] geht es
direkt um das Gottesverhältnis, indirekt jedoch auch um das Verhältnis zum
Mitmenschen, dem das Verbot des Meineids zugute kommt. Die früher und
zum Teil noch heute vor allem in der christlichen Tradition übliche Deutung
des 2. Gebots als allgemeines Verbot, den Gottesnamen zu verschiedensten
Zwecken zu missbrauchen (in Gericht, Kult, Prophetie, Alltag usw.),[213] ist in
der neueren Forschung zunehmend zu Gunsten der von der Antike bis
heute[214] in der jüdischen Tradition[215] gültigen Auffassung gewichen, nach der
sich das 2. Gebot gegen ein ganz spezifisches Delikt, nämlich den Falschschwur, richtet.[216] Die populäre Meinung, nach der die Juden das Aussprechen des Namens Jahwe wegen des 2. Gebots vermeiden,[217] ist hingegen ein
Missverständnis.[218]
      Die wichtigsten Argumente, die für die Deutung des 2. Gebots im strengen
Sinne als Verbot des Meineids sprechen, sind folgende: Wie die meisten Dekaloggebote hat auch das 2. Gebot einen seiner Hintergründe in der Prophetie,
in den Anklagen von Hos 4, 2 und Jer 7, 9 a. In Hos 4, 2 wird der Falschschwur durch das Verbpaar „Fluchen und Leugnen" (אלה וכחש) ausgedrückt, das seine wesentlichen Momente, die Selbstverfluchung (vgl. Hos 10, 4)
und die Ableugnung des Vergehens (vgl. Lev 5, 21–24; Ps 59, 13), thematisiert. In Jer 7, 9 a tritt der Sinn der Aussage noch deutlicher zutage, da dort

---

[212] Unhaltbar ist Hossfelds (1982, 244–246) Theorie, nach der das Namenverbot Neuschöp-
fung einer von der dtn/dtr Namenstheologie beeinflussten „späteren dtr Redaktion" wäre (s. dazu
Veijola 2000, 49 f).
[213] Sie ist zwar noch vor kurzem in einer monographischen Untersuchung von Elßner 1999
vertreten worden, aber die Gesamtthese dieser nur deutschsprachige Literatur berücksichtigen-
den Abhandlung hat Otto ZAR 2000, 351–353, inzwischen mit triftigen Argumenten widerlegt
(vgl. Veijola 2000, 50–56).
[214] Siehe z. B. Weinfeld 1991, 278 f, und Tigay 1996, 67.
[215] Siehe dazu etwa Meinhold KuI 1987, 159–168.
[216] Siehe näher Veijola 2000, 48–60 (mit Lit.).
[217] So z. B. noch W.H. Schmidt 1993, 84.
[218] Siehe Tigay 1996, 67. 431.

der Meineid mit einem der üblichsten Ausdrücke für das Falschschwören, השבע לשקר „Schwören zum Betrug",[219] bezeichnet wird. Damit ist im 2. Dekaloggebot[220] ein Anliegen der prophetischen Gerichtsrede aufgegriffen und als Prohibitiv mit einer Sanktionsklausel neu formuliert worden.

Die Neuformulierung des Falschschwurverbots im Dekalog durch „den Namen Jahwes zum Betrug aussprechen" (נשא את שם יהוה לשוא) weicht zwar von dem in Hos 4, 2 und Jer 7, 9 a (sowie dessen Parallelen) vorliegenden Wortlaut ab, ist jedoch nicht singulär; denn in Ps 24, 4 wird innerhalb einer Torliturgie gesagt: „wer mein (sc. Jahwes) Leben nicht zum Betrug ausspricht" (אשר לא נשא לשוא נפשי) und parallel dazu „und nicht betrügerisch schwört" (לא נשבע למרמה). Gottes „Leben" (נפש) und „Name" (שם) sind in den Schwurformeln austauschbar.[221] Außerdem ist damit zu rechnen, dass auf die Formulierung des Namenverbots auch die andere Vorlage des Dekalogs, das Bundesbuch, eingewirkt hat, wo in Ex 23, 1 a in einem prozessrechtlichen Zusammenhang das Vorbringen von falschen Gerüchten mit den Worten „Du sollst nicht ein falsches Gerücht aussprechen" (לא תשא שמע שוא) verboten wird.[222] Es verdient zudem Beachtung, dass innerhalb der konzentrischen Komposition von Ex 23, 1–7 in V. 7 a auf V. 1 a Bezug genommen und dabei anstelle von שוא das Wort שקר für „Falschheit/Betrug" verwendet wird, was ihre Austauschbarkeit in der Rechtssprache beweist.[223] Diese Schlussfolgerung findet ihre Bestätigung durch den Dekalog selbst, wo im 8. Gebot für den „falschen Zeugen" in Dtn 5, 20 עד שוא, an der Parallelstelle Ex 20, 16 jedoch עד שקר steht. Daraus ergibt sich zwingend, dass der Ausdruck לשוא im Namenverbot der juristischen Terminologie entstammt und mit der Formulierung „zum Betrug" richtig übersetzt worden ist.

Der prozessrechtliche Hintergrund des Namenverbots wird des weiteren durch das Depositenrecht des Bundesbuches Ex 22, 7–10 erhellt, wo der Fall geregelt wird, dass ein zur Aufbewahrung anvertrautes Gut abhanden kommt. Wird der Dieb nicht gefunden, kann der Aufbewahrer sich von dem Verdacht, er habe das anvertraute Gut veruntreut, nur so befreien, dass er „vor Gott" einen sog. Reinigungseid ablegt und unter Selbstverfluchung seine Unschuld beteuert (V. 7). Wenn er dabei aber einen Meineid leistet (vgl. Lev 5, 21–25), lässt Jahwe den beim Falschschwur ausgesprochenen Fluch auf ihn selber zurückfallen (vgl. Sach 5, 3 f). Weil solche und ähnliche Fälle überhaupt nicht mit menschlichen Mitteln aufgeklärt werden konnten, hatte die

---

[219] Vgl. Lev 5, 22. 24; 19, 12; Jer 5, 2; Sach 5,(3)4; (8, 17); Mal 3, 5.

[220] Das 8. Gebot (falsches Zeugnis) kommt als Anknüpfungspunkt hingegen nicht in Frage (so etwa Hossfeld 1982, 86; Crüsemann 1983, 74; Kratz VT 1994, 214 Anm. 29, und Levin 2003, 63), weil weder das biblische noch das talmudische Recht den Zeugeneid zur Bekräftigung einer Aussage kennt (Phillips 1970, 143 f; Lang ThQ 1981, 102).

[221] Vgl. z. B. Jer 51, 14; Am 6, 8 auf der einen sowie Dtn 6, 13; 10, 20; Jer 44, 26 auf der anderen Seite und s. weiter Veijola 2000, 52 f.

[222] Mit dem Einfluss von Ex 23, 1 auf das Namenverbot rechnen auch Kratz VT 1994, 213, und Levin 2001, 68.

[223] Siehe Hossfeld 1982, 79–81.

Gemeinschaft ein vitales Interesse daran, dass Jahwe fähig und und willens war, die Meineidigen zu bestrafen (vgl. 1. Kön 8, 31 f). Angesichts der entscheidenden Rolle, die der Reinigungseid im altisraelitischen Prozessrecht spielte, versteht sich der Hinweis des Namenverbots auf die Strafverfolgung durch Jahwe (Dtn 5, 11 b) von selbst.

Als außerbiblische Parallele sei auf das ägyptische Bittgebet eines Künstlers namens Neferʿabu hingewiesen, der während der 19. Dynastie (1305–1196) in der Nekropolenstadt des alten Theben arbeitete.[224] In seiner persönlichen Not (Erblindung?) bekennt er: „Ich bin der Mann, der falsch geschworen hat bei PTAH, dem Herrn der MAAT. Er hat mich Finsternis sehen lassen am Tage." Etwas später warnt er: „Hütet euch vor PTAH, dem Herrn der MAAT, denn er lässt niemandes Frevel (ungestraft). Fürchtet euch, den Namen des PTAH zu Unrecht auszusprechen, denn wer ihn zu Unrecht ausspricht, der wird zuschanden." Beachtung in diesem Votivtext verdient einerseits, dass darin der dem Namenverbot ähnliche Ausdruck „den Namen des PTAH zu Unrecht aussprechen" als Variante für „bei PTAH falsch schwören" vorkommt, und andererseits eine enge Verbindung zwischen Warnung und Sanktion besteht, die auch das Dekaloggebot kennzeichnet.

Schließlich bleibt noch zu berücksichtigen, dass auch die früheste Rezeption des dekalogischen Namenverbots sowohl im AT (Lev 19, 12 a; Sir 23, 9–11) als auch im NT (Mt 5, 33) und in der frühchristlichen Literatur (Didache 2, 3) seine Interpretation als Verbot des Meineids unterstützt[225]. Es wäre undenkbar, dass ein ursprünglich allgemeines Verbot des Namensmissbrauchs später eine so präzise Begrenzung erfahren hätte, während die umgekehrte Entwicklung viel eher dem gewöhnlichen Verlauf der Rezeptionsgeschichte entspricht.

Das Sabbatgebot (V. 12–15)

12–15   Das Dritte Gebot (V. 12–15) teilt die formalen Merkmale des vorangehenden Namenverbots in der Hinsicht, dass auch in ihm eine menschliche Stimme den einzelnen Israeliten auf sein Verhältnis zu Gott und den Mitmenschen anredet. Es unterscheidet sich jedoch vom Namenverbot dadurch, dass in V. 14 auch der Angesprochene selbst berücksichtigt wird („wie du") und in V. 15 die Anrede sich auf das ganze Volk Israel ausweitet. Dem entspricht der erheblich größere Umfang des Sabbatgebots, das als längstes Gebot etwa 30 % des gesammten Dekalogs umfasst und im Dtn-Dekalog dessen Mitte bildet, die durch das Exoduscredo (V. 15) mit dem Prolog (V. 6) und durch die Stichworte „Rind und Esel" (V. 14) mit dem letzten Gebot (V. 21 b) verbunden ist.[226] Die zentrale Stellung des Sabbatgebots unter den Zehn Geboten

---

[224] Zum Text (BM 589) s. James 1970, Tafel 31 und S. 36, zur Bedeutung für das 2. Gebot s. Veijola 2000, 50 f.
[225] Veijola 2000, 56–60.
[226] Lohfink 1990 I, 198–204.

spiegelt den Sachverhalt wider, dass mit ihm das dekalogische Gebot vorliegt, das außerhalb des Dekalogs am breitesten bezeugt ist.[227] Seine große Verbreitung verdankt sich dem Umstand, dass der Sabbat neben der Beschneidung nach dem Exil zur *nota ecclesiae* Israels avancierte, die unabhängig vom Tempel an jedem Ort beachtet werden konnte.[228]

Der Sabbat hat freilich eine ältere Vorgeschichte schon in der königszeitlichen Religion Israels, wo er in Hos 2, 13, Jes 1, 13 und 2. Kön 4, 23 neben dem Neumond (חדשׁ) als Bezeichnung des Vollmondtages vorkommt. Dieser Tag, der auch aus Israels Umwelt (Ugarit und Phönizien), aus Altbabylonien sogar unter dem Namen *šapattu(m)* bzw. *šabattu(m)*, bekannt ist,[229] wurde als fröhliches Opferfest begangen (vgl. Ps 81, 4), das eine willkommene Unterbrechung der Alltagsarbeit mit sich brachte, aber an sich weder Arbeiten noch Reisen (vgl. 2. Kön 4, 23) verhinderte, geschweige denn verbot. Der Sabbat als Vollmondtag scheint jedoch in Folge der Exilskatastrophe Judas in Vergessenheit geraten oder bewusst nicht mehr beachtet worden zu sein (vgl. Klgl 2, 6), so dass er erst im 5. Jh. wie ein Phönix aus der Asche gestiegen ist, und zwar als neuer Wochensabbat, dessen Verletzungen sowohl Nehemia (Neh 13, 15–22) als auch ein nach-dtr Verfasser in Jer 17, 19–22[230] vehement bemängeln. Der neue „denaturierte" Wochensabbat ist offenbar gerade durch das Sabbatgebot des Dekalogs in die Welt gekommen, indem der vorexilische Sabbat mit der älteren Vorschrift über die Arbeitsruhe des siebten Tages (Ex 34, 21 a, vgl. Ex 23, 12) zusammengebracht und als „Sabbat für Jahwe" definiert wurde.[231] Damit bewährt sich selbst bei dem späten Sabbatgebot die Theorie von dem doppelten Hintergrund des Dekalogs einerseits in der Prophetie (Hos 2, 13; Jes 1, 13), andererseits im Bundesbuch (Ex 23, 12), bzw. in dessen Nähe (Ex 34, 21 a).

Von den beiden dekalogischen Fassungen des Sabbatgebots, die einige markante Unterschiede aufweisen (s. u.), ist die in Ex 20, 8–11 vorliegende ohne die sekundäre Begründung V. 11 die ältere, die in Dtn 5, 12–15 in erweiternder Form aufgenommen worden ist.[232] Bereits die älteste Gestalt des Sabbatgebots in Ex 20, 8–10 zeigt sich durchgehend vom späten, priesterschriftlichen Sprachgebrauch geprägt,[233] der seine nachexilische Herkunft bestätigt.[234] Die weitere

---

[227] Abgesehen von der weisheitlichen Tradition begegnen Bezugnahmen auf den Sabbat oder das Sabbatgebot in allen wichtigsten Literaturbereichen des AT: in Gesetzen (Ex 23, 12; 31, 13–17; 34, 21; 35, 2. 3; Lev 19, 3. 30; 23, 3; 26, 2; Num 15, 32–36 u. ö.), Erzählungen (Ex 16; 2. Kön 4, 23; 11, 5. 7. 9; Neh 13, 15–22), Prophetie (Jes 1, 13; 56, 2. 4; 58, 13; 66, 23; Jer 17, 19–27; Ez 20; 22, 8. 26; 23, 38; 44, 24; 45, 17; 46, 1. 3. 4. 12; Hos 2, 13; Am 8, 5) und auch in Poesie (Ps 92, 1; Klgl 2, 6).

[228] Vgl. Köckert 1989, 170 f.

[229] Siehe Lemaire RB 1973, 166 f.

[230] Siehe dazu Veijola 2000, 68–70.

[231] Siehe vor allem Levin 1982, 39–42, und Ders. 2003, 65 f, vgl. auch Hossfeld 1982, 38. 248. 251; Köckert 1989, 172; Kratz VT 1994, 216 f.222, und Veijola 2000, 63.

[232] So mit Levin (1985 =) 2003, 65 f, und Graupner ZAW 1987, 315–318, gegen Hossfeld 1982, 57. 251.

[233] Siehe Lemaire 1981, 276–281.

[234] So bereits Meinhold 1905, s. näher Veijola 2000, 61–63.

Entwicklung erfolgte im Bereich von Dtn 5 und ergab den in V. 12–15 vorliegenden Text, der seinerseits das Vorbild für die Formulierung der schöpfungs-
theologischen Begründung des Sabbats nach Gen 2, 2 f in Ex 20, 11 lieferte.[235]
Der für das Sabbatgebot des Dtn verantwortliche Verfasser, der das Einhalten
des Sabbats mit der verpflichtenden Erinnerung an Israels Befreiung aus der
ägyptischen Sklaverei motiviert (V. 15), tritt auch im Bereich der eigentlichen
Gesetzgebung mit demselben Argument hervor (15, 15; 16, 3*. 12; 24, 18. 22)
und repräsentiert die jüngsten, nachexilischen Phasen im Werden des Dtn.[236]

12   Das Sabbatgebot wird in Dtn 5 durch V. 12 eingeführt, der zusammen mit
V. 15 b einen planvoll gestalteten Ring um das Ganze bildet. Das Verb שָׁמֹר
„achten" (vgl. 16, 1) am Anfang ersetzt das ältere זכר „gedenken" (Ex 20, 8)
und weist auf sein in der Paränese des Dtn geläufiges Pendant עשׂה „machen,
einhalten" in V. 15 b voraus.[237] Das dem priesterlichen Sprachgebrauch
entstammende Verb קדשׁ Pi., das die „Heiligung" des Sabbattages fordert,[238]
trägt zwar kultische Konnotationen an sich, die mit dem älteren Vollmond-
sabbat zusammenhängen, besagt jedoch im Dekalog nicht mehr, als dass der
Mensch den siebten Tag in den Dienst Gottes stellt, indem er der älteren
Ruhetagsvorschrift gemäß (Ex 34, 21 a; 23, 12 a) mit seiner alltäglichen Arbeit
„aufhört" (שבת Qal) und ruht.[239] Der Rückverweis „wie Jahwe, dein Gott,
dir geboten hat" (V. 12 b) nimmt wie sein Gegenstück in dem hinteren Rahmenteil (V. 15 b) auf ein früher ergangenes Sabbatgebot Bezug. Angesichts
der Tatsache, dass derselbe Rückverweis auch im Elterngebot (V. 16) vorkommt, liegt die Annahme am nächsten, dass beide Mal auf das entsprechende Gebot von Ex 20 verwiesen wird,[240] und nicht etwa beim Sabbatgebot
auf die Ruhetagvorschrift von Ex 23, 12 oder 34, 21 a.[241]

13-14   Vers 13 darf nicht als Arbeitsgebot missverstanden werden; vielmehr wird
darin im Anschluss an Ex 34, 21 a und Ex 23, 12 das Arbeiten, das über die
damals grundlegende Ackerarbeit (vgl. Gen 3, 17–19) hinaus auch jede andere
Arbeit einschließt,[242] als Selbstverständlichkeit vorausgesetzt und nur wegen

---

[235] Vgl. Schüngel-Straumann 1973, 78; Levin 2003, 65.

[236] Vgl. auch Otto 2000, 170 f, der damit rechnet, dass das Sabbatgebot 5, 12–15 eine nachexilische Bearbeitung erfahren hat, die er auf den Pentateuchredaktor zurückführt.

[237] Siehe die Belege oben S. 141 Anm. 104. Die Kombination bleibt jedoch nicht auf das Dtn beschränkt (vgl. Ex 31, 16 P).

[238] Dieselbe grammatische Form wie im Dekalog (לקדשׁו) begegnet sonst nur in der Priesterschrift (Ex 28, 3; 29, 36; Lev 8, 12). Die Kombination von „heiligen" und „der Tag des Sabbats" ist
auch sonst nur in nachexilischer Literatur bezeugt (Jer 17, 22. 24. 27; Neh 13, 22).

[239] Vgl. Jepsen 1978, 86.

[240] Vgl. Skweres 1979, 183.

[241] So z. B. Steuernagel ²1923, 73; Levin 2003, 66 (Ex 23, 12), sowie Hossfeld 1982, 56
(Ex 23, 12 und 34, 21 a).

[242] Das erste Verb עבד „arbeiten" stammt aus Ex 34, 21 a und bezeichnet hier genau genommen das Bebauen des Ackerbodens, vgl. Gen 2, 5; 4, 2. 12; 2. Sam 9, 10 (Köckert 1989, 174). Das
zweite Verb עשׂה „tun", dessen Hintergrund in Ex 23, 12 liegt, geht eine aus der priesterschriftlichen Terminologie bekannte Verbindung עשׂה מלאכה ein (vgl. Lemaire 1981, 278) und betrifft
alle (כל) mögliche Arbeit (vgl. Dtn 16, 8; Ex 12, 16; Lev 16, 29; 23, 3. 28. 31; Num 29, 7; Jer 17, 22).

des siebten Tages erwähnt (vgl. Ex 22, 29),[243] dessen Sonderrolle in V. 14 seine Regelung findet. Der neue, vom Kreislauf der Natur unabhängige Wochensabbat soll nicht mehr auf den Mond, sondern allein auf „Jahwe, deinen Gott" gerichtet sein (V. 14 a).[244] Das Besondere an diesem Tag ist das Ruhen von aller Arbeit, das gleicherweise den freien Bürger, seine Familie und Dienstleute sowie die zu schweren Feldarbeiten und Lasttragen herangezogenen Haustiere und sogar den sonst recht- und schutzlosen Fremden betrifft (V. 14 bα).[245] Der Sinn des Ruhens besteht nach dem im Exodusdekalog fehlenden Finalsatz von V. 14 bβ, dessen Hintergrund in der Ruhetagsvorschrift von Ex 23, 12 liegt, darin, dass alle mit schwerer Arbeit belasteten, abhängigen Menschen und Tiere[246] ruhen und ausspannen können wie auch der freie Bürger, der selber erholungsbedürftig ist. Damit entsteht für einen Tag in der Woche eine egalitäre Gesellschaft, in der alle, Freie und Unfreie, Menschen und Arbeitstiere, vom Leistungsdruck befreit den Segen der Sabbatruhe genießen dürfen. Der Sabbat ist hier wahrhaftig um des Menschen – und des Tieres – willen da (Mk 2, 27).

Außerdem wird das Beachten der Sabbatruhe in V. 15 – ohne Parallelen in 15 Ex 20 – mit Israels „kulturellem Gedächtnis"[247] begründet, dessen Grunddaten das Sklavendasein in Ägypten und die Befreiung daraus sind (vgl. V. 6). Der Sabbatredaktor spielt darauf gern mit dem Verb זכר „gedenken" an, das erinnernde Vergegenwärtigung der Vergangenheit mit orientierender Kraft für heute bedeutet (vgl. 15, 15; 16, 3. 12; 24, 18. 22). Sie verpflichtet zu empathischer Solidarität mit benachteiligten Menschen, die sich jetzt in einer ähnlichen Lage befinden, womit der Sache nach schon das Anliegen der Goldenen Regel (Mt 7, 12) mit anderen Worten zum Ausdruck kommt. Ein solches Verhalten wurzelt in der Dankbarkeit, deren Grund in der Herausführung aus Ägypten durch Jahwe „mit starker Hand und ausgestrecktem Arm" (vgl. 4, 34; 7, 19; 11, 2; 26, 8) liegt. Das ist eine geniale Anwendung des befreienden Vorzeichens des Dekalogs (V. 6) auf ein einzelnes Gebot und darüber hinaus auf die Sozialethik überhaupt.

---

[243] Köckert 1989, 173.

[244] Levin 2003, 66.

[245] Die Liste der zur Sabbatruhe Berechtigten (V. 14 bα) hat ihr nächstes Vorbild in den Kultteilnehmerlisten des Dtn (vgl. 12, 12. 18; 16, 11. 14), enthält jedoch einige charakteristische Unterschiede: Der in den Kultteilnehmerlisten übliche Levit fehlt im Sabbatgebot offenbar aus dem Grund, weil er in nachexilischer Zeit mit der Darbringung von Sabbatopfern beschäftigt wurde (1. Chr 23, 31). „Dein Vieh" (Ex 20, 10) ist ein zusätzliches Element, das in Dtn 5, 14 ausgehend von Ex 23, 12 um „dein Rind und Esel" (und ein dadurch bedingtes כל „ganzes" vor „dein Vieh") erweitert wurde, was eine Stichwortverbindung zu V. 21 b ermöglichte.

[246] „Dein Sklave und deine Sklavin" stehen *pars pro toto* für die ganze vorangehende Liste (vgl. Ex 23, 12 b).

[247] Vgl. das gleichnamige Buch von Assmann ³2000.

Das Elterngebot (V. 16)

16   Dem Vierten Gebot (V. 16), das als positiv formuliertes Gebot mit einer Folgebestimmung dem vorangehenden Sabbatgebot ähnelt, kommt eine gewichtige Stellung als Scharnier in der Komposition des Dekalogs zu, in der es den
Übergang von den theologischen Geboten der „ersten Tafel" (V. 6–15) zu den
ethischen Geboten der „zweiten Tafel" (V. 16–21) kennzeichnet. Der ethische
Bereich wird eröffnet durch ein Gebot, das das wichtigste und manchmal
auch schwierigste Verhältnis zu anderen Menschen betrifft: das Verhältnis zu
den eigenen Eltern.
   Die Grundfassung des Gebots findet sich auch in diesem Fall in Ex 20, in
V. 12*,[248] wo es (V. 12 a) offenbar schon ursprünglich mit der Zusage des langen Lebens (V. 12 bα) versehen war; denn langes Leben ist ein besonders in
der Weisheit verbreitetes Thema,[249] das vorzüglich auf das Elterngebot passt,
indem es das Alter als Lohn der Gebotsbefolgung, aber auch als zukünftiges
eigenes Schicksal des Angeredeten vor Augen stellt.[250] Eine sekundäre Erweiterung stellt hingegen die kollektive Anspielung auf die Landgabe (V. 12 bβγ)
dar, die vielleicht unter dem Einfluss der dtr Paränese (Dtn 25, 15 b) entstanden ist.[251] In Dtn 5, 16 hat das Gebot außerdem noch einen Rückverweis
(V. 16 aβ) auf den Exodusdekalog[252] aus der Hand des späten Sabbatgebot-
verfassers (vgl. V. 12 b) und schon etwas früher den Hinweis auf das Wohlergehen im Anschluss an das lange Leben (V. 16 bα) erhalten, dessen Vorbild in
Dtn 22, 7 b liegen dürfte.[253] Die Erweiterungen des Elterngebots haben zur
Folge, dass durch die Zusagen des langen Lebens und Wohlergehens eine
Beziehung zur Generationenfolge des 1. Gebots (Dtn 5, 9 f) und durch die
Anspielung auf die Landgabe eine sinnvolle Entsprechung zu der Herausfüh-
rungsformel des Prologs (V. 6) und – auf der Ebene des Dtn-Endtextes – des
Sabbatgebots (V. 15) entsteht.[254]
   Das 4. Gebot richtete sich ursprünglich an die erwachsenen Männer und
verlangte von ihnen eine ehrerbietige und fürsorgende Behandlung der betag-

---

[248] Nicht in Dtn 5, 16, wie Hossfeld 1982, 60–74, gegen die opinio communis der Forschung
meint.
[249] Vgl. Spr 3, 2. 16; 28, 16; Ijob 12, 12; Koh 8, 13 und weiter z. B. Dtn 5, 33; 6, 2; 17, 20; 22, 7;
25, 15; 1. Kön 3, 14; Jes 53, 10 sowie außerhalb des AT etwa in phönizischen und aramäischen Inschriften (KAI 4, 3–5; 6, 2 f; 7, 4 f; 10, 9; 226, 3).
[250] Vgl. Crüsemann 1983, 62.
[251] Levin 2003, 61, der allerdings die Folgebestimmung (V. 12 b) insgesamt von Dtn 25, 15 ab-
leitet und damit für sekundär hält (vgl. Schüngel-Straumann 1973, 67; Jepsen 1978, 78 f; Otto
ZAR 1995, 94 Anm. 77; Jungbauer 2002, 88 f).
[252] Vgl. Lemaire 1981, 280. 284, und Skweres 1979, 183. Anders Hossfeld 1982, 69, und Weinfeld 1991, 311 f, die Ex 21, 15. 17 (Hossfeld) oder Lev 19, 3 (Weinfeld) als Adresse der Anspielung
ansehen.
[253] Levin 2003, 61 f. Die durch den Zusatz entstandene Reihenfolge vom Wohlergehen und langen Leben ist anomal und wurde schon in Dtn 4, 40 und 5, 33 und später im Dekalogtext der LXX
und des Papyrus Nash normalisiert (vgl. Dtn 22, 7).
[254] Vgl. Kratz VT 1994, 213.

ten Eltern. Die Mutter wird hier gleichberechtigt neben – in Lev 19, 3 sogar
vor – dem Vater erwähnt, denn als Mutter ihrer Kinder stand die Frau hinter
dem Mann an Ehre nicht zurück (vgl. Sir 3, 1–16),[255] und sie blieb auch wegen
ihrer Verheiratung im jungen Alter häufiger als der Mann als Witwe allein.[256]
Das Verb כבד Pi. (von der Wurzel *kbd* „schwer sein"), mit dem „ehren"
im 4. Gebot ausgedrückt wird, bedeutet allgemein „jemandem Gewicht verleihen", bzw. „jemanden als gewichtig anerkennen", in diesem Gebot des näheren ein Anerkennen der Würde und der Stellung, die den Eltern als gewichtige Mitglieder der Gemeinschaft gebührt.[257] Das Verb ist mit Absicht
so gewählt worden, dass es möglichst allgemeine und konkret flexible Anwendung finden kann.[258] Weiteres Licht ergibt sich aus dem Bundesbuch,
dessen Todessätze Ex 21, 15. 17 in der Reihe der todeswürdigen Verbrechen
(V. 12–17) in der Vorlage des dekalogischen Elterngebots liegen.[259] Der erste
(V. 15) verurteilt den, der seinen Vater oder seine Mutter „schlägt", der zweite
(V. 17) den, der seinen Vater oder Mutter „verflucht". Bei dem zweiten ist zu
berücksichtigen, dass das dort gebrauchte Verb קלל Pi. über das „Verfluchen" hinaus allgemeiner „herabsetzen, verächtlich behandeln" bedeutet[260]
(vgl. Lev 20, 9; Spr 20, 20; 30, 11; Sir 3, 11. 16) und mithin das genaue semantische Gegenteil zum Verb „ehren" (כבד Pi.) darstellt.[261] Von daher liegt es
auf der Hand, dass das Elterngebot auf jeden Fall auf eine respektvolle Einstellung zu den Eltern (vgl. Dtn 21, 18–21!) und auf die Absicherung ihrer
elterlichen Autorität zielt,[262] was lästerliche Worte und handgreifliche Aktionen gegen die alt gewordenen Eltern verbietet (vgl. Mich 7, 6; Spr 19, 26;
23, 22; 28, 24).
   Darüber hinaus dürfte jedoch sehr wahrscheinlich sein, dass das Elterngebot auch die materielle Fürsorge für die betagten Eltern in einer Gesellschaft
ohne soziale Altersversorgung einschloss (vgl. Gen 45, 11; Rut 4, 15).[263] Dies
geht nicht aus dem hebräischen Verb כבד Pi. „ehren" direkt hervor (vgl. jedoch Num 22, 17 und Spr 3, 9), wohl aber aus keilschriftlichen Texten Meso-
potamiens, wo die Verba *qubbutu* „ehren" und *palāḫu* „fürchten" (vgl. Lev
19, 3) in familienrechtlichen Urkunden (Adoptionsverträgen) und Weisheits-
texten häufig die Verpflichtung des Kindes zur Versorgung der alten Eltern

---

[255] Vgl. Boecker 1964, 75 Anm. 5.
[256] Vgl. Albertz ZAW 1978, 372 f.
[257] Westermann THAT I, 797 f; Albertz ZAW 1978, 354 f.
[258] Hossfeld 1982, 72.
[259] Schmidt 1972, 209 f; Hossfeld 1982, 69–71; Kratz VT 1994, 227; Otto ZAR 1995, 89–93.
[260] Es ist somit bedeutungsgleich mit seiner Nebenform קלה Hif. „verächtlich behandeln"
(Dtn 27, 16) und dem Hif. von קל (Ez 22, 7). Siehe HALAT, 1029 b.1031 b–1032 a; Weinfeld
1991, 309 f; Otto ZAR 1995, 89–91. Anders Jungbauer 2002, 77 f.
[261] Dies geht besonders deutlich aus der Paraphrase des Elterngebots in Sir 3, (1)6–16 hervor,
wo die negative Entsprechung für מכבד אמו „wer seine Mutter ehrt" (V. 6) מקלל אמו „wer seine
Mutter verächtlich behandelt" (V. 11) lautet.
[262] Siehe etwa Jungbauer 2002, 82–84.
[263] Vgl. Weinfeld 1991, 311; Tigay 1996, 70; Jungbauer 2002, 80–82.

mit Nahrung, Kleidung und Wohnung bis zu ihrem Tode bezeichnen.[264] Die Rezeptionsgeschichte des Elterngebots bei Tobit (4, 3 f), im NT (Mk 7, 9–13 par.)[265], im Talmud[266] und selbst noch bei Luther[267] zeigt, dass man die Ehrung, die das Elterngebot fordert, so verstand, dass auch die Pflicht zur materiellen Altersversorgung eingeschlossen war.

Das Tötungsverbot (V. 17)

17   Mit dem Fünften Gebot (V. 17) wird in der Komposition des Dekalogs die dritte Gruppe der Gebote eingeleitet (V. 17–19), deren äußere Merkmale die kurze Prohibitivform (לֹא + Imperf.) und die Unbestimmtheit des Redners sind. Abweichend vom Exodusdekalog (20, 13–17) werden diese wie auch die restlichen Gebote in Dtn 5, 17–21 durch w^e-Konjunktionen polysyndetisch miteinander verkettet, was eine sekundäre Erscheinung gegenüber der asyndetischen Reihe von Ex 20, 13–17 darstellt[268] und dazu dient, die innere Zusammengehörigkeit der „Schutzgebote"[269] zu verstärken. Die Trias von Töten, Ehebrechen und Stehlen hat ihren älteren Hintergrund in der prophetischen Gerichtsrede, in der sie sich in etwas abweichender Reihenfolge[270] in den für den Dekalog konstitutiven Sündenkatalogen von Hos 4, 2 und Jer 7, 9 a findet (vgl. auch Ijob 24, 14 f).

Das Verb רצח, das im 5. Gebot für Töten gebraucht wird, gehört mit seinen 47 Vorkommen, von denen die meisten (33) im Zusammenhang mit Asylstädten (Num 35, 9–34; Jos 20, 1–9; Dtn 4, 41–43, 19, 1–13) begegnen, nicht zu den häufigsten Verben des Tötens im AT. Aus seinem Gebrauch lässt sich jedoch herauslesen, dass abgesehen von einer zweideutigen Ausnahme (Spr 22, 13) sowohl das Subjekt als auch das Objekt des Verbs in der Regel der

---

[264] Albertz ZAW 1978, 356–364; Weinfeld 1991, 310; Otto ZAR 1995, 84–89.

[265] Bezeichnend ist der Unterschied zwischen Mk 7, 12 und Mt 15, 6: Wo Mk 7, 12 die materielle Fürsorge ins Auge fasst („so lasst ihr ihn nichts mehr für seinen Vater oder seine Mutter tun"), zitiert Mt 15, 6 das 4. Gebot („der braucht seinen Vater oder seine Mutter nicht mehr zu ehren").

[266] „Ehrung: er speise ihn, tränke ihn, kleide ihn, hülle ihn und führe ihn ein und aus" (Qiddušin 31 b, bei Goldschmidt 1996 VI, 612).

[267] „Die ander ehr, Wenn wir nu erzogen sind und ytzund selber man und weib seyn worden, wo es Vater und Mutter fehlet, das sie arm, hüngerich, dürstig, nackend, kranck und schwach seyn, das wir yhn die hand reichen, yhnen helffen, dienen, mit speissen, trencken, kleyden und allerley notturfft reichen und sie fur das gröste heiligthumb halten, das auff erden ist, Denn die Ehr stehet nicht alleine ynn worten und geperden, sondern viel mehr ynn der that, Es were eine kleine ehre, wenn ich den huet fur meinen Eltern abzuge und liesse sie gleich wol darneben hunger leiden" (WA 16, 494:14–21).

[268] Nur der Theorie halber tritt Hossfeld 1982, 141–144, auch hier für die Priorität der asyndetischen Reihe von Exodus ein.

[269] Der Terminus stammt in diesem Zusammenhang von Luther, der mit der Zeit auf die Idee kam, dass diese Gebote Schutzgebote sind, deren Gegenstand der Leib, das Weib, das Eigentum und die Ehre des Nächsten sind (s. Veijola 2000, 41).

[270] Die Reihenfolge des 5. und 6. Gebots variiert auch noch in einem Teil der LXX-Handschriften sowie im NT (s. Lk 18, 20; Röm 13, 9; Jak 2, 11).

Mensch ist. Das Verb bezieht sich „auf private zwischenmenschliche Vergehen innerhalb des eigenes Volkes".[271] Das bedeutet negativ, dass die Vollstreckung der rechtmäßigen Todesstrafe, das Töten des Feindes im Krieg, die
Vernichtungsweihe (Herem) sowie auch die Selbsttötung[272] nicht zum Geltungsbereich des 5. Gebots gehören. Positiv ergibt sich hingegen vor allem
aus den Belegen außerhalb der Asylgesetzgebung, dass mit dem Verb רצח
insbesondere brutale und heimtückische Gewaltakte gegen schwache Opfer
mit Todesfolge (Dtn 22,26; Hos 6,9; Ps 62,4; 94,6) einschließlich tödlicher
Vergewaltigung (Ri 20,4) oder Justizmord (1. Kön 21,19) gemeint waren.[273]
Somit liegt die Bedeutung Mord dem ursprünglichen Sinn des 5. Gebots näher als Totschlag oder Töten.[274]

Dazu bleibt jedoch in Betracht zu ziehen, dass das Verb רצח in der Asylgesetzgebung eine andere Bedeutung erhalten hat, zunächst in Dtn 19,3.4.6,
wo es als juristischer Terminus technicus für einen nicht geplanten Totschlag
Verwendung findet (vgl. Dtn 4,42), und sodann in Num 35,9–34, wo es neben dem unbeabsichtigten Totschlag (z.B. V.25–28) auch den vorsätzlichen
Mord (z.B. V.16–24) bezeichnet.[275] Wer das 5. Gebot aus dieser Perspektive
liest, kann nicht umhin zu gestehen, dass dem Gebot ein Gefälle zur Verallgemeinerung und Bedeutungserweiterung innewohnt.[276] Außerdem war das
Verbot anders als seine Parallele im Bundesbuch (Ex 21,12), die das Erschlagen eines anderen „Mannes" (איש) betrifft, von Anfang an ohne Objekt, was
seine Ausdehnung über den „Nächsten" (Dtn 4,42; 19,4; 27,24) hinaus auf
das „Leben" (Num 35,30; Jos 20,3) und „Menschen" überhaupt (Gen 9,6;
Lev 24,17) ermöglichte[277] – und schließlich zu dem kategorischen Tötungs-
verbot der Bergpredigt führte (Mt 5,21–26).

Das Ehebruchsverbot (V. 18)

Das Sechste Gebot (V. 18) hat den anderen Kurzprohibitiven gleich seinen   18
Hintergrund in der prophetischen Gerichtsrede (Hos 4,2 und Jer 7,9a, vgl.
auch Ijob 24,15), aber ihm fehlt die Entsprechung im Bundesbuch.[278] Es betrifft den Ehebruch im qualifizierten Sinne als sporadischen Seitensprung, der

---

[271] Hossfeld 2003, 19.
[272] Siehe dazu Ri 9,54f; 16,28–31; 1. Sam 31,4f; 2. Sam 17,23; 1. Kön 16,18f. und zur Wür-
digung Hossfeld 2003, 23f.
[273] Crüsemann 1983, 67f; Hossfeld 2003, 25–33.
[274] Vgl. Ben-Chorin 1979, 107. 109; Levin 1985, 93f; Nielsen 1995, 72; Tigay 1996, 70. Noch in
LXX wird das Verb im Dekalog durch φονεύω „morden" wiedergegeben.
[275] Siehe näher Hossfeld 2003, 41–66.
[276] Ebd., 70.
[277] Schmidt 1972, 211.
[278] Die Eheregelung von Ex 22,15f (vgl. Dtn 22,28f) kommt wegen ihrer andersartigen Ausrichtung und der Todessatz von Lev 20,10 wegen seines jüngeren Alters als Hintergrund für das
6. Gebot nicht in Frage (gegen Kratz VT 1994, 225, und Kaiser 2003, 51).

in elementarster Form als Beischlaf mit der verheirateten oder verlobten Frau eines anderen Mannes begangen wird (Dtn 22, 22–24). Der punktuelle Charakter des Ehebruchs unterscheidet das 6. Gebot vom 9. (nach Ex 20, 17 10.) Gebot, das die dauerhafte, widerrechtliche Aneignung einer anderen Frau verbietet.[279]

Das im 6. Gebot gebrauchte Verb נאף, das ohne Bedeutungsunterschied in Qal (14 Mal) und in Pi. (13 Mal) begegnet, wird meist ohne Objekt verwendet. Wenn jedoch das Objekt genannt wird, ist es „die Frau des Nächsten" (Lev 20, 10; Jer 29, 23) oder – im metaphorischen Sprachgebrauch – sind es göttliche Wesen (Jer 3, 9; Ez 23, 37). Von daher ist die Annahme berechtigt, dass das 6. Gebot in erster Linie die Frau des Nächsten als Objekt meint (vgl. Lev 18, 20; Ez 18, 6. 11. 15; 22, 11; Spr 6, 29 u. ö.).[280] Die Auslassung des Objekts bleibt jedoch nicht ohne Bedeutung; denn sie entspricht der Generalisierungstendenz der Dekaloggebote, indem sie die Möglichkeit offen lässt, dass der Ehebruch auch von der Frau ausgehen kann, die genauso gut wie der Mann als Subjekt des Verbs „ehebrechen" in Frage kommt.[281] Freilich hatte die Frau in der traditionellen israelitischen Gesellschaft nur geringe Chancen, ihre Ehe aus eigenem Antrieb zu brechen, aber die Situation veränderte sich in der nachexilischen Zeit, als sich die Sippen- und Familienverbände auflösten und die Gesellschaft urbanisierte; es entstand eine emanzipatorische Wirkung auf die Stellung der Frau, was auch ihr Sexualverhalten negativ beeinflussen konnte (vgl. Spr 7, 18–20; Sir 9, 1–9).

Rechtlich gesehen befanden sich Mann und Frau wegen des israelitischen Verständnisses von Ehe in unterschiedlicher Lage gegenüber dem Ehebruch[282]: Da der Mann in rechtlicher Hinsicht „Besitzer der Frau" war (Ex 21, 3. 22, vgl. Gen 20, 3; Dtn 22, 22), wurde die Frau ihrem Mann untreu und brach die Ehe immer, wenn sie Geschlechtsverkehr mit einem anderen Mann hatte, während der Mann überhaupt nur die fremde, nicht dagegen seine eigene Ehe brechen konnte, und folglich war es ihm erlaubt, Nebenfrauen zu haben, seine Sklavinnen als Konkubinen zu benutzen (Ex 21, 7–11; Dtn 21, 10–14) oder aber einer Prostituierten beizuschlafen (Gen 38, 13–18; Ri 16, 1; Spr 6, 26). Dementsprechend trug der Mann auch eine höhere Verantwortung für den Ehebruch, und sein Vergehen wurde offenbar stets mit der Todesstrafe geahndet, während die Frau „nur" entlassen wurde (vgl. Hos 2, 4; Jer 3, 8).[283] Die Verbesserung der rechtlichen Position der Frau in der dtn Reformgesetzgebung führte jedoch zu der Wirkung, dass auch sie die volle Verantwortung

---

[279] Hossfeld 1982, 133 f.

[280] Vgl. Schmidt 1972, 211.

[281] Vgl. נאף mit einem männlichen Subjekt in Lev 20, 10 a; Jes 57, 3; Jer 5, 7; 9, 1; 23, 10. 14; 29, 23; Hos 7, 4; Mal 3, 5; Ps 50, 18; Ijob 24, 15; Spr 6, 32, mit einem weiblichen Subjekt in Jer 3, 8. 9; Ez 16, 32. 38; 23, 37. 45; Hos 3, 1; 4, 13. 14; Spr 30, 20 und mit beiden Geschlechtern als Subjekt in Lev 20, 10 b.

[282] Siehe z. B. Schüngel-Straumann 1973, 48 f.

[283] Vgl. Mayes ²1981, 170.

für ihre Tat tragen musste und mit derselben Sanktion wie der Mann bestraft wurde (Dtn 22, 22. 24, vgl. Lev 20, 10).[284] Der Ehebruch galt in Israel – anders als z. B. in Babylonien nach Codex Hammurapi (§ 129)[285] – nicht nur als zwischenmenschliches Vergehen, sondern auch als Sünde gegen Gott (Gen 20, 6; 39, 8 f).

Das Diebstahlsverbot (V. 19)

Das dritte der Kurzprohibive (V. 19), das Siebte Gebot, gründet sich wie   19 beide anderen auf den prophetischen Schuldaufweis in Hos 4, 2 und Jer 7, 9 a (vgl. auch Ijob 24, 14), enthält aber eine Beziehung auch auf das Bundesbuch, in dem verschiedene Eigentumsdelikte in Ex 21, 27–22, 14 sowie der Raub und Verkauf eines Mannes in Ex 21, 16 im Rahmen des Todesrechts (Ex 21, 12–17) geregelt werden (vgl. Dtn 24, 7).[286] Ex 21, 16 war einer der Ausgangspunkte für die einmal einflussreiche, aber heute weithin aufgegebene Theorie A. Alts, nach der das 7. Gebot ursprünglich gerade den Menschenraub betraf.[287] Inzwischen hat sich jedoch die Auffassung durchgesetzt, dass ein anderer Mensch wohl ein mögliches (vgl. Gen 40, 15), aber nicht das einzige Objekt des „Stehlens" (גנב) sein kann.[288] Neben Personen kommen mit gleichem Recht auch Haustiere (Ex 21, 37; 22, 3. 11), Wertsachen (Gen 44, 8; Ex 22, 6), Gegenstände (Ex 22, 6; Jos 7, 21), Lebensmittel (Spr 6, 30) und überhaupt alles, wessen Diebe „bedürfen" können (Obd 5, vgl. Jer 49, 9), als Objekt des Stehlens in Frage. Das Fehlen des Objekts, das in Harmonie mit der vorherrschenden Tendenz des Dekalogs zur Verallgemeinerung steht, macht das 7. Gebot auf verschiedene Bereiche anwendbar.[289]

Es wird vorausgesetzt, dass das gestohlene Gut einen bestimmten Mindestwert besitzt (vgl. Dtn 23, 25 f; Jes 28, 4; Mk 2, 23) und dass der Besitzer auf angemessene Weise Aufsicht über sein Eigentum führt (Ex 22, 1–2 a. 7. 12; Jes 1, 8; 5, 2). Merkmale, die die Tätigkeit des Diebes kennzeichnen, sind das Moment der Heimlichkeit und die schnelle Ausführung der Tat (Ex 22, 1–2 a; Jer 49, 9), die den Diebstahl vom Raub (גזל) unterscheiden, der gewöhnlich eine öffentliche und gewaltsame Überwältigung und Entwendung bedeutet.[290] Diese Elemente kennzeichnen das 7. Gebot auch im Unterschied zum

---

[284] Phillips 1970, 110 f. Anders jedoch Pressler 1993, 33–35, die das innovative Interesse von Dtn 22, 22. 24 bestreitet.

[285] TUAT I/1, 58.

[286] Vgl. Kratz VT 1994, 224.

[287] Alt (1953 =) ⁴1968, 333–340. Alts Theorie hat einen Vorläufer in der rabbinischen Exegese (s. Ben-Chorin 1979, 141 f).

[288] Siehe zur Kritik von Alts Theorie vor allem Klein VT 1976, 161–169, vgl. z. B. auch Schüngel-Straumann 1973, 55; Mayes ²1981, 170 f; Hossfeld 1982, 131; Crüsemann 1983, 72 f; Weinfeld 1991, 315.

[289] Schmidt 1972, 210.

[290] Hamp ThWAT II, 44; Hossfeld 1982, 137.

10. (Dtn) bzw. 9. (Ex) Gebot mit dessen „Begehren" (אוה Hitpa.) bzw. „Verlangen" (חמד Qal), das neben dem psychologischen Affekt oft mit einer
rücksichtslosen Anwendung von öffentlichen Machtmitteln zur Erlangung
des begehrten Gutes verbunden ist (s. u.).[291] Dazu kommt die Differenz
hinzu, dass der Gegenstand des Stehlens nie Immobilien, wie Häuser oder
Grundstücke, sondern immer entweder lebende Wesen (Menschen oder
Tiere) oder Mobilien sind.[292] Damit lässt das 7. Gebot durchaus noch Raum
für ein separates Begehrensverbot.

Die Strafen für Diebstahl waren in Israel relativ mild im Vergleich zu seiner
Umwelt. Die Todesstrafe, die nach Codex Hammurapi sowohl dem Dieb als
auch dem das gestohlene Gut in Verwahrung nehmenden Bürger in verschiedensten Fällen drohte (§ 6–7, § 9–10, § 22, § 25, § 34),[293] fand in Israel nur
beim Diebstahl von Menschen (Ex 21, 16; Dtn 24, 7) und Eigentum Gottes
(Jos 7) Anwendung. In anderen Fällen hingegen wurde ein Ersatz gefordert
(Ex 22, 2), der bei den meisten Eigentumsdelikten ein doppelter (Ex 22, 6. 8),
in besonders gravierenden und offenbar häufigen Fällen, in denen Rinder
und Schafe gestohlen wurden, aber ein fünf- oder vierfacher war (Ex 21, 37).
Wenn Eigentum abhanden gekommen war, ohne dass niemand des Diebstahls überführt werden konnte, kam der beim Namenverbot behandelte
Reinigungseid zur Anwendung (vgl. Ex 22, 7–10).

Das Verbot des falschen Zeugnisses (V. 20)

20   Das Achte Gebot (V. 20) eröffnet in der Komposition des Dekalogs die vierte
Trias (V. 20. 21 a.21 b), die sich durch die ausdrückliche Erwähnung „deines
Nächsten" als Objekt von den vorangehenden Schutzgeboten abhebt.[294]
Zwischen den beiden Dekalogfassungen besteht in diesem Gebot der Unterschied, dass auf den falschen Zeugen in Ex 20, 16 der geläufige Ausdruck
עד שקר,[295] in Dtn 5, 20 hingegen der nur hier begegnende Ausdruck עד שוא
Anwendung findet. Wie sich oben beim Namenverbot erwiesen hat, sind
die „Falschheit" bzw. „Betrug" bedeutenden Termini שקר und שוא in der
Rechtssprache austauschbar (vgl. Ex 23, 1. 7).[296] Von daher ist anzunehmen,
dass der Verfasser von Dtn 5, 20 durch den Ersatz von שקר in שוא eine Stichwortverbindung mit dem Namenverbot herstellen wollte, das ebenfalls den
Rechtsprozess betrifft. Die Gefahr der Überschneidung zwischen dem 2. und

---

[291] Vgl. Klein VT 1976, 168 f.

[292] Hossfeld 1982, 136–140.

[293] TUAT I/1, 45–47. 49.

[294] Es ist möglich, aber wegen der mangelnden Evidenz schwer zu beweisen, dass sie schon früher eine zusammenhängende Prohibitivreihe gebildet haben können (so jedoch Schüngel-Straumann 1973, 56; Klein VT 1976, 163 f, und Schunck ZAW 1984, 106).

[295] Vgl. Dtn 19, 18; Ps 27, 12; Spr 6, 19; 12, 17; 14, 5; 19, 5. 9; 25, 18.

[296] Deshalb kann in Dtn 5, 20 keine Rede von einer „Ausweitung des Sachverhalts" gegenüber
Ex 20, 16 sein (gegen W. H. Schmidt 1993, 127).

8. Gebot bestand nicht,[297] da der im 2. Gebot gemeinte Eid bei ungeklärten Eigentumsdelikten im Tempel „vor Gott" geleistet wurde (Ex 22, 7), während die im Torgericht auftretenden Zeugen, für die das 8. Gebot gilt, ihre Aussagen überhaupt nicht eidlich bekräftigten.[298]

Das 8. Gebot hat keinen Hintergrund in der Prophetie, wohl aber im Bundesbuch[299]: Dort erwähnt eine Reihe von Gesetzen den „Nächsten" (רע),[300] der im Bundesbuch wie auch im Dekalog in erster Linie den Volksgenossen meint, ohne jedoch den Mitmenschen im allgemeinen Sinne auszuschließen.[301] Die prozessrechtlichen Regelungen von Ex 23, 1–2. 7, auf die schon beim Namenverbot hingewiesen wurde, unterbinden falsches Zeugnis (V. 1 f) und liefern das Vokabular für das 8. Gebot: die synonymen Begriffe שוא (V. 1) und שקר (V. 7) für „Betrug", עד (V. 1) für „Zeuge" und ענה (V. 2) für „aussagen, zeugen" vor Gericht[302].

Das Zeugen, von dem im 8. Gebot die Rede ist, gehört nicht in den Bereich des Zivil-, sondern des Strafrechts, das den Zeugen eine zentrale Rolle im Gerichtsverfahren zuwies.[303] Da die staatliche Fahndung nach Verbrechern im alten Israel unbekannt war, war es Sache des Betroffenen, Anklage vor Gericht zu erheben (Dtn 22, 14, vgl. 1. Kön 3, 17–21) und, wenn möglich, Zeugen herbeizuschaffen (1. Kön 21, 10. 13). Als Zeuge galt derjenige, der das Vergehen entweder selber gesehen oder davon sonst erfahren hatte. Es war auch seine Pflicht, eine Anzeige vor Gericht zu erstatten, und wenn er sie unterließ, machte er sich selber schuldig (Lev 5, 1; Spr 29, 24). Dem Zeugen kam eine entscheidende Bedeutung auch deshalb zu, weil in älteren Zeiten ein einziger Zeuge Anklage gegen seinen Mitmenschen erheben konnte (Ex 23, 1; Dtn 19, 16–19) und die Beweislast beim Angeklagten lag.[304] Folglich war die rechtliche Position des Angeklagten schlecht und die Verlockung zum Missbrauch der Zeugenaussagen groß, wovon auch die im Psalter häufig begegnenden Klagen über falsche und gewalttätige Zeugen/ Ankläger eine beredte Sprache sprechen (Ps 27, 12; 35, 11; 37, 32 f; 69, 5). Verschiedene Mittel, dem Vorbringen von falschen Anklagen vorzubeugen, waren die Todesstrafe, die in Israel wie in Babylonien (Codex Hammurapi § 1–3)[305] jedem falschen Zeugen drohte (Dtn 19, 19), die im Dtn eingeführte

---

[297] So jedoch Hossfeld 1982, 85, der vermutet, dass der angeblich spätere Verfasser von Ex 20, 16 durch den Tausch des Wortes die beiden Gebote auszudifferenzieren versuchte.

[298] Siehe oben S. 159 Anm. 220.

[299] Siehe insbesondere Kratz VT 1994, 228 f.

[300] Ex 21, 14. 18. 35; 22, 6–10. 13. 25.

[301] Siehe Kühlewein THAT I, 789, und vgl. Mathys 1986, 31–33.

[302] Das Verb ענה „reagieren, erwidern" bedeutet in rechtlichen Zusammenhängen näher gesagt „aufgrund einer wahrgenommenen Situation vor dem Gericht reagieren" (Labuschagne THAT II, 339). Siehe etwa Ex 23, 2; Num 35, 30; Dtn 19, 16. 18; 31, 21; 1. Sam 12, 3; 2. Sam 1, 16; Hos 5, 5; 7, 10; Mich 6, 3; Spr 25, 18; Rut 1, 21.

[303] Siehe vor allem Seeligmann 1967, 262–265.

[304] Von Rad ²1968, 43; Phillips 1970, 144.

[305] TUAT I/1, 44 f.

Zweizeugenregel (Dtn 17, 6; 19, 15; Num 35, 30) sowie auch die Aufnahme des entsprechenden Verbots in den Dekalog.

Die Begehrensverbote (V. 21)

21   In den beiden letzten Geboten zum Schutz des Nächsten werden die dominierenden Objekte „Haus" und „Frau" in Ex 20, 17 und Dtn 5, 21 in umgekehrter Reihenfolge dargeboten, was vor allem in der lutherischen Tradition
Verwirrung bei der Abgrenzung des 9. und 10. Gebots verursacht hat.[306] Ex
20, 17 und Dtn 5, 21 weisen auch andere Unterschiede auf: Das in Ex 20, 17
zweimal gebrauchte Verb חמד „begehren/verlangen" wird in 5, 21 an der
zweiten Stelle durch das sinnverwandte Verb אוה Hitpa. variiert; Dtn 5, 21 b
enthält in der Objektreihe als zusätzliches Element gegenüber Ex 20, 17 b das
Wort שדהו „sein Feld"; in Dtn 5, 21 sind die beiden Gebote anders als in Ex
20, 17 miteinander und mit den vorangehenden Geboten durch die Konjunktion w^e „und" verbunden, während diese Konjunktion in Ex 20, 17 b vor dem
„Rind" begegnet, in Dtn 5, 21 b aber fehlt. Wie bei den anderen Geboten mit
Ausnahme des Bilderverbots ist auch hier an der grundsätzlichen Priorität
des Ex-Dekalogs festzuhalten.[307]
   Die verwickelten literarischen Probleme des 9. und 10. Gebots lösen sich
am einfachsten durch die Annahme, dass am Anfang zwei parallele Prohibitive nach dem Wortlaut von Ex 20, 17* nebeneinander standen: „Du sollst
nicht nach dem Haus deines Nächsten verlangen" (das 9. Gebot) und „Du
sollst nicht nach der Frau deines Nächsten verlangen" (das 10. Gebot).[308] Die
ausformulierte Gestalt der Sätze spricht dafür, dass sie beide als separate Gebote galten, was auch das Erreichen der Zehnerreihe – ohne das spätere Bilderverbot und Sabbatgebot – voraussetzte. Die weitere Entwicklung erfolgte
im Bereich von Dtn 5, 21, wo die Gebote in der nächsten Phase die folgende
Gestalt bekamen: „Du sollst nicht nach der Frau deines Nächsten verlangen,
und du sollst nicht das Haus deines Nächsten begehren, nicht sein Feld und
überhaupt nichts, was deinem Nächsten gehört."[309] Die neue Stellung der
Frau an der Spitze der Prohibitive sowie die Ausdifferenzierung der Verba
(„verlangen" und „begehren") verdanken sich der allgemeinen Tendenz des
Dtn zur Verbessung der rechtlichen Lage der Frau.[310] Das an die zweite Position gerückte „Haus" (בית), das in erster Linie das konkrete Wohnhaus mit

---

[306] Abweichend von Augustinus, der sich an den Wortlaut von Dtn 5, 21 hielt, wählte Luther
unglücklicherweise Ex 20, 17 als Textgrundlage für seine Katechismen, was zu gewissen Über-
schneidungen bei der Erklärung dieser Gebote führte (s. Peters 1990, 296–298; Veijola 2000, 43 f).

[307] Mit Levin (1985 =) 2003, 63; Graupner ZAW 1987, 322–326, und W. H. Schmidt 1993, 131 f,
gegen Moran CBQ 1967, 543–554, und Hossfeld 1982, 87–127.

[308] Vgl. Schunck ZAW 1984, 106.

[309] So auch Otto 1994, 213, hinsichtlich des zweiten Prohibitivs.

[310] Vgl. Steuernagel ²1923, 73; Buis/Leclercq 1963, 72; W. H. Schmidt 1993, 132 f.

dem Grundstück und im abgeleiteten Sinne auch die dort lebende Hausgemeinschaft bezeichnet,[311] ließ sich leicht durch das „Feld" (vgl. Jes 5, 8; Mich
2, 2) und die das gesamte sonstige Eigentum zusammenfassende Wendung
„alles, was NN gehört" (vgl. Gen 39, 5; 2. Kön 8, 5 f) erweitern. Seine in Dtn
5, 21 b vorliegende volle Form erreichte das letzte Gebot dadurch, dass die
Objektreihe, die nun eine Eigentumsliste geworden war, mit dem Sabbatgebot des Dtn verglichen und um die dort (V. 14) erwähnten, zur Sabbatruhe
verpflichteten und zum Eigentum des freien Bürgers gehörigen „Sklaven"
und „Sklavin", „Rind" und „Esel" erweitert wurde.[312] Die planvolle Stilisie-
rung des Sabbatgebots als Zentrum des Dtn-Dekalogs spricht dafür, dass der
späte Sabbatgebotredaktor von Dtn 5 nicht nur für die Anspielungen auf den
Prolog (s. o.), sondern auch für die Stichwortverbindungen zum letzten Gebot zuständig war.

Die in den letzten Geboten gebrauchten Verben חמד Qal „begehren" und
אוה Hitpa. „verlangen nach" sind nahezu gleichbedeutend und bezeichnen
sowohl das affektive Moment der Begierde, das in der späteren Tradition vorherrschend geworden ist (vgl. Röm 7, 9; 13, 9), als auch das aktive Trachten
nach dem Gegenstand der Begierde.[313] Die Berufung auf die innere Einstellung des Menschen zeigt den Übergang vom justitiablen Verbot zum ethischen Appell.[314] Eine Überschneidung mit dem Ehebruchsverbot oder Diebstahlsverbot dürfte sich kaum ergeben, da das im 9. Dtn-Gebot erwähnte
„Begehren" nicht den Seitensprung wie das Ehebruchsverbot, sondern die
dauerhafte, illegitime Aneignung einer anderen Frau meint, und das 10. Gebot im ursprünglichen Sinne die Immobilien (Haus mit Grundstück) und
nicht die beweglichen Güter wie das Diebstahlsverbot betraf.[315]

Die beiden letzten Gebote berühren sich nur auf der allgemeinen Ebene
mit dem Bundesbuch, dessen Gesetze zur Sicherung des Eigentums (Ex
21, 33–22, 14) mit dem 10. Dtn-Gebot thematisch verwandt sind.[316] Nähere
Berührungen finden sich mit der Sozialkritik der Propheten des 8. Jh.s, die
die schleichende Enteignung von Häusern und Frauen der freien Bauern-
schaft durch die Elite der Gesellschaft mit Ausdrücken anprangern, die an die
letzten Dekaloggebote erinnern (Mich 2, 2. 9; Jes 5, 8. 23; 10, 1 f; Am 2, 7;
5, 10. 12 u. ö.) und durchaus derselben geschichtlichen Situation wie sie entstammen können.[317]

---

[311] HALAT, 119 b–120 a.

[312] Die letzte Gestalt der Liste liegt in Ex 20, 17 b vor, wo das „Feld" wegen der vorangehenden
„Frau" (V. 17 a) ausgelassen und die Liste auch hinsichtlich der Kopula vor dem „Rind" an das
Sabbatgebot angeglichen wurde. Übersehen wurde hingegen, dass die ganze Liste ihren sachge-
mäßen Ort direkt hinter dem „Haus deines Nächsten" (V. 17 a) gehabt hätte (vgl. Dtn 5, 21 b).

[313] Vgl. Herrmann 1927, 72; Hossfeld 1982, 128–131; Weinfeld 1991, 316 f.

[314] Otto 1994, 213; Kaiser 2003, 50.

[315] Hossfeld 1982, 132–140.

[316] Kratz VT 1994, 228; Kaiser 2003, 51.

[317] Vgl. Hossfeld 1982, 114; Schunck ZAW 1984, 107 f; Graupner ZAW 1987, 325 f.

2. 2. *Höre, Israel: Jahwe ist unser Gott, Jahwe ist einzig (6, 4–25)*

4 Höre, Israel: Jahwe ist unser Gott, Jahwe ist einzig!
5 du sollst Jahwe, deinen Gott, lieben mit deinem ganzen Herzen und mit deiner ganzen Seele und mit deiner ganzen Kraft.
6 Diese Worte (die ich dir heute gebiete) sollen auf deinem Herzen sein.
7 Du sollst sie deinen Söhnen wiederholen[318], und du sollst sie hersagen,
wenn du in deinem Hause sitzest, wenn du auf dem Wege gehst, wenn du
dich niederlegst und wenn du aufstehst. 8 Du sollst sie zum Zeichen an deine
Hand binden, und sie sollen Merkzeichen zwischen deinen Augen sein. 9 Du
sollst sie auf die Türpfosten deines Hauses und in deine Stadttore schreiben.
10 Wenn Jahwe, dein Gott, dich in das Land hineinführen wird,
von dem er deinen Vätern Abraham, Isaak und Jakob geschworen hat, dass er es dir geben wolle, (– große und schöne Städte,
die du nicht gebaut hast, 11 Häuser voll von allem Guten, die du
nicht gefüllt hast, ausgehauene Zisternen, die du nicht gehauen
hast, Weinberge und Ölbäume, die du nicht gepflanzt hast –) und
wenn du isst und satt wirst, 12 hüte dich, dass du nicht Jahwe
vergisst, der dich aus dem Lande Ägypten, aus dem Sklavenhaus,
herausgeführt hat. 13 Jahwe, deinen Gott, sollst du fürchten, ihm
sollst du dienen und bei seinem Namen sollst du schwören.
14 Ihr dürft nicht anderen Göttern nachfolgen, von den
Göttern der Völker, die rings um euch sind, 15 (denn Jahwe,
dein Gott, ist als eifersüchtiger Gott in deiner Mitte,) damit
nicht der Zorn Jahwes, deines Gottes, gegen dich entbrenne
und er dich von der Erde vertilge. (16 Ihr sollt Jahwe, euren
Gott, nicht auf die Probe stellen, wie ihr ihn in Massa auf die
Probe gestellt habt.) 17 Bewahren sollt ihr die Gebote Jahwes, eures Gottes, (seine Bundesbestimmungen und Satzungen, die er dir geboten hat,) 18 und du sollst tun, was
recht und gut ist in den Augen Jahwes, damit es dir gut geht
und du hineinkommst und das schöne Land in Besitz
nimmst, das Jahwe deinen Vätern zugeschworen hat, (19 indem er alle deine Feinde vor dir wegstößt, wie es Jahwe zugesagt hat.)
20 Wenn dein Sohn dich künftig fragt: „Was bedeuten die Bundesbestimmungen, Satzungen und Rechte, die Jahwe, unser Gott, euch geboten hat?", 21 dann sollst du deinem Sohn antworten: „Wir waren
Sklaven des Pharao in Ägypten, aber Jahwe führte uns mit starker
Hand aus Ägypten heraus, (22 und Jahwe tat große und unheilvolle

---

[318] Das Verb שָׁנַן ist wahrscheinlich eine Sekundärwurzel von שָׁנָה (< *šnj*, vgl. ugaritisch: *ṯnj/
ṯnn*) mit der Bedeutung „ein zweites Mal tun, wiederholen" (vgl. akkadisch: *šanû* D-Stamm „wiederholen, erzählen"). Siehe Tsevat HUCA 1958, 125 Anm. 112; Fischer/Lohfink ThPh 1987, 63
Anm. 17 (mit Lit.), und Tigay 1996, 78.

Zeichen und Wunder an Ägypten, am Pharao und an seinem ganzen
Haus vor unseren Augen. 23 Uns aber führte er von dort heraus,) um
uns hineinzuführen und uns das Land zu geben, das er unseren Vätern
zugeschworen hat. 24 Daraufhin gebot Jahwe uns, alle diese Satzungen
zu befolgen und Jahwe, unseren Gott, zu fürchten, dass es uns alle Zeit
gut gehe und er uns heute am Leben erhalte.

25 Gerechtigkeit wird uns zuteil werden, wenn wir darauf
bedacht sind, dieses ganze Gebot (vor Jahwe, unserem Gott,)
zu befolgen, wie er es uns geboten hat."

In der heutigen Komposition des Dtn folgt auf die Mitteilung des Dekalogs das
Schᵉmaᶜ Israel, das grundlegende Bekenntnis Israels zur Einzigartigkeit Jahwes,
das einst den Anfang des Dtn bildete.[319] Ihm gingen nur der Buchtitel sowie
4, 45* und die Redeeinleitung 5, 1 aα* („und er sagte zu ihnen") voran (s. o.).
Im Bekenntnis zu Jahwes Einzigartigkeit (V. 4) liegt das Motto, das in V. 4–25
nach verschiedenen Seiten hin in vier Abschnitten (V. 4–9, V. 10–13, V. 14–19
und V. 20–25) entfaltet wird.[320] Die Abschnitte sind thematisch nur locker miteinander verbunden und teilweise schon ziemlich weit von dem Motto entfernt, was ein Indiz für die literarische Mehrschichtigkeit des Kapitels ist.

In dem ersten Abschnitt V. 4–9 fällt vor allem der Promulgationssatz „die 6
ich dir heute gebiete" (V. 6) auf, der sich durch seinen Inhalt an dieser Stelle
als sekundär erweist.[321] Gewöhnlich gehen ihm im Dtn verschiedene Geset-
zesausdrücke voran, hier jedoch „diese Worte", die sich sonst immer auf
etwas Konkretes beziehen, wovon soeben die Rede gewesen ist (vgl. 4, 30;
5, 22, 12, 28; 30, 1; 32, 45). Offensichtlich wollen „diese Worte" im Sinne des
Promulgationssatzes aber nicht nach hinten,[322] sondern nach vorne, auf die
gesamte bevorstehende Gesetzesverkündigung (bis Kap. 26) verweisen.
Dann entsteht aber das Problem, ob nicht die Anweisung zu ihrer treuen Vergegenwärtigung an dieser Stelle zu früh erscheint und wie die in V. 7–9 vorgeschriebenen sehr konkreten Maßnahmen die gesamte dtn Gesetzgebung
überhaupt zum Inhalt haben können. All das spricht dafür, dass der Promulgationssatz in V. 6 ein Zusatz ist, der „diesen Worten" einen neuen Inhalt
gibt, da sie jetzt nicht mehr als Rückverweis, sondern als Vorverweis dienen.

Die Funktion des vorausweisenden Relativsatzes in V. 6 ist es, die am Ende 20–25
des Kapitels stehende Musterkatechese V. 20–25 vorzubereiten, die zwar
nicht die ursprüngliche,[323] aber immerhin die erste redaktionelle Fortsetzung
zu V. 4–9 bildete.[324] Wie die anderen Vertreter der Gattung (Ex 12, 25–27;

---

[319] Siehe dazu forschungsgeschichtlich Preuß 1982, 100 f.
[320] Vgl. Finsterbusch ZAW 2002, 433–437.
[321] Siehe Veijola 2000, 78 f (mit Lit.).
[322] Etwa auf 6, 4–5 (so MacDonald 2003, 127 f), wobei man nicht das Partizip מצוך (eigentlich:
„ich bin dabei, dir zu gebieten") erwarten würde.
[323] Wie Seitz 1971, 71–73, und im Anschluss an ihn Mayes ²1981, 175, meinen.
[324] Anders García López RB 1978, 174. 176, der V. 10–13 diachron vor V. 20–25* einordnet.

13, 14–16; Jos 4, 6–7. 21–24) zeigen, entzündet sich die für die Musterkatechese konstitutive Sohnesfrage an konkreten Zeichen oder Bräuchen, nach
deren Sinn gefragt wird, und im Falle von Dtn 6, 20–25* kommen nur die in
V. 6–9 erteilten Anweisungen zur konkreten Vergegenwärtigung „dieser
Worte" als Anlass und Hintergrund in Frage. Freilich fragt der Sohn in V. 20
nicht nach dem Sinn der Konkretionen als solcher, sondern nach ihnen als
Ausdruck des normativen Gotteswillens, setzt damit also notwendigerweise
voraus, dass sich „diese Worte" auf Gesetze beziehen. Dies wurde aber möglich erst durch den sekundären Promulgationssatz in V. 6, weshalb damit zu
rechnen ist, dass er eben von dem Verfasser der Musterkatechese V. 20–25*
hinzugefügt wurde, der mit diesem gesetzlichen Interpretament die Voraussetzungen für seine eigene Auslegung „dieser Worte" in V. 20–25* schuf.

10–13   Der einstige Zusammenhang zwischen V. 4–9* und V. 20–25* wurde durch
zwei größere und mehrere kleinere Einschübe zerrissen. Der erste größere
Einschub besteht aus den V. 10–13, die mit einem neuen Subjekt einsetzen
und ein neues Thema einführen: die Gefahr, Jahwe inmitten der materiellen
Fülle des verheißenen Landes zu vergessen. Terminologisch lehnt sich diese
Einheit an V. 20–25* an.[325] Sie wird durch die Mahnungen von V. 13 abge-
schlossen, wo in dem letzten Glied auf das am Eingang eingeführte Motiv des
Schwures (V. 10) angespielt wird.[326]

14–19   Einen zweiten größeren Einschnitt innerhalb von V. 10–19 bilden
V. 14–19,[327] die sich schon äußerlich durch den Übergang der Anredeform in
die 2. P. Pl. vom Kontext abheben und inhaltlich sowohl zu V. 10 als auch zu
V. 23 im Widerspruch stehen, indem sie das Geschenk des Landes an den Gehorsam gegen das Gesetz binden (V. 17 f). Obwohl die pluralische Anrede
dann nicht konsequent durchgehalten wird (vgl. 15.17 b.18 f), berechtigt der
Numeruswechsel innerhalb von V. 10–19 an sich noch zu keinen weiteren literarischen Unterscheidungen[328]; denn abgesehen von den Erweiterungen in
V. 15 a.16. 17 b.19, die mit Hilfe anderer Kriterien erkennbar sind und später
zur Sprache kommen sollen, bilden V. 14–19* eine strukturale und thematische Einheit mit zwei gleichmäßigen Teilen: Im ersten Teil (V. 14–15*) wird
negativ vor dem Fremdgötterdienst gewarnt (V. 14), der Jahwes Zorn entzün-
den und Israel von der Erde vertilgen würde (V. 15 b). Als positive Entsprechung dazu steht die Mahnung des zweiten Teils (V. 17–18*), Jahwes Gebote
zu bewahren und das, was recht und gut in seinen Augen ist, zu tun
(V. 17 a.18 a), woran die Verheißung anknüpft, das den Vätern zugeschwo-
rene schöne Land in Besitz nehmen zu dürfen (V. 18 b). Es handelt sich um
eine kleine „Alternativpredigt"[329], in der die negative und die positive Option
eine paränetische Einheit bilden.

---

[325] Vgl. V. 10 mit V. 23 sowie V. 12 mit V. 21 und 23.
[326] Vgl. García López RB 1978, 181.
[327] Vgl. García López RB 1978, 168–173; Aurelius 1988, 30.
[328] Anders z. B. Achenbach 1991, 68. 120 f. 127.
[329] Siehe dazu Thiel 1973, 290–295.

Der unregelmäßige Gebrauch des Numerus innerhalb von V. 14–19 erinnert an das gleiche Phänomen in der ersten, umfangreichen Bearbeitung von Dtn 4, 1–40, mit der V. 14. 15 b.17 a.18 auch weitere Gemeinsamkeiten aufweisen: Israel steht gerade vor dem Eintritt in das den Vätern eidlich zugesagte Land, der nur dann gelingen wird, wenn Israel die Gebote Jahwe befolgt (4, 1 b; 6, 18). Die größte Gefahr besteht in dem Dienst fremder Götter (4, 3. 19; 6, 14 a), der Götter anderer Völker (4, 19 b.27 f; 6, 14 b). Wie in 6, 14–19* wird Israels Geschick vor dieser Gefahr sowohl im Blick auf die negativen (4, 25–28) als auch auf die positiven Folgen (4, 29. 31) ins Auge gefasst. Da außerdem auch zahlreiche wörtliche Verbindungen zwischen diesen Schichten bestehen,[330] liegt die Vermutung nahe, dass die V. 14–19*, mit denen auch V. 5 und V. 25 redaktionsgeschichtlich zusammenhängen (s. u.), von demselben spät-dtr – nachexilischen – bundestheologischen Bearbeiter (DtrB) stammen, der auch für die umfangreiche Bearbeitung in 4, 1–40 zuständig war.[331]

1. Die älteste Schicht V. 4–9* stellt inhaltlich eine selbständige Einheit dar,   4–9
die zeitlich und geographisch noch unabhängig von der Mosefiktion des Rahmens ist und damit zu den „Quellen" des Deuteronomiums gehört (vgl. später 11, 18–20)[332]. Syntaktisch und stilistisch bildet sie eine wohlstrukturierte Einheit: Am Anfang (V. 4 a) steht ein Höraufruf in Gestalt eines Imperativs, auf den eine nominale Aussage (V. 4 b) und sieben weitere Sätze mit konsekutivischen Perfekta (V. 5–9*) folgen, die eine imperativische Kraft besitzen.[333] Die syntaktische Struktur der Einheit lässt sofort erkennen, dass die Aussage von V. 4 b sowohl durch ihre Stellung – unmittelbar nach dem Höraufruf – als auch durch ihre von der Umgebung abweichende syntaktische Gestalt – nominale Formulierung in der 1. P. Pl. – eine eminent zentrale Bedeutung in dem Gesamtaufbau des Textes einnimmt. Die Syntax verrät weiterhin, dass V. 5 einen späteren Einschub darstellt, der den logischen Zusammenhang zwischen V. 4 b und V. 6* unterbricht, weil er nämlich „diese Worte" (V. 6*) zu weit von ihrem inhaltlichen Bezug V. 4 b trennt.[334]
Die Interpretation der Kernaussage von V. 4 b, die die Grundlage des jüdi-   4 b
schen Glaubensbekenntnisses bildet, stellt den Ausleger vor erhebliche Schwierigkeiten, die schon mit der Übersetzung beginnen.[335] Syntaktisch ge-

---

[330] Vgl. 4, 1 b und 6, 18 b; 4, 3 b und 6, 14 a; 4, 3 b.26 b und 6, 15 b (שמד Hif. und Nif.); 4, 25 b und 6, 18 a; 4, 31 b und 6, 18 a.
[331] Mayes ²1981, 175 f, befindet sich damit auf der richtigen Spur, wenn er – ohne nähere Differenzierungen allerdings – 6, 10–18 dem dtr Verfasser von 4, 1–40 zuschreibt.
[332] Wenn Dtn 6, 6–9 ein spätnachexilischer Zusatz wäre (Otto 1999, 362 Anm. 651), wäre seine Rezeption in Dtn 11, 18–20 (DtrB) unmöglich.
[333] Allein schon die formale Struktur spricht gegen die Lösung von Achenbach 1991, 67 f. 104 f. 114 f; Otto 1999, 362, und García López RStB 2003, 12 Anm. 12, V. 6–9 als sekundär gegenüber V. 4 f zu betrachten.
[334] Siehe im Einzelnen Veijola 2000, 80 f.
[335] Siehe ausführlicher dazu Veijola 2000, 82–87; Loretz 1997, 62–66, und MacDonald 2003, 62–70.

sehen gibt es vier Hauptalternativen: 1. „Jahwe, unser Gott, Jahwe ist einzig",
2. „Jahwe, unser Gott, ist ein (einziger) Jahwe", 3. „Jahwe ist unser Gott,
Jahwe ist einer" und 4. „Jahwe ist unser Gott, Jahwe ist einzig". Die an der
zweiten und dritten Stelle genannten Alternativen setzen das sog. monojah-
wistische Verständnis des Satzes voraus. Danach will V. 4 b die wesenhafte
Einheit Jahwes gegen die Vielheit seiner Erscheinungsformen in lokalen Heiligtümern, wo er verschiedene Lokalnumina in sich aufgenommen haben
kann, betonen. Obwohl diese Sicht grundsätzlich nicht von der Hand zu
weisen ist, ist sie doch unwahrscheinlich angesichts dessen, dass im Dtn die
Kultzentralisation nirgendwo mit dem Wesen des „einen Jahwe" begründet
wird und dass dieser Aspekt in der biblischen Wirkungsgeschichte von V. 4 b
überhaupt nicht in Erscheinung tritt. Nach der ersten Alternative hingegen
wird angenommen, dass „unser Gott" eine Apposition zu dem vorangehenden „Jahwe" darstelle, was aber die kritische Frage nach dem Sinn der Wiederholung von „Jahwe" in ein und demselben Satz aufwirft.

Es bleibt folglich nur die vierte Alternative übrig. Danach besteht V. 4 b
aus zwei parallel aufgebauten Hälften mit der Trennung in der Mitte, wie
auch das masoretische Akzentsystem die Vershälfte gegliedert hat.[336] Nach
den Regeln des Parallelismus wollen die parallel laufenden Nominalsätze ungefähr dasselbe über Jahwe aussagen. Die erste Hälfte von V. 4 b will dieser
syntaktischen Aufschlüsselung gemäß die schlichte Grundaussage „Jahwe ist
unser Gott" zum Ausdruck bringen. Sie ist syntaktisch, aber auch funktionell
durchaus vergleichbar mit der frühchristlichen Bekenntnisformel Κύριος
Ἰησοῦς (Χριστός) (Phil 2, 11; 1. Kor 8, 6; 12, 3) – die kaum unabhängig von
dem Hauptbekenntnis Israels entstanden sein wird. Die zweite, parallele
Hälfte von V. 4 b kann nach diesen Vorgaben nur besagen: „Jahwe ist einzig."
Dabei ist zu berücksichtigen, dass das hebräische Zahlwort אחד nicht nur
„ein(er)", sondern im emphatischen Sinne auch „(ein) einzig(er)" bedeutet.[337]
Der Nominalsatz „Jahwe ist einzig" will natürlich nicht im Sinne des absoluten Monotheismus verstanden werden, sondern im Horizont der vorangehenden, parallelen Aussage („Jahwe ist unser Gott") schlicht besagen, dass
Jahwe unser einziger Gott sei.[338] Es geht also in V. 4 b letzten Endes um nichts
anderes als das zentrale Anliegen des Ersten Gebots (mit dem Prolog) des
Dekalogs, wie z. B. schon Luther die Sache richtig gesehen hat.[339] Somit erklären das Erste Gebot und das Schᵉmaᶜ Israel sich gegenseitig. Beide bekun-
den auf ihre Weise die Bindung an den einzigen wahren Gott, die für Israel

---

[336] Anders wieder Bord/Hamidović VT 2002, 13–29, sowie MacDonald 2003, 70, die V. 4 b als
einen Satz verstehen möchten.

[337] Siehe z. B. Gen 11, 1. 6; 27, 38; Ex 12, 46; Jes 51, 2; Ez 33, 24; Sach 14, 9, und vgl. Zorell 1968,
31.

[338] In einem inschriftlichen Zeugnis der samaritanischen Textüberlieferung wird V. 4 b sachgemäß richtig durch לבדו „er allein" ergänzt (s. von Mutius BN 2000, 23–26).

[339] „Dies erklärt das Erste Gebot. Auf Hebräisch so: Herr, unser Gott, ist einer. Es verbietet
einfach die Vielzahl der Götter; nämlich: siehe zu, dass du das Erste Gebot so verstehst, dass du
deinen Gott nicht mehrere Götter sein lässt" (WA 14, 607:1–4, deutsch Verf.).

verpflichtend ist.[340] Die universale Ausweitung der hier noch partikularen Aussage geschieht in Sach 14, 9, einem Vers, der offensichtlich im Anschluss an Dtn 6, 4 b formuliert ist und dessen Auslegung als zwei Nominalsätze bestätigt. Wenn dort verheißen wird: „Jahwe wird König über die ganze Erde sein; an jenem Tage wird Jahwe einzig sein und sein Name einzig", geht es darum, dass das Erste Gebot sich eines Tages durchsetzen und das Bekenntnis von Dtn 6, 4 b zum Bekenntnis aller Völker werden wird. Folglich wird die oben dargebotene Auslegung von V. 4 b durch seine alttestamentliche Wirkungsgeschichte als richtig bewiesen.[341]

Es ist deutlich geworden, dass nach dem ältesten Wortlaut von 6, 4–9* der Höraufruf V. 4 a allein auf die nominalen Aussagen von V. 4 b zielte, die in der Fortsetzung „diese Worte" heißen (V. 6*) und zum Gegenstand weiterer Anweisungen praktischer Art gemacht werden (V. 6–9).

Der Adressat soll sie nach V. 6* „auf seinem Herzen" tragen. Damit ist   6* kaum eine nur geistige Aneignung und Verinnerlichung „dieser Worte" gemeint, wie die Stelle gewöhnlich verstanden wird,[342] sondern eine konkrete Anweisung gegeben, sie als Inschrift auf einem Amulett auf der Brust zu tragen. Im Hebräischen gibt es nämlich kein besonderes Wort für die menschliche Brust, sondern dafür wird das Wort „Herz" (לֵב(ב) verwendet (vgl. Ex 28, 29 f; Hld 8, 6).[343] Gerade die nächsten Sprachparallelen für 6, 6*, Ex 28, 29 f und Hld 8, 6, die von einer auf der Brust zu tragenden Orakeltasche des Hohenpriesters bzw. einem auf der Brust befindlichen Siegelamulett handeln, legen die konkrete Bedeutung nahe. Zudem beweisen die im Hinnomtal aufgefundenen Silberblättchen, die Teile des priesterlichen Segens enthalten, dass man am Körper Amulette mit kurzen Bibeltexten trug.[344] Weil die Brust der gewöhnliche Ort zum Tragen von Amuletten verschiedenen, auch heidnischen Inhalts (vgl. Ez 14, 3 f; 20, 7)[345] war, wird in V. 6* an die herkömmliche Sitte anknüpfend die Vorschrift erteilt, die bekenntnishaften Worte von V. 4 b als ein neuartiges Amulett auf der Brust zu tragen. Erst später an der Parallelstelle 11, 18 erfolgt die Spiritualisierung der Vorschrift, wenn befohlen wird, die Worte „auf euer Herz *und auf eure Seele*" zu nehmen (vgl. Spr 6, 21 und auch Spr 3, 3; 7, 3; Jer 17, 1; 31, 33).

---

[340] Siehe Veijola (1992 =) 2000, 82–87, und vgl. Loretz 1995, 286; Ders. 1997, 76 f; Tigay 1996, 76; Sedlmeier TThZ 1999, 31, und Kaiser 2003, 371. Loretz (1995, 237–244; Ders. 1997, 57–60) macht auch auf die nächste altorientalische Parallele für das *Sch^ema^c*-Bekenntnis aufmerksam, die sich im ugaritischen Baal-Zyklus (KTU 1. 4 VII 49 b–52 a) findet. Dort sagt der Wettergott Baal von sich selbst (nach der Übersetzung von Loretz): „Einzig (*aḥdy*) bin ich es, der herrscht über die Götter, der fett macht Götter und Menschen, der sättigt die Mengen der Erde!" Die Einzigkeit eines Gottes bedeutet hier sein Vermögen, „die anderen göttlichen Konkurrenten in der Leistung für die Götter und die Seinen zu übertreffen" (Loretz 1995, 244).

[341] Sie wird darüber hinaus auch durch die neutestamentliche (Mk 12, 28–34) und frühjüdische Wirkungsgeschichte bestätigt (s. Veijola 2000, 86 f).

[342] So auch noch Keel 1981, 161. 165.

[343] Siehe näher Joüon Bib. 1924, 49–53.

[344] Siehe z. B. Yardeni VT 1991, 176–185.

[345] Siehe dazu Anbar 1992, 129 f.

7   Das Bekenntnis soll aber nicht nur zur Schau gestellt, sondern auch die nachfolgenden Generationen gelehrt werden. Das wird in V. 7 durch das Verb „wiederholen" ausgedrückt, dem in 11, 19 das Verb „lehren" (למד Pi.) entspricht. Der Verfasser hat die damals wie auch später übliche Methode des Unterrichts durch Wiederholen im Auge.[346] Diese Worte sollen weiter ständig gegenwärtig sein, was dadurch möglich wird, dass man sie dauernd rezitiert,[347] sowohl im Privatleben („wenn du in deinem Hause sitzest") als auch in der Öffentlichkeit („wenn du auf dem Wege gehst"), vom frühen Morgen bis zum späten Abend[348], womit ihre das ganze Leben prägende, den Menschen total in Anspruch nehmende Funktion stark unterstrichen wird.

8–9   Sie sollen ständig als Kennzeichen vor aller Augen zu sehen sein: man soll sie an seinem Körper tragen (V. 8), und sie sollen sowohl an den Privathäusern als auch in den öffentlichen Stadteingängen zu lesen sein (V. 9). Man hat allerdings häufig gemeint, diese Vorschriften seien ursprünglich nicht konkret, sondern lediglich bildlich gemeint, und dabei auf Spr 3, 3; 6, 21; 7, 3 sowie auf Ex 13, 9. 16 hingewiesen, wo ähnliche Maßnahmen einen metaphorischen Sinn haben. Man muss jedoch in Betracht ziehen, dass alle oben genannten Stellen jüngerer Herkunft sind und damit nicht für die ursprüngliche Bedeutung der beschriebenen Maßnahmen in Frage kommen. Viel näher liegt die Annahme, dass der metaphorische Gebrauch die konkrete Existenz der Zeichen als seinen Hintergrund geradezu voraussetzt und spiritualisierend an sie anknüpft.

Für sich gelesen erwecken die V. 8 f nicht den Eindruck, dass die in ihnen erteilten Anweisungen nur bildlich gemeint wären. Außerdem muss man die noch heute lebendige jüdische Tradition berücksichtigen, die – soweit man sie bis in die vorchristliche Zeit zurückverfolgen kann[349] – die Vorschriften buchstäblich verstanden hat. Vers 8 hat Anlass zu den sog. *Tefillin* „Gebetsriemen" oder Phylakterien (vgl. Mt 23, 5) gegeben: Die Stellen Ex 13, 1–10. 11–16; Dtn 6, 4–9 und 11, 13–21 werden auf Pergamentröllchen geschrieben, die in einer Kapsel verwahrt am linken Arm und an der Stirn getragen werden. Vers 9 wiederum bildet den Hintergrund für die sog. *Mezuzot*, wobei Dtn 6, 4–9 und 11, 13–21 auf Pergamentrollen geschrieben und in kleinen Behältern im oberen Drittel des rechten Türrahmenpfostens befestigt werden. Das besagt allerdings nicht, dass die Vorschriften von V. 8 f von Anfang an im Sinne der später üblichen Sitte gemeint waren. O. Keel hat aus den ikonographischen Darstellungen des alten Vorderen Orients und Ägyptens interessante Analo-

---

[346] Vgl. Fischer/Lohfink ThPh 1987, 63; fraglich ist nur, ob man dabei gleich an die Schulinstitution zu denken hat, denn V. 7 scheint eher den Privatunterricht im Auge zu haben.

[347] Siehe Fischer/Lohfink ThPh 1987, 59–72, die diese Bedeutung für das Verb דבר Pi. + ב wahrscheinlich gemacht haben.

[348] Im Hebräischen umgekehrt ausgedrückt („wenn du dich niederlegst und wenn du aufstehst"), weil für den Hebräer der Tag am Abend begann.

[349] Siehe dazu Keel 1981, 166–172.

gien für V. 8 f beigebracht,[350] die dazu geeignet sind, die ursprüngliche Bedeutung der Anweisungen zu beleuchten.

Die Vorschrift, diese Worte „zum Zeichen an deine Hand zu binden" (V. 8 a), deutet Keel im Lichte der vor allem aus Ägypten bekannten Sitte, dass hohe Beamten breite Armbänder (*Bracelets*) trugen, die mit Titeln und Namen des Königs beschriftet waren.[351] Daraus schließt er, dass V. 8 a die Vorschrift beinhaltet, „den Namen und vielleicht das Bekenntnis zur Einzigkeit JHWHs auf einem Bracelet oder einem ledernen Armband als Zeichen der Zustimmung für die kaum von allen begrüßte Bewegung zu tragen."[352] Die „Merkzeichen" zwischen den Augen, d. h. auf der Stirn (V. 8 b), deutet Keel als Stirnbänder, an denen eventuell ein über der Nasenwurzel liegender Schmuck befestigt war, und findet für sie Vorbilder in weiblichen Figuren, die aus der Spätbronze- und der Eisenzeit II stammend im syrisch-palästinischen und mesopotamischen Raum häufig anzutreffen sind. Es handelt sich um ein Kennzeichen der Hierodulen (vgl. Hos 2, 4; Jer 3, 3), das später mit der Inschrift „Heilig für Jahwe" auf das Gewand des Hohenpriesters übertragen wurde (Ex 28, 36 f; 39, 30; Lev 8, 9). Daraus schließt Keel für die Vorschrift von V. 8 b, dass damit ein Schmuck gemeint ist, der an der Kopftracht der Männer festgebunden wurde und das Ziel hatte, die Heiligkeit und Nähe zur Gottheit, die bestimmte exklusive Gruppen auszeichnete, auf das ganze Volk auszuweiten.[353] Bei der Vorschrift, „diese Worte" auf die Türpfosten und in die Stadttore zu schreiben (V. 9), erinnert Keel – abgesehen von der allgemein bekannten islamischen Gewohnheit, Koranverse und Sprichwörter auf Türrahmen, Türen, über die Fenster und auf die Wände zu schreiben – vor allem an die altägyptische Sitte, die Türrahmen der Tempel mit Inschriften zu versehen, die Weisungen für die Tempelbesucher enthielten. Er hält es im Lichte der alttestamentlichen Torliturgien (z. B. Ps 15; 24) für wahrscheinlich, dass ein ähnlicher Brauch auch in Israel existierte, und sieht in V. 9 eine Vorschrift mit der Zielsetzung, die Sakralität infolge der Kultzentralisation von einzelnen Heiligtümern abzulösen und sie auf das ganze Land, auf jeden Türpfosten und auf jedes Stadttor auszuweiten.[354]

Damit dürfte der allgemeine religionsgeschichtliche Rahmen der Vorschriften von V. 8 f zutreffend beschrieben worden sein. Offen bleibt bei Keel, was der genaue Inhalt „dieser Worte" war, die durch die konkreten Maßnahmen veranschaulicht werden sollten.[355] Sobald man jedoch einsieht, dass „diese Worte" das Bekenntnis von V. 4 b zum Inhalt haben, wird klar, dass V. 4 b gerade in seiner knappen, prägnanten Form ideal die Bedingungen erfüllt, die

---

[350] Keel 1981, 183–215. Seine Ergebnisse werden auch von Weinfeld 1991, 342 f, weitgehend anerkannt
[351] Die Sitte ist aber auch aus Mesopotamien bekannt, s. Fales/Postgate 1992, 92 f.
[352] Keel 1981, 214.
[353] Ders. 1981, 209 f.
[354] Ders. 1981, 183–192.
[355] Siehe Ders. 1981, 166. 195.

für die konkrete Ausführung der in V. 6*–9 beschriebenen Maßnahmen im
Lichte der religionsgeschichtlichen Parallelen erforderlich sind. Es ist nicht
vorstellbar, dass man am Körper getragene Schmucksachen (V. 6. 8) und
Haus- und Stadteingänge (V. 9) mit langen Bibelversen, geschweige denn
-kapiteln, beschriftet, wenn der Text für jeden erkennbar, lesbar und auswen-
dig erlernbar (V. 6*f) sein soll, wie hier offensichtlich vorausgesetzt wird. Der
Text entspricht mit seiner prägnanten Aussage haargenau dem Sinn der konkreten Zeichen, der gerade darin bestand, die besondere Zugehörigkeit ihrer
Träger zu einer Gottheit sichtbar zu machen. Wer nämlich die Formel „Jahwe
ist unser Gott, Jahwe ist einzig" zu seinem Bekenntnis macht, bekundet
damit öffentlich seinen Willen zur ausschließlichen Bindung an diesen Gott.
Zugleich verrät er seine Zugehörigkeit zu einer Gruppe von Menschen, die
diesen Anspruch teilen und seine Durchsetzung zu ihrem gemeinsamen Ziel
gemacht haben.[356] Es handelt sich offensichtlich um das konkrete Programm
einer Jahwe-allein-Bewegung[357], die den ausschließlichen Dienst Jahwes nicht
etwa aus der Vergessenheit zurückholen und erneuern will, sondern ihn vielmehr erst jetzt zum Prinzip macht und bestrebt ist, ihn in einer vom religiösen Pluralismus geprägten Umgebung mit allen Mitteln, im privaten wie auch
im öffentlichen Leben, durchzusetzen. Das Sch^ema^c Israel und das Erste Gebot sind die deutlichsten und nachhaltigsten Manifestationen dieses Reform-
programms. Wir haben es hier höchstwahrscheinlich mit den Anfängen der
dtn/dtr Bewegung im 7. Jh. zu tun, die eine revolutionierende Wirkung auf
die Religions- und Literaturgeschichte wie auch auf die Theologie Israels haben sollte.

20–24　2. Unter den konkreten Anweisungen im Anschluss an das alte Credo stand
auch die Vorschrift, „diese Worte" die Söhne zu lehren (V. 7), was den inhaltlichen Anknüpfungspunkt für die nächste größere Textstufe innerhalb von
V. 4–25, der dialogischen Sohnesbelehrung in V. 20–24(25), bot. Die Frage
des Sohnes wie auch ihre Beantwortung setzen notwendigerweise voraus,
dass „diese Worte" einen gesetzlichen Inhalt haben, den sie erst durch den
sekundären Promulgationssatz in V. 6 („die ich dir heute gebiete") erhalten
haben, und des weiteren ist erforderlich, dass „die Bundesbestimmungen,
Satzungen und Rechte" schon im Vorangehenden erwähnt worden sind, was
die Vertrautheit des Verfassers mit dem Dekalog und dessen Rahmung
(5, 1–6, 1*) erfordert.[358] Dafür spricht auch der Terminus „Bundesbestimmungen" (העדת), der im Dtn nur in der Umgebung des Dekalogs (4, 45;
6, 20) vorkommt.[359] Dass der Verfasser nicht nur die Bekanntschaft seiner

---

[356] Vgl. Sedlmeier TThZ 1999, 32–34. Etwas anders Levin 2003, 89, und Aurelius ZThK 2003,
7, die aus dem Satz den Anspruch Judas auf die Gesamt-Repräsentanz Israels nach dem Untergang
Samarias vernehmen.
[357] Siehe dazu Lang 1981, 47–83.
[358] Lohfink 1963, 61–63.
[359] Siehe näher oben bei Dtn 4, 45.

Leser mit dem Dekalog, sondern auch mit den „Satzungen und Rechten", die noch nicht mitgeteilt worden sind, voraussetzt, steht nicht im Widerspruch zum Dekalografmen (5, 23–6, 1). Der Verfasser geht nämlich von einer fingierten Situation aus, in der zukünftig (V. 20 a) ein Vertreter der kommenden Generation nach dem Sinn der inzwischen mitgeteilten Gesetze fragt. Auch Jahwe als Subjekt des Promulgationssatzes von 6, 20 b widerspricht nicht der Rolle des Mose als Vermittler der Gesetze nach 5, 23–6, 1; denn als Sprecher ist in V. 20–24(25) nur Mose vorstellbar, der aber in diesem Kontext, wo es um die grundsätzliche Verbindung von Heilsgeschichte und Gesetz geht, schwerlich als Subjekt des Promulgationssatzes von V. 20 b in Frage kommen kann. Die Bewahrung der Identität des Retters und des Gesetzgebers fordert, dass in diesem credoartigen Kontext der eigentliche *auctor* des Gesetzes als Subjekt in Erscheinung tritt.

Formal ist die Szene nach einem festgeprägten Schema gestaltet, wie ihre Parallelen in Ex 12, 25–27; 13, 14–16; Jos 4, 6 f. 21 f zeigen, wo der Sohn über den Sinn der Pesach-Überlieferung, des Erstgeburtsrechts und der Gedenksteine in Gilgal auf eine ganz ähnliche Weise unterrichtet wird.[360] Der stereotype Aufbau der Szene könnte zu der Vermutung leiten, der Verfasser von v. 20–24* habe seinen Text im Anschluss an vorgegebene literarische oder kultische Vorbilder gestaltet.[361] Dagegen spricht jedoch der Umstand, dass die oben erwähnten Strukturparallelen in ihren jeweiligen Zusammenhängen spätere Zusätze sind, die Dtn 6, 20 ff schon als ihren Hintergrund voraussetzen[362] und nicht vor dem dtr Zeitalter zu datieren sind[363]. Dtn 6, 20 ff ist als der früheste Vertreter der Gattung anzusehen, der aber selber im Lichte der inhaltlichen und sprachlichen Merkmale nicht vor-dtr sein kann.[364] Da der Verfasser außerdem den von dem prophetischen Deuteronomisten DtrP nachgetragenen Dtn-Dekalog mit dessen Rahmung (5, 1–6, 1*) schon im Rücken hat, wird er am ehesten gegen Ende der Exilszeit gewirkt haben.

Der Untergang Jerusalems 587, der das traditionelle „Lehramt" mit Tempel und Schule zunichte machte, bedeutete einen tiefen Bruch auch in der Glaubensüberlieferung und ließ die Frage nach neuen, zeitgemäßen Formen der Vermittlung des religiösen Grundwissens an die nachfolgende Generation akut werden. Der stereotype Aufbau der Szenen mit Sohnesbelehrung in Gestalt von Frage und Antwort weist auf eine katechetische Praxis hin, die in der damaligen Zeit eingeführt wurde.[365] Freilich darf man sich die Fragenden nicht in erster Linie als Kinder vorstellen; denn die Gegenstände ihrer Fragen sind derart unanschaulich, dass ein Kind normalerweise nicht nach derglei-

---

[360] Zur Struktur der Szenen s. Loza RB 1971, 481 f, und Fabry KatBl 1982, 756 f.
[361] So etwa Buis/Leclercq 1963, 78, und Weinfeld 1991, 328 f.
[362] Fabry KatBl 1982, 757.
[363] Fabry KatBl 1982, 758; Perlitt 1994, 146.
[364] Siehe Kreuzer 1989, 145, vgl. auch Hossfeld 1982, 258; Fabry KatBl 1982, 758.
[365] Vgl. aus diesem Zeitalter auch Ex 10, 2 a; Ri 6, 13 (dazu Veijola 2000, 181–185) sowie Ps 44, 2–4, etwas später Ps 78, 3–8 und auch Dtn 4, 9.

chen fragt.[366] Vielmehr weist der Inhalt sowohl der Fragen als auch der Antworten auf eine Art *Erwachsenenkatechese* hin, in der zentrale Inhalte des Glaubens zwischen den Vertretern verschiedener Generationen dialogisch behandelt wurden. Zudem muss man in Betracht ziehen, dass all diese Szenen fiktive literarische Schöpfungen sind und damit am ehesten als stilisierte *Musterkatechesen*[367] zu betrachten sind.

20   Die Musterkatechese geht davon aus, dass in der jüngeren Generation ein vitales Interesse an der Glaubensüberlieferung besteht und dass die ältere Generation sich verantwortlich fühlt, die Fragen der jüngeren zu beantworten. Das hebräische מה „was" (V. 20 b) leitet hier nicht eine Inhalts-, sondern eine Sinnfrage ein.[368] Die Kenntnis der Gesetze kann auch bei den Jüngeren vorausgesetzt werden, fraglich ist nur ihr *Sinn*, und damit fehlt das Wesentliche. Die Frage betrifft nicht nur die einzelnen Gesetzesbestimmungen, sondern „die Bundesbestimmungen, Satzungen und Rechte" stehen hier für das Gesetz *und* die Paränese,[369] umfassen also die gesamte Lebensordnung, wie sie im Dtn durch das Hauptgebot und die einzelnen Gesetzesbestimmungen ausgedrückt wird.[370] Zwischen den Generationen besteht gleichzeitig Zugehörigkeit und Distanz: Einig wissen sie sich darin, dass sie beide Jahwe als gemeinsamen, „unseren Gott" bekennen (vgl. V. 4), aber die jüngere Generation fühlt sich distanziert von der besonderen Willensoffenbarung, die Jahwe „euch", also den Vätern, kundgetan hat.[371]

21–24 Die Antwort des Vaters V. 21–24 besteht aus zwei Teilen: dem, was Jahwe uns getan (V. 21 aβb–23), und dem, was er uns geboten hat (V. 24). Das Gebot erschließt sich aus dem „Evangelium", aus der Heilsgeschichte Jahwes mit seinem Volk, deren zentraler Inhalt in wenigen credoartigen Sätzen festgehalten wird. Es wird nicht ein uralter Credotext zitiert,[372] sondern gerade an dieser Stelle ein Vorentwurf des Credo[373] geschaffen, das später Schule gemacht hat (vgl. Dtn 26, 5–9; Jos 24, 2 b–13; 1. Sam 12, 8; Ps 136 u. ö.).

       Der Unterschied zwischen den Generationen verliert im Bekenntnis seine Bedeutung.[374] Vom Aufenthalt Israels in Ägypten und der nachfolgenden Befreiung wird als einem Ereignis gesprochen, das „uns" betrifft (vgl. 26, 6–9), damit also für alle Generationen gleichermaßen gültig ist. Es fällt auf, dass der Auszug aus Ägypten zuerst in V. 21 b mittels einer gängigen Formel (vgl. 7, 8;

---

[366] Soggin 1975, 75 f; Fabry KatBl 1982, 757.

[367] Perlitt 1994, 179.

[368] Vgl. מה זאת in der Parallelstelle Ex 13, 14 und Vulg. in Dtn 6, 20: *quid sibi volunt testimonia haec.*

[369] Vgl. Braulik 1988, 35 f.

[370] Perlitt 1994, 149.

[371] Perlitt 1994, 149 f. Diese stilistische und theologische Feinheit würde verloren gehen, wenn man V. 20 bβ (wegen der pl. Suffixe) als Zusatz betrachtete, wie es García López RB 1978, 174, und Mayes ²1981, 179 f, tun. Wäre Singular in diesem Versteil aber überhaupt möglich?

[372] So laut der bekannten These von Rads (1958, 13 f).

[373] Diese Terminologie verwendet Braulik 1986, 60.

[374] Vgl. Perlitt 1994, 150.

9, 26; 26, 8) festgestellt, dann aber in V. 23 a noch in Kurzform wiederholt wird. Obwohl dadurch eine gelungene chiastische Komposition in V. 23 abα zustande kommt,[375] spricht die Wiederholung eher für eine bewusste Anwendung der Ringkomposition und damit für den sekundären Charakter von V. 22–23 a.[376] Die Erwähnung der „großen und unheilvollen Zeichen und Wunder"[377], mit denen die von Jahwe bewirkten Plagen und Wunder in Ägypten *vor* dem Auszug Israels gemeint sind, erscheint in V. 22 verspätet hinter V. 21.[378]

Mit oder ohne den Zusatz V. 22–23 a gelesen, mündet die Herausführung aus Ägypten in das zweite große Faktum der Heilsgeschichte, die Gabe des verheißenen Landes (V. 23 b). Abweichend von anderen Credotexten, in denen die Landgabe als eine schon vollbrachte Tatsache erscheint (Dtn 26, 9; Jos 24, 8. 13; 1. Sam 12, 8; Ps 136, 21), wird die Hineinführung in das Land hier final (mit למען „um") als ein noch bevorstehendes Ziel ins Auge gefasst, was deutlich zeigt, dass der Verfasser nicht einen vorgegebenen Credotext zitiert, sondern selbständig formuliert und dabei bewusst der Tatsache Rechnung trägt, dass Israel sich jenseits des Jordan befindet und die Eroberung des Westjordanlandes noch bevorsteht. Wichtig war die Erwähnung der bevorstehenden Hineinführung und der Landgabe deshalb, weil damit Gottes Befreiungstat ein Ziel bekam: das Leben der befreiten Knechte des Pharaos im eigenen Land.[379] Wenn zudem das Geschenk des Landes als Einlösung der eidlichen Zusage an die Patriarchen erscheint (V. 23 bβ)[380], wird damit Gottes Treue sichtbar, die von den Empfängern entsprechende Treue gegen den Willen des Gebers des Landes erwarten lässt.

Die von Israel vorausgesetzte Treue wird im zweiten Teil des „Katechismus" (V. 24) explizit gemacht, wo sich die Gehorsamsforderung als Konsequenz aus der bisherigen Heilsgeschichte ergibt („Daraufhin[381] gebot Jahwe uns …"). Wer sein Volk aus der Knechtschaft befreit und ihm das Leben ermöglicht hat, dem steht auch das Recht zu, Gehorsam gegen seinen Willen zu erwarten. Durch „alle diese Satzungen" wird auf die Gesetzestermini und damit auf die Sohnesfrage in V. 20 b Bezug genommen. Wie die Heilsgeschichte zu einem positiven Ziel führte (V. 23 b), so soll der Gehorsam gegen die Gebote die Jahwefurcht[382] (V. 24 aβ), d. h. die ausschließliche Bindung an Jahwe,

---

[375] Darauf macht Perlitt 1994, 151, aufmerksam, der mit dieser stilistischen Tugend die Wiederholung des Themas Herausführung begründet (vgl. auch Achenbach 1991, 188 f).

[376] So auch García López RB 1978, 174 f, vgl. Hossfeld 1982, 258 Anm. 167.

[377] „Die Zeichen und Wunder" begegnen im Dtn – allein oder in einer Reihe mit anderen Termini – in 4, 34; 6, 22; 7, 19; 13, 2. 3; 26, 8; 28, 46; 29, 2; 34, 11, also nur in den jüngeren Partien des Buches.

[378] García López RB 1978, 175.

[379] Perlitt 1994, 151.

[380] Sonst erscheint der Landverheißungseid an die Väter in dieser Gestalt in Dtn 1, 35; 6, 18; 7, 13; 8, 1; 10, 11; 11, 9. 21; 26, 3. 15; 28, 11; 31, 7. 20. 21. Siehe dazu näher Skweres 1979, 101–110.

[381] Das Imperf. cons. ויצונו hat hier eine kausale Funktion, vgl. על כן „deshalb" an der entsprechenden Stelle in Ex 13, 15.

[382] Siehe dazu Näheres bei Dtn 4, 10.

ermöglichen und damit den Weg zum Wohlergehen und Leben[383] öffnen, wie die Zuhörer bzw. Leser aus eigener Erfahrung wissen sollten (V. 24 b)[384]. Damit hat die am Anfang gestellte Sohnesfrage eine befriedigende Antwort und das Gespräch zwischen den Generationen sein vorläufiges Ende gefunden: Der Sinn der Gebote liegt in der Korrelation von Gabe und Aufgabe, in dieser unumkehrbaren Reihenfolge. Was in V. 25 noch folgt, bildet eine spätere Ergänzung zu dem Generationengespräch (s. u.).

10-13   3. Die nächste literarische Stufe stellen die V. 10–13 dar, die den einstigen Zusammenhang zwischen V. 4–9* und V. 20–25* unterbrechen und ein neues Thema einführen: die Gefahr, Jahwe inmitten der materiellen Fülle des verheißenen Landes zu vergessen. Das Thema wird gelegentlich auch sonst im Dtn behandelt, am ausführlichsten in 8, 7–18, wo der Grundtext von 6, 10–13 schon vorausgesetzt ist.[385] Darüber hinaus tritt das Kulturland mit seinen materiellen Gütern als Anlass des Abfalls in Hos 13, 4–6 und Jer 2, 6 f auf, aber aufgrund dieser Parallelen lässt sich Dtn 6, 10–13 nicht in die vorexilische oder gar hoseanische Zeit datieren,[386] denn in Wirklichkeit dürfte Hos 13, 4–6 in Abhängigkeit von Dtn 6, 10–13 und 8, 7–18 entstanden sein.[387] Wenn in V. 10–13 vor den Gefahren des Kulturlandes gewarnt wird, handelt es sich eher um eine nachträgliche Gerichtsbegründung als eine Beschreibung der tatsächlich herrschenden Verhältnisse im Lande. Man lebt schon unter den Folgen der Jahwevergessenheit und kennt die schmerzliche Situation, von der man redet.

10-11   Das neue Thema wird in V. 10 anhand einer historisierenden Gebotseinleitung („Wenn Jahwe, dein Gott, dich in das Land hineinführen wird")[388] eingeführt, die an den älteren Text in V. 23 anknüpft und die dort erwähnte Eidesformel in erweiterter Form mit den Namen der Patriarchen zitiert (vgl. 1, 8; 9, 5; 30, 20; 34, 4). Das Einlösen der den Vätern zugeschworenen Landverheißung ist der Grund dafür, dass Jahwe in dem geschenkten Land von seinem Volk Treue gegen sich erwarten kann.

Der Wortlaut von V. 10 f ist dadurch gestört, dass an „das Land" (V. 10 a) als sekundäre Apposition eine ausführliche Beschreibung des Landes (V. 10 b–11 a) angehängt wurde,[389] die V. 11 b syntaktisch isoliert. Die Land-

---

[383] Das schiere Grundfaktum „Leben" erscheint im Dtn mehrfach als Ziel und Frucht der Gesetzeserfüllung (4, 1; 5, 33; 8, 1; 16, 20; 30, 16. 19).

[384] Die aus der Mosefiktion herausspringende Zeitbestimmung „heute" (כהיום הזה) ist eine übliche Wendung (vgl. Dtn 2, 30; 4, 20. 38; 8, 18; 10, 15; 29, 27), die die „heutige" Gültigkeit des Erzählten unterstreicht, nicht aber zu Datierungszwecken taugt. Siehe näher zu ihrer Bedeutung Goldingay VT 1993, 113, und vgl. das oben zu 2, 30 Gesagte.

[385] Siehe dort. Vgl. außerdem 11, 13–17 und 32, 13–15, die beide jüngerer Herkunft sind.

[386] So jedoch García López RB 1979, 62. Gottfriedsen 1985, 136 f, hingegen denkt an das Südreich „zwischen Hosea und der deuteronomischen Bewegung".

[387] Siehe Nissinen 1991, 162–166.

[388] Vgl. Dtn 7, 1; 8, 7; 11, 29; 31, 20 (mit בוא Hif. wie in 6, 10) und 17, 14; 18, 9; 26, 1 (mit בוא Qal).

[389] Vgl. Gottfriedsen 1985, 136. Eine Landbeschreibung begegnet als Erweiterung in ähnlicher Position in 8, 7 b–9, was für gemeinsame Herkunft spricht.

beschreibung ist als eine Immobilienliste aufgebaut,[390] die Vorbilder in altorientalischen königlichen Schenkungsurkunden hat.[391] In ihr werden die wichtigsten Bestandteile des Grundbesitzes aufgezählt: Städte, Häuser, Zisternen, Weinberge und Ölbäume. Die eigentliche Absicht des Verfassers wird sichtbar in den vier stereotypen Relativsätzen, die betonen, dass die Israeliten das alles nicht selber „gebaut", „gefüllt", „gehauen" und „gepflanzt haben", sondern in ein gemachtes Nest kommen und alles sola gratia empfangen. Umso mehr müssten sie Anlass zur Dankbarkeit haben, wenn sie – wiederum nach dem älteren Text – „essen und satt werden"[392] (V. 11 b).

Das Land mit seiner materiellen Fülle darf nicht zur religiösen Indifferenz   12
verleiten, was in V. 12 a negativ durch die Hauptgebotsformulierung, „Jahwe nicht zu vergessen",[393] ausgedrückt wird. Nichts stellt für den Gottesglauben eine größere Gefahr dar als der materielle Wohlstand, der leicht den Schein einer vollständigen Sicherheit und Verfügbarkeit über das Leben erweckt.[394] Die Paränese wird durch die Erinnerung an das Exoduscredo verstärkt, das in V. 12 b im Anschluss an den Dekalogprolog mit der Charakterisierung von Ägypten als „Sklavenhaus" zitiert wird (s. o. zu 5, 6). Damit entsteht ein wirkungsvoller Kontrast zwischen Ägypten, dem „Sklavenhaus", aus dem Jahwe Israel befreit hat, und dem Land der Verheißung, wo Israel in Freiheit leben und Jahwes Güte und Segen genießen darf. Zugleich signalisiert die Befreiung aus dem „Sklavenhaus" (בית עבדים) die Pflicht Israels, seinem neuen Herrn zu „dienen" (עבד).

Das neue Dienstverhältnis Israels wird in V. 13 (vgl. 10, 20) nach seinen drei   13
zentralen Dimensionen definiert: Zuerst, wie in V. 24, als „Jahwefurcht", die die dem Ersten Gebot gemäße Grundeinstellung zu Jahwe bezeichnet, sodann als „Dienst", womit in diesem Kontext der rechte Jahwekultus gemeint ist,[395] und schließlich als „schwören bei seinem Namen", was das Bekenntnis zu ihm im bürgerlichen Leben impliziert (vgl. Jer 5, 7; 12, 16; Jes 48, 1; 65, 16). Damit hat die umfassende, ausschließliche Gottesbeziehung eine zutreffende Definition gefunden, mit der – in leicht variierter Gestalt – selbst Jesus dem Teufel begegnete, als dieser ihm alle Reiche dieser Welt mit ihrer Herrlichkeit versprach, falls er ihn anbeten wollte. Jesus aber antwortete ihm: „Du sollst den Herrn, deinen Gott, anbeten und ihm allein dienen" (Mt 4, 10 par. Lk 4, 8).[396]

---

[390] Sie wird in Jos 24, 13 und Neh 9, 25 zitiert.

[391] Siehe Baltzer [2]1964, 30; Weinfeld 1972, 71.

[392] Es handelt sich um ein feststehendes Paar (s. Dtn 8, 10. 12; 11, 15; 14, 29; 26, 12; 31, 20).

[393] Sonst im DtrG: Dtn 8, 11. 14. 19; 32, 18; Ri 3, 7; 1. Sam 12, 9. Das Motiv hat seine Heimat in der Prophetie (Hos 2, 15; Jes 17, 10; Jer 2, 32; 3, 21; 13, 25; 18, 15; 23, 27; Ez 22, 12; 23, 35), s. Achenbach 1991, 154–160.

[394] „Wir sind sölche gesellen, wens uns wolgehet, so vergessen wir Gottes und können jme nicht dancken und erkennen nicht seine wolthaten, das er uns dazu geholfen hat, können auch nicht zurück sehen auff den stand, da wirs nicht hatten" (Luther, WA 28, 641:32–35).

[395] Vgl. Steuernagel [2]1923, 76 f.

[396] Das Zitat geht auf Dtn 6, 13 nach der Handschrift LXX[A] zurück.

5. 14–19. 25   4. In V. 14 tritt wieder ein neues Thema, die Warnung vor den Fremdgöttern, auf und beginnt eine neue, äußerlich durch den Numeruswechsel erkennbare literarische Stufe, die – mit Zusätzen – bis V. 19 reicht und die jüngste größere Bearbeitungsstufe innerhalb von V. 4–25 darstellt. Diese Stufe steht redaktionsgeschichtlich in Verbindung mit der umfangreichen bundestheologischen Bearbeitung von 4, 1–40, wo ihr zentrales inhaltliches Anliegen die Kommentierung des dekalogischen Bilder- und Fremdgötterverbots und ihr äußeres, strukturgebendes Merkmal eine lose Anknüpfung an das Bundesformular war. Da es sich um eine umfangreiche redaktionelle Schicht handelt, ist mit der Möglichkeit zu rechnen, dass zu ihr auch die V. 5 und 25 gehören, die eine rahmende Funktion haben und folglich leicht aus der Hand des letzten, tonangebenden Redaktors stammen können.

5   Es gibt mehrere Gründe, die positiv dafür sprechen, dass V. 5 mit V. 14–19* zusammenhängt. Wie oben festgestellt wurde, ist V. 5 literarisch eine sekundäre Ergänzung zu V. 4, und terminologisch vertritt V. 5 eine fortgeschrittene Phase des Deuteronomismus. Das betrifft schon die Liebesforderung (mit dem Verb אהב), die im Dtn nirgendwo im alten Korpus, sondern lediglich im Rahmen (5, 10; 7, 9; 10, 12; 11, 1. 13. 22; 30, 6. 16. 20) oder in sonst jungen Teilen (13, 4; 19, 9) begegnet.[397] Das betrifft aber auch die adverbiale Verstärkung der Liebesforderung, „mit deinem ganzen Herzen und mit deiner ganzen Seele und mit deiner ganzen Kraft", mit der die Vollkommenheit der Hingabe und Treue unterstrichen wird.[398] Sie erscheint in dieser dreigliedrigen Gestalt sonst nur in 2. Kön 23, 25, bei DtrN oder einem seiner Schüler.[399] Häufiger als in dieser dreigliedrigen Gestalt begegnet sie zweigliedrig „mit ganzem Herzen und mit ganzer Seele", aber auch so kommt sie im Dtn nur im Rahmen (4, 29; 10, 12; 11, 13; 26, 16; 30, 2. 6. 10) und an einer jungen Stelle (DtrB) im Korpus (13, 4) vor, während alle Belege des DtrG außerhalb vom Dtn frühestens auf DtrN zurückgehen (Jos 22, 5; 23, 14; 1. Kön 2, 4; 8, 48; 2. Kön 23, 3). Es ist beachtenswert, dass die zweigliedrige Formel in Dtn 4, 29 bei dem bundestheologischen Bearbeiter erscheint, der dort das dekalogische Fremdgötter- und Bilderverbot kommentiert. Anders verhält es sich auch nicht in Dtn 6, 5 ff, wo bereits V. 10–13, aber noch deutlicher V. 14–19 das Erste Gebot des Dekalogs kommentieren, und dazu kommt, dass auch V. 5 eine Funktion in diesem Dekalogkommentar hat. Im fertigen Dekalog (5, 10) gilt Gottes Treue denen, „die mich lieben und meine Gebote bewahren". Was hier eng verbunden erscheint, ist in Kap. 6 aus kontextualen Gründen auf zwei Stellen verteilt: V. 5 „du sollst Jahwe, deinen Gott, lieben …", und V. 17 „Bewahren sollt ihr die Gebote Jahwes, eures Gottes". Trotz der äußeren Distanz bilden die Liebesforderung und das Bewahren von Jahwes Geboten

---

[397] Auch die übrigen Belege im DtrG (Jos 22, 5; 23, 11; Ri 5, 31; 1. Kön 3, 3) gehören späten Schichten an (s. Achenbach 1991, 100–103).

[398] Siehe McBride Interp. 1973, 304, und MacDonald 2003, 98–100.

[399] Zur DtrN-Provenienz dieser Stelle übereinstimmend Spieckermann 1982, 43–46, und Würthwein 1984, 461.

auch hier eine innere Einheit, wie in der Regel auch sonst im Dtn (7, 9; 10, 12 f; 11, 1. 13. 22; 19, 9; 30, 16), und wollen gegenseitig interpretiert werden.[400]

Das zukunftsträchtige Gebot der Jahweliebe (vgl. Mk 12, 28–32) meint keine sentimentale Liebe, sondern will im Sinne der altorientalischen Staatsverträge verstanden werden, die das grundsätzliche Loyalitäts- und Dienstverhältnis des Vasallen zu seinem Suzerän auch durch die Liebesforderung ausdrücken können.[401] Zusammen mit dem vorangehenden Bekenntnis von V. 4 b hat die Liebesforderung von V. 5 die Funktion der *Grundsatzerklärung* des Bundesformulars, in der das grundlegende Dienstverhältnis des Vasallen definiert wurde.[402] Die nachfolgenden V. 6–9 konnte der Redaktor in seiner Gesamtkomposition als Einschärfung der Grundsatzerklärung verstehen, in der „alle diese Worte, die ich dir heute gebiete" natürlich schon das Gesetz und die Paränese zum Inhalt haben. In dem nächsten Abschnitt V. 10–13 läuft die Hauptgebotsparänese weiter (V. 12 a.13), aber darüber hinaus konnte der Redaktor in der Erwähnung des Auszugs aus Ägypten (V. 12 b) die für Verträge typische Bezugnahme auf die *Vorgeschichte* erblicken, in der die bisherigen Beziehungen der Vertragspartner dargestellt wurden.[403] Von einem noch größeren Gewicht dürfte es gewesen sein, dass in V. 10 f eine ausführliche Beschreibung der Vorzüge des verheißenen Landes begegnet. Die Beschreibung des Landes, das dem Vasallen bei seiner Einsetzung in die Herrschaft vom Suzerän zum Lehen gegeben wurde, ist nämlich ein Element, das häufig in den Staatsverträgen erscheint,[404] und sie können auch Immobilienlisten nach der Art von V. 10 f als Bestandteil der Landbeschreibung enthalten.[405] In der Gesamtkomposition des Redaktors hat die Landbeschreibung natürlich den Zweck, die Paränese positiv zu motivieren: Die Verleihung des schönen und guten Landes ist eine unverdiente Gabe, die zum Einhalten des Bundesverhältnisses verpflichtet.

In V. 14 ergreift der Redaktor selber das Wort, indem er das Hauptgebot 14 (V. 5) mit dessen negativer Alternative erläutert. Als Ausgangspunkt dient dem am Dekalog interessierten Redaktor das Erste Gebot,[406] dessen einmaligen Wortlaut (5, 7) er gegen die geläufige, für die spät-dtr Schichten typische Wendung „anderen/fremden Göttern nachfolgen" tauscht (vgl. 4, 3).[407] Wei-

---

[400] Vgl. auch Joh 14, 15. 21. 24; 15, 10; 1. Joh 5, 3.

[401] Siehe Moran CBQ 1963, 77–87. Die Existenz altorientalischer Vertragsparallelen für Dtn 6, 5 ist natürlich kein Beweis für seine *ursprüngliche* Verbindung mit 6, 4 (gegen Otto 1999, 361–363).

[402] Zur Grundsatzerklärung als Bestandteil des Bundesformulars s. Baltzer ²1964, 22 f, und positiv auch McCarthy ²1978, 37 f. 56 f, der Dtn 6, 4–9 „a solemn proclamation of fundamental duties" nennt (S. 160).

[403] Vgl. Baltzer ²1964, 21 f; Weinfeld 1972, 69–74.

[404] Siehe Veijola 1990, 145 f (mit Lit.).

[405] Siehe Baltzer ²1964, 30, vgl. Weinfeld 1972, 71, und Gottfriedsen 1985, 137.

[406] Vgl. Lohfink 1963, 154 f; Braulik 1986, 58, und Weinfeld 1991, 344. Auch Luther hat somit Recht, wenn er in Dtn 6, 5 „eine zweite Erklärung des Ersten Gebots" findet (WA 14, 608:35, vgl. WA 14, 608:16).

[407] Sonst im Dtn: 8, 19; 11, 28; 13, 3; 28, 14; und weiter Veijola 1977, 57.

ter definiert DtrB die fremden Götter als Götter der umliegenden Völker (vgl. 13, 8), womit er wieder ein zentrales Anliegen des DtrN-Kreises zum Ausdruck bringt,[408] zu dessen jüngeren Anhängern DtrB zählt.

15-16   Das Fremdgötterverbot wird in V. 15 a mit dem Hinweis auf den eifersüchtigen Gott begründet. Der Satz ist aber eine sekundäre Erweiterung, die in V. 14. 15 b ein feststehendes, in der dtr Literatur häufig auftretendes Schema zerreißt.[409] Seine Bestandteile sind: 1. der Dienst fremder Götter (V. 14 a), der 2. den göttlichen Zorn (V. 15 bα) und 3. die Strafandrohung (V. 15 bβ) hervorruft.[410] In diesem Kontext nimmt die Anspielung auf die Folgen der Verletzung des Hauptgebots die Rolle einer Fluchandrohung ein (vgl. 4, 26), die formal dem Fluchabschnitt in den Staatsverträgen entspricht,[411] und sachlich die düstere Möglichkeit einer totalen Ausrottung von der Erde ins Auge fasst.

In einer späteren Phase hat ein Bearbeiter die Drohung mit dem göttlichen Zornesgericht durch ein konkretes Beispiel in V. 15 a.16 illustriert. Zuerst (V. 15 a) erinnert er die Leser an die Gegenwart des „eifersüchtigen Gottes", wobei er sich seinem Vorgänger ähnlich (vgl. 4, 24) an die Sprache des Dekalogs (5,9) anschließt. Eifersüchtig ist Jahwe, weil er bei seinem Partner Israel keine Gemeinschaft mit den fremden, rivalisierenden Göttern duldet. Die Art, wie der Bearbeiter den Satz in V. 15 a formuliert („denn Jahwe, dein Gott, ist als eifersüchtiger Gott *in deiner Mitte*") verrät, dass er an die Massaepisode in Ex 17, 1–7 denkt, die mit der Frage endet: „Ist Jahwe *in unserer Mitte* oder nicht?" Daraus kann mit Sicherheit geschlossen werden, dass er auch für V. 16 mit dem expliziten Hinweis auf Massa verantwortlich ist.[412] Er sieht in der Massaepisode ein warnendes Beispiel dafür, wie es denen geht, die an der Gegenwart des eifersüchtigen Gottes zweifeln und ihn anmaßend auf die Probe stellen (vgl. Hebr 3, 9 f). Die Episode interessierte ihn offenbar gerade wegen der Folgen, die sich nach späterer Überlieferung als katastrophal für das Volk erwiesen (Ps 78, 18. 31. 41; Ps 95, 9–11; 106, 14 f).

17-19   In V. 17 meldet sich der Hauptverfasser von V. 14 ff wieder[413] und formuliert in V. 17 a.18 dem Schema der Alternativpredigt gemäß als positives Gegenstück zu der vorangehenden Fluchandrohung (V. 15 b) eine bedingte Verheißung des Wohlergehens, die funktional dem Segensabschnitt in den Staatsverträgen entspricht.[414] Im Grundtext bestand eine unmittelbare Verbindung zwischen V. 17 a und V. 18, wie schon die Verba שׁמר „bewahren"

---

[408] Siehe Smend 2002, 151–161.
[409] Siehe García López RB 1978, 169–171.
[410] Siehe García López RB 1977, 513 f; RB 1978, 169 f. Als Belege nennt er außer Dtn 6, 14. 15 b u. a. Dtn 7, 4; 8, 19 f; 11, 16 f; 29, 24–27; 31, 16–18; Jos 23, 15 f; Ri 2, 11–14; 2, 17–21; 3, 7–8; 10, 6 f; 1. Kön 11, 9–11; 14, 9 f.
[411] Vgl. Lohfink 1963, 157.
[412] Siehe García López RB 1978, 170 f. Ex 17, 7 bβ wird schon von Raschi und Luther (WA 14, 618:16 f) bei Dtn 6, 16 zitiert.
[413] Vgl. García López RB 1978, 171–173.
[414] Vgl. Braulik 1986, 58.

(V. 17 a) und עשה „tun" (V. 18), die in der Sprache des Dtn gern ein Paar bilden,[415] nahe legen. Sie wurden durch den singularischen Zusatz V. 17 b voneinander getrennt, dessen Verfasser neben den „Geboten" (מצות) Jahwes auch die in V. 20 genannten „Bundesbestimmungen und Satzungen" (עדת und חקים) berücksichtigen wollte[416] und sie wie dort (V. 20 b) direkt von Jahwe verkündet sein ließ – und sie damit auf den Horeb verlegte.

Als Bedingung des Wohlergehens stellt der Verfasser von V. 17 a.18 das „Bewahren" (שמר) der „Gebote" (מצות) Jahwes hin, wobei er die von ihm selber gebrauchte Terminologie des Ersten Gebots (5, 10 b) wiederholt, unter „den Geboten" hier jedoch nicht allein den Dekalog, sondern darüber hinaus auch die anderen Einzelgebote versteht. Das Bewahren der Einzelgebote und das „Tun dessen, was recht und gut ist in den Augen Jahwes" (vgl. 12, 28)[417] sind die Bedingung des Segens (V. 18 b), der aus Wohlergehen und Inbesitznahme des Landes besteht. Beide waren schon auf den älteren Stufen von 6, 4–25* bekannt und benannt, aber hier erscheinen sie in modifizierter Gestalt: Das Wohlergehen (vgl. V. 24) wird in dem Wortlaut ausgedrückt, den es in der Verheißung des dekalogischen Elterngebots (5, 16 b) hat. Das Land hingegen erscheint hier nicht mehr als freie Gabe Gottes wie noch in V. 10 und V. 23, sondern als Belohnung für den Gesetzesgehorsam, ganz ähnlich wie in 4, 1 b.[418] Darin äußert sich eine nomistische Stellungnahme zum Problem der Wiederbesetzung des Landes.

Die Bezugnahme auf den Väterschwur in V. 18 bβ rundet den Segenshinweis ab (vgl. V. 10. 23) und bedarf keiner Fortsetzung mehr, wie sie in V. 19 in syntaktischer mangelhafter Gestalt folgt. Vers 19 ist als eine nachträgliche Ergänzung zu betrachten,[419] deren Verfasser noch die Vertreibung aller Feinde durch Jahwe (vgl. Dtn 9, 4; Jos 23, 5; Jer 46, 15) sicherstellen will, bevor die Israeliten das verheißene Land in Besitz nehmen.[420]

Wenn der Verfasser von V. 14 ff für die endgültige Komposition von V. 4–25 zuständig ist, dann dürften auch die restlichen Verse 20–25 eine Funktion in seinem Gesamtplan einnehmen. Man hat darauf hingewiesen, dass die Staatsverträge gelegentlich eine explizite Vorschrift zur Weitergabe des Inhalts der

---

[415] Vgl. z. B. Dtn 4, 6; 7, 12; 16, 12; 23, 24; 26, 16; 29, 8.

[416] Dadurch entsteht in V. 17 eine dreigliedrige Reihe von Gesetzestermini, die eine enge Parallele in 2. Kön 23, 3 hat (vgl. auch 1. Chr 29, 19; 2. Chr 34, 31). Dies besagt aber nicht, dass Dtn 6, 17 bereits in dem Gesetzbuch des Joschija gestanden hätte (so Lohfink 1995 III, 145–155). Wenn die Entsprechung in der Tat beabsichtigt ist, dürfte sie am ehesten aufs Konto späterer Schriftgelehrter zu buchen sein.

[417] Ohne „gut" in Dtn 12, 25; 13, 19; 21, 9. Vgl. auch 4, 25, wo DtrB die negative Variante der Formel („tun, was böse ist in den Augen Jahwes") anwendet.

[418] Auch die Terminologie ist hier wie dort auffallend ähnlich und zugleich abweichend von 6, 10. 23, wo beidemal בוא Hif. mit Jahwe als Subjekt erscheint, in 4, 1 b; 6, 18 hingegen mit בוא Qal und ירש Qal mit „du" als Subjekt. Der Schwerpunkt hat sich auf den Menschen verlegt.

[419] Vgl. Seitz 1971, 73; Mayes ²1981, 175.

[420] Als Bezugstext der Verheißung („wie es Jahwe zugesagt hat") möchte Skweres 1979, 192, Ex 23, 27 am ehesten nehmen (ähnlich schon Raschi z. St.).

eingegangenen Vertragsverpflichtungen an die nachfolgenden Generationen beinhalten,[421] und bei der Sohnesfrage von V. 20–24(25) geht es ja gerade um eine solche Belehrung über den Sinn der Gesetze, was der am Bundesformular geschulte Bearbeiter jedenfalls nachträglich als Erfüllung eben dieser vertragsrechtlichen Pflicht hat betrachten können.[422]

25   Außerdem ist es sehr wahrscheinlich, dass der abschließende Rahmenvers V. 25, der eine Erweiterung der Musterkatechese von V. 20–24 darstellt,[423] ebenfalls von diesem Bearbeiter stammt.[424] Der Bearbeiter ist darum bemüht, den Widerspruch zu lösen, der zwischen V. 17 a.18 und V. 23 darin besteht, dass die Landnahme auf der einen Seite als Folge des Gehorsams (V. 17 a.18), auf der anderen aber als freie Gabe Gottes (V. 23) erscheint.[425] Die Lösung wird im Sinne von V. 17 a.18 gegeben: Der Bearbeiter definiert die Gerechtigkeit (צדקה) als eine Eigenschaft, die aus dem rechten Verhalten gegenüber den Forderungen des Gesetzes folgt,[426] und gleicht damit V. 23 f den V. 17 a.18 an. Dabei werden die in V. 17 a.18 beigeordneten Verba שמר „bewahren" und עשה „tun" in V. 25 neu verwendet, so dass sie eine im Dtn häufig belegte Konstruktion mit שמר (in verschiedenen grammatischen Formen) + Inf. constr. לעשות bilden.[427] Auch das Objekt des „Bewahrens" ist hier wie dort dasselbe: מצוה, nur mit dem Unterschied, dass es in V. 17 a im Pl. begegnet, in V. 25 hingegen im Sg. Der Unterschied erklärt sich daraus, dass der Bearbeiter damit in V. 17 a – nachdem er das Hauptgebot schon mehrfach zitiert hatte – die Einzelgebote meint, während er in der abschließenden Zusammenfassung wieder gezwungen war, einen Ausdruck zu benutzen, der möglichst umfassend das Hauptgebot und die Einzelgebote, die Paränese und die Gesetze, deckt, und für diesen Zweck eignete sich der kollektive Terminus כל המצוה הזאת „dieses ganze Gebot"[428]. Aus den Parallelstellen, an denen der nomistisch eingestellte Redaktor DtrB diesen Ausdruck sonst gebraucht (8, 1; 11, 8. 22; 15, 5; 19, 9), geht hervor, dass die Folgen des Haltens „dieses ganzes Gebots" der Erhalt des Landes und ein segensreiches Leben darin sind, also gerade das, was auch in V. 23 b und V. 24 b als Inhalt der göttlichen Gabe beschrieben wurde. Außerdem soll man beachten, dass die nomistische Bedingung von V. 25 b jetzt auch den ersten Satz von 7, 1 überschattet, der die bedingungslose Hineinführung in das Verheißungsland konstatiert („Wenn Jahwe, dein Gott, dich in das Land hineingeführt hat …"). Aus alldem folgt

---

[421] Siehe Frankena OTS 1965, 141 f, und vor allem Loza RB 1971, 491–493.
[422] Vgl. McBride Interp. 1973, 300.
[423] Siehe Seitz 1971, 73; García López RB 1978, 176; Aurelius 1988, 31; Perlitt 1994, 153.
[424] Köckert ThPh 1985, 513, befindet sich auf der richtigen Spur, indem er den Vers dem DtrN zuschreibt. Als engste sprachliche Parallelen weist er auf Dtn 8, 1; 11, 8. 22; 15, 5; 19, 9; Jos 22, 5; 1. Kön 13, 21 b und 2. Kön 21, 8 hin – „alles Stücke, die eindeutig zu DtrN zu zählen sind" (S. 513 Anm. 61).
[425] Vgl. Aurelius 1988, 31 mit Anm. 10.
[426] Vgl. Schmid 1968, 124; Köckert ThPh 1985, 513.
[427] Siehe 5, 1. 32; 6, 3; 8, 1; 11, 32; 12, 1; 13, 1; 15, 5; 17, 10; 24, 8; 28, 1. 15. 58; 31, 12; 32, 46.
[428] Vgl. Braulik 1988, 28.

für den umstrittenen Begriff der „Gerechtigkeit" (צְדָקָה) in V. 25,[429] dass sie die Qualität bezeichnet, die sich aus dem rechten Verhalten Israels gegenüber Jahwe ergibt und das Volk zum Erhalt des Verheißungslandes sowie zu einem erfüllten Leben darin berechtigt. Später wurde die Stelle mit Dtn 24, 13 verglichen und unter dessen Einfluss mit der Adverbialbestimmung „vor Jahwe, unserem Gott" ergänzt, die aber an eine falsche Stelle geriet, als sie von ihrem Bezug auf die Gerechtigkeit (V. 25 a) getrennt und mit der Gebotsbefolgung (V. 25 b) verbunden wurde.[430] Der abschließende Rückverweis „wie er es uns geboten hat" bezieht sich offenbar auf die unmittelbar vorangehende Antwort des Vaters in V. 24 a („Daraufhin gebot Jahwe uns …").

2.3. Du sollst mit ihnen keinen Vertrag schließen (7, 1–26)

1 Wenn Jahwe, dein Gott, dich in das Land hineingeführt hat, in das du jetzt hineingehst, um es in Besitz zu nehmen, und wenn er dann viele Völker vor dir vertreibt
– die Hetiter, die Girgaschiter, die Amoriter, die Kanaaniter, die Perisiter, die Hiwiter und die Jebusiter, sieben Völker, die zahlreicher und stärker sind als du –,
2 und wenn Jahwe, dein Gott, sie dir ausliefern wird und du sie schlagen wirst, dann sollst du an ihnen den Bann vollstrecken. Du sollst mit ihnen keinen Vertrag schließen und sie nicht verschonen. 3 Du sollst dich nicht mit ihnen verschwägern. Deine Tochter gib nicht seinem Sohn und seine Tochter nimm nicht für deinen Sohn!
4 Denn er würde deinen Sohn mir abwendig machen, so dass sie anderen Göttern dienten. Dann würde Jahwes Zorn gegen euch entbrennen, und er würde dich schnell vernichten. 5 Vielmehr sollt ihr so mit ihnen verfahren: ihre Altäre sollt ihr niederreißen, ihre Malsteine zerbrechen, ihre Kultpfähle umhauen und ihre Götterbilder im Feuer verbrennen.
6 Denn du bist ein für Jahwe, deinen Gott, geheiligtes Volk. Dich hat Jahwe, dein Gott, erwählt, damit du unter allen Völkern, die auf der Erde wohnen, ein Volk wirst, das ihm persönlich angehört.
7 Nicht weil ihr zahlreicher wäret als alle anderen Völker, hat Jahwe euch angehangen und euch erwählt, denn ihr seid das kleinste von allen Völkern, 8 sondern weil Jahwe euch liebt und den Schwur hält, den er euren Vätern geschworen hatte, hat Jahwe euch mit starker Hand herausgeführt und dich freigekauft aus dem Sklavenhaus, aus der Hand Pharaos, des Königs von Ägypten. 9 Daran sollst du erkennen,

---

[429] Vgl. dazu auch Loretz 2003, 146–152.
[430] So bereits Steuernagel ²1923, 77.

dass Jahwe, dein Gott, allein Gott ist, der treue Gott, der den Bund und die Treue bis auf tausend Generationen denen bewahrt, die ihn lieben und seine Gebote bewahren, 10 der aber denen, die ihn hassen, ins Gesicht vergilt und ihn vernichtet (– er zögert nicht gegenüber dem, der ihn hasst, sondern vergilt ihm ins Gesicht). 11 So bewahre denn das Gebot, die Satzungen und Rechte, die ich dir heute gebiete, und befolge sie.

12 Wenn ihr diese Rechte hört, sie bewahrt und befolgt, wird Jahwe, dein Gott, dir den Bund und die Treue bewahren, die er deinen Vätern geschworen hat. 13 Er wird dich lieben und segnen und vermehren. Er wird segnen die Frucht deines Leibes und deines Landes, dein Korn, deinen Most, dein Öl, den Wurf deiner Rinder und den Zuwachs deines Kleinviehs in dem Lande, von dem er deinen Vätern geschworen hat, dass er es dir geben wolle. 14 Du wirst mehr alle anderen Völker gesegnet sein. Weder bei dir noch bei deinem Vieh wird es einen Unfruchtbaren oder eine Unfruchtbare geben. 15 Jahwe wird von dir alle Krankheiten fernhalten, und er wird keine der schlimmen ägyptischen Seuchen, die du ja kennst, dir auferlegen, sondern sie über all die bringen, die dich hassen. 16 Du wirst alle Völker, die Jahwe, dein Gott, dir ausliefert, verschlingen. Du sollst sie nicht mitleidig schonen und du sollst ihren Göttern nicht dienen, denn das wäre für dich eine Falle.

17 Wenn du bei dir überlegst: „Diese Völker sind zahlreicher als ich, wie könnte ich sie vernichten[431]?", 18 fürchte dich nicht vor ihnen. Erinnere dich vielmehr dessen, was Jahwe, dein Gott, mit dem Pharao und mit ganz Ägypten gemacht hat: 19 der großen Prüfungen, die du mit eigenen Augen gesehen hast, der Zeichen und Wunder, der starken Hand und des ausgestreckten Armes, mit denen Jahwe, dein Gott, dich herausführte. Ebenso wird Jahwe, dein Gott, mit all den Völkern verfahren, vor denen du jetzt Furcht hast.

20 Selbst die Hornissen wird Jahwe, dein Gott, unter sie senden, bis auch die umgekommen sind, die übrig geblieben sind und die sich vor dir versteckt haben.

21 Erschrick nicht vor ihnen, denn Jahwe, dein Gott, ist in deiner Mitte, ein großer und Furcht erregender Gott.

22 Jahwe, dein Gott, wird diese Völker nach und nach vor dir vertreiben. Du darfst[432] sie nicht schnell ausrotten, damit die wilden Tiere zu deinem Schaden nicht zu zahlreich werden.

23 Jahwe, dein Gott, wird sie dir ausliefern und sie in große Ver-

---

[431] Zu dieser Bedeutung von ירש Hif. s. Lohfink BZ 1983, 30.
[432] Zu dieser Bedeutung von תוכל (לא) vgl. Dtn 12, 17; 17, 15; 21, 16; 22, 3. 19. 29; 24, 4 und auch Gen 43, 32; Ex 19, 23 (Driver ³1902, 104; Weinfeld 1991, 361).

wirrung bringen, bis sie vernichtet sind. 24 Er wird ihre Könige
in deine Hand geben, und du wirst ihren Namen unter dem
Himmel austilgen. Keiner wird vor dir standhalten, bis du sie
vernichtet hast[433].
25 Die Bilder ihrer Götter sollt ihr im Feuer verbrennen.
Du sollst nicht Verlangen nach dem Silber und Gold haben,
mit dem sie überzogen sind, und es für dich nicht nehmen,
damit du dabei nicht in die Falle läufst, denn das ist für
Jahwe, deinen Gott, ein Gräuel. 26 Du sollst keinen Gräuel
in dein Haus bringen, damit du nicht gleich ihm dem Bann
verfällst. Mit Ekel und Abscheu sollst du es von dir weisen,
denn es ist Gebanntes.

Dtn 7 entfaltet eine Vision vom Leben im verheißenen Land, die für die fiktiven Hörer bzw. Leser ein Vorausblick auf Unbekanntes, für die geschichtlichen Adressaten der Rede aber ein Rückblick auf Verlorenes und damit eine
schmerzhafte Erinnerung an die unbewältigte Vergangenheit ist. Der leitende
Aspekt des hier entworfenen Zukunftsprogramms besteht in der Forderung
zur Bewahrung der eigenen Identität, die keinen Kompromiss mit den ehemaligen Bewohnern des Landes und ihren religiösen Praktiken duldet. Das
Erste Gebot macht Israel zu einer Kontrastgesellschaft[434], die den Konflikt
mit anderen nicht vermeiden darf, wenn sie ihr Dasein als Gottes Volk bewahren will. Dtn 7 hat einen sachlich begründeten Ort in der Komposition
des Dtn hinter Dtn 6 dadurch, dass in Kap. 6 das Problem der umliegenden
Völker zur Sprache kam (6, 14), hier hingegen die im Lande ansässigen Völker das Thema bilden.
Das Thema wird von verschiedenen Seiten und Autoren angegangen.[435]
Die Bühne wird in V. 1*. 2–3. 6 aufgestellt, wo die grundlegende Forderung
zur Separation von den Landesbewohnern formuliert (V. 2 f) und begründet
(V. 6) wird. Sowohl die Szeneneröffnung („Wenn Jahwe, dein Gott, dich in
das Land hineingeführt hat …“) als auch das Thema selbst – das Leben im
verheißenen Land – erinnern im Vorangehenden am meisten an 6, 10–13*
und sprechen dafür, dass dieselbe Hand hier wie dort federführend ist.[436] Damit
ist auch ein Anhaltspunkt für die ungefähre Fixierung des zeitlichen Hinter-
grunds der Einheit erhalten, der aufgrund von 6, 10–13* nicht mehr früh-dtr
sein kann, sondern eher im Umkreis von DtrN zu suchen ist,[437] wo das Ver-

---

[433] D.h. „sondern du wirst sie alle vernichten“.

[434] Der Begriff stammt in diesem Zusammenhang von Braulik 1986, 63.

[435] Anders z.B. Weinfeld 1991, 380, und O'Connell VT 1992, 248–265, die Dtn 7 für literarisch
einheitlich halten.

[436] Die mit der Mosefiktion verbundene historische Rahmung (V. 1 f) verbietet es, 7, 1–6* als
ursprüngliche Fortsetzung zu 6, 4–9* (Aurelius 1988, 32) oder gar als selbständige, mit 6, 4–9*
vergleichbare Einheit (García López RB 1977, 499) zu betrachten.

[437] Vgl. Pakkala 1999, 97 f.

hältnis zu den Landesbewohnern zu einem akuten Problem geworden war[438]. Daraus ergibt sich, dass die in Abhängigkeit von der ersten Einheit entstandenen Textstufen in Dtn 7 noch jüngeren, mehrheitlich wohl nachexilischen Datums sind. Die erste Erweiterung erfolgt in V. 17–19. 21, wonach der Kontrast zwischen der Kleinheit Israels und der Größe der Völker Angst einflößt und zu einem Glaubensproblem wird. Weil die Angst hier durch die zahlenmäßige Stärke der Völker hervorgerufen wird (V. 17), dürfte auch die Liste der „sieben Völker, die zahlreicher und stärker sind als du“ (V. 1), von diesem Verfasser als Vorbereitung eingefügt worden sein. In der dritten Phase wurde das Verhalten Israels in dem Konflikt mit den Landesbewohnern von dem bundestheologischen Redaktor (DtrB), den wir schon aus Dtn 4–6 kennen, auf seine negativen und positiven Konsequenzen hin entfaltet.[439] Er nennt ausdrücklich die religiöse Gefahr, die in der Vermischung mit der Landesbevölkerung bestehen würde, ebenso wie ihre verhängnisvollen Folgen (V. 4) und stellt dem ein rigoroses Vernichtungsprogramm entgegen (V. 5). Seinen Gewohnheiten gemäß unterlässt er es aber nicht, auch die Folgen des Gehorsams zum Ausdruck zu bringen, die als reicher Segen sowohl in der Natur als auch in dem geschichtlichen Handeln des Volkes sichtbar werden (V. 12–16. 20. 22–24). Die jüngsten Ergänzungen des Kapitels liegen in V. 7–11 und V. 25 f vor, deren gegenseitiges Verhältnis in literarhistorischer Hinsicht offen bleiben muss. Die V. 7–11 greifen das Thema der „Erwählung“ von V. 6 auf und begründen deren unverdienten Charakter mit Jahwes Treue, die ihrerseits auch von den Empfängern Treue erwarten lässt, während die V. 25 f auf das Problem des Kultinventars der Landesbewohner zurückkommen (vgl. V. 5) und dessen äußere Anziehungskraft (Silber und Gold) als Gräuel entlarven, dem Israel sich um seiner Existenz willen fernhalten soll.

1*. 2–3. 6   1. Die erste und zugleich die älteste Einheit besteht aus V. 1–6* – abgesehen von der Völkerliste in V. 1[440] und von V. 4 f[441]. Der Verfasser führt hier aus, was es angesichts der im Lande wohnenden Völker konkret bedeutet, die in 6, 12 f auf allgemeiner Ebene formulierten Forderungen zum ausschließlichen Dienst Jahwes in die Wirklichkeit umzusetzen. Als literarischer Hintergrund dient dem Verfasser das hinsichtlich seines Alters umstrittene sog. Privileg-

---

[438] Siehe Smend (1971 =) 2002, 148–161; vgl. Achenbach 1991, 256. 288.

[439] Siehe dazu näher Veijola 2000, 158–162 (mit Lit.).

[440] Die Völkerliste unterbricht stilistisch unschön den Zusammenhang zwischen V. 1 (Anfang) und V. 2 und nimmt einen Ausdruck des alten Textes („viele Völker“) in erweiterter Form wieder auf („Völker, die zahlreicher und stärker sind als du“).

[441] In V. 4 befremdet sowohl die unvermittelte Rede Jahwes in der 1. P. Sg. („mir“) als auch der uneinheitliche Gebrauch von Pl. („euch“) und Sg. („dich“) für die Adressaten, während V. 5 abweichend vom Grundtext durchgehend im Pl. formuliert ist, weshalb beide Verse als sekundär zu betrachten sind (vgl. Rose 1994, 337 f; Nielsen 1995, 94 f; Pakkala 1999, 95). Der unregelmäßige Numeruswechsel ist typisch für die in V. 12–16. 20. 22–24 vorliegende bundestheologische Bearbeitung, die durch V. 4 f vorbereitet wird (vgl. García López VT 1982, 442).

recht Jahwes (Ex 34,10–26)[442], dessen Vorschriften zur Abgrenzung von den Landesbewohnern (V. 12–16) er hier interpretierend aufnimmt.[443] Stilistisch hat er seinen Text als eine kunstvolle Einheit gestaltet, die aus drei Teilen besteht: Den ersten Teil (V. 1*. 2 a) bildet eine historisierende Einleitung mit dem Hinweis auf die Landgabe und die Preisgabe der Landesbewohner durch Jahwe, die der Hintergrund und die Voraussetzung für die nachfolgenden Handlungsanweisungen des zweiten Teils (V. 2 b.3) sind. Der Übergang von dem geschichtlichen zum paränetischen Teil ist in V. 2 bα durch einen betonten Wechsel der Verbform gekennzeichnet, und die nachfolgenden Vorschriften sind in Gestalt von fünf Verboten (V. 2 bβ. 3) formuliert, die den konfliktbeladenen Inhalt des Textes unterstreichen. Das Separationsprogramm wird im dritten Teil (V. 6) durch eine Begründung abgerundet, die selbst aus einem theologischen Grundsatz (V. 6 a) und dessen historischer Motivation (V. 6 b) besteht.

In dem ersten Teil (V. 1*. 2 a) werden die Landgabe und die Preisgabe der   1*. 2 a Völker auf eine für das Dtn typische Weise (vgl. 1, 8) als *cooperatio* Gottes und Israels dargestellt[444]: Jahwe „führt" sein Volk in das Land „hinein", in das es selber „hineingeht" (V. 1*), und Jahwe „liefert" die Völker des Landes „aus", aber Israel hat sie selber zu „schlagen" (V. 2 a). Jahwe, dessen Name in V. 2 a grammatisch unnötig, inhaltlich aber mit voller Absicht wiederholt wird (vgl. V. 6), ist der primäre Akteur, aber ohne die eigene Aktivität Israels wird die Eroberung des verheißenen Landes auch nicht gelingen.

Nachdem Israel die ihm von Jahwe ausgelieferten Völker besiegt[445] hat   2 b. 3 (V. 2 a), wird ihm im zweiten Teil (V. 2 b.3) ein Programm zum Verhalten gegenüber den besiegten Völkern aufgestellt. Sein Schlüsselbegriff wird gleich am Anfang (V. 2 bα) breit – im Hebräischen durch eine paronomastische Formulierung (הַחֲרֵם תַּחֲרִים) – eingeführt: „Du sollst an ihnen den Bann vollstrecken." Die Einführung des Banngebots ist eine dtr Erweiterung gegenüber der Vorlage Ex 34, 12–16, aber kein Zusatz innerhalb von Dtn 7, 2; denn dadurch entsteht der auch in Dtn 2, 33 f; 3, 3. 6 belegte Prozess: Jahwe gibt die Feinde preis, Israel schlägt sie und vollstreckt an ihnen den Bann (vgl. auch 13, 16; 20, 13). Der Bann (*Herem*) mag einen älteren Hintergrund in der sakralen Kriegsführung haben, wo er die Übereignung der gefangenen Feinde und der Beute an die Gottheit bedeutete,[446] aber in der dtr Literatur hat er

---

[442] Der ausführlichen Bestreitung von Halbe (1975, bes. 261–269) zum Trotz neige ich zu der Auffassung, nach der Ex 34,10–26 im Umkreis des dtr Programms entstanden ist (Perlitt 1969, 204–228; Blum 1996, 347–366).

[443] Darin hat Halbe 1975, 108 f. 113 f, Recht.

[444] Siehe zum Folgenden Perlitt 1969, 55 Anm. 1.

[445] Im Hebräischen ausgedrückt durch das Verb נכה Hif. „schlagen", das hier die Bedeutung des Beibringens einer vernichtenden Niederlage, nicht jedoch einer totalen Ausrottung des Feindes hat (vgl. Gen 14, 5. 15; Num 14, 45; 22, 6; Dtn 1, 4; 2, 33; 4, 46; Jos 7, 5; 10, 20; 13, 12 u. ö.). Siehe Conrad, ThWAT V, 450.

[446] So noch von Rad ²1968, 48, im Blick auf Dtn 7, 2. Auf der Linie der sakralen Deutung liegt auch Luthers Auslegung, wonach das hebräische *Herem* gleichbedeutend mit dem lateinischen *excommunicatio* und griechischen *anathema* sein soll (WA 14, 623:25).

diesen spezifischen Sinn weitgehend verloren und ist zu einem allgemeinen Wort für radikale Vernichtung des Feindes geworden (vgl. bei 2, 34).[447] Das wird durch den nachfolgenden Kontext (V. 2 bβ) illustriert, in dem der Sinn des Banngebots in sachlicher Hinsicht[448] mit negativen Vorschriften erläutert wird: Er besteht nach dem Vorbild der Vorlage Ex 34, 12(15)[449] in dem Verbot, einen Bund mit den ehemaligen Landesbewohnern zu schließen, was im Lichte der weiteren Vorschrift, sie nicht zu verschonen (vgl. Jos 11, 20)[450], sowie der nächsten Parallelen (Jos 9, 6 f. 11. 15 f; Ri 2, 2; 1. Sam 11, 1) vor allem die Weigerung bedeutet, ihnen das Leben zuzusichern. Was den Gibeoniten durch eine List gelang (Jos 9), müsste nach Dtn 7, 2 eigentlich von vornherein ausgeschlossen sein. Hinter dem Verbot, einen Bund mit den Landesbewohnern zu schließen, steckt aber auch die Befürchtung, Israel könne eine friedliche Koexistenz mit ihnen eingehen (vgl. Jos 9, 15), was auch gegenseitige eheliche Verbindungen einschließen würde. Diese Gefahr wird in V. 3 im Anschluss an Ex 34, 16 als eigener und offensichtlich akuter Fall näher ins Auge gefasst. Die Verschwägerung, die der unauffälligste und sicherste Weg zur Assimilation mit den Landesbewohnern und ihrer religiösen Kultur wäre (vgl. Dtn 13, 7), wird zuerst generell (V. 3 a)[451] und dann noch näher mit der zweiseitigen Formel der Eheschließung (V. 3 b)[452] verboten. Die nächste formale Parallele zu V. 3 findet sich in der Erzählung von der Vergewaltigung Dinas Gen 34 (V. 9), die sich wie eine abschreckende Beispielsgeschichte zu Dtn 7, 3 liest.[453] Historisch greifbar wird das Problem der Mischehen erst in der Zeit Esras (Esr 9 f) und Nehemias (Neh 10, 31; 13, 23–27), aber es hatte offensichtlich eine Vorgeschichte schon in exilischer bzw. nachexilischer Zeit, wo ihm die DtrN-Schule besondere Aufmerksamkeit widmete (Jos 23, 12; Ri 3, 6; 1. Kön 11, 1 ff).[454]

---

[447] Siehe Lohfink ThWAT III, 199. 201. 210. In diesem Sinne haben das Banngebot auch schon die Targume und LXX verstanden.

[448] Es handelt sich also in V. 2 bβ. 3 um keine *chronologische* Fortsetzung von V. 2 bα, was in der Tat sinnwidrig wäre und zu literarkritischen Operationen nötigte.

[449] In Ex 23, 32 begegnet eine ähnliche Formulierung, die aber wahrscheinlich jünger als Dtn 7, 2 ist, weil sie neben den Landesbewohnern auch ihre Götter als „Bundespartner" berücksichtigt.

[450] Jos 11, 20 beleuchtet Dtn 7, 2 insofern, als auch darin der Sinn des Bannes durch Nicht-Verschonen näher erläutert wird.

[451] Die restlichen Belege für חתן Hitpa. mit ב „sich verschwägern mit jdm" finden sich in Jos 23, 12; 1. Sam 18, 21. 23. 26; Esr 9, 14; vgl. auch Gen 34, 9; 1. Kön 3, 1 (mit *nota accusativi* bzw. Präposition את); 2. Chr 18, 1 (mit ל).

[452] Die zweiseitige Formel (vgl. dazu Gen 34, 9. 16; Ri 3, 6; Esr 9, 12; Neh 10, 31; 13, 25) erscheint hier wie eine Erweiterung der einseitigen in Ex 34, 16 (vgl. dazu Gen 24, 3. 37).

[453] Vgl. Perlitt 1969, 56. Für García López RB 1979, 71, gilt die Anwendung der Regel von Dtn 7, 3 in Gen 34, 9 als Beweis für ihr hohes (d. h. vor-dtn) Alter. Demgegenüber ist jedoch festzuhalten, dass Gen 34 schon die Priesterschrift voraussetzt (Levin 2003, 49–59) und damit kein Zeuge für die Frühdatierung von Dtn 7, 3 sein kann.

[454] Zu den Berührungen zwischen DtrN und Esra-Nehemia in der Mischehenfrage s. Veijola 2000, 228–231.

Das Verbot der Assimilation an die Landesbewohner erfährt in dem ab- 6
schließenden, dritten Teil der Einheit (V. 6) eine dogmatische Begründung,[455]
die den theologischen Sinn der Abgrenzungsforderung erhellt. Israels Son-
dercharakter beruht darauf, dass es ein für Jahwe „geheiligtes Volk" (עַ
קָדוֹשׁ) ist – ein Attribut, das Israel zum ersten Mal gerade im Dtn zuteil wird
(14, 2. 21; 26, 19; 28, 9). Nicht Heiligkeit im Sinne von moralischer Vollkommenheit ist gemeint, sondern das, was der Verfasser am Ende des Verses mit
anderen Vokabeln (עַם סְגֻלָּה) ausdrückt: ein Volk, das ihm (Jahwe) persönlich angehört (vgl. 14, 2; 26, 18)[456]. Diesen Status verdankt Israel nicht sich
selbst, sondern allein und ausschließlich Jahwe, der durch einen souveränen
Erwählungsakt unbegreiflicherweise gerade Israel[457] unter allen Völkern der
Erde zu seinem Eigentumsvolk machte, wie die fundamentale Aussage von
der Erwählung Israels hier prägnant und zum ersten Mal formuliert wird
(vgl. später 4, 37; 7, 7; 10, 15; 14, 2). Das Vorrecht der Erwählung setzt Israel
in eine besondere Position unter den Völkern, verpflichtet es aber auch zur
treuen Bewahrung seiner Sonderart als Kontrastgesellschaft in der weltlichen
Gemeinschaft. Die Zusammengehörigkeit zwischen der unverdienten Erwählung und der ethischen Verpflichtung bleibt unverkürzt in Kraft auch in
der christlichen Gemeinschaft (Joh 15, 16), wo aber das Gebot, seine Gegner
zu liquidieren (V. 2), außer Kraft gesetzt (Mt 26, 52) und an dessen Stelle das
ausschließliche Vertrauen auf die Macht des Wortes getreten ist.[458]

2. In der nächsten Phase wurde das Problem der Völker des Landes unter 1*. 17–19. 21
einem neuen Aspekt und von einem anderen Verfasser in V. 17–19. 21[459] (im
Sg.) fortgesetzt,[460] der die Stärke der Völker zum Anlass einer kleinen
Kriegsansprache, einer in der dtr Literatur häufig auftretenden paränetischen
Gattung,[461] nahm. Die sekundäre Völkerliste in V. 1 wurde offensichtlich von

---

[455] Das begründende „denn" (כי) knüpft organisch an V. 3 an und wurde von dem Bearbeiter
(DtrB) in V. 4 (und V. 5) wiederverwendet. Weder der Inhalt noch der Stil würden es erlauben,
V. 6 direkt mit Dtn 6, 20–25 zu verbinden (gegen Hoffman ZAW 1999, 202).
[456] Vgl. außerdem Ex 19, 5 f; Mal 3, 17; Ps 135, 4, und näher zur Bedeutung des Wortes Weinfeld 1991, 368.
[457] Das Objekt „dich" steht betont am Anfang des Satzes.
[458] Vgl. Luther: „Christus möchte nicht, dass dieses Gesetz noch bei uns im Gebrauch ist,
sondern er hat uns in seinem Reich das Schwert des Wortes zur Beseitigung der Häresien und
Abgöttereien gegeben" (WA 14, 621:5 f). „Wenn aber das Gesetz, gottlose Menschen zu töten,
aufgehoben ist, wollen wir nach der Vorschrift von Mt 18[:15] verfahren: ‚weise zurecht',
mahne, ‚wenn er dich hört' usw. Gott hat im Reich Christi kein Schwert" (WA 14, 622:5–7,
deutsch Verf.).
[459] Die durch וגם „und auch" (= „selbst") eingeleitete Zwischenbemerkung V. 20, die ihren
Hintergrund in Ex 23, 28 hat, unterbricht den Zusammenhang und gehört einer späteren Textstufe an (s. u.).
[460] García López RB 1977, 488.
[461] Vgl. in diesem Zusammenhang insbesondere Dtn 1, 21. 29 f; 3, 21 f; 9, 1–3; 20, 1–4;
31, 2–6. 7 f; Jos 1, 2–9; 8, 1 f und zur Sache von Rad ²1968, 49; Weinfeld 1972, 45–51; Ders. 1991,
382; Achenbach 1991, 289–297.

demselben Verfasser als Illustration für die große Anzahl und Stärke der Völker und damit als Vorbereitung für die nachfolgende Paränese eingesetzt. Die Namen der einzelnen Völker entstammen der dtr Tradition, die sie gewöhnlich in einer Reihe von sechs Völkern kennt,[462] und sind kaum noch mit konkreten geographischen und ethnographischen Vorstellungen verbunden.[463] Durch die Siebenzahl will der Verfasser die vollkommene Preisgabe der ehemaligen Landesbewohner unterstreichen. Was hier als Gottes Verheißung in Aussicht genommen wird, erscheint später im Kriegsgesetz als (sekundärer) Bestandteil des Banngebots (20, 17) und geht in der dtr Erzählung von der Landnahme durch Josua in Erfüllung (Jos 3, 10; 9, 1; 12, 8; 24, 11).[464]

Die paränetische Kriegsansprache V. 17–19. 21 ist formal nach dem Schema eines Monologs[465] gestaltet: der Adressierte überlegt bei sich (wörtlich: „sagt in seinem Herzen") etwas Verkehrtes (V. 17) und bekommt darauf eine Antwort (V. 18 f. 21), die seine menschlichen Überlegungen mit einem Rekurs auf das Gedenken an das Wirken Jahwes in der Heilsgeschichte entkräftet. In den später folgenden Überlegungen ähnlicher Art geht es um den Hochmut (8, 17) und die Selbstgerechtigkeit (9, 4), hier hingegen um die dritte grundlegende Erscheinungsform der Sünde: das fehlende Gottvertrauen (*diffidentia*), das als Menschenfurcht zum Ausdruck kommt.[466] Das Leitwort der konzentrisch aufgebauten kleinen Predigt, die ihre formale und sachliche Mitte in dem Hinweis auf die Exoduserfahrung (V. 19 a) hat[467], heißt die „Furcht": Das vor der menschlichen Stärke verzagende Israel (V. 17) wird zur Furchtlosigkeit ermuntert (V. 18 a), die ihren Grund in den vergangenen Heilstaten Jahwes hat (V. 18 b.19 a). In der Rückbesinnung auf seinen eigenen Ursprung, auf die grundlegende Erfahrung, wie Jahwe machtvoll in Ägypten und beim Auszug von dort wirkte (vgl. 4, 34; 6, 22), soll Israel sich vergewissern, dass es um die Heilsgeschichte nicht still geworden ist, sondern dass die damaligen Heilstaten vielmehr ein gültiges Paradigma bilden, nach dem Jahwe auch

---

[462] Ex 3, 8. 17; 23, 23; 33, 2; 34, 11; Dtn 20, 17; Jos 9, 1; 11, 3; 12, 8; Ri 3, 5. LXX bietet allerdings hier in der Regel einen Text mit *sieben* Völkern, die nach Trebolle Barrera 1986, 248–250, der ursprüngliche sein soll (vgl. Jos 3, 10 und 24, 11 MT und LXX). Liegt es jedoch nicht näher anzunehmen, dass die konstante Siebenerreihe Ergebnis einer späteren Systematisierungstendenz ist, als dass ausgerechnet sie in den meisten Fällen (MT) verdorben wurde?

[463] So mit Richter 1964, 42. Mutmaßungen zu ihren historischen Hintergründen finden sich z.B. bei Weinfeld 1991, 363 f; Nielsen 1995, 96, und Tigay 1996, 84 f.

[464] Dafür, dass hier ein System vorliegen könnte, spricht in Dtn 20, 17 der Rückverweis auf Dtn 7, 1 f, in Jos 3, 10; 24, 11 die Siebenzahl der Völker sowie in Jos 9, 1; 12, 8 ihre mit Dtn 7, 1 und 20, 17 identische Reihenfolge. Das System stammt allerdings nicht von DtrH, sondern von einem späteren Bearbeiter seines Werkes.

[465] Siehe García López RB 1977, 483 f, der dieses Schema in Dtn 7, 17–19. 21; 8, 17–18 a; 9, 4–7 a und in lockerer Form auch in Dtn 18, 21 f und Jer 1, 7–10. 17–19 findet.

[466] Vgl. Luther, der die hier anvisierte *diffidentia* scharfsinnig mit der Kundschaftergeschichte (Dtn 1, 19 ff) illustriert (WA 14, 627:22–26).

[467] Die konzentrischen Kreise um diese Mitte bilden V. 17 (A) und V. 21 (A'), V. 18 a (B) und V. 19 bβ (B') sowie V. 18 b (C) und V. 19 bα (C'). Siehe García López VT 1982, 453 f.

in der neuen geschichtlichen Situation handelt, wo Israel vor neuen Gegnern
Angst hat (V. 19 b). Jahwe, der sich in der Vergangenheit als Retter bekannt
gemacht hatte, ist als „großer und Furcht erregender Gott" ständig gegenwärtig in Israels Mitte (vgl. Dtn 1, 42; 6, 15; 31, 17; Jos 3, 10) und macht durch
seine Gegenwart jede Angst vor Menschen überflüssig (V. 21)[468]. Das ist Ermutigung zum Glauben, zunächst für die von der Exilskatastrophe Betroffenen,[469] die ihr Land und ihren Mut verloren hatten, aber – unter einem
veränderten Vorzeichen – auch für alle nachfolgenden Generationen (vgl. Mt
8, 26; Röm 8, 31).[470]

3. Die dritte Phase im Werden von Dtn 7 vertritt die in V. 4 f. 12–16. 20. 22–24[471]   4–5. 12–16.
vorliegende bundestheologische Bearbeitung (DtrB), die formal als auch in-   20. 22–24
haltlich die zentralen Merkmale der in Dtn 4, 5 und 6 sichtbar gewordenen
Redaktion teilt und damit höchstwahrscheinlich gleichen Ursprungs mit ihr
sein wird. In allen vier Textbereichen, die durch zahlreiche sprachliche Berührungen[472] wie auch den unregelmäßigen Numerusgebrauch (Sg. und Pl.)[473]
miteinander verbunden sind, tritt ein Redaktor hervor, der nicht punktuell,
sondern unter Berücksichtigung des weiteren Kontextes gearbeitet und diesem das Gesamtprofil gegeben hat. In der Struktur orientiert der Redaktor
sich am Bundesformular, von dessen Bestandteilen Segen und Fluch er auch
hier eine Alternativpredigt mit ihrer negativen (V. 4) und positiven Aussicht
(V. 5. 12–24) gestaltet und dabei Material aus dem großen Segens- und Fluchkapitel Dtn 28 verwendet hat[474]. Außerdem hat er die Verbindung zwischen
Kap. 7 und Kap. 8 dadurch verstärkt, dass er die Einheit 7, 12–8, 20* zu einer
kunstvollen Großkomposition ausbaut, in der Segen (7, 12 ff) und Fluch
(8, 19 f) einander kontrastiv entsprechen (s. u.). Als literarische Quellen haben dem Redaktor das sog. Privilegrecht Jahwes Ex 34, 10–26 und der von
ihm abhängige junge Anhang des Bundesbuches Ex 23, 20–33 gedient, den er
zum Teil (V. 25–30) in dem Segensabschnitt (in V. 13–16. 20. 22. 23 f) rezi-

---

[468] Das in V. 21 gebrauchte Verb ערץ „erschrecken/sich entsetzen" bildet im Dtn sonst immer
ein Paar mit ירא „sich fürchten/Angst haben" (1, 29; 20, 3; 31, 6) und steht deshalb in enger Verbindung mit V. 18 und V. 19.

[469] Auf keinen Fall für die Einwohner des Nordreichs im 8. Jh., wie García López VT 1982,
462, vermutet.

[470] Vgl. auch noch Luther zu V. 21: „Es mögen diese Völker Anakiter, Riesen, Krieger sein.
Was denn? Wer ist in ihrer Mitte? Nichts anderes als leeres Vertrauen auf die Kraft des Armes und
des fleischlichen Schwertes, hier aber ist der große Gott der Geister" (WA 14, 628:15–18, deutsch
Verf.).

[471] Die Abgrenzung dieser Verse als eigenständiger literarischer Stufe geschieht mit kleinen
Unterschieden im Anschluss an García López RB 1977, 487. 513 f; Ders. VT 1982, 447–449.

[472] Siehe Veijola 2000, 160 Anm. 55.

[473] Die sporadische Anwendung des Plurals in V. 4 f und V. 12 fällt innerhalb der sonst sg. Diktion ins Auge.

[474] Siehe dazu García López RB 1977, 515 f. Es besteht aber auch die Möglichkeit, dass Dtn 28*
auf denselben Verfasser (DtrB) zurückgeht wie die dritte Stufe von Dtn 7.

piert[475]. Inhaltlich geht es dem Redaktor hier – wie schon in Dtn 4–6 – um die Warnung vor dem Fremdgötterdienst und dessen verhängnisvollen Folgen (V. 4) sowie um die Gesetzesbefolgung (V. 5) als Vorbedingung, die göttlichen Heilsgaben im verheißenen Land zu erhalten (V. 12 ff).

4   Der Bearbeiter hat den ihm vorgelegenen Text offensichtlich als eine Einheit mit zwei gegensätzlichen Teilen (V. 1–3 und V. 6. 17–19. 21) betrachtet. Den ersten Teil (V. 1–3) las er unter dem Aspekt der in ihm dominierenden fünf Verbote (V. 2 b.3) und fand in ihnen die Statuierung der negativen Bundesbedingungen (V. 2 b!), die er in V. 4 – vielleicht im Anschluss an Ex 34, 16 – mit den Konsequenzen des Bundesbruchs ergänzte. Die Ehegemeinschaft mit der Landesbevölkerung würde Israel zwangsläufig seinem einzigen Gott entfremden[476] und zur Kardinalsünde des Fremdgötterdienstes verführen (V. 4 a)[477], was nach dem bekannten Schema[478] den Zorn Gottes heraufbeschwören und Israel um das Leben bringen würde (V. 4 b).

5   Als Kontrast zu der gefährlichen Assimilation an die Landesbewohner stellt er in V. 5 ein militantes Programm auf, das sich nach dem älteren Vorbild in Ex 34, 13[479] richtet und sachlich auf die vollständige Ausrottung des gesamten kultischen Inventars der Landesbewohner zielt. Die aus drei Gliedern bestehende homogene Reihe von Ex 34, 13 ist in Dtn 7, 5 um ein viertes, formal längeres Element (V. 5 bβ) erweitert worden, was das Streben des Verfassers nach Vollständigkeit bei der Ausrottung des kanaanäischen Kultwesens sichtbar macht. Dem Vernichtungsbefehl fällt die klassische Ausstattung kanaanäischer Heiligtümer zum Opfer: die „Altäre" (vgl. Ex 34, 13; Ri 2, 2; 6, 30–32; 2. Kön 23, 12. 15), die unbehauenen „Malsteine" (Masseben), die in den Augen des Verfassers die Anwesenheit des kanaanäischen Fruchtbarkeitsgottes Baal repräsentierten (vgl. 2. Kön 3, 2; 10, 27),[480] die „Kultpfähle"

---

[475] Die Beziehungen finden sich aufgezählt z.B. bei Weinfeld 1991, 380–382, der freilich Ex 23, 20–33 pauschal als Grundlage für das *ganze* Kapitel Dtn 7 betrachtet. Die Abhängigkeit in umgekehrter Richtung wird ausgeschlossen durch den Tatbestand, dass die älteren Verse Dtn 7, 17–19. 21 keine Spuren in Ex 23, 20–33 hinterlassen haben, was unerklärbar wäre, wenn Dtn 7, 4 f. 12 ff dem Verfasser von Ex 23, 20 ff als Quelle gedient hätten. Die Annahme einer beiden gemeinsamen Grundlage (Gottfriedsen 1985, 143) ist hingegen eine unnötige und unbeweisbare Hypothese.

[476] Formal ist das Subjekt in V. 4 aα der Heidensohn, der den mit der israelitischen Tochter gezeugten Sohn verführen würde, worauf er und seine Eltern dann anderen Göttern dienen würden (Raschi z. St.), aber so genau wird der im Numerusgebrauch großzügige Bearbeiter die Rolle der verschiedenen Generationen kaum ins Auge gefasst haben.

[477] Die hier bezeugte Kombination von סור (Qal „abweichen" und Hif. „abwendig machen") und Dienst (עבד) fremder Götter ist sonst spät bezeugt (Dtn 11, 16 und 28, 14), wie auch die Verbindung סור מאחרי „von mir abweichen" (1. Sam 12, 20 f; 2. Kön 18, 6).

[478] Vgl. Dtn 4, 25 f; 6, 14. 15 b; 8, 19 f; 11, 16 f; 13, 18 b.

[479] Jüngere Ableger der Reihe finden sich in Ex 23, 24; Dtn 12, 3 und Ri 2, 2. Der pl. Wortlaut des Vorbilds (Ex 34, 13) erklärt zwar den auffallenden Numerus in V. 5, beweist freilich nicht die Zugehörigkeit des Verses zum Grundtext (anders García López VT 1982, 443 f, und Weinfeld 1991, 366).

[480] An sich waren die Masseben in westsemitischen Religionen anerkannte Repräsentanten der unsichtbaren Gottheit(en) und nach Ausweis der Archäologie früher weit verbreitet auch inner-

der Göttin Aschera, die in Ugarit als A̱tirat noch als Muttergöttin und Frau des Hauptgottes El, im AT jedoch nach einer Verschmelzung mit den kanaanäischen Fruchtbarkeitsgöttinnen Anat und Astarte als Partnerin von Baal erscheint[481] (Dtn 16, 21; Ri 3, 7; 1. Kön 18, 19; 2. Kön 23, 4), und schließlich die „Götterbilder", die generell für alle restlichen Kultbilder der Götter stehen[482]. Hier zeigt sich augenfällig das Interesse des bundestheologischen Bearbeiters, dem das von ihm selber im Dekalog nachgetragene Bildverbot (Dtn 5, 8) am Herzen lag.[483]

Nachdem das Alternativprogramm (V. 5) vorgestellt ist, kann der Verfasser als positive Entsprechung zum Fluch in V. 12 ff den Segen ins Auge fassen (vgl. Dtn 28, 1. 15). Durch „diese Rechte" (V. 12 a) nimmt er ganz offenbar auf die positiven Vorschriften in V. 5 Bezug[484] und stellt dann (V. 12 b) den Lohn des Gehorsams paritätisch fest: Wenn Israel Jahwes Rechte „bewahrt", wird auch Jahwe ihm den Bund und die Treue „bewahren". Der Ausdruck „den Bund und die Treue bewahren" ist so vage (vgl. 1. Kön 8, 23//2. Chr 6, 14; Dan 9, 4; Neh 1, 5; 9, 32), dass er als solcher nicht eine eindeutig erkennbare frühere Väterverheißung in Erinnerung zu rufen vermag, sondern allgemein für Gottes Treue und Güte steht[485] (so auch in 4, 31 und 8, 18). Freilich spricht die Fortsetzung (V. 13) dafür, dass der Bearbeiter, wenn überhaupt, dann am ehesten die an die Väter ergangenen Segens- und Mehrungsverheißungen in der Genesis[486] im Sinne gehabt hat.

12–13

Die Folgen des Gehorsams gegen den göttlichen Willen manifestieren sich sowohl in der Natur (V. 13–15) als auch in der Geschichte (V. 16. 20. 22–24). Der Segen hat seine Wurzeln in der „Liebe" Jahwes (V. 13), die ein besonders im Hoseabuch verbreiteter Topos ist (Hos 3, 1; 9, 15; 11, 1. 4; 14, 5, vgl. Jer 31, 3) und im Dtn zur Lehre der gegenseitigen Liebe Jahwes zu Israel[487] und Israels zu Jahwe[488] systematisiert wurde. Wie Israel nach diesem Redaktor Jahwe aus allen Kräften zu lieben hat (6, 5), so schenkt auch Jahwe als treuer Bundespartner Israel seine volle Liebe, die in einer umfassenden Fruchtbarkeit des Lebens sichtbar wird. Der Bearbeiter hat das zentrale Stichwort „segnen" offenbar aus Ex 23, 25 entliehen und es mit sieben Ob-

---

halb der Jahwereligion (vgl. Gen 28, 18; Hos 3, 4; Jes 19, 19). Verpönt und angegriffen wurden sie erst im Programm der militanten dtr Bewegung (Ex 23, 24; 34, 13; Lev 26, 1; Dtn 7, 5; 16, 22; 2. Kön 18, 4; 23, 14; Mich 5, 12). Siehe zum Ganzen Mettinger 1995, 140–191.

[481] Siehe De Moor ThWAT I, 476.

[482] Siehe Dohmen ²1987, 48.

[483] Vgl. oben zu Dtn 4 und 5 sowie unten zu Dtn 9, 7 ff.

[484] Allein schon dies verbietet es dem Numeruswechsel zum Trotz, V. 12 a von V. 12 b literarkritisch zu trennen.

[485] So Kutsch 1973, 122 f, vgl. auch Skweres 1979, 141. 146.

[486] Als vorpriesterliche Texte, in denen die Mehrungsverheißung mit dem Segen verbunden ist, kämen vielleicht in Frage Gen 12, 2; 26, 3 f. 24; 48, 16 (vgl. Jes 51, 2), vgl. Westermann 1976, 141. Unbegründet bleibt die Behauptung von Römer 1990, 143–146, die „Väter" in V. 12 b wären gar nicht die Patriarchen, sondern die Angehörigen bzw. Vorfahren der Exodusgeneration.

[487] Dtn 4, 37; 7, 8. 13; 10, 15; 23, 6.

[488] Dtn 5, 10; 6, 5; 7, 9; 10, 12; 11, 1. 13. 22; 13, 4; 19, 9; 30, 6. 16. 20.

jekten[489] versehen, die die Totalität des göttlichen Segens in Gestalt der Mehrung des menschlichen und tierischen Nachwuchses sowie der agrarischen
Produkte zum Ausdruck bringen. Israel begegnet, wenn es den natürlichen
Segen des Bodens empfängt, nicht einem fremden Landesgott[490] (vgl. Hos
2, 10. 24), sondern dem Gott, den schon seine Väter kannten (V. 13 bβ).

14–15   In den Auswirkungen des Segens wird Israel alle anderen Völker übertreffen, wie der Bearbeiter die Aussage von Ex 23, 26 a über das Fehlen der Unfruchtbaren in V. 14 weiterführend feststellt, wodurch er eine Verbindung mit
der Völkerproblematik des Kapitels herstellt. Auf das Thema der Krankheit
(V. 15) kommt der Bearbeiter durch Ex 23, 25 b und verbindet es anhand des
in Dtn 28, 60 gebrauchten Vokabulars mit Israels Unheilsgeschichte, dem
Aufenthalt in Ägypten und den ihm dort vertraut gewordenen schlimmen
Krankheiten (vgl. auch Dtn 28, 27. 35).[491]

16. 20. 22–24   In V. 16 nimmt der Bearbeiter Rücksicht auf den älteren Kontext des Kapitels, zu dem (V. 17–19. 21) er hier eine Brücke unter explizitem Anschluss an
die Völkerproblematik schlägt und zugleich zu den geschichtlichen Auswirkungen des Segens übergeht. Wie er schon in V. 4 f zu verstehen gab, sind die
Völker des Landes deshalb schonungslos zu vernichten[492], weil sie Israel zum
Fremdgötterdienst verführen würden, und das wäre eine „Falle" für Israel,
wie der Verfasser in Anlehnung an Ex 23, 33 b (< Ex 34, 12 b) eine im DtrN-
Kreis verbreitete Befürchtung (vgl. Jos 23, 13; Ri 2, 3, vgl. Ps 106, 36) ausspricht. Die Beihilfe der Hornissen[493] bei der Suche und Vertilgung der ver-
steckten Einwohner des Landes trägt der Bearbeiter aus Treue zu dem Paralleltext (Ex 23, 28) in V. 20 nach.[494] Von einer ähnlichen Überlieferungstreue
zeugt auch die an Ex 23, 29 f anschließende Beschreibung der Art, wie Jahwe
die Landesbewohner vertreiben wird (V. 22). Es soll allmählich – d. h. nach
Ex 23, 30: „nicht in einem Jahr" – geschehen, was im Gegensatz zu Dtn 9, 3
steht, aber der Anschauung eines DtrN-Schülers in Ri 2, 23[495] entspricht.
Der Zweck der allmählichen Vertilgung ist die Bewahrung des ökologischen

---

[489] Die meisten von ihnen haben ihren Hintergrund in dem großen Segens- und Fluchkapitel
Dtn 28, s. im Einzelnen: „die Frucht deines Leibes und deines Landes" Dtn 28, 4. 11. 18 (vgl.
30, 9), die Trias „dein Korn, dein Most und dein Öl" Dtn 28, 51 (vgl. 11, 14; 12, 17; 14, 23; 18, 4;
Hos 2, 10. 24), „der Wurf deiner Rinder und der Zuwachs deines Kleinviehs" Dtn 28, 4. 18. 51.
[490] Eventuell stehen hinter den Wörtern שגר „Wurf" und עשתרת „Zuwachs" kanaanäische
Götter der Fruchtbarkeit, die hier jedoch vollkommen entdivinisiert sind (s. Müller ZAW 1982,
230; Braulik 1997, 107 f). Dasselbe wird auch von דגן „Korn" und תירש „Most" angenommen (s.
Weinfeld 1991, 373; Tigay 1996, 89).
[491] Im Unterschied zu Ex 15, 26 liegt es in Dtn 7, 15 nicht nahe, an die ägyptischen Plagen denken, denn sie „kennt" Israel ja nicht aus eigener Erfahrung, wie hier angenommen wird.
[492] Zu dem Ausdruck in V. 16 aβ vgl. Dtn 13, 9; 19, 13. 21; 25, 12.
[493] Diese schon in der LXX (σφηκίας) bezeugte Übersetzung des umstrittenen Wortes (sonst
in Ex 23, 28; Jos 24, 12) passt besser in den Kontext als der alternative Vorschlag „Schrecken, Ent-
mutigung" o. dgl. (so mit HALAT, 989 a).
[494] Der durch וגם „und auch" (= „selbst") eingeleitete V. 20 ist ein so eindeutiger Nachtrag,
dass er nicht als Vorbild für Ex 23, 28 in Frage kommt (so jedoch Aurelius 1988, 25).
[495] Siehe dazu Smend 2002, 170 f.

Gleichgewichts zwischen Menschen und Tieren, die in ein und demselben Lebensraum wohnen. Das endgültige Ziel der Aktion Jahwes, die vollkommene Auslieferung und Vernichtung der Völker, die sogar durch das Mittel einer von Gott verursachten großen Panik gewährleistet werden soll (vgl. Ex 23, 27)[496], steht jedoch von vornherein fest (V. 23). Der bundestheologische Bearbeiter schließt seine Alternativpredigt in V. 24 mit einem verheißungsvollen Blick auf die Besiegung der Könige der Landesvölker, wobei er offensichtlich auf das Schicksal der westjordanischen Könige während der Landnahme (Jos 10–12) vorausblickt und damit seinen über das Dtn reichenden literarischen Horizont kenntlich macht.

4. Die Arbeit des bundestheologischen Bearbeiters wurde in einer späteren   25–26 Phase von einem Redaktor fortgesetzt, der in V. 25 f eine Ergänzung vornahm.[497] Sein Anliegen besteht in einem rigorosen Kampf gegen die Versuchung der heidnischen Götterbilder, die durch ihre reiche und attraktive äußere Ausstattung mit Silber und Gold (vgl. Jes 30, 22; 40, 19; Hab 2, 19) eine numinose Wirkung auf Israel ausüben und seine Existenz als Kontrastgesellschaft gefährden könnten. Der Bearbeiter orientiert sich offensichtlich an der Achangeschichte (Jos 7), deren zentrales Thema – Vergreifen an dem gebannten Beutegut – er mit den Vorschriften des Kapitels Dtn 7 verbindet[498] und damit eine vorausgehende Warnung für den Fall Achans liefert. Wie Achan nach der Eroberung Jerichos Verlangen nach dem Gebannten (Jos 7, 1. 11–15), den silbernen und goldenen Gegenständen in der Beute hatte, sie nahm, in sein Zelt brachte (Jos 7, 21) und infolgedessen selber dem Bann verfiel (vgl. Jos 6, 18; 7, 12), so wird in V. 25 f davor gewarnt, nach dem Silber und Gold der Götterbilder zu verlangen, um sie zu nehmen (V. 25)[499] und sie in sein Haus zu bringen, denn sonst würde der Betroffene selber dem Bann verfallen (V. 26).[500] Da der Bearbeiter nicht nur die von DtrN stammende Grundge-

---

[496] Vgl. weiter zur Terminologie der Panik 1. Sam 5, 9; 7, 10; 14, 20.

[497] Zum sekundären Charakter dieser Verse vgl. Puukko 1910, 152; García López VT 1982, 449 f; Aurelius 1988, 24. Es besteht hingegen kein Grund, wegen des Numeruswechsels einen literarischen Bruch zwischen V. 25 a und V. 25 b zu postulieren (so z. B. Minette de Tillesse VT 1962, 36; von Rad ²1968, 49). Der Gebrauch des Pl. in V. 25 a beruht darauf, dass hier im Anschluss an V. 5 (Pl.) formuliert wird.

[498] Das einleitende Verbot „Die Bilder ihrer Götter sollt ihr im Feuer verbrennen" (V. 25 a) ist eine leicht modifizierte Wiederholung des entsprechenden Verbots in V. 5 (vgl. 12, 3), die Wendung „in die Falle laufen" (יקש Nif., V. 25) die verbale Entsprechung zu dem entsprechenden Substantiv „Falle" (מוקש) in V. 16, und die Bannproblematik hat ihren Anknüpfungspunkt in V. 2.

[499] Nur in Dtn 7, 25 und Jos 7, 21 erscheint das Verb חמד „begehren/Verlangen haben" mit dem Objekt „Silber" und „Gold" und zudem zusammen mit dem Verb לקח „nehmen". Auch die engste Parallele begegnet im Rahmen der Achangeschichte in Jos 6, 18 (s. BHS), wo anstelle von „Silber" und „Gold" das „Gebannte" als Objekt des Verlangens und Nehmens steht.

[500] Das Wort חרם „Bann" wird im Sinne der zu vernichtenden Kriegsbeute außerhalb von Dtn 7, 26bis vor allem in der Achangeschichte (Jos 6, 17. 18tris; 7, 1bis.11. 12bis.13bis.15), dann in späten Anspielungen auf sie (Jos 22, 20; 1. Chr 2, 7) und sonst nur an den spät-dtr Stellen Dtn 13, 18 und 1. Sam 15, 21 (DtrN) verwendet (s. Foresti 1984, 80).

stalt der Achangeschichte (Jos 7) mit ihrer Vorbereitung in Jos 6[501] kennt, sondern auch schon die midraschartige Erweiterung in Jos 7, 21–23, verrät er seinen ausgesprochen späten Standort.

7–11   5. Die Grundstufe des Kapitels endete in V. 6 mit einer profilierten Aussage über die Erwählung Israels. Diese wiederum rief einen weiteren Bearbeiter auf den Plan, der in V. 7–11 einen kleinen theologischen Traktat über den Grund und Sinn der Erwählung verfasste. Wie schon sein bundestheologischer Vorgänger, dessen Arbeit hier vorausgesetzt wird (s. u.), verwendet auch dieser Bearbeiter den Numerus unregelmäßig (in V. 7–8 a Pl., in V. 8 b–11 Sg.), was aber auch hier zu keinen literarkritischen Unterscheidungen berechtigt. Der Abschnitt erweist sich – abgesehen von der tautologischen Präzisierung V. 10 b (vgl. V. 10 a) – auch im Lichte seiner Struktur als eine abgerundete Einheit, die nach dem Schema der Beweisführung[502] aufgebaut ist: Am Anfang steht ein Rückblick auf die Geschichte (V. 7 f), woraus eine den Glauben betreffende Schlussfolgerung gezogen wird (V. 9 f), und ihren Abschluss erhält die Einheit mit einer konkreten Handlungsanweisung (V. 11). Früher ist dieses Schema in dem späten Anhang des Kapitels Dtn 4, in V. 32–40, begegnet, wo der jüngere Teil V. 36–40* auch andere Gemeinsamkeiten mit 7, 7–11 aufweist: Die „Erwählung" Israels wird in beiden Texten mit der „Liebe" Jahwes begründet (4, 37; 7, 7 f). Der Hinweis auf die „Väter", die Jahwe liebte (4, 37) oder denen er einen Eid geschworen hatte (7, 8), belegt Gottes Treue zu der späteren Generation. Israel ist nach Aussage beider Texte kleiner als die anderen Völker (4, 38 a; 7, 7). Die durch die Worte „daran sollst du erkennen, dass …" eingeleitete auf den Glauben bezogene Schlussfolgerung mündet beide Mal in ein monotheistisches Bekenntnis ein (4, 39; 7, 9), und am Ende steht eine ethische Schlussfolgerung, die in einer Anweisung zur Befolgung der Gesetze, „die ich dir heute gebiete", besteht (4, 40; 7, 11). Eine so große Ähnlichkeit kann nicht allein durch die zugrunde liegende Gattung bedingt sein, sondern setzt gemeinsame Autorschaft voraus, die nach der relativen Chronologie sowohl von Dtn 4 wie auch von Dtn 7 mit Sicherheit im nachexilischen Zeitalter zu suchen ist.

7–8   Der späte Bearbeiter bekämpft in diesem Abschnitt die Selbstgerechtigkeit, indem er die eingebildeten Prärogativen der Erwählung bestreitet (vgl. Am 3, 2; 9, 7). Mittels einer emphatischen Negation lehnt er in V. 7 die Vorstellung ab, Gottes Erwählung habe ihren Grund in einer imponierenden Qualität – Größe – der Erwählten, denn in Wirklichkeit mangelt es ihnen ganz und gar an diesem Ansehen[503] (vgl. 1. Kor 1, 27 f). Im Gegenteil gründet sich die Erwählung ausschließlich auf die Liebe Jahwes (V. 8), die nach diesem Bearbeiter – anders als nach seinem bundestheologischen Vorgänger (V. 13) –

---

[501] Zum ursprünglichen Bestand der Achangeschichte nach dem Wortlaut von DtrN s. Veijola 2000, 188–190.

[502] Siehe dazu Lohfink 1963, 125–131; vgl. auch Braulik 1988, 277.

[503] Ähnlich Dtn 4, 38; 7, 1; 9, 1; 11, 23, anders in Übertreibung Dtn 1, 10; 4, 6; 10, 22; 26, 5.

keine menschlichen Vorleistungen fordert, sondern sich als vorangehende, reine Gnade zeigt (vgl. 4, 37). Die bedingungslose Liebe erweist sich auch als Treue zu dem einst den Vätern geleisteten Schwur (vgl. 9, 5) und bedeutet konkret Befreiung, Freikauf aus dem Sklavenhaus (vgl. 6, 12), aus der Hand Pharaos, des Königs von Ägypten[504]. Der überraschende Übergang des Autors in eine singularische Redeweise in V. 8 b beruht wahrscheinlich darauf, dass er bei dem „Freikauf" aus Ägypten eine festgeprägte Wendung zitiert, die im Dtn stets im Sg. erscheint (9, 26; 13, 6; 15, 15; 21, 8; 24, 18).

Die Erwählung, die sich als Befreiung aus dem Sklavenhaus manifestierte,   9–10
hat aber ihre Konsequenzen für die Betroffenen (vgl. Am 3, 2). Die erste Schlussfolgerung betrifft den Glauben (V. 9 f). Sie wird durch eine Erkenntnisaussage[505] („Daran sollst du erkennen, dass …") eingeleitet (vgl. 4, 35. 39; 8, 5), die zur Erkennung und Anerkennung Jahwes als des einzigen Gottes schlechthin einlädt (V. 9 a). Die Ergänzung des monotheistischen Bekenntnisses[506] „Jahwe allein[507] ist Gott" (vgl. Dtn 4, 35. 39; 1. Kön 8, 60; 18, 37. 39) durch das Epithet „dein Gott" hat ihren Grund darin, dass der Verfasser in V. 9. 10 a eine Auslegung des Ersten Gebots (und des Prologs) des Dekalogs bietet,[508] wo Jahwe mit diesem geläufigen Epithet belegt wird (Dtn 5, 6. 9). Der Verfasser hat freilich nicht den Dekalogtext mechanisch abgeschrieben, sondern die Gnade (5, 10) dem Recht (5, 9) in V. 9 b.10 a vorangehen lassen. Aus diesem Grund konnte und wollte er auch nicht die Wesensbestimmung „der eifersüchtige Gott" aus der Begründung des Ersten Gebots übernehmen (5, 9 b), sondern ersetzte sie durch eine andere, nur hier belegte Definition, die Jahwes Treue pointiert zum Ausdruck bringt („der treue Gott"), und versah sie mit einer aus V. 12 entliehenen Wendung („der den Bund und die Treue bewahrt"), die hier genauso allgemein für Jahwes Treue und Güte steht wie in V. 12. Als Empfänger der grenzenlosen Gnade Jahwes erschienen schon in dem fertigen Dekalogtext diejenigen, „die mich lieben und meine Gebote halten" (5, 10 b), was der Verfasser dieses Teils leicht übernehmen (V. 9 bβ) und daraus ein Lehrstück für die Hermeneutik der Liebe und Gegenliebe[509] entwickeln konnte: Jahwe, der die Seinen „liebt" (V. 8) und ihnen die Treue „hält" (V. 8. 9 a), erwartet von seinen Erwählten, dass auch sie ihn „lieben und seine Gebote halten" (V. 9 b).

---

[504] Der Titel „Pharao, der König von Ägypten" begegnet im Pentateuch nur hier und in Dtn 11, 3, sonst in 1. Kön 3, 1; 9, 16; 2. Kön 17, 7; 18, 21//Jes 36, 6; Jer 25, 19; 46, 2; Ez 29, 2. 3.

[505] Siehe dazu Zimmerli ²1969, 41–119.

[506] Richtig Puukko 1910, 153 Anm. 2; Steuernagel ²1923, 79, und Nielsen 1995, 98 f. Anders Braulik 1988, 278, nach dem die Stelle noch „an der Schwelle des Monotheismus" steht, sowie Rose 1994, 335, und MacDonald 2003, 159–163, nach denen der Satz nicht mehr sagen wolle, als dass Jahwe der Gott in Israel sei (vgl. 1. Kön 18, 36).

[507] Das Wort „allein", das keine Entsprechung im Hebräischen hat, gibt den hebräischen Artikel wider.

[508] Vgl. schon Luther: „ein feiner Commentarius des ersten Gebots" (WA 28, 682:34).

[509] Vgl. Spieckermann 2001, 7–9, der freilich das gegenseitige Verhältnis von Dtn 7, 9 f und 5, 9 f umgekehrt beurteilt.

Dass die Liebe ernst gemeint ist, zeigt sich darin, dass sie als ihre Kehrseite die Vergeltung und Vernichtung voraussetzt (V. 10 a). Davon sind persönlich[510] betroffen diejenigen, die Jahwe „hassen", wie der Verfasser im Anschluss an die die Individualhaftung betonende Interpretation des Ersten Gebots in Dtn 5, 9 (Schluss) hervorhebt. Die in der Exilszeit zunehmend virulent gewordene Frage der kollektiven oder individuellen Haftung (vgl. Dtn 24, 16; Jer 31, 29; Ez 18; Klgl 5, 7) nahm ein weiterer Glossator in V. 10 b[511] auf und beantwortete sie dahin gehend, dass die Strafe den Sünder persönlich, und zwar *sofort* erreicht.

11   Im dritten Artikel seines theologischen Traktats (V. 11) zieht der Verfasser die ethische Konsequenz aus der dargestellten Lehre. Sie bildet die literarische Brücke zu dem nachfolgenden, schon vorhandenen Kontext, in dem von der Gesetzesbefolgung die Rede war (V. 12), ist aber darüber hinaus sachlich in dem Schema der Beweisführung fest verankert.[512] Das heilsgeschichtliche Handeln Jahwes (V. 7 f) will nicht nur zur dogmatischen Erkenntnis führen (V. 9. 10 a), sondern sich im Alltag als konkreter Gehorsam bewähren (vgl. 4, 40). Es entsteht eine Hermeneutik in drei, aufeinander eng bezogenen Schritten: Die *Erfahrung* der Liebe Gottes in seiner Befreiungstat führt zum *Erkennen* seines wahren Wesens, was wiederum zum aktiven *Handeln* verpflichtet.[513] Anhand der Reihe „das Gebot, die Satzungen und Rechte" (vgl. 5, 31; 6, 1) wird hier für einen umfassenden Gehorsam gegen den Willen Gottes plädiert, wie er sich sowohl in dem paränetischen als auch dem gesetzlichen Teil des Dtn niedergeschlagen hat. Der späte Verfasser und Theologe antizipiert auf beachtliche Weise die johanneische Lehre, nach der „die Liebe zu Gott darin besteht, dass wir seine Gebote halten" (1. Joh 5, 3[514]).

2. 4. Der Mensch lebt nicht vom Brot allein (8, 1–20)

1 **Das ganze Gebot, das ich dir heute gebiete, sollt ihr bewahren, um es zu befolgen, damit ihr am Leben bleibt, euch vermehrt, hineinkommt und das Land in Besitz nehmt, das Jahwe euren Vätern zugeschworen hat.**

2 **Du sollst des ganzen Weges gedenken, den dich Jahwe, dein Gott, während dieser vierzig Jahre in der Wüste geführt hat, um dich zu demütigen und dich zu prüfen, damit er erkenne, wie du gesinnt seiest: ob du seine Gebote bewahren**

---

[510] Das ist hier der Sinn des Ausdrucks „ins Gesicht" (vgl. Dillmann ²1886, 273; Driver ³1902, 102).

[511] Als Erweiterung erkannt von Achenbach 1991, 227.

[512] Siehe Lohfink 1963, 125. 127.

[513] Vgl. damit das für die moderne Hermeneutik der Befreiungstheologie grundlegende Dreierschema: sehen – urteilen – handeln (s. dazu etwa Goldstein 1989, 70 f).

[514] Vgl. auch Joh 14, 21. 24; 15, 10.

wirst oder nicht. 3 Er demütigte dich, ließ dich hungern und speiste dich dann mit dem Manna, das du nicht kanntest und das auch deine Väter nicht kannten, um dich erkennen zu lassen, dass der Mensch nicht vom Brot allein lebt, sondern dass der Mensch von allem, was aus dem Munde Jahwes hervorgeht, lebt. 4 Deine Kleider haben sich nicht abgenützt und deine Füße sind nicht angeschwollen während dieser vierzig Jahre. 5 So sollst du denn in deinem Herzen erkennen, dass Jahwe, dein Gott, dich erzieht, wie ein Mann seinen Sohn erzieht, 6 und du sollst die Gebote Jahwes, deines Gottes, bewahren, indem du auf seinen Wegen wandelst und ihn fürchtest.

7 Wenn Jahwe, dein Gott, dich in ein schönes Land hineinführt,
ein Land mit Wasserbächen, Quellen und Fluten, die in den Tälern und an den Bergen hervorströmen, 8 ein Land mit Weizen, Gerste, Reben, Feigenbäumen und Granatbäumen, ein Land mit edlen Ölbäumen[515] und Honig, 9 ein Land, in dem du nicht kümmerlich dein Brot essen musst, in dem es dir an nichts mangeln wird, ein Land, dessen Steine Eisen sind und aus dessen Bergen du Erz hauen wirst,
10 und wenn du isst und satt wirst,
so sollst du Jahwe, deinen Gott, für das schöne Land preisen, das er dir gegeben hat.
11 hüte/Hüte[516] dich, dass du nicht Jahwe, deinen Gott, vergisst,
indem du seine Gebote, Rechte und Satzungen, die ich dir heute gebiete, nicht bewahrst,
12 dass nicht, wenn du isst und satt wirst und schöne Häuser baust und sie bewohnst, 13 wenn sich deine Rinder und Schafe vermehren, und Silber und Gold sich dir mehren, und alles, was du hast, sich mehrt, 14 dass sich nicht dein Herz überhebt und du Jahwe, deinen Gott, vergisst,
der dich aus dem Lande Ägypten, aus dem Sklavenhaus, herausgeführt hat,
15 der dich durch die große und Furcht erregende Wüste geführt hat, wo es giftige Schlangen[517] und Skorpione gibt, durch ein dürres Land, wo kein Wasser ist, der für dich Wasser aus dem Kieselfelsen hervor-

---

[515] Wörtlich „Ölbaum des Öls", was bedeutet Ölbäume, aus deren Früchten Olivenöl gewonnen wird (so Raschi z. St.), im Unterschied zu wilden, keine guten Früchte tragenden Ölbäumen. Vgl. die entsprechende Konstruktion in einem ähnlichen Kontext in 2. Kön 18, 32, und weiter auch Num 6, 4 und Ri 13, 14 (mit Weinstock).

[516] In der Ergänzungsschicht beginnt hier eine neue Periode, im Grundtext hingegen der den V. 7 a.10 a folgende Nachsatz (s. u.).

[517] Das hebräische Wort שָׂרָף steht offensichtlich mit dem Verb שׂרף „(ver)brennen" in Verbindung (s. HALAT, 1267 b) und bezieht sich auf den brennenden Biss von Schlangen (vgl. Num 21, 6. 8). Vgl. schon LXX (ὄφις δάκνων „beißende Schlange") und unter den Neueren etwa König 1917, 106, und Zorell 1968, 809 a. Wären „fliegende Schlangen" gemeint (Weinfeld 1991, 385. 387. 395), müsste das Attribut „fliegend" im Text genannt sein (vgl. Jes 14, 29; 30, 6).

strömen ließ, 16 der dich in der Wüste mit dem Manna speiste, das
deine Väter nicht kannten, um dich zu demütigen und dich zu prüfen
und um dir zuletzt Gutes zu tun,
17 und dass du nicht bei dir überlegst: „Meine eigene Kraft und die Stärke
meiner Hand hat mir diesen Reichtum erworben." 18 Gedenke vielmehr Jahwes, deines Gottes, denn er ist es, der dir Kraft gibt, Reichtum zu erwerben,
um heute seinen Bund zu halten, den er deinen Vätern geschworen hat. 19 Wenn du aber Jahwe, deinen Gott, vergisst und anderen Göttern nachfolgst, ihnen dienst und sie anbetest, so be-
schwöre[518] ich euch heute, dass ihr ausgetilgt werdet. 20 Wie die
Völker, die Jahwe vor euch austilgt, so werdet ihr ausgetilgt, dafür dass ihr nicht auf die Stimme Jahwes, eures Gottes, gehört
habt.

Dtn 8 setzt in sachlicher Hinsicht das Thema des vorangehenden Kapitels
fort, indem es die Gefahren vor Augen malt, denen Israel in dem verheißenen
Land ausgesetzt sein wird. Droht aber nach Dtn 7 die Gefahr von außen,
vonseiten der ehemaligen Landesbewohner, die mit ihren religiösen Praktiken eine Versuchung für Israel darstellen, so geht Dtn 8 einen Schritt tiefer,
indem es die sublimere Versuchung ins Auge fasst, die der hohe Lebensstandard des mit natürlichen Reichtümern gesegneten Landes mit sich bringt und
Israel zum Anlass werden könnte, inmitten des materiellen Wohlstandes den
Geber des Segens zu vergessen (V. 11. 14. 19). In den Kapiteln 7 und 8 wird
vom Volk je eine verschiedene Haltung gefordert: in Kap. 7 eine aktive, mu-
tige Bereitschaft zur Konfrontation mit den Gegnern, in Kap. 8 hingegen ein
demütiges Bekenntnis der totalen Abhängigkeit von Jahwe,[519] worin freilich
kein Gegensatz besteht, sondern vielmehr zwei situationsbedingte Konsequenzen des Ersten Gebots[520] ihren Ausdruck finden.
    Obwohl in der fertigen Gestalt von Dtn 8 eine kunstvolle literarische
Struktur mit chiastischem Aufbau gesehen werden kann, dessen Zentrum in
V. 11 vorliegt,[521] kann dies doch nicht über die literargeschichtlich bedingte

---

[518] Zur Etymologie und Bedeutung von העיד II s. Veijola UF 1976, 343–351. Das Wort stellt
die verbale Entsprechung zu dem Substantiv עדות „Bundesbestimmung(en)" dar (vgl. 2. Kön
17,15; Neh 9,34), das etymologisch mit dem Terminus technicus der neuassyrischen Vasallenverträge adû/adê „Vertragsbestimmungen" zusammenhängt (Volkwein BZ 1969, 18–40).

[519] O'Connell VT 1990, 451, Ders. VT 1992, 265.

[520] Wie in Dtn 7 findet Luther auch in Dtn 8 eine Auslegung des Ersten Gebots: „Mose behandelt in diesem Kapitel aber den Anlass zur Übertretung des Ersten Gebots, den Wohlergehen und
Überfluss darstellen, denn sie wenden das Herz viel eher ab als Widerstand und Mangel" (WA 14,
629:37–630:1, deutsch Verf.).

[521] So vor allem Lohfink 1963, 195 f, und in seiner Nachfolge viele andere (auch Braulik 1986,
68; Tigay 1996, 91 f, und Gomes de Araújo 1999, 150–161). Eine davon abweichende, viel kom-
pliziertere Strukturanalyse des Kapitels bietet O'Connel VT 1990, 437–452, der in Dtn 8 eine
„asymmetrische Konzentrizität" mit einer Mitte in V. 7 b–9 postuliert. Gemeinsam für alle diese
Forscher ist, dass sie aus der kunstvollen Form des Kapitels auf seine literarische Einheitlichkeit
schließen.

Mehrschichtigkeit des Kapitels hinwegtäuschen, die schon durch den monströsen Satzbau von V. 7–18,[522] aber bei näherer Betrachtung auch durch die verschiedenen Themen und theologischen Interessen sichtbar wird, die in diesem Kapitel zur Sprache kommen.[523]

Das alles tragende Grundgerüst des Kapitels besteht aus den Versen 7 a.10 a. 11 a.14 bβ. 17–18 a, die eine syntaktisch überschaubare, geschlossene Einheit bilden und das Thema des Kapitels angeben: das Leben in der materiellen Fülle des verheißenen Landes als Bedrohung für die Identität Israels. Die Art, wie hier die bevorstehende Gefahr in einem Schema des Monologs Israel in den Mund gelegt und dann mit einem Hinweis auf seine eigene Vergangenheit widerlegt wird (V. 17–18 a), erinnert aufs engste an die zweite Bearbeitungsstufe in Kap. 7 (V. 1 b*.17–19. 21), wo angesichts der Kleingläubigkeit Israels spiegelbildlich ähnlich argumentiert wird. Das deutet darauf hin, dass wir es an beiden Stellen mit demselben spät- bzw. nachexilischen Verfasser zu tun haben.[524] Seine Arbeit wurde in V. 7 b–9. 10 b.12–14 abα. 15 f von einem anderen Bearbeiter fortgesetzt, der die Erwähnung des „schönen Landes" (V. 7 a) zum Anlass einer ausführlichen Beschreibung der natürlichen Vorzüge des Landes nahm (V. 7–9), die Grund zum Lobpreis sein sollten (V. 10 b). Im zweiten Anlauf schildert derselbe Bearbeiter anschaulich die Steigerung des Wohlstandes, die die Gefahr der Selbstzufriedenheit in sich birgt (V. 12–14 abα), und stellt dem eine hymnische Beschreibung des Wüstenaufenthalts gegenüber (V. 15 f), der in starkem Kontrast zu dem wohlhabenden Leben in dem „schönen Land" steht. In dieser Gestalt lag der Text dem am Bundesformular geschulten Redaktor DtrB vor, der seinen Gewohnheiten gemäß das Thema unter das Vorzeichen des Gesetzes und damit in eine engere Verbindung mit dem eigentlichen Anliegen des Dtn brachte, indem er den Text mit einem rahmenden Kommentar versah (V. 1. 11 b.18 b.19 f), nach dem sowohl der Erhalt des Landes (V. 1) als auch sein bleibender Besitz (V. 11 b.18 b.19 f) von der treuen Bewahrung des Gesetzes abhängig sind. Der einstige Zusammenhang zwischen V. 1 und V. 7 ff wurde zuletzt noch unterbrochen durch einen eingeschobenen theologischen Traktat (V. 2–6), in dem die Erfahrungen der Wüstenwanderung in Gestalt des Schemas der Beweisführung (vgl. 4, 32–40; 7, 7–11) auf ihren bleibenden Lehrgehalt hin reflektiert werden.

1. Der Verfasser der Grundstufe (V. 7 a.10 a.11 a.14 bβ. 17–18 a) nähert sich dem Thema „das Leben in dem verheißenen Land" dadurch, dass er im ersten Teil seiner Darstellung (V. 7 a.10 a.11 a.14 bβ) wortwörtlich Ausdrücke aus

7 a. 10 a. 11 a. 14 bβ. 17–18 a

---

[522] Die V. 7–18 bilden im Hebräischen streng genommen eine einzige Periode mit zwei Nachsätzen in V. 11 und V. 18 (vgl. Lohfink 1963, 192 f; Gomes de Araújo 1999, 128 f), die freilich von einem Bearbeiter als eine Einheit mit zwei eigenständigen Hälften (V. 7–10 und V. 11–18) aufgefasst werden konnte.

[523] Siehe dazu etwas ausführlicher Veijola 2000, 94–108 (mit Lit.).

[524] Vgl. García López RB 1977, 483–486, und Aurelius 1988, 20 f, die ebenfalls diese Texte (mit Unterschieden in der Abgrenzung der Einheiten) ein und demselben Verfasser zuschreiben.

dem ihm vorgegebenen Text 6, 10–12 zitiert.[525] Der Wohlstand (V. 10 a)[526] in dem „schönen Land"[527] in das Jahwe sein Volk hineinführen wird (V. 7 a)[528], darf nicht dazu führen, dass Israel seinen Gott vergisst (V. 11 a)[529] und damit seinen Ursprung (V. 14 bβ)[530] und seine Identität verleugnet. In dem zweiten Teil (V. 17–18 a) bedient sich der Verfasser des Schemas des Monologs[531] wie schon in 7, 17–19. 21. Befand sich Israel aber dort noch in einem Zustand der Verzagtheit und Ängstlichkeit vor den zahlreichen und starken Völkern (7, 1 b), so ist es jetzt nach der vollzogenen Landnahme der angeblich durch die Kraft und die Stärke[532] der eigenen Hand erworbene Reichtum (V. 17)[533], der zur Überheblichkeit und satten Selbstgenügsamkeit zu werden droht (vgl. Lk 12, 17–19).[534] In beiden Situationen, sowohl in der Not als auch im Überfluss, gilt es aber dessen zu „gedenken", der in der Vergangenheit Großes für Israel getan hat (7, 18 f) und der auch im Lande der einzige Urheber des materiellen Wohlstandes bleibt (8, 18 a). Diese Vision von Israels zukünftigem Leben im Überfluss und von dessen Gefahren setzt als ihren historischen Hintergrund keineswegs eine vorexilische Gesellschaft voraus, die inmitten des Wohlstandes lebt,[535] sondern dürfte vielmehr Hoffnungen und Ängste der spät- bzw. nachexilischen Gemeinschaft widerspiegeln, die an der Schwelle einer neuen Landnahme steht.[536]

---

[525] Es ist unwahrscheinlich, dass hier ein und derselbe Verfasser sich selbst wiederholt (so García López RB 1977, 491 f. 499), vielmehr dürfte im Anschluss an einen älteren Text formuliert worden sein (so Lohfink 1963, 192, und Achenbach 1991, 321).

[526] Zum Ausdruck „essen und satt werden" vgl. 6, 11 und 11, 15; 14, 29; 26, 12; 31, 20.

[527] Nur hier (V. 7 a) und in Ex 3, 8 ohne Artikel, sonst gewöhnlich mit Artikel (auch im Dtn: 1, 25. 35; 3, 25; 4, 21. 22; 6, 18; 8, 10; 9, 6; 11, 17).

[528] Die Grundlage des Zitats 6, 10 wie auch 7, 1 zeigen unzweideutig, dass die Konjunktion כי hier temporal im Sinne von „wenn" und nicht im Sinne von „denn" (so LXX) verwendet wird. Zur Konstruktion כי + Partizip mit temporaler Bedeutung vgl. Num 33, 51; 34, 2; 35, 10; Dtn 18, 9, und s. näher Gomes de Araújo 1999, 128–134.

[529] Vgl. 6, 12 und die dort genannten Parallelbelege.

[530] Die Grundstelle 6, 12 zeigt augenfällig den ursprünglichen Zusammenhang zwischen V. 11 a und V. 14 bβ, den der Verfasser des Zusatzes V. 11 b–14 bα durch eine Ringkomposition (V. 11 aβ = V. 14 bα) wiederherzustellen versucht.

[531] Siehe dazu García López RB 1977, 483 f; Ders. Bib. 1981, 32. 47 f.

[532] Das Substantiv „Stärke" verfügt über dieselben Radikale (עצם) wie das Adjektiv „stärker" in 7, 1 b* (beide Stellen gehen auf denselben Verfasser zurück). Der Ausdruck „die Stärke der Hand" wird sonst nur für Gott gebraucht (Ijob 30, 21).

[533] Zum Ausdruck עשה חיל (ל) in der Bedeutung „Reichtum erwerben" vgl. vor allem Ez 28, 4, aber auch Jes 10, 13 f, beide Mal im Kontext eines „Monologs der Überheblichkeit".

[534] Vgl. Luther: „So fühlt nämlich das gottlose Herz des Menschen, wenn Reichtümer im Überfluss vorhanden sind: Ich habe diese mit meinen eigenen Werken erworben, und bemerkt nicht, dass sie reine Gaben des göttlichen Segens sind, die einmal durch unsere Werke, ein anderes Mal ohne unsere Werke, nie aber aufgrund unserer Werke, sondern immer aus der Gnade und Barmherzigkeit Gottes geschenkt werden" (WA 14, 633:9–13, deutsch vom Verf.).

[535] So etwa García López Bib. 1981, 49 f.

[536] Vgl. Preuß 1982, 102; Aurelius 1988, 39; Römer 1990, 82 Anm. 375. Auch Braulik 1986, 67, datiert Kap. 8 insgesamt in die „spätere Exilszeit", was für die erste Stufe im Großen und Ganzen richtig sein wird.

2. Der in dem schönen Land vorausgesetzte Reichtum rief einen Bearbeiter 7b–9. 10b. auf den Plan, der den materiellen Wohlstand sowie dessen psychologische 12–14 abα. Wirkung auf die Bewohner beschreibt und mit den früheren Erfahrungen in 15–16 der Wüste vergleicht (V. 7b–9. 10b.12–14 abα. 15f). Das auslösende Moment für die in V. 7b–9 vorliegende Ergänzung lag in den Worten „und wenn du isst und satt wirst" (V. 10a), die so auch in 6, 11b begegneten und dort eine ähnliche sekundäre Beschreibung des gelobten Landes veranlassten (6, 10b–11a), was für die gemeinsame Herkunft beider Landbeschreibungen spricht. Das zentrale Interesse des Bearbeiters zeigt sich schon formal daran, dass der erste Teil seines Kommentars wie mit einem Ring durch das „schöne Land" umschlossen ist (V. 7a.10b) und das Signalwort „Land" in V. 7–10 insgesamt *siebenmal* in Erscheinung tritt.[537] Anders als in 6, 10b–11a (vgl. auch Jos 24, 13 und Neh 9, 25) will der Verfasser hier nicht das durch menschliche Hand erschlossene Land beschreiben, sondern es in seiner natürlichen Beschaffenheit verherrlichen, die günstige Voraussetzungen für die menschliche Kulturarbeit und den materiellen Wohlstand bietet (vgl. Dtn 11, 10–12).

Die Beschreibung (V. 7b–9) selbst hat eine sachgemäße Gliederung: An 7b–9 erster Stelle (V. 7b) werden die idealen hydrologischen Bedingungen des Landes gepriesen, wobei die Beschreibung rücklaufend von den Wasserbächen zu den Quellen und ihren Ursprüngen, den unterirdischen Wasserreservoiren („Fluten")[538], fortschreitet. Die reichen Wasservorräte bieten die Voraussetzung für eine florierende Landwirtschaft, die im zweiten Teil der Beschreibung (V. 8), illustriert durch *sieben* typische Produkte des Landes (vgl. Ez 27, 17),[539] zur Sprache kommt. Sie sorgt dafür, dass die Bewohner dieses Landes keine Armut[540] und keinen Mangel zu leiden haben (V. 9a), zumal das Land reichlich auch mit Eisen- und Erzvorkommen gesegnet ist, wie überschwänglich und etwas übertreibend[541] behauptet wird (V. 9b)[542].

Die Beschreibung der reichen natürlichen Gaben des schönen Landes fin- 10b–9 det ihr Ziel in der Aussage von V. 10b, die in dem fertigen Text sowohl syntaktisch als auch inhaltlich störend wirkt, vom Bearbeiter aber offenbar als Nachsatz konzipiert wurde,[543] in dem die in V. 7 beginnende Periode ihren Abschluss und Höhepunkt findet: die angemessene menschliche Reaktion

---

[537] In beiden Fällen hat der Bearbeiter dem ihm schon vorgelegenen V. 7a Rechnung getragen. Vgl. zur Funktion der Siebenergruppierungen im Endtext des Dtn Braulik 1997, 63–79, der freilich 8, 7–10 nicht erwähnt (dazu aber Plöger 1967, 89).

[538] Vgl. dazu Dtn 33, 13; Ps 78, 15; Ez 31, 4 und Westermann THAT II, 1028f.

[539] Die Zahl *sieben* signalisiert hier offensichtlich Fülle und Vollständigkeit, was Braulik 1997, 77, als eine Funktion der Siebenergruppierungen im Dtn überhaupt definiert.

[540] Das Wort מסכנת „Armut" (= „kümmerlich") kommt nur hier und (als Adjektiv מסכן „arm") in Koh 4, 13; 9, 15*bis*.16, häufig aber im Aramäischen und späteren Hebräisch vor, was auch in Dtn 8, 9 von einer relativ späten Sprachstufe zeugt.

[541] Beides fehlte im Westjordanland, während Eisen im Ostjordanland und Kupfer in der Araba, vor allem in den Gegenden Punon und Timna, vorhanden war (Weinfeld 1991, 392).

[542] Das Verb חצב „hauen" (V. 9b) kommt sonst im Dtn nur noch in der anderen Landbeschreibung 6, 11 vor, was für die gemeinsame Verfasserschaft spricht.

[543] So Weinfeld 1991, 385. 392, vgl. auch Seitz 1971, 80.

auf die unverdienten göttlichen Gaben der Natur ist der Lobpreis, in dem der Mensch Gott als dem Ursprung heilvoller Kraft und Gegenwart die Ehre gibt[544] (wie z. B. in Dtn 26, 1–11). Die Forderung, Gott zu preisen (ברך Pi.) ist charakteristisch für die nachexilische Kultsprache,[545] und die Stelle selbst wird zur Grundlage für die spätere jüdische Sitte des Dankgebets nach der Mahlzeit.[546]

12–14 abα Auch in dem zweiten Teil der Ergänzung (V. 12–14 abα) dient der Satz „wenn du isst und satt wirst" (V. 10 a) als Brücke (V. 12 a), die zu dem eigenen Kommentar des Bearbeiters überleitet. Nun geht es prononciert um die eigenen Errungenschaften des Menschen, die durch die reichen natürlichen Ressourcen des Landes möglich geworden sind. Israel befindet sind in einer Phase des wachsenden materiellen Wohlstandes: baut sich in dem schönen Land „schöne Häuser" und wohnt in ihnen (V. 12 b)[547], sein Viehbestand wie auch sein Kapital (Silber und Gold) und all sein Eigentum mehren sich, wie der Verfasser unter dreifacher Wiederholung des Stichwortes „sich (ver)mehren" das materielle Wachstum anschaulich beschreibt (V. 13). Zugleich schaut er psychologisch scharfsinnig in das Herz der Betroffenen hinein: Da geht mit dem steigenden materiellen Lebensstandard auch ein Wachstum vor sich[548]; das Herz wird überheblich (V. 14 a)[549], schreibt den erreichten Wohlstand der eigenen Leistung zu[550] und vergisst den Geber all dieser Gaben (V. 14 bα) – eine klassische Darstellung des praktischen Atheismus einer Konsum- und Leistungsgesellschaft, wo Gott nicht bekämpft, sondern vergessen wird.[551]

15–16 In dem dritten Anlauf seiner Darstellung beschreibt der Bearbeiter in partizipialer Weiterführung des älteren Textes V. 14 bβ und als Kontrast zu dem oben dargestellten Wohlstand des Landes in V. 15 f die Erfahrungen des Volkes in der Wüste, wo es gänzlich auf die Fürsorge seines Gottes angewiesen war.[552] Die Schilderung der „großen und Furcht erregenden Wüste" (vgl. 1, 19) mit giftigen Schlangen (< Num 21, 4–9) als Ort, wo es kein Wasser gab, dient als starker Gegensatz zu der Beschreibung des „schönen Landes" mit

---

[544] Vgl. HALAT, 153 b.

[545] Siehe Scharbert ThWAT I, 824. Der Ausdruck (mit Mensch als Subjekt und Gott als Objekt) begegnet vor allem in den Psalmen (Ps 16, 7; 26, 12; 34, 2; 63, 5; 66, 8; 68, 27 u. ö.) sowie in der chronistischen Literatur (1. Chr 29, 10. 20; 2. Chr 20, 26; 31, 8 u. ö.) und in dem aramäischen Teil des Dan (2, 19. 20; 4, 31). Auch die sporadischen Belege in den früheren erzählenden Werken (Gen 24, 48; Jos 22, 33; Ri 5, 2. 9) sind in Wirklichkeit später Herkunft.

[546] Siehe Weinfeld 1991, 392–394.

[547] Vgl. Dtn 6, 11, wo aber die Häuser reines Geschenk sind, und negiert in Dtn 28, 30.

[548] Vgl. Lohfink 1963, 194; Aurelius 1988, 24.

[549] Die Beschreibung scheint an das Königsgesetz (Dtn 17, 14–20) anzuknüpfen, vgl. V. 14 a mit 17, 20 und V. 13 mit 17, 16. 17 (Stichwort „sich mehren").

[550] Vgl. Luther: „Wir haben einen andern Gott, nemlich unser arbeit und unser Handwerck" (WA 28, 731:20 f).

[551] Lohfink 1965, 85; Braulik 1986, 71.

[552] Die singularische Diktion wie auch das Thema – göttliche Fürsorge in der Wüste – verbinden diese Verse mit den Zusätzen in 1, 31 a* und vor allem in 2, 7.

seinen reichen Wasservorräten (V. 7 b), aber zugleich auch der Verherrlichung des souveränen Gottes, der in der Lage ist, sogar aus dem Felsen seinem Volk Wasser hervorströmen zu lassen (V. 15). Dies formuliert der Verfasser im Anschluss an die Massaepisode (Ex 17, 6) und ergänzt das Getränk in V. 16 mit der Speise, dem Manna[553] (Ex 16), das eine den Vätern[554] unbekannte Nahrung war (vgl. Ex 16, 15). Die wunderbare Ernährung in der Wüste geschah im Interesse der göttlichen Pädagogik, die das Volk seine unmittelbare Abhängigkeit von Gott leibhaft erfahren ließ[555] und zugleich seine Bereitschaft prüfte, das Leben in totaler Angewiesenheit auf Gott zu akzeptieren (vgl. Ex 16, 4)[556]. Nach Paulus wiederum (1. Kor 10, 1–13) „widerfuhr dies jenen als Exempel; geschrieben aber wurde es zur Warnung für uns" (V. 11).

3. Die Grundstufe des Kapitels sowie auch ihre erste Bearbeitung waren gänzlich auf das Thema „Land" konzentriert und hatten nichts mit dem eigentlichen Anliegen des Dtn, dem Gesetz, zu tun, das aber in der dritten Phase von dem bundestheologischen Redaktor DtrB in V. 1. 11 b.18 b.19 f nachgetragen wurde. Diese Verse, die sich deutlich von dem früheren, aber auch späteren (V. 2–6) Bestand des Kapitels abheben,[557] verbinden sich schon äußerlich durch den unregelmäßigen Numerusgebrauch (V. 1. 19) mit den bisher bekannt gewordenen Texten dieses Redaktors in Dtn 4–7 und liegen auch inhaltlich vollkommen auf ihrer Linie.[558]   *(1. 11 b. 18 b. 19–20)*

Der Redaktor hat seinem weiten kompositionellen Blick entsprechend den Text, der ihm vorlag, mit einem Rahmen (V. 1 und V. 18 b.19 f) versehen, in dessen einleitendem Teil (V. 1) er das Geschenk des Landes und den Genuss seiner Reichtümer eindeutig von der treuen Gesetzesbefolgung abhängig macht[559] (vgl. 4, 1 b; 5, 33; 6, 17 a.18; 7, 12; 11, 8 f. 13–15). „Das ganze Gebot"[560], das Mose dem Volk verkündet, bedeutet natürlich wie bei demselben   *(1)*

---

[553] Siehe dazu ausführlich Maiberger 1983.

[554] Es ist durchaus möglich, dass mit den „Vätern" in V. 16 – und in V. 3 – nicht die Patriarchen gemeint sind, sondern die erste Generation der 40-jährigen Auszugs- und Wüstenzeit (vgl. 8, 2), die nach Dtn 1, 39; 2, 14 zwei Generationen umfasste (Römer 1990, 75–81).

[555] Das ist der Sinn der „Demütigung" (Bertholet 1899, 29; Perlitt 1994, 77).

[556] Ex 16, 4 ist schon dtr (s. Maiberger 1983, 141). Die engsten Parallelen für נסה Pi. „prüfen" mit Gott als Subjekt und Mensch als Objekt (Ex 16, 4; Dtn 8, 2. 16) finden sich im Schülerkreis des DtrN: Dtn 13, 4 (DtrB); Ri 2, 22; 3, 1. 4, sonst in Gen 22, 1; Ex 15, 25; 20, 20; Dtn 33, 8; Ps 26, 2; 2. Chr 32, 31 (s. Aurelius TRE 35, 44–47).

[557] Die ausführlichste Begründung ihres sekundären Charakters stammt von García López Bib. 1981, 22–28, der freilich den üblichen Fehler begeht, dass er die V. 1. 11 b.19 f als den jüngsten Bestandteil des Kapitels betrachtet (S. 27. 54).

[558] Siehe näher Veijola 2000, 100–104. 155.

[559] Hier „ist das Land zu einer Funktion des Gesetzes geworden" (Perlitt 1994, 105, in Bezug auf 8, 1).

[560] Sonst kommt der Ausdruck „das ganze Gebot" in späten Zusammenhängen vor (11, 8. 22; 15, 5; 19, 9; 27, 1) und dann ständig begleitet von dem Promulgationssatz „das ich dir heute gebiete" (s. dazu bei 6, 6). Das Stichwort „heute" erscheint in Dtn 8 sowohl im Rahmen (V. 1. 19) wie auch in der Mitte (V. 11) der redaktionellen Einheit.

Redaktor in 6, 25 die gesamte nachfolgende Paränese sowie die in Kap. 12 beginnende Gesetzgebung. Die treue Bewahrung und Befolgung[561] des Gesetzes ist für diesen Redaktor die Grundbedingung des „Lebens" (vgl. 4, 1 b; 5, 33; 16, 20 b) mit zahlreichen Nachkommen (vgl. 7, 13 f)[562] und die Conditio sine qua non für die Inbesitznahme des den Vätern zugeschworenen Landes (4, 1 b; 6, 18 b)[563].

11 b   Unter diesem Vorzeichen konnte der Redaktor die ältere Landbeschreibung (V. 7 ff) übernehmen und darin die Verwirklichung des versprochenen Segens erblicken. Freilich fühlte er sich berufen, die ältere Warnung vor dem Vergessen Jahwes (V. 11 a) in V. 11 b mit einem gesetzestheologischen Kommentar zu versehen. Während das „Vergessen" nach dem älteren Text in der säkularisierten Arroganz des wohlhabenden Volkes (V. 12–14) besteht, versteht DtrB darunter die Vernachlässigung des offenbarten Willens seines Gottes in Gestalt der „Gebote, Rechte und Satzungen"[564]. Damit legt er die Gültigkeit der in V. 1 aufgestellten Bedingung[565] auch für das Land fest. Die nomistische Regel bekam zusätzliches Gewicht dadurch, dass sie der fertige Text gerade in der kompositionellen Mitte des Kapitels (V. 11) anführt.

18 b   Ein Struktursignal hat der Redaktor auch mit der Bezugnahme auf die Väterzusage in V. 18 b aufgestellt.[566] Sie erweist sich als sekundär gegenüber dem vorangehenden dreiteiligen Monologschema (V. 17–18 a) dadurch, dass sie ein überschießendes, viertes Element hinzufügt, in dem begründet wird, *warum* Jahwe hilft, während das Anliegen des Monologs in der Betonung bestand, dass *Jahwe* hilft – und kein anderer.[567] Sie liegt aber vollkommen in der Darstellungstechnik und Theologie des DtrB, der sich in seiner Paränese gern auf die Väterverheißungen als Garantien für die Zukunft beruft.[568] Besonders eng berührt sich die hier vorliegende Art der Anspielung, die das Halten (הקים) der Zusage mit ברית „Bund" anstelle des im dtr Sprachgebrauch gewöhnlicheren דבר verbindet,[569] mit 4, 31 und 7, 12, die beide von

---

[561] Vgl. zu der Verbkombination שמר לעשות „bewahren, um zu befolgen" bei 5, 1. 32 und 6, 25.

[562] „Leben" (חיה Qal) und „Vermehrung" (רבה Qal) erscheinen nebeneinander auch in Dtn 30, 16 (in einem bundestheologischen Kontext).

[563] Die fast wörtliche Übereinstimmung von 4, 1 b; 6, 18 b und 8, 1 b spricht augenfällig für ihre gemeinsame Herkunft (vgl. zum Väterschwur bei diesem Redaktor näher unten).

[564] Obwohl die einzelnen Elemente dieser Reihe zum Grundstock des Vokabulars im Dtn gehören, begegnet die Reihe selbst gerade in dieser Gestalt nirgendwo sonst; am nächsten kommen Dtn 30, 16 (vgl. damit 8, 1!) und 1. Kön 8, 58 (mit Umkehrung des zweiten und dritten Elements).

[565] Vers 1 und V. 11 b sind auch durch den gleichlautenden Promulgationssatz miteinander verbunden.

[566] Als Zusatz gilt V. 18 b auch für Mayes ²1981, 194; García López Bib. 1981, 32; Aurelius 1988, 21. 23, und Nielsen 1995, 108.

[567] Siehe García López Bib. 1981, 32, und Aurelius 1988, 23 f.

[568] Von ihm stammen zumindest die folgenden Bezugnahmen: 4, 31; 6, 18; 7, 12. 13; 8, 1. 18 b; 10, 11; 11, 9. 21.

[569] Die Wendung דבר + הקים hat eine weite Verbreitung vor allem in der (spät-)dtr und davon abhängigen Literatur, s. Dtn 9, 5; 27, 26; 1. Sam 1, 23; 15, 11. 13; 2. Sam 7, 25; 1. Kön 2, 4; 6, 12; 8, 20 (//2. Chr 6, 10); 12, 15 (//2. Chr 10, 15); 2. Kön 23, 3; Jer 28, 6; 29, 10; 33, 14; 34, 18; Neh

dem bundestheologischen Redaktor herrühren (s.o.). Des Näheren sieht es so aus, dass die Anspielung auf die Väter-Berit in 8, 18 b der ähnlichen Bezugnahme in 7, 12 entspricht und damit den so gerahmten Abschnitt 7, 12–8, 18* als eine zielbewusste Komposition mit dem Inhalt des bedingten Segens kennzeichnet. In beiden Fällen beschränkt sich der Inhalt der Verheißung (wie auch in 4, 31) nicht allein auf den Landbesitz, sondern umfasst Jahwes heilvolle Selbstverpflichtung gegenüber den Vätern in einem weiteren Sinne.[570] Anders verhält es sich mit den beiden anderen Anspielungen des Redaktors auf den Väterschwur, die innerhalb des gerahmten Abschnitts, nämlich in 7, 13 und 8, 1, stehen und die ganz ähnlich wie 7, 12 und 8, 18 b paarweise zusammenhängen, aber abweichend von ihnen eindeutig nur das Land zum Inhalt haben. Es besteht kein Zweifel, dass der späte Redaktor an allen vier Stellen unter den „Vätern" die Patriarchen und nicht etwa die Angehörigen oder Vorfahren der Exodusgeneration versteht,[571] was durch die unmittelbare literarische Vorgeschichte (6, 10, s.o.) wie auch Nachgeschichte (9, 5, s.u.) seiner Bezugnahmen auf die Väterverheißungen explizit bestätigt wird (vgl. auch 2. Kön 13, 23). Der Zweck der Berufung auf die einst gegebene Zusage an die Erzväter in 8, 18 b besteht darin, ihre Gültigkeit in ihrer „heutigen"[572] Gefährdung als Grund der Hoffnung wach zu halten.

Wie bei dem am Bundesformular geschulten Redaktor üblich, erscheint neben der segensreichen Aussicht auch die Alternative des Fluches[573] (vgl. 4, 25–28; 6, 14. 15 b; 7, 4), die sich leicht mit dem Signalwort „Bund" (ברית) vor den Augen (V. 18 b) in V. 19 f ergänzen ließ.[574] Das „Vergessen", das der Redaktor aus dem älteren Kontext (V. 11 a.14) übernahm, manifestiert sich nach ihm nicht in Irreligiosität, sondern in Abgötterei (vgl. 6, 14; 7, 4), als namentlichem Verstoß gegen das Erste Gebot des Dekalogs (vgl. 5, 7–10 und 4, 19), das jetzt zum hermeneutischen Schlüssel des Kapitels gemacht wird. Die Sanktion schließt sich der neuassyrischen Vertragsterminologie an („beschwören")[575], und ihr Inhalt besteht ähnlich wie schon in 4, 26 (vgl. 30, 18) in der Austilgung des Volkes aus dem Land der Verheißung (vgl. auch 6, 15 b). Die düstere Perspektive des Fluches wird darüber hinaus in V. 20 mit dem

19–20

5, 13; 9, 8. Für die in Dtn 8, 18 b belegte Wendung ברית + הקים gibt es formale Entsprechungen in der priesterlichen (Ez 16, 60. 62) und priesterschriftlichen Literatur (Gen 6, 18; 9, 9. 11. 17; 17, 7. 19. 21; Ex 6, 4; Lev 26, 9), aber – abgesehen von der dtr beeinflussten Stelle Lev 26, 9 – mit einer anderen Bedeutungsnuance („den Bund aufrichten").

[570] So richtig Aurelius 1988, 23 Anm. 70, und auch Kutsch 1973, 122 f, in Bezug auf 7, 12.

[571] Darin hat Lohfink 1991, 59. 73, als Vertreter der herkömmlichen Auffassung ohne Zweifel Recht gegenüber Römer 1990, 81–83. 141–153.

[572] Der Ausdruck כיום הזה bedeutet hier wie auch sonst häufig (vgl. 2, 30; 4, 20. 38; 10, 15; 29, 27) „(eben) heute, jetzt" (HALAT, 384 a; Goldingay VT 1993, 112–115) und ist ganz ähnlich wie in Jer 11, 5 auf die heutige Gültigkeit der göttlichen Zusage zu beziehen (vgl. Mayes ²1981, 194).

[573] Einen Fluch, der zur Bundestradition gehört, erblicken in V. 19 f auch Lohfink 1963, 189; García López Bib. 1981, 25, und Braulik 1986, 73.

[574] Dass diese Verse ein Zusatz sind, dürfte geklärt sein (s. etwa Puukko 1910, 154; Seitz 1971, 79; Aurelius 1988, 21, und Perlitt 1994, 77 Anm. 13).

[575] Siehe dazu oben S. 210 Anm. 518.

früher versprochenen Schicksal der ehemaligen Landesbewohner verglichen und dadurch eine Verbindung mit Kap. 7 hergestellt (vgl. 7, 1. 20. 22 f). Dass der Redaktor den Abschnitt 7, 12–8, 20* als eine breite kompositionelle Einheit mit Segens- und Fluchteil aufgefasst hat, zeigt sich weiterhin darin, dass er mit den gleichen sprachlichen Mitteln, mit denen er den konditionalen Segen in 7, 12 eröffnete, den kurzen Fluchabschnitt in 8, 19 f gestaltet[576] und damit die Einheit kunstvoll abrundet.

2-6 4. Der von dem bundestheologischen Redaktor hergestellte Zusammenhang zwischen Gehorsam (V. 1) und Landgabe (V. 7 ff) wurde schließlich noch durch eine kleine theologische Abhandlung über die Bedeutung der Wüstenerfahrungen unterbrochen (V. 2–6).[577] Ihr jüngerer Charakter gegenüber V. 1 zeigt sich einerseits daran, dass der durch V. 2 ff unterbrochene Faden von V. 1 in V. 6 leicht variiert (vgl. V. 11 b) durch eine Ringkomposition wiederaufgenommen und im Laufe der Abhandlung selbst inhaltlich vertieft wird (V. 2 b–3), gegenüber V. 7 ff andererseits daran, dass sie schon die Mannaepisode der zweiten Bearbeitungsstufe (V. 15 f) voraussetzt und von ihr eine theologisch vertiefte Auslegung bietet[578].

Der Abschnitt bildet eine formal und thematisch geschlossene Einheit, von der kein einziger Teil ohne Schaden entfernt werden kann. Das ganze Kunstwerk wird zusammengehalten von drei – im Hebräischen durch konsekutivische Perfekta ausgedrückten – Aufforderungen: „du sollst gedenken" (V. 2), „du sollst erkennen" (V. 5) und „du sollst bewahren" (V. 6). Sie gliedern den Abschnitt in drei Sinneinheiten: in einen Rückblick auf die Vergangenheit (V. 2–4), eine den Glauben betreffende Schlussfolgerung (V. 5) und eine Anwendung auf das Handeln (V. 6); zusammen bilden sie einen stilgerechten Beleg für das Schema der Beweisführung (vgl. 4, 32–40; 7, 7–11).[579] Daneben – aber nicht damit konkurrierend – lässt sich in V. 2–6 auch eine konzentrische Struktur erkennen, in der V. 2 a (A) und V. 6 b (A') sowie V. 2 b (B) und V. 5–6 a (B') einander entsprechen und in deren Zentrum V. 3 f (C) mit ihrem inneren Kern in V. 3 b stehen.[580]

---

[576] Was in 7, 12 zusammen erscheint (שמע + עקב + והיה), wird in 8, 19 f in zwei Teile zerlegt, die miteinander eng zusammenhängen (vgl. García López Bib. 1981, 25). Außerdem begegnet die Konjunktion עקב „wenn" im Dtn nur an diesen zwei Stellen, was ihre gemeinsame Herkunft noch einmal bestätigt.

[577] Die Verse 2–6 werden häufig als Zusatz betrachtet, aber dann regelmäßig zeitlich vor dem Rahmen V. 1 (und V. 11 b.19–20) angesetzt (s. Seitz 1971, 79 f; García López Bib. 1981, 22–28; Preuß 1982, 49; Aurelius 1988, 21 f; Perlitt 1994, 77 Anm. 13).

[578] Das hat Seitz 1971, 80, erkannt und Achenbach 1991, 324, wieder verkannt.

[579] Lohfink 1963, 125; Braulik 1986, 68.

[580] Die Entsprechungen bestehen aus den folgenden Elementen: A = „der ganze Weg, den dich Jahwe, dein Gott, geführt hat" (V. 2 a) und A' = „indem du auf seinen Wegen wandelst" (V. 6 b); B = „damit er erkenne, wie du gesinnt seiest: ob du seine Gebote bewahren wirst oder nicht" (V. 2 b) und B' = „du sollst in deinem Herzen erkennen … und du sollst die Gebote Jahwes, deines Gottes, bewahren" (V. 5–6 a). Siehe García López Bib. 1981, 50 f.

Der Rückblick auf die Vergangenheit wird in V. 2 im Anschluss an V. 15 f 2
mit einem Appell an die Besinnung auf die Führung Gottes in der Wüste
(vgl. 29, 4) eröffnet, wobei das Verb „gedenken" im Unterschied zu V. 18 im
Sinne der Erinnerung vergangener Ereignisse gebraucht[581] und der Wüstenaufenthalt selbst nach dem seit dtr Zeit geläufigen Muster als vierzigjährig[582]
definiert wird (vgl. V. 4). Er diente wie schon nach V. 16 der Prüfung,
ob Israel sich die vollkommene Abhängigkeit von der göttlichen Fürsorge
gefallen lässt, aber darüber hinaus auch dem gegenseitigen *Erkennen*
(V. 2 b.3. 5)[583]. Gott wollte die Gesinnung[584] seines Volkes daraufhin erkennen, ob es bereit ist,[585] seinen Geboten[586] die Treue zu bewahren[587] (V. 2 b).
Im Hintergrund steht die schon dtr erweiterte Mannageschichte Ex 16 mit
V. 4 f. 27–30.[588] Was dort als Forderung des Gehorsams gegen das Sabbatgebot erscheint (Ex 16, 4), wird hier aufgenommen und im weiteren Sinne als
Gehorsam gegen die Gebote Gottes überhaupt interpretiert.

In V. 3 wird eine weiterführende, nähere Explikation zu V. 2 b dargeboten. 3
Das Manna, das nach V. 16 „deine Väter nicht kannten" (vgl. Ex 16, 15), ist jetzt
eine Nahrung, die „du nicht kanntest und die auch deine Väter nicht kannten"
(vgl. 13, 7; 28, 36. 64), und vor allem: sie diente der Lehre[589] einer geistlichen
Wahrheit, die stilistisch wirkungsvoll im Zentrum des Abschnitts in V. 3 b –
flankiert von V. 3 a und V. 4 – zum Ausdruck gebracht wird. In dieser Wahrheit
geht es erstens um den *Menschen*[590] schlechthin, nicht nur um Israel oder dessen einzelne Glieder. Zweitens geht es um sein *Leben*, ein Thema, das durch
V. 1 gegeben war, jetzt aber nicht als nacktes Überleben, sondern als das, was
die menschliche Existenz im wahrsten Sinne ausmacht, verstanden wird.[591]

---

[581] Vgl. sonst im Dtn: 5, 15; 7, 18; 9, 7; 15, 15; 16, 3. 12; 24, 9. 18. 22; 25, 17.

[582] Die engsten formalen Parallelen für V. 2 (und V. 4) finden sich in Dtn 2, 7 („während *dieser* vierzig Jahre"), 29, 4 und Am 2, 10, vgl. auch Dtn 1, 3; Jos 5, 6 sowie bei und nach P in Ex 16, 35; Num 14, 33 f; 32, 13.

[583] Das Verb ידע in Qal „(er)kennen" (V. 2. 3*bis*. 5) und in Hif. „erkennen lassen" (V. 3) ist das zentrale Stichwort von V. 2–6.

[584] Im Hebräischen steht dafür „dein Herz", womit offensichtlich auf die Forderung der Liebe gegen Jahwe „aus ganzem Herzen" in 6, 5 (vgl. 5, 29) Bezug genommen wird.

[585] Eine exakte Parallele zu der in V. 2 b vorliegenden syntaktischen Konstruktion לדעת ... ה־ ... אם־לא „damit er erkenne, ob ... oder nicht" findet sich in Gen 24, 21 (nachexilisch, s. Rofé 1990, 27–39). Naheliegende Formulierungen begegnen auch in der spät-dtr Literatur (Ex 16, 4; Dtn 13, 4; Ri 2, 22; 3, 4), vgl. sonst Gen 27, 21.

[586] Die pl. Lesart nach Qᵉre sowie den meisten Übersetzungen.

[587] Die in V. 2 bβ gebrauchte Formulierung hat im Dtn genaue Parallelen ausschließlich in jun-gen Zusammenhängen (4, 2; 5, 10. 29; 7, 9; 8, 6; 13, 5. 19; 26, 18; 28, 1. 9).

[588] Siehe Maiberger 1983, 141. 202 f. 225; Perlitt 1994, 79 f.

[589] Ausgedrückt durch das Verb ידע Hif. „erkennen lassen", das im Dtn nur hier und in 4, 9 ge-braucht wird.

[590] Das Wort (ה)אדם „(der) Mensch" ist ein eher seltenes Wort im Dtn (4, 28. 32; 5, 24; 20, 19; 32, 8), vgl. zum vorliegenden Gebrauch sonst etwa 1. Sam 16, 7 und 1. Kön 8, 46.

[591] Das wird durch die seltene Kombination חיה על „leben von" ausgedrückt, für die als Vor-bild am ehesten Ez 33, 19 (wegen des Kontextes Ez 33, 10–20!) in Frage kommt; vgl. sonst Gen 27, 40 und Jes 38, 16 (Text?) und siehe zum Ganzen Perlitt 1994, 85–89, vgl. auch Weinfeld 1991, 389.

Drittens und vor allem geht es darum, *wovon* der Mensch denn letztlich lebt. Das wird durch die Gegenüberstellung von Brot – das jede Nahrung vertritt – und „allem, was aus dem Munde Jahwes hervorgeht" ausgedrückt. Es handelt sich dabei nicht um den Gegensatz zwischen natürlichem Brot und dem Manna, denn das Manna ist hier Brot genauso wie in der Vorlage Ex 16, 4. 15. 22. 29. 32.[592] Vielmehr vertritt „das, was aus dem Munde Jahwes hervorgeht" Gottes „Äußerung", wie schon die nächsten Sprachparallelen in Dtn 23, 24, Num 30, 13, Jer 17, 16 und Ps 89, 35[593] nahe legen. Damit ist aber nicht allgemein jedes Wort Gottes gemeint, wie LXX übersetzt und dann später in ihrer Folge auch in Mt 4, 4 (par. Lk 4, 4) gesagt wird,[594] sondern im engeren Sinne das befehlende Gesetzeswort Gottes.[595] Dafür sprechen mehrere, sowohl formale als auch inhaltliche Gesichtspunkte. In formaler Hinsicht muss einerseits berücksichtigt werden, dass der zweite Teil des betreffenden Ausdrucks, „der Mund Jahwes", in der Regel eine Anspielung auf das *befehlende* Wort Gottes ist,[596] und andererseits die Tatsache, dass der erste Teil des Ausdrucks „was hervorgeht" (מוצא) im Hebräischen durch eine Alliteration auf das Wort „Gebote" (מצות) hinweist, das eine zentrale Stellung in V. 2 b und V. 6 einnimmt.[597] Auf der inhaltlichen Seite bleibt im Auge zu behalten, dass V. 3 b insgesamt eine zu V. 2 b parallele Zielangabe darstellt, die offenbar das Bewahren der Gebote Jahwes so erläutert, dass es das Leben erhält, und die damit dem Manna eine spiritualisierende Deutung[598] gibt. Nur so wird verständlich, dass die ganze Abhandlung in die Mahnung einmündet, die Gebote Jahwes zu bewahren (V. 6). Für diese schon von der rabbinischen Tradition vertretene Auslegung[599] sprechen auch die Stellen im Buch Ezechiel, die das Leben des Menschen von der Befolgung der Satzungen und Gebote Jahwes abhängig machen (Ez 20, 11. 13. 21 und 33, 10–20) und die eventuell schon im Hintergrund von Dtn 8, 3 b stehen, sowie schließlich auch der weitere Kontext der (spät-)dtr Wort-Gottes-Theologie, in der das „Wort" Gottes letzten Endes gleichbedeutend mit seinem „Gebot" ist (vgl. Dtn 4, 2; 5, 5; 13, 1; 30, 11–15; 32, 46 f).

4   Der Rückblick auf die Vergangenheit (V. 2–4) wird durch eine neue Erinnerung an die vollkommene göttliche Fürsorge während der vierzigjährigen Wüstenwanderung in V. 4 abgerundet. Die Fürsorge umschloss auch die Unversehrtheit der Kleidung und der Füße auf dem langen Marsch (vgl. Dtn

---

[592] So Perlitt 1994, 74–81, gegen die Mehrheitsmeinung der Forschung der letzten Hundert Jahre.
[593] Vgl. weiter die verbalen Formulierungsvarianten in Jes 45, 23; 48, 3 und vor allem in Jes 55, 11.
[594] Für diese Deutung, die auch von Luther vertreten wurde (WA 14, 630:19–24), hat Perlitt 1994, 74–94, die ausführlichste Begründung geliefert. Vgl. auch von Rad ²1968, 51; Maiberger 1983, 225, und Achenbach 1991, 312.
[595] So vor allem García López Bib. 1981, 51–53.
[596] Siehe Dtn 1, 26. 43; 9, 23; 34, 5; 1. Sam 12, 14 f; 1. Kön 13, 21. 26.
[597] García López Bib. 1981, 51 f.
[598] Sie lebt weiter z. B. in Sap 16, 20. 26; 1. Kor 10, 3; Joh 6, 26–58.
[599] Siehe Keil 1862, 430.

29, 4; Neh 9, 21)[600]. Damit wird innerhalb der konzentrischen Struktur von V. 3 f das Thema von V. 3 a wieder aufgegriffen und inhaltlich zu Ende geführt: Derselbe Gott, der die Nahrung gibt, gibt auch die Kleidung (vgl. Gen 28, 20; Dtn 10, 18; Mt 6, 25–34).

Die Erinnerung an die Erfahrungen der Vergangenheit ergibt im Schema   5–6
der Beweisführung eine den Glauben betreffende Schlussfolgerung (V. 5), die an Israels Erkenntnisvermögen appelliert (vgl. Dtn 4, 35. 39; 7, 9). Es soll „im Herzen erkennen" (vgl. 4, 39), dass Gott bei der Führung seines Volkes durch Mangel und wunderbare Fürsorge zur Erziehung seines Volkes handelte (vgl. 4, 36)[601], wie es ein liebevoller Vater an seinem Sohn tut (vgl. 1, 31). Die Erkenntnis wiederum will dem Muster gemäß (vgl. 4, 40; 7, 11) verpflichtender Art sein und zum Handeln nach den Geboten führen (V. 6), die das zentrale Thema dieser Abhandlung sind (V. 2 b.3 b). Der „Weg" in der Wüste (V. 2) verwandelt sich unter der Hand zu einem Bild für Gottes normativen Willen,[602] was noch einmal das eigentliche Ziel des Verfassers zeigt. Die Art, wie hier innerhalb des Schemas der Beweisführung weisheitlich-theologische Reflexion auf einer Spätstufe des Deuteronomismus getrieben wird, erinnert merklich an die ebenfalls späten Vertreter dieser Gattung in 4, 36–40 und 7, 7–11[603], was die Vermutung nahe legt, dass alle diese Stellen auf ein und denselben nachexilischen Theologen zurückgehen.

2. 5. *Wegen all eurer Sünde (9, 1–10, 11)*

1 Höre, Israel: Du wirst heute den Jordan überschreiten, um in das Land hineinzukommen und dort den Besitz von Völkern zu übernehmen, die größer und stärker sind als du, große und himmelhoch befestigte Städte. (2 Es ist ein großes und hochgewachsenes Volk, die Anakiter, die du ja kennst und von denen du gehört hast: „Wer könnte den Anakitern standhalten?") 3 Du

---

[600] Neh 9, 21 ist ein Zitat aus Dtn 8, 4, während Dtn 29, 4 wie eine freie Anspielung auf Dtn 8, 4 aussieht.

[601] Das Verb יסר Pi. „züchtigen, erziehen" wird im Dtn nur in 4, 36 und 8, 5 von Gott gebraucht (sonst in 21, 18; 22, 18), das entsprechende Substantiv מוסר „Züchtigung, Erziehung" in 11, 2. Vgl. zu dem weisheitlichen Hintergrund des Bildes Spr 3, 11 f; Ijob 5, 17; Ps 94, 12 und zur Sache auch Luther: „Gott wil dein schulmeister sein und dich leren das erste Gebot verstehen, das dein Hertz auff jn sehe und jm vertrawe, wenn nichts vorhanden ist und sich ansehen lesst, als wolt er uns gar verlassen. Denn Gott hat die art und weise, ehe denn er die seinen hilfft, so lesst er sie zuvor erst in leiden und anfechtung komen, darnach zu seiner zeit hilfft er jnen deste wünderbarlicher herausser (WA 28, 719:35–720:10).

[602] Das im Dtn geläufige Bild vom „Wandeln auf seinen Wegen" (5, 33; 10, 12; 11, 22; 19, 9; 26, 17; 30, 16) wird noch in der Apostelgeschichte zur Bezeichnung der Anhänger des neuen Glaubensweges verwendet (Apg 9, 2; 24, 14).

[603] García López RB 1977, 502. 511, befindet sich auf der richtigen Spur, indem er Dtn 8, 2–6 und 7, 8 b–11. 12 b einer literarischen Stufe zuordnet, aber er dürfte im Irrtum sein, wenn er diese Texte mit Dtn 6, 20–24; 10, 12–13; 11, 1 verbindet und sie alle als „dtn" betrachtet.

sollst aber heute erkennen, dass Jahwe, dein Gott, wie ein verzehrendes Feuer selbst vor dir hinüberzieht. Er wird sie vertilgen, und er wird sie vor dir niederwerfen, so dass du sie schnell vernichten und austilgen kannst, wie es Jahwe dir zugesagt hat. 4 Wenn Jahwe, dein Gott, sie vor dir wegstößt, sollst du nicht bei dir überlegen: „Wegen meiner Gerechtigkeit hat Jahwe mich hineingeführt, so dass ich dieses Land in Besitz nehmen konnte" (– da doch Jahwe wegen des Frevels dieser Völker sie vor dir vernichtet). 5 Nicht wegen deiner Gerechtigkeit oder deiner Rechtschaffenheit wirst du hineinkommen, um ihr Land in Besitz zu nehmen, sondern wegen des Frevels dieser Völker wird Jahwe, dein Gott, sie vor dir vernichten, um die Zusage zu halten, die Jahwe deinen Vätern Abraham, Isaak und Jakob geschworen hat. 6 So sollst du erkennen, dass nicht wegen deiner Gerechtigkeit Jahwe, dein Gott, dir dieses schöne Land geben wird, damit du es in Besitz nehmen kannst, denn ein halsstarriges Volk bist du.

7 Denke daran, vergiss nicht, wie du Jahwe, deinen Gott, erzürnt hast (in der Wüste. Von dem Tag an, als du aus dem Lande Ägypten auszogst, bis zu eurer Ankunft an diesem Ort seid ihr widerspenstig gegen Jahwe gewesen. 8 Und) am Horeb (habt ihr Jahwe erzürnt), und Jahwe war über euch ergrimmt, so dass er euch vernichten wollte.

9 Als ich auf den Berg gestiegen war, um die steinernen Tafeln entgegenzunehmen, die Tafeln des Bundes, den Jahwe mit euch geschlossen hatte, blieb ich auf dem Berg vierzig Tage und vierzig Nächte, ohne Brot zu essen und Wasser zu trinken. 10 Da übergab Jahwe mir die beiden steinernen Tafeln, die mit dem Finger Gottes beschrieben waren und auf denen all die Worte standen, die Jahwe am Tage der Versammlung auf dem Berg aus dem Feuer heraus zu euch geredet hatte. 11 Am Ende der vierzig Tage und vierzig Nächte übergab mir Jahwe die beiden steinernen Tafeln, die Tafeln des Bundes, 12 und Jahwe sprach zu mir: „Auf, steige schnell von hier hinab, denn dein Volk, das du aus Ägypten herausgeführt hast, hat Unheil angerichtet.
Sie sind schnell von dem Weg abgewichen, den ich ihnen geboten hatte.
Sie haben sich ein Gussbild gemacht."

13 Und Jahwe sprach zu mir: „Ich habe dieses Volk gesehen, siehe, es ist ein halsstarriges Volk. 14 Lass mich, dass ich sie vernichte und ihren Namen unter dem Himmel auslösche. Dich will ich aber zu einem Volk machen, das stärker und zahlreicher ist als dieses."

15 Da wandte ich mich und stieg vom Berg herab, während der Berg im Feuer brannte, und ich trug die beiden Tafeln des Bundes in meinen Händen. 16 Nun sah ich:
Ihr hattet euch an Jahwe, euren Gott, versündigt,
ihr hattet euch einen gegossenen Jungstier gemacht,
ihr seid schnell von dem Weg abgewichen, den Jahwe euch geboten hatte.

17 Da fasste ich die beiden Tafeln, warf sie aus meinen Händen und zerbrach sie vor euren Augen.

18 Ich warf mich vor Jahwe nieder, wie das erste Mal vierzig Tage und vierzig Nächte, ohne Brot zu essen und Wasser zu trinken, wegen all eurer Sünde, die ihr begangen hattet, indem ihr tatet, was böse in den Augen Jahwes ist, so dass ihr ihn erzürntet. 19 Denn ich hatte Angst vor dem glühenden Zorn, den Jahwe gegen euch hegte, um euch zu vernichten. Und Jahwe erhörte mich auch dies Mal. (20 Auch über Aaron war Jahwe sehr ergrimmt und wollte ihn vernichten. Ich tat zu jener Zeit Fürbitte für Aaron.) 21 Euer Sündenwerk, das ihr gemacht hattet,

Den/den Jungstier nahm ich, verbrannte ihn im Feuer, zerstieß und zermalmte ihn vollständig, bis er zu feinem Staub wurde, und warf den Staub in den Bach, der vom Berg herabfließt.

22 Auch in Tabera, in Massa und in Kibrot-Taawa habt ihr Jahwe erzürnt 23 Und als Jahwe euch von Kadesch-Barnea aussandte mit dem Befehl: „Zieht hinauf und nehmt das Land in Besitz, das ich euch gegeben habe!", da lehntet ihr euch gegen den Befehl Jahwes, eures Gottes, auf und hattet kein Vertrauen zu ihm und hörtet nicht auf seine Stimme. 24 Widerspenstig seid ihr gegen Jahwe gewesen, so lange ich euch kenne.

25 Da lag ich also vor Jahwe die vierzig Tage und vierzig Nächte, die ich mich niedergeworfen hatte, weil Jahwe gesagt hatte, er wolle euch vernichten. 26 Ich trat fürbittend vor Jahwe ein und sagte: „Herr Jahwe, vernichte nicht dein Volk und dein Eigentum, das du in deiner Größe freigekauft und mit starker Hand aus Ägypten herausgeführt hast. 27 Gedenke deiner Knechte Abraham, Isaak und Jakob. Kehre dich nicht an die Halsstarrigkeit dieses Volkes, an seine Schuld und Sünde, 28 damit man nicht in dem Lande, aus dem du uns herausgeführt hast, sagt: ‚Weil Jahwe sie nicht in das Land hineinzuführen vermochte, das er ihnen zugesagt hatte, oder weil er sie hasste, hat er sie herausgeführt, um sie in der Wüste sterben zu lassen.‘ 29 Sie sind doch dein Volk und dein Eigentum, das du mit deiner großen Macht und mit deinem ausgestreckten Arm herausgeführt hast."

10,1 Zu jener Zeit sprach Jahwe zu mir: „Haue dir zwei steinerne Tafeln wie die ersten und steige zu mir auf den Berg und mache dir eine hölzerne Lade. 2 Ich will auf die Tafeln die Worte schreiben, die auf den ersten Tafeln standen, die du zerbrochen hast. Du sollst die Tafeln dann in die Lade legen." 3 Da machte ich eine Lade aus Akazienholz, haute zwei steinerne Tafeln wie die ersten und stieg mit den beiden Tafeln in der Hand auf den Berg. 4 Und er schrieb auf die Tafeln wie bei der ersten Niederschrift die Zehn Worte, die

Jahwe am Tage der Versammlung auf dem Berg aus dem Feuer heraus zu euch geredet hatte, und Jahwe übergab sie mir. 5 Dann wandte ich mich, stieg vom Berg herab und legte die Tafeln in die Lade, die ich gemacht hatte, und sie blieben dort, wie Jahwe es mir befohlen hatte.

> 6 Die Israeliten zogen von Beerot-Bene-Jaakan nach Moser. Dort starb Aaron und wurde dort auch begraben. Sein Sohn Eleasar wurde Priester an seiner Stelle. 7 Von dort zogen sie nach Gudgod und von Gudgod nach Jotbata, einer Gegend mit Wasserbächen.

> 8 Zu jener Zeit sonderte Jahwe den Stamm der Leviten aus, damit er die Lade des Bundes Jahwes trage, dienend vor Jahwe stehe und in seinem Namen den Segen spreche, wie es heute noch geschieht. 9 Darum fiel Levi kein Landanteil noch Erbbesitz zu, wie seinen Brüdern. Jahwe ist sein Erbbesitz, wie es Jahwe, dein Gott, ihm zugesagt hat.

10 Ich hatte wie das erste Mal vierzig Tage und vierzig Nächte auf dem Berge gestanden, und Jahwe erhörte mich auch dies Mal. Jahwe wollte dich nicht vernichten. 11 Jahwe sprach zu mir: „Auf, stelle dich an den Aufbruch an der Spitze des Volkes, dass sie hineinkommen und das Land in Besitz nehmen, von dem ich ihren Vätern geschworen habe, dass ich es ihnen geben wolle."

Die Erzählung von Dtn 9, 1–10, 11 ist nach ihrem Hauptinhalt eine Geschichte von der Sünde Israels, die ihren Anfang schon auf dem heiligen Boden des Horeb nahm. Dort hatte Israel durch den Bundesschluss und den Empfang der Bundestafeln seine Konstitution erhalten (Dtn 5), und eben dort versündigte es sich auch zum ersten Mal an seinem Gott, indem es sich einen gegossenen Jungstier anfertigte (9, 16) und damit gegen das dekalogische Bilderverbot verstieß, was zum Zerbrechen der Bundestafeln (9, 17) und damit auch zum Bruch des Bundes selbst führte. Zugleich ist die Erzählung aber auch eine Geschichte von der Vergebung der Sünde, die durch Moses Fürbitte geschieht (9, 18–20. 25–29; 10, 10) und die Erneuerung des Bundes und seiner Urkunde ermöglicht (10, 1–5).

In literarischer Hinsicht besteht die Erzählung aus einer Grundschicht (V. 9, 9–12 abβ. 15. 16 a*.17. 21 a*b + 10, 1–5), die durch rahmende und kommentierende Stücke in den jetzigen Kontext eingebaut worden ist (d. h. durch 9, 7 a*[ohne „in der Wüste"].8 a* [„am Horeb"].8 b.12 bα.13 f. 16 aα*[„Ihr hattet euch an Jahwe, euren Gott, versündigt"]. 16 b.18 f. 21 aα*[„Euer Sündenwerk, das ihr gemacht hattet"] + 10, 10 f). Die Geschichte hat in einer späteren Phase einen theologisch reflektierenden Prolog erhalten (9, 1. 3. 4 a.5 f), in dem die am Horeb geschehene Versündigung als Illustration für die feh-

lende Gerechtigkeit Israels gedeutet wird. Auch danach wurde die Geschichte –
abgesehen von einigen glossenhaften Einzelzusätzen (9, 2. 4 b.20) – in mehreren Stufen erweitert: Die in 9, 18 f erwähnte Fürbitte des Mose wurde wörtlich
ausgeführt (9, 25–29), das Geschehen am Horeb als einer von vielen Fällen angesehen, wo Israels permanente Widerspenstigkeit ihren Ausdruck fand
(9, 7 a*[„in der Wüste"].7 b.8 a[„Und … habt ihr Jahwe erzürnt"].22–24), und
die Bestallung der Leviten (10, 8 f) an die Erwähnung der Bundeslade in 10, 5
angehängt, davon jedoch durch eine Itinerarnotiz (10, 6 f) wieder abgetrennt.

Die Geschichte setzt die Versündigung des Volkes durch die Anfertigung des
gegossenen Jungstiers (Goldenen Kalbes) voraus und deren Entfernung durch
die Mittlertätigkeit des Mose, die zur Restauration des Bundes und zur Anfertigung der neuen Bundestafeln führt.[604] Sie unterscheidet sich sowohl von dem
vorangehenden wie auch dem nachfolgenden, paränetischen Kontext dadurch,
dass sie in erzählender Form mit vorwiegend pluralischer Diktion einen Rückblick auf die Vergangenheit, die Ereignisse am Horeb, bietet. Die Darstellungsform verbindet sie mit der historischen Einleitung in Dtn 1–3(4), aber auch mit
der Gesetzesmitteilung am Horeb in Dtn 5, was als allgemeines Kennzeichen
für ihren dtr Hintergrund gilt.[605] Vor allem die Beziehung auf den Horebbund
mit der Kundgabe und Aushändigung der Bundestafeln in Dtn 5 ist evident,
und sie ist auch notwendig für das Verständnis der Geschichte vom Bundesbruch. Trotzdem kann 9, 7 ff nicht die ursprüngliche erzählerische Fortsetzung
zu Dtn 5 gebildet haben[606]; denn die Geschichte vom Bundesschluss am Horeb zielt in keiner Hinsicht auf den Bundesbruch, sondern will eine Erklärung
für das Verhältnis der dtn Gesetzgebung zum Dekalog geben (5, 22–31). Daraus folgt, dass es sich in Dtn 9, 7 ff um eine jüngere Geschichte handelt, die
wohl das Dekalogkapitel 5* als ihren inhaltlichen und erzählerischen Hintergrund voraussetzt, seine ursprüngliche literarische Fortsetzung jedoch nicht
darstellt.[607] Darüber hinaus ist in Betracht zu ziehen, dass sie als Zitat angeführt wird, das durch einführende und abschließende Rahmenelemente dem
jetzigen Kontext einverleibt ist. Die rahmenden wie auch die kommentierenden Elemente (9, 7 a*.8 a*b.12 bα. 13 f. 16 aα*. 16 b.18 f. 21 aα*) gehen offensichtlich auf den bundestheologischen Redaktor (DtrB) zurück, der anhand
der Überschrift 9, 7–8* die Geschichte mit 8, 19 f verzahnt und darin ein warnendes Beispiel für das bei ihm geläufige dreiteilige Schema[608] gesehen hat: der
Fremdgötterdienst – in diesem besonderen Fall der Verstoß gegen das Bilderverbot – ruft den Zorn Gottes hervor, der das Volk mit Vernichtung bedroht.

---

[604] Schon aus diesem Grund muten all die Lösungen, die in 9, 1–10, 11 eine Grundschicht ohne
die konkrete Sünde mit dem Jungstier postulieren, recht unwahrscheinlich an. Verschiedene Vorschläge dieser Art finden sich z.B. bei Seitz 1971, 56; Mayes ²1981, 195 f, und Aurelius 1988, 17.
Ähnlich auch Dohmen ²1987, 90, im Blick auf die Parallelerzählung Ex 32.

[605] Siehe etwa Minette de Tillesse VT 1962, 45 f; García López RB 1978, 5–33.

[606] Gegen Seitz 1971, 46 f, und Otto 2000, 118.

[607] Vgl. Lohfink 1963, 227; Achenbach 1991, 3.

[608] Vgl. Dtn 4, 25 f; 6, 14. 15 b; 7, 4; 8, 19 f; 11, 16 f.

In dem abschließenden Rahmenstück (10, 10 f) leitet derselbe Redaktor zu der kontextualen Situation der paränetischen Kapitel Dtn 6–11 zurück, der bevorstehenden Einnahme des gelobten Landes. Wenn es sich bei dem Zitierenden in Dtn 9 f um DtrB handelt, dann muss das Zitat selber schon älter, aber nach dem oben Gesagten jünger als der von DtrP stammende Rahmen des Dekalogs in Dtn 5* sein. Am ehesten kommt als Verfasser der nomistische Redaktor DtrN in Frage,[609] der schon in Dtn 4 mit ähnlichem Vokabular einen Vorausblick auf die Horeb-Ereignisse mit der Kundgabe und der schriftlichen Abfassung der Bundesworte auf die steinernen Tafeln erzählt hatte.[610] In dem in Dtn 9 f zitierten Text, der wahrscheinlich bei DtrN einmal die unmittelbare Fortsetzung zu Dtn 5 bildete, beschreibt dieser neben dem ersten Bundesbruch die erste Kultreform, die Mose als idealtypischer Vorgänger der später in der Geschichte Judas unternommenen Kultreformen durchführt (9, 21)[611]. DtrN hat die Geschichte nicht frei erworfen, sondern aus einem älteren Bericht über das Goldene Kalb (Ex 32*)[612] und die Anfertigung der neuen Tafeln (Ex 34*)[613] selbständig zusammengestellt.[614] Die Geschichte vom Goldenen Kalb war einst aus der Polemik gegen das von Jerobeam I. in Bet-El (und Dan)[615] errichtete Jungstierbild entstanden, das gegen die gängige Meinung der Exegeten wohl nicht nur als Tragtier der unsichtbaren Gottheit diente, sondern den mit dem kanaanäischen Gott El verschmolzenen Jahwe konkret repräsentieren wollte.[616] Die polemische Ausrichtung der alten Geschichte gegen die Kultpolitik Jerobeams I. ist auch in der dtr Neufassung von Dtn 9, 7 ff erhalten geblieben, obwohl darin nicht mehr ihr einziges oder vorherrschendes Ziel liegt.

---

[609] Vgl. Dietrich 1972, 96, und auch Otto EstB 1994, 205 (anders Ders. 2000, 111–129, wo er Dtn 9, 7 ff* seinem Dekalogredaktor DtrD zuschreibt). Auf einer relativ späten Stufe innerhalb der dtr Chronologie wird Dtn 9, 7 ff* auch von Begg 1985, 248; Aurelius 1988, 38, und Achenbach 1991, 352, angesiedelt. Noch weiter nach unten geht Schmitt 2001, 311–325, der die ganze Geschichte nach ihren jüngsten Bestandteilen (9, 22–24. 25–29) datiert und einer spät-dtr Redaktion zuschreibt, die den Pentateuch (einschließlich P^G und P^S) mit dem DtrG verbunden habe. Diese Theorie setzt die unhaltbare Hypothese voraus, die Geschichte sei mit Ausnahme von 10, 6–10 literarisch einheitlich.

[610] Vgl. zu den Berührungen zwischen Dtn 4 und Dtn 9 f auch Zipor ZAW 1996, 30 f.

[611] Vgl. 1. Kön 15, 13; 2. Kön 11, 18; 18, 4; 23, 4 ff und s. dazu unten.

[612] Die Vorlage Ex 32* bestand wahrscheinlich aus V. 1 b.2 aαβb.3*(ohne „die an ihren Ohren waren").4 a.5 aβb.6 abα. 15 a*(ohne „die Bundesbestimmung" [העדת]).18 aα* (nur „und er sagte").18 b.19* (ohne „und Reigentänze").20 a. So mit kleinen Korrekturen im Anschluss an Weimar BN 1987, 118–137. Dieser Text ist in literarischer Hinsicht noch unabhängig von der dtr bearbeiteten Jerobeam-Geschichte 1. Kön 12, 26–33.

[613] Vorausgesetzt sind in Dtn 10, 1–5 von Ex 34 die V. 1. 2. 4. 28.

[614] Wie sich unten zeigen wird, hat die Auffassung von Van Seters 1994, 290–318, nach der die literarische Abhängigkeit auch hier umgekehrt wäre, wenig für sich. Vgl. Lohfink 2001, 77–80.

[615] Es ist in historischer Hinsicht umstritten, ob neben Bet-El, dem Zentrum des nordisraelitischen Stierkultes (vgl. Hos 8, 5 f; 10, 5; 13, 2), auch Dan ein Stiersymbol besaß, wie in 1. Kön 12, 28 f behauptet wird (vgl. dazu mit unterschiedlichen Stellungnahmen Dohmen ²1987, 147–153, und Albertz 1992, 214 Anm. 7, S. 219).

[616] Koenen ZAW 1999, 368.

1. Die von DtrB zitierte Grunderzählung des DtrN besteht aus zwei parallelen Hälften, die einander kontrastiv entsprechen: dem Bericht vom
Bundesbruch (9, 9–12 abβ. 15. 16 a*.17. 21 a*b) und dem Bericht von der
Bundeserneuerung (10, 1–5).[617] Der Bericht vom Bundesbruch setzt in 9, 9 a
überschriftartig mit der Rückkehr in die in Dtn 5, 22–31* vorausgesetzte Situation auf dem Horeb ein, die unter Rückgriff auf die Vorlage in Ex
24, 12 abα¹ dargestellt wird. Als Ergänzung zur Vorlage und im Anschluss an
Dtn 5, 2 (DtrP) werden „die steinernen Tafeln" als „Tafeln des Bundes, den
Jahwe mit euch geschlossen hatte" definiert (vgl. 4, 13 DtrN). Der Aufenthalt
Moses auf dem Berg, dessen 40-tägige Dauer aus Ex 24, 18 b zu schließen war
(vgl. 9, 11. 18. 25; 10, 10), war nach DtrN mit Fasten verbunden (V. 9 b), das
als Vorbereitung auf das bevorstehende, wichtige Ereignis diente (vgl. Mt
4, 2).

9, 9–12 abβ.
15. 16 a*b;
10, 1–5

Das Ereignis selbst, die Übergabe der Bundestafeln, wird in V. 10 f doppelt[618] und als Wiederholung von 5, 22 bβ (DtrN) berichtet. Bei der ersten Erwähnung (V. 10), die ihren Hintergrund in Ex 31, 18*[619] hat, liegt das Gewicht
auf der Tatsache, dass die Tafeln von Gott persönlich, mit seinem eigenen
„Finger" (vgl. Ps 8, 4), geschrieben waren (vgl. DtrN in 4, 13; 5, 22 b und
10, 4); denn ihr Inhalt war der Dekalog, der Kern der göttlichen Willensoffenbarung, die als direkte Gottesrede „aus dem Feuer heraus" an das Volk er-
ging, wie DtrN im Anschluss an 5, 4. 22 a (DtrP) betont (vgl. DtrN auch in
4, 12 a und 10, 4). Die zweite Übergabenotiz in V. 11 ist nach V. 10 inhaltlich
entbehrlich, aber sie könnte sich einem erzähltechnischen Motiv verdanken:
Weil DtrN die Herstellung des Goldenen Kalbes (Ex 32, 1–6*) nicht geschil-
dert hat, benötigt er ein retardierendes Moment („am Ende der vierzig Tage
und vierzig Nächte übergab mir Jahwe …"), das Zeit für die sündhafte Ver-
fehlung des Volkes lässt und den Übergang zur Beschreibung der göttlichen
Reaktion erleichtert.[620]

Mose erfährt, was sich während seiner Abwesenheit am Fuße des Berges[621]
zugetragen hatte, durch eine Mitteilung Jahwes (V. 12 abβ), die keine Entsprechung in der Vorlage Ex 32* hatte, später jedoch im Laufe der großen, nach
dem Vorbild von Dtn 9, 12 ff entstandenen Ergänzung Ex 32, 7–14[622] auch

9, 12 abβ

---

[617] Es wäre einem dtr Verfasser unzumutbar, ihn die Zerstörung der Bundestafeln (9, 17) ohne
Anfertigung der neuen (10, 1–5) erzählen zu lassen (so jedoch nach den Lösungen von Hossfeld
1982, 150. 154. 159, und Aurelius 1988, 47 f). Vgl. Lohfink 2001, 69.

[618] Aus diesem Grund wird häufig entweder V. 10 (z. B. von Hossfeld 1982, 151, und Aurelius 1988, 45) oder V. 11 (z. B. von Steuernagel ²1923, 83, und Preuß 1982, 50) für sekundär gehalten.

[619] Ex 31, 18* ohne die P-Zusätze „nachdem er aufgehört hatte, mit ihm zu reden" und „die
Bundestafeln" (s. Achenbach 1991, 353 f).

[620] Vgl. Achenbach 1991, 355, und Weinfeld 1991, 408 f.

[621] Das Volk befand sind nach DtrN während der Horeb-Offenbarung am Fuße des Berges
(4, 11; 9, 12. 15; 10, 1. 3. 5. 10), s. dazu näher oben bei 5, 5.

[622] Dass Ex 32, 7–14 insgesamt auf Dtn 9, 12 ff zurückgeht, hat Dohmen ²1987, 77, erkannt (anders etwa Achenbach 1991, 355–357, und Schmitt 2001, 319).

dort in erweiterter Form (V. 7 f)[623] nachgetragen wurde. DtrN übergeht still-schweigend die Rolle des Aaron bei der Anfertigung des abgöttischen Sym-bols (vgl. aber später V. 20) und kreidet die Schuld allein dem Volk an, das Jahwe jetzt distanzierend „dein Volk, das du (sc. Mose) aus Ägypten heraus-geführt hast" nennt (vgl. Ex 3, 10 f; 14, 11). Die Mitteilung der konkreten Sünde, „Sie haben sich ein Gussbild gemacht", erinnert merkbar an die ursprüngliche Formulierung des dekalogischen Bilderverbots, „Du sollst dir kein Gottesbild machen" (Dtn 5, 8 aα*). Indem DtrN anstelle des spezifischen Terminus „Jungstier" (עגל), der bei ihm erst später auftaucht (V. 16. 21)[624], das allgemeine Wort für ein verbotenes Kultobjekt, „Gussbild" (מסכה) ver-wendet, das eine Goldschmiedearbeit in Form eines Götter- oder Kultbildes bezeichnet,[625] hebt er das Ereignis ins Grundsätzliche,[626] ohne dass seine Le-ser jedoch die Anspielung auf die Machenschaften Jerobeams I. verkennen können (vgl. 1. Kön 14, 9 DtrP; 2. Kön 17, 16 DtrN, vgl. Hos 13, 2).

15. 16a*. 17   Die Ausführung des göttlichen Befehls an Mose, vom Berg zu steigen, er-folgt nach dem DtrN-Bericht unmittelbar nach V. 12 in V. 15 ff: Im Anschluss an Ex 32, 15 a* erzählt DtrN in V. 15 auf seine eigene Weise, wie Mose von dem im Feuer brennenden Berg (vgl. 4, 11 DtrN; 5, 23 a DtrP) mit den beiden Bundestafeln (V. 9. 11) in seinen Händen herabsteigt. Dann sieht Mose mit eigenen Augen, dass es sich bei dem von Jahwe genannten „Gussbild" (V. 12) des Näheren um einen „gegossenen Jungstier" (עגל מסכה) handelt (vgl. sonst Ex 32, 4. 8; Neh 9, 18), wie DtrN in V. 16 aα* die Vorlage Ex 32, 19 a* leicht variierend berichtet. Religionsgeschichtlich geht die Bezeichnung „Jungstier" (עגל) wahrscheinlich auf die Anfänge der Jahweverehrung in Bet-El zurück, wo Jahwe in die kanaanäischen Traditionen des alten Heilig-tums dadurch integriert wurde, dass man ihn als „Jungstier" dem eigentlichen Stier El, der alten Gottheit Bet-Els, zuordnete.[627] Die Zerstörung der Tafeln geschieht nach V. 17 nicht wie nach der Vorlage Ex 32, 19 b als Akt eines affektiven Zornesausbruchs, sondern Mose handelt überlegt: Er fasst die beiden Tafeln, die schon in seinen Händen waren (V. 15 b), fester an und schleudert sie demonstrativ weg, so dass sie „vor den Augen" des Volkes zer-schellen. Damit wird das Volk zum Zeugen dessen gemacht, dass die Ur-kunde des Bundes offiziell zerbrochen und nach altorientalischer Vorstellung folglich auch der Bund selber gekündigt ist.[628]

---

[623] Wenn Dtn 9, 12 die literarische Grundlage für Ex 32, 7 f bildet, hat dies weitreichende Fol-gen für die Hypothese von Aurelius, nach der Dtn 9 ursprünglich nichts vom Kalb und Horeb ge-wusst hätte, denn seine Theorie beruht im Wesentlichen auf dem angeblich sekundären Charakter von Dtn 9, 12 gegenüber Ex 32, 7 f und Dtn 9, 13 (Aurelius 1988, 12 f).

[624] Die verschiedenen Bezeichnungen für das Götterbild ergeben eine sinnvolle Reihe: מסכה „Gussbild" (V. 12), עגל מסכה „gegossener Jungstier" (V. 16), עגל „Jungstier" (V. 21).

[625] Dohmen ²1987, 53.

[626] Vgl. Hossfeld 1982, 156 f; Dohmen ²1987, 52.

[627] Dohmen ²1987, 152.

[628] Vgl. Weinfeld 1991, 410; Tigay 1996, 100.

Auf die Zerstörung der Tafeln (V. 17) folgt in dem DtrN-Bericht unmittel- 21*
bar die Vernichtung des Jungstierbildes (V. 21*) wie schon in dem älteren
Parallelbericht (Ex 32, 20 a). Es ist schwer vorstellbar, wie all die in V. 21* erwähnten einzelnen Vernichtungsmaßnahmen an ein und demselben Kultobjekt durchgeführt werden konnten. Es geht dem Verfasser aber nicht um
die konkrete Durchführbarkeit, sondern um das Modell einer Kultreform,[629]
das möglichst viele Elemente einer in der alttestamentlichen und altorientalischen Welt weitverbreiteten Vernichtungssymbolik[630] zusammenstellt, um
Mose als Vorgänger der späteren Kultreformen auftreten zu lassen und um
die vollständige Ausrottung des abgöttischen Kultobjekts zu unterstreichen.
Die „Verbrennung" (שׂרף) und „Zermalmung" (טחן) des Stierbildes „ins
Feine" (דק) fand der Verfasser schon in seiner Vorlage Ex 32, 20 a,[631] ergänzte
die Aktion aber mit weiteren Maßnahmen, die bei späteren im DtrG berichteten Kultreformen wiederkehren: Mose „zerstieß" (כתת) das Stierbild wie
später Hiskija die eherne Schlange (2. Kön 18, 4), und zwar „vollständig"
(היטב), wie es bei der Vernichtung der Altäre und Bilder des Baal in der Zeit
des Königs Joasch geschieht (2. Kön 11, 18), „bis es zum feinen Staub wurde,
und warf den Staub in den Bach", und so präfigurierte er die späteren Aktionen des Königs Asa (1. Kön 15, 13) und noch deutlicher die des Königs
Joschija (2. Kön 23, 6. 12). Damit erscheint Mose als Vater aller Kultreformen
Judas und als idealer Hüter der Kultreinheit.

Mehr wusste DtrN über die Anfertigung und Vernichtung des Stierbildes 10, 1–5
nicht zu berichten, zumal auch seine Quelle (Ex 32*) keine weiteren Nachrichten über diese Episode enthielt. Die Fortsetzung folgt bei DtrN erst in
10, 1–5, wo er die nach der Kultreform möglich gewordene Restauration des
Bundes durch die Anfertigung der neuen Bundestafeln erzählt. Sowohl das
Vokabular[632] wie auch die Darstellungsform zeigen unverkennbar, dass in
10, 1–5 dieselbe Hand federführend ist wie in 9, 9 ff*: Wie in 9, 12* wird auch
in 10, 1 f die Handlung durch einen Befehl Jahwes an Mose in Gang gebracht,
und die Handlung selbst (10, 3–5) als Ausführung des Befehls dargestellt (vgl.
9, 15–21*), was in 10, 5 noch durch die abschließende Notiz „wie Jahwe es mir
befohlen hatte" hervorgehoben wird.

Als neuer Zug gegenüber dem älteren Bericht (Ex 34, 1. 2. 4. 28) erscheint die
Lade,[633] die in 10, 1–5 eine zentrale Rolle spielt und gewissermaßen das positive Gegenstück zu dem verbotenen und vernichteten Kultbild des Jungstiers

---

[629] Siehe vor allem Hoffmann 1980, 306–313.

[630] Siehe zum außerbiblischen Material ausführlich Begg 1985, 211–229.

[631] Ganz unwahrscheinlich ist der Vorschlag von Dohmen ²1987, 131, und Van Seters 1994,
304–307, nach dem die kürzere Fassung von Ex 32, 20 ihren Hintergrund in Dtn 9, 21 hat (vgl. dagegen Gertz 2001, 98 f, und Schmitt 2001, 317 f).

[632] Vgl. insbesondere 10, 4 und 9, 10 (4, 13) sowie 10, 5 aα und 9, 15 aα.

[633] Es ist unnötig damit zu spekulieren, dass die Lade einst auch in Ex 34* gestanden hätte, bei
der Einarbeitung in P (vgl. Ex 25, 10–22; 37, 1–9) jedoch entfallen wäre (so jedoch Achenbach
1991, 271, und Weinfeld 1991, 417). Vielmehr dürfte Dtn 10, 1–5 der Grundbeleg für die Vorstellung von der Lade als Behälter der Bundestafeln sein (Perlitt 1969, 211).

bildet. Wie das Stierbild (9, 9. 16 a*) wird auch die Lade, die stilistisch wirkungsvoll in chiastischer Reihenfolge eingeführt wird (10, 1. 3)[634], „gemacht"
(עשה). Sie tritt an die Stelle des Stiersymbols, wird aber auch selber „entmy-
thologisiert", indem die V. 4 f sie zum reinen Behälter der Bundestafeln mit den
Zehn Geboten erklären. Damit wird polemisch gegen die ältere jerusalemische
Ladevorstellung Stellung bezogen, nach der die Lade als Thronsitz Jahwes auf
numinose Weise seine Präsenz unter dem Volk (Num 10, 35 f; 1. Sam 4, 4;
2. Sam 6, 6 f) und besonders im Tempel symbolisierte (Jes 6, 1; Jer 3, 16 f).[635]
Demgegenüber vertritt DtrN der im Dtn entwickelten Theologie[636] gemäß die
Anschauung, nach der Jahwe – durch seinen Namen im Tempel gegenwärtig –
seinen Willen durch das Gesetz offenbart, dessen Kernworte auf die in der
Lade aufbewahrten Bundestafeln geschrieben sind (vgl. 1. Kön 8, 20 f DtrN).

Jahwe handelt in 10, 1–5 wie ein *Schreiber*, der ein Duplikat von der origi-
nalen, aber inzwischen zerbrochenen Urschrift herstellt und es in einem
eigens dafür gemachten hölzernen Kasten (Lade) deponiert. Aus Ägypten
und Mesopotamien ist die Sitte bekannt, wertvolle Schriftstücke in Kästen zu
deponieren, die in Heiligtümern oder besonderen Archiven aufbewahrt wurden.[637] Die Art, wie DtrN in 10, 1–5 Gottes Handeln als Schreibertätigkeit
darstellt, verrät seine Vertrautheit mit und vielleicht auch Zugehörigkeit zu
der Zunft der Schreiber.

9, 7 a*. 8*.
12 bα. 13–14.
16 a*b. 18–19.
21 aα*;10,
10–11

2. Die von DtrN überlieferte Geschichte brachte der bundestheologische
Redaktor (DtrB) in den jetzigen Zusammenhang und versah ihn zugleich mit
einem Rahmen (9, 7 a*.8* + 10, 10 f) und anderen kommentierenden Ergänzungen (9, 12 bα. 13 f. 16 aα*. 16 b.18 f. 21 aα*). DtrB zielt mit der übernom-
menen Geschichte auf die Illustration seines theologischen Programms, nach
dem der Fremdgötterdienst den Zorn Jahwes erweckt, der das Volk zu vernichten droht, in diesem Fall jedoch noch durch die Tätigkeit Moses als Mittler abgewendet werden kann (9,*7 f. 18 f; 10, 10). Damit setzt DtrB die prophetische Interpretation des mosaischen Mittleramtes fort, deren Fundament
in dem Dekalograhmen (Dtn 5) von dem prophetischen Redaktor (DtrP) gelegt war und die eben dort von DtrB selber kräftig ausgezogen wurde (s. o.).
Der Fremdgötterdienst findet nach diesem Redaktor, der das Bilderverbot
auch im Dekalog (Dtn 5, 8 aα) nachtrug und in Dtn 4 ausführlich kommen-
tierte[638], einen handgreiflichen Ausdruck in der Anfertigung des abgöttischen
Kultbildes, die eine Abweichung von dem „gebotenen Weg" des Dekalogs
(9, 12 bα. 16 b) und damit eine schwere Versündigung an Jahwe (9, 16 aα*.

---

[634] Der Chiasmus entsteht in V. 1. 3 dadurch, dass die in V. 1 befohlene Anfertigung der Tafeln
und der Lade in V. 3 in umgekehrter Reihefolge erzählt wird. Raschi erklärt die stilistische Eigentümlichkeit mit dem praktischen Gesichtspunkt, dass Mose etwas brauchte, wohin er die Tafeln
legen konnte, als er vom Berg hinabkam.

[635] Vgl. von Rad ²1968, 56.

[636] Vgl. Dtn 12, 5. 11. 21; 14, 23. 24; 16, 2. 6. 11; 26, 2 und s. näher Mettinger 1982, 38–79.

[637] Siehe Sonnet 1997, 60–66.

[638] Vgl. vor allem Dtn 4, 12 b.15. 16 a*.19. 23 abα. 25. 28.

18. 21 aα*) bedeutet. In literarischer Hinsicht bedient sich DtrB im Unterschied zu DtrN keiner älteren Vorlage, sondern formuliert seine Ergänzungen frei. Auch im Blick auf die Anredeform unterscheidet er sich von DtrN, der konsequent die 2. P. Pl. verwendet,[639] während DtrB seinen Gewohnheiten gemäß das Volk sowohl im Sg. als auch im Pl., vor allem in dem Übergangsbereich des Rahmens (9, 7 f*; 10, 10 f), anzusprechen pflegt.

In dem einleitenden Rahmenstück[640] V. 7 a*.8* blickt DtrB sowohl nach   9, 7 a*. 8* hinten als auch nach vorne. Anhand der kontrastiv gebrauchten Verba „(ge)denken" und „vergessen" (vgl. Dtn 24, 17+19) knüpft er an den damals unmittelbar vorangegangenen paränetischen Kontext 8, 19 f an und bekundet damit seine Absicht, im Folgenden ein warnendes Beispiel für das dort anvisierte Programm zu liefern. Das dafür typische, aber in 8, 19 f fehlende Element des göttlichen Zornes (vgl. 4, 25; 6, 15 b; 7, 4; 11, 17) trägt er in 9, 7 a*.8* nach: Durch seine Tat am Horeb „erzürnte" (קצף Hif.)[641] das Volk seinen Gott, so dass er „ergrimmt war" (אנף Hitpa.)[642] und das Volk „vernichten" (שמד Hif.) wollte (vgl. 6, 15 b; 7, 4; 9, 14. 19 DtrB).

Die Geschichte selbst hat DtrB durch kleinere und größere Beiträge kom-   12 bα. 16 aα*.b. mentiert. Zu den kleineren Beiträgen gehört erstens der zweimal wieder-   18. 21aα* holte Vorwurf (V. 12 bα. 16 b), nach dem die Israeliten durch ihre Missetat „schnell[643] von dem Weg abgewichen seien"[644], den Jahwe ihnen „geboten hatte" – nämlich im Bilderverbot des Dekalogs (5, 8 aα). Zweitens bringt der Redaktor die Tat auf den Begriff „Sünde" (V. 16 aα*. 18. 21 aα*), der ihre grundsätzliche Art und ihre präfigurative Ähnlichkeit mit dem Vergehen Jerobeams I., des Vaters der „Erbsünde" Nordisraels, verdeutlicht,[645] aber zugleich auch das Auftreten eines Fürbitters motiviert.

Die Szene mit der Erwähnung der Fürbitte Moses für Israel in V. 18 f – se-   13–14. 18–20 kundär auch für Aaron in V. 20 – sowie ihre Vorbereitung in V. 13 f bilden den Kern des DtrB-Kommentars in dieser Episode. Beide Ergänzungen verraten schon äußerlich ihren sekundären Charakter, V. 13 f[646] durch die unnötig wie-

---

[639] So ebenfalls in Dtn 4, 1 a.10. 11. 12 a.13. 14. 22.

[640] Es ist zu beachten, dass V. 7 a* die Einführung zu der Jungstiergeschichte bietet und keinen Bestandteil des unmittelbar vorangehenden (jüngeren) Traktats 9, 1–6 bildet (gegen Lohfink 1963, 126. 200. 206; Ders. 2001, 45–47; Seitz 1971, 54. 56; García López Salm. 1981, 38–41; Braulik 1986, 73; Aurelius 1988, 20 f).

[641] Das Verb wird im Nachfolgenden stichwortartig in Hif. (V. 8. 22) wie auch in Qal (V. 19) wiederholt. Im Hintergrund steht vielleicht Dtn 1, 34 DtrH (vgl. Aurelius 1988, 37).

[642] Das Verb ist ein Merkmal spät-dtr Terminologie, s. Dtn 1, 37 (s. o.); 4, 21 (DtrN); 9, 20 (s. u.); 1. Kön 11, 9 (DtrN); 2. Kön 17, 18 (DtrN) und in Qal 1. Kön 8, 46 (DtrN).

[643] Vgl. das Adverb מהרה/מהר bei DtrB auch in Dtn 4, 26; 7, 4. 22; 11, 17.

[644] Siehe zum Ausdruck „vom Weg abweichen" oben bei 5, 32 f (DtrB).

[645] Das Substantiv חטאת (im Sg. und Pl.) beinhaltet in den Königsbüchern eine stereotype dtr Anspielung auf die Kulterneuerungen Jerobeams I. (1. Kön 12, 30; 13, 34; 14, 16; 15, 26. 30. 34; 16, 2. 19. 26. 31; 2. Kön 3, 3; 10, 31; 13, 2. 6. 11; 14, 24; 15, 9. 18. 24. 28).

[646] Im Vergleich zu Dtn 9, 13 f stellen Ex 32, 9–14 (zusammen mit 32, 7 f) eine noch jüngere Erweiterung dar. Es wäre schwer vorstellbar, dass DtrB (oder DtrN) das ausgeführte Gebet Ex 32, 11–14 ausgelassen hätte, wenn es schon in seiner Vorlage stand.

derholte Redeeinleitung am Anfang (vgl. V. 12) und V. 18 f(20) durch die zeitliche Verzögerung von vierzig Tagen, die nun zwischen der Zerstörung der Tafeln (V. 17) und der des Jungstierbildes (V. 21*) entsteht (vgl. aber Ex 32, 19*. 20 a). Jahwe droht in V. 13 f, das in V. 7 a*.8* angedeutete Programm auszuführen, indem er dem „halsstarrigen Volk" (vgl. V. 6. 27) durch „Vernichtung" (vgl. V. 8. 19) und „Auslöschen seines Namens unter dem Himmel"[647] ein Ende bereiten, mit Mose aber einen Neuanfang machen will[648]. Die Bitte Gottes „Lass mich, dass ich …" enthält einen diskreten Hinweis auf die Möglichkeit der Fürbitte, die dann von Mose in V. 18 f(20) wahrgenommen wird.

18–19   Die Rolle des Fürbitters, in der Mose ab spät-dtr Zeit häufig auftritt,[649] wird in V. 18 f in engem Anschluss an das früher Erzählte dargestellt. Wie nach V. 9–11 verbrachte Mose vierzig Tage und vierzig Nächte fastend vor Jahwe, diesmal „niedergeworfen" vor ihm wegen der Schwere der Sünde des Volkes, das mit seiner Missetat Jahwe erzürnt hatte. Die Argumentation, die sich der „Sündenformel" („tun, was böse in den Augen Jahwes ist")[650] und des Verbs „erzürnen" (כעס Hif.)[651] bedient, ist identisch mit der von DtrB in 4, 25 erteilten Warnung, nach der die Anfertigung eines Gottesbildes (פסל) genau die Folgen nach sich zieht (4, 26), die Mose zu seiner Fürbitte in 9, 18 f veranlassen. Was dort befürchtet wird, droht hier, Wirklichkeit zu werden. Das Volk hat durch seine Sünde schon das seine dazu getan und hätte nach dem in V. 19 zitierten Prinzip (vgl. V. 7 a*.8*. 14) die Vernichtung verdient, von der es jedoch dank der wirkungsvollen Fürbitte seines prophetischen Mittlers Mose verschont wird. Wie Jahwe auf die Kasteiungen des Mose auf dem Berg gnädig reagierte und ihm die Bundestafeln übergab (V. 9–11), so „erhörte er ihn auch dies Mal". Offensichtlich vergleicht DtrB dabei die Mittlertätigkeit Moses und die Reaktion Jahwes mit den in 5, 23 ff berichteten Ereignissen, die ja mit dem ersten, in 9, 9 ff erzählten Bergaufenthalt Moses zusammenfielen.[652] Für diese Deutung spricht positiv, dass das Verb „(er)hören" (שמע) einen Leitbegriff des hinteren Dekalograhmens (5, 23 ff) darstellt (s. o.) und dass DtrB auch in 10, 10 die Übergabe der neuen Bundestafeln als „Erhörung" (שמע) versteht.

---

[647] Die Wendung begegnet sonst in Dtn 29, 19 (spät) und 2. Kön 14, 27 (DtrN), hat aber eine nahe liegende Entsprechung in Dtn 7, 24 (DtrB), vgl. weiter Dtn 25, 6. 19 (< Ex 17, 14).

[648] Dtn 9, 14 b ist der früheste Belege für diese Vorstellung, davon abhängig sind Ex 32, 10 und Num 14, 12 (s. Aurelius 1988, 140; anders Schmitt 2001, 320).

[649] Ausgeführte Fürbitten des Mose sind Ex 5, 22 f; 32, 11–13. 31 f; 34, 8 f; Num 12, 13; 14, 13–19; Dtn 1, 11; 9, 25–29, Hinweise auf sie enthalten Ex 8, 4–9. 24–27; 9, 28 f. 33; 10, 16–19; 15, 25; Num 11, 1; 21, 7; Jer 15, 1; Ps 99, 6; 106, 23. Siehe zum Thema ausführlich Aurelius 1988.

[650] Die im DtrG häufige „Sündenformel" erscheint im Dtn in 4, 25; 9, 18; 17, 2; 31, 29, ihr Gegenteil bei DtrB in Dtn 6, 18.

[651] Das Verb ist verbreitet vor allem in den späteren Schichten der dtr Literatur: Dtn 4, 25; 31, 29; 32, 16. 21; Ri 2, 12; 1. Kön 14, 9. 15; 15, 30; 16, 2. 7. 13. 26. 33; 21, 22; 22, 54; 2. Kön 17, 11. 17; 21, 6. 15; 22, 17; 23, 19. 26.

[652] Vgl. Lohfink 1963, 218 Anm. 36. Anders Lohfink 2001, 58 f, der seine einstige (richtige) Deutung energisch widerruft und die frühere Erhörung jetzt mit Ex 32 (V. 30–35) verbindet.

Ein späterer Glossator sah sich veranlasst, in V. 20 noch explizit Aaron,   20
der im Dtn kaum eine Rolle spielt (vgl. 10, 6; 32, 50), in die Fürbitte Moses
einzubeziehen, weil er nach Ex 32, 1–6 dem Plan des Volkes zugestimmt
hatte, von den Deuteronomisten in Dtn 9 jedoch gänzlich übergangen war.

DtrB schließt die Horeb-Episode mit dem hinteren Rahmen in 10, 10 f ab,   10, 10–11
wo er auf den zweiten Bergaufenthalt Moses in 10, 1–5 (DtrN) zurück-
blickt[653] und ergänzend die Übergabe der neuen Bundestafeln als Antwort
(„Erhörung") auf seine Mittlertätigkeit interpretiert (vgl. 9, 18 f). Das beim
ersten Bergaufenthalt gestiftete prophetische Mittleramt Moses, das hier
wie in 5, 5. 31 als „Stehen" (עמד) bei Gott definiert wird, zeigt hier zum ersten Mal seine Wirkungskraft für das sündige Volk. Dass Jahwe seine in
9, 8*. 14. 19 angekündigte Strafe (noch) nicht verwirklichte, führt DtrB letztlich auf den unerforschlichen göttlichen Ratschluss zurück, der „dich nicht
vernichten wollte"[654]. Mit dem Aufbruchsbefehl V. 11 stellt DtrN einen redaktionellen Übergang von der Horeb-Digression zu dem erzählerischen
Hauptthema der Kapitel Dtn 1–11 her, wobei er wahrscheinlich auf 11, 31 vorausblickt. DtrB hat die Gewohnheit, Segensabschnitte mit einem Rückverweis auf die Väterverheißungen abzuschließen.[655] Auch hier beruft er sich
auf die Landverheißung als Eid, deren Hintergrund in Dtn 1, 8, beim Aufbruch des Volkes vom Horeb, liegt. Damit gibt er zu verstehen, dass die am
Horeb begangene Sünde nun vergeben, der Bund wieder in Kraft, der Weg
in das gelobte Land frei und folglich die Zukunft wieder offen ist – auch
für die vom Exil betroffenen, die ein tiefes Sündenbewusstsein (vgl. Klgl
1, 8. 14. 18. 20. 22; 2, 14; 3, 42; 4, 6; 5, 16), aber auch ein großes Bedürfnis
nach einem vollmächtigen Mittler und Fürbitter (vgl. Jes 53, 4 f. 8. 12) besaßen.

3. Der einst vorhandene Zusammenhang zwischen 8, 19 f und 9, 7*ff wurde   9, 1–6
durch den eingeschobenen theologischen Traktat 9, 1–6* unterbrochen,[656]
in dem Israels Sünde am Horeb als Ausdruck seiner fehlenden Gerechtigkeit
interpretiert wird. Der späte Charakter des Einschubs zeigt sich schon formal
darin, dass in ihm Elemente verschiedener literarischer Gattungen zur Verwendung kommen: in V. 1–3 das Modell der Kriegsansprache,[657] in V. 4–6

---

[653] Die Inversion + Perf. kennzeichnet in V. 10 Vorvergangenheit (Plusquamperfekt). Die Erzählung 9, 7–10, 10 weiß in keiner Gestalt von *drei* Bergaufenthalten des Mose (so jedoch Lohfink
1963, 213; Ders. 2001, 59 f); denn die in 9, 18 f und 9, 25–29 berichteten Fürbitten finden nicht auf
dem Berg statt (gegen Lohfink 1963, 213; Ders. 2001, 52 f. 59). Damit versteht sich von selbst, dass
„das erste Mal" in 10, 10 sich auf 9, 9–11 (und indirekt auf 5, 23 ff) und „auch dies Mal" auf 9, 9–11
und 9, 18 f bezieht.

[654] Vgl. zum „Nicht-Wollen" oben bei Dtn 1, 26.

[655] Vgl. Dtn 4, 31; 6, 3. 18; 7, 12 f; 8, 1. 18 b; 11, 9. 21.

[656] Vgl. im Prinzip ähnlich Lohfink 1991 II, 141; Ders. 2001, 72–75, und Braulik 1997, 20–24,
die 9, 1–6 – allerdings zusammen mit V. 7 f und 22–24 – einem spätexilischen dtr Überarbeiter
(DtrÜ) zuschreiben.

[657] Vgl. Achenbach 1991, 339.

das eines Monologs,[658] und wenn V. 7 aus dem älteren Text hinzugenommen wird, lässt sich darin vielleicht auch das Schema der Beweisführung finden.[659] Die Hauptaussage des mit Sicherheit schon nachexilischen, in sprachlicher und theologischer Hinsicht mit 4, 36–40; 7, 7–11 und 8, 2–6 verwandten Traktats ist polemisch gegen die Behauptung des DtrB gerichtet, nach der die Landnahme sich als Folge der treuen Gesetzeserfüllung Israels (vgl. 4, 1 b; 6, 17 a.18; 8, 1) und damit als Zeichen seiner Gerechtigkeit (6, 25) ergeben hätte.

1–3   Der Traktat, an dessen Anfang V. 1 (nach dem Höraufruf) und Ende das betonte „Du" als Rahmung erscheint, gliedert sich in zwei Hälften (V. 1–3 und V. 4–6), die beide mit einer die Erkenntnis betreffenden Schlussfolgerung enden („du sollst erkennen, dass …"). Die erste Hälfte V. 1–3, die formal an eine Kriegsansprache erinnert,[660] nimmt in V. 1 den Höraufruf von 6, 4 auf (vgl. 4, 1; 5, 1; 20, 3; 27, 9) und beschreibt im Anschluss an ältere Texte[661] anschaulich die Situation, wo Israel gerade an der Schwelle des verheißenen Landes mit dessen mächtigen Völkern und befestigten Städten (vgl. 1, 28 DtrH) steht und deshalb geängstigt sein könnte. Vers 2 mit dem Hinweis auf ein einzelnes Volk passt nicht recht in den Kontext, wo von den ehemaligen Völkern des Landes insgesamt die Rede ist. Ein Glossator hat offensichtlich aus 1, 28[662] (< Num 13, 28) die Anakiter als besonders hochgewachsene und gefürchtete Völkerschaft herausgegriffen, um mit ihnen den Ernst der bevorstehenden Gefahr hervorzuheben. Die göttliche Reaktion auf die von den Völkern ausgelöste Angst wird in V. 3 in Gestalt einer Schlussfolgerung dargestellt (vgl. 4, 39), die angesichts der menschlichen Größe und Stärke der Völker an Jahwes Macht und Gegenwart unter seinem Volk erinnert (vgl. 1, 30 f; 20, 3 f; 7, 18 f. 21). Wenn Israel den Jordan „überschreitet" (V. 1), „zieht" in Wirklichkeit Jahwe selber als verzehrendes Feuer[663] (vgl. 4, 24; Hebr 12, 29) vor ihm „hinüber" (V. 3), und er – nicht Israel wie nach 7, 24 (DtrB) – wird die Völker vertilgen[664] und niederwerfen[665], so dass Israel sie dank Jahwes vorangehender und entscheidender Aktion schnell[666] und restlos

---

[658] Vgl. García López Salm. 1981, 53.

[659] Vgl. Lohfink 1963, 126.

[660] Siehe Belege oben bei 7, 17–19. 21.

[661] Vgl. im Einzelnen zu V. 1 aα²β vor allem 11, 31 (DtrN), aber auch 2, 18. 29; 4, 21 f. 26; 12, 10; 27, 2. 4. 12; 30, 18; 31, 13; 32, 47, zu V. 1 aβγ 11, 23 (DtrB), aber auch 2, 12. 21 f; 12, 2. 29; 18, 14; 19, 1; 31, 3, zu V. 1 aγ außer 11, 23 (DtrB) auch 4, 38 und 7, 1 sowie zu V. 1 b außer 1, 28 auch 3, 5 und 6, 10 b.

[662] Aurelius 1988, 36, meint umgekehrt, dass 1, 28 von 9, 1 f abhängig sei, was kaum möglich ist.

[663] Siehe zum „verzehrenden Feuer" oben bei 5, 25.

[664] Dasselbe Verb שמד Hif. an beiden Stellen, aber mit unterschiedlichen Subjekten. Es handelt sich um ein Lieblingswort des DtrB (vgl. in Hif. 4, 3; 6, 15; 7, 4; 7, 24; 9, 8. 14. 19, und in Nif. 4, 26; 7, 23).

[665] Das Verb כנע Hif. gehört nicht dem Dtn-Vokabular an, sondern hat seine nächste kontextuale Entsprechung in Neh 9, 24, vgl. auch 1. Chr 17, 10; Ps 81, 15 und weiter die Belege im DtrG (Hif.: Ri 4, 23 und 2. Sam 8, 1, Nif.: Ri 3, 30; 8, 28; 11, 33 und 1. Sam 7, 13).

[666] Die Vorstellung von einer „schnellen" (מהר) Landnahme steht im Widerspruch zu der auf Ex 23, 29 f zurückgehenden Auffassung des DtrB von einer langsamen Eroberung (Dtn 7, 22). Die

austilgen kann, wie der Verfasser das Wesen göttlicher und menschlicher Kooperation im Gespräch mit 7, 17–24 genau definiert.[667]

Die zweite Hälfte des Traktats (V. 4–6) setzt die erste fort, indem sie in   4–6
V. 4 a[668] anhand des Schemas eines Monologs (vgl. 7, 17; 8, 17) an die in V. 1. 3 beschriebene Situation anknüpft und die Gefahr ins Auge fasst, Israel könne den von Jahwe errungenen Erfolg seiner eigenen Gerechtigkeit zuschreiben. Weil der Verfasser sich hier kritisch mit DtrB auseinandersetzt, liegt es am nächsten, die „Gerechtigkeit" (צדקה) im Lichte von Dtn 6, 25 (DtrB) als „die Qualität" zu verstehen, „die aus dem rechten Verhalten gegenüber den Forderungen des Gesetzes folgt"[669] (vgl. 24, 13). Die hier anvisierte Gefahr bedeutet eine Steigerung und Sublimierung gegenüber den früheren mit dem Stilmittel des Monologs eingeführten religiösen Versuchungen.[670] Ging es dort um Menschenfurcht (7, 17) und Hochmut (8, 17), so geht es hier um die subtilste Art des Unglaubens, die selbstgerechte Frömmigkeit, die Gottes Gaben als gerechten Lohn für die eigene religiöse Leistung betrachtet (vgl. Lk 18, 11 f).[671] Das Recht des Pochens auf das eigene Verdienst wird in V. 5 formgemäß (vgl. 7, 18 f. 21; 8, 18) bestritten und die „Gerechtigkeit" dabei durch den Parallelbegriff „Rechtschaffenheit"[672] erläutert, der ihren Charakter als verdienstvolle moralische Qualität erhärtet. Im Gegensatz zu Israels eigenem, fehlendem Rechtsanspruch wird die Landgabe dann einerseits negativ mit dem Hinweis auf die ehemaligen Völker des Landes, die wegen ihres „Frevels" (רשעה)[673] ebenso wenig wie Israel ein Recht auf den Besitz des

---

durch verschiedene Autoren bedingte Differenz kann nicht mit der künstlichen Erklärung eliminiert werden, in 7, 22 ginge es um die nach der ersten Eroberung noch übrig gebliebenen, in 9, 3 hingegen um die von dem ersten Ansturm betroffenen Völker (so jedoch Lohfink 1963, 205, und Braulik 1986, 74).

[667] Sowohl das Vokabular wie auch der Inhalt sprechen dafür, dass der Rückverweis „wie es Jahwe dir zugesagt hat" auf Dtn 7, 17–24 und indirekt natürlich auch auf Ex 23, 23. 27. 31, aber kaum auf Dtn 1, 6 f Bezug nimmt.

[668] Vers 4 b ist ziemlich eindeutig eine Glosse, die V. 5 bα störend vorwegnimmt (vgl. Bertholet 1899, 30; Driver ³1902, 111; Steuernagel ²1923, 82; Nielsen 1995, 110).

[669] Köckert ThPh 1985, 513. In diesem Sinne wird צדקה hier u.a. schon von Targ. Onkelos (זכות) und Luther („Verdienst") verstanden (WA 28, 741:20).

[670] Siehe zum Folgenden Aurelius 1988, 21, der allerdings fälschlich 9, 4 f auch literarisch mit 7, 17 ff und 8, 17 f verbindet (dagegen Nielsen 1995, 111).

[671] Vgl. Luther: „In diesem Kapitel schneidet Mose den anderen Anlass zur Überschreitung des Ersten Gebots ab, der geistlicher Hochmut genannt wird und der sich der Gerechtigkeit und der Verdienste rühmt. Er bedeutet Vertrauen auf die eigenen Werke, und es gibt keine gefährlichere Pest und keinen gefährlicheren Gegner des Glaubens oder des Vertrauens auf Gottes Gnade als er" (WA 14, 634:30–33, deutsch Verf.).

[672] Vgl. zu diesem Begriff Ps 7, 11; 11, 2; 32, 11; 36, 11; 119, 7; Ijob 33, 3; 1. Chr 29, 17 und auch die nahe liegenden dtr Termini in Dtn 6, 18 (DtrB); 1. Kön 3, 6 (DtrN); 9, 4 (DtrN). Die letztgenannten Stellen beleuchten den nomistischen Hintergrund, gegen den in Dtn 9, 4–6 Stellung bezogen wird (vgl. Köckert ThPh 1985, 514).

[673] Das Wort רשעה wird hier als Kontrastbegriff von צדקה gebraucht (vgl. Gen 18, 19. 23–33; Ez 18, 27; 33, 12. 19; Spr 11, 5; 13, 6). Konkret mag der Verfasser bei dem „Frevel" oder der „Gottlosigkeit" (LXX: ἀσέβεια) der Völker auf ihre götzendienerischen Praktiken abgehoben haben (vgl. Dtn 18, 12; 20, 18).

Landes haben, und andererseits positiv mit der Berufung auf die Treue Jahwes begründet, die sich in der den Vätern gegebenen Landverheißung[674] manifestiert und letztlich als einziges Argument zu Israels Gunsten gültig bleibt.[675] Der Ertrag der vorangehenden Argumentation wird in V. 6 als Schlussfolgerung (vgl. V. 3) festgehalten, wobei die Kernaussage („nicht wegen deiner Gerechtigkeit") wiederholt und von einer neuen Seite begründet wird: „ein halsstarriges Volk bist du" (vgl. 9, 13). Damit erfährt die fehlende Gerechtigkeit Israels eine inhaltliche Näherbestimmung, die jeden qualitativen Unterschied zwischen Israel und den Völkern zunichte macht, und in Folge des neuen hermeneutischen Vorzeichens wird aus der nachfolgenden Geschichte (9, 7 ff) ein Beispiel für die Halsstarrigkeit, die Israel von Anfang an kennzeichnete (vgl. Dtn 31, 27; Jes 64, 5; Ps 78, 8. 37).

Es handelt sich in V. 4–6 um eine Bestreitung der eigenen Gerechtigkeit Israels und der Völker und damit um eine beachtliche Vorwegnahme der paulinischen Rechtfertigungslehre, wie sie vor allem in Röm 1–4 entfaltet wird: Die Gottlosigkeit der Völker (Röm 1, 18–32) und der Ungehorsam der Juden (Röm 2, 1–3, 8) zeigen, dass „alle unter der Herrschaft der Sünde sind" (Röm 3, 9) und allein aus Gnade, kraft der Abraham gegebenen und in Christus erfüllten Verheißung Gerechtigkeit erlangen (Röm 4, 13–25).[676] Der wesentliche Unterschied hinsichtlich der Gerechtigkeit besteht jedoch darin, dass der Verfasser von Dtn 9, 1–6* das *Fehlen* menschlicher Gerechtigkeit moniert, ihre prinzipielle Gültigkeit vor Gott jedoch nicht in Frage stellt wie Paulus in Röm 3, 20 f. Würde er die Gültigkeit der menschlichen Gerechtigkeit überhaupt bestreiten, hätte es keinen Sinn, den Völkern ihren „Frevel" und Israel seine „Halsstarrigkeit" – die beide eben das Fehlen der Gerechtigkeit bemängeln – zum Vorwurf zu machen.[677]

9, 25–29   4. Die in Dtn 9, 18 f erwähnte Fürbitte Moses wurde nachträglich in V. 25–29 im Wortlaut mitgeteilt und so der Zusammenhang zwischen 9, 21 und 10, 1–5 zum ersten Mal unterbrochen.[678] Die Fürbitte bezieht sich ausdrücklich auf

---

[674] Das Wort דבר „Zusage" erscheint in 9, 5 in derselben Bedeutung wie ברית „Bund" in 8, 18 b, vgl. Ps 105, 8 und LXX in 9, 5 (διαθήκη), aber anders als in 8, 18 b geht es hier eindeutig um die Landverheißung (vgl. Kutsch 1973, 107).

[675] Vgl. Luther: „Wenn sie das Land durch Gottes Verheißung empfangen haben und besitzen, so haben sie es also nicht durch Verdienste oder eigene Gerechtigkeit erhalten, sondern aus reiner Gnade und Güte Gottes, die den Unwürdigen und noch nicht Geborenen geschenkt wurde. Warum hat er dann die Verheißung gegeben? Etwa deshalb, weil diejenigen, die nach 430 Jahren geboren werden sollten, es verdient hätten? Es sei ferne! Sondern wie er aus lauter Güte die Verheißung gab, so erfüllte er auch sein Wort aus lauter Gnade" (WA 14, 635:30–35, deutsch Verf.).

[676] Paulus zitiert Dtn 9, 4 in Röm 10, 6; er hat den Begriff „eigene Gerechtigkeit" (Phil 3, 9; Röm 10, 3) vermutlich im Anschluss an Dtn 9, 4–6 gebildet (Aurelius 2000, 27 mit Anm. 61 und 62). Vgl. zu Dtn 9, 5 auch Tit 3, 5.

[677] So besteht hier weder ein Gegensatz noch eine Korrektur zu den „Tempeleinlassbedingungen" in Ez 18; 33, 10–20 (anders jedoch Braulik 1997 23 f, und kritisch dazu Loretz 2003, 149–152).

[678] Vgl. García López RB 1978, 24, und Achenbach 1991, 368.

9, 18 f zurück (V. 25)[679], setzt aber auch schon 9, 1–6* voraus, wie vor allem der Hinweis auf die „Schuld" (vgl. V. 5)[680], aber auch auf die „Halsstarrigkeit" (vgl. V. 6)[681] des Volkes in V. 27 nahe legt. Außerdem setzt sie auch das nach der Bearbeitung des DtrB entstandene Gebet des Mose in Ex 32, 11 f voraus,[682] dessen Motive und Terminologie in Dtn 9, 25–29 in freier Form wiederkehren.[683] Der wesentliche Unterschied zwischen den beiden Gebeten besteht darin, dass Ex 32, 11 f eine stilgerechte Klage, während Dtn 9, 25–29 ein Bittgebet mit zahlreichen Begründungen für Gottes Einschreiten darstellt.[684] Das Gebet 9, 25–29 bildet ein charakteristisches Beispiel für das Fürbittgebet eines Gerechten, der allein in der Lage ist, durch die Berufung auf die Verdienste der frommen Diener und durch das Eingeständnis der Schuld des Volkes Jahwe bei seiner gefährdeten Ehre zu behaften und so das Unheil abzuwenden (vgl. Gen 18, 16 b–33; Num 14, 11–20; Ez 14, 12–20).[685]

Die eigentliche Fürbitte beginnt in V. 26 mit einer in Gebeten geläufigen Anrede „Herr Jahwe" (vgl. 3, 24) und setzt sich mit der ersten Bitte „vernichte nicht dein Volk und dein Eigentum" fort, die auf den früheren Vernichtungsplan Jahwes in 9, 12–14 Bezug nimmt[686] und das dort (V. 12) erwähnte „dein (sc. Moses) Volk" nachdrücklich als *Jahwes* Volk und Eigentum (נחלה, vgl. 4, 20; 1. Kön 8, 51) bezeichnet, das unveräußerlich ist. Die Bitte wird weiter damit motiviert, dass Jahwe selber dieses Volk freigekauft und aus Ägypten herausgeführt hatte.[687] Würde er es nun aber vernichten, so würde er diese grundlegende Befreiungstat rückgängig machen und sich selbst untreu werden. Als neue Begründung wird in V. 27 auf Abraham, Isaak und Jakob hingewiesen, die jetzt nicht unter ihrer gewöhnlichen Bezeichnung „Väter" (vgl. Dtn 1, 8; 6, 10; 9, 5; 29, 12; 30, 20), sondern unter dem Ehrentitel der frommen Gottesmänner „deine Knechte" angeführt wer-

---

[679] Der Rückbezug zeigt sich neben der gemeinsamen Terminologie („sich niederwerfen", „vor Jahwe", „vierzig Tage und vierzig Nächte", „vernichten") auch im Gebrauch der sog. idem per idem-Konstruktion (Imperf. cons. + Zeitbestimmung + Relativsatz mit Perf.), die den Bezug auf früher Erzähltes herstellt (vgl. Raschi z. St.).

[680] Statt רשעה (V. 5 und V. 4 b) erscheint in V. 27 die kürzere Variante רשע.

[681] Vgl. aber auch 9, 13. Im Unterschied zu 9, 6. 13 wird in 9, 27 für die „Halsstarrigkeit" die Abkürzung קשי gebraucht, die nur hier im AT, später aber in Qumran (1QS 4, 11; 6, 26) belegt ist. Siehe weiter zum Gebrauch der beiden Ausdrücke in Dtn 9, 1–10, 11 Zipor ZAW 1996, 22 f, der die „Halsstarrigkeit" als ein Leitwort der Erzählung betrachtet.

[682] Ex 32, 13 hingegen ist eine auf Dtn 9, 27 zurückgehende Erweiterung, die den Zusammenhang zwischen V. 12 und V. 14 zerreißt (Weimar BN 1987, 124 f; Gertz 2001, 100 f).

[683] Vgl. Greenberg 1977–78, 33, und Braulik 1986, 80.

[684] Braulik 1986, 80.

[685] Achenbach 1991, 368.

[686] Terminologisch wird dasselbe Verb שחת Hif. wie in 10, 10 gebraucht (vgl. aber 9, 12 שחת in Pi.). Eigenartigerweise erscheint die Bitte „Vernichte nicht" auch in einigen Psalmenüberschriften (Ps 57, 1; 58, 1; 59, 1; 75, 1).

[687] Der Freikauf und die Herausführung aus Ägypten treten auch sonst in späten Texten nebeneinander auf (vgl. Dtn 7, 8; 13, 6; Mich 6, 4), weshalb keine Nötigung zur Annahme von Zusätzen besteht (gegen Steuernagel ²1923, 86, und Hossfeld 1982, 153).

den.[688] Es wird auf keine konkrete an sie ergangene Verheißung angespielt (vgl. anders in Ex 32, 13), sondern sie erscheinen allein als eine Appellationsinstanz, auf die man sich wie auf David (Ps 132, 1)[689] wegen ihrer Verdienste in Not berufen kann. Die nachfolgende Bitte, Jahwe möge die Halsstarrigkeit, Schuld und Sünde des Volkes nicht beachten (V. 27 b)[690], hat zugleich auch die Funktion des Sündenbekenntnisses, das in nachexilischen Gebeten allmählich an die Stelle der Klage tritt.[691] Die neue Begründung in V. 28 beruft sich auf Jahwes Ehre[692] in den Augen der Landesbewohner und kombiniert dabei Elemente aus verschiedenen vorgegebenen Texten: Das Argument der Ohnmacht Jahwes stammt aus dem nachexilischen Gebet Moses Num 14, 13–19[693] (V. 16), die Unterstellung des Hasses gegen das eigene Volk aus der Kundschaftergeschichte des DtrH (Dtn 1, 27) und das Postulat von Jahwes tödlichen Absichten aus dem älteren Paralleltext Ex 32, 12. Das Gebet wird stilistisch wirkungsvoll in V. 29 abgerundet, indem noch einmal (vgl. V. 26)[694] auf Israels Privileg als Jahwes „Volk und Eigentum" rekurriert wird, das er aus Ägypten befreit hatte.[695] Hat das auch heute noch Geltung? Das ist die bedrängende Frage des Beters in V. 25–29.

9, 7 a*b. 8 a*.
22–24
5. In dem theologischen Traktat 9, 1–6* wurde die Horebgeschichte mit dem hermeneutischen Vorzeichen versehen, nach dem Israel grundsätzlich ein halsstarriges Volk ist (V. 6). Ein noch jüngerer Verfasser hat diese Feststellung in 9, 7 a* („in der Wüste").7 b.8 a* (ohne „am Horeb") und 9, 22–24[696] aufgenommen und historisch begründet. Zu diesem Zweck ergänzt er in 9, 7 f die Aussage des DtrB, nach der Israel seinen Gott am Horeb erzürnt hat, mit dem verallgemeinernden Vorwurf, Israel habe dies „in der Wüste" – unter welchem Begriff der Horeb im Dtn nie erscheint – getan und sei schon immer, seit seinem Auszug aus Ägypten und bis auf den heutigen Tag, wider-

---

[688] Siehe Veijola 1975, 127 f. Alle drei Erzväter werden zusammen als Jahwes „Knechte" nur in Dtn 9, 27 und Ex 32, 13 bezeichnet, getrennt aber Abraham in Gen 26, 24; Ps 105, 6. 42, Isaak in Gen 24, 14 und Jakob/Israel in 1. Chr 16, 13.

[689] Ps 132, 1 ist die engste Parallele für die Konstruktion זכר + ל im Sinne von „gedenken", „Rücksicht nehmen auf", vgl. sonst 2. Chr 6, 42 und s. weiter Greenberg 1977–78, 25–28.

[690] Vers 27 b nimmt zumindest durch das Wort „Sünde" (חטאת) auf die Jungstiergeschichte Bezug (9, 18. 21), was der Hypothese widerspricht, das Gebet des Mose (mit V. 27) habe einst ohne die Horeb-Episode existiert (so Seitz 1971, 53–56; Mayes ²1981, 194 f, und Aurelius 1988, 16 f).

[691] Veijola 2000, 190.

[692] Vgl. Jos 7, 9; Ez 20, 9. 14. 22. 44; 36, 21–23; 39, 7. 25; Jes 48, 9. 11; 52, 5 f; Ps 79, 10.

[693] Siehe dazu Aurelius 1988, 130–141, und vgl. Schmitt 2001, 190.

[694] Die Wiederholung ist ein Stilmittel (vgl. Greenberg 1977–78, 31; Weinfeld 1991, 417) und kein Indiz für eine sek. Erweiterung (so Hossfeld 1982, 154, und Aurelius 1988, 15).

[695] Die literarische Abhängigkeit des Verfassers von dem älteren Gebet in Ex 32, 11 f zeigt sich u. a. darin, dass er die dort (V. 11) kombinierten Näherbestimmungen der Exodusformel „mit großer Macht und mit starker Hand" auf den Anfang (V. 26) und das Ende (V. 29) seines Gebets verteilt und mit anderen in diesem Kontext idiomatischen Aussagen verbunden hat.

[696] Dass zwischen diesen Versen ein literarischer Zusammenhang besteht, wird allgemein zugestanden (s. Seitz 1971, 57; Hossfeld 1982, 162; Aurelius 1988, 14; Otto 2000, 91 f; Lohfink 2001, 45. 72).

spenstig gegen Jahwe[697] gewesen. Damit teilt er die in nach-dtr Psalmen (Ps 78, 8. 17; 106, 7. 43), in P (Num 17, 25; 20, 10. 24; 27, 14) und anderen späten Schriften (Neh 9, 16 f. 26) übliche Sicht von Israels Widerspenstigkeit, die ihren Anfang schon in der Wüste nahm.[698] Die Probe aufs Exempel folgt in den sekundären V. 22–24, die das ihnen vorangegangene Fürbittgebet des Mose (V. 25–29) unsachgemäß weit von seinem Anlass, der Horebepisode, entfernen, terminologisch und sachlich aber mit den Zusätzen in V. 7 f aufs engste zusammenhängen. Der Verfasser ruft hier neben dem Horeb noch weitere Orte in Erinnerung, die schon durch ihre Namen den unheilvollen Aufstand Israels in der Wüste signalisieren: Die in V. 22 genannten, nach ihrer geographischen Lage unbekannten Orte Tabera („Brandstätte"), Massa („Erprobung") und Kibrot-Taawa („Gräber der Lust") erinnern an verschiedene Anlässe, bei denen das Volk während des Wüstenaufenthaltes mit seinem Klagen den Zorn Jahwes heraufbeschwor und nur dank der Fürbitte Moses gerettet wurde (Num 11, 1–3; Ex 17, 1–7) oder ohne sie einen erheblichen Schaden erlitt (Num 11, 33 f). Als viertes Beispiel für seine These zitiert der Verfasser in V. 23 die Kundschaftergeschichte nach dem fertigen Wortlaut von Dtn 1, 19 ff, wobei er die Aussendung der Kundschafter aus Kadesch-Barnea (vgl. 1, 19. 22) anhand der dort entliehenen Terminologie auf das ganze Volk überträgt (vgl. 1, 21) sowie dessen ängstliche Weigerung als Auflehnung gegen Jahwe (vgl. 1, 26. 43) und Ausdruck des mangelnden Glaubens deutet (vgl. 1, 32)[699]. Damit ergibt sich in V. 24 aus der bisherigen Geschichte das negative Fazit, dass Mose von Anfang an mit einem widerspenstigen Volk zu tun gehabt hat (vgl. 31, 27).

6. Zu den späten Zusätzen innerhalb von 9, 1–10, 11 zählt die Notiz   10, 8–9 des „Bucherzählers" über die Bestallung der Leviten (10, 8 f)[700], die inhaltlich auf 10, 1–5 (die Lade) Bezug nimmt und auch literarisch einst unmittelbar hinter diesen Versen stand. Ihr folgen die V. 10 f, in denen der Befehl zum neuen Aufbruch gegen das verheißene Land erteilt wird (V. 11). Damit wird Israels Zug ins Land ab 10, 8–11 von der tragbaren Lade mit den Bundestafeln, die ihr Endziel im Jerusalemer Tempel haben (1. Kön 8, 1–9), begleitet.
     Der Notiz von 10, 8 f kommt eine eminent wichtige Funktion im Kontext des Dtn zu, wo sie die Reihe *all* der Stellen eröffnet, die die Leviten betref-

---

[697] Das Verb מרה Hif. „widerspenstig sein" (gegen Jahwe) begegnet sporadisch schon bei DtrH (Dtn 1, 26. 43), geläufig wird es aber erst in jüngeren dtr Schichten (Dtn 9, 23 f; 31, 27; Jos 1, 18; 1. Sam 12, 14; 1. Kön 13, 21. 26), vgl. Achenbach 1991, 351.

[698] Das Motiv dürfte seinen Ursprung im Buch Ezechiel haben (vgl. Ez 2, 5 f; 3, 9. 26 f; 12, 2 f. 9. 25; 20, 1–31).

[699] Das Verb אמן Hif. „Vertrauen haben, glauben" ist nicht typisch für die dtr Sprache. Im Dtn erscheint es an diesen beiden Stellen (1, 32; 9, 23) in der religiösen Bedeutung (anders in Dtn 28, 66) und sonst im DtrG nur noch in 2. Kön 17, 14.

[700] Zu der den Zusatz beginnenden Zeitbestimmung „zu jener Zeit", die manchmal, nicht jedoch immer, auf sek. Erweiterungen hindeutet, s. o. bei 3, 18.

fen,[701] und damit dem Leser den Schlüssel zu ihrem Verständnis bietet. In ihr kommt in prägnanter Form das spät-dtr Programm der Leviten mit dem Anspruch auf das Priestertum zum Ausdruck.[702] Über die Vorgeschichte der Leviten ist wenig bekannt. Im Lichte der ältesten Berichte (Ri 17 f) – soweit sie historisch verwertbar sind – scheinen die Leviten ursprünglich kein weltlicher Stamm (vgl. Ri 17, 7), sondern eher eine Berufsgenossenschaft gewesen zu sein, deren Mitglieder als Priester besonders geschätzt und begehrt waren. Im Verlaufe der Königszeit sind die Leviten, die keinen eigenen Landbesitz hatten, offenbar einer allgemeinen Verarmung zum Opfer gefallen, weshalb sie im Korpus des Dtn zusammen mit Witwen, Waisen und Fremden als Sozialfälle (*personae miserae*) erscheinen, die auf die materielle Fürsorge der Gesellschaft angewiesen sind (vgl. 12, 18; 14, 27. 29; 16, 11. 14; 26, 11. 12 f). Die früher häufig mit den Leviten des Dtn in Verbindung gebrachten Höhenpriester, die Joschija laut 2. Kön 23, 8 f nach Jerusalem umsiedelte, dort aber dienstlos blieben, waren hingegen weder dem Namen noch der Funktion nach Leviten und dürfen mithin nicht in die Geschichte der Leviten einbezogen werden.[703]

Während die Leviten als *personae miserae* nach dem Exil literarisch nicht mehr greifbar werden, treten sie gleichzeitig mit einem massiven Programm auf, das auf die Levitisierung des Priestertums zielte. Die Bemerkung 10, 8 f gehört als wesentlicher Teil zu diesem Programm. Darin wird der kühne Anspruch erhoben, dass der Stamm der Leviten *allein* das Recht auf das Priestertum habe. Der priesterliche Dienst der Leviten hat nach V. 8 drei Hauptfunktionen: Sie sind die legitimierten Träger der Lade (vgl. 31, 9. 25),[704] die jetzt „die Lade des Bundes" heißt (vgl. 31, 9. 25. 26)[705], weil ihr Inhalt nach 10, 1–5 (DtrN) in den Tafeln des am Horeb geschlossenen Bundes (5, 2 f) besteht. Damit sind die Leviten nicht nur „Träger", sondern auch treue Bewahrer des ihrer Obhut anvertrauten Gesetzes (vgl. 17, 18; 31, 9–13. 24–29)[706], des höchsten Gutes spät-dtr Theologen. Darüber hinaus schließt ihr Priestertum die klassischen Funktionen der Priester ein, den kultischen und liturgischen Dienst[707] am Tempel (vgl. 17, 12; 18, 5. 7; 21, 5) sowie die Segnung des Volkes im Namen Jahwes (vgl. 21, 5; Num 6, 23. 27; Lev 9, 22; 1. Chr 23, 13). Damit

---

[701] Dtn 12, 12. 18 f; 14, 27. 29; 16, 11. 14; 17, 9. 18; 18, 1. 6 f; 21, 5; 24, 8; 26, 11–13; 27, 9. 14; 31, 9. 25; 33, 8.

[702] Siehe Achenbach 1991, 371–377, und Dahmen 1996, 396–401 (zusammenfassend), mit dem Unterschied, dass Achenbach das Programm literarhistorisch mit einer einzigen spät-dtr Schicht verbindet, während Dahmen sie auf eine spät-dtr und eine spätnachexilische, nach-priesterschriftliche Bearbeitungsschicht verteilt.

[703] Dahmen 1996, 297–302.

[704] Vgl. die dtr Belege in Jos 3, 3 ff; 6, 6. 12; 8, 33; 1. Sam 6, 15; 2. Sam 15, 24.

[705] Vgl. weiter Jos 3, 3. 14. 17; 4, 7. 18; 6, 8; 8, 33; Ri 20, 27; 1. Sam 4, 3–5; 2. Sam 15, 24; 1. Kön 6, 19; 8, 1. 6.

[706] Siehe zu Dtn 31, 9–13. 24–29 im Verhältnis zu 10, 8 f Begg VT 1983, 96 f.

[707] Im Hebräischen wird dies durch die beiden Verba עמד und שרת ausgedrückt („vor Jahwe *stehen* und ihm *dienen*"), was Vulg. sachgemäß übersetzt: *et staret coram eo in ministerio.*

beanspruchen die Leviten für ihr Priesterprivileg eine auf den Horeb zurückgehende und immer noch gültige göttliche Legitimation, die zugleich auch
ihre Landlosigkeit erklärt (vgl. 12, 12; 14, 27. 29; 18, 1) und als Ersatz dafür
das Recht auf die Jahwe darzubringenden Opfer geltend macht (vgl. 18, 2; Jos
13, 14. 33). Das Programm steht in einem offenkundigen Widerspruch zu
dem später vorherrschend gewordenen Priestertum der Aaroniden, dem die
Leviten als clerus minor untergeordnet waren (vgl. Num 3 und 18). Es
könnte in seinen ersten Stadien auf eine Phase in der persischen Zeit zurückgehen, als es den aus dem Exil zurückgekehrten Priesterfamilien noch nicht
gelang, sich fest zu etablieben.[708]

7. Zuletzt wurde der Levitenzusatz von seinem Bezugstext 10, 1–5 durch eine   10, 6–7
vorgeschobene Itinerarnotiz 10, 6 f abgetrennt,[709] die der Bemerkung von
V. 8 f ähnlich als Aussage des „Bucherzählers" formuliert ist. Das Stichwort
מַסַּע „Aufbruch" in V. 11 könnte den äußeren Anlass dazu gegeben haben,
dass die Notiz, in der zweimal das entsprechende Verb נסע „ziehen" auftaucht, in diese Umgebung hineingeriet. Ihr innerer Grund könnte darin liegen, dass in ihr die Ansprüche der aaronidischen Priester gegen die Leviten
hervortreten, indem über den Tod Aarons und seine Nachfolge durch seinen
Sohn Eleasar[710] berichtet wird.[711] Zugleich ruft die Nachricht allerdings einen
Widerspruch zu dem anderweitig bekannten Bericht der Priesterschrift hervor, nach dem Aaron nicht in Moser, sondern am Berg Hor, an der Grenze
des Landes Edom, starb (Num 20, 22–29; 33, 37 f, vgl. auch Dtn 32, 50).
Über die geographische Lage der hier genannten Wüstenstationen Beerot-
Bene-Jaakan, Moser (oder Mosera), Gudgod (oder Gudgoda) und Jotbata,
die unter etwas abweichenden Namensformen und in anderer Reihenfolge
in Num 33, 31–34 (P) erscheinen (Moserot, Bene-Jaakan, Hor-Gidgad, Jotbata), ist wenig bekannt.

---

[708] So Achenbach 1991, 377; Ders. ZAR 1999, 305–309. Vgl. zeitlich differenzierter Dahmen
1996, 396–401.

[709] Sie wird fast einhellig als Zusatz anerkennt. Freilich versucht Polzin 1981, 208 f, ihre Echtheit
mit der Begründung zu verteidigen, bei ihr (und V. 8 f) handele es sich um eine bewusste Zwischenbemerkung des Erzählers, der damit seine eigene Stellung als „zweiter Mose" geltend mache.

[710] Eleasar, der Sohn Aarons, tritt nur in P (Ex 6, 23. 25; 28, 1; Lev 10, 6. 12. 16; Num 3, 2. 4. 32
u. ö.) und in davon abhängigen Texten (Jos 14, 1; 19, 51; 21, 1; 24, 33; 1. Chr 5, 29 f; 6, 35; 24, 1 f. 6)
auf.

[711] Vgl. Dahmen 1996, 105 f.

2. 6. *Was Jahwe von dir fordert (10, 12–11, 30)*

12 Und nun, Israel, was fordert Jahwe, dein Gott, von dir anderes, als dass du Jahwe, deinen Gott, fürchtest, auf all seinen Wegen wandelst, ihn liebst und Jahwe, deinem Gott, mit deinem ganzen Herzen und mit deiner ganzen Seele dienst, 13 indem du die Gebote Jahwes, [deines Gottes][712], und seine Satzungen bewahrst, die ich dir heute gebiete, damit es dir gut gehe.

14 Siehe, Jahwe, deinem Gott, gehört der Himmel und der Himmel des Himmels, die Erde und alles, was darauf ist. 15 Doch hat Jahwe nur deinen Vätern in Liebe angehangen und euch, ihre Nachkommen, aus allen Völkern erwählt, was heute noch gilt. 16 Ihr sollt die Vorhaut eures Herzens beschneiden und nicht mehr halsstarrig sein. 17 Denn Jahwe, euer Gott, ist der Gott der Götter und der Herr der Herren, der große, mächtige und Furcht erregende Gott, der die Person nicht ansieht und keine Bestechung annimmt, 18 der Waisen und Witwen ihr Recht verschafft, der die Fremden liebt und ihnen Brot und Kleidung gibt. 19 So sollt auch ihr die Fremden lieben, denn ihr seid Fremde im Lande Ägypten gewesen. 20 Jahwe, deinen Gott, sollst du fürchten, ihm sollst du dienen, ihm sollst du anhangen und bei seinem Namen sollst du schwören. 21 Er ist dein Ruhm, er ist dein Gott, der für dich jene großen und Furcht erregenden Taten getan hat, die du mit eigenen Augen gesehen hast. 22 In der Zahl von siebzig Leuten sind deine Väter nach Ägypten hinabgezogen, und jetzt hat Jahwe, dein Gott, dich so zahlreich gemacht wie die Sterne am Himmel. 11, 1 Darum sollst du Jahwe, deinen Gott, lieben und seine Verpflichtungen, Satzungen, Rechte und Gebote alle Zeit bewahren.

2 Ihr sollt heute erkennen, dass [ich] nicht mit euren Kindern [rede],[713] die die Erziehung Jahwes, eures Gottes, nicht kennen und die nicht gesehen haben seine Größe, seine starke Hand und seinen ausgestreckten Arm, 3 seine Zeichen und seine Taten, die er inmitten Ägyptens am Pharao, dem König von Ägypten, und an seinem ganzen Lande getan hat, 4 und was er an dem Heer der Ägypter, ihren Rossen und Wagen getan hat, wie er die Wasser des Schilfmeeres über sie hinfluten ließ, als sie euch nachjagten, und wie er sie bis zum heutigen Tag vernichtete, 5 und was er an euch in der Wüste getan hat, bis ihr an diesen Ort gekommen seid, (6 und was er an Datan und Abiram, den Söhnen Eliabs, des Sohnes Rubens, getan hat: die Erde riss ihren Schlund auf und verschlang sie samt ihren Familien und Zelten und dem ganzen Bestand, der zu ihnen gehörte, inmitten von ganz Is-

---

[712] Das Attribut אלהיך „dein Gott", das – so oder mit dem pl. Suffix („euer Gott") – „die Gebote Jahwes" im Dtn sonst immer begleitet (4, 2; 6, 17; 8, 6; 11, 27 f; 28, 9. 13), ist hier nach 8Q3, 8Q4, Sam., Syr. und LXX ergänzt worden (vgl. Steuernagel ²1923, 89; Weinfeld 1991, 431).

[713] In dem masoretischen Text von V. 2 fehlt ein Stück offensichtlich als Folge eines Abschreiberversehens. Die oben vorgenommene übliche Ergänzung „ich rede" findet sich schon bei Raschi.

rael.) 7 Ihr aber habt mit euren eigenen Augen all die großen Taten Jahwes gesehen, die er getan hat. 8 Deshalb sollt ihr das ganze Gebot bewahren, das ich dir heute gebiete, damit ihr stark seid und hineinkommt und das Land in Besitz nehmt, in das ihr hinüberzieht, um es in Besitz zu nehmen, 9 und damit eure Lebenstage lange währen in dem Land, das Jahwe euren Vätern zugeschworen hat, es ihnen und ihren Nachkommen zu geben, ein Land, das von Milch und Honig fließt. 10 Denn das Land, in das du hineinkommst, um es in Besitz zu nehmen, ist nicht wie das Land Ägypten, aus dem ihr ausgezogen seid, das du jedes Mal, wenn du deinen Samen ausstreutest, mit deinem Fuß bewässern musstest wie einen Gemüsegarten. 11 Das Land, in das ihr hinüberzieht, um es in Besitz zu nehmen, ist ein Land von Bergen und Tälern, das vom Regen des Himmels Wasser trinkt, 12 ein Land, um das Jahwe, dein Gott, sich kümmert. Unablässig ruhen auf ihm die Augen Jahwes, deines Gottes, vom Anfang des Jahres bis zum Ende des Jahres. 13 Wenn ihr auf meine Gebote hört, die ich euch heute gebiete, und Jahwe, euren Gott, liebt und ihm mit eurem ganzen Herzen und mit eurer ganzen Seele dient, 14 so werde ich eurem Lande Regen geben zu seiner Zeit, den Frühregen und den Spätregen, dass du dein Korn, deinen Most und dein Öl einbringen kannst. 15 Ich werde deinem Vieh auf deinem Felde Gras geben, und du wirst essen und satt werden. 16 Hütet euch aber, dass sich euer Herz nicht verführen lässt, und dass ihr nicht abfallt und anderen Göttern dient und sie anbetet. 17 Sonst wird der Zorn Jahwes gegen euch entbrennen, und er wird den Himmel verschließen, so dass kein Regen fällt, der Boden seinen Ertrag nicht gibt, und ihr werdet schnell aus dem schönen Land verschwinden, das Jahwe euch geben wird. 18 Ihr sollt diese meine Worte auf euer Herz und auf eure Seele nehmen, sie als Zeichen an eure Hand binden, und sie sollen Merkzeichen zwischen euren Augen sein. 19 Ihr sollt sie eure Kinder lehren, indem ihr sie hersagt, (wenn du in deinem Hause sitzest, wenn du auf dem Wege gehst, wenn du dich niederlegst und wenn du aufstehst. 20 Du sollst sie auf die Türpfosten deines Hauses und in deine Stadttore schreiben,) 21 damit die Tage, die ihr und eure Kinder in dem Lande lebt, das Jahwe euren Vätern zugeschworen hat, es ihnen zu geben, so zahlreich werden wie die Tage des Himmels über der Erde. 22 Denn wenn ihr dieses ganze Gebot bewahrt, das ich euch zu halten gebiete, und Jahwe, euren Gott, liebt, auf all seinen Wegen wandelt und ihm anhangt, 23 so wird Jahwe alle diese Völker vor euch vernichten, und ihr werdet den Besitz von Völkern übernehmen, die größer und stärker sind als ihr. 24 Jeder Ort, den eure Fußsohle betreten wird, soll euch gehören. Von der Wüste und vom Libanon (von dem [großen][714] Strom, dem Eufrat) bis zum westlichen Meer soll euer Gebiet reichen. 25 Keiner wird euch standhalten. Schrecken und Furcht vor euch wird Jahwe, euer Gott, über das

---

[714] In MT ist das in diesem Ausdruck gewöhnliche und in verschiedenen Handschriften sowie Übersetzungen bezeugte (s. BHS) Attribut הגדול „groß" (vgl. Gen 15, 18; Dtn 1, 7; Jos 1, 4) wahrscheinlich in Folge des *Homoioteleuton* (נהר) ausgefallen.

ganze Land fallen lassen, das ihr betreten werdet, wie er es euch zugesagt hat. 26 Siehe, ich werde euch heute Segen und Fluch vorlegen: 27 den Segen, wenn ihr auf die Gebote Jahwes, eures Gottes, hört, die ich euch heute gebiete, 28 und den Fluch, wenn ihr nicht auf die Gebote Jahwes, eures Gottes, hört, sondern von dem Weg abweicht, den ich euch heute gebiete, und anderen Göttern nachfolgt, die ihr nicht kennt.

29 Wenn Jahwe, dein Gott, dich in das Land hineingeführt hat, in das du jetzt hineingehst, um es in Besitz zu nehmen, dann sollst du den Segen auf den Berg Garizim und den Fluch auf den Berg Ebal legen.

30 Sie liegen ja beide jenseits des Jordan hinter der Weststraße, im Lande der Kanaaniter, die in der Araba wohnen, gegenüber Gilgal in der Nähe der [Orakelterebinthe][715].

Die neu einsetzende Rede (10, 12–11, 30), die Mose nach der Episode vom Goldenen Kalb (9, 7 ff) noch vor dem Beginn der eigentlichen Gesetzesverkündigung (11, 31 ff) hält, bereitet der Auslegung erhebliche Schwierigkeiten,[716] weil ihr ein logischer Gedankengang zu fehlen scheint, der Abschnitt vielmehr wie eine Wiederholung von früher in Dtn 6–8 abgehandelten Themen aussieht und der Gebrauch des Numerus in der Anrede Israels so unregelmäßig wechselt, dass er kein brauchbares Instrument zur Wiederherstellung eines ursprünglichen Textes bietet. Einen wichtigen Fortschritt bei der Erhellung der dunklen Rede bildet die gelegentlich gemachte Beobachtung, dass in diesem Abschnitt mehrfach Elemente des Bundesformulars in lockerer Form zur Verwendung kommen.[717] Diese Einsicht, verbunden mit dem unregelmäßigen Numerusgebrauch, spricht dafür, dass der Grundstock dieser Rede von DtrB verfasst ist, für den sowohl der schwankende Numerus wie auch die allgemeine Orientierung an dem Modell der altorientalischen Staatsverträge charakteristische Merkmale sind.[718]

Beim näheren Zusehen bestätigt sich, dass DtrB in diesem Abschnitt eine Reprise der Hauptthemen von Dtn 6–8 in eigener Formulierung und enger Anlehnung an das Bundesformular darbietet. Am Anfang (10, 12) steht die Grundsatzerklärung[719], die das in 6, 4 f formulierte Hauptgebot leicht variierend wiederholt und anschließend auf die Einzelgebote[720] hinweist (10, 13, vgl. 6, 6. 17 a.25 u. ö.). Darauf folgte in dem ursprünglichen Text – jetzt nach der sekundären Erweiterung 10, 14–11, 1 – ein Rückblick auf die Vergangen-

---

[715] In MT steht das Wort im Pl., ist aber nach der griechischen Überlieferung (s. BHS) wahrscheinlich im Sg. zu lesen (vgl. Gen 12, 6).

[716] Siehe näher Veijola 2000 a, 206–221 (mit Lit.).

[717] Siehe Veijola 2000 a, 207, und die dort genannten Autoren.

[718] Veijola 2000, 164 f.

[719] Zur Grundsatzerklärung als Bestandteil der Verträge s. Baltzer ²1964, 22 f; McCarthy ²1978, 37 f. 56 f.

[720] Die Einzelbestimmungen bzw. Stipulationen, die die rechtliche Konsequenz aus dem Vertragsverhältnis darstellen, bilden den konstitutiven Teil der Verträge, s. Baltzer ²1964, 22–24; McCarthy ²1978, 2. 12. 54. 59. 122–124 u. ö.; Parpola/Watanabe 1988, xxxv.xxxviii–xli.

heit mit ethischer Schlussfolgerung (11, 2–5. 7–9), der in seinem historischen Charakter an die Musterkatechese von 6, 20–25 erinnert und dessen formales Vorbild in dem historischen Prolog der Verträge[721] liegt. An den geschichtlichen Teil schließt sich organisch, wie gelegentlich auch in den Verträgen,[722] die Landbeschreibung (11, 10–12) an, die die in 6, 10 b–11 a und 8, 7–9 vorliegenden Beschreibungen des Landes kennt und ergänzt. Daraus ergeben sich logisch die beiden Alternativen des Segens und Fluches[723]: zuerst in Gestalt einer bedingten Segensverheißung (11, 13–15), die im Anschluss an 7, 12–14 den Natursegen ins Auge fasst, und dann in Gestalt einer bedingten Fluchandrohung (11, 16 f), die auf das in 6, 14. 15 b; 7, 4; 8, 19 f belegte Muster des Fluches zurückgreift. Dem folgt in 11, 18–21* eine auffallende, fast wörtliche Wiederholung der Vorschriften von 6, 6–9, aber anders als dort werden sie hier symbolisch als Anweisungen zur Vergegenwärtigung und vor allem zur Weitergabe der Bundesworte an die Kinder verstanden, was sie mit der gelegentlich in den Staatsverträgen begegnenden Klausel verbindet, den Vertragsinhalt den Kindern bekannt zu machen[724]. Nicht weniger auffallend ist, dass danach noch einmal eine bedingte Segensverheißung auftaucht (11, 22–25), die aber ihre Erklärung darin findet, dass sie neben dem vorhin beschriebenen Natursegen auch den in 7, 16–24 bezeugten geschichtlichen Segen berücksichtigen will, der in der Niederwerfung der Feinde zum Ausdruck kommt. Abschließend lässt DtrB Mose noch die beiden Alternativen, den Segen und den Fluch, dem Volk formal vor die Augen stellen (11, 26–28), womit er auf ihre eigentliche Verkündigung in dem großen Segens- und Fluchkapitel Dtn 28 anspielt.

Der Grund dafür, dass DtrB es für notwendig hielt, in 10, 12 ff den Hauptinhalt von Dtn 6–8 zu wiederholen, liegt offenbar darin, dass die inzwischen geschehene Kardinalsünde am Goldenen Kalb (Dtn 9) in seinen Augen das am Horeb begründete Bundesverhältnis (Dtn 5) so radikal in Frage stellte, dass sie nicht nur die Anfertigung der neuen Bundestafeln (10, 1–5), sondern auch eine neue Verkündigung des Bundesinhalts erforderlich machte. Der Einblick in die Struktur und Absicht des Textes lässt ihn als eine relativ geschlossene Einheit erscheinen, von der sich lediglich das hymnisch geprägte Stück in 10, 14–11, 1, die zweischichtige, späte Schlussbemerkung in 11, 29 f sowie einige kleinere Ergänzungen (11, 6. 19 b–20) innerhalb des Grundtextes als sekundär abheben.

---

[721] Siehe dazu Baltzer ²1964, 21 f; McCarthy ²1978, 38 f. 54 f; Parpola/Watanabe 1988, xxxviii.
[722] Siehe Veijola 1990, 145 f.
[723] Fluch und Segen (gewöhnlich in dieser Reihenfolge!) sind konstitutive Elemente der älteren Verträge (s. Baltzer ²1964, 24 f; McCarthy ²1978, 2. 48. 52. 54. 66–68. 76), während in den jüngeren (assyrischen und aramäischen) Verträgen der Fluch allein auftritt (McCarthy ²1978, 148; Parpola/Watanabe 1988, xxxv.xli–xlii).
[724] Siehe Frankena OTS 1965, 141 f; Loza RB 1971, 491–493.

10, 12–13;   1. DtrB leitet die neue Einprägung des Bundesinhalts (10, 12 f; 11, 2–5. 7–19 a.
11, 2–28   21–28) in 10, 12 f mit der Proklamierung der Grundsatzerklärung (V. 12) und
           dem Hinweis auf die sie spezifizierenden Einzelbestimmungen (V. 13) ein,[725]
10, 12–13   womit er die Quintessenz der vorangegangenen Kapitel Dtn 6–8 nach seinem
eigenen Verständnis bündig wiedergibt: die Einhaltung des Hauptgebots und
der Einzelgebote ist die Bedingung für Israels Wohlergehen. Der Übergang
vom Goldenen Kalb zu der neuen Predigt wird durch die Partikel ועתה „und
nun" hergestellt, die Konsequenzen aus dem soeben Erzählten einleitet (vgl.
4, 1).[726] Mit der Anrede „Israel" knüpft der Verfasser an das Hauptbekenntnis
(6, 4) an und stellt die Grundforderung[727] Jahwes im Anschluss an das von
ihm selber formulierte Hauptgebot (6, 5) auf: Was dort mit einem einzigen
Verb („lieben") ausgedrückt wurde, erhält hier eine vierfache Explikation:
Die bedingungslose Loyalität gegenüber Jahwe bedeutet nicht nur Liebe zu
ihm, sondern auch „Furcht" (vgl. 6, 13. 24)[728], die in der Vertragsterminologie
keinen Gegensatz zur Liebe bildet (anders 1. Joh 4, 18), sondern nur eine andere Bezeichnung für die loyale Einstellung des Vasallen zu seinem Suzerän
darstellt[729] und auch nach Luther in Verbindung mit der Liebe das richtige
Gottesverhältnis auf angemessene Weise zum Ausdruck bringt.[730] Weiter
bedeutet die Treue zu Jahwe „Wandeln auf all seinen Wegen" (vgl. 8, 6; 19, 9;
26, 17; 30, 16), also einen Gegensatz zum Verhalten des Volkes am Horeb, als
es von dem gebotenen „Weg abwich" (9, 12. 16, vgl. 11, 22). Die aus 6, 5 wiederholte Forderung der Liebe (vgl. 5, 10; 7, 9; 11, 13. 22; 13, 4; 19, 9) wird
noch durch ein viertes Verb der Loyalität, „dienen", ergänzt (vgl. 5, 9; 6, 13;
10, 20; 11, 13; 13, 5; 28, 47) und die ganze Formulierung des Hauptgebots mit
der aus 6, 5 abgekürzt zitierten Adverbialbestimmung „mit deinem ganzen
Herzen und mit deiner ganzen Seele" abgeschlossen (vgl. 4, 29; 11, 13; 13, 4;
26, 16; 30, 2. 6. 10). Die Formulierung von 10, 12 erwies sich als eine so gelungene Zusammenfassung der richtigen Einstellung des Menschen zu Gott,
dass sie die Funktion eines Vorbilds erhielt, als Israel sein Ethos auf eine

---

[725] Zum Verhältnis von Grundsatzerklärung und Einzelbestimmungen s. hier insbesondere
L'Hour 1966, 32–34. 62 f.
[726] Obwohl anhand der Übergangspartikel ועתה manchmal Konsequenzen aus der „Vorgeschichte" des Bundesformulars gezogen werden (Baltzer ²1964, 30 f. 37. 42. 45. 47), bedeutet das
nicht, dass der Geschichte vom Goldenen Kalb diese Funktion für DtrB zukam (so jedoch Lohfink 1963, 219. 224, und Braulik 1986, 84); denn in dieser Geschichte geht es um die Sünde Israels
gegen Jahwe und nicht um die Wohltaten Jahwes für Israel wie in einer formgemäßen „Vorgeschichte" (vgl. 11, 2 ff).
[727] Das hier gebrauchte Verb שאל „fragen, fordern" erscheint mit Jahwe/Gott als Subjekt sonst
nur in Ps 40, 7; Ijob 38, 3; 40, 7.
[728] Weiter 4, 10; 5, 29; 8, 6; 14, 23; 17, 19; 28, 58; 31, 13.
[729] Siehe z. B. Parpola/Watanabe 1988, 44 (Z. 396), 76 (Z. ii:5').
[730] Vgl. seine Erklärung der Zehn Gebote im Kleinen Katechismus, die jedes Mal mit dem Vordersatz beginnt: „Wir sollen Gott fürchten und lieben, dass wir …". Die Furcht Gottes ist nach Luther ein Mittel gegen Hochmut (*superbia*), wie die Liebe ein Mittel gegen Verzweiflung (*desperatio*)
ist. „Timor [sc. Furcht] ist auff der lincken seiten, fiducia [sc. Liebe] auff der rechten" (WA 30/1,
60:14 f). Siehe näher zu Luthers Verständnis von Furcht und Liebe Meyer 1929, 182 f. 187–192.

kurze Formel brachte (Mich 6, 8)[731]. Die Treue will aber nicht abstrakt bleiben, sondern verpflichtet Israel zur Einhaltung der konkreten Einzelbestimmungen, die ein gerechtes soziales Leben unter den Menschen ermöglichen
und das Wohlergehen der Gemeinschaft garantieren. Darauf wird in V. 13
programmatisch mit einigen stichwortartigen Formulierungen[732] hingewiesen, aber die Einzelbestimmungen werden hier nicht näher ausgebreitet, weil
sie Dtn 12 ff in extenso ausgeführt werden.

In dem ursprünglichen Text des DtrB folgte darauf unmittelbar die „Vor-   **11, 2–9**
geschichte" (11, 2–9)[733], die ihren formgemäßen Platz vor der Grundsatzerklärung und den Einzelbestimmungen hat, hier jedoch aus kontextualen
Gründen – wegen der unmittelbar vorangehenden, historisch ausgerichteten
Erzählung von Israels Sünde am Horeb – in umgekehrter Reihenfolge erscheint. Der Rückblick auf die Vergangenheit geschieht in Form einer Gegenüberstellung der gegenwärtigen Generation und ihrer Kinder (Söhne), die
Jahwes vergangene Taten nicht kennen. Die Wahl dieser Darstellungsform hat
ihren Hintergrund wahrscheinlich in der Musterkatechese von 6, 20–25, wo
die großen Taten Jahwes mit ihrer ethischen Verpflichtung als Erwiderung auf
die Frage eines unwissenden Sohnes (6, 20) dargestellt wurden. Ein Unterschied besteht darin, dass in 11, 2–9 die Kinder auch am Ende unwissend bleiben, aber nur vorübergehend, denn ihre Belehrung erfolgt absichtlich etwas
später, in 11, 18–21. Sonst dient der Rückblick in 11, 2–9 demselben Ziel wie
in 6, 20–25: Die großen „Taten" (11, 3–7), „die" Jahwe für sein Volk „getan
hat" (11, 3–7), sollen dazu Anlass geben, in Israel Dankbarkeit und Bereitschaft zum Gehorsam gegen sein Gesetz zu erwecken, der die Vorbedingung
der Landnahme und des Wohlergehens ist (11, 8 f, vgl. 6, 24 f).

Unwissend sind die Kinder nach V. 2, weil ihnen die Erfahrung[734] von   **2–7**
Jahwes Erziehung (vgl. 4, 36; 8, 5) fehlt, die der gegenwärtigen Generation
im Aufweis der Größe Jahwes bei der Befreiung aus Ägypten[735] zuteil wurde.
Als einzelne Taten im Zusammenhang mit dem Exodus werden in V. 3 die
ägyptischen Plagen, die ein fester Bestandteil des Credos sind,[736] in V. 4 das
Wunder am Schilfmeer (vgl. Ex 14, 27 f; 15, 4 f. 10) mit der Vernichtung[737] des
ägyptischen Heeres und in V. 5 die Wüstenwanderung ohne nähere Einzel-

---

[731] Siehe näher zum Verhältnis von Dtn 10, 12 und Mich 6, 8 Veijola 2000 a, 209 Anm. 21.

[732] Die einzelnen Ausdrücke in V. 13 nehmen früher Gesagtes wieder auf. Vgl. im Einzelnen
V. 13 aα mit 5, 10 b und 6, 17 a (beide von DtrB), V. 13 aβ mit 6, 2 (DtrB) und 6, 6 sowie V. 13 b mit
6, 24 (und 5, 33 DtrB).

[733] Ähnlich wird die Gattung von V. 2–7(9) auch von Lohfink 1963, 224; von Rad ²1968, 60;
Seitz 1971, 82, und Cairns 1992, 113, bestimmt.

[734] Im Hebräischen wird „Erfahrung" durch die Verben ידע „kennen" und ראה „sehen" ausgedrückt, die austauschbar sind (vgl. Jos 24, 31 und Ri 2, 7).

[735] Die in V. 2 b gebrauchten Ausdrücke enthalten schon eine Anspielung auf den Exodus, vgl.
3, 24; 9, 26 (Jahwes „Größe") einerseits und 4, 34; 5, 15; 7, 19; 26, 8 (seine „starke Hand" und sein
„ausgestreckter Arm") andererseits. Siehe näher Kreuzer ZAW 1997, 203.

[736] Vgl. hier im Blick auf die Terminologie besonders Dtn 4, 34; 6, 22; 7, 18 f; Neh 9, 10.

[737] DtrB verwendet hier das Verb אבד Pi. „vernichten", das einer seiner Lieblingsausdrücke ist
(vgl. in Qal 4, 26; 7, 20; 8, 19. 20; 11, 17).

heiten aufgezählt. Die Feststellung von der Ankunft „an diesem Ort" (vgl. 1, 31; 9, 7) in V. 5 hat schon den Charakter eines Abschlusses, nach dem man keine Mitteilung von weiteren Ereignissen erwartet. Angesichts dessen kommt die Anspielung auf das Schicksal von Datan und Abiram in V. 6 etwas verspätet, denn obwohl die Geschichte selbst (Num 16) nicht lokalisiert ist, liegt ihr Ort im Ostjordanland, da ihre Hauptakteure Rubeniten sind. Zudem passt sie nicht richtig in die Reihe der anderen Heilstaten in 11, 2 ff, weil darin vom Strafhandeln Gottes die Rede ist.[738] Deshalb wird es sich bei V. 6 um eine sekundäre Ergänzung unbekannter Herkunft handeln. Der eigene Gedankengang des DtrB läuft weiter in V. 7, wo er die erste Konsequenz aus dem geschichtlichen Rückblick zieht: Im Unterschied zu ihren Kindern, die sagen könnten, dass sie all dies nicht kennen und nicht gesehen haben, kann die gegenwärtige Generation ihre Rolle als Augenzeuge[739] und damit als Traditionsträger nicht leugnen und darf deshalb ihrer Identität nicht untreu werden.

8–12   Die zweite Konsequenz (V. 8 f) buchstabiert die aus der Geschichtserfahrung resultierende Treue konkret (vgl. 4, 40; 7, 11; 8, 6): Sie fordert Leben nach „dem ganzen Gebot" (vgl. 6, 25; 8, 1; 11, 22; 15, 5; 19, 9), das die Befolgung sowohl des Hauptgebots wie auch der einzelnen Bestimmungen des Gesetzeskorpus einschließt und in der Theologie des DtrB die Vorbedingung für die Landnahme bildet (vgl. 4, 1 b; 6, 17 a.18; 8, 1). Auf der anderen Seite ergibt sich aus dem Gehorsam der Segen in Gestalt eines langen Lebens[740] im Lande, das letzten Endes eine Gabe Jahwes bleibt, weil seine Einnahme sich auf Jahwes Verheißung an die Väter gründet (V. 9 a)[741]. Etwas nachhinkend wird das Verheißungsland in V. 9 b mit einer geläufigen Wendung als „ein Land" definiert, „das von Milch und Honig fließt"[742]. Sie hat hier die Funktion, von der Vorgeschichte (11, 2–9) zu dem nächsten Abschnitt (11, 10–12), der Landbeschreibung[743], überzuleiten.

Die Beschreibung des Landes, in das Jahwe sein Volk hineinführen will, wenn es seinem Willen gehorcht, schließt sich logisch der Aufzählung der vergangenen Heilstaten an. Das in V. 9 b–12 sechsmal wiederholte Stichwort „Land" gibt das Thema an, aber anders als bei den früheren Landbeschreibungen in 6, 10 b–11 a und 8, 7 b–9, die deutlich im Hintergrund stehen, handelt es sich in V. 10–12 nicht um eine neutrale Beschreibung der natürlichen

---

[738] Überraschend ist auch die Formulierung „inmitten von ganz Israel", da in Dtn 11, 2–9 sonst durchgehend von „euch" geredet wird. Wahrscheinlich geht sie auf Num 16, 33 b–34 zurück.

[739] Vgl. 3, 21; 4, 3 (DtrB); 4, 9 (DtrB); 5, 3 (DtrB) 7, 19; 10, 21; 29, 1. 2, weiter auch 29, 13–16 und zum ganzen Vers Ri 2, 7 (dtr).

[740] Vgl. 4, 26 (DtrB); 4, 40; 5, 16; 5, 33 (DtrB); 6, 2 (DtrB); 17, 20; 22, 7; 25, 15; 30, 18; 32, 47.

[741] Vgl. hier formal vor allem 1, 8 b und sachlich bei DtrB 6, 18; 7, 13; 8, 1; 10, 11; 11, 21.

[742] Vgl. sonst bei DtrB in 6, 3 (in einer ähnlich nachhinkenden Position!) und weiter im Dtn in 26, 9. 15; 27, 3; 31, 20 sowie im übrigen AT in Ex 3, 8. 17; 13, 5; 33, 3; Lev 20, 24; Num 13, 27; 14, 8; 16, 13. 14; Jer 11, 5; 32, 22; Ez 20, 6. 15. Nach einem ugaritischen Text lässt Baal „den Himmel Öl regnen und die Täler von Honig fließen" (KTU 1. 6, III:13 f).

[743] Vgl. zur Gattungsbestimmung hier Lohfink 1963, 223; von Rad ²1968, 60; Seitz 1971, 86; Mayes ²1981, 207.

Vorzüge des Landes, sondern um ein theologisch akzentuiertes Lob des verheißenen Landes, von dem ein die Wirklichkeit transzendierendes Idealbild
im Vergleich zu Ägypten[744] gezeichnet wird. Seine hydrologischen Bedingungen werden kühn abgehoben von den Verhältnissen in dem Land der Sklaverei, „aus dem ihr ausgezogen seid"[745] (V. 10). In Ägypten fordert die Bewässerung der Getreidefelder mühsame menschliche Arbeit. Woran der Verfasser
bei der „Bewässerung mit deinem Fuß" (V. 10 b) konkret denkt, ist nicht ganz
eindeutig, kaum jedoch an die Urinierung[746]; denn eine solche Technik der
Bewässerung von Gemüsegärten oder Getreidefeldern ist weder aus dem antiken Ägypten noch aus Palästina bekannt. Vielmehr dürfte der Verfasser die
menschliche Mühe im Sinne haben, die bei der Leitung des Nilwassers auf die
Saatfelder nötig war, sei es durch das Öffnen und Schließen von kleinen Ka-
nälen, sei es durch das Treten eines Schöpfrades mit dem Fuß. Im Gegensatz
zu dem flachen und regenarmen Ägypten[747] wird das anders geartete Palästina, das „ein Land von Bergen und Tälern" ist (vgl. 8, 7), ohne jedes menschliche Tun direkt vom Himmel getränkt (V. 11). Damit wird zu den früher erwähnten Wasservorräten des gelobten Landes, den Zisternen (6, 11) und den
unterirdischen Wasserquellen (8, 7), der himmlische Regen hinzugefügt, der
schon eine Anspielung auf seinen Spender enthält. Das Land ist unmittelbar
auf Gott angewiesen, der – und nicht etwa Baal – persönlich hinter dem Was-
serreichtum des Landes steht (V. 12) und sich liebevoll um sein Land kümmert[748], indem er seine Augen stets auf ihm ruhen lässt (vgl. Ps 33, 18; 34, 16;
Spr 15, 3). Darauf kommt es in der Landbeschreibung letzten Endes an: auf
die ständige, fürsorgende Präsenz Jahwes in der Natur des von ihm geschenkten Landes.

Das Land ist in der Theologie des DtrB jedoch eine ambivalente Gabe,   13–17
deren Erhalt und Genuss unwiderruflich an das Verhalten seiner Bewohner gebunden sind.[749] Deshalb folgen auf die Landbeschreibung vollkommen sachgemäß die beiden Alternativen des Segens (V. 13–15) und des Fluches (V. 16 f)[750],

---

[744] Anders in Gen 13, 10; Num 16, 13; 20, 5.

[745] Die pl. Formulierung des Satzes fällt in dem sg. Kontext auf und wird häufig entweder in
den Sg. geändert, oder der Satz wird insgesamt für sekundär gehalten. Man muss jedoch beachten, dass der kontrastive Satz V. 11 aα ebenfalls im Pl. steht.

[746] So neuerdings Eslinger VT 1987, 85–90, und Nicol VT 1988, 347 f. Das wichtigste Argument
für diese Theorie besteht darin, dass רגל „Fuß" gelegentlich euphemistisch auch für das männliche Glied gebraucht wird (Jes 6, 2; 7, 20; Ex 4, 25; Ri 3, 24) und in 2. Kön 18, 27 (//Jes 36, 12) „Urin"
(K^{e}tib) als „Wasser der Füße" (Q^{e}re) erklärt wird.

[747] Zutreffend kommentiert schon Luther: „Ägypten ist bekannt dafür, dass es nicht vom Regen, sondern von der jährlichen Überschwemmung des Nil im Sommer bewässert wird" (WA 14,
643:7 f, deutsch Verf.).

[748] Zum Verb דרש „sich kümmern" mit Gott als Subjekt vgl. Jes 62, 12; Ez 34, 10 f; Ijob 3, 4.

[749] Siehe hier insbesondere 4, 1 b.25–28; 5, 32 f; 6, 2 f. 14. 15 b.17 a.18. 25; 7, 12–16; 8, 1. 19 f;
11, 8 f.

[750] Keiner von den beiden Abschnitten, die spiegelbildlich zueinander stehen, lässt sich deshalb
als Zusatz entfernen.

die den entsprechenden Abschnitten am Ende der Staatsverträge – in umgekehrter Reihenfolge – entsprechen.[751]

13-15   Der Segensabschnitt (V. 13–15) setzt mit einem Vordersatz (V. 13) ein, der
die Bedingung des Segens mit einem für DtrB charakteristischen Stil (vgl.
7, 12; 8, 19) und Vokabular[752] statuiert und dabei die volle Formulierung des
Hauptgebots und der Einzelgebote in 10, 12 f abkürzend für den jetzigen
Kontext vergegenwärtigt. Befremdlich mag auf den ersten Blick der unvermittelte Übergang in die Redeform der 1. P. Sg. („meine Gebote") wirken, die
hier wie auch in V. 14 und V. 15 („ich werde geben") Anlass zu textkritischen
Korrekturen[753] gegeben hat. Sie wird jedoch verständlich im Lichte der Tat-
sache, dass der unregelmäßige Wechsel zwischen der 2. P. Sg. und Pl. bei
DtrB eher die Regel als eine Ausnahme bildet und auch ein gelegentlicher
Übergang in die 1. P. Sg. in der Moserede bei ihm schon in 7, 4 begegnete (vgl.
sonst 28, 20), ohne dass hinter dem schwankenden Numerusgebrauch tiefere
Verkündigungsinteressen sichtbar werden.

Das rechte Gottesverhältnis hat ökologische Folgen[754] (V. 14 f). Der Segen
besteht in der Spende des Regens (V. 14), des Kernelements der vorangehenden Landbeschreibung (V. 10–12), der zum richtigen Zeitpunkt fällt (vgl.
28, 12; Lev 26, 4), als „Frühregen" im Oktober/November und als „Spätregen" im März/April (vgl. Jer 5, 24; Joel 2, 23) und das Bestellen der Felder im
Herbst sowie das Ausreifen der Saat im Frühjahr ermöglicht, so dass der
Bauer eine reiche Ernte von Korn, Wein und Öl (vgl. 7, 13), den wichtigsten
Agrarprodukten Palästinas, einbringen kann. Neben den Menschen profitie-
ren nach V. 15 vom rechtzeitigen Regen aber auch die Haustiere (vgl. 7, 13),
die das durch den Regen gewachsene Gras zur Nahrung erhalten (vgl. Gen
1, 30; Ps 104, 14) und damit den materiellen Wohlstand erhöhen (vgl. 6, 11;
8, 12).

16-17   Im Wohlstand liegt aber eine religiöse Gefahr,[755] die DtrB in V. 16 f in Gestalt einer Fluchandrohung formgemäß als Gegenstück zu der Segensverheißung in Aussicht stellt (vgl. 6, 14. 15 b; 7, 4; 8, 19 f). Der Einsatz mit der Warnung „Hütet euch …" statt mit einem Bedingungssatz wie in V. 13 beruht auf
der Abhängigkeit von den vorgegebenen Formulierungen in 6, 12 (vgl.
6, 11 b) und 8, 11 (vgl. 8, 10 a). Anders als in den älteren Schichten (vgl. 6, 12;
8, 11 a.12–14. 17–18 a), aber in Übereinstimmung mit seinen eigenen früheren
Aussagen (vgl. 6, 14; 8, 19) erblickt DtrB die durch den Wohlstand hervorge-

---

[751] Vgl. Lohfink 1963, 223; von Rad ²1968, 61; Seitz 1971, 87; García López RB 1977, 518;
Mayes ²1981, 214; Braulik 1986, 89; Cairns 1992, 116.

[752] מצות „die Gebote" stehen hier wie in 6, 17 a (vgl. 8, 6) allein für die Gesamtheit der Einzelbestimmungen und blicken über 11, 8 (מצוה) auf 10, 13 מצות וחקות „Gebote und Satzungen")
zurück, worauf sich auch der Promulgationssatz in 11, 13 a (vgl. 11, 8) bezieht.

[753] Die schon in den Übersetzungen bestehende Neigung zur Änderung der 1. P. Sg. in die
3. P. Sg. (s. BHS) floriert bei den Kommentatoren weiter.

[754] Braulik 1986, 89.

[755] „Kein Mensch lehnt sich gegen den Heiligen, gelobt sei er, auf, außer inmitten der Sätti-
gung" (Raschi z. St.).

rufene Gefahr nicht in einer satten Selbstgenügsamkeit, die Jahwe vergessen lässt, sondern in einem direkten Fremdgötterdienst. Es kommt alles auf das von DtrB in 5, 29; 6, 5; 10, 12; 11, 13 angedeutete Organ des Willens und Verstandes, das Herz, an, das sich im Überfluss leicht „verführen lässt" (vgl. Ijob 31, 9. 27) und den Menschen zum „Abweichen" (vgl. 5, 32; 7, 4; 9, 12. 16; 11, 28) von dem gebotenen Weg (10, 12) verführt, so dass er statt Jahwe (10, 12; 11, 13) den „anderen Göttern" (vgl. 6, 14; 7, 4; 8, 19) „dient" und sie „anbetet" (vgl. 8, 19). Das ist eine Sünde gegen das Erste Gebot (5, 9) und damit eine grundsätzliche Kündigung des Dienstverhältnisses, die den von DtrB oft beschworenen göttlichen Zorn mit seinen verhängnisvollen Folgen auf den Plan ruft (V. 17, vgl. 4, 25; 6, 15; 7, 4; 9, 7 a*.8*. 18 f). Weil hier das Land mit seinen natürlichen Gegebenheiten auf dem Spiel steht, zeigen sich auch die bösen Wirkungen des Zornes in der Natur des geschenkten Landes als Umkehrung der versprochenen Segensgüter: Der Himmel (vgl. V. 11) wird verschlossen, so dass er seinen Regen (vgl. V. 11. 14) versagt (vgl. 1. Kön 8, 35; Dtn 28, 23 f; Lev 26, 19) und der Ackerboden seinen Ertrag (vgl. V. 14) nicht mehr gibt (vgl. Lev 26, 4. 20), und als die letzte und schlimmste Strafe kommt noch die Verbannung[756] aus diesem von Gott gegebenen, eben beschriebenen „guten Land" (vgl. 8, 10) hinzu,[757] womit der Verfasser offenbar seine eigene Leidensgeschichte in den Text hineinliest (vgl. 4, 26; 6, 15 b; 7, 4 b; 8, 19 b)[758].

Der Abschnitt V. 18–21, in dem die symbolhafte Vergegenwärtigung der   18–21
Gesetzesworte befohlen wird, wirkt wie eine mechanische Wiederholung der entsprechenden Vorschriften in 6, 6–9 und wird deshalb häufig in toto als sekundärer Zusatz betrachtet. Das ist jedoch eine voreilige Lösung, die außer Acht lässt, dass die ganze Rede in 10, 12 ff nach der Fassung des DtrB dem Prinzip der Wiederholung von Dtn 6–8 folgt und dass auch dem Abschnitt V. 18–21 in seiner ursprünglichen Gestalt (V. 18–19 a.21) eine durchaus sinnvolle Funktion im Gesamtplan des DtrB zukommt. Wie oben angedeutet wurde, erscheinen in den altorientalischen Vasallenverträgen gelegentlich Passagen, die den Vasallen zur Belehrung der nachkommenden Generationen über den Vertragsinhalt verpflichten.[759] Eben darin liegt das Ziel, dem die Vorschriften von V. 18 ff dienen. Die in der „ersten" Rede fragenden und Antwort erhaltenden Kinder (6, 20–25) sind in der „zweiten" Rede bisher nur als

---

[756] Dafür werden in V. 17 b die für DtrB typischen Ausdrücke אבד „verschwinden" (vgl. 4, 26; 7, 20; 8, 19. 20 in Qal, 7, 24; 8, 20 in Hif.) und מהרה „schnell" (vgl. מהר in 4, 26; 7, 4. 22; 9, 12. 16) verwendet.

[757] Vgl. dazu die geistreiche Erklärung bei Raschi: „Zu all den übrigen Heimsuchungen kommt noch hinzu, dass ich euch aus dem Boden in die Verbannung führe, der euch in die Sünde verführte."

[758] Weitere nahe liegende Parallelen zu V. 17 b finden sich in Dtn 28, 20; 30, 18; Jos 23, 13. 16.

[759] Der ausführlichste Beleg liegt in dem assyrischen Asarhaddon-Vertrag aus dem Jahre 672 vor (VTE 283–301, s. Parpola/Watanabe 1988, 40 f; TUAT I/2, 167). Siehe auch die entsprechende Selbstverpflichtung des Vasallen in dem aramäischen Vertrag zwischen Bar-ga'ja von KTK und Mati'-'el von Arpad aus der Mitte des 8. Jh.s (KAI 222 C 1–9).

unwissend und unerfahren aufgetreten (11, 2–5), weshalb ihre Einbeziehung in die Verpflichtung und Verheißung des Gesetzes jetzt das Gebot der Stunde ist.

Beim näheren Zusehen zeigt sich, dass die V. 18–21 keine rein mechanische Wiederholung von Dtn 6, 6–9 darstellen, sondern einige markante Unterschiede sowohl in der Gesamtstruktur wie auch in Einzelheiten aufweisen, die die eigene Aussageabsicht des DtrB zum Ausdruck bringen. Auf der Ebene der Gesamtstruktur fällt erstens der unterschiedliche Numerusgebrauch auf: Während 6, 6–9 durchgehend im Sg. formuliert sind, ergehen die Anweisungen in 11, 18–21 zuerst (V. 18–19 a) dem umliegenden Kontext entsprechend an „euch", dann aber plötzlich an „dich" (V. 19 b–20), und schließlich richtet sich die Verheißung (V. 21) wieder an „euch", was selbst bei dem im Gebrauch des Numerus großzügigen DtrB befremdet. Zweitens erscheinen die konkreten Vorschriften in einer abweichenden Reihenfolge: Während in 6, 6–9, die Söhne „diese Worte" zu lehren (V. 7 aα), sich als eine einzelne Bestimmung zwischen den Anweisungen, sie „auf das Herz" zu nehmen (V. 6) und ständig „herzusagen" (V. 7 aβ), befindet, kommen in 11, 18–21 zuerst die Vorschriften über die Zeichen an der Hand und auf der Stirn (= „zwischen euren Augen", V. 18 b) und erst nach ihnen die Anweisung zur Belehrung der Söhne (V. 19 aα), die syntaktisch mit der Vorschrift des Rezitierens (V. 19 aβ) verbunden ist und damit hier einen breiteren Raum als in 6, 7 beansprucht. Außerdem schließt sie in V. 19 a die Reihe der pluralischen Vorschriften ab und findet ihre Fortsetzung in der in 6, 6–9 fehlenden pluralischen Verheißung (V. 21), wo wiederum auch von den Söhnen die Rede ist. All das spricht dafür, dass das dazwischen liegende singularische Stück V. 19 b–20, das den formal und inhaltlich kohärenten Aufbau von V. 18–21 stört und 6, 7 b.9 wörtlich zitiert, eine mechanische Übernahme von dort darstellt.[760]

Im Blick auf die einzelnen Formulierungen unternimmt DtrB einige an sich unauffällige, inhaltlich jedoch bedeutsame Veränderungen gegenüber der Vorlage. Er tauscht in V. 18 das neutrale Verb היה von 6, 6 („Sie sollen sein …") gegen das konkrete שׂים („Ihr sollt nehmen …"), was zunächst für eine Anbringung der Worte als Amulett auf der Brust zu sprechen scheint (vgl. Hld 8, 6; Ex 28, 29 f). Das wird jedoch durch die Fortsetzung ausgeschlossen, wenn als Ort der Bewahrung „dieser meiner Worte" (vgl. 6, 6), die jetzt eindeutig das dtn Gesetz insgesamt zu ihrem Inhalt haben, nicht allein das „Herz" (vgl. 6, 6), sondern auch die „Seele" (נפשׁ) erscheint. Damit entsteht eine wörtliche Verbindung zu der bei DtrB geläufigen adverbialen Verstärkung der Forderung des Hauptgebots durch die Wendung „mit deinem ganzen Herzen und mit deiner ganzen Seele" (10, 12; 11, 13, vgl. 6, 5), und somit erhalten die in V. 18 b genannten Zeichen von vornherein eine symbolische Bedeutung (vgl. Spr 3, 3; 6, 21; 7, 3; Ex 13, 9. 16) – was freilich die weitere

---

[760] Diese Möglichkeit wird von Minette de Tillesse VT 1962, 39, erwogen.

Existenz ihres konkreten Gebrauchs in der Zeit des DtrB nicht ausschließt[761]. Als Höhepunkt der einzelnen Anweisungen wird in V. 19 a die „Belehrung" der Kinder (Söhne) vorgeschrieben, die terminologisch anstelle des einmaligen Verbs שנן Pi. „wiederholen" (6, 7) mit dem gewöhnlichen Verb des Lehrens, למד Pi., ausgedrückt[762] und als dessen didaktische Form das rezitierende Aufsagen[763] der Gesetzesworte durch den Lehrenden[764] empfohlen wird. Nach der sekundären, den Zusammenhang unterbrechenden Ergänzung V. 19 b–20 (< 6, 7 b.9) folgt in V. 21 eine Verheißung, die keine Entsprechung in der Vorlage von Kap. 6 hat, wohl aber in 11, 9, wo sie die gegenwärtige Generation betraf und jetzt – nach der gegebenen Lehrverpflichtung – folgerichtig auf ihre Kinder erweitert wird. Auch sie betrifft die Zusage des langen Lebens[765] in dem den Vätern eidlich zugesicherten Land der Verheißung.[766]

Nach der schon einmal gegebenen bedingten Segensverheißung in V. 13–15   22–25 überrascht das Auftauchen einer ähnlichen Verheißung in V. 22–25. Sie lässt sich jedoch nicht als eine sekundäre Wiederholung aus zweiter Hand abtun, denn sie trägt in sich die authentischen Merkmale der Terminologie und Theologie des DtrB. Sie erhält in seinem Gesamtplan, der in 10, 12 ff die Kap. 6–8 möglichst umfassend aufnehmen will, offensichtlich die Funktion, neben dem in 11, 13–15 beschriebenen Natursegen, dessen Vorbild in 7, 12–15 liegt, auch den dort dargestellten geschichtlichen Segen, der sich in der Niederwerfung der Feinde manifestiert (7, 16–24), zu berücksichtigen. Damit kommt dem Segen (11, 13–15. 22–25) ein Übergewicht gegenüber dem Fluch (11, 16 f) zu, was ihrem gegenseitigen Verhältnis in Dtn 6–8 und offenbar auch der eigenen Auffassung des Verfassers entspricht.

Die Landnahme ist nach der Grundüberzeugung des DtrB an eine Bedingung gebunden (vgl. V. 13), die in V. 22 im Rückblick auf das Hauptgebot von 10, 12[767] mit einer für DtrB charakteristischen Terminologie ausgedrückt wird

---

[761] Vgl. MacDonald 2003, 129.

[762] Vgl. 4, 1. 5. 10. 14; 5, 31; 6, 1; 20, 18; 31, 19. 22.

[763] Es ist bemerkenswert, dass in dem entsprechenden Paragraph des Asarhaddon-Vertrags (VTE 290) das akkadische Äquivalent *qabû* „sprechen" erscheint (Parpola/Watanabe 1988, 40).

[764] Siehe dazu Fischer/Lohfink ThPh 1987, 59–72.

[765] Nur hier im Dtn wird sie mit dem Verb רבה „zahlreich werden" ausgedrückt, vgl. sonst 4, 40; 6, 2; 17, 20 (alle mit „den Kindern"). Der Vergleich „wie die Tage des Himmels über der Erde" (vgl. Ps 89, 30; Sir 45, 15), der für eine unendlich lange Zeit steht, begegnet auch in einem aramäischen Brief um 600 v. Chr. (KAI 266, 3).

[766] Syntaktisch bezieht sich „ihnen" auf die Väter, die damit nicht nur die Empfänger der Verheißung, sondern auch der Gabe des Landes wären, was den Rabbinen Anlass zu Spekulationen über die Auferstehung der Toten gegeben hat, s. Sifre Deuteronomium, Pisqa 47 (Bietenhard 1984, 166, und Raschi z. St.). Im Lichte der parallelen Formulierungen bei DtrB (6, 18; 7, 13; 8, 1; 10, 11; 11, 9) wird es sich aber nur um einen *lapsus calami* handeln. Eine andere Möglichkeit wäre es, „ihnen" nicht auf „die Väter", sondern auf „eure Kinder" zu beziehen und darin eine absichtsvolle Interpretation zu sehen, nach der erst die Kinder der gegenwärtigen Generation in den Besitz des Landes kommen (wie nach 1, 35. 39). Vgl. auch oben S. 19 f zu 1, 8 b.

[767] Von dort werden aufgenommen „Jahwe, dein Gott", „lieben", „auf all seinen Wegen wandeln", und ihnen wird „anhangen" (דבק) hinzugefügt (vgl. 4, 4; 10, 20; 13, 5; 28, 21. 60; 30, 20; Jos 22, 5; 23, 8; 2. Kön 18, 6).

(vgl. 6, 17 a; 8, 1; 11, 8). Die Feinde werden in V. 23 als bekannt vorausgesetzt („alle *diese* Völker"), weil schon 7, 1 sie namentlich vorgestellt und 7, 16–24 ihre Niederwerfung ausführlich beschrieben hat. Die erneute Verheißung der Bezwingung „dieser Völker" (vgl. 7, 22) fasst DtrB in ein Wortspiel mit dem Verb ירשׁ: Jahwe übernimmt die Initiative, indem er sie zuerst „vernichtet" (ירשׁ Hif.),[768] und Israel erfüllt seine Pflicht in der Kooperation, indem es nachher „ihren Besitz übernimmt" (ירשׁ Qal)[769]. Über die Vorlage hinaus gibt DtrB in V. 24 eine kurze Grenzbeschreibung, die an ähnliche Passagen in den Vasallenverträgen erinnert.[770] Das Betreten eines Landstückes war ein Rechtsbrauch, der den Besitzantritt demonstrierte (vgl. Gen 13, 17; Jos 14, 9). Nach der Konzeption des DtrB wird das gelobte Land im Süden und Osten von der großen Wüste, im Norden vom Libanongebirge und im Westen vom Mittelmeer begrenzt. In einer späteren Phase wurde diese noch moderate Definition der Landesgrenzen anhand einer syntaktisch störenden Ergänzung in den Dienst einer Großreichsideologie gestellt,[771] die die nordöstliche Grenze bis zum Eufrat ausdehnte.[772] Die Segensverheißung wird in V. 25 mit einer Siegeszusage abgerundet, die gedanklich und verbal auf 7, 16–24 rekurriert.[773] Deshalb besteht kein Zweifel, dass dieser Text – und indirekt seine Vorlage in Ex 23, 25–30 – die von DtrB gemeinte Adresse des Satzes „wie er es euch zugesagt hat" bildet.[774] Mit dem Rückverweis bestätigt DtrB ausdrücklich, dass er hier mit Absicht auf früher Gesagtes Bezug nimmt.

26–28   Die Alternativpredigt des DtrB (10, 12 ff), die zugleich auch seine paränetische Einführung (4, 1 ff) in die Gesetzesverkündigung (11, 31 ff) beendet, wird in 11, 26–28 abgeschlossen, wo die schon mehrfach erwähnten Alternativen des Segens und Fluches den Lesern/Hörern als eine ihre Existenz betreffende Grundentscheidung vor Augen gestellt werden. Segen und Fluch sind nach antikem Verständnis machtvolle Realitäten, die durch entsprechende Riten ad hominem gebracht werden und danach selbsttätig ihre Wirkung zeitigen. Deshalb fällt ihnen auch in den altorientalischen Verträgen oft ein zeremonieller Charakter zu,[775] und von daher versteht sich von selbst, dass auch Dtn 11, 26–28 sie als konkrete Mächte vorstellt, die dann in dem

---

[768] „J[ahwe] vernichtet, aber Fleisch und Blut vernichten nicht" (Sifre Deuteronomium, Pisqa 50, bei Bietenhard 1984, 185).

[769] Der ganze Satz V. 23 b zeitigt seine Wirkung in 4, 38 und 9, 1.

[770] Siehe Veijola 1990, 145 f; vgl. Weinfeld 1991, 450.

[771] Siehe Mittmann 1975, 21 f.

[772] Dieselbe Konzeption findet sich auch in Gen 15, 18; Ex 23, 31; Dtn 1, 7; Jos 1, 4; Ps 80, 12; 89, 26.

[773] Vers 25 a nimmt 7, 24 bα wörtlich auf und wird seinerseits in Jos 1, 5 aα zitiert (vgl. Jos 1, 3–5 a < Dtn 11, 24–25 a).

[774] Gewöhnlich wird der Gegenstand des Rückverweises in Ex 23, 27 erblickt (so bereits Sifre Deuteronomium, Pisqa 52 [bei Bietenhard 1984, 195], und Raschi z. St.).

[775] Vgl. z. B. die ausgeführten Fluchzeremonien in den assyrischen und aramäischen Verträgen (s. Parpola/Watanabe 1988, 8–13. 50–58; KAI 222 A 21–42).

großen Segens- und Fluchkapitel Dtn 28[776] nach ihren Wirkungen näher beschrieben werden.

Segen und Fluch sind nach V. 26 reale Begebenheiten, die wie das Land (vgl. 1, 8) „vorgelegt" werden können und so grundlegende Alternativen wie Leben und Tod (vgl. 30, 15. 19) darstellen. Wie oben (V. 13–15, V. 22–25) kommt der Segen bei DtrB als vorrangige Option zuerst in den Blick und ist nach V. 27 wie dort (V. 13) vom „Hören auf die Gebote Jahwes" (vgl. 6, 17 a; 8, 6; 10, 13) abhängig (vgl. 28, 1). Sein Gegenteil Fluch wird in V. 28 formal als paritätische Alternative eingeführt, die im Falle des Nicht-Hörens eintreten wird (vgl. 28, 15). Darüber hinaus entfaltet DtrB aber näher den Charakter des Ungehorsams, indem er ihn im Anschluss an die letzte Fluchandrohung (V. 16) als „Abweichen" (סור) von dem gebotenen Weg (vgl. 9, 12. 16) und Nachfolgen anderer, unbekannter Götter[777] definiert (vgl. 6, 14; 7, 4; 8, 19). Damit bringt er an dieser entscheidenden Stelle, beim Übergang von der Paränese zur eigentlichen Gesetzesverkündigung, noch einmal die tiefste Sorge, die ihn bewegt, zum Ausdruck: die Verletzung des Ersten Gebots durch den Fremdgötterdienst.

2. Die formal und inhaltlich geschlossene Rede des DtrB wurde nachträglich **10, 14–11, 1** durch das andersartige Stück 10, 14–11, 1 unterbrochen, das an den älteren Kontext durch die klassische Technik der Ringkomposition anknüpft, indem es am Ende (11, 1) den unmittelbar vorangehenden Text (10, 12 f) mit einigen Veränderungen wiederholt. Anders als die am Bundesformular orientierte Rede des DtrB trägt die Erweiterung einen hymnischen Charakter,[778] der im Hebräischen durch eine reiche Anwendung von Nominalsätzen und Partizipien hervortritt. Die Jahwe preisenden Aussagen (10, 14 f. 17 f. 21 f) sind jedoch kein Selbstzweck, sondern sie wechseln mit paränetischen Mahnungen (10, 16. 19 f; 11, 1) und dienen zu deren Begründung.[779] Die Erweiterung, in der aufgrund des Numeruswechsels oder anderer Kriterien keine einzelnen, separaten Zusätze erkennbar werden, weist eine terminologische und gedankliche Nähe zu nachexilischen Hymnen (wie Ps 136 und 146) auf der einen und zu Texten aus dem Bereich der Priesterschrift auf der anderen Seite auf, was zusammen mit der internen Diachronie von Dtn 10, 12 ff für eine relativ späte Entstehungszeit (nicht vor dem 5. Jh.) spricht.

Der Abschnitt wird in V. 14 mit einer hymnischen Ouvertüre eröffnet, die **10, 14–16** Jahwe wie Neh 9, 6 superlativisch als Besitzer und Schöpfer der unsichtba-

---

[776] Dass die partizipiale Aussage von V. 26 futurisch auf die Proklamation von Segen und Fluch in Dtn 28 vorausblickt, hat Lohfink 1991 II, 246, richtig erkannt.

[777] Zu „den anderen Göttern, die ihr nicht kennt" vgl. 13, 3. 7. 14; 28, 64; 29, 25 (32, 17).

[778] Weinfeld 1991, 454, zieht vornehmlich aus den hier vorkommenden hymnischen Zügen die Schlussfolgerung, dass der Abschnitt 10, 12–11, 21 – den er für eine literarische Einheit hält – einen liturgischen Sitz im Leben habe.

[779] Vgl. Lohfink 1963, 220 f, der den Wechsel zwischen „Gebot" und „Begründung" als „Grundrhythmus" in 10, 12–11, 12 bezeichnet (ohne Ausscheidung von 10, 14–11, 1).

ren[780] und sichtbaren Welt[781] preist. Obwohl es nicht direkt ausgesagt wird, tritt Jahwe hier schon als der einzige Gott auf,[782] dem die ganze Welt mit ihren Bewohnern untersteht. In dieser Hinsicht steht der Vers auf einer Stufe mit dem ebenfalls nachexilischen monotheistischen Text Dtn 4, 32–40 (vgl. V. 35. 39), in dem gleicherweise die Heilsgeschichte nach dem seit Deuterojesaja und der Priesterschrift üblichen Schema mit der Schöpfung beginnt. Darauf folgt in 10, 15 – wie in Neh 9, 7 – die geschichtliche Erwählung, die in einer literarischen Kombination der nachexilischen Stellen Dtn 4, 37 und 7, 7[783] als ein Vorgang mit zwei Phasen vorgestellt wird: Jahwes Liebe zu den Vätern führte zu der immer noch gültigen Erwählung ihrer Nachkommen. Das Privileg, erwählt zu sein, verpflichtet zur Treue gegenüber dem erwählenden Gott, was in dem paränetischen V. 16 mit zwei Bildern ausgedrückt wird. Die Beschneidung, die nach der Priesterschrift das konkrete Zeichen des Abrahambundes ist (Gen 17), wird in übertragenem Sinne auf das Herz, den Sitz des Wollens und Denkens (vgl. 11, 16), bezogen,[784] das ohne „Verschluss und Decke" (Raschi) empfänglich für Gottes Weisungen wird. Das parallele Bild vom „starren Hals"[785] blickt auf den Horeb zurück (9,[6]13. 27) und schärft ein, die dort begangene Sünde „nicht mehr" zu tun.

17–19   In V. 17 setzen sich die hymnischen Superlativaussagen fort, die Jahwe anhand der traditionellen Götterepitheta „der Gott der Götter und der Herr der Herren" als den einzigen wirklichen Gott rühmen (vgl. Ps 136, 2 f; Dan 2, 47)[786] und ihm die Eigenschaften eines Götterkönigs[787] zuschreiben. Jahwe ist aber nicht nur machtvoll, sondern übt seine Macht wie ein idealer weltlicher König aus, um die soziale Gerechtigkeit zu verwirklichen,[788] die sich in Unpar-

---

[780] Vgl. zum Ausdruck „der Himmel des Himmels" außer Neh 9, 6 auch 1. Kön 8, 27 (Zusatz innerhalb eines dtr Textes) par. 2. Chr 2, 5 und die hymnischen Belege in Ps 68, 34; 148, 4; Sir 16, 18.

[781] Zu V. 14 b („die Erde und alles, was darauf ist") vgl. vor allem Ps 24, 1; 1. Sam 2, 8 und weiter auch Ex 9, 29; Jos 6, 17. 24.

[782] So mit Steuernagel ²1923, 89; Achenbach 1991, 380, und Rose 1994, 346, gegen Braulik 1988, 270–272.

[783] Im Einzelnen verteilen sich die Abhängigkeiten folgendermaßen: „deine Väter" (< 4, 37), „anhangen" (< 7,7), „Liebe" (< 4, 37), „Jahwe hat ihre Nachkommen erwählt" (< 4, 37), „aus allen Völkern" (< 7,7).

[784] Vgl. Dtn 30, 6 und weiter auch Lev 26, 41; Jer 4, 4; (6, 10) 9, 25; Ez 44, 7. 9; Röm 2, 28 f; Phil 3, 3; Kol 2, 11.

[785] Vgl. zu der hier gebrauchten Wendung Jer 7, 26; 17, 23; 19, 15 (alles dtr oder später).

[786] Die Anwendung der Superlative zeigt in Dtn 10, 17 ebenso wenig wie in Ps 136, 2 f und Dan 2, 47 (aram.), dass den anderen Göttern noch eine reale Existenz zugestanden wird; vielmehr werden sie hier im absoluten Sinne gebraucht.

[787] Alle drei El-Prädikationen, die hier begegnen („groß, mächtig und Furcht erregend"), sind auch in Neh 9, 32 belegt, vgl. weiter Dtn 7, 21; Ps 47, 3 („Furcht erregend und groß), Jer 32, 18 („groß und mächtig"), Ps 24, 8 („mächtig"), Ps 77, 14; 95, 3 („groß").

[788] Beispielhaft in dieser Hinsicht ist das „Regierungsprogramm" des Königs Hammurapi im Prolog seiner Gesetzessammlung (CH I 27–39, V 14–24, s. TUAT I/1, 40. 44).

teilichkeit[789] und Unbestechlichkeit[790] manifestiert und besonders den marginalisierten Gesellschaftsgruppen zugute kommt. Auf göttliche Rechtshilfe sind
in besonderem Maße die angewiesen, die jede eigene Rechtsfähigkeit entbeh-
ren, wie die Marginalgruppen der Waisen, Witwen und Fremden[791] (V. 18), denen die dtn Gesetzgebung große Aufmerksamkeit schenkt (vgl. 14, 29;
16, 11. 14; 24, 17. 19–21) und denen hier ähnlich wie in dem nachexilischem
Hymnus Ps 146 (V. 9) Gottes vorrangige Option gilt. Die Aussage, nach der
Jahwe die Fremden „liebt" (V. 18 b), ist einzigartig im Dtn – ja ungewöhnlich im
ganzen AT.[792] Sonst gilt nämlich die Liebe Jahwes nach dem Dtn immer Israel
(7, 8. 13; 23, 6) oder seinen „Vätern" (4, 37; 10, 15), nie aber einer einzelnen
Menschengruppe wie hier den Fremden. Die Stelle bestätigt indirekt die monotheistische Sicht des Verfassers (V. 17): In seiner über Israel hinausgehenden
Liebe zum Fremden erweist sich Jahwe als der Gott schlechthin.[793] Aus der
Liebe Jahwes zu Israel ergibt sich gewöhnlich im Dtn für Israel die Verpflichtung, Jahwe zu lieben (6, 5; 10, 12; 11, 1. 13. 22 u. ö.), hier jedoch (V. 19)[794] entsteht in leichter Verschiebung der Reziprozität aus Jahwes Liebe zu den Fremden für Israel die Verpflichtung, die Fremden zu lieben (vgl. Lev 19, 34). Damit
sollen die Israeliten nach der im priesterlichen Denken üblichen Verhaltensre-
gel Gottes Nachfolger werden, indem sie auf seine vorangehende Tat eine entsprechende Aktion folgen lassen (*imitatio Dei*).[795] Neben die priesterliche Begründung des Liebesgebots tritt noch das aus der dtr Tradition bekannte
Argument der eigenen Erfahrung (V. 19 b), die sich gewöhnlich auf den Status
der Israeliten als Sklaven in Ägypten bezieht (5, 15; 15, 15; 16, 12; 24, 18. 22),
hier jedoch auf das dort erlittene Schicksal als Fremde (vgl. Ex 22, 20; 23, 9;
Lev 19, 34 und Dtn 23, 8). Während die Anspielung auf das ägyptische Sklavendasein auf die aus ihm erfahrene Rettung durch Jahwe zielt und damit an die
Dankbarkeit appelliert, beruft sich das Argument des eigenen Fremdenschick-
sals in Ägypten auf die gegenseitige *Solidarität* der Menschen, die Ähnliches er-

---

[789] Zum Ausdruck vgl. Dtn 28, 50 (1, 17; 16, 19) und weiter auch Gen 19, 21; 32, 21; Ijob 32, 21;
Spr 6, 35.

[790] Zum Ausdruck vgl. Dtn 16, 19; 27, 25 und weiter auch Ex 23, 8; 1. Sam 8, 3; Ez 22, 12; Ps
15, 5; Spr 17, 23.

[791] Die im Dtn übliche Trias „die Fremden, Waisen und Witwen" (14, 29; 16, 11. 14; 24, 17. 19–21)
erscheint hier in einer abweichenden Anordnung mit den „Fremden" am Ende, womit die paränetische Aussage von V. 19 vorbereitet wird. Auch dies spricht gegen die Annahme eines Zusatzes
in V. 19 (s. u.).

[792] Wenn von der „Liebe" Jahwes zu bestimmten Menschengruppen gesprochen wird, besitzen
diese eine besondere sittliche Qualität (Ps 146, 8; Spr 15, 9; 22, 11; Sir 4, 14). Als Einzelpersonen
gilt Jahwes „Liebe" abgesehen von den Patriarchen Abraham (Jes 41, 8; 2. Chr 20, 7) und Jakob
(Mal 1, 2) dem israelitischen König Salomo (2. Sam 12, 24; Neh 13, 26) und – wohlgemerkt – dem
Perserkönig Kyros (Jes 48, 14).

[793] Dangl 1993, 221.

[794] Die Paränese von V. 19 folgt vollkommen logisch der hymnischen Begründung in V. 17 f
(vgl. Dangl 1993, 201–232) und darf nicht als unpassender Zusatz entfernt werden (so jedoch z. B.
Lohfink 1963, 223; Braulik 1986, 84; Rose 1994, 347, und Ramírez Kidd 1999, 79 f).

[795] Vgl. Ex 20, 11; 31, 16 f; Lev 11, 44; 19, 2; 20, 7. 26.

fahren haben (vgl. Ex 23, 9; Hebr 4, 15), und erinnert damit an die Goldene Regel (Mt 7, 12).[796] Der historische Hintergrund dieser Argumentation liegt in der Erfahrung des Exils und vielleicht auch schon in der ägyptischen Diaspora.[797] Es wird in V. 19 nicht ausdrücklich gesagt, worin die Liebe konkret besteht, aber nach dem Vorbild Gottes (V. 18) schließt sie auf jeden Fall die Gewährung der grundlegenden Lebensbedürfnisse, Nahrung und Kleidung (vgl. 8, 3 f), sowie des für soziales Leben notwendigen Rechtsschutzes (vgl. 1, 16) ein.[798]

10, 20–11, 1   Das Gebot der Fremdenliebe wird in V. 20 durch das Hauptgebot (vgl. 10, 12) ergänzt, das aus 6, 13 mit einem zusätzlichen Element[799] erweitert zitiert wird. Somit wird indirekt schon der Weg für das Doppelgebot der Liebe (Mk 12, 29–31) vorbereitet. Die Paränese gibt ihrerseits wieder Raum für das Lob in V. 21, der Jahwe mit hymnischen Bekenntnisaussagen als „deinen Ruhm"[800] (vgl. Ex 15, 11; Jer 17, 14; Ps 109, 1) und „deinen Gott" (vgl. Jer 3, 22; 14, 22; 31, 18; Ps 31, 15; 95, 7; 100, 3) preist. Der Grund des bekennenden Rühmens liegt in seinen Taten beim Exodus,[801] auf die hier in Vorwegnahme von 11, 2–7 als selbsterlebte (11, 7)[802] und damit verpflichtende Wirklichkeit angespielt wird. Die Größe des Auszugs im Verhältnis zu dem bescheidenen Einzug wird in V. 22 noch mit einem numerischen Vergleich unterstrichen. Der aus der Priesterschrift stammenden runden Zahl siebzig, die sich auf die nach Ägypten Hinabgezogenen bezieht (Gen 46, 27; Ex 1, 5), wird die gegenwärtige, aus 1, 10 entliehene, unzählbare Größe Israels gegenübergestellt. Auch dieser Vergleich soll die dankbare Liebe zu Jahwe und die Treue zu seinen Geboten motivieren (11, 1). Damit schließt der Verfasser seinen hymnischen Exkurs (10, 14–11, 1) ab, indem er mit seiner eigenen, späten Terminologie[803] auf das vorgegebene Thema (10, 12 f) zurücklenkt.

11, 29–30   3. Die letzte Stufe im Werdegang von 10, 12–11, 30 vertreten die sukzessiv entstandenen Verse 11, 29 und 30,[804] die den in 11, 26–28 genannten Segen und

---

[796] Vgl. Ramírez Kidd 1999, 89 f.

[797] Siehe Ramírez Kidd 1999, 96–98. Es ist jedoch nicht nötig, mit Ramírez Kidd 1999, 89. 95, die in 10, 19 b vorliegende Begründung aus 23, 8 b abzuleiten, zumal für sie direkte Vorbilder in der dtr Bearbeitung des Bundesbuches existieren (Ex 22, 20; 23, 9).

[798] Vgl. Mathys 1986, 12 f.

[799] Das Verb „anhangen" (דבק), vgl. 11, 22 und die dort genannten Parallelbelege.

[800] Damit ist sachlich καύχημα (LXX) gemeint, das sowohl „den Gegenstand des Rühmens" wie auch „das, was zum Ruhme gesagt wird" bedeutet (Bauer [5]1963, 842).

[801] Die „großen und Furcht erregenden Taten" (V. 21) nehmen in der (spät-)dtr Terminologie gewöhnlich auf den Exodus Bezug (s. besonders 2. Sam 7, 23 und vgl. auch Dtn 4, 34; 26, 8; 34, 12).

[802] Vgl. wörtlich gleich („die du mit eigenen Augen gesehen hast") in 4, 9; 7, 19; 29, 2.

[803] Als neuer Gesetzesausdruck kommt hier das Wort משמרת „Verpflichtung" vor, das nur sporadisch in der spät-dtr Literatur begegnet (Jos 22, 3; 1. Kön 2, 3), sonst aber mit dieser Bedeutung (s. HALAT, 614 a) ausschließlich in P und anderen späten Schriften belegt ist (Gen 26, 5; Lev 8, 35; Num 9, 19. 23; Ez 44, 8. 16; Sach 3, 7; Mal 3, 14; Neh 12, 45 u. ö.).

[804] Ihr Charakter als Nachtrag (bzw. Nachträge) wird allgemein zugestanden. Anders freilich Nielsen 1995, 128 f, der ausgerechnet in V. 29–30* eine „proto-deuteronomische Überlieferung nordisraelitischer Herkunft" findet.

Fluch geographisch lokalisieren. Nach einer historischen Gebotsumrahmung, die ihre Vorbilder in 6, 10 und 7, 1 hat, schreibt V. 29 vor, als Ort des Segens Garizim (*Ǧebel eṭ-Ṭōr*) und als den des Fluches Ebal (*Ǧebel Islāmīye*), die zwei Berge auf der südlichen und nördlichen Seite Sichems, zu wählen. Diese Vorschrift wird in Dtn 27, 12 f bekräftigt und dann in Jos 8, 33 f in die Wirklichkeit umgesetzt. Es handelt sich nicht um einen uralten Ritus aus der Frühzeit Israels,[805] sondern im Gegenteil um einen ausgesprochen jungen Text, der schon das keimende samaritanische Schisma im Blick hat, folglich nicht vor dem 4. Jh. entstanden sein kann.[806] In V. 29 liegt aber wohlgemerkt keine polemische Stellungnahme gegen die Interessen der Samaritaner und ihren heiligen Berg Garizim vor; vielmehr wird darin – wie in Dtn 27, 4[807].12 f – die Bemühung sichtbar, im Namen einer nationalen Versöhnung den kultischen Ansprüchen der Samaritaner ein gewisses Recht einzuräumen[808]: der Garizim besitzt als Kultort mosaische Autorität – die allerdings auf die Zeit vor der Promulgation des Kultzentralisationsgesetzes (Dtn 12) zurückgeht und damit kein absolutes Gewicht hat.

Die Bemühung um Versöhnung blieb aber kurzlebig; denn schon in V. 30 wurde sie durch topographische Mittel zunichte gemacht. Die einzelnen in V. 30 genannten Ortsnamen sind weder unter sich noch mit den in V. 29 genannten Bergen in Einklang zu bringen. Offensichtlich versucht hier ein den samaritanischen Ansprüchen feindlich gesinnter Glossator deren heiligste Tradition dadurch zu falsifizieren, dass er ihre Berge Garizim und Ebal in die Gegend des Jordanübergangs verlegt.[809] Eben aus diesem Grund sagt er, dass sie „jenseits des Jordan" (vgl. Jos 8, 30–35), „im Lande der im Jordantal (Araba) wohnenden Kanaaniter" (vgl. Jos 11, 2; 12, 3) liegen. Selbstverständlich meint er mit „Gilgal" das dortige Gilgal in der Nähe von Jericho (bei *Ḫirbet el-Mefǧir*), das als erster Lagerplatz der Israeliten nach dem Jordanübergang diente (Jos 4, 19 f; 5, 9 f; 9, 6; 10, 6 f u. ö.), und nicht irgendein anderes Gilgal bei Sichem.[810] Dunkel bleibt hingegen, warum er es für nötig hält, auch die aus der Nähe von Sichem bekannte „Orakelterebinthe" (Gen 12, 6)[811] hierher umzupflanzen, und welche Straße mit der nur hier erwähnten „Weststraße" eigentlich gemeint ist.[812] Deutlich scheint auf alle Fälle zu sein, dass Geographie hier im Dienste theologischer Polemik steht.

---

[805] Wie z. B. von Rad ²1968, 61, und Seebass Bib. 1982, 30, vermuten.

[806] Siehe insbesondere Fabry 1985, 87. 93–95, und vgl. auch Achenbach 1991, 392.

[807] Statt „Ebal" (MT) ist hier nach Sam. und Vetus Latina „Garizim" zu lesen (vgl. BHS).

[808] Siehe Fabry 1985, 94 f, vgl. Achenbach 1991, 392.

[809] Siehe vor allem Fabry 1985, 87. 95. Dasselbe Interesse wie in 11, 30 wird sichtbar auch in dem späten Zusatz Dtn 27, 2 f, in dem die Ausführung der in 27, 4. 8 vorgeschriebenen Maßnahme geographisch vom Garizim abgetrennt und zeitlich unmittelbar nach dem Jordanübergang angesetzt wird (vgl. dazu Anbar 1985, 307 f).

[810] So etwa HALAT, 183 a.

[811] Die Terebinthen von Dtn 11, 30 und Gen 12, 6 werden schon in Sifre Deuteronomium, Pisqa 56 (bei Bietenhard 1984, 203) miteinander in Verbindung gebracht.

[812] Gewöhnlich wird an die Hauptstraße gedacht, die von Süden nach Norden das Westjordanland durchquerte (Dillmann ²1886, 289; Driver ³1902, 132 f; Cairns 1992, 118).

3. Bundesbestimmungen (11, 31–26, 15)

3. 1. *Dies sind die Satzungen und Rechte (11, 31–12, 1)*

31 Wenn ihr den Jordan überschreitet, um hineinzukommen und das Land in Besitz zu nehmen, das Jahwe, euer Gott, euch geben wird, und wenn ihr es in Besitz genommen und euch darin niedergelassen habt, 32 dann sollt ihr all die Satzungen und Rechte, die ich euch heute vorlege, bewahren und befolgen. 12, 1 Dies sind die Satzungen und Rechte, die ihr bewahren und befolgen sollt (in dem Lande, das Jahwe, der Gott deiner Väter, dir zum Besitz gegeben hat,) so lange ihr in dem Lande lebt.

Die Verse 11, 31–12, 1 bilden eine barocke Überschrift für die in Kap. 12 beginnende Gesetzgebung, die sie nicht nur mit der paränetischen Einführung (Dtn 6, 1 ff), sondern zugleich auch mit dem historischen Prolog (Dtn 1–4) und der Dekalogverkündigung (Dtn 5) verbindet. Sie ist formal als eine breit ausgeführte Überleitungsformel[813] gestaltet (vgl. 5, 31 + 6, 1), in der Wiederholungen im Dienste der chiastischen Struktur[814] stehen. Im Zentrum befinden sich die zweifach erwähnten „Satzungen und Rechte" (11, 32; 12, 1), und an beiden Enden erscheint „das Land"[815], in dem sie gelten sollen (11, 31[816]; 12, 1). Die kunstvolle Einheit wird in 12, 1 durch einen weiteren Satz über das Land („in dem Land, das Jahwe, der Gott deiner Väter, dir zum Besitz gegeben hat") beeinträchtigt, der sich schon durch den überraschenden Gebrauch des Singulars im pluralischen Kontext sowie des Perfekts in der Landgabeformel als Zusatz erweist.[817]

Die überleitende Funktion von 11, 31–12, 1* sowie auch ihre pluralische Diktion sprechen dagegen, dass diese Verse die originale Überschrift des in Dtn

---

[813] „Transitional formula" nach Rofé 2002, 26. 98.

[814] Vgl. Seitz 1971, 40; Rofé 2002, 98 f.

[815] Dafür stehen im Hebräischen zwei verschiedene Wörter, ארץ (11, 31) und אדמה (12, 1), die beide im Sprachgebrauch des Dtn synonym für das Verheißungsland stehen (Plöger 1967, 128 f).

[816] Entgegen den Übersetzungen von LXX (γάρ) und Vulg. (*enim*) ist כי in 11, 31 nicht im Sinne von „denn" (s. z. B. noch von Rad ²1968, 59), sondern von „wenn" zu verstehen (vgl. Köckert ThPh 1985, 505; Tigay 1996, 118; Rofé 2002, 98), dem der Hauptsatz in V. 32 folgt (vgl. eine ähnliche Konstruktion mit כי „wenn" + Partizip in Dtn 8, 7).

[817] Vgl. Merendino 1969, 14; Seitz 1971, 40. Die Landgabeformel erscheint im Dtn sonst gewöhnlich (etwa 40 Mal) im Partizip, und die Ausnahmen mit Perfekt (2, 12; 8, 10; 9, 23; 26, 10; 28, 52) sind vom Kontext her anders angelegt als 12, 1. Für den Zusatz spricht auch die Beobachtung, dass der Konstruktion לרשתה „zum Besitz" gewöhnlich eine die Formel abschließende Funktion zukommt (vgl. 3, 18; 4, 5. 14; 5, 31; 9, 6; 15, 4; 19, 2. 14; 25, 19), hier jedoch durch V. 1 b fortgesetzt wird (vgl. Merendino 1969, 14). Lohfink 1991 II, 257–285, der an der Echtheit der Stelle festhält, konstruiert darauf eine kühne Hypothese, indem er in der perfektischen Landgabeformel eine bewusste Anspielung auf Gen 15, 18 erblickt und vermutet, dass dort eine nähere Definition von dem Land gegeben wird (vom Nil bis Eufrat), wo die Gesetze von Dtn 12–26 nach 12, 1 zu befolgen seien (vgl. Reuter 1993, 47).

12* beginnenden dtn Gesetzeskorpus enthalten. Sie teilen die von dem prophetischen Deuteronomisten (DtrP) im Dekalograhmen aufgestellte Theorie, nach der die „Satzungen und Rechte" den Dekalog ergänzen und auslegen (5, 31; 6, 1) und setzen damit die Existenz des Dekalogs schon als Bestandteil des Dtn voraus.[818] Dazu kommt, dass diese Verse auch die von DtrP in 5, 31 und 6, 1 entwickelte Sicht vertreten, dass das verheißene Land den eigentlichen Geltungsbereich der Satzungen und Rechte bildet.[819] Da es nicht sehr wahrscheinlich ist, dass DtrP sich selber hier so ausführlich wiederholt, liegt die Annahme am nächsten, dass die neue Überschrift auf seinen nomistischen Nachfolger DtrN zurückgeht, der ganz ähnlich wie DtrP – aber anders als der spätere DtrB (vgl. z. B. 4, 1 b; 5, 1. 5; 6, 2 f; 8, 1) – die Satzungen und Rechte als Auslegung des Dekalogs und das Land als ihren Geltungsbereich ansieht (4, 1 a.14. 22).[820] Die modifizierte Wiederholung der Überschrift in 11, 31–12, 1 wurde notwendig wegen der inzwischen gewachsenen Paränese (6, 4 ff),[821] die die ältere Überschrift 5, 31; 6, 1 zu weit von ihrer Referenz, der in Kap. 12 beginnenden Verkündigung der Satzungen und Rechte, entfernt hatte.

Obwohl das Gesetzeskorpus schon vor DtrN mit dem geschichtlichen Prolog (Dtn 1–3*), dem Dekalog (Dtn 5*) und dem frühesten Teil der Paränese (Dtn 6*) zusammengewachsen war, hat DtrN offenbar noch ein Gespür dafür bewahrt, dass in Kap. 12 die eigentliche dtn Gesetzgebung einsetzt, und deshalb versah er sie mit einer ausführlichen Überleitung. Er ruft deren geschichtliche Situation in Erinnerung, indem er ein Stichwort des Prologs (Dtn 1–3), „überschreiten" (עבר)[822], aufnimmt (11, 31) und damit zu verstehen gibt, dass nun die Stunde für die Verkündigung der „Satzungen und Rechte" geschlagen hat, auf die schon mehrfach angespielt wurde (4, 1 a.14; 5, 31; 6, 1). Der Textbereich, den sie nach der Überschrift umfassen, erschließt sich daraus, dass sie das nächste und das letzte Mal in 26, 16 zusammen erscheinen und damit das dazwischen stehende Rechtsmaterial als ihren Inhalt angeben.[823] Ihrer semantischen Bedeutung nach besagen die beiden Elemente des Begriffspaars „Satzungen und Rechte" ungefähr dasselbe[824]; höchstens läge die Vermutung nahe, dass bei den „Satzungen" (חקים) der Aspekt der von göttlicher Autorität gesetzten kultrechtlichen Ordnungen vorwiegt, während die „Rechte" (משפטים) stärker auf die Rechtsentscheidungen ziviler Autorität abheben.[825]

---

[818] Vgl. Seitz 1971, 38; Achenbach 1991, 130 Anm. 239, und S. 240.

[819] Siehe oben bei 5, 31 und 6, 1. Zu dieser Konzeption aus rabbinischer Sicht Lohfink 1991 II, 287–292.

[820] Vgl. Lohfink 1991 II, 253 f, der ebenfalls 11, 31–12, 1 einem Redaktor der Exilszeit zuschreibt, und Reuter 1993, 110, die diesen Redaktor ausdrücklich DtrN nennt.

[821] Als eigener Text des DtrN, an den die Überschrift einst unmittelbar anknüpften konnte, ging vielleicht die Einheit Dtn 7, 1*. 2–3. 6 voran.

[822] Siehe 2, 4. 8 *bis*.13*bis*.14. 18. 24. 28; 3, 21. 25. 27 f.

[823] Vgl. Seitz 1971, 43; Lohfink 1991 I, 244–248; Achenbach 1991, 55. 57.

[824] Siehe Liedke THAT I, 632; Ders. THAT II, 1009; Ringgren ThWAT III, 153.

[825] Diese Differenzierung geht auf Horst (1930 =) 1961, 150, zurück, der unter חקים „das Privilegrecht Jahwes" (Dtn 12–16) und unter משפטים „Bestimmungen zivilrechtlicher Art" (Dtn

3. 2. Die Stätte, die Jahwe erwählen wird (12, 2–27)

2 Ihr sollt all die Kultstätten zerstören, an denen die Völker, deren Besitz ihr übernehmen werdet, ihren Göttern gedient haben, auf den hohen Bergen, auf den Hügeln und unter jedem üppigen Baum. (3 Ihr sollt ihre Altäre niederreißen, ihre Mahlsteine zerbrechen, ihre Kultpfähle im Feuer verbrennen und die Bilder ihrer Götter umhauen. Ihr sollt ihren Namen von jener Stätte austilgen.) 4 Ihr sollt nicht so mit Jahwe, eurem Gott, verfahren, 5 sondern ihr sollt die Stätte aufsuchen, die Jahwe, euer Gott, aus all euren Stämmen erwählen wird, dass er dort seinen Namen niederlege, [um ihn dort wohnen zu lassen][826], und dorthin sollst du kommen. 6 Dorthin sollt ihr bringen eure Brandopfer, eure Schlachtopfer, eure Zehnten, eure Hebeopfer, eure Gelübdeopfer, eure freiwilligen Gaben und die Erstlinge eurer Rinder und eures Kleinviehs. 7 Ihr sollt dort vor Jahwe, eurem Gott, das Mahl halten und fröhlich sein, ihr und eure Familien, über all den Erwerb eurer Hände, mit dem Jahwe, dein Gott, dich gesegnet hat.

8 Ihr sollt nicht mehr tun, so wie wir es heute hier tun, jeder ganz wie es ihm gut dünkt. 9 Denn ihr seid bis jetzt noch nicht zu der Ruhe und zu dem Erbbesitz gekommen, die Jahwe, dein Gott, dir geben wird. 10 Ihr werdet aber den Jordan überschreiten und euch in dem Lande niederlassen, das Jahwe, euer Gott, euch zum Erbbesitz austeilen wird, und er wird euch Ruhe vor all euren Feinden ringsum verschaffen, so dass ihr in Sicherheit wohnt. 11 Dann sollt ihr an die Stätte, die Jahwe, euer Gott, erwählen wird, um seinen Namen dort wohnen zu lassen, alles bringen, was ich euch gebiete: eure Brandopfer und Schlachtopfer, eure Zehnten und Hebeopfer und all eure auserlesenen Gelübdeopfer, die ihr Jahwe gelobt. 12 Ihr sollt vor Jahwe, eurem Gott, fröhlich sein, ihr, eure Söhne und Töchter, eure Sklaven und Sklavinnen sowie die Leviten, die in euren Ortschaften wohnen,

denn die Leviten haben nicht wie ihr Landanteil und Erbbesitz.

17–26) verstand. Vgl. aber schon Steuernagel ²1923, 93, der חקים auf die Zentralisations- und Kultgesetze und משפטים auf das übrige Rechtsmaterial bezog. Eine saubere Unterscheidung gelingt jedoch nicht.

[826] MT hat hier das Substantiv לְשִׁכְנוֹ und verbindet es mit der zweiten Vershälfte, die zu übersetzen wäre: „seine Wohnung sollt ihr aufsuchen, und dorthin sollst du kommen". Bei der masoretischen Lesart mit dem *Hapax legomenon* שֶׁכֶן handelt es sich aber mit großer Wahrscheinlichkeit um eine sekundäre Umvokalisierung von לְשַׁכְּנוֹ „um ihn wohnen zu lassen" (s. BHS). In V. 5 sind die beiden in Kap. 12 erscheinenden Formulierungsvarianten, שׂוּם שְׁמוֹ „seinen Namen niederlegen" (V. 21) und שַׁכֵּן שְׁמוֹ „seinen Namen wohnen lassen" (V. 11) kombiniert (vgl. Tigay 1996, 120 Anm. 19).

13 Hüte dich, dass du deine Brandopfer nicht an jeder Stätte darbringst, die du siehst, 14 sondern an der Stätte, die Jahwe in einem deiner Stämme erwählen wird. Dort sollst du deine Brandopfer darbringen und dort sollst du alles tun, was ich dir gebiete.

> 15 Doch darfst du ganz nach Herzenslust schlachten und Fleisch essen (nach dem Segen, den dir Jahwe, dein Gott, beschieden hat) in all deinen Ortschaften. Der Unreine wie der Reine darf davon essen, wie von der Gazelle und vom Damhirsch. 16 Nur das Blut dürft ihr nicht essen, sondern auf die Erde sollst du es ausschütten wie Wasser.

17 Du darfst in deinen Ortschaften nicht verzehren den Zehnten von deinem Korn, Most und Öl, die Erstlinge deiner Rinder und deines Kleinviehs, all deine Gelübdeopfer, die du gelobst, deine freiwilligen Gaben und deine Hebeopfer, 18 sondern vor Jahwe, deinem Gott, sollst du sie verzehren, an der Stätte, die Jahwe, dein Gott, erwählen wird, du, dein Sohn und deine Tochter, dein Sklave und deine Sklavin sowie die Leviten, die in deinen Ortschaften wohnen, und du sollst fröhlich sein vor Jahwe, deinem Gott, über allen Erwerb deiner Hände.

> 19 Hüte dich, dass du die Leviten nicht im Stich lässt, so lange du in deinem Lande lebst.

> 20 Wenn Jahwe, dein Gott, dein Gebiet erweitert, wie er es dir zugesagt hat, und du sagst: „Ich möchte gern Fleisch essen", weil es dich nach Fleischgenuss lüstet, so darfst du ganz nach Herzenslust Fleisch essen.

21 Wenn aber die Stätte, die Jahwe, dein Gott, erwählen wird, um seinen Namen dort niederzulegen, dir zu weit ist, so darfst du von deinen Rindern und deinem Kleinvieh, die Jahwe dir gegeben hat, schlachten (wie ich es dir geboten habe,) und in deinen Ortschaften essen ganz nach Herzenslust.

> 22 Jedoch sollst du davon essen, wie man von der Gazelle und vom Damhirsch isst; der Unreine und der Reine dürfen davon gemeinsam[827] essen. 23 Nur halte daran fest, dass du kein Blut isst, denn das Blut ist das Leben, und du darfst nicht das Leben mit dem Fleisch essen. 24 Du darfst es nicht essen, sondern auf die Erde sollst du es ausschütten wie das Wasser. 25 Du darfst es nicht essen, damit es dir und deinen Kindern nach dir gut geht, wenn du tust, was recht ist in den Augen Jahwes. 26 Jedoch deine heiligen Gaben, die du haben wirst, und deine

---

[827] Zu dieser Bedeutung von יחדו vgl. Dtn 25, 5. 11. Richtig Vulg. mit *in commune*, falsch LXX mit ὡσαύτως, falsch auch HALAT, 388 a, mit „insgesamt".

> Gelübdeopfer sollst du mitnehmen und an
> die Stätte kommen, die Jahwe erwählen
> wird. 27 Dort sollst du deine Brandopfer,
> das Fleisch und das Blut, auf dem Altar Jah-
> wes, deines Gottes, darbringen. Von deinen
> Schlachtopfern soll aber nur das Blut an den
> Altar ausgeschüttet werden, während du das
> Fleisch verzehren darfst.

Die eigentliche Gesetzgebung (Dtn 12–26) beginnt in 12, 2–27 mit einer ausführlichen Definition des geographischen Ortes, an dem Israel seinem Gott
im Gottesdienst zukünftig begegnen soll, sowie der Konsequenzen, die sich
daraus für das alltägliche Leben außerhalb der einzig legitimen Kultstätte
ergeben. Dass Bestimmungen, die Gott und seinen Tempel betreffen, wegen
ihrer grundsätzlichen Bedeutung am Anfang eines Gesetzeskorpus stehen,
entspricht der altorientalischen Rechtstradition, wie sie sich auch im Codex
Hammurapi (18. Jh.) und in den sog. mittelassyrischen Gesetzen (12./11. Jh.)
widerspiegelt.[828] In der Großdisposition der dtn Gesetzgebung leitet das Gesetz über den legitimen Kultort das „Privilegrecht Jahwes"[829] (12, 2–16, 17)
ein, das sich vorwiegend mit Angelegenheiten des Kultus und Gottesrechts
befasst. Darauf folgen die Ämtergesetze (16, 18–18, 22) sowie das Straf- und
Zivilrecht (19, 1–25, 19), und die gesamte Gesetzgebung wird mit einem „liturgischen Anhang" (26, 1–11) abgeschlossen, der das kultische Gegenstück
zu dem privilegrechtlichen Teil am Anfang des Korpus bildet.[830] Das fertige
Dtn wird von zwei überragenden Geboten zusammengehalten, die eine weite
Ausstrahlung auf das ganze DtrG ausgeübt haben: dem auf das 1. Dekaloggebot zurückgehenden *Hauptgebot*, das den ausschließlichen Dienst Jahwes fordert, und dem in Dtn 12 statuierten *Grundgebot*, das die Konzentration der
kultischen Verehrung des einzigen Gottes Jahwe auf den Jerusalemer Tempel
vorschreibt.[831]

   Weil das dtn Gesetz aus den Bedürfnissen der Joschija-Zeit (639/8–609) als
Reformgesetzgebung entstanden ist,[832] die das ältere Bundesbuch (Ex 20, 24–
23, 19*) novellieren möchte,[833] steht an der prominentesten Stelle, nämlich
eingangs, das Gesetz über den rechten Kultort, das sich korrigierend auf das
Altargesetz am Anfang des Bundesbuches (Ex 20, 24–26) bezieht und dann

---

[828] Siehe CH § 1–6 (TUAT I/1, 44 f), Mittelassyr. Gesetze § 1 (TUAT I/1, 81). Vgl. Petschow
ZA 1965, 147–149. 153.
[829] Ein Begriff, den Horst 1930 (= 1961, 17–154) geprägt hat.
[830] Siehe Lohfink 1991 II, 173 f, der freilich auch die in 26, 12–15 vorliegende Erweiterung zu
dem „liturgischen Anhang" rechnet.
[831] Kaiser 1993, 201.
[832] Das ist die nach wie vor plausibelste Erklärung für seinen historischen Anlass (vgl. u. a.
Wellhausen ⁶1927, 34 f; Levin 1985, 84; Albertz 1992, 307–327; Reuter 1993, 28. 255. 261).
[833] Siehe in neuerer Zeit insbesondere Levinson 1997 (im Ganzen); Otto 1999, 217–364, und
Schaper ZAR 1999, 111–132.

seinerseits von den Bestimmungen über die legitime Opferstätte am Anfang des Heiligkeitsgesetzes (Lev 17) abgelöst wird[834].

Es versteht sich von selbst, dass ein Gebot, das einen tiefgehenden Eingriff in das herkömmliche Gesetz und die eingebürgerte Opferpraxis bedeutete, schon bald auch Gegenstand einer intensiven Auslegung wurde, deren Spuren in Kap. 12 ablesbar sind. Sie zeigen sich auf der einen Seite formal in der abwechselnden Anrede Israels im Pl. (V. 2–12)[835] und im Sg. (V. 13–27)[836], auf der anderen Seite inhaltlich in der vierfachen Wiederholung der Hauptforderung, der Kultzentralisation, in V. 2–7, in V. 8–12, in V. 13 f. 17 f sowie in V. 26 f und außerdem noch in der zweifachen Freigabe der Profanschlachtung, die nach V. 15 f bedingungslos gilt, nach V. 20–25 aber an bestimmte geographische Bedingungen gebunden ist.[837]

Im Lichte einer literarischen Analyse, die in der nachfolgenden Auslegung eine nähere Begründung erfährt, ergibt sich, dass das ursprüngliche dtn Zentralisationsgesetz aus den im Sg. verfassten V. 13 f. 17 f. 21 aαb bestand, die die Zentralisationsforderung in einem bewussten Rekurs auf das Altargesetz des Bundesbuches (Ex 20, 24) aufstellen. In den vorwiegend pluralischen V. 8–12 abα wird die Kultzentralisation aus historischer Perspektive begründet, indem ihr Eintreten mit einer zukünftigen Phase in der Geschichte Israels verbunden wird. Die geschichtliche Orientierung und der weite Horizont des Autors erinnern stark an den historischen Prolog Dtn 1–3* und stammen wie dieser von dem Erstverfasser des dtr Geschichtswerkes (DtrH), der also auch im Gesetzeskorpus präsent ist. Er hat allem Anschein nach die V. 15*. 16, die die Profanschlachtung ohne Einschränkungen erlauben, noch nicht gekannt. Diese Verse, die den Zusammenhang zwischen V. 13 f und V. 17 f unterbrechen, sind offenbar erst nach ihm, aber noch in der Exilszeit entstanden. In der nächsten Phase, die durch die V. 2. 4–7. 15 a*. 20. 21 aβ (mit einem einzelnen Zusatz V. 3) vertreten wird, sind nämlich die V. 15 f schon vorausgesetzt, weil jetzt um einen Kompromiss zwischen der ursprünglichen Erlaubnis zur Profanschlachtung in den fern liegenden Orten nach V. 21 aαb und ihrer totalen Freigabe nach V. 15*. 16 gerungen wird (V. 20. 21 aβ). Außerdem erweist sich dieser Bearbeiter in V. 2. 4–7 als militanter Verfechter des reinen Jahwekultes, der das Motiv für die Notwendigkeit der Kulteinheit mit

---

[834] Dass Lev 17 von Dtn 12 literarisch abhängig ist, hat Cholewiński 1976, 145–178, nachgewiesen.

[835] Singular begegnet innerhalb dieser Verse in V. 5 b. 7 b. 9 b.

[836] Eine pl. Anrede taucht in V. 16 a auf.

[837] Wegen der vielfachen Wiederholungen und Widersprüche in Kap. 12 wurde bereits Luther stutzig, der ganz sachgemäß kommentiert: „Eine gewisse Unklarheit (*obscuritas*) und Schwierigkeit (*difficultas*) in diesem Kapitel kommt von daher, dass Mose so oft dasselbe wiederholt, und auch von daher, dass er sich selber widerspricht: Zweimal erlaubt er, dass sie in ihren Städten opfern und nach ihrer Herzenslust Fleisch essen dürfen, einmal, wenn der Ort des Herrn nahe ist, und ein anderes Mal, wenn der Ort ferne ist, aber dann verbietet er auch gleichzeitig das Essen oder Opfern in jedem beliebigen Ort, was (wie ich sagte) sein eigentliches Anliegen durch das ganze Kapitel ist" (WA 14, 644:27–32, deutsch Verf.).

der Kultreinheit begründet und ihre Einführung sofort nach dem Eintritt in das verheißene Land fordert. Der kämpferische Ton des hier vorliegenden Programms und auch dessen zentraler redaktionsgeschichtlicher Ort am Anfang des Kapitels wie auch der gemischte Gebrauch des Numerus sprechen für den frühnachexilischen Redaktor DtrB, der bereits in Dtn 4–11 mit ähnlichen Interessen und Kennzeichen öfters hervorgetreten ist, als Urheber dieser Schicht. In der nachfolgenden Zeit gab die Erwähnung der Leviten in V. 12 bα und V. 18 Anlass zu zwei Ergänzungen in V. 12 bβ und V. 19, die die Ansprüche der Leviten auf der Linie des in 10, 8 f aufgestellten Programms geltend machen. In V. 22–27 schließlich erfahren die Bestimmungen von V. 15*. 16 über die Profanschlachtung eine eingehende kultisch-rituelle Interpretation, die ihre Gültigkeit in Bezug auf V. 20 f und im Lichte der Hauptforderung des Kapitels einschränkt und sich damit schon auf dem Wege zum Heiligkeitsgesetz befindet, in dem die profane Schlachtung gänzlich abgeschafft wird (Lev 17, 3–7).

13-14. 17-18.
21 aαb

1. Der ursprüngliche Wortlaut der Zentralisationsforderung nach V. 13 f. 17 f. 21 aαb[838] formuliert das dtn Hauptgesetz als radikale Novellierung des Altargesetzes des Bundesbuches (Ex 20, 24), ohne die Notwendigkeit dafür irgendwie zu begründen. Es liegt aber auf der Hand, dass V. 13 nicht den absoluten Anfang des Gesetzeskorpus bilden kann, sondern bereits in der ersten Fassung der dtn Gesetzgebung eine Einleitung benötigte. Ihm gingen in der ältesten Fassung des Dtn wahrscheinlich die Überschrift von 4, 45*, die Redeeinleitung von 5, 1 aα* sowie die bekenntnishafte Einführung 6, 4. 6–9* voran.[839]

13-14

Das Zentralisationsgesetz wird V. 13 f. 17 f in zwei Anordnungen gefasst, die parallel laufen: Zuerst (V. 13 und V. 17) wird jeweils negativ die bisherige Opferpraxis verboten und dann (V. 14 und V. 18) positiv als ihr Gegensatz die neue Zentralisationsforderung aufgestellt.[840] Vers 13 nimmt im polemischen Sinne auf Ex 20, 24 Bezug.[841] Dort wird die Darbringung von Opfern „an jeder Stätte" (בכל המקום) ausdrücklich erlaubt, während hier in V. 13 die Darbringung von Brandopfern „an jeder Stätte (בכל מקום), die du siehst", nachdrücklich untersagt wird. Dabei erhält die Altarregel von Ex 20, 24 allerdings einen ihr fremden Sinn; denn nicht an jeder beliebigen Stätte („die du siehst") erlaubte sie zu opfern, sondern nur dort, wo Jahwe „seinen Namen kundgibt", wo die Stätte also durch eine Erscheinung oder ein Zeichen als Kultort legitimiert war.[842]

---

[838] Der alte Kern von Dtn 12 wird allgemein im Bereich von V. 13–19 gesucht (s. Braulik 1986, 93; Albertz 1992, 322 Anm. 69; Reuter 1993, 105; Rose 1994, 11–14; Morrow 1995, 13; Keller 1996, 23; Schaper ZAR 1999, 119). Anders Seebass BN 1991, 94, der V. 13–19 als „Durchführungsvorschriften zu dem grundlegenden Gesetz V. 11 f" versteht.

[839] Vgl. ungefähr ähnlich Preuß 1982, 19; Levin 1985, 99, und Reuter 1993, 259.

[840] Oft wird in V. 13–19 eine chiastische Struktur erblickt und darin ein Beweis für die Einheitlichkeit des Abschnittes gesehen (Seitz 1971, 211; Rose 1994, 11).

[841] Siehe vor allem Levinson 1997, 30–34, und Schaper ZAR 1999, 120–128.

[842] Vgl. de Vaux 1967, 223 f; van der Woude THAT II, 951.

Aus den in Ex 20, 24 erwähnten Opferarten greift der Verfasser von Dtn 12, 13 f die Brandopfer heraus, weil sie das eigentliche Haupt- und Festopfer mit offiziellem Charakter waren[843]. Sie dürfen zukünftig auf keinen Fall mehr in den lokalen Heiligtümern dargebracht werden, sondern nur „an der Stätte, die Jahwe in einem deiner Stämme erwählen wird" (V. 14 a). Es ist offenkundig, dass die Kultzentralisationsformel, die auch Erwählungsformel oder Kultformel genannt wird[844] und die hier in Kurzform erscheint,[845] gerade an dieser Stelle als Kontrastaussage zur Altarformel des Bundesbuches entsteht.[846] Damit erübrigt sich jede Spekulation über ihren vor-dtn Hintergrund und Sinn, die ein beliebtes Spiel der älteren Forschung war.[847] Die Formel ist von Anfang an auf Jerusalem ausgerichtet,[848] das natürlich nicht in einem Dokument ausdrücklich genannt werden kann, das seine Fiktion als Moserede vor der Landnahme bewahren will. Wie Jahwe nach dem Hauptbekenntnis von 6, 4 Israels „einziger" (אחד) Gott ist, so erwählt er für sich „in einem (אחד) deiner Stämme" die einzige legitime Kultstätte (המקום).

Von der Kultzentralisation sind aber nicht nur die Brandopfer betroffen, sondern „alles, was ich dir gebiete" (V. 14 b)[849]. Aus dieser in die Zukunft gerichteten Aussage geht der weite literarische Horizont des Verfassers hervor, der hier vorgreifend den breiten Geltungsbereich des dtn Grundgebots andeutet. Ihre Konkretion findet diese Andeutung in den nachfolgenden Zentralisationsgesetzen, die die verschiedenen Opfer (12, 17 f), die Zehnten (14, 22–29), die Erstlinge (15, 19 f), die jährlichen Feste (16, 1–17), den zentralen Gerichtshof (17, 8–13), die Priester (18, 3–8) und die Erstlinge von Früchten (26, 1–11) direkt betreffen[850]. Hier schreibt deutlich einer, der nicht ein einzelnes Zentralisationsgesetz verkündet, sondern die gesamte dtn Gesetzgebung in diesem Sinne ins Auge fasst.

Der weite Blick des Verfassers wird auch durch V. 17 f erkennbar, wo er die Opfermahlzeiten außerhalb Jerusalems verbietet und dabei die in den Ortschaften nicht erlaubten Opfergaben genau aufzählt (V. 17). Die Liste erwähnt die einzelnen Opfergaben in der Reihenfolge, die sie in dem weiteren   17–18

---

[843] Rendtorff 1967, 88. 236; Albertz 1992, 322.

[844] Siehe zur Terminologie Reuter 1993, 115. Eigentlich handelt es sich allerdings um keine echte „Formel", weil alle Belege der dtn/dtr Literatur entstammen.

[845] Vgl. sonst 12, 18. 26; 14, 25; 15, 20; 16, 7. 15. 16; 17, 8. 10; 18, 6; 31, 11. Zur Zentralisationsformel in Langform s. unten bei 12, 21.

[846] Vgl. von Rad ²1968, 64; Braulik 1986, 98; Lohfink 1991 II, 167–173; Levinson 1997, 28–36.

[847] Siehe dazu forschungsgeschichtlich Preuß 1982, 13–16.

[848] Die Samaritaner, die das Imperfekt יבחר „er wird erwählen" durchgehend ins Perfekt בחר „er hat erwählt" änderten, bezogen die Erwählungsaussage später auf ihren heiligen Berg Garizim (vgl. Joh 4, 20).

[849] Es besteht kein Anlass, V. 14 b als Zusatz zu beseitigen (gegen Seitz 1971, 210; Reuter 1993, 103, und Otto 1999, 343 Anm. 584).

[850] Indirekt gehören in ihren Bereich auch die Regelungen über die Asylstädte (19, 1–13) und die Zehnten des dritten Jahres (26, 12–15).

Verlauf des dtn Gesetzes tatsächlich aufweisen.[851] An der ersten Stelle stehen die Zehnten, die von den wichtigsten Agrarprodukten Palästinas zu entrichten sind[852] und die später in 14, 22–29, dem Gesetz über die Zehnten, näher zur Sprache kommen.[853] Darauf folgen die Erstlinge von Rindern und dem übrigen Vieh, die in der Disposition des Dtn als Gegenstand des nächsten Zentralisationsgesetzes nach den Zehnten in 15, 19–23 vorkommen.[854] Die Liste setzt sich mit den Gelübdeopfern fort, auf die man sich aus besonderen Anlässen verpflichtete,[855] und den freiwilligen Gaben, die man ganz spontan darbrachte[856]. In der Komposition des Dtn erscheinen beide Opferarten in dieser Reihefolge miteinander eng verbunden in 23, 19. 22 f und 23, 24.[857]

Es bleiben noch die „Hebeopfer", die unter diesem Namen (תרומת ידך) im Dtn außerhalb von Kap. 12 (vgl. V. 6. 11) nicht mehr begegnen. Es handelt sich um eine Opferart, die von einer größeren Menge für einen meist kultischen Zweck „abgehoben" wurde.[858] In vielen Fällen bestand die Abgabe aus Landesprodukten, die als Zehnten oder als Erstlinge von der Getreide- oder Früchteernte dargebracht wurden.[859] In Dtn 12, 17 können nur die Erstlinge gemeint sein,[860] weil die Zehnten schon vorher erwähnt sind. Zudem beweist die in Num 15, 18–21 vorliegende priesterliche Anordnung, dass als „Hebeopfer" die Erstlinge (ראשית) der Ernte darzubringen sind, wenn die Israeliten in das verheißene Land kommen (V. 18). Das ist genau die Situation, die Dtn 26, 1–11 anvisiert. Dort wird namentlich vorgeschrieben, dass man „von den Erstlingen (ראשית) aller Früchte des Landes nehmen" (V. 2) und sie in einem Korb in das Zentralheiligtum bringen und einem Priester abliefern soll (V. 3 f). Daraus ergibt sich, dass der Verfasser in 12, 17 mit dem Hebeopfer auf

---

[851] Minette de Tillesse VT 1962, 69, hat die Sache zur Hälfte richtig erkannt, indem er den logischen Charakter der Liste von V. 17 gegenüber den unsystematischen Listen von V. 6 und V. 11 hervorhebt. Allerdings hat er die Bedeutung der Liste von V. 17 für die Disposition des Dtn übersehen. Levinson 1991, 449 f, hingegen hat die Rolle der Opferlisten für die Komposition erkannt, ist aber leider von der wenig systematischen Liste V. 6 ausgegangen.

[852] Wie hier erscheinen „Korn, Most und Öl" auch in 7, 13; 11, 14; 14, 23; 18, 4; 28, 51 (vgl. außerdem Hos 2, 10. 24).

[853] Außerdem kehren sie in 26, 12–15 wieder, aber dort handelt sich um einen Zusatz zum ursprünglichen Korpus, was die Anwendung der Passagen über die Zehnten (14, 22–29 und 26, 12–15) für kompositionelle Erwägungen beeinträchtigt (gegen Crüsemann 1992, 241 f, nach dem die Zehntengesetze eine eminent wichtige Stellung als Rahmen des Korpus einnehmen sollten).

[854] Außerdem werden sie im Zusammenhang mit den Zehnten in 14, 23 kurz erwähnt, aber dort handelt es sich um einen Zusatz (s. u.).

[855] Siehe z. B. 1. Sam 1, 21; 2. Sam 15, 7; Jon 1, 16; Ps 116, 14.

[856] Siehe z. B. Ex 35, 29; 36, 3; Lev 7, 16; 22, 18. 23.

[857] „Freiwillige Gabe" wird auch in 16, 10 erwähnt, aber dort bildet das Wochenfest das Hauptthema.

[858] Siehe HALAT, 1646 a; Stähli THAT II, 758 f.

[859] Siehe Num 18, 11(–13); 18, 24. 26–29; Neh 10, 38. 40; 12, 44; 13, 5; 2. Chr 31, 10. 12. 14 (vgl. V. 5 f); Ez 44, 30; Mal 3, 8.

[860] So bereits LXX (ἀπαρχή), Vulg. (*primitiae*) und Sifre Deuteronomium, Pisqa 63 (בכורים) (Finkelstein 1939, 130). Vgl. Tigay 1996, 121.

die liturgische Anordnung von 26, 1–11* vorausblickt,[861] und zugleich verrät
er auch, wie weit die Zentralisationsforderung von Dtn 12* für ihn und damit
auch sein eigener literarischer Horizont reicht.

Die positive Alternative zu dem Verbot von V. 17 trägt – wie in V. 14 – die
Gestalt einer Kontrastaussage („sondern"), die die Darbringung aller vorhin
erwähnten Opfergaben in das zentrale Heiligtum fordert (V. 18). An der Kultstätte („vor Jahwe, deinem Gott")[862], die Jahwe selber erwählen wird (vgl.
V. 14), sollen sie zukünftig verzehrt werden. Bei diesen Opfern, von denen die
Brandopfer ausgenommen sind (V. 13 f), liegt das charakteristische Element
im gemeinsamen Opfermahl, zu dem die ganze Hausgemeinschaft einschließlich des Dienstpersonals und der landbesitzlosen Leviten[863] eingeladen wird.
Ihr hervorstechendes Merkmal soll die Freude sein,[864] die ihren Grund in der
gelungenen landwirtschaftlichen Arbeit[865] hat und die einen Ersatz für die
nun aufhörenden fröhlichen Opferfeste an den lokalen Kultstätten bietet.

Wenn die Zentralisationsforderung ernst gemeint war und die konkrete   21 aαb
Wirklichkeit der Einwohner Judas betraf, dann musste sich gleich auch die
praktische Frage stellen, wie von nun an die Schlachtung, die im Prinzip immer eine sakrale Handlung war, in den Orten durchzuführen war, von denen
man sich wegen der großen Entfernung nicht jedes Mal nach Jerusalem begeben konnte. Dieses Problem, das auch bei den Zehnten berücksichtigt wird
(14, 24)[866] und das Motiv für die Bestimmung von besonderen Asylstädten
bildet (19, 1–13), wird in V. 21 aαb geregelt, der seine Zugehörigkeit zu der ältesten Zentralisationsschicht auch dadurch zu erkennen gibt, dass er auf das
Altargesetz des Bundesbuches (Ex 20, 24) korrigierend Bezug nimmt[867] (vgl.
V. 13 f). Die Kultzentralisationsformel, die in V. 14. 18 in Kurzform verwendet
wurde, taucht hier in Langform auf,[868] erweitert durch den Satz „um seinen
Namen dort niederzulegen"[869]. Es dürfte trotz verschiedener Bestreitungen

---

[861] Das haben bereits Sifre Deuteronomium (Pisqa 63, bei Bietenhard 1984, 221) und Raschi z.
St., erkannt.

[862] Vgl. 12, 7. 12; 14, 23. 26; 15, 20; 27, 7.

[863] Eine mit der vorliegenden identische Kultteilnehmerliste begegnet nur in 12, 12, vgl. aber
sonst 14, 26 f; 16, 11. 14; 26, 11 (sowie 5, 14 beim Sabbat). Näher dazu Reuter 1993, 139–146.

[864] Vgl. 12, 7. 12; 14, 26; 16, 11. 14; 26, 11; 27, 11 (33, 18) und näher zum Thema Braulik 1988,
161–218.

[865] Der „Erwerb deiner Hände" (vgl. 12, 7; 15, 10; 23, 21; 28, 8. 20) bezieht sich auf die Erträge
der Landwirtschaft, von denen die in V. 17 genannten Abgaben erhoben werden.

[866] In 14, 24 erscheint allerdings der Satz von 12, 21 a als eine sekundäre Übertragung, aber ihm
geht die gleichbedeutende, ursprüngliche Bedingung „wenn der Weg dir zu weit ist" voran (s. u.).

[867] Siehe Levinson 1991, 177–215, und Ders. 1997, 36 f.

[868] Siehe zu den verschiedenen Varianten ausführlich Lohfink 1991 II, 147–177, und Reuter
1993, 115–138.

[869] Die Formel erscheint im Dtn nur hier und an den jungen Stellen 12, 5; 14, 24 mit dem Verb
שׂום, das sonst charakteristisch für jüngere Schichten des DtrG ist (1. Kön 9, 3; 11, 36; 14, 21;
2. Kön 21, 4. 7), während die Formel im Dtn in der Regel mit dem Verb שׁכן Pi. „wohnen lassen"
versehen wird (12, 5. 11; 14, 23; 16, 2. 6. 11; 26, 2). Es ist jedoch zu beachten, dass Sam. auch in
12, 21 (und 14, 24) das Verb שׁכן bezeugt und LXX die Stelle mit ἐπικληθῆναι übersetzt, wie
auch die übrigen Belege mit שׁכן. Damit ist die masoretische Lesart von 12, 21 mit שׂום nicht über

berechtigt sein, in dieser Erweiterung den Ausdruck einer besonderen Namenstheologie zu sehen,[870] nach der die Präsenz Jahwes am erwählten Ort
durch den Namen „als Extension und Stellvertreter Jahwes vermittelt und
verbürgt wird"[871]. Der Unterschied zu der älteren Altarregel von Ex 20, 24
hinsichtlich der örtlichen Opferpraxis besteht darin, dass das „Opfern" (זבח)
von Rindern und Kleinvieh in Folge der Kultzentralisation in den fern liegenden Orten zu profanem „Schlachten" erklärt wird,[872] das den herkömmlichen
Ritualregeln nicht mehr unterliegt. Daraus ergab sich natürlich eine tiefgrei-
fende säkularisierende Wirkung auf das alltägliche Leben der Judäer der späten Königszeit.

13–14. 17–18.   Es ist kaum zu bezweifeln, dass das in 12, 13 f. 17 f. 21* aufgestellte Reform-
21*   programm im Zusammenhang mit der von König Joschija durchgeführten
Kultzentralisation steht (2. Kön 23, 8 a),[873] deren Historizität man selbst
dann annehmen müsste, wenn man dem Bericht über seine kultpolitischen
Maßnahmen (2. Kön 23, 4–20) sonst keine Glaubwürdigkeit beimäße.[874] Joschija hatte in der neu entstandenen Situation, nach dem Zusammenbruch
der assyrischen Macht, politische Gründe, die lokalen Heiligtümer abzu-
schaffen und die offizielle Religionsausübung auf Jerusalem zu konzentrieren, um sie besser kontrollieren zu können.[875]

---

jeden Zweifel erhaben (Lohfink 1991 II, 152–156) und die „dtr" Gestalt der Zentralisationsformel
kein hinreichender Grund, V. 21 insgesamt als exilischen Zusatz zu betrachten (so jedoch Reuter
1993, 114. 134–138, und Keller 1996, 36–38).

[870] Die Untersuchung von Keller 1996 (bes. 147–152) hat die Existenz einer besonderen dtn/dtr
Namenstheologie gegen ihre älteren Kritiker (de Vaux 1967, 219–228; van der Woude, THAT II,
953–955) bestätigt. Er wird allerdings mit anderen Anhängern der Namenstheologie von Richter
2002, 26–36, vehement angegriffen, die wieder das Vorhandensein der dtn/dtr Namenstheologie
bestreitet (S. 41–126) und behauptet, dass der Ausdruck שכן שם eine Anleihe aus dem akkadischen šumum šakānum „den Namen anbringen" (S. 127–199) darstellt, während seine Variante
שום שים/שים דם dem nordwestsemitischen Idiom śyt šm „den Namen setzen" nachgebildet sei
(S. 199–203), und wie diese sollen auch die beiden hebräischen Ausdrücke eine herrschaftliche Be-
sitzergreifung (des Tempels durch den göttlichen König) zum Ausdruck bringen (S. 210 f). Die
Theorie beruht auf der unbewiesenen Hypothese, dass die hebräischen Ausdrücke Fremdbildun-
gen („loan adaptions") sind, deren Semantik sich aus den postulierten akkadischen und nordwestsemitischen Vorbildern erschließt. Es ist jedoch zu beachten, dass das Hebräische für diesen
Zweck den spezifischen Ausdruck נקרא שם על „der Name wird über (jmd/etwas) ausgerufen"
verwendet (Dtn 28, 10; 2. Sam 12, 28; 1. Kön 8, 43; Jer 7, 10 f. 14. 30; 32, 34; 34, 15 u. ö.), s. Labuschagne THAT II, 671; HALAT, 1055 b.

[871] Keller 1996, 152.

[872] Das gewöhnliche Verb für das Opfern זבח wird hier zum ersten Mal (vgl. später V. 15) im
profanen Sinne von „schlachten" gebraucht (s. Levinson 1997, 43). Targ. Onkelos und Vulg. haben die neue Bedeutung berücksichtigt, indem sie das Verb in V. 15 und V. 21 durch נכס „schlachten" bzw. occidere „erschlagen" wiedergeben.

[873] Weder zeitgeschichtliche Gründe noch die literarische Schichtung innerhalb des Dtn (und
des ganzen DtrG) unterstützen die Hypothese, nach der die Idee der Kultzentralisation erst nach
587 aufgekommen und das Ur-Dtn mithin ein Produkt des exilischen Zeitalters wäre (so neuerdings Kratz 2000, 136–138, und Aurelius 2003, 44).

[874] So Levin 2003, 198–216.

[875] Levin 2003, 198 f.

Die politischen Gründe aber reichen kaum allein aus, den Erfolg zu erklären, mit dem das Programm sich im ganzen Land binnen kurzer Zeit durchführen ließ.[876] Die literarische Verbindung, die wahrscheinlich ursprünglich zwischen Dtn 12* und Dtn 6, 4. 6–9* bestand, spricht dafür, dass die Zentralisationsforderung von Anfang an von einer national-religiösen Reformbewegung[877] getragen wurde, die das *Sch^ema^ Israel* (6, 4) zu ihrem Bekenntnis gemacht hatte und offenbar energisch für die Durchsetzung der alleinigen Verehrung Jahwes kämpfte. Dass es Joschija im Verbund mit dieser Bewegung gelang, die hergebrachte Sitte, Jahwe an vielen Kultstätten zu verehren, durch den auf Jerusalem konzentrierten Gottesdienst zu ersetzen, hatte natürlich historisch betrachtet zur Voraussetzung, dass Jerusalem seit dem Tempelbau Salomos mit einer ausgebildeten Zionstheologie einen besonderen Rang unter allen Kultstätten Israels und Judas besaß.[878] Nach dem Fall des Nordreichs im Jahre 722 hatte es außerdem seine wichtigsten Konkurrenten verloren und durch die erstaunliche Bewahrung vor der Invasion des Assyrerkönigs Sanherib im Jahre 701 seine Geschichtsmächtigkeit erwiesen, was als göttliche Legitimation seiner einzigartigen Rolle galt und den Weg zu der einzigen, von Jahwe erwählten Kultstätte vorbereitete.[879]

2. In V. 8–12 abα wird die Zentralisationsforderung dem alten Gesetz vorgreifend schon einmal aufgestellt, aber diesmal in eine pluralische Diktion[880] gekleidet und mit einer historischen Begründung versehen. Diese Fassung stammt von dem geschichtsschreibenden DtrH,[881] der hier seine eigene Deutung vom Stellenwert des dtn Grundgebots darlegt.   8–12 abα

Für DtrH als Verfasser dieser Verse spricht schon formal der überraschende Gebrauch der 1. P. Pl. in V. 8, der seiner normalen Darstellungsform in dem historischen Prolog Dtn 1–3* entspricht. Er spielt auf die unterschiedliche Position des Mose und des Volkes vor dem Eintritt in das Westjordanland an: „Hier", an seiner Schwelle, stehen „wir" noch gemeinsam (V. 8),   8

---

[876] Vgl. Spieckermann 1982, 95 Anm. 131.

[877] Siehe Albertz 1992, 313–317, und vgl. zustimmend auch Römer 1994, 195; Lohfink 1995 III, 111–117, und Keller 1996, 29.

[878] Siehe z. B. Ps 46, 5 f; 48, 2 f. 9. 14 f; 76, 3; 87 und näher zum Thema Albertz 1992, 207–212. 352 f.

[879] Vgl. Maag 1980, 92 f. Dazu kommt die Tatsache, dass Juda nach 701 faktisch zum Stadtstaat von Jerusalem zusammengeschrumpft war, neben dem es kaum noch weitere Kultorte im Lande gab (Crüsemann 1992, 250; Na'aman ZAW 1995, 191), und insofern bedeutete die joschijanische Reform nur eine Rückkehr zu dem damaligen Zustand (Levin 2003, 199).

[880] Die einzelne sg. Formulierung V. 9 bβ braucht kein Zusatz zu sein (Wellhausen ⁴1963, 353), sondern könnte ihren Grund in dem formelhaften Charakter der betreffenden Wendung haben (vgl. 15, 4; 19, 10. 14; 21, 23; 24, 4; 25, 19; 26, 1). Es besteht aber auch die Möglichkeit, dass die Suffixe in V. 9 bβ ursprünglich in der 2. P. Pl. standen, die von LXX und Sam. bezeugt wird (s. Wevers 1994, 275).

[881] Vgl. Minette de Tillesse VT 1962, 46 f, Smend 1978, 73; Mayes ²1981, 222; Reuter 1993, 109 f; Levinson 1997, 44 f; Kaiser 1998, 199, und Otto 1999, 232 (anders Ders. 2000, 257 [s. dazu Veijola ThR 2003 a, 382]).

aber nur „ihr" werdet den Jordan überschreiten und es bewohnen (V. 10). Damit trägt DtrH der Ablehnung Rechnung, mit der Jahwe auf die Bitte Moses reagiert hatte, das schöne Land jenseits des Jordan auch selber betreten zu dürfen (3, 23–28* DtrH). Die fiktive Gegenwart in der Wüste wird anhand einer gängigen dtr Formel als Zeitalter der Willkür bezeichnet, wo jeder tut „wie es ihn gut dünkt"[882] (V. 8). Die nächstliegenden Entsprechungen für dieses Urteil finden sich bei DtrH in Ri 17, 6 und 21, 25, wo die wirren Verhältnisse der vorköniglichen Zeit unter dieses Verdikt fallen.[883] Das ist de facto der geschichtliche Raum, den sich DtrH auch in Dtn 12, 8 als negative Folie für die Kultzentralisation vorgestellt hat, wie aus der Fortsetzung hervorgeht.

9–10   Auf das Ende des provisorischen Zeitalters der kultischen Willkür spielen in V. 9 die Stichwörter מנוחה „Ruhe" und נחלה „Erbbesitz" an, die in V. 10 in chiastischer Reihenfolge als Verben (נחל Hif. „zum Erbbesitz austeilen" und נוח Hif. „Ruhe verschaffen") aufgenommen und näher beschrieben werden. Zu seinem „Erbbesitz" kommt Israel, sobald es den Jordan überschreitet und sich im Lande niederlässt (V. 10 a)[884], aber die verheißene „Ruhe vor allen Feinden" wird es erst später und stufenweise erreichen: Als ihre Voraussetzung und erste Stufe erfordert die Ruhe die Inbesitznahme des Westjordanlandes und den Frieden vor den ehemaligen Bewohnern des Landes, die DtrH in Dtn 25, 19 als Verheißung anvisiert und in Jos 21, 44 f als erfüllt vermerkt. Darüber hinaus besitzt die volle Ruhe aber noch ein weiteres Ziel, das nach DtrH erst dann erreicht wird, wenn Jahwe Salomo vor allen auswärtigen Feinden „ringsum die Ruhe" (1. Kön 5, 18) und damit die äußeren Voraussetzungen für den Tempelbau verschafft (1. Kön 5, 19).[885] Die friedvolle salomonische Ära (vgl. 1. Kön 5, 5) mit dem Tempelbau als ihrem Höhepunkt stellt für DtrH das endgültige Eintreten der in Dtn 12, 10 verheißenen Ruhe dar,[886] die dem provisorischen Zustand in der Kultausübung ein Ende setzt und jedes Opfern außerhalb Jerusalems seitdem illegitim macht (vgl. 1. Kön 15, 14; 22, 44; 2. Kön 12, 4; 14, 4; 15, 4. 35; 16, 4).

11–12 abα   Nachdem DtrH sein eigentliches Anliegen in V. 8–10 in Worte gefasst hat, kann er den Rest in V. 11 f nach dem Vorbild der Vorlage zitieren. Die Zent-

---

[882] Vgl. Dtn 12, 25; 13, 19; 21, 9; 1. Kön 11, 33. 38; 14, 8; 15, 5. 11; 22, 43; 2. Kön 10, 30; 12, 3; 14, 3; 15, 3. 34; 16, 2; 18, 3; 22, 2 und auch Ex 15, 26 sowie Jer 34, 15, die ebenfalls dtr sind.

[883] Siehe näher dazu Veijola 1977, 15 f.

[884] Vgl. נחלה als Bezeichnung des Landes auch in Dtn 4, 21. 38; 15, 4; 19, 10. 14; 21, 23; 24, 4; 25, 19; 26, 1; 29, 7.

[885] Foresti 1984, 101. Mit der Systematik des DtrH kollidiert der Gebrauch der Ruheformel bei DtrN, der sie in Jos 23, 1 wie DtrH (Jos 21, 44) auf die Zeit der Landnahme, aber in 2. Sam 7, 1 b.11 abweichend von DtrH auf David anwendet, was nicht zur Vorstellung des DtrH passt (vgl. 1. Kön 5, 18). Eine Reihe für sich bilden die in Dtn 3, 20; Jos 1, 13. 15; 22, 4 begegnenden spät-dtr Belege, nach denen die Verleihung der Ruhe der Landnahme vorangeht und die Beendigung der Wanderexistenz bedeutet (s. o. bei Dtn 3, 20).

[886] Zu Recht wird das Ziel der Aussage von Dtn 12, 9 f gewöhnlich in der Zeit Salomos erblickt, vgl. etwa Mayes ²1981, 226; Foresti 1984, 102; Braulik 1988, 225. 230; Otto 1999, 348; Rofé 2002, 99.

ralisationsforderung in V. 11 knüpft an V. 14 an, führt aber davon abweichend die Zentralisationsformel in Langform (vgl. V. 21) an und verwendet dabei das Verb שׁכן Pi. „wohnen lassen", das in diesem Gebrauch charakteristisch für das dtn Korpus ist (14, 23; 16, 2. 6. 11; 26, 2)[887]. DtrH hat nicht mehr die in der Vorlage waltende kompositorische Absicht erkannt, was sich schon darin zeigt, dass er dem Satz „alles, was ich dir gebiete" (V. 14 b) dessen weiten Horizont abschneidet und ihn auf die unmittelbar nachfolgende Opferliste beschränkt (V. 11 b). Zu den einzelnen Opferarten fügt er die Schlachtopfer hinzu und stellt damit das den ganzen Opferkult bezeichnende Paar „die Brandopfer und Schlachtopfer" her (vgl. Ex 10, 25; 18, 12; Dtn 12, 6); die Erstlinge und freiwilligen Gaben lässt er jedoch aus und zählt die Opferarten pêle-mêle in einer Reihefolge auf, die nicht mehr die weitblickende Systematik der alten Liste von V. 17 erkennen lässt. Der Beitrag des DtrH zum Kultzentralisationsgesetz mündet in V. 12 abα in das gemeinsame Opfermahl, das er nach dessen vorherrschender Stimmung, der Freude, charakterisiert (vgl. V. 18).

3. Das alte Zentralisationsgesetz wird störend unterbrochen durch V. 15*[888]. 16, die sich schon durch den Gebrauch der für Zusätze typischen Partikel רק „nur" (= „doch") als späteres Interpretament erweisen, das die in der Grundschicht geographisch eingeschränkte Freigabe der Profanschlachtung (V. 21) auf *alle* Orte außerhalb Jerusalems ausdehnt.[889] Die Stellung der Erweiterung innerhalb der Schichtenfolge von Kap. 12 erschließt sich daraus, dass DtrH einerseits in seinem Kommentar (V. 8–12 abα) noch keine Kenntnis von ihr verrät, andererseits aber die ihr nachfolgende Redaktion von DtrB (V. 2. 4–7. 20. 21 aβ) sie zum Gegenstand der Auslegung in V. 20. 21 aβ nimmt.

  Die Erweiterung V. 15*. 16 lehnt sich stark an V. 21* an und entspricht auch, was die Stellung in der Komposition unmittelbar nach der Zentralisationsforderung anbelangt (vgl. V. 14 und V. 18), diesem V. 21*, dessen Vokabular sie in ihrem Anfang (V. 15 a*) wörtlich wiederholt, wobei sie aber zugleich die entscheidende Neuerung vornimmt, dass sie die geographische Bedingung fallen lässt. Das Schlachten „in allen deinen Ortschaften" wird des rituellen Tabucharakters, der ihm seit alters anhaftete (vgl. 1. Sam 14, 32–35), entkleidet (V. 15 b), indem gegen alle Reinheitsvorschriften (vgl. 1. Sam 21, 4–7) der Genuss des Geschlachteten in der Terminologie der Kultsprache

15*–16

---

[887] Vgl. auch Jer 7, 12 und Dtn 12, 5 (s. u.). Näher dazu Keller 1996, 116–129.

[888] Der Satz „nach dem Segen, den dir Jahwe, dein Gott, beschieden hat" trennt das „Essen des Fleisches" zu weit von der dazu gehörenden Ortsbestimmung „in deinen Ortschaften" (vgl. V. 17. 21) und geht offenbar auf denselben Redaktor (DtrB) wie V. 7 zurück (s. u.).

[889] Cholewiński 1976, 150 f, verteidigt die Zugehörigkeit von V. 15 f zur Grundschicht u. a. mit dem Argument, dass ohne sie das Problem der זבח-Opfer neben Brandopfern (V. 13 f) gar nicht zur Sprache käme, aber dabei übersieht er die Funktion von V. 21* als Bestandteil der Grundschicht.

sowohl dem Unreinen wie auch dem Reinen erlaubt[890] und prinzipiell mit dem Verfahren beim Wildbret gleichgesetzt wird, das aus praktischen Gründen den kultischen Regeln nicht unterlag (Lev 17, 13)[891]. Die einzige Einschränkung betrifft das Blut (V. 16), das aus sakraler Scheu nicht verzehrt werden darf, wie der Verfasser in Übereinstimmung mit einem der noachitischen Gebote (Gen 9, 4 P)[892] sagt, auf dem noch das Jerusalemer Apostelkonzil viel später bestand (Apg 15, 20. 29). Vielmehr soll das Blut als Sitz der Lebenskraft pietätvoll, aber ohne jedes Ritual, wie Wasser auf die Erde ausgeschüttet werden (vgl. 15, 22 f).

Die konkrete historische Situation, aus der man die totale Freigabe der profanen Schlachtung, die nach dem alten Gesetz nur unter bestimmten Bedingungen erlaubt war (V. 21*) und in der späteren Neuinterpretation (V. 20. 22–27) wieder eingeschränkt wurde, ableiten kann, ist die des Exils, die schon wegen der Schichtenfolge am ehesten als Hintergrund von V. 15*. 16 in Frage kommt. Infolge der Verwüstung des offiziellen Kultorts in Jerusalem war in Juda ein kultisches Interregnum entstanden (vgl. Klgl 2, 6 f), wo die ältere geographische Regel von V. 21* nicht mehr ausreichte; denn die in der Nähe Jerusalems Wohnenden hatten ebenso den Zugang zum Kultort verloren wie diejenigen, die in der Ferne wohnten. In dieser Lage, wo die Ausweichorte Mizpa (vgl. Jer 41, 4–9) und Bet-El (vgl. Sach 7, 2 f; 8, 19) offenbar nicht den vollen Ersatz für Jerusalem bieten konnten,[893] blieb als einzige Möglichkeit übrig, die profane Schlachtung in allen Ortschaften außerhalb Jerusalems zu erlauben, wenn man den Fleischgenuss nicht gänzlich verbieten wollte.

2–7. 15 a*.   4. Das dtn Kultzentralisationsgesetz ist stufenweise nach vorne gewachsen
20. 21 aβ   und hat seine dritte, schließlich tonangebend gewordene Gestalt in V. 2. 4–7 durch DtrB erreicht,[894] der zugleich auch die zwei konkurrierenden Bestimmungen über die Erlaubnis von Profanschlachtungen (V. 15*. 16 und V. 21 aαb) in V. 15 aα². 20. 21 aβ einander anzugleichen versucht. Die Herkunft dieser Schicht von DtrB zeigt sich, abgesehen von ihrem zentralen literarischen Ort in der Komposition sowie dem gemischten Numerusgebrauch, an dem militanten Geist des Autors, der für die Kulteinheit im Interesse der Kultreinheit kämpft und sich darum bemüht, sie durch eine ra-

---

[890] Die Begriffe „unrein" (טמא) und „rein" (טהור) gehören zum Grundstock der priesterlichen Terminologie, s. beide zusammen in Lev 7, 19; 13, 11–46; 15, 2–33; 22, 3–7; Num 19, 7–22.

[891] Die Regelung des Heiligkeitsgesetzes in Lev 17, 13 über das Schlachten der Jagdtiere ist literarisch jünger als Dtn 12, 15 f (Cholewiński 1976, 170 f), aber es ist anzunehmen, dass sie der Sache nach schon früher existiert hat.

[892] Damit ist nicht gesagt, dass der Verfasser dieses oder die späteren Blutverbote der Priesterschrift (Lev 3, 17; 7, 26) oder des Heiligkeitsgesetzes (Lev 17, 10. 12. 14) literarisch kennt (gegen Merendino 1969, 32).

[893] Zu Mizpa und Bet-El als exilischen Kultzentren s. Veijola 1982, 190–198.

[894] Vgl. Veijola 2000, 156. 168 f.

dikale Ausrottung der Kultstätten der ehemaligen Landesbewohner zu erreichen.[895]

DtrB leitet sein militantes Programm in V. 2 mit der aggressiven Forderung 2
ein, all die fremden Kultstätten, an denen die Völker des Landes ihren Göttern
gedient haben, unmittelbar nach dem Betreten des verheißenen Bodens zu
zerstören. Er meint mit diesen Kultstätten (מקמות), die im Kontrast zu der
einen und einzigen richtigen Kultstätte in Jerusalem stehen (V. 11. 13 f. 18. 21),
die schon von DtrH verurteilten Höhenheiligtümer (במות), versteht sie aber
als heidnische Einrichtungen, deren Lage und große Verbreitung er im Anschluss an die stereotype dtr Terminologie näher beschreibt.[896]

Das Vernichtungsprogramm des DtrB wird durch eine spätere Erweiterung 3
in V. 3 noch zusätzlich verschärft. Sie verrät ihre jüngere Herkunft dadurch,
dass sie V. 4 von seinem Bezug auf V. 2 b abtrennt und die unangemessene
Mahnung bewirkt, man solle die kultischen Einrichtungen nicht von Jahwes
Tempel wie von den heidnischen Kultstätten entfernen.[897] Außerdem ist sie in
ihrer ersten Hälfte (V. 3 a) in direkter literarischer Abhängigkeit von dem früheren DtrB-Text 7, 5[898] entstanden, dessen Wortlaut sie leicht variiert und erweitert.[899] Die zweite Hälfte nimmt das Stichwort אבד Pi. „zerstören, austilgen" von V. 2 auf und verbindet es mit den zwei anderen Stichwörtern des
Kapitels, dem „Namen" (V. 5. 11. 21) und der „Stätte" (V. 11. 13 f. 18. 21. 26).
Mit der Austilgung der Namen der Fremdvölker und ihrer Götter werden
nach der antiken Vorstellung sie selber vernichtet (vgl. Dtn 7, 24; Zef 1, 4;
Sach 13, 2). Der Glossator hat hier offensichtlich ein Programm entwerfen
wollen, das seine Erfüllung in der von Joschija in Jerusalem durchgeführten
Kultreinigung findet (2. Kön 23, 4–14).[900]

Der eigene Text des DtrB läuft in V. 4 weiter, wo er in Anlehnung an V. 8   4–7
(DtrH) sein eigenes Alternativprogramm („Nicht so!") einführt. Es versteht
sich als starker Kontrast zu der eben beschriebenen Gewohnheit der ehema-

---

[895] Aggressive Fremdgötterpolemik, die oft mit Polemik gegen die Fremdvölker verbunden ist,
repräsentiert ein zentrales Kennzeichen des DtrB (vgl. 4, 3 f. 15–19*. 23. 25–28; 6, 14. 15 b; 7, 4 f. 16;
8, 19 f; 9, 7 ff; 11, 16 f. 28).

[896] Die in V. 2 b vorliegende Reihe hat zum Hintergrund die dtr Beschreibungen der *Bamot* in
1. Kön 14, 23; 2. Kön 16, 4; 17, 10 (alle von DtrN) und in Jer 2, 20 und 17, 2 (beide dtr), die sie um
„die hohen Berge" ergänzt, womit sie in die Nähe einer späten Erweiterung in Ez 6, 13 kommt
(s. dazu Zimmerli 1969, 156). Andere nahe liegende Formulierungen finden sich in Hos 4, 13
(spät, Nissinen 1991, 215) und Jer 3, 6. 13 (beide dtr).

[897] Mayes ²1981, 223, nimmt das für bare Münze wie schon Sifre Deuteronomium, Pisqa 61:
„Woher (aber lässt sich erweisen), dass der, der einen einzigen Stein vom Tempelgebäude oder
vom Altar oder von den Vorhöfen zerschlägt, ein Verbot übertritt. Die Schrift sagt: Ihre Altäre
sollt ihr …, aber ihr sollt es nicht so halten mit J[ahwe], eurem Gott" (Bietenhard 1984, 213). Anders hingegen Raschi, der erkennt, dass die Kontrastaussage von V. 4 auf V. 2 b Bezug nimmt.

[898] Zur Erklärung der Einzelheiten von V. 2 b s. dort.

[899] In 7, 5 werden die Kultpfähle „umgehauen" und die Götterbilder „im Feuer verbrannt", in
12, 3 hingegen umgekehrt. In 12, 3 sind die „Götterbilder" (פסילים) um „ihre Götter" (אלהיהם)
ergänzt worden wie in dem späten Nachtrag 7, 25.

[900] Vgl. Minette de Tillesse VT 1962, 66.

ligen Bewohner des Landes, ihren Göttern an jeder beliebigen Stätte zu dienen (V. 2 b). Für DtrB ist die Zentralisation des Kultes die Garantie für seine Reinheit. Er gibt die sie betreffende Forderung in V. 5–7 in einer Gestalt wieder, die Elemente ihrer älteren Fassungen nach der Grundschicht (V. 13 f. 17 f. 21*) und nach DtrH (V. 8–12 abα) eigenständig kombiniert. Für die kontrastive Struktur der Aussage in V. 4 f dient die Grundschicht (V. 13 f) als Modell (vgl. auch 7, 5 DtrB). Die Zentralisationsformel führt er in einer ungewöhnlich langen Form an (V. 5), in der der Wortlaut der Grundschicht mit „Niederlegen" (V. 21*) wie auch der von DtrH mit „Wohnen-Lassen" (V. 11) des Namens zur Geltung kommen. Ein bezeichnender Unterschied besteht darin, dass DtrB den für die Grundschicht charakteristischen Ausdruck „in einem deiner Stämme" (V. 14) durch „aus all euren Stämmen" (מכל שבטיכם) ersetzt, der sonst nicht im Dtn vorkommt, aber in der nomistischen Schicht des DtrG eine weite Verbreitung hat (1. Kön 8, 16; 11, 32; 14, 21; 2. Kön 21, 7). In Aufzählung der einzelnen Opferarten, die in das Zentralheiligtum zu bringen sind (V. 6), orientiert sich DtrB an der unsystematischen Liste von DtrH (V. 11), ergänzt sie aber durch die dort vergessenen freiwilligen Gaben und Erstlinge (vgl. V. 17) und erreicht so eine Siebenerreihe, die offenbar die Vollständigkeit (alle Opfer) unterstreichen will. Den Höhepunkt des Opferfestes bildet auch für DtrB das gemeinsame Mahl (V. 7), dessen Teilnehmer er die Vorlage (V. 12. 18) abkürzend in „ihr und eure Familien" zusammenfasst, wobei er aber zugleich die Vorlage dadurch ergänzt, dass er den materiellen Grund der Freude, den Ertrag der Landwirtschaft, ausdrücklich auf den Segen Jahwes zurückführt (vgl. 7, 13 f DtrB).[901] Das geschieht ähnlich auch in der kleinen Ergänzung V. 15 a* („nach dem Segen, den dir Jahwe, dein Gott, beschieden hat"), die ebenfalls den hohen Stellenwert des Segens bei DtrB bezeugt.[902]

20. 21 aβ   Der Bearbeitung von DtrB sind wahrscheinlich auch die in V. 20 und V. 21 aβ vorliegenden Ergänzungen zuzuschreiben. Vers 20 nimmt sich wie eine Vorwegnahme von V. 21* aus, die die Erlaubnis zur Profanschlachtung in den fern liegenden Orten (V. 21*) mit einer verheißenen Gebietserweiterung verbindet. Zugleich wird auch auf V. 15* zurückgeblickt, von wo das – im Hebräischen dreimal – vorkommende Stichwort „Fleisch essen" übernommen ist.[903] Die hier aufgestellte geographische Bedingung hat nichts mit einer hypothetischen Gebietserweiterung unter Joschija zu tun, vielmehr erschließt sich ihr Hintergrund aus Dtn 19, 8–9 a. Dort wird in einem Zusatz,

---

[901] Häufig wird V. 7 b wegen der sg. Diktion als Zusatz verdächtigt, aber wie sich erwiesen hat, besitzt dieses Kriterium bei DtrB keine Beweiskraft. Offenbar ist DtrB hier von seiner eigenen sg. Formulierung in 7, 13 f abhängig, und es ist zu beachten, dass auch alle Parallelen im Dtn (2, 7; 14, 29; 15, 10. 18; 16, 15; 23, 21; 24, 19) im Sg. stehen.

[902] Vgl. hier besonders Dtn 16, 17 b und weiter etwa 14, 24 b.29 b; 15, 4. 6. 10. 14 b.18 b; 16, 10 b.15 b; 23, 21 b; 24, 19 b, alles von DtrB.

[903] Vgl. außerdem die Wendung „ganz nach Herzenslust", die so auch in V. 15 und V. 21 auftaucht.

der eindeutig auf DtrB zurückgeht (vgl. 11, 22–25)[904], die Bestimmung über drei zusätzliche Asylstätten von einer eventuellen Gebietserweiterung abhängig gemacht (V. 8), die ihrerseits auf Seiten des Volkes eine treue Gesetzesbefolgung voraussetzt (V. 9 a) und bei ihrem Eintreten die Erfüllung einer Väterverheißung bedeutet (V. 8). Aus dieser Parallelstelle, die für die gemeinsame Verfasserschaft von 12, 20 und 19, 8–9 a spricht,[905] ergibt sich zum Verständnis von 12, 20 erstens, dass der Rückverweis auf eine frühere Zusage („wie er es dir zugesagt hat") offenbar auf Ex 34, 24 Bezug nimmt,[906] wo innerhalb des sog. Privilegrechts Jahwes (Ex 34, 11–26)[907] mit ähnlicher Terminologie wie in Dtn 12, 20; 19, 8 eine Gebietserweiterung in Aussicht gestellt wird.[908] Zweitens legt der voll ausgeführte Wortlaut von 19, 8–9 a nahe, dass auch in 12, 20 die Gebietserweiterung hypothetisch gesetzt[909] und damit in die Zukunft verlegt wird. Folglich entfällt die Möglichkeit der Profanschlachtung (V. 15*. 21*) für die Gegenwart insgesamt.

Anders als das Heiligkeitsgesetz, das einen Schritt weitergeht und die Erlaubnis zur Profanschlachtung gänzlich aufhebt (Lev 17, 3–7), hat DtrB das Schlachten außerhalb Jerusalems nicht grundsätzlich verbieten wollen. Das geht neben V. 20 auch aus V. 21 hervor, wo der Rückverweis (V. 21 aβ) offenbar von ihm herrührt.[910] Er zeugt nämlich wie V. 20 von dem Bestreben, V. 15*. 16 mit V. 21* auszugleichen. In Verbindung mit V. 20 will er sagen, dass die von Mose in V. 15* freigegebene Profanschlachtung („wie ich es dir geboten habe")[911] tatsächlich dann in Frage kommt, wenn die in V. 20. 21 aα aufgestellte Bedingung erfüllt ist – sonst aber nicht.

5. Die Passagen V. 12 bβ und V. 19, die den Leviten besondere Aufmerksam-   12 bβ. 19
keit schenken, dürften ihrer Herkunft nach zusammenhängen. Beiden ist gemeinsam, dass sie aus der vorangehenden Kultteilnehmerliste „die Leviten, die in euren/deinen Ortschaften wohnen" herausgreifen und über den Kon-

---

[904] Siehe zu den engen literarischen Beziehung zwischen 11, 22–25 und 19, 8–9 a Römer 1990, 191 f.

[905] Vgl. Smend 2002, 171, der bei beiden Stellen die Herkunft von DtrN in Betracht zieht und sich damit in der Nähe von DtrB befindet.

[906] So auch Skweres 1979, 171–173. Anders Römer 1990, 191 f, der als Referenztext von Dtn 12, 20 und 19, 8 Dtn 11, 22–25 ansieht, aber wie könnte DtrB, der hinter allen diesen Texten steht, die eigene Generation der Angeredeten (11, 22–25) als „deine Väter" bezeichnen (19, 8)?

[907] Der Text wird in seinem Grundbestand von DtrB vorausgesetzt, wie sich bei der Erklärung von Dtn 7 gezeigt hat (s. dort).

[908] Nur an diesen drei Stellen begegnet die Wendung „das Gebiet (גבול) erweitern (רחב Hif.)" mit Jahwe als Subjekt, vgl. sonst Am 1, 13.

[909] D.h. כי (12, 20) im Sinne von אם „wenn, falls" (19, 8).

[910] Er ist ein Einschub, der das zusammenhängende Paar von „schlachten" und „essen" (vgl. V. 15) unterbricht.

[911] Als Bezugstext von V. 21 aβ gilt auch gewöhnlich V. 15 (s. Skweres 1979, 71 f.), nicht jedoch bei Levinson 1997, 41–43, der ihn im Altargesetz des Bundesbuches (Ex 20, 24) findet. Ex 20, 24 kommt aber allein schon deshalb nicht in Frage, weil dort eine Jahwerede vorliegt, in Dtn 12, 21 aber auf eine Moserede angespielt wird (wie in Dtn 17, 3; 24, 8; 31, 5. 29 mit dem Verb צוה Pi. „gebieten").

text hinausgehend, aber im Anschluss an dessen Terminologie[912] zu einem Thema für sich machen, was sie als Zusätze erweist. Die Stellen verhalten sich zueinander wie eine Begründung und die daraus sich ergebende Schlussfolgerung: Weil die Leviten keinen eigenen Landanteil und Erbbesitz haben (V. 12 bβ), darf man sie nicht im Stich lassen (V. 19). Tatsächlich erscheinen beide, die Begründung und die Konsequenz, zusammen in den Ergänzungen zum Zehntengesetz (14, 27. 29 aα[1])[913]. Zudem ist in Betracht zu ziehen, dass die Begründung schon früher ganz ähnlich in dem Levitenzusatz 10,(8–)9 begegnete, wo sie mit dem Priesterprivileg der Leviten einherging (vgl. später 18, 1 f). Daraus ergibt sich, dass die V. 12 bβ. 19 literarisch die in 10, 8 f beginnende nachexilische Levitenschicht fortsetzen und inhaltlich die Leviten nicht als *personae miserae*, sondern als privilegierte Priester verstehen, denen ein wohlbegründeter Anspruch auf die Einkünfte des Zentralheiligtums zusteht.[914]

22-27   6. Die letzte und mithin jüngste literarische Phase in dem Werdegang von 12, 2–27 vertreten die V. 22–27, die einen priesterlichen Kommentar zur Ausführung der profanen Schlachtung (V. 21) in Anknüpfung an V. 15 f bieten (V. 22–25) und abschließend auch das Verfahren bei den regulären Opfern im Zentralheiligtum beschreiben (V. 26 f). Der tautologische Stil, der vor allem auf der mehrfachen Wiederholung des Wortes „essen" beruht (V. 22*tris*.23*bis*.24. 25. 27), könnte ein Indiz dafür sein, dass der Abschnitt sukzessiv in mehreren Stufen entstanden ist. Näher liegt jedoch die Möglichkeit, dass es sich dabei um ein Leitwort handelt, mit dessen Hilfe der späte Verfasser seine verschiedenen Anliegen zusammenzuhalten versucht.

Der Kommentar setzt in V. 22 mit der Erinnerung an den säkularen Charakter des Schlachtens in den Ortschaften ein, indem er die Regeln von V. 15 b in chiastischer Reihenfolge wiederholt. Allein das Wort „gemeinsam" wird hinzugefügt und damit angedeutet, dass bei einer öffentlichen Mahlzeit von nun an sowohl unreine wie reine Personen zusammen Fleisch genießen dürfen, was früher nicht erlaubt war (vgl. 1. Sam 20, 26). Die Hauptsorge des kultisch orientierten Verfassers liegt aber in der Warnung vor dem Blutgenuss (V. 23–25). Sie wird in V. 23 im Anschluss an V. 16 a formuliert und mit der priesterlichen Begründung ergänzt, dass im Blut das Leben ist (Gen 9, 4 P), das anzutasten dem menschlichen Verfügungsrecht nicht zusteht. Die positive Vorschrift, das Blut auf den Boden auszuschütten (V. 24), ist aus V. 16 entliehen und erscheint später im Heiligkeitsgesetz mit der zusätzlichen Bestimmung, es mit Erde zu bedecken (Lev 17, 13). Das Blutverbot wird mit einer paränetischen Zusage abgeschlossen (V. 25), die V. 28 abkürzend vor-

---

[912] Das Stichwort „Erbbesitz" (נחלה) verbindet V. 12 bβ mit V. 9 f. Vers 19 a „Hüte dich, dass du nicht" stellt eine Wiederholung von V. 13 a, V. 19 b hingegen eine Abkürzung von 12, 1 b dar.

[913] Die Erweiterung besteht in 14, 29 aα[1] aus dem begründenden Satz „denn sie haben nicht wie du Landanteil und Erbbesitz". Zu diesem und den anderen Levitenzusätzen in 14, 27. 29 s. u.

[914] Vgl. Dahmen 1996, 374–379, auch Achenbach ZAR 1999, 288 mit Anm. 13.

wegnimmt. „Was recht in den Augen Jahwes ist" und den Angeredeten wie auch ihren Nachkommen ein gelingendes Leben garantiert, ist nach diesem Verfasser der Verzicht auf jeden Blutgenuss (vgl. Apg 15, 20. 29).

Wenn die Konzentration aller Opfer auf das Zentralheiligtum das eigentliche Anliegen des älteren, dtn und dtr Gesetzes war (V. 6 f. 11 f. 14. 18), dann verwundert es nicht, dass auch der jüngste Bearbeiter seinen Kommentar mit diesem Thema beendet (V. 26 f). Er fasst in V. 26 die verschiedenen vorhin erwähnten Opferarten (V. 6. 11. 17) in dem Sammelbegriff „die heiligen Gaben" zusammen (vgl. Lev 22). Nur die Gelübdeopfer werden besonders erwähnt, vielleicht aus dem Grund, weil sie ihrer Natur nach unverzüglich darzubringen waren (vgl. Dtn 23, 22), ohne dass es erlaubt war, bis zur nächsten Wallfahrt zu warten.[915] Das kultisch-rituelle Interesse des Verfassers wird sichtbar in V. 27, wo er genaue Ausführungsbestimmungen über die Art gibt, wie die Hauptopfer – die Brandopfer und Schlachtopfer (vgl. V. 6. 11) – im Zentralheiligtum darzubringen[916] sind. Die Brandopfer werden ganz, mit Fleisch und Blut, auf dem Altar verbrannt (vgl. Lev 1), während das Blut der Schlachtopfer an den Sockel des Altars geschüttet[917] und damit dem profanen Gebrauch entzogen wird und das Fleisch als Nahrung für die Opfernden bei einem kultischen Mahl dient (vgl. Lev 7, 15–21).

Es wird keinem Zweifel unterliegen, dass der in V. 22–27 stehende kultisch-rituelle Kommentar die Existenz des zweiten Tempels mit funktionierendem Opferdienst voraussetzt und sich darum bemüht, die vom dtn Gesetz freigegebene profane Schlachtung genauen kultischen Regeln zu unterwerfen, die freilich bald im Heiligkeitsgesetz aufgehoben wurden, das alles Schlachten außerhalb des Zentralheiligtums für illegitim erklärte (Lev 17, 3–7).[918]

3. 3. *Wir wollen anderen Göttern nachfolgen (12, 28–13, 19)*

28 Bewahre und höre auf alle diese Worte, die ich dir gebiete, damit es dir und deinen Kindern nach dir immer gut geht, wenn du tust, was gut und recht ist in den Augen Jahwes, deines Gottes. 29 Wenn Jahwe, dein Gott, vor dir die Völker ausgerottet hat, zu denen du hineinziehen wirst, um ihren Besitz zu übernehmen, und wenn du ihren Besitz übernommen und dich in ihrem Lande niedergelassen hast, 30 dann hüte dich, dass du nicht

---

[915] Vgl. Cholewiński 1976, 156.

[916] Für das Opfern verwendet er das Verb עשה „machen", das in diesem Gebrauch für die priester(schrift)liche und sonst späte Sprache charakteristisch ist (Lev 9, 7; Num 6, 16; 29, 2; Ez 43, 27; 45, 17. 23; 46, 2. 12; Esr 3, 4. 5; 2. Chr 7, 7), aber auch schon in dtr Literatur vorkommt (1. Kön 8, 64; 2. Kön 5, 17; 10, 24 f).

[917] Vgl. Lev 3, 2. 8. 13; 4, 7 sowie LXX (πρὸς τὴν βάσιν τοῦ θυσιαστηρίου) und Sifre Deuteronomium (יסוד, Pisqa 78) zu Dtn 12, 27.

[918] Damit bewährt sich die von Cholewiński 1976, 145–171, postulierte Reihenfolge von Dtn 12 und Lev 17, aber nicht die schon exilische Abstammung der betreffenden Redaktionsschicht in Lev 17 (Cholewiński 1976, 176).

hinter ihnen her in die Falle läufst (– nachdem sie vor dir vernichtet sind –) und dass du nicht nach ihren Göttern fragst und sagst: „Wie pflegten diese Völker ihren Göttern zu dienen? Ich will es auch so tun." 31 Du sollst nicht so mit Jahwe, deinem Gott, verfahren. (Denn sie haben zu Ehren ihrer Götter alles getan, was Jahwe ein Gräuel ist und was er hasst. Sogar ihre Söhne und Töchter pflegten sie ihren Göttern im Feuer zu verbrennen.)

13, 1 Alles, was ich euch gebiete, sollt ihr bewahren und befolgen. Du sollst nichts hinzufügen und nichts davon wegnehmen. 2 Wenn in deiner Mitte ein Prophet oder ein Traumseher aufsteht und dir ein Zeichen oder Wunder ankündigt, 3 und das Zeichen oder Wunder eintrifft, das er genannt hat, und wenn er dann sagt: „Wir wollen anderen Göttern nachfolgen!" – die du nicht kennst – („und ihnen dienen[919]!"), 4 so sollst du nicht auf die Worte jenes Propheten oder Traumsehers hören, denn Jahwe, euer Gott, prüft euch, damit er erkenne, ob ihr wirklich Jahwe, euren Gott, mit eurem ganzen Herzen und mit eurer ganzen Seele liebt. 5 Jahwe, eurem Gott, sollt ihr nachfolgen, ihn fürchten, seine Gebote bewahren, auf seine Stimme hören, ihm dienen und ihm anhangen. 6 Jener Prophet aber oder jener Traumseher soll getötet werden, denn er hat Falsches[920] gegen Jahwe, euren Gott, geredet, der euch aus dem Lande Ägypten herausgeführt und dich aus dem Sklavenhaus freigekauft hat. Er wollte dich von dem Weg abbringen, auf dem zu wandeln Jahwe, dein Gott, dir geboten hat. Du sollst den Bösen aus deiner Mitte ausrotten.

7 Wenn dich dein Bruder, der Sohn deiner Mutter, oder dein Sohn oder deine Tochter oder die Frau auf deinem Schoß oder dein Freund, den du liebst wie dich selbst, heimlich verführen will und sagt: „Wir wollen gehen und anderen Göttern dienen!" – die du nicht kennst und auch deine Väter nicht gekannt haben, (8 von den Göttern der Völker, die rings um euch sind, sie seien nahe bei dir oder fern von dir, von einem Ende der Erde bis zum anderen) –, 9 sollst du ihm nicht willfahren, nicht auf ihn hören, ihn nicht mitleidig schonen, dich seiner nicht erbarmen, noch ihm verzeihen, 10 sondern du sollst ihn umbringen; (deine Hand soll sich zuerst gegen ihn erheben, um ihn zu töten, danach die des ganzen Volkes. 11 Du sollst ihn zu Tode steinigen;) denn er versuchte, dich von Jahwe, deinem Gott, abzubringen, der dich aus dem Lande Ägypten, dem Sklavenhause, herausgeführt hat. 12 Ganz Israel soll davon hören, damit sie sich fürchten und nie mehr eine solche böse Tat in deiner Mitte tun.

---

[919] Hier begegnet dieselbe ungewöhnliche Vokalisation von עבד als Hof., die sich schon in 5, 9 fand (s. dort näher).

[920] Das Substantiv סרה in der Wendung דבר סרה (Dtn 13, 6; Jes 59, 13; Jer 28, 16; 29, 32, vgl. Dtn 19, 16) ist gegen die früher übliche Auffassung nicht von der Wurzel סור „abweichen, abfallen" abzuleiten, sondern von der Wurzel סרר, die etymologisch mit dem akkadischen sartu „Falsches, Lüge, Verbrechen" zusammenhängt und als Wendung דבר סרה der akkadischen sarrātim/surrātim dabābu „Falsches reden" entspricht (vgl. Dtn 19, 16. 18). Siehe näher Jenni 1981, 201–211, und vgl. auch HALAT, 726 b.

13 Wenn du hörst, dass in einer deiner Städte, die Jahwe, dein Gott, dir zum
Wohnort geben wird, 14 niederträchtige Leute aus deiner Mitte hervorgetreten sind und ihre Mitbürger von Jahwe abgebracht haben mit den Worten: „Wir wollen gehen und anderen Göttern dienen!" – die ihr nicht
kennt –, (15 so sollst du dich erkundigen und nachforschen und gründlich
untersuchen, und wenn es wirklich wahr ist, dass solcher Gräuel in deiner
Mitte geschehen ist,) 16 so sollst du die Bewohner jener Stadt mit der
Schärfe des Schwertes schlagen
    bannend sie und alles, was darin ist, und ihr Vieh mit der Schärfe des
    Schwertes. 17 Du sollst alle Beute aus der Stadt auf ihrem Marktplatz
    sammeln
und die Stadt mit Feuer verbrennen,
    und all ihre Beute als Ganzopfer für Jahwe, deinen Gott. Sie soll für
    immer ein Schutthügel bleiben und nie wieder aufgebaut werden.
    18 Nichts von dem Gebannten soll in deiner Hand bleiben,
damit Jahwe von seinem glühenden Zorn ablässt und dir Erbarmen
schenkt, sich deiner erbarmt und dich mehrt, wie er deinen Vätern geschworen hat, 19 wenn du auf die Stimme Jahwes, deines Gottes, hörst und
alle seine Gebote bewahrst, die ich dir heute gebiete, so dass du tust, was
recht ist in den Augen Jahwes, deines Gottes.

Die ursprüngliche Fortsetzung zu dem Kultzentralisationsgesetz von Kap. 12*
erfolgt in der Komposition des dtn Kodex erst in dem Zehntengesetz von
14, 22–29.[921] Der Zusammenhang wird zweifach unterbrochen, das erste Mal
durch die in 14,(1 f)3–21 vorliegenden Vorschriften über reine und unreine
Tiere, die das Thema des Fleischgenusses aus Kap. 12 aufnehmen und näher
entfalten, und das zweite Mal durch 12, 28–13, 19, wo verschiedene Fälle des
Fremdgötterdienstes unter dem spezifischen Aspekt der Anstiftung zum Abfall von Jahwe behandelt werden.[922] Das Thema von 12, 28–13, 19 steht in keiner Verbindung mit der vom dtn Gesetz geforderten Kultzentralisation und
hat auch keine Entsprechung im Bundesbuch oder in den altorientalischen
Gesetzeskodizes.[923]
    Die literarischen Grenzen der Einheit[924] werden durch eine kunstvolle   12, 28–31
Rahmung gekennzeichnet, die sie in 12, 28 mit einer vorwärts weisen-
den Mahnung einleitet, in 13, 5 ihr Zentrum markiert und in 13, 19 ab-

---

[921] Vgl. Morrow 1995, 13.
[922] Vgl. Levin 1982, 72 Anm. 72 (Ders. 1985, 87), der den Abschnitt 12, 29–14, 2 zu den bundestheologischen Erweiterungen des Dtn rechnet und in 14, 3 ff die originale Fortsetzung zu
12, 13–28* erblickt.
[923] Deshalb befremdet, dass Otto 1999, 15–90, der die Beziehungen zum Bundesbuch und zu
den mittelassyrischen Gesetzen als konstitutiv für die dtn Redaktion ansieht, trotzdem Dtn
13, 2–10* (mit 28, 20–44*) für die Keimzelle des dtn Ur-Dtn hält.
[924] Zu ihrer Auslegung näher Veijola 2000, 109–130 (mit Lit.) und zum Stand der neueren For-
schungsdiskussion Rüterswörden 2002, 185–203.

schließt.[925] Es steht fest, dass die einleitenden Verse 12, 28–31, die vor der Gefahr der Landesgötter warnen, thematisch und auch literarisch mit dem Anfang des Kap. 12 zusammenhängen, wo die Kultzentralisation im Interesse der Kultreinheit gefordert wird (V. 2–7).[926] Wenn diese Verse zum größten Teil – wie die vorangehende Analyse gezeigt hat – auf den frühnachexilischen Redaktor DtrB zurückgehen, dann muss dies auch für 12, 28–31* und darüber hinaus auch für Kap. 13* insgesamt gelten, das eine thematische und literarische Fortsetzung zu 12, 28–31* bildet.[927]

12, 28–30 aα b. 31; 13, 2. 3*. 4–7. 9. 10 aα. 11 b– 14. 16a. 17 aα*. 18 b. 19   Die Herkunft der Grundschicht, zu der die Verse 12, 28–30 aαb.31; 13, 2. 3*. 4–7. 9. 10 aα. 11 b–14. 16 a.17 aα². 18 b.19 gehören, bestätigt sich im Lichte formaler und inhaltlicher Merkmale: In formaler Hinsicht fällt der unregelmäßige Numerusgebrauch auf, der typisch für den späten Redaktor DtrB ist. Vorherrschend ist die singularische Anrede Israels, die an die singularische Formulierung der alten dtn Gesetze anknüpft, aber gelegentlich kommen höchst unvermittelt auch pluralische Redeformen vor (13, 4 b.5. 6 a.8. 14 b), die in den meisten Fällen zu keinen literarkritischen Operationen berechtigen,[928] sondern lediglich den Tribut darstellen, den der Redaktor den ihm vorgegangen pluralischen Redaktionsphasen zollt. Auf der inhaltlichen Seite geht es allein und ausschließlich um das Problem des Fremdgötterdienstes, also das eigentliche Anliegen des Ersten Gebots, das die Mitte der Theologie des DtrB bildet.[929]

Hatte DtrB in 12, 2. 4–7 befohlen, die Kultstätten der ehemaligen Bewohner des Landes zu vernichten und den Jahwekult auf einen einzigen Ort zu konzentrieren, so blickt er in 12, 28 ff tiefer in das Volk hinein und fasst die Gefahr ins Auge, dass nach der Konsolidierung des rechten Gottesdienstes inmitten Israels Leute auftreten können, die zum Fremdgötterdienst und damit zur Kündigung der vom Ersten Gebot geforderten ausschließlichen Bindung an Jahwe anstiften. Das Thema zeigt eine große Verbreitung auch in der altorientalischen Vertragstradition, deren Einfluss auf DtrB sich schon früher als prägend erwiesen hat.[930] Dort begegnet es häufig in hethitischen[931], neu-

---

[925] Vgl. Dion 1991, 158.

[926] Siehe z.B. Horst 1961, 58 f; Merendino 1969, 56 f; Smend 1978, 73.

[927] Vgl. Dion 1991, 190–192, der den Abschnitt Dtn 13, 2–18 aufgrund der Terminologie als dtr klassifiziert, ihn jedoch voreilig von seinem Rahmen (12, 28; 13, 5; 13, 19) und von 12, 29–31 abtrennt (S. 158 f) und im Zeitalter Joschijas ansetzt (S. 199. 204 f).

[928] Der üblichste Irrtum in der Literarkritik von Dtn 13 besteht darin, dass der Numeruswechsel zu ihrem Ausgangspunkt genommen wird.

[929] Vgl. hier etwa Dtn 4, 3 f. 15–19*. 23. 25–28; 6, 14; 7, 4 f; 8, 19 f; 9, 7 ff; 11, 16. 28; 12, 2.

[930] Siehe vor allem oben bei Dtn 4; 6; 7 und 10, 12–11, 30.

[931] Siehe die Parallelen in den Verträgen der Hethiter bei Friedrich 1926, 50–57 (§ 2–6); Ders. 1930, 70 f (§ 16, 23–30); Weidner 1923, 96 f (Vs. II, 16–23); Nougayrol 1956, 97 (Rs. 13–21) sowie Kempinski/Košak WO 1970, 194 f (Rs. 21–27). Ähnliche Vorschriften treten auch in den hethitischen Dienstanweisungen für höhere Beamte auf, die traditionsgeschichtlich mit den Verträgen zusammenhängen (von Schuler 1957, 2), siehe von Schuler 1957, 13 f (§ 23–25), 15 (§ 27, § 29), 16 (§ 33), 23 f (§ 4–6, § 9), 26 (§ 16), 29 (§ 28).

assyrischen[932] und aramäischen[933] Staatsverträgen unter den Einzelbestimmungen als eine Vorschrift, die den Vasallen dazu verpflichtet, eventuelle Anstifter eines Aufruhrs gegen den Suzerän entweder festzunehmen und zu töten oder aber sie anzuzeigen und dem Suzerän auszuliefern.[934] In vielen Fällen enthalten diese Vorschriften neben dem gemeinsamen Topos ins Einzelne gehende Übereinstimmungen mit dem Wortlaut von Dtn 13 (s. u.), so dass sie mit Recht als Vorbild für Dtn 13 herangezogen worden sind. Es gibt unter ihnen jedoch keinen einzigen Text, der als direkte *Vorlage* für Dtn 13 hätte dienen können.[935] Die Abhängigkeit von einer vorgegebenen Tradition erklärt auch die relative – aber nur relative – Eigenständigkeit des Abschnittes Dtn 13, 2–18 in der literarischen Komposition des DtrB.

DtrB stellte die Vorschriften über die Verführung offensichtlich mit Absicht an die Spitze der Einzelbestimmungen, unmittelbar nach dem dtn Grundgebot (Dtn 12*), das für ihn eine Variante des dekalogischen Hauptgebots war, um den gravierendsten Verstoß gegen das Bundesverhältnis a limine auszuschließen. Gleich wie die altorientalischen Staatsverträge als eine der wichtigsten Vertragsverpflichtungen am Anfang der einzelnen Bestimmungen Bündnisse mit den Rebellen gegen den Suzerän verbieten, so warnt DtrB in Dtn 13 nachdrücklich vor religiösen Verführern, die zum Aufstand gegen den eigenen Gott aufwiegeln. Es ist durchaus einleuchtend, dass er in einem späteren Zusammenhang, am Anfang der prozessrechtlichen Bestimmungen (16, 18 ff), dasselbe Thema in gewandelter Form wieder aufgreift (17, 2–7*), indem er den Fall, dass jemand selber „den Bund übertritt" (17, 2) und dem Fremdgötterdienst verfällt, als die offenbar schwerste Straftat einführt, mit dem ein Gerichtshof sich zu befassen hat.[936]

Der Grundtext des DtrB hat nur wenige spätere Erweiterungen erfahren. Abgesehen von einer in 12, 30 aβ vorliegenden Glosse wurde der Text an einigen Stellen im Lichte literarischer Parallelen ergänzt: 12, 31 b (< 18, 9 b–10 a); 13, 3 b* (< 13, 7. 14); 13, 8 (< 6, 14 und 28, 64); 13, 10 aβb (< 17, 7 a); 13, 11 a (< 17, 5) und 13, 15 (< 17, 4). Diese Ergänzungen bilden keine zusammenhän-

12,30 aβ

12. 31 b;
13, 3 b*. 8.
10 aβ. 11 a. 15

---

[932] Siehe Parpola/Watanabe 1988, 18 (Z. 2–4), 22 (Rs. 4–7), 30–32 (§ 6), 33 (§ 10), 34 (§ 12), 36 f (§ 18), 41 (§ 26), 42 f (§ 27–31); 64 (Rs. 18–27 e), 65 (Vs. 12–16), 66 (Z. 34–37).

[933] Siehe TUAT I/2, 186 (Z. 1–4).

[934] Ein Beispiel aus dem großen Asarhaddon-Vertrag aus dem Jahre 672: „Wenn irgendeiner in bezug auf Assurbanipal, den Kronprinzen vom ‚Nachfolgehaus', den Sohn Asarhaddons, Königs von Assyrien, eures Herrn, der zu seinen Gunsten einen Vertrag mit euch geschlossen hat, euch Rebellion und Aufruhr, nämlich ihn/sie zu töten, zu ermorden oder zu verderben, vorschlägt, und ihr das aus dem Munde irgendeines hört und ihr die Betreiber von Aufruhr nicht ergreift und nicht zu Assurbanipal, dem Kronprinzen vom ‚Nachfolgehaus' bringt …" (VTE 130–137, TUAT I/2, 163).

[935] Anders Otto 1999, 57–69, der dieses über den Thronnachfolgevertrag Asarhaddons behauptet und die angebliche neuassyrische Vorlage (VTE 108–122) zum Fundament seiner Hypothese über die Entstehungszeit des Ur-Dtn macht. Siehe dazu meine Kritik in ThR 2002, 292–298. Vgl. kritisch auch Loretz UF 1999, 326–330; Pakkala 1999, 20–50; Köckert 2000, 82–85; Morrow Bib. 2001, 425.

[936] Dem beliebten Vorschlag, Dtn 17, 2–7 vor Dtn 13, 2 ff zu legen, fehlt jede textgeschichtliche und inhaltliche Berechtigung (s. Dion 1991, 159–162).

gende Redaktionsschicht, sondern sind eher als sporadische Zusätze verschiedener Herkunft zu beurteilen. Anders verhält es sich hingegen mit den
13. 16 b. Erweiterungen in 13, 16 b.17 aα$^{1.3}$βb.18 a, die in die Bestrafung der abtrünni-
17 aα*βb. 18a gen Stadt die Bannproblematik eintragen. Sowohl das Thema wie auch die literarische Orientierung des Verfassers an der Achangeschichte (Jos 7) erinnern stark an die ähnliche Erweiterung in 7, 25 f und können als Beweis gemeinsamer Abstammung gelten. Einen isolierten Einzelzusatz stellt schließ-
13, 1 lich die Kanonformel von 13,1 dar,[937] die ihr genaues Vorbild in dem an seiner Stelle schon sekundären, in zwei Stufen entstandenen Vers 4, 2[938] hat.

12, 28–31; 1. Der von DtrB stammende Grundtext (12, 28–30 aαb.31; 13, 2. 3*. 4–
13, 2–16 a. 6. 7. 9. 10 aα. 11 b–14. 16 a.17 aα^2. 18 b.19) weist eine leicht überschaubare Struk-
17 aα*. 18 b. 19 tur auf: Innerhalb der paränetischen Rahmenverse 12, 28 und 13, 19 gliedert er sich in vier kleinere Einheiten. Die erste von ihnen (12, 29–30 aαb.31) fungiert als Überleitung, indem sie das Thema von 12, 2 ff – die religiöse Gefahr der ehemaligen Bewohner des Landes – aufnimmt und es auf die Situation überträgt, wo diese zwar vernichtet sind, aber die Versuchung, ihre kultischen Praktiken nachzuahmen, weiterhin besteht. Auf diesem Hintergrund entstehen die drei konkreten Fälle der nachfolgenden Einheiten, in denen die Anstiftung zum Dienst fremder Götter in äußersten Grenzsituationen durch drei exemplarische Instanzen dargestellt wird: durch die Fachleute der Religion (Prophet, Traumdeuter V. 2–6*), durch den engsten Kreis der Verwandten und Freunde (V. 7–12*) und durch eine größere gesellschaftliche Umgebung, die Stadt, (V. 13–18*).[939] Die drei Fälle werden formal nach demselben Schema behandelt, in dem die Protasis das Delikt einführt („Wenn …") und die Apodosis die darauf folgende Straffolge definiert („… so sollst du …"). Die Form hat eine gewisse Ähnlichkeit mit der Struktur der kasuistischen Rechtssätze, aber die direkte Anrede sowie der Wechsel des Subjekts in der Protasis und Apodosis sowie die Existenz mahnender und begründender Elemente (V. 4 b.5. 6. 11 b.12) unterscheiden sie klar von der Struktur der Rechtssätze und verleihen dem Text ein stark paränetisches Gepräge. Folglich handelt es sich in 13, 2–18* nicht um echte Gesetze, sondern eher um eine die Form der Rechtssätze nachahmende Paränese.[940]
12, 28 Das einleitende Rahmenstück 12, 28, dessen zentrale Elemente später in 13, 5 und 13, 19 wiederkehren, stellt dem Abschnitt als Vorzeichen die hermeneutische Regel des DtrB voran,[941] nach der das Wohlergehen von der Treue

---

[937] Auf dieser späten Textstufe gibt es keinen Grund, wegen des Numeruswechsels noch weitere literarische Differenzierungen innerhalb von 13, 1 vorzunehmen (gegen Minette de Tillesse VT 1962, 39 f).

[938] Zur Auslegung der Kanonformel s. bei 4, 2.

[939] Alle drei Fälle hängen logisch und auch formal so eng zusammen, dass man sie unmöglich verschiedenen Autoren und Zeiten zuschreiben kann (so jedoch Horst 1961, 35–57, und neuerdings Otto 1999, 45–50).

[940] Das wird ziemlich allgemein anerkannt, von Dion 1991, 162–167, jedoch übersehen.

[941] Als nächste sprachliche Parallelen bei DtrB kommen 5, 29; 6, 2 f. 18; 8, 1 und 13, 19 in Frage.

gegen die Gesetzesworte abhängig ist, die ihren konkreten Inhalt in den nachfolgenden Bestimmungen erhalten.

Die Situation, in der diese Bestimmungen nach der historisierenden Ge-   29–31 a
botseinleitung 12, 29 aktuell werden, ist die der in 12, 10 vorausgesetzten Ruhe, wo Jahwe alle Landesvölker ausgerottet und Israel sich fest in ihrem Lande niedergelassen hat (vgl. 19, 1). Obwohl nach DtrB das heidnische Kultwesen vernichtet (12, 2) und Israels eigener Kult auf die einzige legitime Kultstätte konzentriert (12, 5 ff) sein sollte, strahlen die Landesgötter eine Faszination aus, die Israel dazu verführen könnte, im Lande nach den Sitten des Landes zu leben und dessen Göttern zu dienen (vgl. 1. Sam 26, 19; 2. Kön 17, 25–28; Ez 20, 32). Deshalb wird in 12, 30[942] in formaler Anknüpfung an 12, 13 („Hüte dich, dass du nicht") die Warnung aufgestellt, nicht aus Neu-gierde die kultischen Praktiken der ehemaligen Landesbewohner nachzu-ahmen[943] und unversehens in ihrer Falle[944] gefangen zu werden (vgl. 7, 16)[945]. Demgegenüber gilt das kompromisslose Separationsprogramm, dessen Grundsatz aus V. 4 in V. 31 a in pluralischer Fassung wiederholt wird, womit eine Brücke von den allgemeinen Forderungen in Kap. 12 zur Darstellung der drei konkreten Fälle in Kap. 13 entsteht.

Ein späterer Bearbeiter fühlte das Bedürfnis nach einer näheren Konkretion   31 b
und fügte deshalb V. 31 b hinzu, wo er die abscheulichen Kultpraktiken der ehemaligen Landesbewohner mit aus 18, 9 b–10 a entliehenem Material illus-triert (vgl. auch 7, 25; 16, 22; 23, 19). Als besonders eklatantes Beispiel nennt er die vor allem aus Phönizien bekannte Praxis des Kinderopfers,[946] die auch Israel als ausländische Sitte kannte (2. Kön 3, 27) und im eigenen Bereich scharf verurteilte[947].

Die Beschreibung der verschiedenen Versuche, das einzig legitime Got-   13, 2–6
tesverhältnis zu erschüttern (13, 2 ff), eröffnet DtrB mit einem Fall, wo ein Fachmann der Religion, ein Prophet oder ein Traumseher, aus der eigenen „Mitte" Israels aufsteht[948] und die Initiative zum Aufruhr gegen Jahwe er-greift (V. 2–6). Die altorientalische Vertragstradition kennt einen ähnlichen

---

[942] Der Satz „nachdem sie vor dir vernichtet sind" stellt eine störende Wiederholung von V. 29 dar (die Völker sind ja schon ausgerottet) und wird eine Stichwortglosse zu dem vorangehenden Wort אחריהם „hinter ihnen" sein (vgl. Steuernagel ²1923, 99).

[943] Terminologisch nimmt V. 30 b Bezug auf den eigenen Text von DtrB in V. 5 (דרש „suchen, fragen"), V. 2 (עבד „dienen") und V. 4 (עשה כן „so tun").

[944] Bei der ungewöhnlichen Verbform תנקש „in die Falle laufen" handelt es sich wohl eher um eine grammatische Variante von תוקש (Dtn 7, 25; Jes 8, 15; 28, 13; Spr 6, 2) als um eine Textent-stellung.

[945] Siehe weitere Belege für diese Befürchtung oben bei 7, 16.

[946] Siehe dazu Heider 1985, 174–203.

[947] 2. Kön 16, 3; 17, 17; 21, 6; 23, 10; Jer 7, 31; 19, 5. Alle diese Belege stammen aus dem Umkreis des DtrN (s. Würthwein 1984, 387).

[948] Es besteht kein Anlass, anzunehmen, dass der Verfasser gegen fremde, etwa kanaanäische Propheten polemisierte (so z. B. von Rad ²1968, 69, und Seitz 1971, 146 f), s. Tigay 1996, 131; Vei-jola 2000, 115.

Fall auf politischem Gebiet.[949] Der Anstifter besitzt Autorität, denn die Träume waren in früheren Zeiten ein anerkanntes Mittel der Offenbarung (Gen 20, 3; 31, 11; Num 12, 6; 1. Sam 28, 6. 15), stießen freilich mit der Zeit auf zunehmende Skepsis (Jer 23, 25–32; 27, 9; 29, 8 f; Sach 10, 2; Koh 5, 6). Dieser Prophet oder Traumseher beweist aber sein Charisma dadurch, dass das von ihm angekündigte prophetische Beglaubigungszeichen eintrifft (vgl. 1. Sam 10, 1[LXX].7. 9)[950] und jeden Zweifel an seiner Kompetenz behebt (v. 2 b–3 a)[951]. Damit wird das im Prophetengesetz Dtn 18, 22 aufgestellte Kriterium relativiert, nach dem sich der wahre Prophet durch die Erfüllung seiner Botschaft beglaubigt.[952] Es kommt nämlich nicht darauf an, wie eindrucksvoll die prophetische Vollmacht zum Ausdruck kommt, sondern allein darauf, was der Prophet faktisch sagt.[953] In den Worten des religiösen Experten (V. 3 b) geht es um nicht weniger als einen direkten Affront gegen das Erste Gebot,[954] was nach dem Urteil des DtrB sofort den Status confessionis hervorruft. Der Verfasser kennt, ja anerkennt sogar den weltweiten religiösen Pluralismus, ist aber nicht bereit, deshalb die eigene, historisch bewährte Identität preiszugeben. Mögen die Völker ihre eigenen Gottheiten haben, für Israel sind sie fremde Götter, die es nicht kennt (V. 3. 14) und die auch seine Väter nicht gekannt haben (V. 7),[955] also Götter, mit denen es durch keine Geschichte und keine Erfahrung verbunden ist, um ihnen trauen zu können. In einer späteren Phase wurde die Aussage des Verführers in V. 3 b nach dem Vorbild von V. 7 b und V. 14 b mit der Ergänzung „und ihnen dienen" versehen, die ihren sekundären

---

[949] Aus dem großen Asarhaddon-Vertrag: „Wenn ihr eine ungute, unfreundliche oder unschöne Sache, [die] in bezug auf Assurbanipal, den Kronprinzen vom ‚Nachfolgehaus', Sohn Asarhaddons, eures Herrn, nicht korrekt und gut ist, ... aus dem Munde eines Propheten (*raggimu*), eines Ekstatikers (*maḫḫû*), eines Orakelpriesters (*mār šā'ili amat ili*) ... hört und es verheimlicht, ..." (VTE 108–119, TUAT I/2, 163).

[950] Vgl. weiter zum „Zeichen" und „Wunder" als Mittel der Beglaubigung Ex 4, 8. 9. 28. 30; 7, 3. 9; 8, 19; 10, 1. 2; 1. Kön 13, 3. 5; 2. Kön 20, 8–11; Jes 7, 11–14; 8, 18 (vgl. 7, 3; 8, 1–3). Im Dtn erscheint das Wortpaar – abgesehen von 28, 46 – sonst im Pl. und nimmt gewöhnlich Bezug auf die ägyptischen Plagen (4, 34; 6, 22; 7, 19; 26, 8; 29, 2; 34, 11).

[951] Diese Verse werden oft als Zusatz angesehen, der den anderen, in V. 4 b–5 postulierten weiteren Zusatz vorbereiten soll. Die Annahme ist an beiden Stellen unhaltbar; denn sie macht irrtümlich aus dem Numeruswechsel in V. 4 b–5 ein literarkritisches Indiz, verursacht eine unnötige und unerträgliche Wiederholung der Worte „jener Prophet oder jener Traumseher" in V. 4 a.6 a und übersieht, dass die ausführliche Beschreibung der Kunstfertigkeit des religiösen Fachmannes in der Sache selbst begründet ist (vgl. V. 7. 13 f). Siehe näher Veijola 2000, 112 f.

[952] Köckert 2000, 84 f.

[953] Vgl. Luther: „Daran siehst du, dass jedem das Recht anvertraut ist, auch die Lehren der rechtmäßigen Propheten zu beurteilen" (WA 14, 647:14 f, deutsch Verf.).

[954] Vgl. die Wendung „anderen Göttern nachfolgen" bei DtrB schon in 6, 14; 8, 19; 11, 28 und weiter in 28, 14; vgl. hier noch besonders Jer 7, 9 (nach Levin 1985, 95, das Vorbild für Dtn 13, 3 b) und s. die sonstigen Belege bei Dion 1991, 189, bzw. Aurelius ZThK 2003, 9 Anm. 27.

[955] Vgl. zu diesem Relativsatz als Näherbestimmung der fremden Götter ohne „die Väter" (wie in Dtn 13, 3. 14): Dtn 11, 28 (DtrB); 29, 25; Jer 7, 9 b (dtr), mit „den Vätern" (wie in Dtn 13, 7): Dtn 28, 64; 32, 17; Jer 19, 4 (dtr); 44, 3 (dtr).

Charakter durch die verspätete Position nach dem Ende des Zitats erweist.[956]

Auf den Versuch des Anstifters wird mit einem kategorischen Verbot, auf 4
seine Worte zu hören,[957] reagiert (V. 4 a), was eine Antithese zu der Mahnung
des Rahmens (12, 28; 13, 19), auf die Worte bzw. die Stimme Jahwes zu hören,
bildet. Es handelt sich bei dem spektakulären Auftreten des religiösen Fachmannes nur um einen Test (V. 4 b), den Jahwe veranstaltet, um die wirkliche
Bereitschaft seines Volkes zu prüfen[958], auch gegen eindrucksvolle äußere Erscheinungen an dem Grundsatz der wahren Loyalität (Dtn 6, 5 DtrB)[959] festzuhalten.

Die positiven Merkmale der ausschließlichen Treue gegen den eigenen 5
Gott werden nach dem bei DtrB üblichen Muster der Alternativpredigt[960] in
V. 5 in Erinnerung gerufen. Sie sind kunstvoll um ein Zentrum („seine Gebote bewahren, auf seine Stimme hören") gruppiert, das die Mahnungen des
Rahmens (12, 28; 13, 19) anklingen lässt und damit die gemeinsame Herkunft
von beiden beweist. Unter den flankierenden Elementen fällt das erste
(„Jahwe, eurem Gott, sollt ihr nachfolgen") auf, weil es sonst weder bei DtrB
noch im übrigen Dtn auftaucht (vgl. aber 1. Kön 18, 21; 2. Kön 23, 3; Hos
11, 10), sich jedoch als eine bewusste Kontrastaussage zu der vorangehenden
Aufforderung des Verführers: „Wir wollen anderen Göttern nachfolgen!"
(V. 3), erklärt. Die übrigen Mahnungen in V. 5, die das geforderte Loyalitätsverhältnis in die Stichwörter „fürchten" (vgl. 6, 13; 10, 12), „dienen" (6, 13;
10, 12; 11, 13) und „anhangen" (4, 4; 11, 22) fassen, sind hingegen typische
Elemente der bundestheologischen Paränese bei DtrB.

Der erste „Paragraph" wird in V. 6 mit einer Straffolgebestimmung und de- 6
ren Begründung beendet.[961] Der Anstifter zum Abfall soll mit gleicher Härte
bestraft werden wie einer, der sich selber des Bundesbruchs schuldig gemacht
hat (17, 2. 5 f), denn er hat durch seine lügnerische Rede ein Kapitalverbrechen

---

[956] Vgl. Floß 1975, 285 f. Die unglückliche Stellung der Ergänzung zeigt sich textgeschichtlich
darin, dass 11QT 54, 10 und LXX sie unmittelbar nach dem ersten Verb von V. 3 b „nachfolgen"
(הלך) überliefern und die Stelle damit ihren Parallelen in V. 7 b.14 b angleichen.

[957] Das Verb שמע „hören" mit der Präposition אל begegnet bei DtrB auch in 10, 10;
11, 13. 27. 28 und 13, 9. Das entsprechende Verbot erscheint wörtlich gleich auch in dem Asarhaddon-Vertrag: „Sollte irgendeiner im Palast, am Tage oder in der Nacht, auf der Straße oder in der
Mitte des Landes, einen Aufruhr gegen Asarhaddon, König von Assyrien, anzetteln, so sollt ihr
nicht auf ihn hören. Sollte am Tage oder in der Nacht zur Unzeit ein Bote aus dem Palast zu einem
Prinzen kommen mit der Botschaft: ‚Dein Vater lädt dich vor, mein Herr möge kommen', so sollt
ihr nicht auf ihn hören" (VTE 198–205, TUAT I/2, 165).

[958] Siehe zum Verb נסה Pi. „prüfen" mit Jahwe als Subjekt oben bei 8, 16.

[959] Vgl. weiter bei DtrB in 10, 12; 11, 13 und später in 30, 6.

[960] Vgl. oben Dtn 4, 25–31*; 6, 14–18*; 7, 12–8, 20* und 10, 12–11, 28*. Gegen den oft behaupteten sekundären Charakter von V. 5 spricht auch der Befund der altorientalischen Staatsverträge
und Dienstanweisungen, die oft positive Mahnungen im Stile von V. 5 enthalten (s. Moran CBQ
1963, 82 Anm. 35; Weinfeld 1972, 83 f. 97).

[961] Unübersehbar sind die sachlich nicht motivierten Vorschläge, die Begründung von V. 6 a
wegen des wechselnden Numerusgebrauchs in echte und unechte Teile zu zerstückeln.

verübt.[962] Seine Tat bedeutet einen Versuch, die durch den Exodus[963] geschenkte Freiheit vom Sklavendasein rückgängig zu machen und die grundlegenden Lebensprinzipien des Dekalogs[964] in Frage zu stellen[965]. Deshalb
soll er mit der Todesstrafe geahndet werden. Die abschließende Formel „Du
sollst den Bösen aus deiner Mitte ausrotten" (V. 6 b) findet im Dtn immer
dann Gebrauch, wenn es um die Vollstreckung der Todessanktion bei der
Übertretung eines, hier des Ersten, Gebots des Dekalogs geht (17, 7. 12; 19, 19;
21, 21; 22, 21. 22. 24; 24, 7).

Es fehlen alle Indizien dafür, dass die in V. 2–6 vorliegende Vorschrift in der
alttestamentlichen Zeit je als positives Recht aufgefasst und praktiziert worden wäre. Man muss sie als theoretisches Gebilde ansehen, das das Problem
der falschen Prophetie unter Rückgriff auf Jer 14, 13–16, Jer 23 und Jer
27–29[966] in grundsätzlicher Form, ausgehend vom Ersten Gebot, reflektiert.[967] Das Phänomen der falschen Propheten, die mit eindrucksvollen Zeichen und Wundern auftreten, aber dabei die Wahrheit leugnen, ist auch der
neutestamentlichen Gemeinde nicht unbekannt (Mt 24, 24; 2. Thess 2, 9;
Offb 13, 13 f). Wer auch immer, sei es selbst ein Engel vom Himmel, ein anderes Evangelium predigt, soll nach Paulus verflucht sein (Gal 1, 8 f).

7–12   Die zweite Einheit (V. 7–12) handelt von einem Fall, wo die Versuchung
zum Fremdgötterdienst deshalb besonders groß ist, weil sie aus dem Kreis
der engsten Verwandten und besten Freunde hervorgeht.[968] Die potentiellen
Verführer werden in V. 7 mit Absicht in großer Ausführlichkeit aufgezählt:

---

[962] Dtn 13, 6 zeigt seinen Einfluss in Sach 13, 3, wo das das Substantiv סרה „Falsches" (s. o.
S. 280 Anm. 920) durch sein geläufigeres Synonym שקר „Lüge" ersetzt wird. Die akkadische
Entsprechung der Wendung begegnet in dem Asarhaddon-Vertrag in einem ähnlichen Kontext:
„Wenn wir gegen Asarhaddon, König von Assyrien, gegen Assurbanipal, den Kronprinzen vom
‚Nachfolgehaus' ..., Rebellion und Aufruhr anzetteln, uns mit seinem Feind verschwören, ... und
lügnerisches und untreues Gerede (da-bab sur-ra-a-ti u la ke-na-a-te), das sich richtet gegen Assurbanipal, den Kronprinzen vom ‚Nachfolgehaus', hören und verheimlichen, ..., so mögen alle
Götter, die (hier) namentlich genannt sind, uns, unsere Nachkommen und unsere späteren Generationen zur Verantwortung rufen" (VTE 494–512, TUAT I/2, 172).
[963] Vgl. zu den hier gebrauchten Wendungen Dtn 5, 6; 6, 12; 8, 14 u. ö. (mit יצא Hif. „heraus-
führen") einerseits, Dtn 7, 8; 9, 26; 15, 15; 24, 18; Mich 6, 4 (mit פדה Qal „freikaufen") andererseits.
[964] Vgl. zu dem von Jahwe gebotenen „Weg" als Bezeichnung des Dekalogs (Braulik 1988, 23)
bei DtrB in 9, 12. 16; 11, 28.
[965] Das Verb נדח Hif. „abbringen, verleiten" begegnet als religiöse Metapher im Dtn nur in
13, 6. 11. 14 (sonst in 2. Kön 17, 21 [Qᵉre] und 2. Chr 21, 11), in Nif. „verleitet werden" jedoch bei
DtrB in 4, 19 und weiter in 30, 17.
[966] Siehe insbesondere Jer 14, 14; 23, 16. 25. 28. 32; 27, 9. 14–16; 28, 16; 29, 8 f. 32 und vgl. Merendino 1969, 76 f, der den Zusammenhang erkannt, die literarische Abhängigkeit jedoch vor-
schnell bestritten hat. Die meisten der oben genannten Jer-Belege gehören zur dtr Bearbeitung des
Jer, was den späten Ort von Dtn 13, 2 ff innerhalb der dtr Chronologie bestätigt.
[967] Siehe dazu näher Veijola 2000, 117–119, und zu Ottos Kritik (1999, 50–52) Köckert 2000, 85–93.
[968] Ein ähnlicher Fall ist häufig auch in den altorientalischen Verträgen bezeugt, z. B. in dem
hethitischen Išmeriga-Vertrag: „Wenn vor euch jemand ein böses Wort [sp]richt, sei (es) ... sein
(eigener) Vater, seine Mutter, sein Bruder, seine Schwester oder sein Sohn, (sein) Schwager [...],
wer ein (solches) Wort sagt, diesen soll niemand verstecken, (sondern) er soll ihn ergreifen und
zur Anzeige [bringen!]" (Z. 21'–24' nach der Übersetzung von Kempinski/Košak WO 1970, 195).

Wie der religiöse Fachmann durch seine äußere Vollmacht einen großen Einfluss ausübt, so tun es die Verwandten und Freunde durch ihre intime Beziehung. Das affektgeladene Vokabular unterstreicht geflissentlich diese Intimität, indem es den Bruder als „Sohn deiner Mutter"[969], d.h. als *frater uteri* (voller Bruder), zu dem eine besondere Beziehung besteht,[970] die Frau als Liebespartnerin (vgl. 28, 54. 56; Mich 7, 5) und den besten Freund als einen, „den du liebst wie dich selbst" (vgl. 1. Sam 18, 1. 3), vorstellt. Aufgrund ihrer persönlichen Beziehungen haben diese Leute gute Gelegenheiten, ihren Verwandten bzw. Freund heimlich zu verführen[971] und zu sagen: „Wir wollen gehen und anderen Göttern dienen!"[972]

Das Stichwort „andere Götter" (V. 7 b) rief eine sekundäre Ergänzung   **8** (V. 8) hervor, der eine Entsprechung sowohl in der vorangehenden (V. 2–6) wie auch der nachfolgenden Einheit (V. 13–18) fehlt und die übersieht, dass nach der Einführung (12, 29–31 a) hier von den Göttern des Landes, nicht von denen der umliegenden Völker die Rede sein sollte. Der Verfasser knüpft an das Stichwort „andere Götter" in V. 7 b an, assoziiert die dort vorliegende Aufforderung mit 6, 14 (vgl. Ri 2, 12 DtrN) und gibt ihr einen universalen Horizont, indem er die Gültigkeit der aus Dtn 20, 15–17 und Jos 9 bekannten Distinktion zwischen den nahen und fernen Völkern im Lichte der düsteren Prognose von Dtn 28, 64[973] im Blick auf die Götter aufhebt.

Die Antithese zum Appell des Verführers erfolgt in V. 9. Anders als im ers-   **9–10 aα. 11 b** ten Fall (V. 4 a) ist sie hier sehr eindringlich formuliert; sie besteht aus fünf Verboten, die eine symmetrische Entsprechung zu der Liste der fünf potentiellen Verführer in V. 7 und damit eine Einheit bilden,[974] aus der kein einziges Glied ohne Schaden entfernt werden kann.[975] Die Reihe der fünf Verben will nachdrücklich die Komplizenschaft mit dem Verführer wie auch die wegen enger Verwandtschaft oder Freundschaft verständliche Neigung zum Mitleid mit dem Täter und zum Verzeihen seiner Tat[976] verbieten. Vielmehr soll man

---

[969] Vgl. Gen 27, 29; Ps 50, 20.

[970] Wenn 11QT, Sam. und LXX neben ihm auch den Bruder als „Sohn deines Vaters" berücksichtigen (vgl. BHS), handelt sich dabei offenbar um eine spätere Harmonisierung, die die besondere Rolle des *frater uteri* außer Acht lässt (Levinson JBL 1996, 616 Anm. 46).

[971] Bereits in Sifre Deuteronomium (Pisqa 87, bei Bietenhard 1984, 269) wurde die sachliche und terminologische Analogie (aufgrund des Verbs סות Hif. „verführen") zu dem Fall von Isebel (1. Kön 21, 25) notiert.

[972] Anders als in V. 3 erscheinen die Verben „gehen" und „dienen" hier an der richtigen Stelle und bilden eine häufig wiederkehrende dtr Wendung (vgl. 13, 14; 17, 3; 29, 25; Jos 23, 16; 1. Sam 26, 19; 1. Kön 9, 6).

[973] Von dort ist der Ausdruck „von einem Ende der Erde bis zum anderen" entliehen, vgl. sonst Jer 12, 12; 25, 33.

[974] Levinson JBL 1996, 617.

[975] Gegen Otto 1999, 41. 64, der das dritte Element („du sollst ihn nicht mitleidig schonen") als Zusatz betrachtet.

[976] Wie Levinson JBL 1996, 601–620, anhand der nächsten Parallelen Spr 10, 12; Neh 3, 37 (vgl. Jer 18, 23) nachgewiesen hat, zielt der Ausdruck כסה Pi. + על „bedecken" + „auf" nicht auf die Verheimlichung, sondern auf das *Verzeihen* der Tat aus emotionalen Gründen.

ihn wie den verführerischen Propheten oder Traumseher umbringen (V. 10 aα), denn auch er versuchte, seine Landsleute von dem Gott und der Freiheit des Exodus abzubringen (V. 11 b)[977]. Sein Schicksal soll als erschreckendes Beispiel und Warnung für die anderen dienen, damit nie mehr eine solche böse Tat in der Mitte Israels geschieht, wie die abschließende Feststellung (V. 12)[978] den Sinn der Sanktion in formaler Entsprechung zum Schlusssatz der ersten Einheit (V. 6 b) definiert.

10 aβb–11 a   Der Text von DtrB wurde sekundär durch V. 10 aβb–11 a ergänzt,[979] um den vorliegenden mit dem in 17, 5–7 behandelten Fall auszugleichen. Diese Versteile erweisen sich dadurch als sekundär, dass sie die schon befohlene Tötung des Verführers (V. 10 aα) aufs neue vorschreiben (V. 11 a).[980] Die Beschreibung der Art, wie die Todesstrafe im Einzelnen auszuführen ist (V. 10 aβb), hat ihren angemessenen Ort in 17, 7 a, wo die Zahl und die Pflicht der Zeugen geregelt werden, nicht hingegen in 13, 10, wo sie eine Abweichung vom eigentlichen Thema darstellt. Weil die Steinigung als Methode der kollektiven Strafvollstreckung in 17, 5 b in Verbindung mit der Zeugenregel 17, 6 f erscheint, fand sie ihren Weg auch nach 13, 11 a. Mit diesen Ergänzungen, die die Bestrafung des Verführers näher an die Regeln der kollektiven Justiz rücken, wurde versucht, dem Verfahren den Charakter eines rein spontanen Willküraktes zu nehmen. Immerhin blieb die Straffolgebestimmung hart genug, aber es fehlen auch in diesem Fall alle positiven Beweise dafür, dass man sie je in der alttestamentlichen Zeit in die Wirklichkeit umgesetzt hätte. Als Ideologie wirkte sie jedoch weiter (vgl. Ex 32, 25–29[981]) und fand in anderer Form ein Echo in der Forderung Jesu, um des Himmelreichs willen bereit zu sein, sogar mit den engsten verwandtschaftlichen Beziehungen zu brechen (Mk 3, 31–35; Mt 10, 35–37; Lk 14, 26).

13–18   Die dritte Einheit (V. 13–18) beschreibt einen Fall, wo eine größere gesellschaftliche Gruppe, die Einwohnerschaft einer Stadt, religiöser Propaganda erliegt und sich zum Abfall hinreißen lässt.[982] Der Vordersatz (V. 13 f) ist in Übereinstimmung mit den vorangehenden Fällen absichtlich umständlich formuliert: Es handelt sich um eine Stadt, deren Einwohner ihr Wohnrecht als Geschenk von Jahwe erhalten haben (vgl. 12, 29; 16, 5. 18), trotzdem aber sich durch die Worte der aus ihrer eigenen Mitte hervortretenden nieder-

---

[977] Siehe zu den einzelnen Wendungen oben bei V. 6 a.

[978] Vgl. Dtn 17, 13; 19, 20; 21, 21 und weiter auch 1. Kön 3, 28 sowie Apg 5, 11.

[979] Vgl. Hempel 1914, 248, und Otto 1999, 43.

[980] Der üblichen Textkorrektur von הרג תהרגנו „du sollst ihn umbringen" in הגד תגידנו „du sollst ihn anzeigen" nach LXX (s. BHS) fehlt jede Berechtigung (s. Levinson 1995, 37–63).

[981] Die Stelle ist nach-dtr (s. Weimar BN 1987, 155 f).

[982] Der Fall ist auch aus dem politischen Bereich bekannt, z. B. aus dem Vertrag des Hethiterkönigs Šuppiluliuma mit seinem östlichen Nachbarn Šunaššura von Kizzuwatna (s. Meyer MIOF 1953, 110 Anm. 7): „We[nn jema]nd, sei es ein Mensch oder eine Stadt, gegen die Sonne einen Aufstand m[a]ch[t, sich e]mpört, so soll Šunaššura, so]bald er (davon) hört, zur Sonne schicke[n]" (II, 16–18, nach Weidner 1923, 96 f).

trächtigen[983] Leute zum Aufruhr gegen Jahwe aufwiegeln lassen.[984] Wenn eine ganze Stadt abtrünnig wird, so ist es in den Augen des DtrB kaum nötig, noch nähere Untersuchungen vorzunehmen, sondern die Sanktion kann sofort eintreten (V. 16 f*). Der syntaktisch schwerfällige V. 15, in dem eine genaue Prüfung des Falles vorgeschrieben wird, unterbricht den Zusammenhang zwischen V. 14 und V. 16 und weist keine Entsprechung in den vorangehenden Einheiten auf (vgl. V. 3 f und V. 7 + V. 9), wohl aber eine fast wörtliche in 17, 4. Dort ist die Pflicht zu genauer Nachforschung besser motiviert, weil es dort um den Abfall eines einzelnen Menschen geht und der Fall im Rahmen prozessrechtlicher Bestimmungen behandelt wird. Der Zusatz dürfte zusammen mit der in V. 10 aβb–11 a vorliegenden Erweiterung entstanden sein, die ebenfalls ihren Anlass und Hintergrund in 17, 2–7 hat.

Die Vorschrift über die Vollstreckung der Strafe ist in diesem Fall   16–19
(V. 16–18) unverhältnismäßig breit und detailliert im Vergleich zu den entsprechenden Bestimmungen in den vorangehenden Einheiten (vgl. V. 6. 10 aα. 11 b). Das findet seine Erklärung darin, dass die ursprünglich auch in diesem Fall knapp gehaltene Straffolgebestimmung (V. 16 a.17 aα²) sekundär durch Verpflichtungen ergänzt wurde, die die Ausführung eines Bannes (*Herem*) nach der strengsten Art vorschreiben (V. 16 b.17 aα¹·³βb.18 a). Die ursprüngliche Strafbestimmung sah lediglich vor, dass man die Einwohner der rebellischen Stadt mit dem Schwert tötet (V. 16 a)[985] und ihre Stadt mit Feuer verbrennt (V. 17 aα²). Danach wird Jahwe nach den Vorstellungen des DtrB von seinem glühenden Zorn ablassen[986] und sich seines Volkes wieder erbarmen (V. 18 b). Nirgendwo ist allerdings früher gesagt worden, dass Jahwes Zorn entbrannt war, aber dies kann in der Theologie des DtrB, nach der der Fremdgötterdienst zwangsläufig den göttlichen Zorn auslöst (vgl. 4, 25; 6, 14. 15 b; 7, 4; 9, 19; 11, 16 f), ohne weiteres auch hier vorausgesetzt werden.[987] Sobald der Fremdgötterdienst abgewehrt worden ist, hört der Zorn auf und es ergibt sich die segensvolle Alternative, welche Erbarmung (vgl.

---

[983] Zum Terminus בליעל „Nichtsnutzigkeit, Niederträchtigkeit" vgl. Dtn 15, 9 und in bezug auf Menschen (wie in 13, 14) Ri 19, 22; 20, 13; 1. Sam 2, 12; 10, 27; 2. Sam 23, 6; 1. Kön 21, 10. 13; 2. Chr 13, 7. Die rabbinische Auslegung hat daraus ein geistreiches Wortspiel in 13, 14 entwickelt: Niederträchtige (בליעל) Leute sind „ohne das Joch" (בלי עול), also solche, die das Joch Gottes zerbrochen haben (Sifre Deuteronomium, Pisqa 93, nach Bietenhard 1984, 278, sowie Raschi z. St.)

[984] Vgl. zu den in V. 14 gebrauchten einzelnen Wörtern und Wendungen V. 3 b.7 b.6 a.11 b.

[985] Vgl. zum Ausdruck Dtn 20, 13; Ri 20, 37 b (dtr); Jer 21, 6 (dtr). Die Stelle hat eine nahe liegende Parallele auch in dem aramäischen Sefire-Vertrag, wo es in einem ähnlichen Kontext heißt: „Und wenn es sich um eine Stadt handelt, schlage sie mit dem Schwert" (III, 12–13, TUAT I/2, 187).

[986] Vgl. zum Ausdruck Ex 32, 12; Num 25, 4; Jos 7, 26 (DtrN); 2. Kön 23, 26 (DtrN); Jon 3, 9.

[987] Sifre Deuteronomium, Pisqa 96: „Solange der Götze in der Welt ist, ist Zornglut in der Welt. Ist der Götze aus der Welt beseitigt, wird (auch) die Zornglut aus der Welt beseitigt" (Bietenhard 1984, 284). Vgl. auch die Ausführungen des Paulus von dem Zorn Gottes als Gericht über den Götzendienst in Röm 1, 18 ff.

4, 31; 30, 3; 1. Kön 8, 50) und Mehrung[988] des Volkes verspricht. Auf eine für die bundestheologische Redaktion typische Weise[989] sieht der Verfasser darin die Erfüllung einer den Erzvätern zugeschworenen Verheißung.[990] DtrB schließt den Text in V. 19 mit einem Rahmen ab, in dem die Appelle von 12, 28 und 13, 5 aufgenommen werden. Dadurch wird der verheißene Segen von dem Gehorsam gegenüber Gottes Geboten und der Treue zu ihm abhängig gemacht, was noch einmal den nomistischen Hintergrund des DtrB zum Vorschein bringt.[991]

13, 16b.   2. Als einheitliche Bearbeitungsstufe, die auch außerhalb von Kap. 13 Spu-
17 aα*βb. 18 a   ren hinterlassen hat, erweisen sich die Versteile 16 b.17 aα$^{1.3}$βb.18 a, die in Thema und Terminologie mit dem jungen Anhang Dtn 7, 25 f in Verbindung stehen. Dass es sich hier um eine Erweiterung handelt,[992] zeigt sich in der Art, wie V. 16 b die Aussage von V. 16 a durch einen nur locker angefügten Satz[993] weiterführt, indem aus V. 16 a die „Stadt" durch ein Objektsuffix („sie")[994] herausgegriffen und der Ausdruck „mit der Schärfe des Schwertes" wiederholt wird. Die Aussage von V. 16 b nimmt wörtlich Bezug auf Jos 6, 17 a.21. 24,[995] wo die totale Vernichtung (die Bannung) Jerichos als Vorbereitung für die nachfolgende, von DtrN stammende Achangeschichte (Jos 7, 1. 6–26*)[996] zum Ausdruck kommt. Die Teile von V. 17 a, die das Schicksal der Beute thematisieren (V. 17 aα$^{1.3}$β), hängen mit der in V. 16 b eingeführten Bannproblematik organisch zusammen. Dass die der Vernichtung geweihte

---

[988] Die Mehrung ist eine für DtrB zentrale Seite des Segens, vgl. mit רבה Hif. „mehren" wie in 13, 18 so auch in 7, 13 (weiter in 1, 10; 28, 63; 30, 5) und mit רבה Qal „sich vermehren" in 6, 3; 8, 1 (weiter in 30, 16).

[989] Vgl. 4, 31; 6, 18; 7, 12. 13; 8, 1. 18; 10, 11; 11, 9. 21; 19, 8.

[990] Wenn DtrB hier an eine konkrete Zusage gedacht hat, kommen am ehesten die vorpriesterschriftlichen Mehrungsverheißungen in Frage (Gen 12, 2; 13, 16; 15, 5; 26, 24; 28, 14), aber welche von ihnen ihm vorschwebte, lässt sich nicht mit Sicherheit sagen (vgl. Skweres 1979, 124–128). Vielleicht geschieht die Bezugnahme auf einer mehr allgemeinen Ebene ohne eine bewusste Adresse.

[991] Gewöhnlich wird V. 19 wegen seiner angeblich verspäteten Position und seines formelhaften Inhalts für sekundär gehalten. Vgl. aber zur Position 19, 9 a (DtrB), wo die Bedingung ebenfalls der Verheißung (V. 8) nachfolgt, und zum Inhalt 5, 32 f; 6, 2 f. 17 a.18. 25; 7, 12; 8, 1. 11 b; 11, 8. 13. 22. 27. 28; 12, 28, wo überall DtrB das Wohlergehen von der Befolgung des Gesetzes abhängig macht.

[992] Zur Abgrenzung der Erweiterung vgl. Horst 1961, 38 f, und Nebeling 1970, 67, die die sekundären Bestandteile von V. 16–17 a korrekt bestimmen, fälschlich jedoch V. 17 b der Grundschicht zu- und V. 18 b–19 ihr absprechen.

[993] Der Satz beginnt mit dem Infinitus absolutus החרם („bannend"), der auch in Dtn 3, 6 als redaktionelles Bindeglied (zwischen V. 6 aα und V. 6 b) dient (s. dort).

[994] Vgl. aber den Grundtext, der unter gleichen Umständen das gewandelte Objekt „die Stadt" ausdrücklich nennt (V. 16 a + 17 aα²).

[995] Das Vorbild von Jos 6, 21 erklärt die Existenz der ein wenig tautologisch wirkenden Worte „und ihr Vieh mit der Schärfe des Schwertes" (V. 16 b), die in LXX fehlen und oft als Zusatz betrachtet worden sind.

[996] Siehe zur genaueren Abgrenzung des DtrN-Bestands und zu dessen späteren Ergänzungen Veijola 2000, 188 f.

Stadt als „Ganzopfer" (כָּלִיל) für Jahwe verbrannt werden soll, hat eine wörtliche Entsprechung in Ri 20, 40, eine gedankliche Parallele aber auch in Jos
6, 17+24. Die Verfügung von V. 17 b, nach der die verbrannte Stadt „für immer ein Schutthügel bleiben und nie wieder aufgebaut werden soll", orientiert sich terminologisch an dem Bericht über die Verwüstung der Stadt Ai
(Jos 8, 28) und sachlich an dem dtr Fluch, den Josua gegen den Wiederaufbau
von Jericho aussprach (Jos 6, 26, vgl. 1. Kön 16, 34). Als letztes Element gehört zur Erweiterungsschicht noch V. 18 a, wo die Aneignung aller Beutestü-
cke grundsätzlich verboten wird. Das Anliegen ist genau dasselbe wie in der
Achangeschichte (vgl. Jos 7, 1) und in ihrer Vorbereitung (vgl. Jos 6, 18) sowie
in Dtn 7, 25 f. Auch der Terminus חרם[997] „Bann", den der Verfasser im Sinne
der zu vernichtenden Kriegsbeute verwendet, verbindet diese Schicht mit der
Achangeschichte und mit Dtn 7, 25 f. Damit stellt sich heraus, dass die Erweiterung von 13, 16 b–18 a* durch ihre Terminologie, ihren literarischen Horizont sowie ihren Inhalt so eng mit Dtn 7, 25 f zusammenhängt, dass eine gemeinsame Herkunft auf der Hand liegt. Der Verfasser vertritt eine gegenüber
der älteren dtr Auffassung[998] radikalisierte Sicht vom Bann, nach der die
gebannten Städte restlos, einschließlich der Einwohner, des Viehs und der
materiellen Güter, zu vernichten sind,[999] und überträgt sie selbst auf eine
israelitische Stadt, die abtrünnig geworden ist. Angesichts der sekundären
Position der Bannvorschrift innerhalb des von DtrB verfassten Kapitels Dtn
13 versteht sich von selbst, dass sie auf keinen Fall je positives Recht etwa aus
der Zeit von König Joschija vertreten haben kann,[1000] sondern in die Welt der
nachexilischen Utopie gehört, wo auch der gesamte ältere Text des DtrB mit
seinen strengen Gesetzen beheimatet sein dürfte.[1001]
    Für den aufgeklärten Menschen der Neuzeit sind die intoleranten Gesetze
von Dtn 13 natürlich ein Ärgernis,[1002] aber man darf einerseits nicht vergessen, dass die frühnachexilische judäische Religionsgemeinschaft kein plurali-
stischer Staat war,[1003] und andererseits muss man der Tatsache Rechnung tragen, dass es dem Verfasser gelingt, in paradigmatischer Zuspitzung die Härte
des Konflikts zu veranschaulichen, der durch den absoluten Geltungsan-
spruch des Ersten Gebots auf alle Lebensgebiete ausgelöst werden kann.[1004]

---

[997] Die Wurzel חרם steht am Anfang (V. 16 b) und am Ende (V. 18 a) der Erweiterung und hat
damit eine rahmende Funktion.
[998] Vgl. dazu Dtn 2, 34 f; 3, 3. 6 f; 20, 14; Jos 2, 10 b; 8, 2. 26 f; 10, 1. 28. 35. 37. 39 f;
11, 11 a. 12. 14. 20 a. 21; 1. Kön 9, 21.
[999] Außerhalb der oben genannten Stellen kommt die radikale Theorie vom Bann nur in 1. Sam
15, einem von DtrP und DtrN verfassten Text, zum Vorschein. Siehe Foresti 1984, 125–130.
[1000] So jedoch Dion 1991, 195. 205.
[1001] Vgl. Hölscher ZAW 1922, 192 f, der den rein theoretischen und späten Charakter dieser
Gesetze richtig erkannt hat.
[1002] Dies hat Lang 1984, 21–35, besonders deutlich zum Ausdruck gebracht.
[1003] Vgl. Braulik 1986, 103.
[1004] Vgl. Luther, der hier den Konflikt zwischen dem Vertrauen auf das Wort Gottes (13, 1) und
dem auf die weltlichen Verbindungen und Autoritäten findet: „Zur Bestätigung dessen, was Mose
am Ende des vorangehenden Kapitels sagte, ‚du sollst nichts hinzufügen' etc., möchte er durch

3. 4. Du sollst keinerlei Gräuel essen (14, 1–21)

1 Ihr seid Kinder Jahwes, eures Gottes. Ihr sollt euch für einen Toten keine Schnittwunden beibringen und keine Stirnglatzen scheren. (2 Denn du bist ein für Jahwe, deinen Gott, geheiligtes Volk. Dich hat Jahwe, dein Gott, erwählt, damit du unter allen Völkern, die auf der Erde wohnen, ein Volk wirst, das ihm persönlich angehört.) 3 Du sollst keinerlei Gräuel essen. 4 Dies sind die Landtiere, die ihr essen dürft: Rind, Schaf und Ziege, 5 Damhirsch, Gazelle, Rehbock, Wildziege, Wisent, Antilope und Steinbock, 6 und alle Tiere, die gespaltene Klauen, und zwar zwei ganz durchgespaltene Klauen, haben und Wiederkäuer unter den Tieren sind. Die dürft ihr essen. 7 Aber folgende dürft ihr nicht essen von den Wiederkäuern und von denen, die ganz gespaltene Klauen haben: Kamel, Hase und Klippdachs. Sie sind zwar Wiederkäuer, haben aber keine gespaltenen Klauen. Sie sollen euch als unrein gelten. 8 Ebenso das Wildschwein, denn es hat zwar gespaltene Klauen, [aber es ist kein Wiederkäuer][1005]. Es soll euch als unrein gelten. Vom Fleisch dieser Tiere dürft ihr nicht essen, und ihr Aas dürft ihr nicht berühren. 9 Dies dürft ihr essen von allem, was im Wasser lebt: Alles, was Flossen und Schuppen hat, dürft ihr essen. 10 Alles, was aber keine Flossen und Schuppen hat, dürft ihr nicht essen. Es soll euch als unrein gelten. 11 Alle reinen Vögel dürft ihr essen. (12 Dies sind aber die, die ihr von ihnen nicht essen dürft: Gänsegeier, Lämmergeier, Bartgeier, 13 [Gabelweihe][1006], die verschiedenen Arten der Falken, 14 alle Rabenarten, 15 Strauß, Waldohreule, Silbermöwe, die verschiedenen Arten der Habichte, 16 Steinkauz, Uhu, Schleiereule, 17 Pelikan, Schmutzgeier, Kormoran, 18 Storch, die verschiedenen Arten der Reiher, Wiedehopf, Fledermaus 19 und alles geflügelte Kleingetier. Sie sollen euch als unrein gelten und dürfen nicht gegessen werden. 20 Alle reinen Vögel dürft ihr essen.) 21 Ihr dürft keinerlei Aas essen. Du darfst es den Fremden, die in deinen Ortschaften wohnen, zum Essen überlassen oder einem Ausländer verkaufen. Denn du bist ein für Jahwe, deinen Gott, geheiligtes Volk. Du sollst das Böcklein nicht in der Milch seiner Mutter kochen.

---

dieses ganze Kapitel zeigen, dass wir dem Wort Gottes mit einer solchen Ehrfurcht anhangen sollen, dass wir uns bewegen lassen weder durch Menschen noch durch Zeichen, seien sie auch so gelehrt und heilig wie die Propheten oder seien sie so gut und lieb wie die Brüder, Söhne und Freunde oder so groß und zahlreich wie die Städte und die Mächtigen. Man soll gänzlich dem Wort allein vertrauen und alles von den Augen und Sinnen entfernen, denn wo das Wort verlassen wird, dort wird Gott verlassen. Es ist besser, Freunde, Brüder, Heilige, Mächtige und alles zu verlassen als Gott" (WA 14, 647:6–13, deutsch Verf.).

[1005] Der hebr. Text ist hier nach der Parallelstelle Lev 11,7 zu korrigieren: והוא גרה לא יגר.

[1006] Im hebr. Text stand ursprünglich הדאה (vgl. Lev 11,14). Das Wort wurde durch einen Schreibfehler zu הראה entstellt, das seinerseits die später in den Text geratene Marginalkorrektur הדיה (= הדאה) hervorrief. Der Fehler ist bereits in Sifre Deuteronomium (Pisqa 98) erkannt worden (Bietenhard 1984, 289, vgl. Moran CBQ 1966, 276; Mayes ²1981, 241 f; Nielsen 1995, 153; Morrow 1995, 69).

Der Abschnitt 14, 1–21 wird von seinem Kontext durch die begründenden Sätze abgegrenzt, die Israels Eigenart als „Kinder Jahwes" (V. 1) bzw. als „ein für Jahwe geheiligtes Volk" (V. 2. 21) unterstreichen. Zugleich bieten sie den Verstehenshorizont für den Inhalt des Abschnittes, in dem es um bestimmte Trauerbräuche (V. 1) und Speisevorschriften (V. 3–21) geht. Die hier gegebenen Regeln sollen eingehalten werden, weil in ihnen das eigentümliche Gottesverhältnis, das Israel von anderen Völkern und deren religiösen Riten unterscheidet, seinen konkreten Ausdruck findet. Um seine Identität zu bewahren, soll sich Israel auch in so alltäglichen Dingen wie Speisen gegen die Völker abgrenzen.[1007]

In literarischer Hinsicht stellen die V. 1–21 eine sekundäre Einheit innerhalb des dtn Gesetzeskorpus dar.[1008] Sie unterscheiden sich formal von dem singularischen Stil der ursprünglichen Gesetze durch die vorwiegend pluralische Anredeform, die an einigen Stellen durch den Singular unterbrochen wird (V. 2. 3. 21 a$\alpha^{2-3}\beta$b). Thematisch stehen die Verse in keiner Verbindung mit der in Kap. 12 geforderten Kultzentralisation, und ältere Vorbilder für diese Vorschriften fehlen im Bundesbuch.[1009] Allerdings stehen die Speisegebote von 14, 3–21 in enger Beziehung zu den Vorschriften von Kap. 12, die das Essen des Fleisches betreffen. Dabei berühren sich in Dtn 12 mit den Speisegeboten von Dtn 14 vor allem die Verse 15 f, die abgesehen von dem zentralen Stichwort „essen" auch durch andere wörtliche Entsprechungen[1010] sowie den unregelmäßigen Gebrauch des Numerus mit 14, 3–21 verbunden sind. Deshalb liegt die Annahme nahe, dass derselbe exilische Verfasser, der in 12, 15 f die Erlaubnis erteilt, unabhängig vom Ort zu schlachten und Fleisch zu verzehren, wenn nur das Blut ausgeschüttet wird, in 14, 3 ff fortfährt und näher definiert, welche Tiere überhaupt als Nahrung in Frage kommen. Als kontextualen Hintergrund setzt der Verfasser Kap. 12 in der Gestalt voraus, in der es nach seiner eigenen Bearbeitung vorlag (d. h. mit V. 8–12 abα. 13–18. 21 aαb), und knüpft unmittelbar an sie an.

Aus dem Gesagten geht hervor, dass Dtn 14, 1 ff nicht en bloc Dtn 12* fortsetzen, sondern erst ab V. 3, wo das Thema des Essens eingeführt wird. Die vorangehenden V. 1 f haben nichts mit diesem Thema zu tun, befassen sich aber mit Trauerbräuchen, die als wesensfremd für Israel abgelehnt werden. Ihre Stellung zwischen den radikalen Geboten gegen den Götzendienst in Dtn 13 und den Reinheitsgeboten von 14, 3 ff erscheint sachlich begründet,[1011] weshalb sie kaum vor dem Grundbestand des Kap. 13 (DtrB) entstanden sein

---

[1007] Vgl. von Rad ²1968, 71; Gerstenberger 1993, 122.

[1008] Vgl. etwa Steuernagel ²1923, 104; Minette de Tillesse VT 1962, 40; Buis/Leclercq 1963, 113. 115; Mayes 1994, 181; Morrow 1995, 14. 18–21.

[1009] Ex 22,30 ist jünger als Dtn 14, 21 a, Dtn 14, 21 b (vgl. Ex 23, 19 b) hingegen ein später Nachtrag in Dtn 14, 1–21 (s. u.).

[1010] Vgl. „deine Ortschaften" in 12, 15 und 14, 21, „unrein" in 12, 15 und 14, 7. 8. 10. 19, „rein" in 12, 15 und 14, 11. 20, „Gazelle und Damhirsch" in 12, 15 und 14, 5 (in umgekehrter Reihenfolge) sowie „Fleisch" in 12, 15 und 14, 8.

[1011] Achenbach 1991, 301; Morrow 1995, 20.

können. Außerdem bietet V. 2 eine Wiederholung der Begründung von V. 1 a und zitiert dabei wörtlich Dtn 7, 6, was für seine gegenüber V. 1 jüngere Herkunft spricht.[1012] Auch der Abschnitt V. 3–21 weist spätere Erweiterungen auf: Die ausführliche Aufzählung der unreinen Vögel in V. 12–20 wurde erst sekundär eingeschoben, wie die Wiederaufnahme von V. 11 in V. 20 augenfällig zeigt, und als letztes Element wurde wegen des gemeinsamen Themas „Essen" noch das aus Ex 23, 19 b und 34, 26 b bekannte Verbot, das Böcklein in der Milch seiner Mutter zu kochen (V. 21 b), nachgetragen.

3–21 a   1. Die in V. 3–21 a vorliegende Grundschicht zeigt eine wohl überlegte Struktur: Der im Singular formulierte Grundsatz „Du sollst keinerlei Gräuel essen" (V. 3) bildet die Überschrift, und die Einheit wird durch die singularische Begründung „Denn du bist ein für Jahwe, deinen Gott, geheiligtes Volk" (V. 21 a) abgeschlossen. Innerhalb dieses Rahmens werden die essbaren und nicht essbaren Tiere aufgelistet. Sie sind nach den Lebensräumen eingeteilt, die sie bevölkern: Landtiere auf der Erdoberfläche (V. 4–8), Fische im Wasser (V. 9 f) und Vögel in der Luft (V. 11 + 12 ff). Dazu kommt als zusätzliches Element das Gebot, keinerlei Aas zu essen (V. 21 a). Die Darstellung ist durch apodiktischen Stil geprägt, in dem kategorisch vorgeschrieben wird, was gegessen werden darf und was nicht. Als einzige Begründung erscheint innerhalb der Aufzählung die deklaratorische Formel „Sie/es sollen/soll euch als unrein gelten" (V. 7. 8. 10. 19). Die Stilform weist darauf hin, dass der Text eine priesterliche Laienbelehrung über erlaubte und nicht erlaubte Speisen widerspiegelt.[1013]

Der Text hat eine nahe liegende Entsprechung in Lev 11 (P), wo dieselben Speisegebote zum größten Teil wortwörtlich identisch und in derselben Reihenfolge wie in Dtn 14 erscheinen. Die Parallelität wird gewöhnlich mit der Annahme erklärt, dass beide Texte auf eine dritte, gemeinsame Vorlage zurückgehen, die in Dtn 14 besser erhalten sein soll als in Lev 11.[1014] Es ist jedoch zweifelhaft, ob das Postulat einer gemeinsamen Grundlage nötig ist; denn abgesehen von der Vogelliste (Lev 11, 13–19) lässt sich der Leviticus-Text als eine erweiternde und zugleich systematisierende Fassung von Dtn 14

[1012] Vgl. Steuernagel ²1923, 105; Achenbach 1991, 301; Bultmann 1992, 86.

[1013] Vgl. von Rad ²1968, 72; Merendino 1969, 90; Noth ³1973, 76; Mayes ²1981, 238; Albertz 1992, 328 Anm. 94; Morrow 1995, 66.

[1014] So etwa von Rad ²1968, 72; Mayes ²1981, 237, und Albertz 1992, 328 Anm. 94. Eine differenziertere Sicht bietet Moran CBQ 1966, 271–277 (vgl. Morrow 1995, 76), der davon ausgeht, dass Dtn 14, 3–21 die literarische Grundlage bildet, allerdings in einer älteren Form, die statt zwanzig nur zehn unreine Vögel enthielt, nämlich all diejenigen, die ohne *nota accusativi* aufgezählt sind (V. 12–18*). Als die Liste in Lev 11, 13–19 übernommen wurde, sei sie um weitere zehn Vögel ergänzt und durchgehend (mit einer Ausnahme in V. 19 a) mit *notae accusativi* versehen worden. Schließlich seien die durch *nota accusativi* erkennbaren Ergänzungen auch in Dtn 14, 12–18 nachgetragen worden. Es fragt sich jedoch, ob in dieser Lösung der *nota accusativi* nicht eine zu große Bedeutung als literarkritisches Kriterium beigemessen und zudem die Möglichkeit außer Acht gelassen wird, dass die Vogelliste in Dtn 14, 11–20 insgesamt sekundär sein könnte (s.u.).

verstehen. Das erweiternde Interesse von Lev 11 gegenüber Dtn 14 zeigt sich
u. a. in der Überschrift V. 2 b (vgl. Dtn 14, 4 a), in der Aufzählung der verbotenen Wiederkäuer V. 4–6 (vgl. Dtn 14, 7), in dem Abschnitt über die Fische
V. 9–12 (vgl. Dtn 14, 9–10) sowie in der Ergänzung des Terminus טמא „unrein" durch שקץ „Abscheuliches" (V. 10–12). Das Bestreben nach Systemati-
sierung wird hingegen darin sichtbar, dass die Liste der zehn essbaren Landtiere (Dtn 14, 4 b–5) in Lev 11 nicht zitiert wird, weil sie nach der allgemeinen
Regel, dass alle wiederkäuenden Spalthufer essbar sind (Lev 11, 3; Dtn 14, 6),
faktisch überflüssig ist.[1015]

Einen Fall für sich bildet die Liste der unreinen Vögel, die in Lev 11, 13–20   11–20
in einem geradezu natürlichen Zusammenhang steht, in Dtn 14, 11–20 dagegen Störungen veranlasst. Erstens bezieht sich die Präpositionalverbindung
„von ihnen" in Dtn 14, 12 grammatisch auf die „reinen Vögel" in V. 11,[1016] obwohl der Verfasser damit natürlich die Vögel überhaupt meint. Die grammatische Störung erklärt sich aus einer unachtsamen Anlehnung an Lev 11, 13,
wo der entsprechende Ausdruck „von den Vögeln" korrekt in der Einleitung
der Liste steht. Zweitens befremdet, dass in Dtn 14 die Erlaubnis zum Verzehr der reinen Vögel zweimal erteilt wird, zuerst in V. 11 und dann nochmals in V. 20. Das Wort für „Vogel" ist zwar verschieden, צפור (V. 11) bzw.
עוף (V. 20), aber beide Wörter dienen geläufig als Bezeichnungen für reine
(und unreine) Vögel (vgl. Gen 8, 20; Lev 14, 4; 20, 25).[1017] Das letztgenannte
wurde in V. 20 offenbar deshalb bevorzugt, weil es schon im vorangehenden
V. 19 bei Erwähnung der „geflügelten Kleintiere" (Insekten) auftauchte. All
diese Beobachtungen beweisen, dass es sich bei der Liste der unreinen Vögel
in Dtn 14, 12–20 um eine sekundäre Übernahme der Liste von Lev 11, 13–20
handelt, die anhand einer modifizierten Wiederaufnahme von V. 11 in V. 20
dem Kontext eingefügt wurde.

Man hat viel darüber nachgedacht, welche Gründe bei der Klassifizierung
der reinen und unreinen Tiere maßgeblich gewesen sein könnten. Unter den
zahllosen Vorschlägen kommt die größte Wahrscheinlichkeit der Lösung zu,
nach der das Hauptprinzip darin besteht, dass Ähnlichkeit zwischen der Tafel Gottes und des Menschen bestehen soll. Das bedeutet, dass solche Tiere

---

[1015] Vgl. Gerstenberger 1993, 123.

[1016] Gewöhnlich wird die Stelle allerdings anders verstanden und in מהם „von ihnen" lediglich
der für die Relativsätze typische präpositionale Rückverweis auf das Relativpronomen gesehen.
Dementsprechend wird übersetzt: „Von den folgenden dürft ihr nicht essen" (von Rad ²1968, 71).
Diese Interpretation findet aber keine Stütze in dem sonstigen Sprachgebrauch von Dtn 14, 3–21
und Lev 11, 1–23, wo die Tiere als Objekt des „Essens" (אכל) nie mit der Präposition מן eingeführt werden (Dtn 14, 4. 6. 10. 11. 21; Lev 11, 3. 9). Dagegen werden Unterscheidungen innerhalb von größeren Gattungen anhand der Präposition מן unternommen (Dtn 14, 7. 9; Lev
11, 2. 4. 9 f. 13. 21 f), wie in Dtn 14, 12, wo LXX ganz richtig übersetzt: καὶ ταῦτα οὐ φάγεσθε
ἀπ' αὐτῶν „und diese dürft ihr von ihnen nicht essen".

[1017] Im Lichte der Parallelstellen besteht kein Grund anzunehmen, dass כל עוף in V. 20 nicht
„alle Vögel", sondern entweder alle möglichen geflügelten Tiere (Driver ³1902, 163) oder nur die
geflügelten Insekten bezeichnet (Mayes ²1981, 243).

als essbar für Menschen erklärt wurden, die schon seit alters Gott dargebracht wurden. Allerdings war die Anzahl der Tiere, die traditionell zur
menschlichen Nahrung dienten, größer als die der opferbaren Tiere, und für
diese divergierenden Fälle entwickelten die Priester besondere Regeln, die
sich um eine Analogie zwischen menschlicher und göttlicher Nahrung bemühten.[1018]

4–8   Die üblichsten Opfertiere in Israel waren die traditionellen Haustiere, Rinder, Schafe und Ziegen, und es ist nur verständlich, dass sie auch an erster
Stelle in der Liste der essbaren Landtiere (V. 4) erscheinen. Darüber hinaus
werden sieben Wildtiere für essbar erklärt (V. 5), die offenbar schon immer
gejagt und gegessen wurden und wegen äußerer Ähnlichkeit mit ihren gezähmten Artgenossen als zum Essen erlaubt gelten konnten. Die Regel, nach
der reine Tiere zugleich Hufspalter und Wiederkäuer sein müssen (V. 6), ist
sekundär abgeleitet und soll in zweifelhaften Fällen als Unterscheidungsmerkmal dienen.[1019] Die üblichsten Tiere, die nur eine der genannten Bedingungen erfüllen und deshalb als unrein gelten, werden namentlich genannt
(V. 7 f), wobei allerdings Hase und Klippdachs in zoologischer Hinsicht irrtümlich zur Kategorie der Wiederkäuer gezählt werden. Die Klassifizierung
von Kamel, Hase und Klippdachs als unreine Tiere betrifft nur ihre Essbarkeit, beeinträchtigt aber nicht ihren Wert als Tiere; denn z. B. der Klippdachs
wird in anderem Zusammenhang wegen seines Verhaltens als vorbildlich
weise gerühmt (Spr 30, 26). Einen besonderen Fall unter den unreinen Landtieren bildet allerdings das Wildschwein (V. 8), das verachtet war (Spr 11, 22).
Der Grund dafür liegt wahrscheinlich in der Rolle, die das Wildschwein herkömmlich in einigen z. B. aus Syrien und Phönizien bekannten Kulten
spielte[1020] und die es in Israel verpönt machte (vgl. Jes 65, 4; 66, 3. 17).

9–10   Für die Fische fehlte ein Vorbild im Opferparadigma, aber deshalb konnte
ihr Verzehr nicht pauschal verboten werden. Man begnügte sich in diesem
Fall mit der allgemeinen Regel, dass die essbaren Fische Flossen und Schuppen, also die typischen Merkmale der „normalen“ Fische, aufweisen sollen
(V. 9 f). Ausgeschlossen wurden damit z. B. die Aale, die für den Verfasser sicherlich eine zu große äußere Ähnlichkeit mit den Schlangen besaßen,[1021]
aber auch solche Meeresfrüchte wie Austern, Krebse und Langusten.[1022] Der
Verfasser, der selber wahrscheinlich Bewohner des judäischen Binnenlandes
war, hatte offenbar wenig Erfahrung und Sachkenntnisse in diesem Bereich,
der den Judäern auch später fremd blieb.[1023]

[1018] Firmage 1990, 183–187.
[1019] Vgl. Noth ³1973, 77; Firmage 1990, 187.
[1020] Noth ³1966, 78 f.
[1021] Firmage 1990, 189.
[1022] Keel/Küchler/Uehlinger 1984, 170.
[1023] Die Fischhändler kamen nach Neh 13, 16 aus Tyrus. Bezeichnend für die mangelnde Vertrautheit der atl. Autoren mit der Fischerei ist, dass das AT keine einzige Fischbezeichnung überliefert.

Über die Vögel sagt der originale Verfasser nur, dass „alle reinen Vögel" 11
gegessen werden dürfen (V. 11). Mit dieser Definition stützt er sich wieder
auf das Opferparadigma, nach dem „reine Vögel" (Gen 8, 20; Lev 14, 4) verschiedene Arten von Tauben sind (Gen 15, 9; Lev 1, 14–17; 5, 7; 14, 22; 15, 29).
Es ist aber anzunehmen, dass es darüber hinaus auch noch andere Vögel gab,
die als essbar galten, wie z. B. Wachteln (Ex 16, 12 f; Ps 105, 40). Enten, Gänse
und Haushühner nennt das AT hingegen überhaupt nicht, obwohl sie alle
im ersten Jahrtausend v. Chr. im Vorderen Orient bekannt und verbreitet
waren.[1024]

Auf die Dauer konnte eine so allgemeine Regel wie die von V. 11 freilich 12–20
nicht befriedigen, und so stellten die Priester in Lev 11, 13–20 eine vollständige Liste all der fliegenden Tiere zusammen, die als unrein und damit als
nicht essbar galten. Später wurde dieselbe Liste auch in Dtn 14, 12–20 nachgetragen. Sie ist nicht nach unserem ornithologischen Wissen aufgebaut,
sondern orientiert sich an dem Raum (Luft), den diese Tiere bevölkern, und
enthält deshalb auch die Fledermaus (V. 18) und die Insekten (V. 19). In einzelnen Fällen ist die genaue Deutung der Vogelbezeichnungen mit erheblichen Unsicherheiten belastet, obwohl man im Großen und Ganzen weiß,
um welche Gattung (Spezies) es sich jeweils handelt.[1025] Die Liste enthält die
zwanzig in Israel üblichsten Raub-, Aas- und Watvögel, denen allen gemeinsam ist, dass sie sich von lebenden und verendeten Tieren ernähren und damit auch ihr Blut fressen.[1026] Ebenso wenig wie bei den Landtieren bedeutet
die Klassifizierung als unrein, dass die Würde oder Daseinsberechtigung des
betreffenden Vogels bestritten wird. Vielmehr konnte z. B. der Storch gerade
wegen seines tierischen Verhaltens als überlegen im Vergleich zu Israel angesehen werden (Jer 8, 7), und der mächtige Gänsegeier, dessen Flügelspann-
weite bis zu 2, 40 m beträgt, wurde nicht nur bewundert (Ijob 39, 27–30; Spr
30, 19), sondern er konnte sogar als Sinnbild für Gottes Verhalten gegenüber
seinem Volk dienen (Ex 19, 4; Dtn 32, 11). Nützliche Dienste für den Menschen leistet nicht allein der „reine" Vogel Taube (Gen 8, 7–12), sondern
ebenso auch der „unreine" Rabe (Gen 8, 7, vgl. 1. Kön 17, 4–6), dessen Ernährung Gott besonders am Herzen liegt (Ps 147, 9; Ijob 38, 41; Lk 12, 24).

Die Liste der Speisegebote wird durch das Verbot des Aas-Essens 21 a
(V. 21 aα) samt einer Begründung (V. 21 aβ), die die ganze Liste betrifft, logisch abgeschlossen.[1027] Das Essen von Aas war in den Augen eines Verfassers, der vor allem den Blutgenuss vermeiden wollte (Dtn 12, 16), deshalb

[1024] Von Soden 1985, 91.

[1025] Die obige Übersetzung stützt sich zum größten Teil auf die gründliche philologische und
ornithologische Untersuchung von Tamulénas SEÅ 1992, 28–59. Vgl. mit etymologischen Überlegungen zu den hebräischen Vogelnamen Riede UF 1993, 356–364.

[1026] Vgl. Firmage 1990, 190; Tamulénas SEÅ 1992, 34; Douglas JSOT 1993, 18. Mit diesem Argument wird die Unreinheit der verbotenen Vögel bereits in dem pseudepigraphischen Aristeas-
brief erklärt (146).

[1027] Dem Numeruswechsel zum Trotz bildet V. 21 b eine Einheit (vgl. Bultmann 1992, 85).

verboten, weil in einem von selbst oder durch einen Unfall verendeten Tier noch Blut enthalten war. Das Verbot galt offenbar zuerst nur für die Priester (vgl. Ez 4, 14; 44, 31; Lev 22, 8) und wurde in Dtn 14, 21 a zum ersten Mal auf alle Israeliten übertragen.[1028] Es betraf aber nicht die Teile der Bevölkerung, die nicht zum Volk Gottes gehörten: die permanent im Lande wohnenden, hilfsbedürftigen Fremden,[1029] denen man das Aas frei zu Verfügung stellen konnte (vgl. 24, 19–22), und die im Lande vorübergehend weilenden, wirtschaftlich selbständigen Ausländer, denen man Aas verkaufen durfte (vgl. 15, 3; 23, 21). Obwohl später sogar dies verboten wurde und das Aas den Hunden vorgeworfen werden sollte (Ex 22, 30), konnte das Verbot sich auf die Dauer nicht durchsetzen, und man begnügte sich mit der Regelung, dass jeder, der mit einem Stück Aas in Berührung kam, sich reinigen sollte (Lev 11, 39 f; 17, 15).[1030]

Als Begründung für das Verbot des Aas-Essens wie auch für die anderen Speisegebote gilt nach Dtn 14, 21 a Israels Heiligkeit (vgl. 7, 6; 26, 19; 28, 9), die den Vorschriften eine Gemeinschaft stiftende Funktion verleiht. Diese Rolle lässt sich ungezwungen vor dem Hintergrund der Exilssituation verstehen, in der es wichtig wurde, die nationale Identität gegen das fremde, als unrein betrachtete Ausland (Hos 9, 3; Ez 4, 13) durch konkrete Gebräuche zu schützen.[1031] Seitdem werden diese Vorschriften vom jüdischen Volk praktiziert (vgl. Dan 1, 8–16), von den Christen jedoch nach dem Vorbild ihres Herrn als abgeschafft erachtet (vgl. Mk 7, 1–23; 1. Kor 8–10; Apg 10, 9–16).

1–2   2. Die Speisegebote von 14, 3 ff wurden später durch eine sukzessiv entstandene Erweiterung V. 1 + V. 2 ergänzt, die gegen bestimmte Trauerbräuche polemisiert. Sie verrät ihren sekundären Standort[1032] nicht allein durch ihre kompositionelle Stellung zwischen Dtn 13 und 14, 3 ff, sondern auch durch ihren Inhalt. Die in V. 1 verbotenen Praktiken, das Einritzen der Haut und das Scheren einer Glatze, waren sowohl in Israel[1033] wie auch in seiner Umwelt[1034] seit alters ausgeübte Trauerriten, die noch um die Exilszeit gang und gäbe waren, ohne irgendeinen Anstoß zu erregen (Jer 16, 6; 41, 5; 47, 5; Ez 7, 18; 27, 31). Ihr Sinn bestand offenbar darin, dass man einerseits durch sie den Schmerz über den Verlust ausdrückte, den der Tote für die Lebenden bedeutete,[1035] sie an-

---

[1028] Merendino 1969, 88; Bultmann 1992, 91 f.

[1029] Zum Ausdruck „die Fremden, die in deinen Ortschaften wohnen" vgl. 5, 14; 14, 29; 24, 14; 31, 12.

[1030] Siehe Bultmann 1992, 90–92. Bultmann begründet auch einleuchtend, warum Ex 22, 30 nicht in die Vorgeschichte, sondern vielmehr in die Wirkungsgeschichte von Dtn 14, 21 a gehört (S. 89 f, ähnlich auch Sparks ZAW 1998, 598).

[1031] Vgl. Noth ³1973, 76; Albertz 1992, 423.

[1032] Vgl. dazu Buis/Leclercq 1963, 113 f; Nielsen 1995, 151.

[1033] Siehe Jes 3, 24; 15, 2; 22, 12; Am 8, 10; Mich 1, 16; 4, 14.

[1034] Beispiele dafür bieten z. B. Lewis 1989, 100 f, und Loretz 1990, 110–112, mit Hinweis auf den ugaritischen Text KTU 1. 5 VI 11–22, nach dem El um den Tod des Baal trauert.

[1035] Zenger 1990, 141.

dererseits jedoch auch als Totenopfer betrachtete, das die Hinterbliebenen vor Angriffen des Totengeistes schützte.[1036] Die dtn Gesetzgebung verrät noch keine Spur davon, dass solche Riten, die ihre Heimat im Familienkult hatten,[1037] verpönt gewesen wären (vgl. Dtn 21, 10–14. 23).[1038] Erst in Folge der Erstarkung des monotheistischen Bewusstseins in nachexilischer Zeit wurde das Totenreich tabuisiert und der Umgang mit seinen Einwohnern verboten (vgl. Dtn 18, 11; 26, 14).[1039] Eine unausweichliche Folge dieser Entwicklung war, dass Trauerbräuche dieser Art aus dem Bereich des normativ gewordenen Jahwismus[1040] verbannt wurden (vgl. Lev 19, 27 f; 21, 5; Ez 44, 20), weil sie offenbar als heidnisch empfunden wurden (vgl. 1. Kön 18, 28)[1041]. Sie galten als unvereinbar mit Israels Sonderstellung, die in der Metapher „ihr seid Kinder Jahwes, eures Gottes" ihren Ausdruck findet (V. 1 a). Das wurde später durch eine zweite, aus Dtn 7, 6 übernommene Begründung ergänzt (V. 2), die den vor allem bei Propheten häufig belegten Gedanken von den einzelnen Israeliten als „Kindern Jahwes" (vgl. Dtn 32, 5. 19 f; Jes 1, 2; 30, 1. 9; 43, 6; Jer 3, 14. 19. 22; Ez 16, 21; Hos 2, 1) im Sinne der dtn Normaltheologie durch die kollektive Vorstellung von Israel als „einem für Jahwe geheiligten Volk" korrigiert[1042] und damit einen sekundären Rahmen um den ganzen Abschnitt V. 1–21 a legt.

3. Als jüngste Vorschrift wurde dem Abschnitt das sonderbare Verbot, das   21 b
Böcklein in der Milch seiner Mutter zu kochen (V. 21 b), angehängt. Ihre früheren Bezeugungen liegen im Bundesbuch (Ex 23, 19 b) und in dem sog. Privilegrecht Jahwes (Ex 34, 26 b) vor. Sie fand ihren Ort in Dtn 14, 21 offenbar deshalb, weil im umliegenden Kontext von Tieren und Essen die Rede war.[1043] Der Sinn des Verbots wurde bis vor kurzem unter Hinweis auf einen ugaritischen Text (KTU 1. 23:14) damit erklärt, es wolle polemisch gegen einen kanaanäischen Kultbrauch Stellung nehmen.[1044] Inzwischen hat sich jedoch erwiesen, dass es sich in dem ugaritischen Text weder um Kochen noch um die Milch der Mutter und wahrscheinlich nicht einmal um ein Böcklein handelt,[1045] und so ist nach anderen Erklärungen für das viel verhandelte Prob-

---

[1036] Loretz 1990, 112. 128; Tigay 1996, 136.

[1037] Vgl. Loretz 1990, 126; Zenger 1990, 141.

[1038] Vgl. Seitz 1971, 164; Veijola UF 2000, 543–553.

[1039] Vgl. Loretz 1990, 128; Ders. UF 1992, 133–178. Anders Blenkinsopp VT 1995, 1–16, der die Vorschriften von Dtn 14, 1; 18, 9–14; 26, 12–15 in der Zeit Joschijas ansetzt und annimmt, dass sie den offiziellen Staatskult gegen den herkömmlichen Familienkult fördern sollten.

[1040] Der Terminus stammt von Lewis 1989, 1.

[1041] Bereits Sifre Deuteronomium (Pisqa 96) verweist bei Dtn 14, 1 b auf 1. Kön 18, 28 als Kontrastparallele (Bietenhard 1984, 286). 1. Kön 18, 28 ist nachexilisch (Köckert 2003, 127–142).

[1042] Vgl. Bultmann 1992, 86.

[1043] Dies betrifft nicht nur die Speisegebote von 14, 3–21 a, sondern auch das Zehntengesetz (14, 22–29), in dem das „Essen" ein zentrales Element darstellt (V. 23. 26. 29), vgl. Firmage 1990, 208.

[1044] So u. a. noch Buis/Leclercq 1963, 177; von Rad ²1968, 73, und Braulik 1986, 108.

[1045] Siehe Loretz 1990, 124 f.

lem zu suchen.[1046] Die in der gegenwärtigen Forschung vertretenen Haupt-lösungen lassen sich in eine humanitäre und eine religiöse Deutung einteilen. Die humanitäre Deutung geht davon aus, das Verbot sei Ausdruck humaner Solidarität mit den Tieren und zeuge von menschlicher Scheu, die mütter-lichen Instinkte eines Tieres zu verletzen.[1047] Die religiöse Deutung hingegen sieht in der säugenden Tiermutter ein – ikonographisch häufig dargestelltes – Symbol gottgeschenkter Fruchtbarkeit, die durch das Opfertabu geschützt wurde.[1048] Die vorgeschlagenen Lösungen brauchen einander indes nicht aus-zuschließen. Es ist vorstellbar, dass man in der Ziegenmutter einen konkre-ten Ausdruck göttlichen Segens im Sinne von Gen 49, 25 sah: ihr neugebore-ner Junge repräsentierte „die Segnungen vom Mutterschoß" und ihre Milch „die Segnungen von Brüsten" (Gen 49, 25). Sie bildeten mit dem Muttertier eine heilige „Dreieinheit" des Segens, die man mit Scheu und Reverenz be-handelte und sie deshalb auch mit einer Tabuvorschrift schützen wollte, da-mit der erhaltene Segen nicht verloren geht. Die Verletzung des mit Heilig-keit und Schönheit umgebenen Segens wäre aber nicht nur als Verstoß gegen ein Tabu, sondern zugleich auch als ein Akt der Grausamkeit und des fehlen-den Achtens auf tierische Instinkte empfunden worden.[1049] Einen anderen und viel weiteren Sinn gewann das Verbot in den späteren jüdischen Speise-vorschriften, in denen es zur Hauptregel der *koscheren* (reinen) Küche wurde mit der Forderung, Fleisch- und Milchprodukte beim Kochen und Essen strikt auseinander zu halten.

3. 5. Du sollst den Zehnten von dem gesamten Ertrag deiner Saat geben (14, 22–29)

22 Du sollst den Zehnten von dem gesamten Ertrag deiner Saat, der Ernte des Feldes, Jahr für Jahr geben. 23 Du sollst vor Jahwe, deinem Gott, an der Stätte, die er erwählen wird, (um seinen Namen dort wohnen zu lassen,) den Zehnten von deinem Korn, Most und Öl (die Erstlinge deiner Rinder und deines Kleinviehs) verzehren,
      damit du lernst, Jahwe, deinen Gott, alle Zeit zu fürchten.
24 Wenn dir aber der Weg zu weit ist, so dass du ihn nicht hintragen kannst, (wenn die Stätte, die Jahwe, dein Gott, erwählen wird, um seinen Namen dort niederzulegen, dir zu weit ist,)
      wenn Jahwe, dein Gott, dich segnen wird,
25 dann sollst du ihn in Silber umsetzen, das Silber in einen Beutel ver-schnüren und an die Stätte gehen, die Jahwe, dein Gott, erwählen wird.

[1046] Siehe dazu forschungsgeschichtlich Keel 1980, 13–40.
[1047] Haran ThZ 1985, 135. 156; Tigay 1996, 140.
[1048] Keel 1980, 44.
[1049] Diese Deutung gründet sich auf die unveröffentlichte, finnischsprachige Lizentiatenarbeit meines Schülers Arto Viitala (2001).

26 Dort sollst du für das Silber alles kaufen, nach dem dein Herz gelüstet, (Rinder und Kleinvieh, Wein und Bier und alles, was dein Herz begehrt,) und du sollst dort vor Jahwe, deinem Gott, das Mahl halten und fröhlich sein, du und deine Familie.

27 Die Leviten aber, die in deinen Ortschaften wohnen, sollst du nicht im Stich lassen, denn sie haben nicht wie du Landanteil und Erbbesitz.

28 Alle drei Jahre sollst du den gesamten Zehnten deines Ertrags von jenem Jahr abheben und in deinem Wohnort niederlegen. 29 Dann mögen die Leviten,

– denn sie haben nicht wie du Landanteil und Erbbesitz –

die Fremden, die Waisen und die Witwen, die in deinen Ortschaften wohnen, kommen und sich satt essen,

damit Jahwe, dein Gott, dich bei aller Arbeit deiner Hände[1050], die du tust, segne.

Das Zehntgesetz, das sowohl den alljährlichen, für das Zentralheiligtum bestimmten Zehnten (V. 22–27), wie auch den jedes dritte Jahr zu erhebenden lokalen Armenzehnten (V. 28 f) regelt, gehört zu den alten Zentralisationsgesetzen.[1051] Der Zehnte ist bereits in dem Grundgesetz von Dtn 12* unter den Gaben, die von der Kultzentralisation direkt betroffen werden, namentlich genannt (V. 17 f). Das Gesetz setzte in der ursprünglichen Komposition des Dtn, in der die in 12, 22–14, 21 vorliegenden, sukzessiv entstandenen Erweiterungen noch fehlten, die Grundstufe des Zentralisationsgesetzes in 12, 13 f. 17 f. 21 aαb fort, wo die Erwähnung der weiten Entfernung vom Kultort (V. 21 aαb) den unmittelbaren kontextualen Hintergrund für 14, 22–29* bildete (vgl. V. 24). Mit den ihm nachfolgenden Gesetzen 15, 1–16, 17 ist das Zehntgesetz durch das zeitliche Prinzip verbunden, nach dem es sich um bestimmte periodisch wiederkehrende Verpflichtungen gegen Jahwe und die gesellschaftlichen Randgruppen handelt: die Ablieferung von Zehnten alljährlich bzw. alle drei Jahre (14, 22–29), die Sch^emitta alle sieben Jahre (15, 1–11), die Freilassung der Sklaven nach Ablauf von sechs Jahren (15, 12–18), die Ablieferung der Erstlinge alljährlich (15, 19–23) und das Begehen der drei Wallfahrtsfeste jedes Jahr.[1052] Näher besehen bildet das Zehntgesetz ein zusammenhängendes Paar mit den Erstlingsbestimmungen von 15, 19–23, auf die es durch das Stichwort „Jahr für Jahr" (14, 22; 15, 20) bezogen ist. Die so ge-

---

[1050] Im Hebräischen durch den Sg. ausgedrückt wie in 2, 7; 28, 12; 30, 9.

[1051] Vgl. Reuter 1993, 158–162; Rose 1994, 31; Morrow 1995, 13. 15–17.

[1052] Vgl. Merendino 1969, 105; Mayes ²1981, 243 f; Braulik 1991, 35. Es leuchtet nicht ein, dass die Abfolge der Gesetze von 14, 22–16, 17 mit dem zeitlichen Prinzip das dekalogische Sabbatgebot (5, 14) als Dispositionsprinzip erkennen lässt (so jedoch Braulik 1991, 38); denn das späte Sabbatgebot (5, 12–15) existierte damals noch nicht, als die Komposition von 14, 22–16, 17 entstand (s. o.), und außerdem ließe es sich sinnvoll nur mit den Gesetzen vergleichen, die eine Struktur von 6/7 Jahren bzw. Tagen aufweisen (d. h. mit 15, 1–11; 15, 12–18 und 16, 1–17).

rahmten Gesetze enthalten privilegrechtliche Aussonderungsbestimmungen, die bestimmte Lebensbereiche unter Jahwes Herrschaft stellen und daraus soziale Konsequenzen im Blick auf die schwachen Mitglieder der Gesellschaft ziehen.[1053] Das Gesetz über den Drittjahreszehnten (14, 28 f) erfährt in Dtn 26, 12–15 im Anschluss an die Ablieferung der Erstlinge (26, 1–11) noch eine Fortsetzung, die aber wahrscheinlich eine sekundäre Ergänzung des Gesetzeskorpus darstellt.[1054]

Ein älteres Vorbild für das Zehntgesetz fehlt im Bundesbuch, obwohl der Zehnte an sich eine alte Institution ist, die im alten Orient bereits bei den Sumerern im 3. Jahrtausend im Gebrauch und seitdem in Israels Umwelt überall verbreitet war.[1055] Die Zehnten wurden entweder dem Tempel oder dem Palast gezahlt, die aber in der damaligen Welt ideologisch und politisch eng zusammenhingen, weshalb nicht mit zwei parallelen Zehntsystemen („Kirchen- und Staatssteuer“) zu rechnen ist.[1056] Als Gegenstände für Zehntleistungen kamen verschiedenste Zahlungsmittel in Frage: landwirtschaftliche Produkte, Rinder und Kleinvieh, Esel, Wolle, Kleidungsstücke, Sklaven, Handwerksprodukte, Silber (Geld) und andere Metalle.[1057] Aus Israels unmittelbarer Nachbarschaft ist bekannt, dass in Ugarit ganze Dörfer dazu verpflichtet waren, dem König die Zehnten in Getreide kollektiv zu zahlen.[1058] Dass die Institution auch in Israel bekannt war, zeigt das parodistische „Recht des Königs“ in 1. Sam 8, 11–17*, das Stimmungen der königtumskritischen Opposition aus der frühen Königszeit widerspiegelt.[1059] Dort wird der König – sicherlich aufgrund von eigenen Erfahrungen der Untertanen – als einer apostrophiert, der „von euren Saaten und Weinbergen“ (V. 15) sowie „von eurem Kleinvieh den Zehnten nehmen wird“ (V. 17). Aus späterer Königszeit sind Zehntleistungen durch Gen 28, 22 und Am 4, 4 für das Nordreich Israel bezeugt,[1060] wo sie als Abgaben an die königlichen Heiligtümer von Bet-El (vgl. Am 7, 13) und Gilgal gezahlt wurden und letztlich dem staatlichen Fiskus zugute kamen.[1061] Obwohl ausdrückliche Belege fehlen, ist anzunehmen, dass auch in Juda ein ähnliches System existierte, das die Erhebung der Zehnten durch die Heiligtümer organisierte.[1062] Die Beseitigung der lokalen Heiligtümer durch Joschija schuf natürlich eine neue Situation, die den historischen Anlass für das Zehntgesetz Dtn 14, 22–29 bildet.

[1053] Otto 1999, 303.

[1054] Deshalb lassen sich die Zehntgesetze von 14, 22–29 und 26, 11–15 (bzw. 26, 11–13) nicht als ursprünglichen Rahmen des dtn Gesetzes verstehen (anders Crüsemann 1992, 241 f. 252–259, und Otto 1999, 317 f. 322 f).

[1055] Salonen 1972, 9–16.

[1056] Crüsemann WuD 1985, 28.

[1057] Salonen 1972, 49–56.

[1058] Heltzer 1976, 35–40.

[1059] Veijola 1977, 60–66.

[1060] Horst 1961, 74.

[1061] Crüsemann WuD 1985, 38–40; Ders. 1992, 254.

[1062] Crüsemann WuD 1985, 44 f.

Die dtn Fassung des Zehntgesetzes liegt in den V. 22. 23 aα*. 24 aα*.
25. 26 aα*b. 28. 29 aα*β vor, die im Laufe der Zeit mehrfach erweitert wurden. Ohne erkennbare Beziehungen auf anderweitig bekannte literarische
Schichten zeigen sich die – in der Übersetzung in Klammern gesetzten – Versteile V. 23 aα*β. 24 aα*β. 26 aα*β, die zum größten Teil aus Ergänzungen im
Anschluss an Dtn 12 bestehen. Einen weiteren literarischen Horizont weisen
hingegen die V. 23 b.24 b.29 b auf, die das Gesetz im Sinne des bundestheologischen Redaktors (DtrB) interpretieren, und die V. 27. 29 aα*, die sprachlich und inhaltlich mit der späten Levitenschicht von 10, 8 f und 12, 12 bβ. 19
zusammenhängen.

1. Der alte Bestand des dtn Zehntgesetzes enthält zwei Bestimmungen, de-   22–23 a. 24 a.
ren erste den gewöhnlichen, an das Zentralheiligtum abzuliefernden Zehnten   25–26.
(V. 22. 23 aα*. 24 aα*. 25. 26 aα*b) und deren zweite den Drittjahreszehnten   28–29 a*
(V. 28. 29 aα*β) regelt. Die erste Bestimmung weist dieselbe Struktur wie das
dtn Grundgebot in Kap. 12 (V. 13 f. 17 f. 21 aαb) auf: Zuerst wird der Normalfall unter dem Gesichtspunkt der Kultzentralisation behandelt (V. 22. 23 aα*)
und danach der besondere Fall, in dem die buchstäbliche Befolgung der angegebenen Vorschrift wegen zu großer Entfernung unmöglich ist (V. 24 aα*.
25. 26 aα*b).

Dem dtn Gesetz liegt in V. 22 wahrscheinlich ein älterer Rechtssatz zu-   22
grunde,[1063] der die Pflicht der jährlichen Zehntabgabe allgemein, ohne Rücksicht auf die Kultzentralisation und die Sonderregelung des dritten Jahres,
vorschreibt und wie in Ugarit sowie 1. Sam 8, 15 als Gegenstand ausdrücklich
den Ertrag der Saatfelder, das Getreide, definiert. Der Terminus „Zehnt“
dürfte cum grano salis zutreffend die Größe der abzuliefernden Menge angeben.[1064]

Das Anliegen des dtn Gesetzgebers meldet sich in V. 23 a*, wo die Abgabe   23 a
des Zehnten ausdrücklich auf die zentrale Kultstätte beschränkt wird. Die
Passage wirkt durch zwei sekundäre Zitate überladen: einerseits durch die
Ergänzung der Kultzentralisationsformel (vgl. 12, 18) mit dem Satz „um seinen Namen dort wohnen zu lassen“, der die Formel der in Dtn 12, 11 vorliegenden längeren Fassung angleicht (vgl. 12, 5; 16, 2. 6. 11; 26, 2), der zugleich
aber – im Hebräischen – das Objekt „den Zehnten von …“ zu weit von dem
Prädikat „verzehren“ wegschiebt,[1065] andererseits durch „die Erstlinge deiner
Rinder und deines Kleinviehs“, die wohl ihren Platz in Dtn 12, 17 haben,
nicht jedoch im Zehntgesetz, da sie später Gegenstand eines eigenen Gesetzes werden (15, 19–23).[1066]

[1063] Vgl. Horst 1961, 74; von Rad ²1968, 73; Seitz 1971, 192; Braulik 1986, 109; Rose 1994, 32 f;
Nielsen 1995, 156 f; Morrow 1995, 13. 17. 211. 214 f.
[1064] Crüsemann 1992, 252.
[1065] Vgl. Horst 1961, 76; Keller 1996, 55, und Gertz 2000, 33.
[1066] Vgl. Steuernagel ²1923, 107; Horst 1961, 76; Reuter 1993, 158. Es ist hingegen grammatisch
nicht möglich, die ganze Objektreihe in V. 23 aα* (beginnend mit „den Zehnten von …“) zu be-

Im Vergleich zu V. 22 erweitert der dtn Gesetzgeber in V. 23 a* den Bereich der Produkte, von denen die Zehnten zu entrichten sind: nicht nur von Getreide, sondern auch von Wein (vgl. 1. Sam 8, 15) und Öl, also von den wichtigsten Agrarprodukten Palästinas (vgl. 7, 13; 11, 14; 12, 17; 18, 4; 28, 51). Er sagt allerdings nur, dass man den Zehnten am zentralen Kultort verzehren soll, woraus viele geschlossen haben, der Zehnte als Abgabe an das Heiligtum sei damit in Wirklichkeit abgeschafft worden und nur noch ein festliches Opfermahl sei neben dem Armenzehnten davon übrig geblieben.[1067] Es ist jedoch kaum denkbar, dass eine Familie (vgl. V. 26) den zehnten Teil des jährlichen Ertrags ihrer mühsamen landwirtschaftlichen Arbeit auf einmal in Jerusalem verjubelt hätte.[1068] Eine so radikale und leichtsinnige Umfunktionierung des Zehnten würde eine utopische Neuregelung darstellen,[1069] die weder Vorbilder in der früheren Geschichte der Institution kennt noch Spuren in der späteren Wirkungsgeschichte hinterlassen hat. Viel näher liegt die Annahme, dass der Gesetzgeber in V. 23 a* das Selbstverständliche, nämlich die Abgabe eines Teils an das Staatsheiligtum (vgl. 15, 19; 18, 3 f), stillschweigend als bekannt voraussetzt[1070] und mit dem Verzehr des Zehnten nicht dessen vollständiges Konsumieren durch die Kultteilnehmer meint, ebenso wenig wie er es im Falle der Erstgeburten tut, obwohl der Wortlaut von 15, 20 (und 12, 17 f) in dem Sinne missverstanden werden könnte.

24 a. 25–26   Wie schon das dtn Grundgebot (Dtn 12, 21 aαb), so berücksichtigt auch das Zehntgesetz das Problem, dass der Weg zum zentralen Kultort zu weit sein kann (vgl. 19, 6)[1071], was das Tragen der Naturalien nach Jerusalem unmöglich macht (V. 24 aα*). Die Stelle wurde später noch genauer mit 12, 21 aαb verglichen und durch den von dort entliehenen Satz „wenn die Stätte, die Jahwe, dein Gott, erwählen wird, um seinen Namen dort niederzulegen, dir zu weit ist" ergänzt.[1072] Hätte der Gesetzgeber die Zehntleistung nur als einen festlichen Schmaus verstanden, dann hätte ihn wohl nichts daran gehindert zu sagen, dass das Festmahl nach der Analogie der profanen Schlachtung (12, 21 aαb) in den Wohnorten der Teilnehmer stattfinden kann. Stattdessen schreibt er aber vor, dass die Agrarprodukte in Geld (Silber) umzutauschen sind, und das Geld unvermindert in einem Beutel zum Zentralheiligtum zu bringen ist (V. 25). Geld (Silber) war ein übliches Mittel zur

---

seitigen (so etwa Seitz 1971, 194, und Mayes [2]1981, 245), weil dann das Pronominalsuffix in שׂאתו „ihn … hintragen" (V. 24 a), das auf „den Zehnten" (nicht auf die sekundären „Erstlinge") in V. 23 aα* hinweist, ohne Bezug bliebe.

[1067] So u. a. Driver [3]1902, 169; Weinfeld 1972, 214; Crüsemann 1992, 252; Braulik 1986, 109 f; Albertz 1992, 338, Tigay 1996, 141–143.

[1068] Vgl. Horst 1961, 74 f.

[1069] So wird sie in der Tat von Hölscher ZAW 1922, 183 f, aufgefasst und folglich als Erzeugnis nachexilischer Ideologie betrachtet.

[1070] Vgl. von Rad [2]1968, 73; Seitz 1971, 192; Mayes [2]1981, 245; Nielsen 1995, 157.

[1071] Vgl. zum Ausdruck weiter Jos 9, 13; 1. Kön 19, 7; Jes 57, 10.

[1072] Vgl. Horst 1961, 76; Seitz 1971, 195; Mayes [2]1981, 246; Keller 1996, 55.

Zahlung des Zehnten in Mesopotamien,[1073] und deshalb liegt es nahe, auch das dtn Gesetz auf die Weise zu verstehen, dass ein Teil des Geldes in den Tempelschatz (1. Kön 15, 15) einging, wo es der Unterhaltung des Tempels und dessen Personals (2. Kön 12, 5; 22, 4–7), aber auch der Finanzierung staatlicher Bedürfnisse (1. Kön 15, 18; 2. Kön 12, 19; 15, 20; 16, 8; 18, 15) diente. Der Gesetzgeber aber beschreibt den Vorgang am Zentralheiligtum aus der Sicht des Kultteilnehmers und konzentriert sich in V. 26 aα*b ganz auf das familienweise zu feiernde fröhliche Opfermahl (vgl. 15, 20), für das die Nahrungsmittel von dem mitgebrachten Geld am Kultort bezahlt wurden (vgl. Joh 2, 13–17). Ein Glossator, dessen Beitrag durch die modifizierte Wiederaufnahme des Satzes „alles, nach dem dein Herz gelüstet" durch „alles, was dein Herz begehrt" in V. 26 aβ erkennbar wird,[1074] bietet ein detailliertes Menu der Opfermahlzeit an, in dem „Rinder und Kleinvieh" an den früheren Zusatz in V. 23 aβ anknüpfen und damit auf den gemeinsamen Ursprung der Ergänzungen V. 23 aβ. 24 aα*β. 26 aα*β hinweisen. Bei kultischen Mahlzeiten waren Wein und Bier (vgl. Dtn 29, 5) die üblichen Getränke (1. Sam 1, 15), deren übermäßigen Konsum die Propheten kritisch betrachteten (Jes 28, 7; 56, 12; Mich 2, 11).

Als zweite Neuerung neben der Kultzentralisation führt die dtn Gesetz-   28–29 a*
gebung den Armenzehnten[1075] ein, der vom Ertrag der landwirtschaftlichen Arbeit[1076] jedes dritten Jahres, des sog. Zehntjahres (26, 12), zu entrichten und in den eigenen Wohnorten zu deponieren[1077] ist, um gänzlich für den Unterhalt der sozialen Randgruppen verwendet zu werden (V. 28. 29 a*). Auch diese Maßnahme wird verständlich vor dem Hintergrund der Kultzentralisation, die einerseits eine enorme Steigerung der Zehnteinkünfte in Jerusalem, andererseits aber ihren vollkommenen Einbruch in den ländlichen Orten nach sich zog. Um der sich daraus ergebenden sozialen Ungleichheit vorzubeugen, wurde der Drittjahreszehnte als eine Art Sozialsteuer bestimmt, die den in Folge der Kultreform arbeitslos gewordenen Landleviten (vgl. 12, 18) sowie den anderen Hilfsbedürftigen, den Fremden, Waisen und Witwen, zu einem menschenwürdigen Leben verhelfen sollte. Die im Dtn zum ersten Mal vorkommende Trias „die Fremden, Waisen und Witwen", die eine um „die Fremden (גרים)" erweiterte Variante des herkömmlichen Begriffspaars „Waisen und Witwen" (Jes 1, 23; Ps 68, 6) darstellt, spiegelt die gesellschaft-

---

[1073] Salonen 1972, 49. Aus diesem Grund lässt sich fragen, ob die übliche Interpretation stimmt, die in der Erlaubnis zum Umtausch des Zehnten in Geld ein Merkmal der säkularisierenden Tendenz der dtn Gesetzgebung erblickt (so etwa Bertholet 1899, 46; Horst 1961, 77; Weinfeld 1972, 215; Braulik 1986, 109, und Reuter 1993, 159).

[1074] Vgl. Horst 1961, 78; Nebeling 1970, 79.

[1075] So genannt bereits in Sifre Deuteronomium Pisqa 109 (bei Bietenhard 1984, 317).

[1076] Dies stimmt mit V. 23 a* ohne den späteren Zusatz überein, der die Erstlinge der Rinder und des Kleinviehs einführt (vgl. Nebeling 1970, 80).

[1077] Vgl. zum Ausdruck für Deponierung (נוח Hif. „niederlegen") Ex 16, 23. 33 f. Offenbar werden schon hier besondere Speicher zu diesem Zweck vorausgesetzt, wie sie später im zweiten Tempel Jerusalems existierten (vgl. Mal 3, 10; Neh 10, 38 f; 12, 44; 13, 5. 12 f; 2. Chr 31, 11).

liche Situation im vorexilischen Juda wider, wo in Folge der Urbanisierung, des sozialen Wandels im 8. und 7. Jh. sowie der Einwanderung aus dem ehemaligen Nordreich nach dem Untergang Samarias 722 eine große Menge von sog. *personae miserae* entstanden war, deren konkrete Bedürfnisse im dtn Gesetz besondere Aufmerksamkeit finden (vgl. 16, 11. 14; 24, 17. 19. 20 f).[1078] Darin zeigt sich der humane Geist des dtn Gesetzgebers, der bei aller Betonung der Pflichten gegen Gott die realen Belange des Menschen nicht außer Acht lässt (vgl. Mt 23, 23 par. Lk 11, 42).

23 b. 24 b. 29 b 2. In V. 23 b.24 b.29 b liegt eine zusammenhängende bundestheologische Bearbeitung (DtrB) des Zehntgesetzes vor, deren einzelne Elemente sich durch ihren paränetischen Ton vom älteren Kontext abheben. Vers 23 b trägt der Zehntpflicht eine finale Begründung nach, die über das konkrete Gebot hinausweist. Vers 24 b fügt den *kî-* („wenn"-) Sätzen von V. 24 a einen dritten (bzw. vierten)[1079] hinzu und erschwert dadurch den syntaktischen Zusammenhang, der im alten Gebot zwischen V. 24 a* und V. 25 bestand.[1080] Vers 29 b bietet eine dem V. 23 b entsprechende, rahmende Begründung für das vorangehende Gesetz.[1081] Die redaktionellen Ergänzungen stellen eine planvolle, theologisch durchdachte Komposition dar, deren Absicht aus den finalen Rahmensätzen hervorgeht: „damit du lernst, Jahwe, deinen Gott, … zu fürchten" (V. 23 b) und „damit Jahwe, dein Gott, dich … segne" (V. 29 b). Es geht um das Thema „Segen", das der Redaktor in der Mitte der Komposition einführt (V. 24 b), und um die Frage, wie der Segen mit der Befolgung des Zehntgesetzes zusammenhängt.

In seinem ersten Beitrag (V. 23 b) lässt der Redaktor den Verstehenshorizont erkennen, aus dem er das Zehntgesetz betrachtet: Seine Befolgung dient dem Ziel, dass Israel lerne, Gott zu fürchten, also das Hauptgebot zu halten (vgl. 5, 29; 6, 2; 10, 12; 13, 5)[1082]. Damit wird das Einzelgebot in den übergreifenden Rahmen der Bundestheologie gestellt. Ein wesentliches Element der bundestheologischen Paränese des DtrB machen die Segensverheißungen aus, die Israel zugesprochen werden, wenn es das Hauptgebot und die Einzelgebote Jahwes hält.[1083] Der Segen manifestiert sich u. a. als reicher Ertrag des Bodens (vgl. 7, 13 DtrB)[1084], von dem auch der Zehnte gezahlt wird (12, 6 f

---

[1078] Siehe näher Ramírez Kidd 1999, 35–46.

[1079] Wenn die unmittelbar vorangehende Glosse in V. 24 a damals schon vorhanden war.

[1080] Vgl. Steuernagel ²1923, 107; Horst 1961, 77; Nebeling 1970, 79.

[1081] Vgl. Merendino 1969, 102, und Nebeling 1970, 81.

[1082] Die oben genannten Belege gehen alle auf DtrB zurück (s. o.). Andere, auch zeitlich nahe liegende Parallelen finden sich in 4, 10; 17, 19; 31, 12 f. Der enge Zusammenhang zwischen der Furcht Jahwes und den Einzelgeboten geht aus 5, 29; 6, 2. 24; 8, 6; 10, 12; 13, 5; 17, 19; 31, 12 f hervor. Zu Recht verbindet Sifre Deuteronomium (Pisqa 106) Dtn 14, 23 b mit der Tora: „Das zeigt an, dass (das Darbringen des) Zehnten den Menschen zur Lehre der Tora führt" (bei Bietenhard 1984, 309).

[1083] Vgl. Dtn 4, 29. 31; 6, 17 a.18; 7, 12–8, 18*; 11, 8–12. 13–15. 22–25. 26 f; 12, 28.

[1084] Vgl. hier auch Dtn 8, 7–10. 12–18; 11, 8–15 (alles von DtrB) und weiter vor allem Dtn 28, 2–6. 8. 12 (auch von DtrB?).

DtrB). Diesem Programm gemäß interpretiert DtrB die große Ernte (V. 24 a*)
als sichtbaren Ausdruck von Jahwes Segen (V. 24 b) und stellt den Segen
schließlich noch am Ende (V. 29 b) als bedingte Verheißung in Aussicht (vgl.
15, 10 b. 14 b. 18 b; 23, 21 b; 24, 19 b)[1085]. Damit ist aus dem Zehntgesetz in der
bundestheologischen Konzeption des DtrB eine Funktion des Hauptgebots
geworden. Wenn Israel Jahwe wirklich liebt und fürchtet, dann wird es die
Zehnten dem Gesetz gemäß in das Zentralheiligtum bringen, und Jahwe seinerseits wird ihm seinen umfassenden Segen bescheren.

3. Als jüngste literarische Schicht innerhalb des Zehntgesetzes erweisen   27. 29 aα*
sich die Stellen, die besondere Aufmerksamkeit der Versorgung der Leviten
schenken (V. 27. 29 aα*). Vers 27 trägt – wie der entsprechende Zusatz 12, 19 –
die Sorge um die Leviten der Beschreibung der kultischen Mahlzeit in V. 28
sekundär nach,[1086] und in V. 29 aα unterbricht der Satz „denn sie haben nicht
wie du Landanteil und Erbbesitz" störend die Reihe „die Leviten, die Fremden, die Waisen und die Witwen", die in dieser Gestalt später in Dtn 26, 12
zitiert wird.[1087]
Die Ergänzungen hängen mit der in 10, 8 f; 12, 12 bβ. 19 sichtbar gewordenen spät-dtr Levitenschicht zusammen.[1088] Die Begründung dafür, dass die
Leviten über keinen eigenen Landbesitz verfügten (V. 27. 29 a, vgl. 12, 12 bβ;
18, 1), wurde in 10, 8 f mit dem Hinweis auf ihren priesterlichen Dienst geliefert. Als Ersatz für die Erträge des eigenen Landes sind die Leviten aber
berechtigt, ihren Anteil an den Opfergaben des Zentralheiligtums zu beanspruchen (18, 1-5), und deshalb werden ihre Rechte auch im Zusammenhang
mit den Zehntabgaben 14, 27 (vgl. 12, 19) eingeschärft. Da die Leviten aber
auch in dem alten Gesetz über den Armenzehnten genannt waren (V. 29 a*),
konnte der nachexilische Redaktor daraus folgern, dass auch die Leviten seiner eigenen Zeit, die privilegierte Priester und keine Sozialfälle waren, Anspruch auf den Drittjahreszehnten hatten – denn sie mussten ja auch jedes
dritte Jahr ihren Lebensunterhalt erhalten, wenn keine Zehnten an den Tempel entrichtet wurden.

4. In der späteren Geschichte des Zehnten, in der das priesterliche Verständnis, das der Levitenredaktor des Dtn vorbereitet hatte, als Abgabe zum
Unterhalt der Leviten und Priester des Jerusalemer Tempels vorherrschend
wurde (Num 18, 21-28; Lev 27, 30-33)[1089], wurde der im Dtn genannte
Zehnte dem System mit dem exegetischen Kunstgriff integriert, dass man ihn

[1085] Alle diese Stellen dürften auf DtrB zurückgehen (s. u.). Vgl. auch 2, 7 (spät); 12, 7 (DtrB); 28, 8. 12 (DtrB?). Crüsemann 1992, 263 f, hat erkannt, dass hier eine aufeinander bezogene Kette von Segensaussagen vorliegt, ihren redaktionellen Horizont jedoch übersehen.
[1086] Vgl. Nebeling 1970, 80; Dahmen 1996, 381; Achenbach ZAR 1999, 288.
[1087] Vgl. Steuernagel ²1923, 108; Nebeling 1970, 81; Dahmen 1996, 383.
[1088] Dahmen 1996, 381 f. 383.
[1089] Vgl. weiter 2. Chr 31, 4 f. 12; Neh 10, 38; 12, 44; 13, 10-12; Hebr 7, 5.

als „zweiten Zehnten" interpretierte (so bereits in Dtn 26, 12 LXX), wobei der Armenzehnte von Dtn 14, 28 f noch zusätzlich als „dritter" erscheinen konnte (Tob 1, 8).[1090] Damit erfuhr die Zehntbelastung des Volkes gegen die ursprüngliche Intention der Gesetzgeber eine zwei- bzw. dreifache Steigerung!

3. 6. *Alle sieben Jahre sollst du Verzicht leisten (15, 1–11)*

1 Alle sieben Jahre sollst du Verzicht leisten. 2 So verhält es sich mit dem Verzicht: Jeder [Gläubiger soll seine Hand][1091] loslassen. Wer seinem Nächsten etwas geliehen hat, soll seinen Nächsten (und seinen Bruder) nicht drängen; denn man hat einen Verzicht zu Ehren Jahwes ausgerufen. 3 Den Ausländer darfst du drängen, aber was du bei deinem Bruder ausstehen hast, davon sollst du deine Hand loslassen.

4 Freilich wird es bei dir keine Armen geben; denn Jahwe wird dich segnen in dem Land, das Jahwe, dein Gott, dir zum Erbbesitz gibt und das du in Besitz nimmst, 5 wenn du nur auf die Stimme Jahwes, deines Gottes, hörst und dieses ganze Gebot, das ich dir heute gebiete, bewahrst und befolgst. 6 Wenn Jahwe, dein Gott, dich gesegnet hat, wie er es dir zugesagt hat, kannst du vielen Völkern leihen, du selbst aber brauchst nicht zu entleihen, und du wirst über viele Völker herrschen, über dich aber werden sie nicht herrschen.

7 Wenn es bei dir einen Armen ([unter deinen Brüdern][1092]) in einer deiner Ortschaften gibt,

in deinem Land, das Jahwe, dein Gott, dir gibt,

dann sollst du nicht hartherzig sein und deine Hand (vor deinem armen Bruder) nicht verschließen, 8 sondern du sollst ihm deine Hand öffnen und ihm nach seinem Bedarf leihen, was immer ihm fehlt. 9 Hüte dich, dass in deinem Herzen nicht [der niederträchtige Gedanke][1093] aufkommt: „Das siebte Jahr, das Jahr des Verzichts, ist nahe", und dass du den Armen (dei-

---

[1090] Auch Luther geht von dem System des dreifachen Zehnten aus (WA 14, 652:1–14) und lobt dessen Gerechtigkeit im Vergleich zu der rücksichtslosen Besteuerung seiner eigenen Zeit (S. 652:15 – 653:2).

[1091] Entgegen der masoretischen Vokalisation ist בַּעַל מַשֵּׁה „Gläubiger" zu lesen und darin das Subjekt des Satzes zu sehen, dessen Objekt aus ידו „seine Hand" besteht (so bereits Raschi z. St., vgl. ähnlich etwa Weinfeld 1990, 50; Rofé 2002, 218; Otto 2002, 220 mit Anm. 525). Der nachfolgende Satz hingegen beginnt mit dem Subjekt אשר „wer" und findet der masoretischen Interpunktation (Atnach) zum Trotz seine Fortsetzung in V. 2 b in dem negierten Satz „soll … nicht drängen" (Weinfeld 1990, 50).

[1092] Es handelt sich bei dem ersten אחד „ein(er)" des MT um eine Dittographie des zweiten, wie LXX und Dtn 24, 14 zeigen (Perlitt 1994, 59 Anm. 33).

[1093] Die Worte דבר und בליעל bilden ein zusammenhängendes Paar (vgl. Ps 41, 9; 101, 3), dessen Bestandteile in V. 9 wahrscheinlich versehentlich auseinander geraten sind.

nen Bruder) nicht böse ansiehst und ihm nichts gibst. Würde er dann gegen
dich Jahwe anrufen, würde die Schuld auf dich kommen.

10 Geben sollst du ihm, und es soll dein Herz nicht verdrießen,
wenn du ihm gibst; denn dafür wird Jahwe, dein Gott, dich bei all
deiner Arbeit und all dem Erwerb deiner Hände segnen.

11 Denn nie wird es an Armen fehlen im Lande. Darum gebiete ich dir: Du sollst deine Hand öffnen deinem notleidenden und armen Bruder in deinem Land.

Das Gesetz über den alle sieben Jahre zu leistenden Verzicht (שמטה) bildet
die originale und logische Fortsetzung zu dem vorangehenden Zehntgesetz
(14, 22–29*), mit dem es durch das Prinzip der Periodisierung[1094] sowie auch
die privilegrechtliche Begründung verbunden ist: Für die Armen einzutreten,
ergibt sich als soziale Konsequenz aus dem Herrschaftsanspruch Jahwes
(V. 2 b). Auf der anderen Seite wird das Gesetz nicht zufällig durch die Bestimmung über die Sklavenfreilassung (15, 12–18) fortgesetzt, die nach sechs
Dienstjahren im siebten Jahr erfolgen soll (V. 12). Andere Gesetze mit ähnlichem Inhalt und sozialer Intention finden sich in der Gruppe der sog.
Humanitäts- bzw. Sozialgesetze Dtn 22–25, wo das Zinsverbot (23, 20 f) und
das Gesetz über die Pfandbehandlung (24, 10–13) sich am engsten mit dem
Thema von 15, 1–11 berühren. Der ältere Hintergrund des Gesetzes liegt in
der Bestimmung des Bundesbuches, den Ackerboden alle sieben Jahre brach-
liegen zu lassen (Ex 23, 10 f).[1095] Was dort den Boden betrifft und in eigenem
Rhythmus von jedem Bauern und offenbar in verschiedenen Jahren auf jeder
Landparzelle verwirklicht wurde,[1096] ist hier infolge des gesellschaftlichen
Wandels auf den sozialen Bereich übertragen und auf das allen gemeinsame
siebte Jahr festgelegt worden – ohne dass damit freilich die ältere Bestimmung
über die agrarische Brache (Ex 23, 10 f) für ungültig erklärt wurde[1097]. Der dtn
Kern des Gesetzes besteht aus den V. 1 f*.7 aα*b*.8 f*, die die grundlegende
Bestimmung (V. 1 f*) mit paränetischer Auslegung (V. 7 aα. 8 f*) enthalten.
Die früheste Ergänzung, die die Rechtsposition des Ausländers betrifft (V. 3),
erinnert an die Regelung von 14, 21 a und wird auf denselben exilischen Verfasser zurückgehen. Von ihm stammen auch die syntaktisch störenden „Bruder"-Ergänzungen in V. 2. 7. 9, die den in V. 3 hervortretenden Gegensatz
zwischen „Ausländer" und „Bruder" im Lichte der Bruder-Ethik positiv entfalten.[1098] Die ausführlichste Kommentierung des alten Gesetzes stammt auch
in diesem Fall von DtrB, der in seiner Bearbeitung (V. 4–6. 7 aβγ. 10) eine Vision entfaltet, wie die Armut durch treue Befolgung des Gesetzes überwun-

---

[1094] Vgl. insbesondere die ähnlich klingenden Zeitangaben in 14, 28 „alle drei Jahre" und 15, 1
„alle sieben Jahre", die assoziativ miteinander verbunden sind (Rofé 2002, 72).

[1095] Vgl. Wellhausen ⁶1927, 111 f; Wright ²1998, 187 f; Otto 2002, 221 f. 224 f.

[1096] Horst 1961, 80; Lemche VT 1976, 43; Dietrich 2002, 189 f.

[1097] Vgl. Otto 1999, 314 (anders etwa Driver ³1902, 177 f, und Cholewiński 1976, 221).

[1098] Siehe dazu mit etwas abweichenden Abgrenzungen im Einzelnen Levin 2003, 109.

den und in materiellen Segen verwandelt werden kann. Schließlich hat ein
später Redaktor die nüchterne Bemerkung nachgetragen, nach der die Armut
und damit auch ihre Bekämpfung nie aufhören werden (V. 11).

1–2. 7 aαb–9   1. Die beiden Hälften des alten Gesetzes (V. 1 f* und V. 7 aα*b–9) werden formal zusammengehalten von dem abschließenden Appell an Jahwe, der jeweils
mit dem Verb קרא „aus-“ bzw. „anrufen“ ausgedrückt wird (V. 2 b.9 b).[1099]
Der gesetzliche Teil (V. 1 f*) besteht aus einem Rechtssatz (V. 1) und einer Le-
galinterpretation, die den Sinn des Rechtssatzes näher erläutert (V. 2*).[1100] Es
ist allerdings nicht ohne weiteres klar, worin der Sinn des alle sieben Jahre[1101]
geforderten „Verzichts“ (שמטה) liegt.

Nach der traditionellen, schon von der frühen rabbinischen Exegese[1102] vertretenen und auch in der modernen wissenschaftlichen Forschung vorherrschenden Auffassung[1103] handelt es sich um ein totales und endgültiges Erlö-
schen der Schulden alle sieben Jahre. Man muss jedoch in Betracht ziehen,
dass eine solche Regelung die Gewährung von Krediten auf die Dauer für den
Gläubiger völlig sinnlos oder zu einem Akt reiner Barmherzigkeit machte,
zumal das Nehmen von Zinsen verboten war (Dtn 23, 20 f).[1104] Deshalb
wurde schon in der rabbinischen Exegese (R. Hillel) als Ausweg eine sog.
Prosbol-Klausel[1105] entwickelt, durch die der Gläubiger sich das Recht vorbe-
hält, die Schuld jederzeit einzufordern. Es fragt sich allerdings, ob der ursprüngliche Sinn des Gesetzes derart realitätsfern war und nicht vielmehr darin bestand, dass der Gläubiger im siebten Jahr auf die Eintreibung der Schuld
verzichtete, sie aber im nächsten Jahr wieder in Kraft setzen konnte, wie eine
Minderheit der Ausleger die Intention des Gesetzes verstanden hat.[1106]

[1099] Die V. 7–11 insgesamt dem alten Gesetz abzusprechen (so jedoch Morrow 1995, 20), täte
dem Text Gewalt an.

[1100] Vgl. formal zur Struktur Dtn 19, 4; 1. Kön 9, 15 und weiter zur Sache Horst 1961, 82.

[1101] Man darf den hebräischen Ausdruck מקץ שבע שנים (wörtlich: „am Ende von sieben Jahren“) nicht pressen. Es handelt sich um „das siebte Jahr“ (V. 9) wie in 14, 28 um „das dritte Jahr“.
Vgl. weiter Dtn 15, 12 mit Jer 34, 14.

[1102] Siehe Sifre Deuteronomium Pisqot 111 f (bei Bietenhard 1984, 322–326).

[1103] Siehe etwa Driver ³1902, 179; Steuernagel ²1923, 108; Horst 1961, 88; von Rad ²1968, 76;
Mayes ²1981, 247; Braulik 1986, 111; Weinfeld 1990, 52; Crüsemann 1992, 264 f; Otto 2002, 219–228.

[1104] Otto 2002, 227, hingegen findet in Dtn 15, 1–10* ein wohl überlegtes Schuldenerlasspro-
gramm, das als „schlüssiges Gegenmodell“ zu der neuassyrischen *andurāru*-Institution entworfen
wurde; er gesteht jedoch, dass das Programm bis weit in die nachexilische Zeit unerfüllt blieb
(S. 228).

[1105] Das Wort leitet sich vom griechischen προσβολή „Zusatz, Vorbehalt, Klausel“ ab. Sie
lautet nach Sifre Deuteronomium (Pisqa 113): „Und das ist der Inhalt des Prosbols: Ich, der und
der, übergebe euch, den Richtern am Orte N.N.: Jede Schuld, die ich (ausstehend) habe, darf ich
zu jeder Zeit, da ich will, einfordern“ (Bietenhard 1984, 328). Die Prosbol-Klausel hat ihre Entsprechung in der in mesopotamischen und syrischen Verträgen häufig auftretenden Abwehrklau-
sel, die die Wirksamkeit der königlichen Befreiungsakte (Schuldenerlass u. a.) für ungültig erklärt
(s. dazu Otto 2002, 205–214).

[1106] Siehe etwa Dillmann ²1886, 307; Wellhausen ⁶1927, 112; Craigie 1976, 236; Bultmann 1992,
82; Rose 1994, 217 f; Rofé 2002, 218.

Die letztgenannte Deutung hat m. E. einen besseren Anhalt an dem Wort-   1–2
laut von Dtn 15, 1 f. Das zentrale Stichwort dieser Verse, שמטה „Verzicht"
(vgl. V. 9; 31, 10), ist abgeleitet von dem Verb שמט (V. 2. 3), das konkret „los-
lassen" bzw. „fallen lassen" (vgl. 2. Kön 9, 33) bedeutet und in der älteren
Bestimmung des Bundesbuches (Ex 23, 10) auf den Ackerboden im Sinne von
„brachliegen lassen" angewendet wird. Es versteht sich von selbst, dass das
Bebauen des Bodens im darauf folgenden Jahr wieder aufgenommen wurde.
Warum nicht auch die Eintreibung der Schulden nach dem Verzichtjahr?
Im siebten Jahr soll der Gläubiger „seine Hand", die auf dem Nacken des
Schuldners liegt, „fallen lassen", aber er kann sie nach Ablauf der Schonzeit
wieder erheben. Konsequenterweise wird der Verzicht des siebten Jahres
damit näher erklärt, der Gläubiger dürfe seinen Schuldner dann nicht „drängen" (נגש), d. h. zur Rückzahlung der Schuld zwingen (vgl. 2. Kön 23, 35),
was eher für die Vertagung als den totalen Erlass der Schuld spricht. Diese Interpretation findet eine Bestätigung in dem als dunkel geltenden masoretischen Text von Neh 10, 32 b, der wörtlich übersetzt lautet: „wir wollen auf
das siebte Jahr verzichten (ונטש) und (sc. nämlich) auf jede Schuldforde-
rung[1107] (ומשא כל יד) (in ihm)". Sie steht auch nicht im Widerspruch zu dem,
was später in Dtn 15, 9 über das Verzichtjahr gesagt wird (s. u.).

Die Gewährung eines Freijahres – die nicht so spektakulär, aber auch nicht
so utopisch wie ein vollkommener Schulderlass war – hatte offensichtlich Bedeutung für die kleinen Leute, die aus verschiedenen Gründen Darlehen zum
Überleben gegen Pfand hatten nehmen müssen (vgl. V. 8 und 24, 10 f) und
nicht jederzeit in der Lage waren, sie zurückzuzahlen. Es handelte sich also
nicht um Geschäftsdarlehen mit Spekulationsinteresse.[1108]

Der eigentliche Grund der humanen Regelung liegt in Jahwe selbst, zu dessen Ehren (V. 2 b) sie verordnet wird (vgl. Ex 12, 11. 14. 42; Lev 25, 2) und vor
dem die Israeliten im Verhältnis von „Nächsten" zueinander stehen[1109].

Seine erste Entfaltung findet das Programm aber schon in dem zweiten,   7 aαb.8–9
paränetischen Teil des Sch^emitta-Gesetzes selbst in 15, 7 aα*b.8 f*, wo
schwärmerisch für die Gewährung von Darlehen an die Armen plädiert wird.
Das Anliegen des Armen (אביון) war vorgegeben schon durch das Gesetz des
Bundesbuches über das Brachjahr (Ex 23, 11), hier wird es „ans Herz" gelegt:
Die wohl situierten Adressaten werden in V. 7 b auf ihr „Herz"[1110] angesprochen, das als erkennendes und fühlendes Organ hier das Gewissen vertritt.[1111]
Vom Gewissen führt der Weg zur Handlung: Wenn das „Herz" sozial sensi-
bilisiert worden ist, kann die „Hand" nicht verschlossen bleiben, sondern
wird sich öffnen und dem Notleidenden bereitwillig leihen, was immer dieser

---

[1107] Zu dieser Bedeutung s. HALAT, 606 b.
[1108] Vgl. Steuernagel ²1923, 108; Horst 1961, 81.
[1109] Vgl. zum Terminus רע „Nächster" im Dtn: 5, 20 f; 13, 7; 15, 2; 19, 4 f. 11. 14; 22, 24. 26;
23, 25 f; 24, 10; 27, 17. 24.
[1110] Zum Ausdruck „das Herz verhärten" (= „hartherzig sein") vgl. 2, 30.
[1111] Vgl. Wolff 1973, 85.

braucht (V. 8). Die Anwendung des Verbs עבט Hif. für „leihen" in V. 8 (und V. 6) macht deutlich, dass es sich hier um die Gewährung von Subsistenzdarlehen gegen ein Mobiliarpfand handelt, dessen Einzelheiten in 24, 10–13 geregelt werden.

Mit V. 9* wird auf den rechtlichen Anlass des Gesetzes (V. 1 f*) zurückgelenkt, indem die Gefahr zur Sprache kommt, dass die Nähe des „Sch^emitta-Jahres" (vgl. 31, 10) die Barmherzigkeit ersticken[1112] und zur Verweigerung aller Kredite führen könnte. Die Warnung[1113] wird oft als Beweis für die Auffassung ins Feld geführt, in Dtn 15 sei von einem endgültigen Schulderlass die Rede. Es muss jedoch nicht so sein; denn die Nähe des Sch^emitta-Jahres ist gleichermaßen lästig für einen Gläubiger, der weiß, dass die Rückzahlung der Schuld sich auf jeden Fall über ein Jahr hinaus verschieben wird.[1114] Bei Subsistenzdarlehen, die gewöhnlich aus akutem Anlass zur Deckung kurzfristiger Bedürfnisse gewährt wurden, konnte eine so lange Vertagung der Rückzahlung leicht eine Rolle spielen. Der allzu menschlichen Berechnung wird mit einem kräftigen Appell an die aktive Beteiligung Jahwes entgegengewirkt (V. 9 b), der die Sache nicht unparteiisch ansieht (vgl. Ex 22, 22), sondern auf der Seite des Armen steht und die letzte Bilanz ziehen wird (vgl. 24, 15)[1115]. Das ist eine echt biblische Option für die Armen (vgl. Mt 25, 40; Jak 5, 4).

3   2. Eine Ausnahme von der Sch^emitta-Regel repräsentiert der volksfremde, wirtschaftlich selbständige Ausländer (הנכרי), dessen Rechtsposition in V. 3 behandelt wird. Die Bemerkung kommt verspätet hinter dem privilegrechtlichen Begründungssatz V. 2 bβ und wiederholt in ihrem zweiten Teil (V. 3 b) die Sache und Terminologie von V. 2 abα, weshalb sie als Zusatz anzusehen ist.[1116] Sie geht offenbar auf denselben exilischen Verfasser zurück, der in 14, 21 a den Ausländer vom Verbot, Aas zu essen, befreite, weil dieser kein Mitglied des Gottesvolkes ist.[1117] Folglich ist er auch kein „Bruder" (vgl. 17, 15) und kann nicht zum Kreis derer gehören, denen im siebten Jahr die Vertagung der Schulden zu Ehren Jahwes gewährt wird (15, 3) und von denen auch keine Zinsen für die Schulden genommen werden dürfen (23, 21 a)[1118]. Die „Brüder", die außer in V. 3 als Zusatz in V. 2. 7. 9 vorkommen, sind die Mitglieder des eigenen Volkes, die wegen ihres besonderen Gottesverhältnisses zu besonderer Solidarität gegeneinander verpflichtet sind.[1119] Das emotional geladene Wort „Bruder", das als zentrales Stichwort in einer Dtn 15

[1112] Zum Ausdruck רעה עין „böse ansehen", d.h. neidisch anblicken, vgl. 28, 54. 56.

[1113] Der Ausdruck „hüte dich, dass nicht" findet sich auch am Anfang des Kultzentralisationsgesetzes 12, 13.

[1114] Vgl. Dillmann ²1886, 307; Bultmann 1992, 82.

[1115] Vgl. zu dem Ausdruck von V. 9 bβ auch Dtn 23, 22 f.

[1116] Vgl. Steuernagel ²1923, 108 f; Horst 1961, 89 f; Perlitt 1994, 57.

[1117] Vgl. Horst 1961, 89.

[1118] Auch in 23, 21 a handelt es sich um eine sekundäre Ergänzung zu dem vorangehenden Verbot von 23, 20, die eine ganz ähnliche Struktur und Absicht wie 15, 3 aufweist.

[1119] Näher zur Bruder-Ethik im Dtn s. Perlitt 1994, 50–73, und Levin 2003, 102–110.

durchziehenden exilischen Ergänzungsschicht fungiert, signalisiert ein so-
zialethisches Programm, das in den späteren Humanitätsgesetzen von Dtn
22–25 weiter entfaltet wird.[1120] Das Programm, das durch den Gebrauch des
Terminus „Bruder" im übertragenen Sinne an die Terminologie des Jahwisten
(vgl. Gen 13,8; 29,15; Ex 2,11; 4,18 u. ö.) anknüpft, setzt als seinen historischen Hintergrund die Verhältnisse des Exils voraus, in denen sich eine Bin-
nen-Moral innerhalb des jüdischen Volkes zu entwickeln begann.[1121]

3. Das Gebot hat eine gründliche Bearbeitung durch die bundestheologische   4–6. 7 αβγ. 10
Redaktion (DtrB) erfahren, die in V. 4–6. 7 αβγ. 10 hervortritt.[1122] Der geset-
zestheologische Kommentar von V. 4–6 hebt sich deutlich vom Kontext
ab und wird leicht als Zusatz erkennbar.[1123] Die Anspielung auf das Land
in V. 7 αβγ, die die Landgabeformel von V. 4 bβγ verkürzend wiederholt,
macht V. 7 a überfüllt,[1124] und V. 10, der verspätet nach der Sanktionsandro-
hung V. 9 b kommt, bildet den abschließenden redaktionellen Rahmen für
das ganze Gebot. Zentrale Akzente in diesem Abschnitt setzen die Themen
Segen (V. 4 bα. 6 a.10 b), Land (V. 4 bβγ. 7 aβ) und Gesetzesgehorsam (V. 5),
die auch sonst einen hohen Stellenwert in der Theologie des DtrB besitzen.[1125]

In seinem ersten Beitrag (V. 4–6) nimmt der Redaktor vorgreifend und   4–6
unter wörtlicher Anknüpfung an V. 7 a (vgl. V. 4 a) das Problem der Existenz
der Armen unter dem Gottesvolk (V. 7–9*) auf und bietet dafür eine geset-
zestheologische Lösung. Der Abschnitt weist einen kunstvollen chiastischen
Aufbau auf,[1126] in dem die Zusagen des Heils (V. 4 a = A, V. 6 b = A') und des
Segens (V. 4 b = B, V. 6 a = B') einander entsprechen und den Rahmen für die
zentrale Forderung des Gesetzesgehorsams (V. 5 = C) bilden. Der Konflikt
zwischen der real existierenden Armut (V. 7–9) und der Vision des DtrB von
einem segensreichen Leben in dem verheißenen Land (7, 13 f)[1127] wird in V. 4
in Worte gefasst und in V. 5 auf eine für DtrB typische Weise mit der Mahnung zur Treue gegen das dtn Hauptgebot und dessen Einzelbestimmungen
gelöst.[1128] Die Gesetzestreue ihrerseits zeitigt nach dem bundestheologischen

[1120] Dtn 22,1–4; 23,20; 24,7.14; 25,3.
[1121] Levin 2003, 103–105.110.
[1122] Vgl. dazu Veijola 2000, 162–164.
[1123] Vgl. nur Perlitt 1994, 178; Nielsen 1995, 160; Otto 2002, 219 Anm. 523.
[1124] Vgl. Hölscher ZAW 1922, 194 Anm. 1; Merendino 1969, 111, und Seitz 1971, 170.
[1125] Vgl. in diesem Zusammenhang besonders 7, 13 f; 11, 26 f; 12, 7 b.15 a; 14, 24 b.29 b (Segen);
4, 1 b; 5, 33; 6, 3. 18; 8, 1; 10, 11; 11, 8 f. 21 (Land); 5, 1. 29. 32; 6, 2. 25; 7, 12; 8, 1. 11 b.20; 11, 8. 22;
13, 5. 19 (Gesetzesgehorsam).
[1126] Cholewiński 1976, 223.
[1127] Die engsten Parallelen für die in V. 4 bβγ vorliegende Gestalt der Landgabeformel finden
sich in 4, 21; 19, 10; 20, 16; 21, 23; 24, 4; 25, 19; 26, 1.
[1128] Die nächste sprachliche Parallele für V. 5 bietet 28, 1 a (vielleicht von DtrB?). Weitere Parallelen für die einzelnen Wendungen finden sich bei DtrB in 8, 20; 13, 5. 19 („auf die Stimme Jahwes hören"), 5, 1. 32; 6, 3. 25; 8, 1 („bewahren und befolgen") und 6, 25; 8, 1; 11, 8. 22; 19, 9 („das
ganze Gebot, das ich dir heute gebiete").

Dogma segensreiche Folgen,[1129] die in V. 6 dem Kontext gemäß exemplifiziert werden. Dabei rekurriert der Verfasser auf eine frühere Segensverheißung, für die wegen der kontextualen Bezüge am ehesten die in 7, 13–16 (DtrB) vorliegende Zusage in Frage kommt,[1130] und bringt die dort anvisierte Überlegenheit Israels über die Völker mit dem wirtschaftlichen Thema von Dtn 15 in Verbindung: Wie der einzelne Israelit nach V. 8 dem armen Mitglied seines Volkes barmherzig leihen (עבט Hif.) *soll*, so *kann* Israel nach V. 6 vielen Völkern leihen, ohne selber entleihen zu müssen.[1131] Dabei geht es nicht um internationale Staatskredite, die in der antiken Welt unbekannt waren, sondern um eine Demonstration von Israels Unabhängigkeit und Macht über die Völker, wie in V. 6 bβ ausdrücklich festgestellt wird (vgl. Spr 22, 7) – dies allerdings in einer historischen Situation der frühnachexilischen Zeit, wo Israel in Wirklichkeit machtlos und von fremden Völkern abhängig war.

7 aβγ. 10   Im weiteren Verlauf seiner Kommentierung des dtn Gebots nimmt DtrB in V. 7 aβγ die Landgabeformel von V. 4 bβγ verkürzend wieder auf und gibt damit zu verstehen, dass die Gabe des Landes ein zusätzliches Motiv für die humane Solidarität mit dem armen Bruder liefert. Zwischen Segen und Geben herrscht nach DtrB eine fruchtbare Wechselwirkung: Soweit die Israeliten aufgrund des Gehorsams gesegnet sind (V. 4–6), können und sollen sie großzügig und ohne Verdruss den armen Brüdern das geben, was sie benötigen (vgl. Mt 5, 42; Lk 6, 35; Röm 12, 8), wie DtrB in Anknüpfung an den älteren Kontext (V. 8 f*) in V. 10 a fordert; dies gilt wiederum als einzelner Akt der Gesetzeserfüllung, der zu weiterem Segen in der alltäglichen Arbeit führt (V. 10 b, vgl. 14, 29 b; 15, 18 b; 23, 21 b; 24, 19 b). Damit ist das *Sch^emitta*-Gesetz in den übergreifenden Horizont der bundestheologischen Redaktion integriert.

11   4. Die paränetische Anspielung auf den Segen als Lohn der Gesetzeserfüllung besaß in der Komposition des DtrB eine abschließende Funktion (V. 10 b), ganz ähnlich wie in dem vorangehenden Zehntgesetz (14, 29 b) und in dem nachfolgenden Sklavengesetz (15, 18 b). Darin liegt ein eindeutiger Beweis dafür, dass es sich in V. 11 um eine späte Ergänzung zu dem *Sch^emitta*-Gesetz handelt,[1132] wofür auch seine Form und sein Inhalt sprechen. Zentrale Ausdrücke des älteren Textes – „in deinem Land" (vgl. V. 7), „dein armer Bruder" (vgl. V. 7. 9) und „du sollst deine Hand öffnen" (vgl. V. 8) – werden aufgenommen, zugleich aber leicht abweichend verwendet: Was in dem vorgege-

---

[1129] Vgl. Dtn 5, 29. 33; 6, 3; 7, 13 ff; 11, 8–12. 13–15. 22–25. 26 f; 12, 28; 14, 29 b.

[1130] Eine ganz ähnliche Anspielung auf die Zusage von 7, 13 ff findet sich bei DtrB schon in 11, 25.

[1131] Für die in V. 6 bα belegte Wendung begegnet eine nahe liegende Variante in Dtn 28, 12 b(44 a), wo anstelle des Verbs עבט Hif. „leihen" und Qal „entleihen" das sinnverwandte Verb לוה Hif. und Qal verwendet wird. Die große Ähnlichkeit sowohl des engeren (28, 12 f) wie auch des weiteren Kontextes (28, 1–15) mit 15, 4–6 lässt die Frage aufkommen, ob beide Stellen eventuell auf ein und denselben Verfasser zurückgehen oder ob 28, 1–15 für DtrB in 15, 4–6 als Vorbild gedient hat.

[1132] Vgl. Horst 1961, 94; Otto 2002, 219 Anm. 523.

benen, schon einmal überarbeiteten Text „dein armer Bruder" heißt (V. 7. 9),
erscheint in V. 11 in der erweiterten Gestalt „dein notleidender und armer
Bruder",[1133] wobei wahrscheinlich Dtn 24, 14 Pate gestanden hat. Die Art,
wie hier ein soeben erteiltes Gebot mit einem bestimmten Sachverhalt
(V. 11 a) und dem darauf folgenden Promulgationssatz „darum gebiete ich
dir" verbunden wird, weist einige markante Parallelen im Dtn (5, 15; 15, 15;
24, 18. 22) auf, die alle ausgesprochen jung sind und ihre Herkunft offenbar
dem spät-dtr, nachexilischen Sabbatgebotredaktor verdanken. Was die Aussage betrifft, zielt der Verfasser von V. 11 darauf, den schwärmerischen Op-
timismus seines nomistischen Vorgängers zu dämpfen und nüchtern darauf
hinzuweisen, dass selbst aufrichtige Gesetzesbefolgung (V. 4–6) die Armut
nie ganz aufzuheben vermag (vgl. Mt 26, 11), weshalb Maßnahmen zur Lin-
derung der sozialen Not immer aktuell bleiben. Damit leistet der späte Redaktor ein Stück gesunder Ideologiekritik, die die Armen vom Stigma fehlen-
der Frömmigkeit und Gott vom Vorwurf mangelnder Gerechtigkeit befreit
(vgl. Lk 13, 1–4).

5. Die weitere Wirkungsgeschichte des Sch^{e}mitta-Gesetzes (Jer 34, 8–22; Lev
25; Neh 5, 1–13; Jes 61, 1–2; Lk 4, 16–21) ist eng mit dem nachfolgenden Sklavengesetz (15, 12–18) verbunden, so dass sie erst nach der Auslegung dieses
Gesetzes berücksichtigt werden kann (s. u.).

3. 7. Wenn dein Bruder sich dir verkauft (15, 12–18)

12 Wenn (dein Bruder,) ein Hebräer oder eine Hebräerin(,) sich dir ver-
kauft, so soll er dir sechs Jahre dienen, aber im siebten Jahr sollst du ihn
freilassen. 13 Wenn du ihn freilässt, sollst du ihn nicht mit leeren Händen
entlassen. 14 Du sollst ihn mit Gaben von deinem Kleinvieh, deiner Tenne
und deiner Kelter ausstatten.
 Womit Jahwe, dein Gott, dich gesegnet hat, das sollst du ihm geben.
  15 Du sollst daran denken, dass du Sklave gewesen bist im Lande
  Ägypten und dass Jahwe, dein Gott, dich freigekauft hat. Darum
  gebiete ich dir heute dieses.
16 Wenn er aber zu dir sagt: „Ich will nicht von dir wegziehen", weil er dich
und dein Haus liebgewonnen hat, da es ihm bei dir gut ging, 17 so nimm
einen Pfriem und stech ihn durch sein Ohr in die Tür, und dann ist er dein
Sklave für immer. Auch mit deiner Sklavin sollst du so verfahren. 18 Es soll
dir aber nicht schwer fallen, ihn freilassen zu müssen, denn sein sechsjähriger
Dienst bei dir entspricht dem Doppelten von dem Lohn eines Tagelöhners,
 und Jahwe, dein Gott, wird dich segnen in allem, was du tust.

[1133] Abweichend von V. 7. 9 ist auch die grammatische Form des Ausdrucks in V. 11, wo die Präposition und das Suffix auch beim Adjektiv wiederholt werden (die sog. Permutation, s. Ges-
Kautzsch § 131 k-o).

Das Gesetz über die Freilassung des hebräischen Sklaven nach sechs Dienstjahren folgt sachgemäß dem *Sch^emitta*-Gesetz (15, 1–11), mit dem es formal
durch das zeitliche Schema von 6+1 Jahren[1134] und inhaltlich durch die Tatsache verbunden ist, dass in der Verschuldung der häufigste Anlass dafür lag,
dass Menschen im alten Israel gelegentlich gezwungen waren, ihre Angehörigen oder sich selbst als Sklaven zu verkaufen (vgl. 1. Sam 22, 2; 2. Kön 4, 1;
Am 2, 6; 8, 6; Neh 5, 5; Spr 22, 7).[1135] Eine andere Bestimmung über die Behandlung der Sklaven findet sich im Dtn unter den Sozialgesetzen in 23, 16 f.
Wie beim *Sch^emitta*-Gesetz blickt der dtn Gesetzgeber auch bei der Sklavenfreilassung auf das Bundesbuch zurück, in diesem Fall auf dessen Sklavengesetz in Ex 21, 2–6 und bietet eine neue, bewusst umgestaltete Fassung.[1136] Der
Wortlaut der dtn Fassung liegt in V. 12*–14 a.16–18 a vor. Ihre früheste Erweiterung vertritt der bruderethische Kommentar „dein Bruder" (V. 12), der die
exilische Bruder-Schicht von 15, 2. 3. 7. 9 fortsetzt.[1137] Die weitere Bearbeitung erfolgte durch DtrB in V. 14 b.18 b. Anhand seiner Ergänzungen fügte
DtrB auch dieses Gesetz fester in eine Komposition, deren andere Bestandteile im Zehnt- (14, 22–29) und *Sch^emitta*-Gesetz (15, 1–11) vorliegen und in
der die Segensaussagen eine gliedernde und theologisch akzentuierende
Funktion erhalten (14, 24 b.29 b; 15, 4 b.6 a.10 b.14 b.18 b). In V. 15 begegnet
eine noch jüngere Ergänzung, die in ihrer Argumentationsstruktur dem
jüngsten Zusatz des *Sch^emitta*-Gesetzes in 15, 11 entspricht und auf denselben nachexilischen, aus dem Sabbatgebot (vgl. 5, 15) bekannten Redaktor zurückgehen dürfte.

12–14 a.   1. Die dtn Fassung des Gesetzes (V. 12*–14 a.16–18 a) setzt mit der Aufstel-
16–18 a lung des juristischen Grundprinzips ein (V. 12*), dem nähere Bestimmungen
über die dem Freigelassenen mitzugebenden Abschiedsgeschenke (V. 13–14 a)
und über das Verfahren im Falle der Weigerung des Sklaven, die angebotene
Freiheit anzunehmen (V. 16 f), sowie ein paränetischer Appell an das Gemüt
des Sklavenbesitzers nachfolgen (V. 18 a). Dass in V. 18 a nach V. 16 f auf die
Situation der Freilassung des Sklaven zurückgelenkt wird, beweist nicht, dass
entweder V. 18 a oder V. 16 f sekundär sind, sondern zeigt nur, dass der dtn
Verfasser an die Struktur des älteren Gesetzes im Bundesbuch gebunden war
und Ex 21, 5 f noch vor der abschließenden Bemerkung (V. 18 a) berücksichtigen wollte.

12   Der juristische Grundsatz von V. 12* regelt die Freilassung des Sklaven
ähnlich wie die Vorlage in Ex 21, 2, soweit es um das Hauptprinzip geht:

[1134] Vgl. Otto 2002, 221; Rofé 2002, 69.
[1135] Vgl. Weinfeld 1990, 41; Hamilton 1992, 30.
[1136] Bereits Luther hat dies erkannt (WA 14, 658:14), und unter den modernen Autoren vertritt
diese Sicht die opinio communis. Anders jedoch Van Seters ZAW 1996, 534–546, der Ex
21, 2–6(11) für literarhistorisch jünger als Dtn 15, 12–18 und sogar jünger als Lev 25, 39–46 hält.
Seine These hat Otto 2002, 22–24, inzwischen widerlegt.
[1137] Levin 2003, 106.

Nach sechs Dienstjahren soll der Sklave im siebten Jahr freigelassen werden, wobei die Dienstjahre selbstverständlich individuell bei jedem einzelnen Sklaven gerechnet wurden.[1138] Die dtn Fassung unterscheidet sich jedoch in zahlreichen Einzelheiten von ihrem älteren Vorbild im Bundesbuch. Erstens wird die zugrunde liegende soziale Situation als ein Fall beschrieben, in dem jemand gezwungen ist, sich selbst in die Schuldsklaverei zu verkaufen (מכר Nif.).[1139] Er haftet mit seiner Person für die eingegangene Schuldverpflichtung. Zweitens handelt es sich bei dem Schuldsklaven nicht nur um einen „Hebräer", der in Ex 21, 2 eventuell noch Repräsentant einer besonderen, niedrigeren Sozialschicht war,[1140] sondern um israelitische Männer und Frauen.[1141] Der vorgeschobene Zusatz „dein Bruder" lässt die Prinzipien der Bruder-Ethik auch für die Schuldsklaven gelten, die in der Notsituation über einen Anspruch auf die Solidarität ihrer israelitischen Mitbürger verfügen (vgl. 15, 2. 3. 7. 9). Drittens soll der Freigelassene[1142] nach dem Ablauf der Dienstzeit nicht nur „ausziehen" (Ex 21, 2), sondern der Besitzer soll dabei eine aktive Rolle übernehmen („du sollst ihn freilassen") und außerdem noch einen Beitrag zur Resozialisierung des Freigelassenen leisten.

Die näheren Bedingungen der Freilassung kommen in der Sonderregelung V. 13–14 a zur Sprache. Das ältere Gesetz hatte sich mit der Feststellung begnügt, es sei dem freizulassenden Sklaven erlaubt, „gratis" (חנם), d. h. ohne Lösegeld zu bezahlen, auszuziehen (Ex 21, 2). Im Gegensatz dazu fordert der dtn Gesetzgeber in V. 13, er dürfe nicht „mit leeren Händen" (ריקם), d. h. ohne materielle Gabe (vgl. 16, 16), entlassen werden. Diese konkretisiert V. 14 a als landwirtschaftliche Produkte, die aus den wichtigsten Nahrungsmitteln Palästinas, Fleisch, Korn, Wein und Öl, bestehen und sachlich mit den in dem Kultzentralisationsgesetz genannten Gaben (12, 17) übereinstimmen. Der Zweck der Abschiedsgeschenke war es kaum, nur als Reiseproviant[1143] für den Ausziehenden zu dienen, denn dafür waren sie zu opulent. Vielmehr waren sie als Subsistenzmittel gedacht, die dem Entlassenen zu einer unabhängigen, menschenwürdigen Existenz in der Freiheit verhelfen sollten.[1144]

13–14 a

[1138] Vgl. Sifre Deuteronomium Pisqa 111 (bei Bietenhard 1984, 322 f).

[1139] In Ex 21, 2 steht dafür der Satz „Wenn du kaufst" (כי תקנה), der freilich hinsichtlich seiner Ursprünglichkeit umstritten ist (Otto 1988, 35).

[1140] Alt ⁴1968, 291–294.

[1141] Die breite Formulierung „ein Hebräer oder eine Hebräerin" ist als eine bewusste dtn Erweiterung der Vorlage (Ex 21, 2) anzusehen, weshalb kein Anlass besteht, deren zweiten Teil („oder eine Hebräerin") als sekundär zu beseitigen.

[1142] Der Terminus חפשי bezeichnete vielleicht einst eine besondere soziale Klasse, die in akkadischen und ugaritischen Texten unter den Namen ḫupšu (akk.) und ḫbt/ḫpt (ugar.) auftritt (Lemche VT 1975, 129–144), aber in Dtn 15, 12 f. 18 verrät das Wort nichts mehr von diesem eventuell älteren Hintergrund, sondern ist zur generellen Bezeichnung für einen „Freigelassenen" geworden (Lohfink ThWAT III, 126).

[1143] So LXX und Vulgata mit ihren Übersetzungen ἐφόδιον und viaticum (beide bedeuten „Reisezehrung").

[1144] Horst 1961, 99.

Es handelt sich um eine ethische Regelung, der alle Parallelen in anderen Rechtskorpora der damaligen Zeit fehlen.[1145]

16–17 Es kann freilich eine Situation eintreten, wo der Sklave das Bleiben in der Familie des Herrn der selbständigen Existenz vorzieht. Dieser Fall wird schon in Ex 21, 5 f berücksichtigt und im Anschluss daran in Dtn 15, 16 f mit einigen bezeichnenden Veränderungen aufgenommen. Als Motiv des Bleibens erscheint in Ex 21, 5 die Liebe des Sklaven zu seinem Herrn sowie zu seiner eigenen Frau und seinen eigenen Kindern, von denen er sich bei der Befreiung trennen müsste (vgl. V. 4), in Dtn 15, 16 hingegen die Liebe zu dem Herrn („dich") und dessen Familie („dein Haus"), in der es dem Sklaven „gut ging" (vgl. Num 11, 18; Hos 2,9). Der Sklave – von dessen eigener Familie nichts gesagt wird – entscheidet sich damit frei und nicht unter dem Zwang der in der Sklaverei entstandenen Familienverbindungen. Nach Ex 21, 6 soll der Sklave dann in das Ortsheiligtum („zu Gott")[1146] geführt werden, wo sein Ohr in einer sakral-rechtlichen Handlung zum Zeichen des Gehorsams (vgl. Ps 40, 7)[1147] durchbohrt und er selber damit ein Sklave für immer wird (vgl. 1. Sam 27, 12; Ijob 40, 28). In seiner Umgestaltung dieser Vorschrift in Dtn 15, 17 hat der dtn Verfasser infolge der Kultzentralisation (Dtn 12*) die Erwähnung des Ortsheiligtums ausgelassen und die Handlung im Hause des Sklavenbesitzers lokalisiert, sie damit also vollkommen entsakralisiert. Wie mit dem Sklaven, so soll auch mit der Sklavin verfahren werden, die hier im Unterschied zu Ex 21, 2–6 als rechtsfähige, selbständige Person behandelt wird (vgl. V. 12).[1148]

18 a Das ursprüngliche Gesetz erhält auch in diesem Fall (vgl. 15, 9) einen moralischen Appell an die Gesinnung des Besitzers (V. 18 a) als Abschluss.[1149] Dabei wird rational auf die Arbeitsleistung des Sklaven hingewiesen, die für den Besitzer doppelt[1150] so wertvoll gewesen sei wie die eines normalen Lohnarbeiters, dessen Arbeitsverhältnis durch einen Vertrag geregelt war (Dtn 24, 14; Lev 25, 53; Jes 16, 14; 21, 16), während der unfreie Sklave den Schutz keines Vertrags genoss und jederzeit, bei Tag und Nacht, zur Arbeit

---

[1145] Cardellini 1981, 342.

[1146] In einer früheren Phase dürfte האלהים in Ex 21, 6 „die Hausgötter" im Rahmen des Ahnenkults bezeichnet haben (Loretz UF 1992, 157 f), aber im heutigen Text geht es wahrscheinlich schon um ein Jahweheiligtum außerhalb Jerusalems (Cardellini 1981, 248 Anm. 34; Otto 1988, 36).

[1147] Vgl. Luther: „Das Ohr bedeutet den Gehorsam, mit dem er sich dem Gebot beugt" (WA 14, 659:7 f, deutsch Verf.).

[1148] Ebenso wenig wie in V. 12 besteht in V. 17 Anlass, die Erwähnung der Sklavin als Zusatz zu verdächtigen.

[1149] Die am Ende stehenden Worte עבדך שש שנים „sein sechsjähriger Dienst bei dir" wiederholen im Hebräischen genau dieselbe Wendung aus V. 12 „er soll dir sechs Jahre dienen" und bilden damit einen kunstvollen Ring um die Einheit.

[1150] Die von Tsevat HUCA 1958, 125 f, vorgeschlagene und von vielen (auch von von Rad ²1968, 77, und Nielsen 1995, 163 f) angenommene Deutung, dass משנה als „Äquivalent" zu verstehen ist, hat sich als philologisch unhaltbar erwiesen (s. Lindenberger JBL 1991, 479–482).

gezwungen werden konnte.[1151] Außerdem ließe sich hinzufügen, dass die Dienstzeit des Schuldsklaven in Israel doppelt so lange dauerte wie in Babylonien, wo sie nach dem Codex Hammurapi auf drei Jahre begrenzt war (CH § 117)[1152].

2. Die Aussagen über den Segen in V. 14 b und V. 18 b heben sich als spätere   14 b. 18 b
Zusätze ab, die nur locker mit dem Kontext verbunden sind.[1153] Sie kommen nicht zufällig in der Mitte und am Ende der Einheit vor; denn ähnliche Ergänzungen erscheinen an entsprechenden Stellen auch in den vorangehenden Gesetzen über die Zehnten (14, 24 b.29 b) und die Schᵉmitta (15, 4–6. 10). Wie dort gehen die Zusätze auch hier auf den frühnachexilischen Redaktor DtrB zurück, der mit den Segensaussagen die drei Gesetze in eine engere Verbindung zueinander bringt und die dialektische Rolle des Segens im Leben des Volkes verdeutlicht. Die Israeliten können und sollen nach V. 14 b von Jahwes Segen, der nach DtrB einen wesentlichen Bestandteil des Lebens im verheißenen Land darstellt (7, 13 f; 12, 7. 15 a*; 14, 24 b; 16, 10 b.15 b), großzügig Geschenke „geben" (vgl. V. 10), und wenn sie das vorgeschriebene Gesetz befolgen, wird ihnen Jahwe nach V. 18 b als Belohnung für ihren Gehorsam noch mehr Segen schenken (vgl. 14, 29 b; 15, 4 f. 10 b; 23, 21 b; 24, 19 b).[1154] Damit wird das Gesetz, das nach der dtn Fassung auf die humane Solidarität des Volkes gründete und Jahwe überhaupt nicht nannte, in den weiteren Horizont der Bundestheologie eingeordnet.

3. Die theologische Verarbeitung des Stoffes geht noch weiter in dem jüngs-   15
ten Zusatz (V. 15)[1155], der dem Kommentar des DtrB in V. 14 b nachfolgt wie in dem vorangehenden Gesetz (15, 1–11) dessen letzte Ergänzung V. 11 dem von DtrB verfassten V. 10. Die Art der Aussage, wie das vorliegende Gesetz jeweils mit einem bestimmten, gegenwärtigen oder vergangenen Sachverhalt neu begründet und wie die Anspielung auf das alte Gesetz in Gestalt des Promulgationssatzes („darum gebiete ich dir") erfolgt, spricht für die gemeinsame nachexilische Herkunft dieser und der sonstigen Stellen mit ähnlicher Struktur in 5, 15; 16, 3*. 12; 24, 18. 22. Das Thema des dtn Gesetzes, die Stellung und Entlassung des Schuldsklaven, lenkte die Gedanken des Redaktors auf die harte Arbeit, die die Israeliten selber einst als Sklaven in Ägypten leisten mussten (Ex 5) und die sie zur bleibenden Solidarität mit den Menschen verpflichten soll, die sich heute in einer ähnlichen Situation befinden (vgl. 10, 19). Dazu kommt die große Dankbarkeit, die sie ihrem Gott für den Frei-

---

[1151] Das ist die traditionelle Erklärung, die schon von Sifre Deuteronomium, Pisqa 123 (bei Bietenhard 1984, 348), und Raschi vertreten wird und auch heute noch die größte Wahrscheinlichkeit besitzt (vgl. Lindenberger JBL 1991, 482).

[1152] TUAT I/1, 56 f.

[1153] Vgl. Cardellini 1981, 275.

[1154] Vgl. zur Sache auch Spr 19, 17 und Lk 6, 38.

[1155] Vgl. Horst 1961, 101; Nebeling 1970, 88; Cardellini 1981, 275.

kauf aus der Sklaverei[1156] schulden und die sie dazu veranlasst, mit den ge-
knechteten Gliedern des Volkes ähnlich zu verfahren (vgl. Mt 18, 23–35). Die
Erinnerung an die gemeinsame Heilsgeschichte hebt den Unterschied zwischen dem Herrn und dem Sklaven auf (vgl. 1. Kor 7, 22; Gal 3, 28) und führt
endlich zu der Einsicht, dass die Israeliten einander überhaupt nicht als Sklaven behandeln dürfen (Lev 25, 42. 55).

15, 1–18   4. In der Rezeptionsgeschichte verstärkt sich die schon in der Komposition
von Dtn 15 spürbare Tendenz, die Gesetze über die *Sch^emitta* (15, 1–11) und
die Freilassung der Sklaven (15, 12–18) als ein zusammenhängendes Paar zu
aufzufassen. Eine während der Belagerung Jerusalems im Jahre 588 durchgeführte, aber bald rückgängig gemachte Sklavenfreilassung, die eine außeror-
dentliche, durch die extreme Situation geforderte Notmaßnahme darstellte,
wurde in der dtr Redaktion von Jer 34, 8–22[1157] nachträglich mit dem Gesetz
von Dtn 15, 12–18 in Verbindung gebracht und darin die Forderung einer alle
gleichzeitig betreffenden Sklavenfreilassung nach dem formalen Vorbild von
15, 1 erblickt (Jer 34, 14).[1158]
Das Heiligkeitsgesetz bietet in Lev 25[1159] eine stark revidierte Fassung sowohl des *Sch^emitta-* wie auch des Sklavengesetzes Dtn 15. In der Bearbeitung
von Dtn 15, 1–11 durch Lev 25, 1–19. 23–31. 35–38 erscheint das siebte Jahr
wohl in V. 1–7 als allen gemeinsames, wiederkehrendes Jahr, aber es ist nicht
mehr mit Schulden verbunden, sondern ein Sabbatjahr, das die agrarische
und kultische Institution des älteren Brachjahres (Ex 23, 10 f) erneuert. Als
große Neuigkeit wird in Lev 25, 8–17. 23–31 das alle fünfzig Jahre zu feiernde
Jobeljahr eingeführt, das nicht eine Vertagung (Dtn 15, 1 f), sondern einen de-
finitiven Erlass der Schulden und darüber hinaus die Restitution des verkauf-
ten Bodens und der persönlichen Freiheit beinhaltet. Die Freilassung des
Sklaven (Dtn 15, 12–18) verliert in der Neufassung des Heiligkeitsgesetzes
ihre Eigenständigkeit und fällt mit dem Jobeljahr zusammen (Lev 25, 39–55).
Das Jobeljahr ist seiner Funktion nach vergleichbar mit den aus dem alten
Orient als *mišarum-* und *(an)durārum*-Akten bekannten Reformmaßnahmen,
die mesopotamische Könige hin und wieder – allerdings nicht in regelmäßi-
gen Abständen – zur Wiederherstellung der sozialen Verhältnisse ihres Landes durchführten.[1160]
Der von dem persischen Statthalter Nehemia im 5. Jahrhundert durchgeführte einmalige Schuldenerlass in einer akuten Notsituation (Neh 5, 1–13)

[1156] Mit dem Verb פדה „freikaufen" wird die Befreiung aus Ägypten im Dtn nur in jungen Texten ausgedrückt (7, 8; 9, 26; 13, 6; 21, 8; 24, 18).
[1157] Siehe dazu Thiel 1981, 39–42.
[1158] Siehe näher Otto 2002, 226–228.
[1159] Siehe zum Verhältnis von Dtn 15 und Lev 25 Cholewiński 1976, 224–231. 236–240, und
Otto 2002, 184–193.
[1160] Zu ihnen s. etwa Kraus 1958; Lemche JNES 1979, 11–22; Weinfeld 1990, 39–62; Hamilton
1992, 48–56; Olivier ZAR 1997, 12–25; Otto 2002, 195–219.

steht in der Tradition mesopotamischer Akte, verrät aber keinerlei Wirkung der *Sch^emitta*-Regelung von Dtn 15, 1–11.[1161] Die befreienden Intentionen des *Sch^emitta*- und Jobeljahres leben aber in der prophetischen Verkündigung weiter (Jes 61, 1 f) und bilden die Grundlage für die neutestamentliche Verkündigung des Evangeliums für die Armen (Lk 4, 18).[1162]

3. 8. *Jeden Erstling sollst du Jahwe weihen (15, 19–23)*

19 Jeden Erstling, der unter deinen Rindern und deinem Kleinvieh geboren wird, sollst du, wenn er männlich ist, Jahwe, deinem Gott, weihen. Du sollst die Erstlinge deiner Rinder nicht zur Arbeit gebrauchen, und du sollst die Erstlinge deines Kleinviehs nicht scheren. 20 Vor Jahwe, deinem Gott, sollst du sie verzehren Jahr für Jahr, an der Stätte, die Jahwe erwählen wird, du und deine Familie. 21 Wenn das Tier aber einen Fehler hat, es sei verkrüppelt oder blind oder habe sonst irgendeinen schlimmen Fehler, so darfst du es Jahwe, deinem Gott, nicht opfern. 22 In deinen Ortschaften sollst du es verzehren.

Der Unreine und der Reine dürfen davon gemeinsam essen, wie von der Gazelle und vom Damhirsch. 23 Nur sein Blut darfst du nicht essen, sondern auf die Erde sollst du es ausschütten wie Wasser.

Das vorliegende Gesetz regelt das Verfahren bei den tierischen Erstlingen (בכרות), indem es ihre Darbringung an der zentralen Kultstätte vorschreibt (V. 19 f), ausgenommen die mit Fehlern behafteten Erstgeburten, die in den eigenen Wohnorten nach profaner Art zu verzehren sind (V. 21–23). Es handelt sich eindeutig um eine mit der Kultzentralisation zusammenhängende Vorschrift, die schon in dem dtn Grundgebot (Dtn 12*) ausdrückliche Berücksichtigung fand.[1163] Dort (12, 17) werden „die Erstlinge deiner Rinder und deines Kleinviehs" (vgl. 15, 19) gleich nach den Zehnten als von der Kultzentralisation betroffen erwähnt. Auch in 15, 19–23 stehen die Erstlinge in Beziehung auf die Zehnten (14, 22–29); denn wie die Zehnten von der Ernte im Normalfall „Jahr für Jahr" dem Tempel zu entrichten sind (14, 22), so sind auch die Erstlinge der Tiere „Jahr für Jahr" an die Kultstätte zu bringen und dort zu verzehren (15, 20),[1164] und beide Gesetze weisen außerdem eine ähnliche, zweigliedrige Struktur auf (s. u.). Das durchlaufende zeitliche Prinzip (14, 22. 28; 15, 1. 9. 12. 20) verbindet das Zehnt- und das Erstlingsgesetz auch

---

[1161] Rofé 2002, 218 f. Der Einfluss von dtn 15, 1–11 zeigt sich erst in dem späten Vers Neh 10, 32, der von Dtn 15, 1 f abhängig ist (s. dort).

[1162] Siehe Dietrich 2002, 184–193.

[1163] Vgl. Reuter 1993, 164–166; Morrow 1995, 15; Kratz 2000, 122.

[1164] Vgl. auch 14, 23, wo „die Erstlinge deiner Rinder und deines Kleinviehs" sekundär in das Zehntgesetz eingedrungen sind, was noch einmal die gegenseitige Anziehung der Zehnt- und Erstlingsbestimmungen beweist.

mit den von ihnen gerahmten Gesetzen über die Sch^{e}mitta (15, 1–11) und die Sklavenfreilassung (15, 12–18).[1165] Außerdem blickt das Erstlingsgesetz auf die nachfolgende Einheit, den Festkalender (16, 1–17), voraus, dessen Rahmen (V. 16 f*) durch gemeinsame Ausdrücke[1166] mit dem Erstlingsgesetz verbunden ist.[1167] Damit kommt ihm in der Gesamtkomposition der privilegrechtlichen Bestimmungen von 14, 22–16, 17* eine überleitende Funktion zu.[1168] Ein älterer Hintergrund liegt auf der einen Seite im Bundesbuch vor, dessen Erstlingsgesetz Ex 22, 28 f hier vorausgesetzt und den Forderungen der Kultzentralisation angepasst wird,[1169] und auf der anderen Seite liegt er in einem sakralen Rechtssatz, der in überarbeiteter Form in Dtn 15, 19 a begegnet (s. u.). Thematisch ähnliche Bestimmungen finden sich im Dtn in 18, 4 und in 26, 1–11, wo Vorschriften über die Abgabe der Erstlinge (ראשית) von agrarischen Produkten und der ersten Schafschur erteilt werden. Der dtn Grundstock des Gesetzes besteht aus V. 19–22 a und seine jüngere Ergänzung aus V. 22 b–23, deren wörtliche Übereinstimmung mit 12, 15 b.16 für die exilische Verfasserschaft der Ergänzung spricht.

19–22 a   1. Der Grundtext des Erstlingsgesetzes (V. 19–22 a) gliedert sich in zwei parallele Hälften: in eine Hauptbestimmung (V. 19 f), die den Verzehr der tierischen Erstgeburten vor Jahwe an der zentralen Kultstätte anordnet (V. 20), und in eine Sonderbestimmung (V. 21–22 a), die den Verzehr der fehlerhaften Erstgeburten auf die jeweiligen Wohnorte der Israeliten beschränkt (V. 22 a). Damit entspricht der Aufbau des Erstlingsgesetzes der zweigliedrigen Grundstruktur des Zentralisations- und Zehntgesetzes (12, 13 f. 17 f + V. 21* und 14, 22 f* + V. 24–26*).

19–20   Der dtn Gesetzgeber hat in V. 19 offenbar älteres Material verwendet.[1170] Sieht man in V. 19 a von dem dtn – im hebräischen Text störenden – Relativsatz „der unter deinen Rindern und deinem Kleinvieh geboren wird" ab,[1171] bleibt ein sakraler Rechtssatz übrig: „Jeden männlichen Erstling sollst du Jahwe, deinem Gott, weihen." Damit ist nicht gesagt, dass die männlichen Erstlinge von Tieren und Menschen Jahwe zu opfern wären, sondern nur, dass sie als sein besonderes Eigentum zu betrachten sind (vgl. Ex 13, 2; Num 3, 13; 8, 17)[1172]. Das

---

[1165] Zur rahmenden Funktion des Zehnt- und des Erstlingsgesetzes vgl. Crüsemann 1992, 262, und Otto 2002, 221.

[1166] Vgl. die Kultzentralisationsformel in Kurzform in 15, 20 und 16, 16, שנה בשנה „Jahr für Jahr" in 15, 20 und בשנה „im Jahr" in 16, 16 sowie הזכר „(wenn er) männlich (ist)" in 15, 19 und כל זכורך „alle deine Männer" in 16, 16.

[1167] Otto 1999, 324.

[1168] Vgl. Mayes ²1981, 253.

[1169] Buis/Leclercq 1963, 122; Otto 1999, 319. Es ist hingegen unnötig, neben Ex 22, 28 f auch noch Ex 34, 19 als Vorlage zu postulieren (so jedoch Otto 1999, 320 f).

[1170] Vgl. Horst 1961, 103; Merendino 1969, 115; Seitz 1971, 189 f; Nielsen 1995, 164.

[1171] Dazu kommt, dass in dem Relativsatz ein anderes Wort (בקר) für „Rind" als in V. 19 b (שור) gebraucht wird (vgl. Ex 22, 29; 34, 19).

[1172] In Ex 13, 2; Num 3, 13 und 8, 17 fehlt die Einschränkung auf männliche Tiere, die in Dtn 15, 19 sowie in Ex 13, 12 und 34, 19 genannt ist (s. dazu Reuter 1993, 164).

Opfern von menschlichen Erstgeburten kennt das AT ohnehin nicht (vgl. Ex 13, 13. 15; 22, 28 f; 34, 20; Num 18, 15). Im Sinne der nachfolgenden, ebenfalls vor-dtn Prohibitivsätze von V. 19 b bedeutet das „Weihen" (קדש Hif.) der Erstlingstiere, dass der Mensch sie nicht zu seinen eigenen wirtschaftlichen Zwecken nutzen darf (vgl. Dtn 21, 3; Num 19, 2). Darin zeigt sich eine heilige Scheu, mit der der antike Mensch der in der Schöpfung wirksamen Fruchtbarkeit begegnete und in einer weisen Selbstbegrenzung auf die restlose Ausnützung der Schöpfungsgaben zu Ehren des Schöpfers zu verzichten wusste.

In der Auslegung des dtn Verfassers wird die Erstgeburtsregel durch den Relativsatz in V. 19 a ausdrücklich auf die Rinder und das Kleinvieh (Schafe und Ziegen), also auf die gewöhnlichen Opfertiere (12, 17; 14, 26; 16, 2), beschränkt (vgl. Ex 22, 29 a). Die Kultzentralisation hatte zur Folge, dass die erstgeborenen Tiere nicht mehr am achten Tag in den lokalen Heiligtümern dargebracht werden konnten (Ex 22, 29), sondern nunmehr alljährlich an der zentralen Kultstätte geopfert und verzehrt werden sollten (V. 20).[1173] Das geschah offenbar im Zusammenhang eines der Wallfahrtsfeste[1174] (16, 1–17), am ehesten beim Pesachfest, das in der dtn Komposition dem Erstlingsgesetz unmittelbar nachfolgt (16, 1–8) und ohnehin eine enge Beziehung auf die Erstlinge aufweist (vgl. Ex 13, 1–16; 34, 18–20). Es ist aber ebenso wenig wie bei den Zehnten (14, 22–29) wahrscheinlich, dass der Kultteilnehmer mit seiner Familie[1175] die Erstlingstiere gänzlich verspeist, ja verjubelt hätte. Wie bei jedem Schlachtopfer von Rind und Schaf gehörte dem Priester wohl auch von den geopferten Erstgeburten „der Bug, die Kinnbacken und der Labmagen" (18, 3). Die priesterliche Gesetzgebung ging noch weiter, als sie das Fleisch der Erstlinge insgesamt den Priestern zuwies (Num 18, 18). Zieht man weiter in Betracht, dass die erste Schafschur nach dem Dtn generell dem Tempel und seinen Priestern zugedacht war (18, 4), dann kam die Wolle der Erstlinge von Schafen und Ziegen, die an der zentralen Kultstätte geopfert wurden, ohnehin dem Zentralheiligtum zugute. Die Zentralisation des Opferkultes war damit auch ein Faktor von hohem wirtschaftlichen Wert für die Ökonomie des Jerusalemer Staatsheiligtums.

Die zweite Hälfte des Erstlingsgesetzes besteht aus einer Sonderbestimmung (vgl. 12, 21*; 14, 24–26*), die die fehlerhaften Erstlingstiere von der Opferung ausschließt (V. 21–22 a). Weil auf den Erstlingen ein Tabu lag und sie in einer sakralen Handlung Jahwe dargebracht wurden, kamen Tiere, die mit irgendeinem erkennbaren Makel behaftet waren, für das Opfer nicht in

21–22 a

[1173] Die engsten Parallelen für V. 20 aα finden sich in 12, 18; 14, 23. 26; 16, 11. Zur Kultzentralisationsformel in Kurzform (V. 20 aβ) vgl. 12, 14. 18; 14, 25 und die weiteren Parallelen oben bei 12, 14.

[1174] Der Ausdruck שנה בשנה „Jahr für Jahr" (V. 20) bezieht sich auch in 1. Sam 1, 7 auf die alljährlichen Wallfahrten.

[1175] Es handelt sich bei V. 20 b („du und deine Familie") um keinen Zusatz (gegen Horst 1961, 105 f; Merendino 1969, 117, und Rose 1994, 38), sondern um eine Abkürzung der dtn Liste der Kultteilnehmer (12, 18), die so auch in 14, 26 begegnet (im Pl. in 12, 7).

Frage. Auch für die Erstlinge galt nach V. 21 die allgemeine Regel von Dtn 17, 1 bezüglich der Makellosigkeit der Opfertiere (vgl. Lev 22, 20–25; Num 19, 2 P). Die nähere Spezifizierung des Makels, „es sei verkrüppelt[1176] oder blind oder habe sonst irgendeinen schlimmen Fehler", steht zwar ein wenig außerhalb der Konstruktion, aber weil sie einen Anhalt in 17, 1 aβ („irgendetwas Schlimmes") hat, darf sie als ursprünglich gelten. „Blind" und „verkrüppelt" – gewöhnlich in dieser Reihenfolge – bilden eine festgeprägte Doppelung als Bezeichnung für Behinderte, sowohl für Menschen (Lev 21, 18; 2. Sam 5, 6. 8; Jer 31, 8; Ijob 29, 15) als auch für Tiere (Mal 1, 8). Es wird nicht gesagt, dass ein fehlerhaftes oder ein unreines Tier (vgl. Ex 13, 13; 34, 20; Num 18, 15 f) durch ein anderes, opferbares Tier zu ersetzen wäre, sondern lediglich festgestellt, dass in diesem Fall entgegen der Zentralisationsforderung von V. 20 die profane Schlachtung in der eigenen Ortschaft (V. 22 a) nach der Ausnahmeregel von 12, 21* erlaubt ist.

22 b–23   2. Die nähere Beschreibung, wer an den in V. 22 a erwähnten lokalen Mahlzeiten teilnehmen darf und wie dabei mit dem Blut zu verfahren ist (V. 22 b–23), erweist sich als Zusatz einerseits dadurch, dass sie nach der abschließenden Anordnung von V. 22 a, die der von V. 20 kontrastiv entspricht, neu einsetzt und zwei Details nachträgt, die in fast identischer Form bei einem Bearbeiter des Kultzentralisationsgesetzes in Dtn 12, 15*. 16 erscheinen (vgl. auch 12, 22–24). Die große Ähnlichkeit des Wortlauts spricht dafür, dass die Ergänzungen an beiden Stellen von ein und demselben exilischen Verfasser stammen,[1177] auf den auch die Liste der essbaren und nicht essbaren Tiere in 14, 3–21* zurückgeht. Mit 15, 22 b–23 legt er dar, dass beim Verfahren mit fehlerhaften Erstgeburten in den Ortschaften dieselben Regeln gelten, die er vorher für die profane Schlachtung im Allgemeinen aufgestellt hat (12, 15*. 16).[1178]

[1176] Die gewöhnliche Wiedergabe von פסח durch „lahm" (z. B. HALAT, 894 a) ist zu eng. „Vielmehr sind alle Formen der durch Stoß verursachten Gebrechen der Extremitäten des Körpers mit in die Bedeutung einbegriffen" (Otto ThWAT VI, 666).

[1177] Ein möglicher Einwand könnte darin bestehen, dass das in 15, 22 b vorkommende Wort יחדו „gemeinsam" in 12, 15 b fehlt, in 12, 22 b aber erscheint, was 15, 22 b–23 eher auf die Stufe der späten Erweiterungen von 12, 22–27 stellen würde. Man muss jedoch in Betracht ziehen, dass LXX יחדו auch in 12, 15 b voraussetzt (ἐπὶ τὸ αὐτό), weshalb die masoretische Lesung von 12, 15 b nicht vollkommen sicher sein dürfte, und außerdem steht 15, 22 b–23 terminologisch 12, 15 f viel näher als 12, 22 ff.

[1178] Zu Einzelheiten s. oben bei 12, 15 f.

3. 9. Du sollst Jahwe, deinem Gott, feiern (16, 1–17)

1 Achte auf den Monat Abib und feire Jahwe, deinem Gott, das Pesach,
denn im Monat Abib hat Jahwe, dein Gott, dich aus Ägypten herausgeführt
    bei der Nacht.
2 Du sollst Jahwe, deinem Gott, als Pesach Kleinvieh und Rinder opfern
an der Stätte, die Jahwe erwählen wird, um seinen Namen dort wohnen zu
lassen.
    3 Du sollst nichts Gesäuertes dazu essen.
        Sieben Tage lang sollst du darauf ungesäuerte Brote essen,
           Brot des Elends,
        denn in ängstlicher Eile bist du aus dem Lande Ägypten aus-
        gezogen,
           damit du dein ganzes Leben lang des Tages deines Aus-
           zugs aus dem Lande Ägypten gedenkst.
    4 Es soll bei dir kein Sauerteig in deinem ganzen Gebiet sie-
    ben Tage lang zu sehen sein.
Von dem Fleisch, das du am Abend
    am ersten Tage
opferst, soll nichts über Nacht bis zum Morgen übrig bleiben.
5 Du darfst das Pesach nicht in einer deiner Ortschaften opfern,
    die Jahwe, dein Gott, dir geben wird,
6 sondern [an][1179] der Stätte, die Jahwe, dein Gott, erwählen wird, um seinen Namen dort wohnen zu lassen, sollst du das Pesach opfern,
    am Abend bei Sonnenuntergang, zur Zeit deines Auszugs aus
    Ägypten. 7 Du sollst es kochen und essen an der Stätte, die
    Jahwe, dein Gott, erwählen wird, und am Morgen sollst du dich
    aufmachen und zu deinen Zelten zurückkehren.
    8 Sechs Tage lang sollst du ungesäuerte Brote essen, und am
    siebten Tag ist Festversammlung für Jahwe, deinen Gott, da
    sollst du keine Arbeit tun.
    9 Sieben Wochen sollst du dir abzählen.
Wenn man die Sichel an den Halm legt, sollst du anfangen, sieben Wochen
zu zählen, 10 und dann sollst du Jahwe, deinem Gott, das Wochenfest feiern
mit freiwilliger Gabe deiner Hand,
    die du gibst, je nach dem dich Jahwe, dein Gott, segnet.
11 Du sollst fröhlich sein vor Jahwe, deinem Gott, du, dein Sohn und deine
Tochter, dein Sklave und deine Sklavin, die Leviten, die in deinen Ortschaften wohnen, sowie die Fremden, Waisen und Witwen, die in deiner Mitte
wohnen, an der Stätte, die Jahwe, dein Gott, erwählen wird, um seinen Namen dort wohnen zu lassen.

[1179] Die nächste Parallelstelle 12, 18 sowie die Mehrheit der alten Übersetzungen sprechen für
die Präposition בְּ statt אֶל (s. BHS).

12 Du sollst daran denken, dass du Sklave gewesen bist in Ägypten, und diese Satzungen bewahren und befolgen.
13 Das Laubhüttenfest sollst du sieben Tage lang feiern, wenn du von deiner Tenne und deiner Kelter einsammelst, 14 und du sollst an deinem Fest fröhlich sein, du, dein Sohn und deine Tochter, dein Sklave und deine Sklavin sowie die Leviten und Fremden, die Waisen und Witwen, die in deinen Ortschaften wohnen. 15 Sieben Tage lang sollst du Jahwe, deinem Gott, feiern an der Stätte, die Jahwe erwählen wird,
      wenn Jahwe, dein Gott, dich in all deinem Ertrag und bei aller Arbeit
      deiner Hände segnen wird, und du sollst voll Freude sein.
16 Dreimal im Jahre sollen alle deine Männer das Angesicht Jahwes, deines Gottes, [sehen][1180] an der Stätte, die er erwählen wird,
      am Fest der ungesäuerten Brote, am Wochenfest und am
      Laubhüttenfest,
aber man soll das Angesicht Jahwes nicht mit leeren Händen [sehen][1180],
17 sondern jeder gebe, was er kann,
      nach dem Segen, den Jahwe, dein Gott, dir gegeben hat.

Dtn 16, 1–17 bietet den Text des Festkalenders, der aus Pesach (V. 1–8), Wochenfest (V. 9–12) und Laubhüttenfest (V. 13–15) sowie einer abschließenden Zusammenfassung (V. 16 f) besteht. Gemeinsam für die jährlichen Feste, die hier gemäß ihrer chronologischen Reihenfolge behandelt werden, ist, dass sie „Jahwe, deinem Gott" gelten (V. 1. 10. 15 f) und als Wallfahrtsfeste an der zentralen Kultstätte zu feiern sind (V. 2. 5 f. 11. 15 f). Somit handelt es sich bei den sie betreffenden Bestimmungen um Zentralisationsgesetze, deren Ort schon in dem ältesten, auf die Kultzentralisation abzielenden Bestand des dtn Korpus vorliegt.[1181] Ihre Stellung in der Komposition ist wohl überlegt: Die siebenmal genannte Zahl sieben[1182] (V. 3. 4. 8. 9bis. 13. 15) verbindet den Festkalender mit den Sch^emitta- und Sklavengesetzen von Dtn 15, 1–18, wo die Zahl sieben neben sechs ebenfalls eine zentrale Rolle spielt (15, 1. 9. 12. 18). Darüber hinaus enthält das rahmende Resümee 16, 16 f Ausdrücke, die den Festkalender sowohl mit dem ferner liegenden Zehntgesetz 14, 22–29[1183] wie auch mit dem unmittelbar

---

[1180] Zur Vermeidung des Anthropomorphismus „das Angesicht Jahwes sehen" haben die Masoreten das Verb ראה in Nif. vokalisiert und damit der gängigen Formel des Heiligtumbesuchs (vgl. Ex 23, 17; 34, 23 f; Dtn 31, 11; Jes 1, 12; Ps 42, 3) den weniger konkreten Sinn „vor dem Angesicht Jahwes erscheinen" verliehen (vgl. BHS).
[1181] Vgl. Reuter 1993, 166–173; Morrow 1995, 15–17.
[1182] Siehe dazu Braulik 1997, 68. Das Schema „siebenmal sieben" ist jedoch kein Beweis für die literarhistorische Einheitlichkeit des Festkalenders (gegen Gertz 1996, 60); denn solche Schemata können auf jeder Stufe der Komposition entstehen.
[1183] Vgl. „dreimal im Jahre" in 16, 16 und „alle drei Jahre" in 14, 28.

vorangehenden Erstlingsgesetz 15, 19–23[1184] in eine kompositorische Verbindung bringen.[1185]

Der dtn Festkalender setzt als seinen älteren Hintergrund den entsprechenden Kalender des Bundesbuches Ex 23, 14–17 (mit einigen kultrechtlichen Vorschriften in V. 18) voraus,[1186] dessen Bestimmungen in Dtn 16, 1–17 unter dem Aspekt der Kultzentralisation radikal neu interpretiert werden.[1187] Wie der Festkalender am Ende des vor-dtn Bundesbuches dem Altargesetz an dessen Anfang (Ex 20, 24–26) kompositionell entspricht, so stellt der dtn Festkalender (16, 1–17) das Gegenstück zu dem dtn Kultzentralisationsgesetz (Dtn 12) dar, und beide zusammen bilden den Rahmen für das sog. Privilegrecht Jahwes (Dtn 12, 2–16, 17). Die von ihnen gerahmten sozialen Bestimmungen des Privilegrechts gelten mithin in einem Raum, dessen Fundament und Dach in den Hoheitsrechten Jahwes bestehen.

Wie von vornherein zu erwarten ist, weist ein Text, in dem es um kultische und rituelle Fragen mit bleibender Bedeutung für die Gemeinschaft geht, einen verwickelten literarischen Werdegang auf, in dem sich verschiedene Phasen der altisraelitischen Kultgeschichte widerspiegeln.[1188] Nach literarkritischer Analyse ergibt sich eine dtn Grundstufe mit den folgenden Versen: V. 1*(ohne „bei der Nacht").2. 5 abα. 6 a* (ohne „am Abend").9 b.10 a*(ohne „die du gibst").11. 13–15 a.16 aαb.17 a. Diese Stufe, auf der alle drei Feste noch in ungefähr gleichem Umfang zur Sprache kommen, findet ihr Ziel in der Zentralisationsforderung. Die erste Bearbeitung erfolgte durch den bundestheologischen Redaktor (DtrB), der die dtn Festordnung durch die für ihn charakteristischen Themen der Landgabe (V. 5 bβ) und des Segens (V. 10 a*[„die du gibst"].10 b.15 b.17 b) erweitert. Tiefer in die Substanz des Festkalenders griff die *erste* kultisch-rituelle Bearbeitung ein, die in V. 1 b*(„bei der Nacht").3 aα. 4 b(ohne „am ersten Tage").6 a*(„am Abend"). 6 b.7 erkennbar wird und vor allem die genaue Tageszeit (Nacht) und die Art des Pesachmahls regelt. Sie weist noch ein spät-dtr Gepräge auf, hat aber zugleich schon ein gewisses Gefälle zum priesterlichen Denken, denn sie erinnert an die kultisch-rituellen Bestimmungen von Dtn 12, 22–27. Eine radikale Neuinterpretation hat der Kultkalender durch die *zweite* kultischrituelle Bearbeitung in V. 3 aβ*(ohne „Brot des Elends").3 bα. 4 a.4 b*(„am ersten Tage").8. 9 a.16 aβ erfahren. Das wesentliche Anliegen dieser Redaktion, die bereits die Pesachüberlieferung der Priesterschrift (Ex 12, 1–14*)

[1184] Die Gemeinsamkeiten sind aufgezählt oben bei 15, 19–23. Eine assoziative Verbindung besteht auch zwischen פסח „verkrüppelt" (15, 21) und פסח „Pesach" (16, 1. 2. 5 f).

[1185] Vgl. vor allem Otto 1999, 324.

[1186] Dagegen wird das Seitenstück von Ex 23, 14–19 in Ex 34, 18–25 nirgendwo in Dtn 16, 1–17 vorausssetzt, was seine relativ späte Herkunft bestätigt (vgl. Perlitt 1969, 225 f; Achenbach 1991, 282; Blum 1996, 358 f; Köckert 2002, 25 f, anders Otto 1999, 324–340).

[1187] Im Einzelnen dazu s. Levinson 1997, 53–97. Die dritte Stufe der Entwicklung vertritt der Festkalender des Heiligkeitsgesetzes in Lev 23 (dazu Cholewiński 1976, 179–216).

[1188] Vgl. von Rad ²1968, 79; Tigay 1996, 152.

voraussetzt, liegt in Ergänzung des eintägigen Pesach durch das siebentägige Fest der ungesäuerten Brote (Mazzot) und damit in der Nivellierung des Festes mit der Konzeption des Heiligkeitsgesetzes (Lev 23, 5–8)[1189] und mit anderen spät-priesterlichen Texten (Ex 12, 15–20; Num 28, 16–25). Den letzten Strich hat dann anhand von V. 3 aβ*(„Brot des Elendes“).3 bβγ. 12 ein später, nachpriesterlicher Redaktor gezogen, der das Halten des Pesach- und Wochenfestes mit der eigenen Erfahrung der Israeliten als Sklaven in Ägypten begründet. Seine Sprache und Argumentation liegen ganz auf der Linie des späten Sabbatgebotredaktors (vgl. 5, 15), dessen Hand auch im Gesetzeskorpus zu finden ist (vgl. 15, 11. 15; 24, 18. 22).

Das Pesach (V. 1–8)[1190]

1*. 2.
5 abα. 6 a*

1. Die dtn Grundschicht, die aus V. 1*(ohne „bei der Nacht“). 2. 5 abα. 6 a* (ohne „am Abend“) besteht, enthält die grundlegenden Bestimmungen über das unter dem Aspekt der Kultzentralisation radikal reformierte Pesach.[1191] Das alte Pesach war offenbar ein Ritus, der im Kreis der Familie und des Sippenverbandes begangen wurde. Von welcher Art dieser Ritus war und welchem Zweck er diente, liegt weitgehend im Dunkeln.[1192] Eine weite Verbreitung in der Forschung nahm die Auffassung ein, nach der das Pesach von Haus aus ein apotropäischer Blutritus nomadischer Herkunft war, der bei der Transhumanz zum Schutz der Herden vorgenommen wurde: Vor dem Aufbruch auf die Sommerwanderung seien die Eingänge der Zelte mit dem Blut eines zu diesem Zweck geschlachteten Tieres bestrichen worden, um vorzubeugen, dass der dämonische „Verderber“ nicht eintrat, sondern „vorbeigeht“ (פָּסַח). Spuren von diesem Ritus sollen sich in historisierter Form in Ex 12, 21–23 erhalten haben.[1193] Inzwischen sind die Grundlagen dieser Erklärung jedoch brüchig geworden, denn es hat sich gezeigt, dass die herangezogenen arabischen Analogien in Wirklichkeit anderer Art sind und die Theorie vom Pesach als einem angeblich apotropäischen Blutritus nomadischer Herkunft nicht unterstützen.[1194] Außerdem ist mehr als fraglich, ob sich gerade in Ex 12, 21–23 historisch zuverlässige Nachrichten über den alten Sinn des Pe-

---

[1189] Ein Vergleich der verschiedenen Festkalender im Pentateuch unterstützt die Auffassung, dass das Heiligkeitsgesetz (Lev 17–26) erst nach P anzusetzen ist (vgl. Cholewiński 1976, 334–338, und Otto 1994 a, 65–80).

[1190] Etwas ausführlicher zum Pesach s. Veijola 2000, 131–152.

[1191] Andere Texte zum Pesach: Ex 12; 34, 25; Lev 23, 5; Num 9, 1–14; 28, 16; Jos 5, 10–12; 2. Kön 23, 21–23; 2. Chr 30; 35, 1–19; Esr 6, 19–21 und Ez 45, 21–24.

[1192] Verschiedene Hypothesen über seinen ursprünglichen Sinn finden sich bei Laaf 1970, 148–158.

[1193] Die oben dargelegte Erklärung zum Ursprung des Pesach stammt von Rost (1943 =) 1965, 101–112, und genießt nach wie vor ein hohes Ansehen.

[1194] Siehe Wambacq Bib. 1976, 208 f.

sach enthalten haben, denn dieser Text dürfte P, wenn nicht gar erst einer Sekundärschicht von P (P^S) angehören[1195].

Angesichts der neu entstandenen Ratlosigkeit über den Sinn des Pesach verdient ein schon von Wellhausen unterbreiteter Vorschlag erneute Beachtung. Nach ihm liegt hinter dem Pesach die alte Sitte, die Erstgeburten der Tiere im Frühling der Gottheit darzubringen.[1196] Dieser Hintergrund könnte den Anlass dazu gegeben haben, dass in der dtn Gesetzgebung die unmittelbar vorangehende Bestimmung (15, 19–22 a) ausgerechnet das Opfer der Erstlinge von Rindern und Kleinvieh (15, 19) behandelt (vgl. 16, 2) und dass die spätere, ausführliche Historisierung des Festes in Ex 12 den Pesachritus mit der Tötung aller Erstgeburten verbindet (vgl. auch Ex 13, 1–16 und 34, 18–20). Darüber hinaus würde diese Theorie es leicht erklärlich machen, wie der dtn Gesetzgeber das alte Pesach, das Fest der Darbringung von tierischen Erstlingen, mit dem alten Mazzotfest, das den agrarischen Erstlingen galt (s. u.), in Verbindung bringen konnte. Die ähnliche Herkunft der Feste begünstigte ihre spätere Assimilation.

Auf jeden Fall konnte der Deuteronomiker das herkömmliche Pesach, das ein lokales Opferfest war, so nicht akzeptieren. Er half sich so, dass er dem Pesach einen neuen Inhalt gab, den er in der Bestimmung des Bundesbuches über das Fest der ungesäuerten Brote (Mazzot) fand (Ex 23, 15 a).[1197] Das Mazzotfest war ursprünglich offenbar den anderen in Ex 23, 15 f erwähnten Festen (Ernte- und Lesefest) gleich ein Bauernfest, das im Frühjahr am Beginn der Gerstenernte gefeiert wurde, in Ex 23, 15 a jedoch schon eine neue, historische Motivation erhalten hatte, die es mit dem Auszug Israels aus Ägypten verband. Der dtn Verfasser verknüpfte das Mazzotfest mit seinem eigenen Text (Dtn 16) dadurch, dass er das Datum und den Anlass dieses Festes auf das Pesach übertrug und das überflüssig gewordene Mazzotfest stillschweigend überging.

Bei der Formulierung der Pesachverordnung geht der dtn Verfasser in V. 1* von Ex 23, 15 a aus,[1198] von wo er die zentralen Termini übernimmt und sie mit neuen Inhalten füllt: Das Verb „achten" (שמר)[1199] erhält als Objekt statt des Mazzotfestes den Monatsnamen Abib („Ährenmonat")[1200], der als Früh-

1*

[1195] Siehe z. B. Van Seters 1994, 115–118, auf der einen (P), und Levin 1993, 336, auf der anderen Seite (P^S).

[1196] Wellhausen ⁶1927, 85.

[1197] Siehe insbesondere Levinson 1997, 62–89.

[1198] Würde man mit Gesundheit 2003, 61, V. 1 insgesamt als sekundär abschneiden, bliebe ein Torso ohne Kopf übrig (vgl. V. 10 aα. 13 a) und dem V. 2 (mit Perf. cons.) fehlte die Vorbereitung.

[1199] Inf. abs. wie in 14, 22 und 15, 2. Der Einfluss von 16, 1 zeigt sich in der Formulierung der Einleitung des Sabbatgebots 5, 12.

[1200] Anhand des einzigen Belegs (Jer 2, 24), in dem חדש abweichend von seiner gewöhnlichen Bedeutung „Neumond" bzw. „Monat" für die „Brunstzeit" der Kamelin (HALAT, 283 a) verwendet wird, versucht Wagenaar nachzuweisen, dass חדש האביב überhaupt kein alter Monatsname ist, sondern die bewegliche „Ährensaison" bezeichnet (ZAW 2003, 10 f). Abgesehen von dem fragwürdigen Ausgangspunkt, Jer 2, 24, der in seiner Einmaligkeit schon textlich unsicher ist (vgl. LXX), erhebt sich die Frage, wie man die in Ägypten und in Israel anders fallende „Ährensaison" zur genauen Datierung eines historisierten Festes hätte benutzen können, was offensichtlich in Ex

lingsmonat (März/April) die Zeit bezeichnet, in der die ersten Ähren der Gerstensaat zur Weichreife kommen (vgl. Ex 9, 31; Lev 2, 14),[1201] und wird mit einem anderen Verb, „feiern" (עשה), ergänzt, das zu dem neuen Ziel des Verfassers führt: dem Pesachfest, das ausdrücklich „Jahwe, deinem Gott" gefeiert wird (vgl. V. 10. 15 f).[1202] Seine heilsgeschichtliche Begründung (V. 1 b*) erhält das Pesach vom Mazzotfest, wobei gegenüber der Vorlage (Ex 23, 15 a) der Zeitpunkt des Auszugs[1203] mit Absicht betont und sein Initiator, Jahwe, namentlich erwähnt wird (vgl. Dtn 6, 21; 26, 8). So entstand die zukunftsträchtige Verbindung von Pesach und Exodus.[1204]

2   In Dtn 16, 2 wird das Pesach der normalen dtn Opferpraxis angepasst, indem als Gegenstand des Opfers (זבח)[1205] die gewöhnlichen Opfertiere „Kleinvieh und Rinder" bestimmt werden[1206] (vgl. 12, 17; 14, 26; 15, 19) und als dessen einzig legitimer Ort die zentrale Kultstätte festgelegt wird.[1207]

5 abα. 6 a*   Die ursprüngliche Fortsetzung von V. 2 erfolgt in V. 5 abα. 6 a*,[1208] wo das Hauptanliegen der dtn Pesachverordnung durch ein negatives und positives Gebot verstärkt zum Ausdruck kommt (vgl. 12, 17 f). Das Verbot, das Pesach in den eigenen Ortschaften zu opfern (V. 5 abα), nimmt kontrastiv Bezug auf V. 2 a und bestreitet ausdrücklich die offenbar herkömmliche Sitte, den Pesachritus im Familien- und Sippenverband am eigenen Wohnort vorzunehmen. Nicht nur aus Stilgründen (vgl. 12, 17 f), sondern wegen der Wichtigkeit der Sache wird die Zentralisationsforderung aus V. 2 in V. 6 a* wiederholt und damit die dtn Pesachverordnung pointiert abgeschlossen.

Der dtn Legislatur ging es bei der Pesachreform vor allem darum, aus dem alten Ritus, der in Familien außerhalb der öffentlichen Kontrolle begangen wurde, ein Fest zu machen, das als Wallfahrt an der zentralen Kultstätte in Je-

---

13, 4; 23, 15 a, 34, 18 und Dtn 16, 1 der Fall ist. Die Historisierung des Festes, die in Ex 23, 15 a begann, setzt einen festen Termin (Monat) voraus.

[1201] Dagegen wird oft der Einwand erhoben, dass Gerste in Palästina normalerweise im März/April noch nicht erntereif ist (so auch Levinson 1997, 91 f; Reuter 1993, 167, und Wagenaar ZAW 2003, 12 f). Was die damaligen Verhältnisse betrifft, so wird dieser Einwand durch den aus dem 10. Jahrhundert stammenden Agrarkalender von Gezer widerlegt, nach dem der „Gerstenschnitt" (קצר שערם) auf den Monat April fällt (KAI II, 182). Weitere Argumente für den Abib als Beginn der Gerstenernte, die auch nach Wagenaars Widerspruch (ZAW 2003, 12 f) gültig bleiben, finden sich bei Veijola 2000, 138–140.

[1202] Das Verb עשה (hier: „feiern"), das das vorangehende Verb שמר „achten" logisch fortsetzt, bildet das Leitwort, mit dessen Hilfe auch die übrigen Feste eingeführt werden (V. 10. 13). Folglich lässt sich V. 1 aβγ und damit das Pesach nicht als sekundär ausscheiden (gegen Merendino 1969, 128; Halbe ZAW 1975, 156, und Weimar 1999, 66).

[1203] Vgl. davon abhängig in Ex 13, 4 und 34, 18.

[1204] Vgl. Wellhausen ⁶1927, 85, und Levinson 1997, 78.

[1205] Vgl. dagegen Ex 12, 6. 21 (P bzw. Pˢ), wonach das Pesach – außerhalb der zentralen Kultstätte – nicht „geopfert", sondern „geschlachtet" (שחט) wird.

[1206] „Kleinvieh und Rinder" als Zusatz zu beurteilen, ist eine übliche, aber voreilige Entscheidung.

[1207] Die Zentralisationsformel erscheint in V. 2 in Langform mit dem Verb שכן Pi. wie in 12, 5. 11; 14, 23; 16, 6. 11; 26, 2.

[1208] Vgl. Merendino 1969, 133.

rusalem gefeiert werden sollte. Von einem derartigen Pesachfest, das nach den Vorschriften des „Bundesbuches" (= Dtn) im 18. Jahr des Königs Joschija veranstaltet wurde, berichtet ein nomistischer Deuteronomist in 2. Kön 23, 21–23. Der Wortlaut seines fiktiven Berichts lässt erkennen, dass dabei die oben rekonstruierte dtn Pesachverordnung (ohne Mazzot)[1209] als Text vorgelegen hat.

2. Die früheste redaktionelle Ergänzung der dtn Pesachverordnung begegnet in dem Relativsatz von V. 5 bβ.[1210] Er fehlt an der entsprechenden Stelle des dtn Grundgebots in 12, 17, findet sich aber in 15, 7 aβγ, wo ihn DtrB an den vorangehenden Ausdruck „in einer deiner Ortschaften" anhängte, wie in 16, 5 b, was für die gemeinsame Herkunft des Satzes an beiden Stellen[1211] spricht. Durch diese Formel, die sich gewöhnlich und indirekt auch hier auf das Land bezieht (die Landgabeformel), wird die schon im dtn Grundtext begonnene Historisierung des Pesach fortgesetzt, indem neben dem Auszug aus Ägypten auch das andere große Thema des Credo, die Landgabe, berücksichtigt wird. Obwohl das Opfern des Pesach außerhalb Jerusalems verboten ist, gehören die Wohnorte der Israeliten weiterhin zu dem Raum, für den die göttliche Heilszusage gilt.

3. Eine profilierte Neuakzentuierung des dtn Pesach erfolgte durch die *erste* kultisch-rituelle Bearbeitung, die in V. 1 b*(„bei der Nacht").3 aα. 4 b*(ohne „am ersten Tage").6 a*(„am Abend").6 b.7 greifbar wird. Sie lässt sich mit relativ großer Sicherheit sowohl gegenüber dem älteren wie auch dem jüngeren Textbestand abgrenzen. Die genaue Zeitbestimmung „bei der Nacht" kommt verspätet am Ende von V. 1 b und verträgt sich schlecht mit der allgemeinen Zeitangabe „im Monat Abib".[1212] Der Übergang zu den Einzelheiten des Essens in V. 3 f überrascht nach V. 2 und vor V. 5 f, wo beide Mal vom *Ort* des Pesachopfers die Rede ist. Das auf die *erste* kultisch-rituelle Bearbeitung zurückgehende Grundgerüst der mehrschichtigen Erweiterung in V. 3 f umfasst allein V. 3 aα und V. 4 b*, für die es eine Vorlage im Bundesbuch gibt (Ex 23, 18 a+18 b). Die dazwischen liegende Mazzotschicht V. 3 aβ–4 a, die ihrerseits durch „Brot des Elends" (in V. 3 aβ) und durch V. 3 bβγ erweitert worden ist,[1213] ist mittels einer Wiederaufnahme („dazu/darauf essen") und einer Ringkomposition („sieben Tage lang") in den älteren Text eingebettet worden.[1214] Die Zeitbestimmung „am ersten Tage" ist in V. 4 b sekundär[1215] und

(Randnotizen:) 5 bβ

1 b*. 3 aα. 4 b* 6 a*b. 7

1209 Erst in dem Parallelbericht 2. Chr 35, 1–19 wird das Mazzotfest ergänzt, und selbst dort als deutlicher Nachtrag (V. 17 b), vgl. Wambacq Bib. 1980, 36.

1210 Als sekundär beurteilt auch von Merendino 1969, 133, und Gertz 1994, 33.

1211 Außerdem begegnet der Satz bei DtrB in 4, 1 b; 7, 16; 11, 17; 13, 13; 16, 18 aβ (?); 17, 2.

1212 Vgl. etwa Nebeling 1970, 95; Mayes ²1981, 258, und Reuter 1993, 167.

1213 Vgl. Horst 1961, 119, und Nebeling 1970, 98.

1214 Zu V. 3 aβ–4 a als Zusatz vgl. z.B. Steuernagel ²1923, 112; Horst 1961, 107. 116; von Rad ²1968, 80; Seitz 1971, 196 f; Cholewiński 1976, 179 f; Levinson 1997, 87.

1215 Vgl. Steuernagel ²1923, 112 f; Horst 1961, 107; Nebeling 1970, 99.

hängt mit den „sieben Tagen" der Mazzotschicht zusammen. Am Ende von V. 6 a verschiebt sich das Interesse unvermittelt vom Ort des Pesach auf die Tageszeit („am Abend"), die in V. 6 b–7 näher erläutert und mit dem Zeitpunkt des Ägyptenauszugs in Verbindung gebracht wird.[1216] Damit erweist sich die *erste* kultisch-rituelle Bearbeitung als eine kohärente Schicht, in der das Pesachmahl hinsichtlich der Tageszeit genau festlegt (V. 4 b*.6 a*b.7) und mit dem Termin des Ägyptenauszugs koordiniert wird (V. 1 b*.6 b). Eine noch spätere Ergänzung stellt V. 8 dar,[1217] der mit der oben eruierten Mazzotschicht (V. 3 aβ*bα. 4 ab*) zusammenhängt (s. u.).

1 b. 3 aα. 4 b*   Wenn der *erste* kultisch-rituelle Bearbeiter als Tageszeit des Exodus die Nacht angibt (V. 1 b), legt sich die Annahme nahe, dass er das im Vorangehenden zweimal begegnende Wort חדש nicht als „Monat", der sich schlecht auf eine genaue Tageszeit beziehen lässt, sondern als Tagesdatum, „Neumond" (vgl. 1. Sam 20, 5. 24; 2. Kön 4, 23 u. ö.), verstand.[1218] Die beiden nachfolgenden Ritualvorschriften (V. 3 aα und V. 4 b*) formuliert der Bearbeiter seinem Vorgänger gleich in engem Anschluss an den Festkalender des Bundesbuches. Was dort (Ex 23, 18) im Blick auf die Schlachtopfermahlzeit verboten ist, wird hier auf das nächtliche Pesachmahl angewandt. Die Tabuvorschrift, nichts Gesäuertes bei dem Opfer zu verwenden (vgl. Lev 2, 11; 6, 10), die allerdings nicht für jede Art von Opfern galt (vgl. Lev 7, 13; 23, 17; Am 4, 5), wurde infolge von Dtn 16, 3 aα zum charakteristischen Merkmal des Pesach (Ex 12, 8; Num 9, 11) und diente als Verbindungsglied zwischen Pesach und Mazzot. Eine traditionsbildende Kraft erwuchs auch der anderen Vorschrift (V. 4 b*), nach der nichts vom Pesachtier bis zum nächsten Morgen übrig bleiben darf (vgl. Ex 12, 10; 34, 25; Num 9, 12)[1219].

6 a*b. 7   Den zweiten Argumentationsgang des dtn Verfassers (V. 5 abα. 6 a*) kommentiert der kultisch-rituelle Bearbeiter in V. 6 a*b.7 nach denselben Prinzipien wie den ersten (V. 1*. 2). Die genaue Tageszeit des Pesachopfers wird mit dem Stichwort „am Abend", das auf die „Nacht" in V. 1 sowie auf den „Abend" in V. 4 b* Bezug nimmt, angegeben und mit einem dtn/dtr Ausdruck noch genauer als „bei Sonnenuntergang" (vgl. Dtn 23, 12; 24, 13) definiert. Dies erfährt in V. 6 bβ wiederum eine Abstimmung mit dem Termin des Exodus, wobei auf Ex 23, 15 a zurückgegriffen, aber die dort (und in Dtn 16, 1*) überlieferte allgemeine Zeitangabe auf eine bestimmte Tageszeit übertragen wird.[1220] Die priesterliche Gesetzgebung spezifizierte die Termine

---

[1216] Der sekundäre Charakter dieser Textteile wird gewöhnlich übersehen, vgl. jedoch zu V. 6 b Merendino 1969, 133, und zu V. 7 a Halbe ZAW 1975, 152.

[1217] Vgl. dazu Steuernagel ²1923, 112; von Rad ²1968, 80; Seitz 1971, 197; Cholewiński 1976, 179 f; Wambacq Bib. 1976, 308; Mayes ²1981, 254; Reuter 1993, 169.

[1218] Vgl. Elhorst ZAW 1924, 138; von Rad ²1968, 79; Gertz 1996, 64 Anm. 28, und Tigay 1996, 153.

[1219] Ex 12, 10 und Num 9, 12 gehören zu P^S, und Ex 34, 25 ist eine Kontamination von Ex 23, 18 und Dtn 16, 4 b*.

[1220] Während מועד in Ex 23, 15 für ein Datum (den Monat Abib) steht, bezeichnet es in Dtn 16, 6 b die Tageszeit (Abend/Nacht), Levinson 1997, 78.

noch genauer, als sie die Schlachtung des Pesachtieres auf die Abenddämme-
rung (Ex 12, 6; Lev 23, 5; Num 9, 3. 5. 11) und sein Essen auf die Nacht (Ex
12, 8) festsetze. Dass der kultisch-rituelle Bearbeiter das Pesach als gewöhn-
liches Opfer, das an der zentralen Kultstätte dargebracht wird, verstand, zeigt
sich in V. 7, der die Vorbereitungsmethode als Kochen beschreibt, wie es nor-
maler Brauch bei einem Schlachtopfer war (vgl. Dtn 14, 21; Ri 6, 19–21;
1. Sam 2, 13–15). Das Kochen als Vorbereitungsmethode des Pesach konnte
sich allerdings nicht durchsetzen, sondern wurde in P durch das Braten ersetzt (Ex 12, 8), in P^S (Ex 12, 9) sogar ausdrücklich verboten, was den späteren Auslegern Kopfzerbrechen bereitete.[1221]
   Für den *ersten* kultisch-rituellen Bearbeiter, der geistig und zeitlich zwischen dem dtr und priesterschriftlichen Kreis steht (vgl. Dtn 12, 22–27), war
das Pesach somit ein Opferfest, das an einem Abend und in der darauf folgenden Nacht am Neumond im Monat Abib in Jerusalem begangen wurde.
Am nächsten Morgen sollten die Pilger sich auf den Weg machen und zu ihren Zelten zurückkehren (v. 7 b), d. h. nach Hause[1222] gehen, und damit war
das Fest zu Ende.

4. Die *zweite* kultisch-rituelle Bearbeitungsschicht, die die *erste* durch 3 aβ*bα.
V. 3 aβ*bα. 4 ab*(„am ersten Tage").8 ergänzt, ist gänzlich von dem Interesse 4 ab*. 8
geleitet, das in Ex 23, 15 (ohne das Pesach!) erwähnte, aber von den früheren
Autoren in Dtn 16, 1–8* vernachlässigte Mazzotfest nachzutragen und dem Pesach zu integrieren. Durch diese Bearbeitung entsteht in Dtn 16 die Symbiose
von Pesach und Mazzotfest, die typisch für die priesterschriftliche Literatur,
auch darüber hinaus gültig bleibt. In der fertigen priesterlichen Systematik erscheint das Pesach als einzelnes, eintägiges Fest am 14. Tag des ersten Monats,
dem unmittelbar das siebentägige Mazzotfest mit einer „heiligen Versammlung" am ersten und siebten Tag nachfolgt (Lev 23, 5–8; Num 28, 16–25). Daneben begegnen aber einige weniger systematisierte Texte priesterlicher Provenienz, in denen der erste Tag der Mazzotwoche mit dem Pesach zusammenfällt
(Ex 12, 15–20; Ez 45, 21–24, vgl. 2. Chr 35, 17)[1223]. Die Mazzotbearbeitung in
Dtn 16 schließt sich dieser Konzeption an.
   In V. 3 aα fand der Bearbeiter das Verbot vor, beim Pesachmahl etwas 3 aβ*bα. 4 a
Gesäuertes zu essen, was ihm den natürlichen Anlass gab, in V. 3 aβ* mit der
aus Ex 23, 15 stammenden positiven Vorschrift fortzufahren, dass die darauf

---

[1221] LXX schließt einen Kompromiss mit ihrer Übersetzung (Dtn 16, 7), nach der man das
Pesach „kochen und braten" soll, vgl. Ex 12, 9. Raschi (zu Dtn 16, 7) behauptet entgegen dem
expliziten Wortlaut von Ex 12, 9, dass das Verb „kochen" (בשל Pi.) auch für den Ausdruck „am
Feuer braten" (צלי אש) verwendet werden kann, was in 2. Chr 35, 13 in der Tat der Fall ist, aber
auch dort handelt es sich um einen gelehrten Versuch, den besagten Widerspruch zu lösen.
[1222] Vgl. zum Ausdruck Dtn 5, 30 (s. dort näher).
[1223] Vgl. auch 2. Chr 30, 13. 15. 21. 23 und Esr 6, 19–22. Es ist hier jedoch nicht klar, ob die
sieben Tage des Mazzot das Pesach einschließen oder nicht. Nach dem NT fällt der erste Tag
der Mazzotwoche mit dem Tag zusammen, an dessen Abend der Pesachritus begangen wird
(Mk 14, 12 par. Mt 26, 17 und Lk 22, 7; vgl. auch Mk 14, 1 par. Lk 22, 1 [Mt 26, 2]).

folgenden sieben Tage lang ungesäuerte Brote (Mazzen) zu essen sind (vgl. Ex 13, 6; 34,18). Die Mazzen sind ohne Sauerteig schnell gebackene Fladenbrote aus Gerstenmehl und Wasser,[1224] die in unerwarteten Situationen leicht als „fast food" zur Hand waren (vgl. Gen 19, 3; Ri 6, 20; 1. Sam 28, 24). In dieser Eigenschaft eigneten sie sich vorzüglich als Wegzehrung für die Israeliten, die „in ängstlicher Eile"[1225] (vgl. Ex 12, 11 P; Jes 52, 12) von Ägypten ausziehen mussten (V. 3 bα) und keine Zeit für Gesäuertes hatten (vgl. Ex 12, 34. 39). Damit greift der Bearbeiter eine Einzelheit des Exodusgeschehens heraus und misst ihr einen nahezu sakramentalen Wert bei. Das Verbot des Gesäuerten wird in V. 4 a noch verschärft, indem nicht nur das Essen, sondern auch die Existenz des Sauerteigs im Lande während der Mazzotwoche untersagt wird.[1226]

4 b*   Die in V. 4 b nachträglich ergänzte Zeitbestimmung „am ersten Tage" setzt natürlich die auf denselben Bearbeiter zurückgehenden und in V. 3 aβ und V. 4 a erwähnten sieben Tage des Mazzot voraus und zeigt unmissverständlich, dass der erste identisch mit dem Tag (Abend) des Pesachopfers ist. Die Zeitangabe „am ersten Tage" ist charakteristisch für die Pesach-Mazzot-Verordnungen der spätpriesterlichen Literatur (Ex 12, 15; Lev 23, 7; Num 28, 18)[1227] und begegnet dort häufig auch im Zusammenhang mit anderen Festen (Lev 23, 35. 39. 40; Num 7, 12).

8   Der allgemein als Zusatz geltende V. 8 wird oft als unvereinbar mit den früheren Mazzotstellen des Abschnitts angesehen, weil in ihm von einem sechstägigen Essen der Mazzen im Gegensatz zu den sieben Tagen von V. 3 aβ die Rede ist. Das stellt jedoch eine voreilige Schlussfolgerung dar; denn natürlich hat der kultisch-rituelle Bearbeiter in V. 8 der Tatsache Rechnung getragen, dass nach V. 6 f schon ein Tag verstrichen war und von den am Anfang erwähnten sieben Tagen jetzt nur noch sechs übrig blieben![1228] Hinsichtlich seiner Terminologie und Gedankenwelt fügt sich V. 8 vollkommen in das Bild, das die priesterschriflichen Berührungen mit der Mazzotschicht oben zeigten. Das zeitliche Schema von 6/7 Tagen begegnet bereits im priesterlichen Sabbatgebot des Dekalogs Ex 20, 9 f (Dtn 5, 13 f).[1229] Eine „Festversammlung" (עצרת) für Jahwe, während der alle normalen Arbeiten verboten sind, bildet die gewöhnliche Abschlussfeier, die in der priesterlichen und davon abhängigen Literatur nach einer Festwoche am achten Tag stattfindet (Lev 23, 36; Num 29, 35; Neh 8, 18; 2. Chr 7, 9). Die Festversammlung, die im Zu-

---

[1224] HALAT, 588 a.

[1225] Zum Ausdruck בחפזון „in ängstlicher Eile" findet sich eine zutreffende Erklärung bei Luther: „Das heißt, mit Furcht und Angst, wie diejenigen, die in Bedrängnis sind, zu eilen und sich zu ängstigen pflegen, damit sie möglichst schnell entkommen können. Das ist nämlich der Sinn dieses Wortes ‚Haphas', das nicht einfach eilen oder zittern bedeutet, sondern (wie ich sagte) einer Bedrängnis zu entkommen versuchen, wie über David gesagt wird …" (mit Verweis auf 1. Sam 23, 26 und weiter auf Ex 12, 11 sowie Ps 104, 7 und Ps 116, 11), (WA 14, 661: 28–32, deutsch Verf.).

[1226] Vgl. dazu vor allem Ex 13, 7, aber auch Ex 12, 15. 19. Alle diese Stellen sind jünger als P.

[1227] Vgl. auch Mk 14, 12 (par. Mt 26, 17).

[1228] Vgl. Gertz 1996, 64.

[1229] Vgl. weiter etwa Ex 16, 26; 31, 15; 35, 2; Lev 23, 3; 25, 3 f.

sammenhang mit dem Mazzotfest veranstaltet wird, trägt allerdings dort einen anderen Namen, „heilige Versammlung" (מקרא קדש)[1230], aber nach Ausweis von Lev 23, 36 stellt er in der priesterlichen Terminologie nur eine andere Bezeichung für die „Festversammlung" (עצרת) dar[1231]. Auch das Arbeitsverbot wird in V. 8b auf eine Art und Weise ausgedrückt, für die es Parallelen ausschließlich im Bereich der priesterlichen und sonst späten Literatur gibt.[1232] Der Einfluss des aus priesterlichen Kreisen stammenden Sabbatgebots auf V. 8 liegt auf der Hand.[1233] Es ist weiter in Betracht zu ziehen, dass „der siebte Tag", an dem die Festversammlung nach Dtn 16, 8 stattfindet, vom Pesach gerechnet schon der achte Tag ist und damit mit dem fertigen priesterlichen Pesach-Mazzot-Kalender genau übereinstimmt. Es stellt sich lediglich noch die Frage, wie der Bearbeiter sich konkret den Ablauf des achttägigen Festes vorgestellt hat. Offenbar nahm er aufgrund von V. 7 an, dass die Pilger nach der Feier der Pesachnacht am nächsten Morgen nach Hause gehen, die darauf folgenden sechs Tage zu Hause verbringen und Mazzot essen, um am siebten Tag wieder nach Jerusalem zu kommen und um an der abschließenden Festversammlung teilzunehmen.[1234] Möglich ist derlei natürlich nur in den geographisch kleinen Verhältnissen der Jerusalemer Kultgemeinschaft, die nicht weit vom Tempel wohnt.

5. Die letzte Note hat ein nachpriesterlicher Bearbeiter der Pesachverord- 3 aβ*. 3 bβγ
nung aufgesetzt, der die ungesäuerten Brote als „Brot des Elends" bezeichnet (V. 3 aβ) und ihr Essen als bleibende Erinnerung an die Befreiung aus Ägypten deutet (V. 3 bβγ). Durch die Bezeichnung „Brot des Elends" erhalten die ungesäuerten Brote einen neuen Symbolwert, der in Ex 23, 15 und den davon abhängigen Stellen Ex 13, 6 und 34, 18 noch fehlt. Der Ausdruck „Brot des Elends" (לחם עני) spielt auf die Bedrückung der Israeliten in Ägypten an (vgl. Ex 1, 12; 3, 7. 17; 4, 31; Dtn 26, 7) und ruft damit den dort erlebten harten Frondienst (Ex 5) in Erinnerung.[1235] Die eigentliche Pointe liegt jedoch auf der Erfahrung der Befreiung: Der einmalige Tag des Auszugs (vgl. V. 1. 6) soll durch das Essen der Mazzen gegenwärtig werden[1236] und dem Leben ori-

---

[1230] Ex 12, 16; Lev 23, 8; Num 28, 25.

[1231] Die Parallelität lässt die von HALAT, 594 b.825 a, vorgeschlagene terminologische Differenzierung zwischen עצרה/עצרת „Feiertag" und מקרא „Versammlung" als zweifelhaft erscheinen.

[1232] Außer dem Dekalog Ex 20, 9 (Dtn 5, 14) s. Ex 12, 16; Lev 16, 29; 23, 3. 28. 31; Num 29, 7; Jer 17, 22.

[1233] Hossfeld 1982, 251 f; Reuter 1993, 169. 171.

[1234] Eine andere Möglichkeit ist, dass der Bearbeiter die Pilger nicht nach Hause schickt, sondern die „Zelte" in V. 7 wörtlich versteht und die Pilger in der Umgebung des Tempels über die Festwoche zelten lässt (vgl. Mayes ²1981, 259; Nielsen 1995, 170).

[1235] Vgl. bereits Raschi: „das Brot, das an das Elend erinnert, das sie in Ägypten erlitten" (zu Dtn 16, 3).

[1236] Die Exodusformel verbunden mit „dem Tag des Auszugs" (יצא und יום) gehört zum späten Sprachgebrauch (Jer 7, 22; 11, 4; 34, 13; Mich 7, 15), vgl. Braulik 1988, 105. Das gilt auch für „Gedenken" (זכר) mit einem kultischen Terminus als Objekt (Ex 13, 3; 20, 8; Est 9, 28), vgl. Hossfeld 1982, 41.

entierende Kraft für alle zukünftigen Tage[1237] geben (V. 3 bβγ). Die Sprache und die Argumentationsart verbinden diesen Kommentar mit der nachpriesterlichen Redaktion, die dem Sabbatgebot seine jetztige Gestalt (5, 12–15) verliehen und die auch an einigen anderen Stellen ethisch deutende Bemerkungen eingestreut hat (15, 11. 15; 16, 12; 24, 18. 22).[1238]

Das Wochenfest (V. 9–12)

9 b–10 a*. 11 1. Die dtn Bestimmung über das „Wochenfest" (V. 9 b–10 a*.11) novelliert die ältere Vorschrift des Bundesbuches über das „Erntefest" (Ex 23, 16 a).[1239] Dieses Fest, das auch als „Tag der Erstlinge" (Num 28, 26) bekannt ist, war ein altes agrarisches Fest, das als Festtag beim Abschluss der Getreideernte, wenn der Weizen eingebracht war, gefeiert wurde. Sein neuer Name, „Wochenfest" bzw. „Schabuʿot", den er in Dtn 16, 10 erhält, verdankt sich der durchschnittlichen Dauer der Kornernte von sieben Wochen (vgl. Jer 5, 24), die natürlich je nach jährlichen und örtlichen Verhältnissen wechselten, das Fest damit also keinen absoluten Termin hatte. Der dtn Gesetzgeber legt Gewicht darauf, dass das Erntedankfest nicht etwa den Göttern der Fruchtbarkeit, sondern „Jahwe, deinem Gott" gilt (V. 10), wie auch die übrigen Feste (V. 1. 15). Das Fest kennt bei ihm noch keine festgesetzten Opfer, jeder soll „freiwillige Gaben" (vgl. 12, 17; 23, 24) nach Maßgabe seines Vermögens geben.[1240] Der etwas dunkle Bezug von Ex 23, 16 a auf die „Erstlinge deiner Arbeit" ist entfallen, da die Erstlinge der Landwirtschaft im Dtn vom Festzyklus unabhängig sind (vgl. Dtn 18, 4; 26, 1–11). Seine Signatur erhält das Erntedankfest von der es beherrschenden Freude[1241] (V. 11 a), die ihre Würde dadurch bewahrt, dass sie „vor Jahwe, deinem Gott", also im Heiligtum und vor den Augen Gottes, stattfindet (vgl. 12, 18; 14, 26; 16, 14; 26, 11). Außerdem soll das Freudenfest eine soziale Angelegenheit sein,[1242] die nicht nur den Mitgliedern des eigenen Haushalts, sondern auch den Randgruppen der Gesellschaft, den Leviten, Fremden, Waisen und Wit-

---

[1237] Im Hebräischen steht eine bewußte Beziehung zwischen „dem Tag deines Auszugs" und „allen Tagen deines Lebens" (vgl. zu dieser Wendung Dtn 4, 9; 6, 2; 17, 19).

[1238] Das „Brot des Elends" hat in 16, 3 die Funktion, an das Sklavendasein in Ägypten zu erinnern (vgl. 5, 15; 15, 15; 16, 12; 24, 18. 22); zum Verb „gedenken" (זכר) vgl. 5, 15; 15, 15; 16, 12; 24, 18. 22; der für diese Texte typische Hinweis auf die Befreiung aus Ägypten wird in 5, 15 und 16, 3 durch den Kontext bedingt (vgl. 5, 6; 16, 1. 3 bα. 6) mit dem Verb יצא „ausziehen" ausgedrückt, in 15, 15 und 24, 18 hingegen aus demselben Grund (vgl. 15, 12; 24, 17) mit dem Verb פדה „freikaufen".

[1239] Die anderen Texte, die das Fest nennen, sind alle jüngerer Herkunft: Ex 34, 22; Lev 23, 15–21; Num 28, 26–31; 2. Chr 8, 13.

[1240] Anders in dem jüngeren Heiligkeitsgesetz, in dem die Opfer des Wochenfestes genau vorgeschrieben werden (Lev 23, 17–20).

[1241] Siehe dazu Braulik 1988, 109–117.

[1242] Vgl. als Kontrast Am 2, 8.

wen,[1243] zugute kommt (vgl. V. 14)[1244]. Und nicht zuletzt: Es soll an der einzigen von Jahwe erwählten Kultstätte begangen werden (V. 11 b), also nicht mehr in den örtlichen Heiligtümern wie früher, sondern in Jerusalem (vgl. V. 2. 6 a.15 a).

2. Der Relativsatz „die du gibst, je nach dem dich Jahwe, dein Gott, segnet"   10 a*
setzt auf eine etwas umständliche Weise den Grundtext von V. 10 a* fort[1245]
und macht die Größe der freiwilligen Gaben von göttlichem Segen abhängig.
Diese Überlegung, die sich an den sekundären Stellen V. 15 b und V. 17 b wiederholt, ist überaus charakteristisch für den bundestheologischen Redaktor
(DtrB), der in den Erträgen der Landwirtschaft die konkrete Manifestation
des Segens Jahwes erblickt (7, 13 f) und diesen auch bei den Opfern (12, 7 b)
und Zehnten (14, 24 b) des Zentralheiligtums nicht zu erwähnen vergisst.[1246]
Wenn die Israeliten also beim Wochenfest Jahwe freiwillige Gaben nach ihrem
Vermögen darbringen, geben sie ihm einen Teil davon zurück, was sie selber
von ihm als Geschenk erhalten haben (vgl. 1. Kor 4, 7).

3. Der Satz „Sieben Wochen sollst du dir abzählen" (V. 9 a) nimmt den fast   9 a
identischen Satz am Ende des gleiches Verses („… sollst du anfangen, sieben
Wochen zu zählen") vorweg. Bei der Erwägung, welcher von den beiden sekundär sein könnte,[1247] gibt die sprachliche Formulierung von V. 9 a mit ספר
+ ל „sich abzählen" den Ausschlag; denn sie begegnet mehrmals in der priesterlichen Literatur und ausgerechnet in Verbindung mit sieben Wochen
(Lev 23, 15) oder sieben Tagen (Lev 15, 13. 28; Ez 44, 26). Die engste Parallele
findet sich in Lev 23, 15 f, wo gerade das Datum des Wochenfestes genau
definiert wird: Vom Tag der Darbringung der Erstlingsgarbe am Anfang der
Getreideernte soll man sich sieben Sabbate (Wochen) abzählen und dann am
fünfzigsten Tag[1248] das Wochenfest feiern. Obwohl in Dtn 16, 9 a keine so detaillierte Zeitangabe steht, gehört die Formulierung zum priesterlichen
Sprachgebrauch, was dafür spricht, dass sie von dem *zweiten* kultisch-rituellen Bearbeiter stammt, der schon im vorangehenden V. 8 tätig war.

[1243] Raschi bietet dazu eine tiefsinnige Deutung: „Diese vier (sc. die Leviten, Fremden, Waisen
und Witwen) gehören mir, ähnlich wie jene vier (sc. dein Sohn, deine Tochter, dein Sklave und
deine Sklavin) dir".

[1244] In einer etwas kürzeren Form findet sich die Liste der Kultteilnehmer in 12, 12. 18; 14, 26 f;
26, 11, vgl. auch 5, 14.

[1245] Soweit hier überhaupt ein Zusatz erkannt wird, wird sein Umfang auf V. 10 b beschränkt
(z. B. Mayes ²1981, 260), aber der vorangehende Satz „die du gibst", der an das Wort „deine
Hand" anknüpft (vgl. V. 17 a „seine Hand"), hängt damit zusammen.

[1246] Vgl. zum Thema des Segens bei DtrB hier besonders 12, 15 a; 14, 29 b; 15, 4. 6. 10. 14 b;
15, 18 b.

[1247] Soweit literarische Unterscheidungen überhaupt vorgenommen werden, gilt V. 9 a gewöhnlich als älter (s. Horst 1961, 120; Seitz 1971, 198; Preuß 1982, 53).

[1248] Der Name „Pfingsten" leitet sich von der griechischen Übersetzung dieses Tages (ἡ πεντηκοστή ἡμέρα) ab, vgl. Tob 2, 1.

12   4. Der jüngste Kommentar zum Wochenfest geht wie bei Pesach (V. 3*) auf den nachpriesterlichen Redaktor zurück, der mit der Ägyptenerfahrung der Israeliten argumentiert (V. 12).[1249] Das Stichwort „Sklave" in V. 11 gab ihm den formalen Anlass dazu, an das eigene Sklavendasein der Israeliten in Ägypten zu erinnern (vgl. 5, 15; 15, 15; 24, 18. 22) und davon die Begründung für das Wochenfest abzuleiten (vgl. 5, 15; 15, 11. 15; 24, 18. 22).[1250] Die Parallelen des Dtn für den Ausdruck „diese Satzungen" (4, 6; 6, 24; 17, 19) sowie auch das Verbpaar „bewahren und befolgen" (שמר und עשה), mit dem derselbe Redaktor das Sabbatgebot (5, 12. 15) gerahmt hat, zeigen eindeutig, dass er sich mit Hilfe von V. 12 nicht nur darum bemüht, das soziale Gewissen der Israeliten gegenüber den in V. 11 genannten *personae miserae* zu sensibilisieren,[1251] sondern darüber hinaus – wie im Falle des Sabbatgebots (5, 15) – eine neue, heilsgeschichtliche Begründung für das Begehen des Wochenfestes insgesamt zu geben. Sie kam freilich zu spät, um sich durchsetzen zu können,[1252] und selbst das rabbinische Judentum entwickelte von Ex 19, 1 ausgehend ein anderes Motiv für das Wochenfest: die Gabe der Tora am Sinai.

Das Laubhüttenfest (V. 13–15)

13–15 a   1. Die Vorschrift über das Laubhüttenfest, die in der dtn Fassung (V. 13–15 a) durch die Angabe der Dauer („sieben Tage lang") gerahmt wird, nimmt die ältere Bestimmung des Bundesbuches über das „Lesefest" (Ex 23, 16 b)[1253] auf.[1254] Dieses Fest, das im Herbst zum Abschluss der Obst- und Weinlese in fröhlicher Stimmung gefeiert wurde, kennzeichnete das Ende des bäuerlichen Jahres und galt als „Fest" (חג) schlechthin (Ri 21, 19; 1. Kön 8, 2. 65; Ez 45, 25; Neh 8, 14). Sein neuer Name, „Laubhüttenfest" bzw. „Sukkot", der zum ersten Mal in Dtn 16 auftaucht, beruht offenbar darauf, dass es üblich war, zur Zeit der Traubenlese in den Weinbergen in Laubhütten zu wohnen (vgl. Ri 21, 19–21). Später wurde das Wohnen in Laubhütten mit dem Auszug aus Ägypten in Verbindung gebracht (Lev 23, 42 f) und dem Fest damit eine historische Begründung verliehen. Im Dtn fehlt die Historisierung noch

---

[1249] Vers 12 ist vielfach als Zusatz erkannt worden (s. Steuernagel ²1923, 144; Horst 1961, 120; Merendino 1969, 135; Mayes ²1981, 260).

[1250] Des Näheren ist zu beachten, dass das Verfahren des Redaktors ganz ähnlich beim Sabbatgebot war: Vorgegeben war ihm dort durch Ex 20, 10 (//Dtn 5, 14 abα) die Liste der zur Arbeitsruhe Verpflichteten mit „deinem Sklaven"; er ergänzte sie mit einer sozialethischen (Dtn 5, 14 bβ) und heilsgeschichtlichen Begründung (V. 15) (s. o.).

[1251] So wird die Absicht von V. 12 gewöhnlich verstanden (s. etwa Buis/Leclercq 1963, 126; Mayes ²1981, 260; Braulik 1988, 113 Anm. 52; Reuter 1993, 172).

[1252] Sie fehlt in den Bestimmungen des Heiligkeitsgesetzes über das Wochenfest (Lev 23, 15–21) vielleicht deshalb, weil dessen Verfasser sie noch nicht kannte.

[1253] Die wörtliche Wiederholung des Ausdruckes באספך „wenn du einsammelst" (Ex 23, 16 b) in Dtn 16, 13 beweist die Abhängigkeit ad oculos.

[1254] Anderweitig ist dieses Fest durch Ex 34, 22; Lev 23, 33–36. 39–43 und Num 29, 12–38 bezeugt.

gänzlich; das Laubhüttenfest gilt als rein agrarisches Fest. Sein Termin war beweglich und beruhte auf den jeweiligen Verhältnissen, wann die gesamte Ernte von der Tenne und der Kelter (vgl. 15, 14) eingesammelt (V. 13) und die Zeit für das abschließende Fest des wirtschaftlichen Jahres reif war.[1255] Der Verzicht auf die traditionelle Datierung des Festes auf das Jahresende (Ex 23, 16 b) hängt mit der inzwischen geschehenen Verlegung des Jahreswechsels in das Frühjahr zusammen.[1256] Wie das Wochenfest (V. 11) war auch das Laubhüttenfest vor allem ein gemeinschaftlich begangenes Freudenfest, an dem alle, auch die sozial marginalisierten Gesellschaftsgruppen, teilnehmen durften (V. 14). Von Opfern verlautet beim Laubhüttenfest nichts.[1257] Wichtig ist aber, dass das Fest nicht mehr in den örtlichen Weinbergen oder Heiligtümern, sondern als Wallfahrtsfest an der zentralen Kultstätte und ausdrücklich für Jahwe gefeiert wird (V. 15 a). Darin liegt die eigentliche Erneuerung des Laubhüttenfestes durch die dtn Gesetzgebung (vgl. V. 6 a*.11).

2. Die erste und einzige Erweiterung der Laubhüttenbestimmug findet sich   15 b
in V. 15 b[1258] und geht auf DtrB zurück (wie V. 5 bβ. 10 a*b.17 b). Er erinnert daran, dass auch die Festfreude über die Ernte von dem Segen abhängig ist, den Jahwe der landwirtschaftlichen Arbeit[1259] seines Volkes schenkt, wenn es seinem Willen gehorcht.[1260]

Die Zusammenfassung (V. 16–17)

1. Eine Regel, die zu drei jährlichen Wallfahrten zur zentralen Kultstätte ver-   16 aαb. 17 a
pflichtet, schließt den dtn Festkalender sachgemäß ab (V. 16 aαb.17 a). Dass sie nur von der Pflicht „aller Männer" spricht, obwohl der Kreis der Kultteilnehmer beim Wochen- und Laubhüttenfest weiter gezogen war (V. 11. 14), beruht darauf, dass der Verfasser hier in engem Anschluss an seine Vorlage im Bundesbuch (Ex 23, 17) formuliert. Die wichtigste Neuerung der älteren Vorschrift kommt erwartungsgemäß darin zum Vorschein, dass die gängige Formel zum Besuch eines Heiligtums, „das Angesicht Jahwes sehen",[1261]

[1255] Später verlor das Laubhüttenfest die mit dem agrarischen Charakter verbundene Beweglichkeit (vgl. Dtn 31, 10) und sein Beginn wurde auf den 15. Tag des siebten Monats festgelegt (Lev 23, 34. 39. 41).

[1256] Bultmann 1992, 59.

[1257] Vgl. aber später in Lev 23, 36. 40.

[1258] Die Erweiterung, die anhand der Wiederaufnahme des Verbs שמח „sich freuen" am Ende von V. 15 b (vgl. V. 14) in den Kontext eingefügt worden ist, haben z. B. Merendino 1969, 136; Laaf 1970, 78, und Nebeling 1970, 110, erkannt.

[1259] In einem Kontext, wo die „Arbeit deiner Hände" (vgl. 2, 7; 14, 29 b; 24, 19 b; 28, 12) neben dem „Ertrag" (vgl. 14, 22. 28) steht, bezieht sie sich am ehesten auf die bäuerliche Arbeit.

[1260] כי „wenn" ist hier konditional zu fassen (vgl. 14, 24 b; 15, 6) und die Stelle insgesamt im Lichte von 7, 12–14; 11, 27; 15, 4–6. 10 zu lesen.

[1261] Siehe dazu oben S. 328 Anm. 1180.

durch die Kultzentralisationsformel[1262] erweitert und damit Jerusalem als Ziel aller Wallfahrten vorgeschrieben wird. Auch dort darf man allerdings vor Gott nicht mit leeren Händen erscheinen (vgl. Ex 23, 15 b), jeder soll freiwillige Gaben nach seinem Vermögen geben (vgl. V. 10 a*)[1263]. Der Sinn der gemeinsam an der zentralen Kultstätte begangenen Feste besteht für den dtn Reformator darin, die Gemeinschaft des Gottesvolkes zu fördern.[1264]

17 b   2. Es ist typisch für den weitblickenden Redaktor DtrB, dass er auch in der Komposition des Festkalenders das letzte Wort behält. Die sekundäre Segensaussage in V. 17 b entspricht ihrem Ort und ihrer Funktion nach vollkommen der in V. 10 vorliegenden und weist außerdem ein exaktes Gegenstück in 12, 15 a* (DtrB) auf. Was der Mensch hat, verdankt er dem Segen Gottes.

16 aβ   3. Die zeitlich jüngste Ergänzung von V. 16 f bildet die namentliche Aufzählung der drei Wallfahrtsfeste, bei denen jeder Israelit in Jerusalem erscheinen soll, in V. 16 aβ[1265]. Ein Vorbild für sie fehlt in der Vorlage Ex 23, 17 wie auch noch an der davon – und von Dtn 16, 1–17* – abhängigen Stelle Ex 34, 23. Auffallend an der Liste ist, dass unter den aufgezählten Festen Pesach keine Erwähnung findet, dafür aber das Mazzotfest genannt wird. Darin liegt ein Indiz, dass die Liste von dem *zweiten* kultisch-rituellen Bearbeiter herrührt, der überhaupt erst das Mazzotfest in den Kultkalender von Dtn 16 einfügte (s. o.). Seine Leistung hat Spuren noch im NT hinterlassen, wo das Pesachfest auch unter dem Namen des Festes der ungesäuerten Brote geführt wird: „Es war aber nahe das Fest der ungesäuerten Brote (ἡ ἑορτὴ τῶν ἀζύμων), das Ostern (πάσχα) heißt" (Lk 22, 1, vgl. Mk 14, 12 par. Mt 26, 17 und Lk 22, 7; Apg 12, 3 f).

[1262] Sie wird in Kurzform angeführt wie in V. 15 a (s. weiter oben bei 12, 14).

[1263] Der Ausdruck ידו מתנת (Dtn 16, 17 a) ist ein Synomym für ידו מתת (Ez 46, 5. 11), das „soviel er geben kann" bedeutet (HALAT, 620 b).

[1264] Ein anderer Reformator erklärt ihn folgendermaßen: „Sodann geht es auch darum, dass das Volk wenigstens zwei- oder dreimal im Jahre zusammenkommt und das Gesetz Gottes hört und lernt und damit in der Einigkeit des Glaubens und Lebens erhalten wird" (Luther WA 14, 663:7–9, deutsch Verf.).

[1265] Als Zusatz erkannt von Horst 1961, 124, und Laaf 1970, 78.

Literaturverzeichnis

Textausgaben und Übersetzungen

Avigad, Nahman/Yadin, Yigael (1956): A Genesis Apocryphon. A Scroll from the Wilderness of Judaea. Jerusalem.

Baillet, Maurice/Milik, Jozef Tadeusz/de Vaux, Roland (1962): Les ‚Petits grottes' de Qumran, DJD III. Oxford.

Barthélemy, Jean-Dominique/Milik, Jozef Tadeusz (1955): Qumran Cave I, DJD I. Oxford.

Bietenhard, Hans (1984): Der tannaitische Midrasch Sifre Deuteronomium, JudChr 8. Bern.

Dietrich, Manfred/Loretz, Oswald/Sanmartín, Joaquín (1976): Die keilalphabetischen Texte aus Ugarit. Einschließlich der keilalphabetischen Texte außerhalb Ugarits 1. Transkriptionen, AOAT 24. Neukirchen-Vluyn.

Díez Macho, Alejandro (1978): Neophyti 1. Targum Palestinense, Ms de la Biblioteca Vaticana V. Deuteronomio. Madrid.

Donner, Herbert/Röllig, Wolfgang (^{3}1971/^{3}1973/^{2}1969): Kanaanäische und aramäische Inschriften (KAI) I–III. Mit einem Beitrag von O. Rössler. Wiesbaden.

Drazin, Israel (1982): Targum Onkelos To Deuteronomy. An Englisch Translation of the Text With Analysis and Commentary. Sine loco (The United States of America: Ktav Publishing House).

Einheitsübersetzung (1980): Die Bibel. Altes und Neues Testament. Einheitsübersetzung. Stuttgart.

Elliger, Karl/Rudolph, Wilhelm (Hg.) (^{2}1984): Biblia Hebraica Stuttgartensia. Stuttgart.

Fales, Frederick Mario/Postgate, J. Nicholas (1992): Imperial Administrative Records I. Palace and Temple Administration, SAA 7. Helsinki.

Finkelstein, Louis (1939): Siphre ad Deuteronomium. H. S. Horovitzii schedis usus cum variis lectionibus et adnotationibus, Corpus Tannaiticum 3/3. Berlin (= New York 1969).

Friedrich, Johannes (1926–1930): Staatsverträge des Ḫatti-Reiches in hethitischer Sprache, MVÄG 31/1 (1926); 34/1 (1930). Leipzig.

Von Gall, August (1914–1918): Der hebräische Pentateuch der Samaritaner I–IV. Gießen (= Nachdruck Berlin 1966).

Goldschmidt, Lazarus (1996): Der Babylonische Talmud I–XII. Nach der ersten zensurfreien Ausgabe unter Berücksichtigung der neueren Ausgaben und handschriftlichen Materials ins Deutsche übersetzt von Lazarus Goldschmidt. Darmstadt. Nachdruck der Ausgabe Berlin 1930–1936.

Hude, Carolus (^{3}1927): Herodoti Historiae. Oxford.

James, Thomas Garnet Henry (Hg.) (1970): Hieroglyphic Texts from Egyptian Stelae [...] Part 9. London.

Kaiser, Otto (Hg.) (1982): Texte aus der Umwelt des Alten Testaments (TUAT) I/1. Rechtsbücher. Gütersloh.

- (1983): Texte aus der Umwelt des Alten Testament (TUAT) I/2. Staatsverträge. Gütersloh.
- (1984): Texte aus der Umwelt des Alten Testaments (TUAT) I/4. Historisch-chronologische Texte I. Gütersloh.
- (1985): Texte aus der Umwelt des Alten Testaments (TUAT) I/6. Historisch-chronologische Texte III. Gütersloh.
- (1994): Texte aus der Umwelt des Alten Testaments (TUAT) III/4. Mythen und Epen II. Gütersloh.
Kempinski, Aharon/Košak, Silvin (1970): Der Išmeriga-Vertrag, WO 5, 191–217.
Klein, Michael L. (1980): The Fragment-Targums of the Pentateuch According to their Extant Sources I–II, AnBib 76. Rome.
Lohse, Eduard (1971): Die Texte aus Qumran. Hebräisch und Deutsch. Darmstadt.
Meyer, Gerhard Rudolf (1953): Zwei neue Kizzuwatna-Verträge, MIOF 1, 108–124.
Nougayrol, Jean (1956): Le palais royal d'Ugarit IV, MRS 9. Paris.
The Old Testament in Syriac (1991): The Old Testament in Syriac According to the Peshiṭta Version. Edited on Behalf of the International Organization for the Study of the Old Testament by the Peshiṭta Institute Leiden. Parts I, 2 and II, 1 b. Leviticus – Numbers – Deuteronomy – Joshua. Leiden.
Parpola, Simo (1997): Assyrian Prophecies, SAA 9. Helsinki.
Parpola, Simo/Watanabe, Kazuko (1988): Neo-Assyrian Treaties and Loyalty Oaths, SAA 2. Helsinki.
Von Schuler, Einar (1957): Hethitische Dienstanweisungen für höhere Hof- und Staatsbeamte. Ein Beitrag zum antiken Recht Kleinasiens, AfO.B 10. Graz.
Silbermann, Abraham Maurice (1934): Chumash with Targum Onkelos, Haphtaroth and Raschi's Commentary. Devarim. Jerusalem.
Steudel, Annette (2001): Die Texte aus Qumran II. Hebräisch/Aramäisch und Deutsch. Darmstadt.
The Thora (1962): A new translation of the Holy Scriptures according to the Masoretic Text. First Section. Philadelphia: JPS.
Ulrich, Eugene/Cross, Frank Moore et al. (1995): Qumran Cave 4, DJD XIV. Oxford.
Walch, Joh. Georg (1894): Luthers Anmerkungen zu dem fünften Buche Mosis, Dr. Martin Luthers Sämmtliche Schriften 3. St. Louis, 1370–1639.
Weber, Robertus/Fischer, Bonifatius (^{3}1983): Biblia sacra iuxta vulgatam versionem I–II. Stuttgart.
Weidner, Ernst F. (1923): Politische Dokumente aus Kleinasien. Die Staatsverträge in akkadischer Sprache aus dem Archiv von Boghaszköi, Boghazköi-Studien 8/9. Leipzig.
Wevers, John William (1977): Deuteronomium, in: Septuaginta. Vetus Testamentum Graecum Auctoritate Academiae Scientiarum Gottingensis editum III/2. Göttingen.
Yadin, Yigael (1977–1983): The Temple Scroll I–III. Jerusalem.

Kommentare zum Deuteronomium

Bertholet, Alfred (1899): Deuteronomium, KHC 5. Freiburg.
Braulik, Georg (1986): Deuteronomium [I]. 1 – 16, 17, NEB.AT 15. Würzburg.
- (1992): Deuteronomium II. 16, 18 – 34, 12, NEB.AT 28. Würzburg.
Buis, Pierre/Leclercq, Jacques (1963): Le Deutéronome, SBi. Paris.

Bultmann, Christoph (2001): Deuteronomy, The Oxford Bible Commentary. Hg.v. John Barton/John Muddiman. Oxford, 135–158.

Cairns, Ian (1992): Word and Presence. A Commentary on the Book of Deuteronomy, ITC. Grand Rapids MI/Edinburgh U.K.

Craigie, Peter C. (1976): The Book of Deuteronomy, NIC. Grand Rapids MI.

Dillmann, August (^{2}1886): Numeri, Deuteronomium und Josua, KEH 13. Leipzig.

Driver, Samuel Rolles (^{3}1902): A Critical and Exegetical Commentary on Deuteronomy, ICC. Edinburgh.

Keil, Carl Friedrich (1862): Leviticus, Numeri und Deuteronomium, BC I/2. Leipzig.

König, Eduard (1917): Das Deuteronomium, KAT 3. Leipzig.

Luther, Martin (1895): Vorlesung über das Deuteronomium (1523–1524). Deuteronomion Mosi cum annotationibus (1525), WA 14. Weimar, 489–753.

Mayes, Andrew David Hastings (^{2}1981): Deuteronomy, NCBC. Grand Rapids MI/London.

Nielsen, Eduard (1995): Deuteronomium, HAT I/6. Tübingen.

Oettli, Samuel (1893): Das Deuteronomium und die Bücher Josua und Richter, KK A/2. München.

Perlitt, Lothar (1990): Deuteronomium, BK V/1. Neukirchen-Vluyn.

– (1991): Deuteronomium, BK V/2. Neukirchen-Vluyn.

– (1994 a): Deuteronomium, BK V/3. Neukirchen-Vluyn.

Von Rad, Gerhard (^{2}1968): Das fünfte Buch Mose. Deuteronomium, ATD 8. Göttingen.

Rose, Martin (1994): 5. Mose, ZBK.AT 5. Zürich.

Steuernagel, Carl (^{2}1923): Das Deuteronomium, HK I/3, 1. Göttingen.

Tigay, Jeffrey H. (1996): Deuteronomy. The Traditional Hebrew Text with the New JPS Translation, JPSTC. Philadelphia/Jerusalem.

Weinfeld, Moshe (1991): Deuteronomy 1–11. A New Translation with Introduction and Commentary, AncB 5. New York/London.

Wright, Christopher J.H. (^{2}1998): Deuteronomy, New International Biblical Commentary, Old Testament Series 4. Peabody MA.

Sonstige Literatur

Abel, Felix-Marie (^{3}1967): Geographie de la Palestine I. Paris.

Achenbach, Reinhard (1991): Israel zwischen Verheißung und Gebot. Literarkritische Untersuchungen zu Deuteronomium 5–11, EHS.T 422. Frankfurt am Main.

– (1999): Levitische Priester und Leviten im Deuteronomium. Überlegungen zur sog. „Levitisierung" des Priestertums, ZAR 5, 285–309.

– (2003): Die Vollendung der Tora. Studien zur Redaktionsgeschichte des Numeribuches im Kontext von Hexateuch und Pentateuch, BZAR 3. Wiesbaden.

Albertz, Rainer (1978): Hintergrund und Bedeutung des Elterngebots im Dekalog, ZAW 90, 348–374.

– (1992): Religionsgeschichte Israels in alttestamentlicher Zeit, GAT 8/1–2. Göttingen.

Alt, Albrecht (^{4}1968): Emiter und Moabiter (1940), in: Ders., Kleine Schriften zur Geschichte des Volkes Israel I. München, 203–215.

– (^{4}1968): Die Ursprünge des israelitischen Rechts (1934), in: Kleine Schriften zur Geschichte des Volkes Israel I, 278–332.

– (^{4}1968): Das Verbot des Diebstahls im Dekalog (1953), in: Kleine Schriften zur Geschichte des Volkes Israel I, 333–340.

Amsler, Samuel (1976): Art. קום *qūm* aufstehen, THAT II, 635–641.

Anbar, Moshé (1985): The Story about the Building of an Altar on Mount Ebal. The History of its Composition and the Question of the Centralization of the Cult, in: Das Deuteronomium. Entstehung, Gestalt und Botschaft. Hg.v. Norbert Lohfink, BEThL 68. Leuven, 304–309.

– (1992): Josué et l'alliance de Sichem (Josué 24:1–28), BET 25. Frankfurt am Main.

Angerstorfer, Andreas (1989): Art. עֶרֶשׂ *'æræś*, ThWAT VI, 405–409.

Assmann, Jan (³2000): Das kulturelle Gedächtnis. Schrift, Erinnerung und politische Identität in frühen Hochkulturen. München.

Auld, A. Graeme (1998): Josua Retold. Synoptic Perspectives, Old Testament Studies. Edinburgh.

Aurelius, Erik (1988): Der Fürbitter Israels. Eine Studie zum Mosebild im Alten Testament, CB.OT 27. Lund.

– (2000): Heilsgegenwart im Wort. Dtn 30, 11–14, in: Liebe und Gebot. Studien zum Deuteronomium. FS Lothar Perlitt. Hg.v. Reinhard G. Kratz/Hermann Spieckermann, FRLANT 190. Göttingen, 13–29.

– (2003): Zukunft jenseits des Gerichts. Eine redaktionsgeschichtliche Studie zum Enneateuch, BZAW 319. Berlin/New York.

– (2003): Der Ursprung des Ersten Gebots, ZThK 100, 1–21.

– (2003): Art. Versuchung I. Altes Testament, TRE 35/1–2, 44–47.

Baltzer, Klaus (²1964): Das Bundesformular, WMANT 4. Neukirchen.

Bartlett, John (1978): The Conquest of Sihon's Kingdom. A Literary Re-examination, JBL 97, 347–351.

Bauer, Walter (⁵1963): Griechisch-deutsches Wörterbuch zu den Schriften des Neuen Testaments und der übrigen urchristlichen Literatur. Berlin.

Begg, Christopher T. (1979): The Significance of the *Numeruswechsel* in Deuteronomy and the „Pre-History" of the Question, EThL 55, 116–124.

– (1983): The Tables (Deut. X) and the Lawbook (Deut. XXXI), VT 33, 96 f.

– (1985): The Destruction of the Calf (Exod 32, 20/Deut 9, 21), in: Das Deuteronomium. Entstehung, Gestalt und Botschaft. Hg.v. Norbert Lohfink, BEThL 68. Leuven, 208–251.

Bekenntnisschriften der evangelisch-lutherischen Kirche (= BSLK) (⁶1967): Herausgegeben im Gedenkjahr der Augsburgischen Konfession 1930. Göttingen.

Ben-Chorin, Schalom (1979): Die Tafeln des Bundes. Das Zehnwort vom Sinai. Tübingen.

Bieberstein, Klaus (1995): Josua – Jordan – Jericho. Archäologie, Geschichte und Theologie der Landnahmeüberlieferungen Josua 1–6, OBO 143. Fribourg/Göttingen.

Blenkinsopp, Joseph (1995): Deuteronomy and the Politics of Post-Mortem Existence, VT 45, 1–16.

Blum, Erhard (1996): Das sog. „Privilegrecht" in Exodus 34, 11–26. Ein Fixpunkt der Komposition des Exodusbuches?, in: Studies in the Book of Exodus. Redaction – Reception – Interpretation. Hg.v. Marc Vervenne, BEThL 126. Leuven, 347–366.

Boecker, Hans Jochen (1964): Redeformen des Rechtslebens im Alten Testament, WMANT 14. Neukirchen-Vluyn.

Bord, Lucien-Jean/Hamidović, David (2002): Écoute Israël (Deut. VI 4), VT 52, 13–29.

Braulik, Georg (1978): Die Mittel deuteronomischer Rhetorik erhoben aus Deuteronomium 4, 1–40, AnBib 68. Rom.

– (1978): Literarkritik und archäologische Stratigraphie. Zu S. Mittmanns Analyse von Deuteronomium 4, 1–40, Bib. 59, 351–383.

- (1988): Die Ausdrücke für „Gesetz" im Buch Deuteronomium (1970), in: Ders., Studien zur Theologie des Deuteronomiums, SBAB 2. Stuttgart, 11–38.
- (1988): Weisheit, Gottesnähe und Gesetz – Zum Kerygma von Deuteronomium 4,5–8 (1977), in: Studien zur Theologie des Deuteronomiums, 53–93.
- (1988): Leidensgedächtnisfest und Freudenfest. „Volksliturgie" nach dem deuteronomischen Festkalender (Dtn 16,1–17) (1981), in: Studien zur Theologie des Deuteronomiums, 95–121.
- (1988): Gesetz als Evangelium. Rechtfertigung und Begnadigung nach der deuteronomischen Tora (1982), in: Studien zur Theologie des Deuteronomiums, 123–160.
- (1988): Die Freude des Festes. Das Kultverständnis des Deuteronomium – die älteste biblische Festtheorie (1983), in: Studien zur Theologie des Deuteronomiums, 161–218.
- (1988): Zur deuteronomistischen Konzeption von Freiheit und Frieden (1985), in: Studien zur Theologie des Deuteronomiums, 219–230.
- (1988): Das Deuteronomium und die Geburt des Monotheismus (1985), in: Studien zur Theologie des Deuteronomiums, 257–300.
- (1991): Die deuteronomischen Gesetze und der Dekalog. Studien zum Aufbau von Deuteronomium 12–26, SBS 145. Stuttgart.
- (1997): Die Entstehung der Rechtfertigungslehre in den Bearbeitungsschichten des Buches Deuteronomium. Ein Beitrag zur Klärung der Voraussetzungen paulinischer Theologie (1989), in: Ders., Studien zum Buch Deuteronomium, SBAB 24. Stuttgart, 11–27.
- (1997): Literarkritik und Einrahmung von Gemälden. Zur literarkritischen und redaktionsgeschichtlichen Analyse von Dtn 4,1–6,3 und 29,1–30,10 durch D. Knapp (1989), in: Studien zum Buch Deuteronomium, 29–61.
- (1997): Die Funktion der Siebenergruppierungen im Endtext des Deuteronomiums (1991), in: Studien zum Buch Deuteronomium, 63–79.
- (1997): Die Ablehnung der Göttin Aschera in Israel (1991), in: Studien zum Buch Deuteronomium, 81–118.
- (1997): „Weisheit" im Buch Deuteronomium (1996), in: Studien zum Buch Deuteronomium, 225–271.
- (2002): Deuteronomium 1–4 als Sprechakt, Bib. 83, 249–257.
Braulik, Georg/Lohfink, Norbert (2003): Deuteronomium 1,5 בֵּאֵר אֶת־הַתּוֹרָה הַזֹּאת: „er verlieh dieser Tora Rechtskraft", in: Textarbeit. Studien zu Texten und ihrer Rezeption aus dem Alten Testament und der Umwelt Israels. FS Peter Weimar. Hg. v. Klaus Kiesow/Thomas Meurer, AOAT 294. Münster, 35–51.
Brekelmans, Christian H.W. (1971): Art. חֵרֶם ḥēræm Bann, THAT I, 635–639.
- (1985): Deuteronomy 5: Its Place and Function, in: Das Deuteronomium. Entstehung, Gestalt und Botschaft. Hg.v. Norbert Lohfink, BEThL 68. Leuven, 164–173.
Brettler, Marc Zvi (1995): The Creation of History in Ancient Israel. London/New York.
Brongers, Hendrik Antonie (1965): Bemerkungen zum Gebrauch des adverbialen $w^{e\,c}att\bar{a}h$ im Alten Testament. Ein lexikologischer Beitrag, VT 15, 289–299.
Buchholz, Joachim (1988): Die Ältesten Israels im Deuteronomium, GTA 36. Göttingen.
Bultmann, Christoph (1992): Der Fremde im antiken Juda. Eine Untersuchung zum sozialen Typenbegriff ,ger' und seinem Bedeutungswandel in der alttestamentlichen Gesetzgebung, FRLANT 153. Göttingen.
Burckhardt, Johann Ludwid (1823–1824): Johann Ludwig Burckhardts Reisen in Syrien, Palästina und der Gegend des Berges Sinai I–II. Herausgegeben und mit Anmerkungen begleitet von Wilhelm Gesenius. Weimar.

Campbell, Antony F./O'Brien, Mark A. (2000): Unfolding the Deuteronomistic History. Origins, Upgrades, Present Text. Minneapolis MN.

Cardellini, Innocenzo (1981): Die biblischen „Sklaven"-Gesetze im Lichte des keilschriftlichen Sklavenrechts, BBB 55. Bonn.

Cazelles, Henri (1966): Institutions et terminologie en Deut. I 6–17, in: Volume du congrès Genève 1965, VT.S 15. Leiden, 97–112.

– (1967): Passages in the Singular within Discourse in the Plural of Dt 1–4, CBQ 29, 207–219.

Cholewiński, Alfred (1976): Heiligkeitsgesetz und Deuteronomium. Eine vergleichende Studie, AnBib 66. Rom.

Conrad, Joachim (1986): Art. נכה nkh, ThWAT V, 445–454.

Crüsemann, Frank (1983): Bewahrung der Freiheit. Das Thema des Dekalogs in sozialgeschichtlicher Perspektive, KT 78. München.

– (1985): Der Zehnte der israelitischen Königszeit, WuD 18, 21–47.

– (1992): Die Tora. Theologie und Sozialgeschichte des alttestamentlichen Gesetzes. München.

Dahmen, Ulrich (1996): Leviten und Priester im Deuteronomium. Literarkritische und redaktionsgeschichtliche Studien, BBB 110. Bodenheim.

Dangl, Oskar (1993): Methoden im Widerstreit. Sprachwissenschaftliche Zugänge zur deuteronomischen Rede von der Liebe Gottes, THLI 6. Tübingen/Basel.

Davies, Graham I. (1979): The Significance of Deuteronomy 1. 2 for the Location of Mount Horeb, PEQ 111, 87–101.

Day, John (2000): Yahweh and the Gods and Goddesses of Canaan, JSOT.S 265. Sheffield.

Dearman, J. Andrew ((1984): The Location of Jahaz, ZDPV 100, 122–125.

Delcor, Matthias (1966): Les attaches littéraires, l'origine et la signification de l'expression biblique „Prendre à témoin le ciel et la terre", VT 16, 8–25.

Diepold, Peter (1972): Israels Land, BWANT 95. Stuttgart.

Dietrich, Walter (1972): Prophetie und Geschichte. Eine redaktionsgeschichtliche Untersuchung zum deuteronomistischen Geschichtswerk, FRLANT 108. Göttingen.

– (2002): „... den Armen das Evangelium zu verkünden". Vom befreienden Sinn biblischer Gesetze (1985), in: Ders., „Theopolitik". Studien zur Theologie und Ethik des Alten Testaments. Neukirchen-Vluyn, 184–193.

Dion, Paul E. (1991): Deuteronomy 13. The Suppression of Alien Religious Propaganda in Israel during the Late Monarchical Era, in: Law and Ideology in Monarchic Israel. Hg.v. Baruch Halpern/Deborah W. Hobson, JSOT.S 124. Sheffield, 147–216.

Donner, Herbert (²1995): Geschichte des Volkes Israel und seiner Nachbarn in Grundzügen I, GAT 4/1. Göttingen.

Dohmen, Christoph (1984): Heißt סֶמֶל ,Bild, Statue'?, ZAW 96, 263–266.

– (²1987): Das Bilderverbot. Seine Entstehung und seine Entwicklung im Alten Testament, BBB 62. Bonn.

– (1993): Der Dekaloganfang und sein Ursprung, Bib. 74, 175–195.

Dohmen, Christoph/Oeming, Manfred (1992): Biblischer Kanon, warum und wozu? Eine Kanontheologie, QD 137. Freiburg.

Douglas, Mary (1993): The Forbidden Animals in Leviticus, JSOT 59, 3–23.

Elhorst, Hendrik Jan (1924): Die deuteronomischen Jahresfeste, ZAW 42, 136–145.

Elliger, Karl (1962): Art. Astaroth, BHH I, 142.

– (1962): Art. Edrei, BHH I, 368.

– (1966): Art. Ramoth, BHH III, 1549 f.

- (1978): Deuterojesaja 1, BK XI/1. Neukirchen-Vluyn.

Elßner, Thomas R. (1999): Das Namensmißbrauch-Verbot (Ex 20, 7 / Dtn 5, 11). Bedeutung, Entstehung und frühe Wirkungsgeschichte, EThSt 75. Leipzig.

Eslinger, Lyle (1987): Watering Egypt (Deuteronomy XI 10–11), VT 37, 85–90.

Fabry, Heinz-Josef (1982): Gott im Gespräch zwischen den Generationen. Überlegungen zur „Kinderfrage" im Alten Testament, KatBl 107, 754–760.

- (1985): Noch ein Dekalog! Die Thora des lebendigen Gottes in ihrer Wirkungsgeschichte. Ein Versuch zu Deuteronomium 27, in: Im Gespräch mit dem dreieinen Gott. Elemente einer trinitarischen Theologie. FS Wilhelm Breuning. Hg.v. Michael Böhnke/Hanspeter Heinz. Düsseldorf, 75–96.

Finsterbusch, Karin (2002): Bezüge zwischen Aussagen von Dtn 6, 4–9 und 6, 10–25, ZAW 114, 433–437.

Firmage, Edwin (1990): The Biblical Dietary Laws and the Concept of Holiness, in: Studies in the Pentateuch. Hg.v. John A. Emerton, VT.S 41. Leiden, 177–208.

Fischer, Georg/Lohfink, Norbert (1987): „Diese Worte sollst du summen". Dtn 6, 7 $w^e dibbart\bar{a} b\bar{a}m$ – ein verlorener Schlüssel zur meditativen Kultur in Israel, ThPh 62, 59–72.

Fishbane, Michael (1972): Varia Deuteronomica, ZAW 84, 349–352.

Floß, Johannes Peter (1975): Jahwe dienen – Göttern dienen. Terminologische, literarische und semantische Untersuchung einer theologischen Aussage zum Gottesverhältnis im Alten Testament, BBB 45. Köln/Bonn.

Foresti, Fabrizio (1982): Composizione e redazione deuteronomistica in Ex 15, 1–18, Lat. 48, 41–69.

- (1984): The Rejection of Saul in the Perspective of the Deuteronomistic School. A Study of 1 Sm 15 and Related Texts, Ter. 5. Roma.

Frankena, Rintje (1965): The Vassal-Treaties of Esarhaddon and the Dating of Deuteronomy, OTS 14, 122–154.

Fritz, Volkmar (1994): Das Buch Josua, HAT I/1. Tübingen.

García López, Félix (1977–1978): Analyse littéraire de Deutéronome, V–XI, RB 84 (1977), 481–522; RB 85 (1978), 5–49.

- (1978–1979): Deut., VI et la tradition-rédaction du Deutéronome, RB 85 (1978), 161–200; RB 86 (1979), 59–91.

- (1981): Yahvé, fuente última de vida. Análisis de Dt. 8, Bib. 62, 161–200.

- (1981): En los umbrales de la tierra prometida. Análisis de Dt 9, 1–7; 10, 12–11, 17, Salm. 28, 37–64.

- (1982): ,Un peuple consacré'. Analyse critique de Deutéronome VII, VT 32, 438–463.

- (2003): „El único pueblo sabio e inteligente". Dios, ley y pueblo en la estrategia religiosa del Deuteronomio (Dt 4, 5–8; 6, 4–9; 30, 15–20), RStB 2003/1, 9–24.

Gerleman, Gillis (1971): Art. דָּבָר $d\bar{a}b\bar{a}r$ Wort, THAT I, 433–443.

Gerstenberger, Erhard (1965): Wesen und Herkunft des „apodiktischen Rechts", WMANT 20. Neukirchen-Vluyn.

- (1993): Das dritte Buch Mose. Leviticus, ATD 6. Göttingen.

Gertz, Jan Christian (1994): Die Gerichtsorganisation Israels im deuteronomischen Gesetz, FRLANT 165. Göttingen.

- (1996): Die Passa-Massot-Ordnung im deuteronomischen Festkalender, in: Das Deuteronomium und seine Querbeziehungen. Hg.v. Timo Veijola, SESJ 62. Helsinki/Göttingen, 56–80.

- (2000): Die Stellung des kleinen geschichtlichen Credos in der Redaktionsgeschichte von Deuteronomium und Pentateuch, in: Liebe und Gebot. Studien zum

Deuteronomium. FS Lothar Perlitt. Hg.v. Reinhard G. Kratz/Hermann Spieckermann, FRLANT 190. Göttingen, 30–35
- (2001): Beobachtungen zu Komposition und Redaktion in Exodus 32–24, in: Gottes
Volk am Sinai. Untersuchungen zu Ex 32–34 und Dtn 9–10. Hg.v. Matthias Kö-
ckert/Erhard Blum, VWGTh 18. Gütersloh, 88–106.
- (2002): Mose und die Anfänge der jüdischen Religion, ZThK 99, 3–20.
Gesundheit, Shimon (2003): Der deuteronomische Festkalender, in: Das Deuteronomium. Hg.v. Georg Braulik, ÖBS 23. Frankfurt am Main, 57–68.
Glatt-Gilad, David A. (1997): The Re-interpretation of the Edomite-Israelite Encoun-
ter in Deuteronomy II, VT 47, 441–455.
Goldingay, John (1993): *Kayyôm hazzeh* „on this very day"; *kayyôm* „on the very
day"; *kāʿēt* „at the very time", VT 43, 112–115.
Goldstein, Horst (1989): „Selig ihr Armen". Theologie der Befreiung in Lateinamerika
… und in Europa? Darmstadt.
Gomes de Araújo, Reginaldo (1999): Theologie der Wüste im Deuteronomium, ÖBS
17. Frankfurt am Main.
Görg, Manfred (1993): Richter, NEB.AT 31. Würzburg.
Gottfriedsen, Christine (1985): Die Fruchtbarkeit von Israels Land. Zur Differenz der
Theologie in den beiden Landesteilen, EHS.T 267. Frankfurt am Main.
Graupner, Axel (1987): Zum Verhältnis der beiden Dekalogfassungen Ex 20 und
Dtn 5. Ein Gespräch mit Frank-Lothar Hossfeld, ZAW 99, 308–329.
Greenberg, Moshe (1977–78): Moses' Intercessory Prayer (Exod. 32, 11–13, 31–32;
Deut. 9, 26–29), Ecumenical Institute for Advanced Theological Studies (Tantur).
Yearbook 1977/78, 21–35.
Halbe, Jörn (1975): Das Privilegrecht Jahwes Ex 34, 10–26, FRLANT 114. Göttingen.
- (1975): Das Passa-Mazzot im deuteronomischen Festkalender, ZAW 87, 147–168.
Hamilton, Jeffries M. (1992): Social Justice and Deuteronomy. The Case of Deutero-
nomy 15, SBL.DS 136. Atlanta GA.
Hamp, Vincent (1977): Art. גָּנַב *gānab*, ThWAT II, 41–47.
Haran, Menachem (1985): Das Böcklein in der Milch seiner Mutter und das säugende
Muttertier, ThZ 41, 135–159.
Heider, George C. (1985): The Cult of Molek. A Reassessment, JSOT.S 43. Sheffield.
Heltzer, Michael (1976): The Rural Community of Ancient Ugarit. Wiesbaden.
Hempel, Johannes (1914): Die Schichten des Deuteronomiums. Ein Beitrag zur israe-
litischen Literatur- und Rechtsgeschichte, Beiträge zur Kultur- und Universalge-
schichte 33. Leipzig.
Herrmann, Johannes (1927): Das zehnte Gebot, in: Beiträge zur Religionsgeschichte
und Archäologie Palästinas. FS Ernst Sellin. Hg.v. Anton Jirku. Leipzig, 69–82.
Hoffmann, Hans-Detlef (1980): Reform und Reformen. Untersuchungen zu einem
Grundthema der deuteronomistischen Geschichtsschreibung, AThANT 66. Zürich.
Hoffmann, Yair (1999): The Deuteronomistic Concept of the Herem, ZAW 111,
196–210.
Hölscher, Gustav (1922): Komposition und Ursprung des Deuteronomiums, ZAW 40,
161–255.
Horst, Friedrich (1961): Das Privilegrecht Jahwes. Rechtsgeschichtliche Untersuchun-
gen zum Deuteronomium (1930), in: Ders., Gottes Recht. Gesammelte Studien
zum Recht im Alten Testament, TB 12. München, 17–154.
Hossfeld, Frank-Lothar (1982): Der Dekalog. Seine späten Fassungen, die originale
Komposition und seine Vorstufen, OBO 45. Fribourg/Göttingen.

– (2003): „Du sollst nicht töten!" Das fünfte Dekaloggebot im Kontext alttestamentlicher Ethik, Beiträge zur Friedensethik 26. Stuttgart.

Houtman, Cornelis (2002): Die ursprünglichen Bewohner des Landes Kanaan im Deuteronomium. Sinn und Absicht der Beschreibung ihrer Identität und ihres Charakters, VT 52, 51–65.

Hübner, Ulrich (1992): Die Ammoniter. Untersuchungen zur Geschichte, Kultur und Religion eines transjordanischen Volkes im 1. Jahrtausend v. Chr., ADPV 16. Wiesbaden.

– (1993): Og von Baschan und sein Bett in Rabbat-Ammon (Deuteronomium 3, 11), ZAW 105, 86–92.

Jenni, Ernst (1971): Art. אחר *'ḥr* danach, THAT I, 110–118.

– (1981): Dtn 19, 16: *sarā* „Falschheit", in: Mélanges bibliques et orientaux en l'honneur de M. Henri Cazelles. Hg.v. André Caquot/Matthias Delcor, AOAT 212. Neukirchen-Vluyn, 201–211.

Jepsen, Alfred (1978): Beiträge zur Auslegung und Geschichte des Dekalogs (1967), in: Ders., Der Herr ist Gott. Aufsätze zur Wissenschaft vom Alten Testament. Berlin, 76–95.

Jeremias, Jörg (1983): Der Prophet Hosea, ATD 24/1. Göttingen.

Joüon, Paul (1924): Locutions hébraiques avec la על préposition devant לֵב, לְ בָב, לֵבָב, Bib. 5, 49–53.

Jungbauer, Harry (2002): „Ehre Vater und Mutter". Der Weg des Elterngebots in der biblischen Tradition, WUNT 2. Reihe 146. Tübingen.

Kaiser, Otto (1993): Der Gott des Alten Testaments 1. Grundlegung, UTB.W 1747. Göttingen.

– (1998): Der Gott des Alten Testaments. Wesen und Wirken. Theologie des Alten Testaments 2. Jahwe, der Gott Israels, Schöpfer der Welt und des Menschen, UTB.W 2024. Göttingen.

– (2003): Der Gott des Alten Testaments. Wesen und Wirken. Theologie des Alten Testaments 3. Jahwes Gerechtigkeit, UTB 2392. Göttingen.

Kallai, Zecharia (1995): Where Did Moses Speak (Deuteronomy I 1–5)?, VT 45, 188–197.

Karge, Paul (1917): Rephaim. Die vorgeschichtliche Kultur Palästinas und Phöniziens, CHier 1. Paderborn.

Keel, Othmar (1980): Das Böcklein in der Milch seiner Mutter und Verwandtes. Im Lichte eines altorientalischen Bildmotivs, OBO 33. Fribourg/Göttingen.

– (1981): Zeichen der Verbundenheit. Zur Vorgeschichte und Bedeutung der Forderung von Deuteronomium 6, 8 f. und Par., in: Mélanges Dominique Barthélemy. Hg.v. Pierre Casetti/Othmar Keel/Adrian Schenker, OBO 38. Fribourg/Göttingen, 159–240.

Keel, Othmar/Küchler, Max/Uehlinger, Christoph (1984): Orte und Landschaften der Bibel 1. Geographisch-geschichtliche Landeskunde. Zürich/Göttingen.

Keller, Martin (1996): Untersuchungen zur deuteronomisch-deuteronomistischen Namenstheologie, BBB 105. Weinheim.

Kellermann, Diether (1990): Die Geschichte von David und Goliath im Lichte der Endokrinologie, ZAW 102, 344–357.

Klein, Hans (1976): Verbot des Menschendiebstahls im Dekalog? Prüfung einer These Albrecht Alts, VT 26, 161–169.

Knapp, Dietrich (1987): Deuteronomium 4. Literarische Analyse und theologische Interpretation, GTA 35. Göttingen.

Knauf, Ernst Axel (1988): Rez. über Klaas A.D. Smelik, Historische Dokumente aus dem Alten Israel (1987), ZDPV 104, 174–176.

Knierim, Rolf (1961): Exodus 18 und die Neuordnung der mosaischen Gerichtsbarkeit, ZAW 73, 146–171.

Knoppers, Gary N. (1994): Jehoshaphat's Judiciary and „the Scroll of YHWH's Torah", JBL 113, 59–80.

Köckert, Matthias (1985): Das nahe Wort. Zum entscheidenden Wandel des Gesetzesverständnisses im Alten Testament, ThPh 60, 496–519.

– (1989): Das Gebot des siebten Tages, in: „… Das tiefe Wort erneun". FS Jürgen Henskys. Hg.v. Harald Schultze et al. Berlin, 170–186.

– (1998): Von einem zum einzigen Gott. Zur Diskussion der Religionsgeschichte Israels, BThZ 15, 137–175.

– (2000): Zum literargeschichtlichen Ort des Prophetengesetzes Dtn 18 zwischen dem Jeremiabuch und Dtn 13, in: Liebe und Gebot. Studien zum Deuteronomium. FS Lothar Perlitt. Hg.v. Reinhard G. Kratz/Hermann Spieckermann, FRLANT 190. Göttingen, 80–100.

– (2002): Wie kam das Gesetz an den Sinai?, in: Vergegenwärtigung des Alten Testaments. Beiträge zur biblischen Hermeneutik. FS Rudolf Smend. Hg.v. Christoph Bultmann/Walter Dietrich/Christoph Levin. Göttingen, 13–27.

– (2003): Elia. Literarische und religionsgeschichtliche Probleme in 1Kön 17–18, in: Der eine Gott und die Götter. Polytheismus und Monotheismus im antiken Israel. Hg.v. Manfred Oeming/Konrad Schmid, AThANT 82. Zürich, 111–144.

– (2004): Luthers Auslegung des Dekalogs in seinen Katechismen aus der Sicht eines Alttestamentlers, in: Christliche Ethik – Evangelische Ethik? Das Ethische im Konflikt der Interpretationen. Hg.v. Ulrich H.J. Körtner. Neukirchen-Vluyn, 23–68.

Koenen, Klaus (1999): Eherne Schlange und goldenes Kalb. Ein Vergleich der Überlieferungen, ZAW 111, 353–372.

Köhler, Ludwig (1929): Der Dekalog, ThR NF 1, 161–184.

Köppel, Urs (1979): Das deuteronomistische Geschichtswerk und seine Quellen. Die Absicht der deuteronomistischen Geschichtsdarstellung aufgrund des Vergleichs zwischen Num 21, 21–35 und Dtn 2, 26–3, 3, EHS.T 122. Bern.

Kratz, Reinhard G. (1994): Der Dekalog im Exodusbuch, VT 44, 205–238.

– (2000): Die Komposition der erzählenden Bücher des Alten Testaments. Grundwissen der Bibelkritik, UTB.W 2157. Göttingen.

– (2000a): Der literarische Ort des Deuteronomiums, in: Liebe und Gebot. Studien zum Deuteronomium. FS Lothar Perlitt. Hg.v. Reinhard G. Kratz/Hermann Spieckermann, FRLANT 190. Göttingen, 101–120.

Kraus, Fritz Rudolf (1958): Ein Edikt des Königs Ammi-Saduqa von Babylon, SDIO 5. Leiden.

Krebernik, Manfred (1995): M. Weinfelds Deuteronomiumskommentar aus assyriologischer Sicht, in: Bundesdokument und Gesetz. Studien zum Deuteronomium. Hg.v. Georg Braulik, HBS 4. Freiburg, 27–36.

Kreuzer, Siegfried (1985): Zur Bedeutung und Etymologie von Hištaḥᵃwāh/Yštḥwy, VT 35, 39–60.

– (1989): Die Frühgeschichte Israels in Bekenntnis und Verkündigung des Alten Testaments, BZAW 178. Berlin/New York.

– (1997): Die Mächtigkeitsformel im Deuteronomium. Gestaltung, Vorgeschichte und Entwicklung, ZAW 109, 188–207.

Krüger, Thomas (2000): Zur Interpretation der Sinai/Horeb-Theophanie in Dtn 4, 10-14, in: Schriftauslegung in der Schrift. FS Odil Hannes Steck. Hg.v. Reinhard G. Kratz/Thomas Krüger/Konrad Schmid, BZAW 300. Berlin/New York, 85-93.

Kühlewein, Johannes (1971): Art. בַּעַל bá'al Besitzer, THAT I, 327-333.

- (1971): Art. רֵעַ rēᵃᵉ Nächster, THAT I, 786-791.

Kutsch, Ernst (1973): Verheißung und Gesetz. Untersuchungen zum sogenannten „Bund" im Alten Testament, BZAW 131. Berlin.

- (1977): Art. הוֹן hôn, ThWAT II, 388-393.

Laaf, Peter (1970): Die Pascha-Feier Israels. Eine literarkritische und überlieferungsgeschichtliche Studie, BBB 36. Bonn.

Labuschagne, Casper Jeremiah (1976): Art. ענה 'nh I antworten, THAT II, 335-341.

- (1976): Art. קרא qr' rufen, THAT II, 666-674.

Lang, Bernhard (1981): Die Jahwe-allein-Bewegung, in: Der einzige Gott. Die Geburt des biblischen Monotheismus. Hg.v. Bernhard Lang. München, 47-83.

- (1981): Das Verbot des Meineids im Dekalog, ThQ 161, 97-105.

- (1984): Neues über den Dekalog, ThQ 164, 58-65.

- (1984): Georg Orwell im gelobten Land. Das Buch Deuteronomium und der Geist kirchlicher Kontrolle, in: Kirche und Visitation. Hg.v. Ernst Walter Zeeden/Peter Thaddäus Lang. Stuttgart, 21-35.

Langlamet, François (1969): Gilgal et les récits de la traversée du Jourdain (Jos. 3-4), CRB 11. Paris.

Lemaire, André (1973): Le Sabbat à l'époque royale Israélite, RB 80, 161-185.

- (1981): Galaad et Makîr. Remarques sur la tribu de Manassé à l'est du Jourdain, VT 31, 39-61.

- (1981): Le Decalogue: Essai d'histoire de la rédaction, in: Mélanges bibliques et orientaux en l'honneur de M. Henri Cazelles. Hg.v. André Caquot/Matthias Delcor, AOAT 212. Neukirchen-Vluyn, 259-295.

Lemche, Niels Peter (1975): The „Hebrew Slave". Comments on the Slave Law Ex XXI 2-11, VT 25, 129-144.

- (1976): The Manumission of Slaves – the Fallow Year – the Sabbatical Year – the Jobel Year, VT 26, 38-59.

- (1979): Andurārum und Mišarum. Comments on the Problem of Social Edicts and Their Application in the Ancient Near East, JNES 38, 11-22.

Levenson, Jon D. (1975): Who inserted the Book of Torah?, HThR 68, 203-233.

Levin, Christoph (1982): Der Sturz der Königin Atalja, SBS 105. Stuttgart.

- (1985): Die Verheißung des neuen Bundes in ihrem theologiegeschichtlichen Zusammenhang ausgelegt, FRLANT 137. Göttingen.

- (1993): Der Jahwist, FRLANT 157. Göttingen.

- (2001): Das Alte Testament. München.

- (2003): Der Dekalog am Sinai (1985), in: Ders., Fortschreibungen. Gesammelte Studien zum Alten Testament, BZAW 316. Berlin/New York, 60-80.

- (2003): Über den „Color Hieremianus" des Deuteronomiums (1996), in: Fortschreibungen, 81-95.

- (2003): Dina: Wenn die Schrift wider sich selbst lautet (2000), in: Fortschreibungen, 49-59.

- (2003): Das Deuteronomium und der Jahwist (2000), in: Fortschreibungen, 96-110.

- (2003): Josia im Deuteronomistischen Geschichtswerk (1984), in: Fortschreibungen, 198-216.

Levinson, Bernard M. (1991): The Hermeneutics of Innovation. The Impact of Centralization upon the Structure, Sequence, and Reformulation of Legal Material in Deuteronomy. Diss. Brandeis University 1991, University Microfilms. Ann Arbor MI.
- (1995): „But you Shall Surely Kill Him". The Text-Critical and Neo-Assyrian Evidence for MT Deut 13:10, in: Bundesdokument und Gesetz. Studien zum Deuteronomium. Hg.v. Georg Braulik, HBS 4. Freiburg, 37–63.
- (1996): Recovering the Lost Original Meaning of עליו תכסה ולא (Deuteronomy 13:9), JBL 115, 601–620.
- (1997): Deuteronomy and the Hermeneutics of Legal Innovation. New York/Oxford.
- (2000): The Hermeneutics of Tradition in Deuteronomy. A Reply to J.G. McConville, JBL 119, 269–286.
Lewis, Theodore J. (1989): Cults of the Dead in Ancient Israel and Ugarit, HSM 39. Atlanta GA.
L'Hour, Jean (1966): La morale de l'alliance, CRB 5. Paris.
Liedke, Gerhard (1971): Art. חקק ḥqq einritzen, festsetzen, THAT I, 626–633.
- (1976): Art. שפט špṭ richten, THAT II, 999–1009.
Lindenberger, James M. (1991): How Much for a Hebrew Slave? The Meaning of Mišneh in Deut 15:18, JBL 110, 479–482.
Lipiński, Édouard (1969): La liturgie pénitentielle dans la Bible, LeDiv 52. Paris.
Liwak, Rüdiger (1993): Art. רְפָאִים rᵉpāʾîm, ThWAT VII, 625–636.
Loewenstamm, Samuel E. (1968–1969): The Formula ההיא בעת in Deuteronomy, Tarb. 38, 99–104.
Lohfink, Norbert (1963): Das Hauptgebot. Eine Untersuchung literarischer Einleitungsfragen zu Dtn 5–11, AnBib 20. Rom.
- (1965): Höre, Israel! Auslegung von Texten aus dem Buch Deuteronomium, WB 15. Düsseldorf.
- (1982): Art. חָפְשִׁי ḥopšî, ThWAT III, 123–128.
- (1982): Art. חָרַם ḥāram, ThWAT III, 192–213.
- (1983): Die Bedeutungen von hebr. jrš qal und hif., BZ NF 27, 14–33.
- (1990 I): Darstellungskunst und Theologie in Dtn 1, 6–3, 29 (1960), in: Ders., Studien zum Deuteronomium und zur deuteronomistischen Literatur I, SBAB 8. Stuttgart, 15–44.
- (1990 I): Der Bundesschluß im Land Moab. Redaktionsgeschichtliches zu Dt 28, 69–32, 47 (1962), in: Studien zum Deuteronomium und zur deuteronomistischen Literatur I, 53–82.
- (1990 I): Zur Dekalogfassung von Dt 5 (1965), in: Studien zum Deuteronomium und zur deuteronomistischen Literatur I, 193–209.
- (1990 I): Dt 26, 17–19 und die „Bundesformel" (1969), in: Studien zum Deuteronomium und zur deuteronomistischen Literatur I, 211–261.
- (1991): Die Väter Israels im Deuteronomium. Mit einer Stellungnahme von Thomas Römer, OBO 111. Fribourg/Göttingen.
- (1991 II): Kerygmata des deuteronomistischen Geschichtswerks (1981), in: Ders., Studien zum Deuteronomium und zur deuteronomistischen Literatur II, SBAB 12. Stuttgart, 125–142.
- (1991 II): Zur deuteronomischen Zentralisationsformel (1984), in: Studien zum Deuteronomium und zur deuteronomistischen Literatur II, 147–177.
- (1991 II): Die ḥuqqîm ûmišpāṭîm im Buch Deuteronomium und ihre Neubegrenzung durch Dtn 12, 1 (1989), in: Studien zum Deuteronomium und zur deuteronomistischen Literatur II, 229–256.

– (1991 II): Dtn 12, 1 und Gen 15, 18: Das dem Samen Abrahams geschenkte Land als der Geltungsbereich der deuteronomischen Gesetze (1989), in: Studien zum Deuteronomium und zur deuteronomistischen Literatur II, 257–285.

– (1991 II): Zum rabbischen Verständnis von Dtn 12, 1 (1990), in: Studien zum Deuteronomium und zur deuteronomistischen Literatur II, 287–292.

– (1995 III): Deuteronomium und Pentateuch. Zum Stand der Forschung (1992), in: Ders., Studien zum Deuteronomium und zur deuteronomistischen Literatur III, SBAB 20. Stuttgart, 13–38.

– (1995 III): Gab es eine deuteronomistische Bewegung? (1995), in: Studien zum Deuteronomium und zur deuteronomistischen Literatur III, 65–142.

– (1995 III): 2 Kön 23, 3 und Dtn 6, 17 (1990), in: Studien zum Deuteronomium und zur deuteronomistischen Literatur III, 145–155.

– (1995 III): Zu את סבב in Dtn 2, 1. 3 (1994), in: Studien zum Deuteronomium und zur deuteronomistischen Literatur III, 263–268.

– (2000 IV): Zum „Numeruswechsel" in Dtn 3, 21 f (1989), in: Ders., Studien zum Deuteronomium und zur deuteronomistischen Literatur IV, SBAB 31. Stuttgart, 35–45.

– (2000 IV): Die Stimmen in Deuteronomium 2 (1993), in: Studien zum Deuteronomium und zur deuteronomistischen Literatur IV, 47–74.

– (2001): Deuteronomium 9, 1–10, 11 und Exodus 32–34. Zu Endtextstruktur, Intertextualität, Schichtung und Abhängigkeiten, in: Gottes Volk am Sinai. Untersuchungen zu Ex 32–34 und Dtn 9–10. Hg.v. Matthias Köckert/Erhard Blum, VWGTh 18, Gütersloh, 41–87.

Loretz, Oswald (1990): Ugarit und die Bibel. Kanaanäische Götter und Religion im Alten Testament. Darmstadt.

– (1992): Die Teraphim als „Ahnen-Götter-Figur(in)en" im Lichte der Texte aus Nuzi, Emar und Ugarit, UF 24, 133–178.

– (1994): „Ugaritic and Biblical Literature". Das Paradigma des Mythos von den *rpum – Rephaim*, in: Ugarit and the Bible. Proceedings of the International Symposium on Ugarit and the Bible, Manchester, September 1992, UBL 11. Münster, 175–224.

– (1995): Die *Einzigkeit* Jahwes (Dtn 6, 4) im Licht des ugaritischen Baal-Mythos, in: Vom Alten Orient zum Alten Testament. FS Wolfram von Soden. Hg.v. Manfred Dietrich/Oswald Loretz, AOAT 240. Neukirchen-Vluyn, 215–304.

– (1997): Des Gottes Einzigkeit. Ein altorientalisches Argumentationsmodell zum „Schma Jisrael". Darmstadt.

– (1999): Mari-Amurriter und Israeliten ohne die amurritischen Traditionen Ugarits, UF 31, 323–332.

– (2003): Götter – Ahnen – Könige als gerechte Richter. Der „Rechtsfall" des Menschen vor Gott nach altorientalischen und biblischen Texten, AOAT 270. Münster.

Loza, José (1971): Les catéchèses étiologiques dans l'Ancien Testament, RB 78, 481–500.

Lundbom, Jack R. (1996): The Inclusio and Other Framing Devices in Deuteronomy I–XXVIII, VT 46, 296–315.

Luther, Martin (1899): Predigten über das 2. Buch Mose (1524–27), WA 16. Weimar.

– (1903): Predigten über das fünfte Buch Mose (1529), WA 28. Weimar, 501–763.

– (1909): Glossen zum Dekalog 1530, WA 30/2. Weimar, 357–359.

– (1910): Katechismuspredigten, WA 30/1. Weimar, 1–122.

Maag, Victor (1980): Erwägungen zur deuteronomischen Kultzentralisation (1956), in: Ders., Kultur, Kulturkontakt und Religion. Gesammelte Studien zur allgemeinen und alttestamentlichen Religionsgeschichte. Hg.v. Hans Heinrich Schmid/Odil Hannes Steck. Göttingen, 90–98.

MacDonald, Nathan (2003): Deuteronomy and the Meaning of „Monotheism", FAT 2. Reihe 1. Tübingen.

Maiberger, Paul (1983): Das Manna. Eine literarische, etymologische und naturkundliche Untersuchung, ÄAT 6/1–2. Wiesbaden.

– (1984): Topographische und historische Untersuchungen zum Sinaiproblem, OBO 54. Fribourg/Göttingen.

Malamat, Abraham (1983): Die Wanderung der Daniten und die panisraelitische Exodus-Landnahme: ein biblisches Erzählungsmuster, in: Meqor ḥajjim. FS Georg Molin. Hg.v. Irmtraut Seybold. Graz, 249–265.

Mathys, Hans-Peter (1986): Liebe deinen Nächsten wie dich selbst. Untersuchungen zum alttestamentlichen Gebot der Nächstenliebe (Lev 19, 18), OBO 71. Fribourg/Göttingen.

Mayes, Andrew David Hastings (1981): Deuteronomy 4 and the Literary Criticism of Deuteronomy, JBL 100, 23–51.

– (1994): Deuteronomy and the Deuteronomic World View, in: Studies in Deuteronomy. FS Casper Jeremiah Labuschagne. Hg.v. Félix García Martínez et al., VT.S 53. Leiden, 165–181.

McBride, S. Dean (1973): The Yoke of the Kingdom. An Exposition of Deuteronomy 6:4–5, Interp. 27, 273–306.

McCarthy, Dennis J. (^{2}1978): Treaty and Covenant. A Study in Form in the Ancient Oriental Documents and in the Old Testament, AnBib 21 a. Rome.

McConville, J. Gordon/Millar, J. Gary (1994): Time and Place in Deuteronomy, JSOT.S 179. Sheffield.

McKenzie, John L. (1967): The Historical Prologue of Deuteronomy, in: Fourth World Congress of Jewish Studies. Papers 1. Jerusalem, 95–101.

Meinhold, Arndt (1987): Jüdische Stimmen zum Dritten Gebot, KuI 2, 159–168.

Meinhold, Johannes (1905): Sabbat und Woche im Alten Testament, FRLANT 5. Göttingen.

Merendino, Rosario Pius (1969): Das Deuteronomische Gesetz. Eine literarkritische, gattungs- und überlieferungsgeschichtliche Untersuchung zu Dt 12–26, BBB 31. Bonn.

Mettinger, Tryggve N.D. (1979): The Veto on Images and the aniconic God in Ancient Israel, in: Religious Symbols and their Functions. Hg.v. Haralds Biezais, SIDA 10. Stockholm, 15–29.

– (1982): The Dethronement of Sabaoth. Studies in the Shem and Kabod Theologies, CB.OT 18. Lund.

– (1994): Aniconism – a West Semitic Context for the Israelite Phenomenon?, in: Ein Gott allein? JHWH-Verehrung und biblischer Monotheismus im Kontext der israelitischen und altorientalischen Relgionsgeschichte. Hg.v. Walter Dietrich/Martin A. Klopfenstein, OBO 139. Fribourg/Göttingen, 159–178.

– (1995): No Graven Image? Israelite Aniconism in Its Ancient Near Eastern Context, CB.OT 42. Stockholm.

Meyer, Johannes (1929): Historischer Kommentar zu Luthers Kleinem Katechismus. Gütersloh.

Millard, Alan R. (1964): Another Babylonian Chronicle Text, Iraq 26, 14–35.

- (1988): King Og's Bed and Other Ancient Ironmongery, in: Ascribe to the Lord. Biblical & other studies in memory of Peter C. Craigie. Hg.v. Lyle Eslinger/Glen Taylor, JSOT.S 67. Sheffield, 481–492.

Minette de Tillesse, Georges (1962): Sections „tu" et sections „vous" dans le Deutéronome, VT 12, 29–87.

Mittmann, Siegfried (1973): Das südliche Ostjordanland im Lichte eines neuassyrischen Keilschriftbriefes aus Nimrūd, ZDPV 89, 15–25.

- (1975): Deuteronomium 1, 1–6, 3 literarkritisch und traditionsgeschichtlich untersucht, BZAW 139. Berlin/New York.

De Moor, Johannes (1973): Art. אֲשֵׁרָה, ThWAT I, 473–481.

Moran, William L. (1963): The End of the Unholy War and the Anti-Exodus, Bib. 44, 333–342.

- (1963): The Ancient Near Eastern Background of the Love of God in Deuteronomy, CBQ 25, 77–87.

- (1966): The Literary Connection between Lv 11, 13–19 and Dt 14, 12–18, CBQ 28, 271–277.

- (1967): The Conclusion of the Decalogue, CBQ 29, 543–554.

Morrow, William S. (1995): Scribing the Center. Organization and Redaction in Deuteronomy 14:1–17:13, SBL.MS 49. Atlanta GA.

- (2001): Rez. über Eckart Otto, Das Deuteronomium (1999), Bib. 82, 422–426.

Müller, Hans-Peter (1982): Die aramäische Inschrift von Deir ʿAllā und die älteren Bileamsprüche, ZAW 94, 214–244.

Von Mutius, Hans-Georg (2000): Sprachliche und religionsgeschichtliche Anmerkungen zu einer neu publizierten samaritanischen Textfassung von Deuteronomium 6, 4, BN 101, 23–26.

Naʿaman, Nadav (1995): The Debated Historicity of Hezekiah's Reform in the Light of Historical and Archaeological Research, ZAW 107, 179–195.

Nebeling, Gerhard (1970): Die Schichten des deuteronomischen Gesetzkorpus. Eine traditions- und redaktionsgeschichtliche Analyse von Dtn 12–26, Diss. ev.-theol. Münster.

Nicol, George G. (1988): Watering Egypt (Deuteronomy XI 10–11) Again, VT 38, 347 f.

Niehr, Herbert (1987): Rechtsprechung in Israel. Untersuchung zur Geschichte der Gerichtsorganisation im Alten Testament, SBS 130. Stuttgart.

Niemann, Hermann Michael (1993): Das Ende des Volkes der Perizziter. Über soziale Wandlungen Israels im Spiegel einer Begriffsgruppe, ZAW 105, 233–257.

Nissinen, Martti (1991): Prophetie, Redaktion und Fortschreibung im Hoseabuch. Studien zum Werdegang eines Prophetenbuches im Lichte von Hos 4 und 11, AOAT 231. Neukirchen-Vluyn.

- (2001): Akkadian Rituals and Poetry of Divine Love, in: Mythology and Mythologies. Hg.v. Robert M. Whiting, Melammu Symposia 2. Helsinki, 93–136.

- (2003): Fear Not. A Study on an Ancient Near Eastern Phrase, in: The Changing Face of Form Criticism for the Twenty-First Century. Hg.v. Marvin A. Sweeney/ Ehud Ben Zvi. Grand Rapids MI/Cambridge U.K, 122–161.

Noth, Martin (⁴1962): Die Welt des Alten Testaments, Sammlung Töpelmann II/3. Berlin.

- (³1966): Die Gesetze im Pentateuch. Ihre Voraussetzungen und ihr Sinn (1940), in: Ders., Gesammelte Studien zum Alten Testament [I], TB 6. München, 9–141.

- (³1967): Überlieferungsgeschichtliche Studien. Die sammelnden und bearbeitenden Geschichtswerke im Alten Testament. Tübingen.

- (1968): Könige I, BK IX/1. Neukirchen-Vluyn.
- (^{7}1969): Geschichte Israels. Göttingen.
- (1971): Nu 21 als Glied der „Hexateuch"-Erzählung (1940/41), in: Ders., ABLAK I. Neukirchen-Vluyn, 75–101.
- (1971): Das Land Gilead als Siedlungsgebiet israelitischer Sippen (1941), in: ABLAK I, 347–390.
- (1971): Die Nachbarn der israelitischen Stämme im Ostjordanland (1946–1951), in: ABLAK I, 434–475.
- (^{3}1971): Das Buch Josua, HAT I/7. Tübingen.
- (^{5}1973): Das zweite Buch Mose. Exodus, ATD 5. Göttingen.
- (^{3}1973): Das dritte Buch Mose. Leviticus, ATD 6. Göttingen.
- (^{2}1973): Das vierte Buch Mose. Numeri, ATD 7. Göttingen.
O'Connell, Robert H. (1990): Deuteronomy VIII 1–20. Asymmetrical Concentricity and the Rhetoric of Providence, VT 40, 437–452.
- (1992): Deuteronomy VII 1–26. Asymmetrical Concentricity and the Rhetoric of Conquest, VT 42, 248–265.
Olivier, Johannes P.J. (1997): Restitution as Economic Redress. The Fine Print of the Old Babylonian *mēšarum*-Edict of Ammiṣaduqa, ZAR 3, 12–25.
Olson, Dennis T. (1994): Deuteronomy and the Death of Moses. A Theological Reading, Overtures to Biblical Theology. Minneapolis MN.
Van Oorschot, Jürgen (1999): Die Macht der Bilder und die Ohnmacht des Wortes? Bilder und Bilderverbot im alten Israel, ZThK 96, 299–319.
Oswald, Wolfgang (1998): Israel am Gottesberg. Eine Untersuchung zur Literargeschichte der vorderen Sinaiperikope Ex 19–24 und deren historischem Hintergrund, OBO 159. Fribourg/Göttingen.
- (2000): Die Revision des Edombildes in Numeri XX 14–21, VT 50, 218–232.
Otto, Eckart (1988): Wandel der Rechtsbegründungen in der Gesellschaftsgeschichte des antiken Israel. Eine Rechtsgeschichte des „Bundesbuches" Ex XX 22 – XXIII 13, StB 3. Leiden.
- (1989): Art. פסח *pāsaḥ*, ThWAT VI, 659–682.
- (1990): Die keilschriftlichen Parallelen der Vindikationsformel in Dtn 20, 10, ZAW 102, 94–96.
- (1994): Theologische Ethik des Alten Testaments, ThW 3, 2. Stuttgart.
- (1994): Del libro de la alianza a la ley de santidad. La reformulación de derecho israelita y la formación del Pentateuco, EstB 52, 195–217.
- (1994 a): Das Heiligkeitsgesetz Leviticus 17–26 in der Pentateuchredaktion, in: Altes Testament. Forschung und Wirkung. FS Henning Graf Reventlow. Hg.v. Peter Mommer/Winfried Thiel. Frankfurt am Main, 65–80.
- (1995): Biblische Altersversorgung im altorientalischen Rechtsvergleich, ZAR 1, 83–110.
- (1999): Das Deuteronomium. Politische Theologie und Rechtsreform in Juda und Assyrien, BZAW 284. Berlin/New York.
- (2000): Das Deuteronomium im Pentateuch und Hexateuch. Studien zur Literaturgeschichte von Pentateuch und Hexateuch im Lichte des Deuteronomiumrahmens, FAT 30. Tübingen.
- (2000): Rez. über Thomas R. Elßner, Das Namensmißbrauch-Verbot (1999), ZAR 6, 351–353.
- (2002): Gottes Recht als Menschenrecht. Rechts- und literaturhistorische Studien zum Deuteronomium, BZAR 2. Wiesbaden.

Ottosson, Magnus (1969): Gilead. Tradition and History, CB.OT 3. Lund.

Pakkala, Juha (1999): Intolerant Monolatry in the Deuteronomistic History, SESJ 76. Helsinki/Göttingen.

Perlitt, Lothar (1969): Bundestheologie im Alten Testament, WMANT 36. Neukirchen-Vluyn.

- (1981): Art. Dekalog I. Altes Testament, TRE 8, 408–413.

- (1994): Sinai und Horeb (1977), in: Ders., Deuteronomium-Studien. FAT 8. Tübingen, 32–49.

- (1994): „Ein einzig Volk von Brüdern". Zur deuteronomischen Herkunft der biblischen Bezeichnung „Bruder" (1980), in: Deuteronomium-Studien, 50–73.

- (1994): Wovon der Mensch lebt (Dtn 8, 3 b) (1981), in: Deuteronomium-Studien, 74–96.

- (1994): Motive und Schichten der Landtheologie im Deuteronomium (1983), in: Deuteronomium-Studien, 97–108.

- (1994): Deuteronomium 1–3 im Streit der exegetischen Methoden (1985), in: Deuteronomium-Studien, 109–122.

- (1994): Priesterschrift im Deuteronomium? (1988), in: Deuteronomium-Studien, 123–143.

- (1994): Deuteronomium 6, 20–25: eine Ermutigung zu Bekenntnis und Lehre (1989), in: Deuteronomium-Studien, 144–156.

- (1994): Jesaja und die Deuteronomisten (1989), in: Deuteronomium-Studien, 157–171.

- (1994): ‚Evangelium' und Gesetz im Deuteronomium (1990), in: Deuteronomium-Studien, 172–183.

- (1994): Dtn 1, 12 LXX (1990), in: Deuteronomium-Studien, 192–204.

- (1994): Riesen im Alten Testament. Ein literarisches Motiv im Wirkungsfeld des Deuteronomismus (1990), in: Deuteronomium-Studien, 205–246.

- (2002): Luthers Deuteronomium-Auslegung, in: Vergegenwärtigung des Alten Testaments. Beiträge zur biblischen Hermeneutik. FS Rudolf Smend. Hg.v. Christoph Bultmann/Walter Dietrich/Christoph Levin. Göttingen, 211–225.

Peters, Albrecht (1990): Kommentar zu Luthers Katechismen I. Die Zehn Gebote. Hg.v. Gottfried Seebaß. Göttingen.

Petschow, Herbert (1965): Zur Systematik und Gesetzestechnik im Codex Hammurapi, ZA 57, 146–172.

Phillips, Anthony (1970): Ancient Israel's Criminal Law. A New Approach to the Decalogue. Oxford.

Plöger, Josef G. (1967): Literarkritische, formgeschichtliche und stilkritische Untersuchungen zum Deuteronomium, BBB 26. Bonn.

Podella, Thomas (2001): Bild und Text. Mediale und historische Perspektiven auf das alttestamentliche Bilderverbot, SJOT 15, 205–256.

Polzin, Robert (1980): Moses and the Deuteronomist. A Literary Study of the Deuteronomic History 1. Deuteronomy, Joshua, Judges. New York.

- (1981): Reporting Speech in the Book of Deuteronomy. Toward a Compositional Analysis of the Deuteronomic History, in: Traditions in Transformation. Turning Points in Biblical Faith. FS Frank Moore Cross. Hg.v. Baruch Halpern/Jon D. Levenson. Winona Lake IN, 193–211.

Pressler, Carolyn (1993): The View of Women Found in the Deuteronomic Family Laws, BZAW 216. Berlin/New York.

Preuß, Horst Dietrich (1982): Deuteronomium, EdF 164. Darmstadt.

- (1991): Theologie des Alten Testaments I. JHWHs erwählendes und verpflichtendes Handeln. Stuttgart.
Puukko, Antti Filemon (1910): Das Deuteronomium. Eine literarkritische Untersuchung, BWAT 5. Leipzig.
Rabinowitz, Isaac (1984): ʾāz Followed by Imperfect Verb-Form in Preterite Context: A Redactional Device in Biblical Hebrew, VT 34, 53–62.
Von Rad, Gerhard (1951): Der Heilige Krieg im alten Israel. Göttingen.
- (1958): Das formgeschichtliche Problem des Hexateuch (1938), in: Ders., Gesammelte Studien zum Alten Testament, TB 8. München, 9–86.
- (⁵1966): Theologie des Alten Testaments I. Die Theologie der geschichtlichen Überlieferungen Israels. München.
Ramírez Kidd, José E. (1999): Alterity and Identity in Israel. The גֵּר in the Old Testament, BZAW 283. Berlin/New York.
Reicke, Bo (1973): Die zehn Worte in Geschichte und Gegenwart, BGBE 13. Tübingen.
Rendtorff, Rolf (1967): Studien zur Geschichte des Opfers im Alten Israel, WMANT 24. Neukirchen-Vluyn.
Reuter, Eleonore (1993): Kultzentralisation. Entstehung und Theologie von Dtn 12, BBB 87. Frankfurt am Main.
Richter, Sandra L. (2002): The Deuteronomistic History and the Name Theology. lᵉšakkēn šᵉmô šām in the Bible and the Ancient Near East, BZAW 318. Berlin/New York.
Richter, Wolfgang (1964): Die Bearbeitung des „Retterbuches“ in der deuteronomischen Epoche, BBB 21. Bonn.
Riede, Peter (1993): „Denn wie der Mensch jedes Tier nennen würde, so sollte es heißen“. Hebräische Tiernamen und was sie uns verraten, UF 25, 331–378.
Ringgren, Helmer (1982): Art. חָקַק ḥāqaq, ThWAT III, 149–157.
Rofé, Alexander (1990): An Enquiry into the Betrothal of Rebekah, in: Die Hebräische Bibel und ihre zweifache Nachgeschichte. FS Rolf Rendtorff. Hg.v. Erhard Blum/Christian Macholz/Ekkehard W. Stegemann. Neukirchen-Vluyn, 27–39.
- (2002): The Monotheistic Argumentation in Deuteronomy 4. 32–40. Contents, Composition and Text (1985), in: Ders., Deuteronomy. Issues and Interpretation, Old Testament Studies. London/New York, 15–24.
- (2002): Deuteronomy 5. 28–6. 1. Composition and Text in the Light of Deuteronomistic Style and Three Tefillin from Qumran (4Q 128, 129, 137) (1985), in: Deuteronomy, 25–36.
- (2002): The Arrangement of the Laws in Deuteronomy (1988), in: Deuteronomy, 55–77.
- (2002): The Strata of the Law about the Centralization of Worship in Deuteronomy and the History of the Deuteronomic Movement (1972), in: Deuteronomy, 97–101.
- (2002): The History of the Cities of Refuge in Biblical Law (1986), in: Deuteronomy, 121–147.
- (2002): Methodological Aspects of the Study of Biblical Law (1986), in: Deuteronomy, 205–219.
Römer, Thomas (1990): Israels Väter. Untersuchungen zur Väterthematik im Deuteronomium und in der deuteronomistischen Tradition, OBO 99. Fribourg/Göttingen.
- (1994): The Book of Deuteronomy, in: The History of Israel's Traditions. Hg. v. Steven L. McKenzie/M. Patrick Graham, JSOT.S 182. Sheffield, 178–212.
- (2001): La fin de l'historiographie deutéronomiste et le retour de l'Hexateuch?, ThZ 57, 269–280.

Rose, Martin (1975): Der Ausschließlichkeitsanspruch Jahwes. Deuteronomische Schultheologie und die Volksfrömmigkeit in der späten Königszeit, BWANT 106. Stuttgart.

– (1981): Deuteronomist und Jahwist. Untersuchungen zu den Berührungspunkten beider Literaturwerke, AThANT 67. Zürich.

Rost, Leonhard (1965): Weidewechsel und alttestamentlicher Festkalender (1943), in: Ders., Das Kleine Credo und andere Studien zum Alten Testament. Heidelberg, 101–112.

Rüterswörden, Udo (1985): Die Beamten der israelitischen Königszeit. Eine Studie zu śr und vergleichbaren Begriffen, BWANT 117. Stuttgart.

– (2002): Dtn 13 in der neueren Deuteronomiumforschung, in: Congress volume Basel 2001. Hg.v. André Lemaire, VT.S 92. Leiden/Boston, 185–203.

Salonen, Erkki (1972): Über den Zehnten im alten Mesopotamien. Ein Beitrag zur Geschichte der Besteuerung, StOr XLIII:4. Helsinki.

Särkiö, Pekka (1994): Die Weisheit und Macht Salomos in der israelitischen Historiographie. Eine traditions- und redaktionskritische Untersuchung über 1 Kön 3–5 und 9–11, SESJ 60. Helsinki/Göttingen.

Sasson, Victor (1985): The Aramaic Text of the Tell Fakhriyah Assyrian-Aramaic Bilingual Inscription, ZAW 97, 86–103.

Sawyer, John F.A. (1983): The meaning of barzel in the Biblical expressions „Chariots of Iron", „Yoke of Iron", etc., in: Midian, Moab and Edom. The History and Archaeology of Late Bronze and Iron Age Jordan and North-West Arabia. Hg.v. John F.A. Sawyer/David J.A. Clines, JSOT.S 24. Sheffield, 129–134.

Schäfer-Lichtenberg, Christa (1995): Josua und Salomo. Eine Studie zu Autorität und Legitimität des Nachfolgers im Alten Testament, VT.S 58. Leiden.

Schaper, Joachim (1999): Schriftauslegung und Schriftwerdung im alten Israel. Eine vergleichende Exegese von Ex 20, 24–26 und Dtn 12, 13–19, ZAR 5, 111–132.

Scharbert, Josef (1973): Art. ברך, ThWAT I, 808–841.

Schmid, Hans Heinrich (1968): Gerechtigkeit als Weltordnung. Hintergrund und Geschichte des alttestamentlichen Gerechtigkeitsbegriffes, BHTh 40. Tübingen.

Schmidt, Ludwig (1992): Väterverheißungen und Pentateuchfrage, ZAW 104, 1–27.

– (1993): Studien zur Priesterschrift, BZAW 214. Berlin/New York.

– (2002): Die Kundschaftererzählung in Num 13–14 und Dtn 1, 19–46, ZAW 114, 40–58.

– (2002): Die Ansiedlung von Ruben und Gad im Ostjordanland in Numeri 32, 1–38, ZAW 114, 497–510.

Schmidt, Werner H. (1972): Überlieferungsgeschichtliche Erwägungen zur Komposition des Dekalogs, in: Congress volume Uppsala 1971, VT.S 22, 201–220.

– (1977): Art. דָּבָר dābār (II–V), ThWAT II, 101–133.

– (1988): Exodus, BK II/1. Neukirchen-Vluyn.

– (1993): Die Zehn Gebote im Rahmen alttestamentlicher Ethik. In Zusammenarbeit mit Holger Delkurt und Axel Graupner, EdF 281. Darmstadt.

Schmitt, Götz (1977): Art. Maße, ²BRL, 204–206.

Schmitt, Hans-Christoph (2001): Das Hesbonlied Num. 21, 27 aβb–30 und die Geschichte der Stadt Hesbon (1988), in: Ders., Theologie in Prophetie und Pentateuch. Gesammelte Schriften. Hg.v. Ulrike Schorn/Matthias Büttner, BZAW 310. Berlin/New York, 131–154.

– (2001): Die Erzählung vom Goldenen Kalb Ex. 32* und das Deuteronomistische Geschichtswerk (2000), in: Theologie in Prophetie und Pentateuch, 311–325.

Schunck, Klaus-Dietrich (1984): Das 9. und 10. Gebot – jüngstes Glied des Dekalogs?, ZAW 96, 104–109.

Schüngel-Straumann, Helen (1973): Der Dekalog – Gottes Gebote?, SBS 67. Stuttgart.

Sedlmeier, Franz (1999): „Höre, Israel! JHWH: Unser Gott (ist er) …" (Dtn 6, 4 f.), TThZ 108, 21–39.

Seebass, Horst (1982): Garizim und Ebal als Symbole von Segen und Fluch, Bib. 63, 22–31.

– (1991): Vorschlag zur Vereinfachung literarischer Analysen im dtn Gesetz, BN 58, 83–98.

– (2003): Numeri 2, BK IV/2. Neukirchen-Vluyn.

Seeligmann, Isac Leo (1967): Zur Terminologie für das Gerichtsverfahren im Wortschatz des biblischen Hebräisch, in: Hebräische Wortforschung. FS Walter Baumgartner. Hg.v. Benedikt Hartmann et al., VT.S 16. Leiden, 251–278.

– (1977): Erkenntnis Gottes und historisches Bewußtsein im alten Israel, in: Beiträge zur Alttestamentlichen Theologie. FS Walther Zimmerli. Hg.v. Herbert Donner/ Robert Hanhart/Rudolf Smend. Göttingen, 414–445.

Seitz, Gottfried (1971): Redaktionsgeschichtliche Studien zum Deuteronomium, BWANT 93. Stuttgart.

Simons, Jan Jozef (1959): The Geographical and Topographical Texts of the Old Testament. Leiden.

Ska, Jean Louis (2001): La structure du Pentateuque dans sa forme canonique, ZAW 113, 331–352.

Skweres, Dieter Eduard (1979): Die Rückverweise im Buch Deuteronomium, AnBib 79. Rom.

Smend, Rudolf (1978): Die Entstehung des Alten Testaments, ThW 1. Stuttgart.

– (1987): Der Auszug aus Ägypten: Bekenntnis und Geschichte (1967), in: Ders., Zur ältesten Geschichte Israels. Gesammelte Studien 2, BEvTh 100. München, 27–44.

– (2002): Die Bundesformel (1963), in: Ders., Die Mitte des Alten Testaments. Exegetische Aufsätze. Tübingen, 1–29.

– (2002): Das Gesetz und die Völker. Ein Beitrag zur deuteronomistischen Redaktionsgeschichte (1971), in: Die Mitte des Alten Testaments, 148–161.

– (2002): Das uneroberte Land (1983), in: Die Mitte des Alten Testaments, 162–173.

Von Soden, Wolfram (1985): Einführung in die Altorientalistik. Darmstadt.

Soggin, Juan Alberto (1975): Cultic-Aetiological Legends and Catechesis in the Hexateuch (1960), in: Ders., Old Testament and Oriental Studies, BibOr 29. Rome, 72–77.

Sonnet, Jean-Pierre (1997): The Book within the Book. Writing in Deuteronomy, Biblical Interpretation Series 14. Leiden.

– (2001): Le rendez-vous du Dieu vivant. La mort de Moïse dans l'intrigue du Deutéronome (Dt 1–4 et 31–34), NRTh 123, 353–372.

Sparks, Kent (1998): A Comparative Study of the Biblical נבלה Laws, ZAW 110, 594–600.

Spieckermann, Hermann (1982): Juda unter Assur in der Sargonidenzeit, FRLANT 129. Göttingen.

– (1989): Heilsgegenwart. Eine Theologie der Psalmen, FRLANT 148. Göttingen.

– (2001): „Barmherzig und gnädig ist der Herr …" (1990), in: Ders., Gottes Liebe zu Israel. Studien zur Theologie des Alten Testaments, FAT 33. Tübingen, 3–19.

– (2001): Mit der Liebe im Wort. Zur Theologie des Deuteronomiums (2000), in: Gottes Liebe zu Israel, 157–172.

Stähli, Hans-Peter (1971): Art. ירא jr' fürchten, THAT I, 765–778.

- (1976): Art. רום *rūm* hoch sein, THAT II, 753–761.
Stamm, Johann Jakob (1961): Dreißig Jahre Dekalogforschung, ThR 27, 189–239. 281–305.
- (1962): Art. Dekalog, BHH I, 331 f.
Stolz, Fritz (1996): Einführung in den biblischen Monotheismus. Darmstadt.
Strange, John (1980): Caphtor/Keftiu. A New Investigation, AThD 14. Leiden.
Sumner, W.A. (1968): Israel's Encounters with Edom, Moab, Sihon and Og According to the Deuteronomist, VT 18, 216–228.
Tamulénas, John (1992): Översättningen av fågellistorna i Lev 11:13–19 och Deut 14:11–18, SEÅ 57, 28–59.
Thiel, Winfried (1973): Die deuteronomistische Redaktion von Jeremia 1–25, WMANT 41. Neukirchen-Vluyn.
- (1981): Die deuteronomistische Redaktion von Jeremia 26–45, WMANT 52. Neukirchen-Vluyn.
Timm, Stefan (1989): Moab zwischen den Mächten. Studien zu historischen Denkmälern und Texten, ÄAT 17. Wiesbaden.
Trebolle Barrera, Julio C. (1984): La primitiva confesión de fe yahvista (1 Re 18, 36–37). De la crítica textual a la teología bíblica, Salm. 31, 181–205.
- (1986): Historia del texto de los libros históricos e historia de la redacción deuteronomística (Juccos 2, 10–3, 6), in: Salvación en la palabra. Targum – Derash – Berith. FS Alexandro Díez Macho. Hg.v. Domingo Muñoz Leon. Madrid, 245–255.
Tsevat, Matitiahu (1958): Alalakhiana, HUCA 29, 109–134.
Uehlinger, Christoph (1991): Art. Götterbild, NBL I, 871–892.
- (1998): Art. Bilderverbot, RGG⁴ I, 1574–1577.
Vanoni, Gottfried (1995): Anspielungen und Zitate innerhalb der hebräischen Bibel. Am Beispiel von Dtn 4, 29; Dtn 30, 3 und Jer 29, 13–14, in: Jeremia und die „deuteronomistische Bewegung". Hg.v. Walter Groß, BBB 98. Weinheim, 383–397.
Van Seters, John (1972): The Conquest of Sihon's Kingdom. A Literary Examination, JBL 91, 182–197.
- (1980): Once Again – the Conquest of Sihon's Kingdom, JBL 99, 117–124.
- (1994): The Life of Moses. The Yahwist as Historian in Exodus-Numbers, Contributions to Biblical Exegesis & Theology 10. Kampen.
- (1996): The Law of the Hebrew Slave, ZAW 108, 534–546.
De Vaux, Roland (1967): „Le lieu que Yahvé a choisi pour y établir son nom", in: Das ferne und nahe Wort. FS Leonhard Rost. Hg.v. Fritz Maaß, BZAW 105. Berlin, 219–228.
Veijola, Timo (1975): Die ewige Dynastie. David und die Entstehung seiner Dynastie nach der deuteronomistischen Darstellung, AASF B 193. Helsinki.
- (1976): Zu Ableitung und Bedeutung von *hēʿīd* I im Hebräischen. Ein Beitrag zur Bundesterminologie, UF 8, 343–351.
- (1977): Das Königtum in der Beurteilung der deuteronomistischen Historiographie. Eine redaktionsgeschichtliche Untersuchung, AASF B 198. Helsinki.
- (1982): Verheißung in der Krise. Studien zur Literatur und Theologie der Exilszeit anhand des 89. Psalms, AASF B 220. Helsinki.
- (1990): Davidverheißung und Staatsvertrag. Beobachtungen zum Einfluß altorientalischer Staatsverträge auf die biblische Sprache am Beispiel von Psalm 89 (1983), in: Ders., David. Gesammelte Studien zu den Davidüberlieferungen des Alten Testaments, SESJ 52. Helsinki/Göttingen, 128–153.
- (1990): The Witness in the Clouds: Ps 89:38 (1988), in: David, 154–159.

- (1990): Rez. über Georg Braulik, Studien zur Theologie des Deuteronomiums (1988), ThRv 86, 193–195.
- (2000): Der Dekalog bei Luther und in der heutigen Wissenschaft (1990), in: Ders., Moses Erben. Studien zum Dekalog, zum Deuteronomismus und zum Schriftgelehrtentum, BWANT 149. Stuttgart, 29–47.
- (2000): Das dritte Gebot (Namenverbot) im Lichte einer ägyptischen Parallele (1991), in: Moses Erben, 48–60.
- (2000): Die Propheten und das Alter des Sabbatgebots (1989), in: Moses Erben, 61–75.
- (2000): Das Bekenntnis Israels. Beobachtungen zu Geschichte und Aussage von Dtn 6, 4–9 (1992), in: Moses Erben, 76–93.
- (2000): „Der Mensch lebt nicht vom Brot allein". Zur literarischen Schichtung und theologischen Aussage von Deuteronomium 8 (1995), in: Moses Erben, 94–108.
- (2000): Wahrheit und Intoleranz nach Deuteronomium 13 (1995), in: Moses Erben, 109–130.
- (2000): Die Geschichte des Pesachfestes im Lichte von Deuteronomium 16, 1–8 (1996), in: Moses Erben, 131–152.
- (2000): Bundestheologische Redaktion im Deuteronomium (1996), in: Moses Erben, 153–175.
- (2000): Das Klagegebet in Literatur und Leben der Exilsgeneration am Beispiel einiger Prosatexte (1985), in: Moses Erben, 176–191.
- (2000): Die Deuteronomisten als Vorgänger der Schriftgelehrten. Ein Beitrag zur Entstehung des Judentums, in: Moses Erben, 192–240.
- (2000): „Fluch des Totengeistes ist der Aufgehängte" (Dtn 21, 23), UF 32, 543–553.
- (2000 a): Bundestheologie in Dtn 10, 12–11, 30, in: Liebe und Gebot. Studien zum Deuteronomium. FS Lothar Perlitt. Hg.v. Reinhard G. Kratz/Hermann Spieckermann, FRLANT 190. Göttingen, 206–221.
- (2002): Rez. über Thomas Römer (Hg.), The Future of the Deuteronomistic History (2000), OLZ 97, 761–769.
- (2002–2003): Deuteronomismusforschung zwischen Tradition und Innovation I–III, ThR 67 (2002), 273–327. 391–424; ThR 68 (2003),1–44.
- (2003 a): Rez. über Eckart Otto, Das Deuteronomium im Pentateuch und Hexateuch (2000), ThR 68, 374–382.
- (2004): The Deuteronomistic Roots of Judaism, in: Sefer Moshe. FS Moshe Weinfeld. Hg.v. Chaim Cohen/Avi Hurvitz/Shalom Paul. Winona Lake IN, 459–478.
- (2004 a): King Og's Iron Bed (Deut 3:11) – Once Again, in: Studies in the Hebrew Bible, Qumran, and the Septuagint. FS Eugene Ulrich. Hg.v. Peter W. Flint/Emanuel Tov/James C. VanderKam. Leiden.
Vermeylen, Jacques (1985): L'affaire du veau d'or (Ex 32–34). Une clé pour la „question deutéronomiste"?, ZAW 97, 1–23.
Viitala, Arto (2001): Ihmisen suhde eläimiin Vanhassa testamentissa. Pentateukin lainsäädännön rajoituksia eläinten hyödyntämiseen [= Das Verhältnis des Menschen zu Tieren im Alten Testament. Einschränkungen in der Gesetzgebung des Pentateuch bei der Verwertung von Tieren]. Unveröffentlichte finnischsprachige Lizentiatenarbeit, Theologische Fakultät der Universität Helsinki.
Volkwein, Bruno (1969): Masoretisches ʿēdūt, ʿēdwōt, ʿēdōt – „Zeugnis" oder „Bundes-bestimmungen"?, BZ NF 13, 18–40.
Wagenaar, Jan A. (2003): Post-Exilic Calendar Innovations. The First Month of the Year and the Date of Passover and the Festival of Unleavened Bread, ZAW 115, 3–24.

Wagner, Siegfried (1964): Die Kundschaftergeschichten im Alten Testament, ZAW 76, 255–269.

Wambacq, Benjamin Nestor (1976): Les origines de la *Pesaḥ* israélite, Bib. 57, 206–224. 301–326.

- (1980): Les Maṣṣôt, Bib. 61, 31–54.

Weimar, Peter (1987): Das Goldene Kalb. Redaktionskritische Erwägungen zu Ex 32, BN 38/39, 117–160.

- (1999): Pascha und Maṣṣot. Anmerkungen zu Dtn 16, 1–8, in: Recht und Ethos im Alten Testament – Gestalt und Wirkung. FS Horst Seebass. Hg.v. Stefan Beyerle/ Günter Mayer/Hans Strauß. Neukirchen-Vluyn, 61–72.

Weinfeld, Moshe (1972): Deuteronomy and the Deuteronomic School. Oxford 1972.

- (1973): Art. בְּרִית, ThWAT I, 781–808.

- (1977): Judge and Officer in Ancient Israel and in the Ancient Near East, IOS 7, 65–88.

- (1990): Sabbatical Year and Jubilee in the Pentateuchal Laws and their ancient Near Eastern Background, in: The Law in the Bible and in its Environment. Hg.v. Timo Veijola, SESJ 51. Helsinki/Göttingen, 39–62.

Weippert, Helga (1977): Art. Möbel, ²BRL, 228–232.

Weippert, Manfred (1977): Art. Sarkophag, Urne, Ossuar, ²BRL, 269–276.

- (1982): Art. Edom und Israel, TRE 9, 291–299.

Wellhausen, Julius (⁶1927): Prolegomena zur Geschichte Israels. Berlin/Leipzig.

- (⁴1963): Die Composition des Hexateuchs und der historischen Bücher des Alten Testaments. Berlin.

Wendel, Adolf (1931): Das freie Laiengebet im vorexilischen Israel, Ex Oriente Lux 5/6. Leipzig.

Westermann, Claus (1971): Art. כבד *kdb* schwer sein, THAT I, 794–812.

- (1976): Die Verheißungen an die Väter. Studien zur Vätergeschichte, FRLANT 116. Göttingen.

- (1976): Art. תְהוֹם *tᵉhôm* Flut, THAT II, 1026–1031.

- (1981): Genesis 2, BK I/2. Neukirchen-Vluyn.

Wevers, John William (1994): Yahweh and Its Appositives in LXX Deuteronomium, in: Studies in Deuteronomy. FS Casper Jeremiah Labuschagne. Hg.v. Félix García Martínez et al., VT.S 53. Leiden, 269–280.

Wolff, Hans Walter (²1965): Dodekapropheton 1. Hosea, BK XIV/1. Neukirchen-Vluyn.

- (1973): Anthropologie des Alten Testaments. München.

Van der Woude, Adam Simon (1976): Art. פָּנִים *pānîm* Angesicht, THAT II, 432–460.

- (1976): Art. שֵׁם *šēm* Name, THAT II, 935–963.

Würthwein, Ernst (1984): Die Bücher der Könige. 1. Kön. 17 – 2. Kön. 25, ATD 11/2. Göttingen.

- (²1985): Das erste Buch der Könige. Kapitel 1–16, ATD 11/1. Göttingen.

- (⁵1988): Der Text des Alten Testaments. Eine Einführung in die Biblia Hebraica. Stuttgart.

Wüst, Manfried (1975): Untersuchungen zu den siedlungsgeographischen Texten des Alten Testaments I. Ostjordanland, BTAVO B/9. Wiesbaden.

Yardeni, Ada (1991): Remarks on the Priestly Blessing on two Ancient Amulets from Jerusalem, VT 41, 176–185.

Zenger, Erich (1990): Das alttestamentliche Israel und seine Toten, in: Der Umgang mit den Toten. Tod und Bestattung in der christlichen Gemeinde. Hg.v. Klemens Richter, QD 123. Freiburg, 132–152.

Zimmerli, Walther (1969): Ezechiel 1, BK XIII/1. Neukirchen-Vluyn.

- (^{2}1969): Ich bin Jahwe (1953), in: Ders., Gottes Offenbarung. Gesammelte Aufsätze zum Alten Testament, TB 19. München, 11–40.

- (^{2}1969): Erkenntnis Gottes nach dem Buche Ezechiel (1954), in: Gottes Offenbarung, 41–119.

- (^{2}1969): Das zweite Gebot (1950), in: Gottes Offenbarung, 234–248.

Zipor, Moshe A. (1996): The Deuteronomic Account of the Golden Calf and ist Reverberation in Other Parts of the Book of Deuteronomy, ZAW 108, 20–33.

Zobel, Konstantin (1992): Prophetie und Deuteronomium. Die Rezeption prophetischer Theologie durch das Deuteronomium, BZAW 199. Berlin/New York.

Zorell, Franz (1968): Lexicon Hebraicum et Aramaicum Veteris Testamenti. Reeditio photomechanica. Roma.

Zwickel, Wolfgang (1990): Der Durchzug der Israeliten durch das Ostjordanland, UF 22, 475–495.